Sardaigne

Bosa, sur la rive du fleuve Temo.
L. Montico / hemis.fr

Les régions du guide :
(voir la carte dans la couverture ci-contre)

Sommaire

NOS INCONTOURNABLES

ORGANISER SON VOYAGE

COMPRENDRE LA SARDAIGNE

DÉCOUVRIR LA SARDAIGNE

1 CAGLIARI ET LE SUD-EST

2 LA CÔTE EST

3 NUORO ET LE CENTRE

4 OLBIA ET LE NORD-EST

5 SASSARI ET LE NORD-OUEST

POUR CHAQUE SITE, RETROUVEZ NOS ADRESSES

6 ORISTANO ET L'OUEST

7 IGLESIAS ET L'IGLESIENTE

8 CARBONIA ET LE SULCIS

Nos incontournables

La Costa Smeralda★★, une succession de criques baignées d'eau turquoise *(p. 218)*

Carloforte★★, atmosphères ligures au cœur de l'Isola di San Pietro *(p. 398)*

Une sélection de nos plus beaux sites étoilés.

Le massif du Gennargentu★★, une Sardaigne plus confidentielle *(p. 194)*

Le Castello★★ de **Cagliari★★★**, l'ancien quartier médiéval à l'abri derrière ses fortifications *(p. 99)*

L'archipel de La Maddalena★★, vu du **Capo d'Orso★★** *(p. 230)*

La Trinità di Saccargia★★★, un joyau roman perdu dans la campagne au sud de **Sassari**★★ *(p. 274)*

Cala Goloritzè★, une perle du **Golfo di Orosei**★★ *(p. 168)*

Barumini★★★, un voyage dans la protohistoire sarde à la découverte de ses *nuraghi* *(p. 138)*

Capo San Marco★★, magnifique belvédère naturel au bout de la **Penisola del Sinis**★ *(p. 340)*

Alghero★★★, un air de Catalogne dans l'ouest de la Sardaigne *(p. 288)*

Crédits photographiques :
Page 4 : L. Montico/hemis.fr (haut) ; G. Cavalli/Marka/age fotostock (bas)
Page 5 : C. Ciabochi/Marka/age fotostock (haut) ; R. Valterza/AGF RM/age fotostock (bas)
Page 6 : T. et B. Morandi/hemis.fr (haut) ; Arco/K. Kreder/Arco Images/age fotostock (bas)
Page 7 : C. Ciabochi/Marka/age fotostock (haut gauche) ; elisalocci/iStock (haut droit) ; A. Addis/Spexi/Sime/Photononstop (bas)

ORGANISER SON VOYAGE

La Maddalena.
L. Montico / hemis.fr

Suggestions d'itinéraires

5 JOURS	PLAGES ET CITÉS D'HISTOIRE
Programme	**Jour 1** : matinée dans la vieille ville d'Alghero *(p. 288)*, excursion en bateau à la Grotta di Nettuno l'après-midi *(p. 296)* et déambulation sur les remparts au couchant. Nuit à Alghero. **Jour 2** : découverte de Sassari *(p. 254)* et retour à Alghero. **Jour 3** : visite de la basilica San Gavino à Porto Torres *(p. 264)*, puis du village de Stintino *(p. 300)* et farniente sur les magnifiques plages alentour. **Jour 4** : excursion à Bosa *(p. 350)* en passant par la superbe route littorale *(p. 306)* et retour à Alghero. **Jour 5** : journée plage à Alghero ou dans ses environs.
Transport	L'arrivée par l'aéroport d'Alghero, situé non loin de la ville, est très pratique. Vous pouvez vous rendre en bus à Sassari, mais louez une voiture pour les excursions à Stintino et Bosa.
Conseils	Ne manquez pas de goûter à la *fainè*, galette de farine de pois chiches garnie, spécialité de la région de Sassari.
UNE SEMAINE	**DE CAPITALE EN CÔTE SAUVAGE**
Programme	**Jour 1** : le quartier du Castello à Cagliari *(p. 99)*. Nuit sur place. **Jour 2** : exploration du plus impressionnant *nuraghe* de l'île, à Barumini *(p. 138)*. Nuit dans les environs. **Jour 3** : traversée du massif du Gennargentu *via* Fonni, avec un déjeuner à Gavoi *(p. 197)*. Arrivée en fin de journée à Cala Gonone. **Jour 4** : immersion dans l'aquarium de Cala Gonone *(p. 166)*, puis farniente sur la plage de Cala Luna *(p. 167)*. **Jour 5** : excursion en bateau vedette à la découverte des criques du Golfo di Orosei *(p. 166)*. **Jour 6** : parcours à travers le massif du Supramonte par la route en belvédère jusqu'à Baunei *(p. 155)*. Nuit à Arbatax. **Jour 7** : retour à Cagliari, avec pause sur la Costa Rei *(p. 132)*.
Transport	Après une journée à Cagliari, louez une voiture pour les 6 jours d'excursion à l'intérieur de l'île et sur la côte est.
Conseils	Prévoyez au moins une étape dans un *agriturismo*, afin de plonger dans la vie rurale sarde et de savourer les mets du terroir.
UNE SEMAINE	**TRAVERSÉE DE LA SARDAIGNE**
Programme	**Jour 1** : le quartier du Castello à Cagliari *(p. 99)*. Nuit sur place. **Jour 2** : étape à Barumini pour admirer le plus grand *nuraghe* de Sardaigne *(p. 138)*. Nuit dans les environs. **Jour 3** : journée à Bosa *(p. 350)* ; visite du château et déambulation dans les ruelles colorées. Nuit sur place. **Jour 4** : arrivée à Alghero *(p. 288)* par la superbe route littorale *(p. 306)*. Balade sur les remparts au coucher du soleil. Nuit sur place. **Jour 5** : excursion à la Grotta di Nettuno *(p. 296)* par l'impressionnant escalier d'accès. Retour et nuit à Alghero. **Jours 6 et 7** : journées farniente sur les plages de la région : Lazzaretto *(p. 298)*, Porto Ferro *(p. 295)*, La Pelosa *(p. 301)*.
Transport	Réservez votre billet d'avion à l'avance (arrivée à Cagliari, retour d'Alghero). Après une journée à Cagliari, louez une voiture pour les 6 jours d'excursion en mentionnant bien la restitution à Alghero (frais supplémentaires possibles).
Conseils	Prévoyez une dégustation de vin de malvasia, dans la région de Bosa.

SUGGESTIONS D'ITINÉRAIRES

10 JOURS	**PETIT TOUR DE SARDAIGNE**
Programme	Circuit itinérant autour de l'île : Cagliari (2 jours) *(p. 98)*, Arbatax et le Supramonte (1 jour) *(p. 162)*, Golfo di Orosei (1 jour) *(p. 166)*, Nuoro (1 jour) *(p. 180)*, Vallée des nuraghi (1 jour) *(p. 313)*, Alghero (2 jours) *(p. 288)*, Bosa (1 jour) *(p. 350)* et Barumini (1 jour) *(p. 138)*.
Transport	À Cagliari, déplacez-vous à pied. Louez une voiture à partir du 3e jour, en prévoyant une restitution à l'aéroport.
Conseils	Si vous êtes amateur de plongée, prévoyez une excursion dans les grottes marines du Golfo di Orosei.
DEUX SEMAINES	**MILLE ET UN LITTORAUX**
Programme	Circuit itinérant autour de l'île : Cagliari (1 jour) *(p. 98)*, Villasimius (1 jour) *(p. 124)*, Arbatax et le Supramonte (1 jour) *(p. 162)*, Golfo di Orosei (1 jour) *(p. 166)*, San Teodoro (1 jour) *(p. 172)*, archipel de La Maddalena (2 jours) *(p. 230)*, Castelsardo (1 jour) *(p. 277)*, Stintino (1 jour) *(p. 300)*, Alghero (2 jours) *(p. 288)*, Bosa (1 jour) *(p. 350)*, péninsule du Sinis (1 jour) *(p. 337)* et Costa Verde (1 jour) *(p. 372)*.
Transport	Après la visite de Cagliari, louez une voiture pour le reste de votre séjour ; vous rejoindrez ainsi plus aisément les plages et criques moins fréquentées.
Conseils	Réservez une excursion en bateau à la journée dans l'archipel de La Maddalena.
TROIS SEMAINES	**AU CŒUR DE LA SARDAIGNE**
Programme	Circuit itinérant autour de l'île : Cagliari (2 jours) *(p. 98)*, Barumini (1 jour) *(p. 138)*, le massif du Gennargentu (1 jour) *(p. 194)*, Nuoro (1 jour) *(p. 180)*, Golfo di Orosei (1 jour) *(p. 166)*, San Teodoro (1 jour) *(p. 172)*, archipel de La Maddalena (2 jours) *(p. 230)*, Tempio Pausania et la Gallura intérieure (1 jour) *(p. 245)*, Castelsardo (1 jour) *(p. 277)*, Sassari (1 jour) *(p. 254)*, Stintino (1 jour) *(p. 300)*, Alghero (2 jours) *(p. 288)*, Bosa (1 jour) *(p. 350)*, péninsule du Sinis (1 jour) *(p. 337)*, Costa Verde (1 jour) *(p. 372)*, Iglesias (1 jour) *(p. 362)*, Isola di Sant'Antioco (1 jour) *(p. 389)* et Isola di San Pietro (1 jour) *(p. 398)*.
Transport	À Cagliari, déplacez-vous à pied. Louez une voiture à partir du 3e jour, en prévoyant une restitution à l'aéroport.
Conseils	Découvrez autrement le massif du Gennargentu, à bord du pittoresque Trenino Verde, un train historique à voie étroite.

Types de séjour

SÉJOUR LOISIRS	
Les plages incontournables	Stintino et sa célébrissime plage de la Pelosa, au sable blanc très fin et aux eaux turquoise *(p. 301)*. La plage de Punta Is Arutas et ses cristaux de quartz, dans la péninsule du Sinis, relativement peu fréquentée *(p. 341)*. Sur la Costa Verde, ne manquez pas le site de Piscinas, un mini-Sahara sarde *(p. 372)*. Villasimius et ses nombreuses plages alentour, accessibles pour la plupart en bus durant la saison *(p. 124)*. Le Golfo di Orosei, isolé par les montagnes du Supramonte, et dont les plus belles plages sont accessibles par bateau *(p. 166)*. Autour d'Alghero, rendez-vous sur les plages Le Bombarde et Lazzaretto *(p. 298)*.
Excursion en mer et plongée sous-marine	Excursion à l'Isola dell'Asinara, au départ de Stintino ou de Porto Torres *(p. 300)*. Exploration sous-marine dans le parc marin de Tavolara *(p. 214)*, au large d'Olbia, ou celui du Capo Carbonara, près de Villasimius *(p. 128)*. Balade en bateau autour des îles de l'archipel de La Maddalena *(p. 230)*.
La gastronomie sarde	*Trattoria*, *osteria* et *agriturismo* mitonnent une cuisine régionale. Ne manquez pas : la *fainè*, galette de farine de pois chiches concoctée à Alghero ; les *culurgiones*, raviolis farcis de *ricotta* et d'épinards ou de pommes de terre à l'ail et au fromage ; les *dolci sardi*, gâteaux et pâtisseries locales qui font la fierté de l'île, en particulier à Quartu Sant'Elena *(p. 118)* ; sans oublier le *pane carasau*, pain de blé en forme de galette qui accompagne le repas.
SÉJOUR CULTUREL	
Nuraghi et autres témoignages antiques	Parmi les milliers de silhouettes disséminées sur l'île, le *nuraghe* Su Nuraxi, à Barumini *(p. 138)*, est le plus impressionnant et le plus complet. Autre lieu incontournable, la Vallée des nuraghi *(p. 313)*, dont le *nuraghe* de Santu Antine *(p. 316)* et la nécropole de Sant'Andrea Priu *(p. 318)*, le plus bel exemple de *domus de janas* de l'île. Les superbes alignements de tombes mégalithiques et de menhirs sur les sites de Pranu Muttedu *(p. 135)*. Le site antique de Tharros *(p. 339)*, situé à la pointe de la péninsule du Sinis.
Cités médiévales	À Cagliari *(p. 98)*, arpentez le quartier du Castello et profitez de la vue qu'offrent les bastions toujours dressés. À Bosa *(p. 350)*, des ruelles médiévales colorées mènent au château qui domine les environs. À Alghero *(p. 288)*, faites le tour de ses remparts intacts.
Joyaux romans et traditions religieuses	Deux incontournables : la basilica San Gavino, à Porto Torres *(p. 264)*, et la Santissima Trinità di Saccargia, à Codrongianos *(p. 274)*. Pour aller plus loin, sillonnez la vallée du roman *(p. 273)*. Parmi les fêtes religieuses, celle dédiée à Sant'Efisio à Cagliari (début mai) et la descente des cierges à Sassari (14 août) sont les plus populaires.
TOURISME VERT	
Randonnées par monts et par vaux	Arpentez l'Isola Caprera, ses roches granitiques roses et ses calanques *(p. 232)*. Une randonnée dans la Gola Su Gorropu pour apprécier les beautés du Supramonte *(p. 165)*. Le sentier littoral du Golfo di Orosei *(p. 166)* et le massif du Gennargentu *(p. 194)*, point culminant sarde.
La Sardaigne souterraine	Parmi les nombreuses grottes sous-marines, littorales et terrestres, ne manquez pas la Grotta del Bue Marino, qui se divise en deux branches *(p. 167)*, et la Grotta di Nettuno, accessible en bateau ou par un impressionnant escalier creusé dans la falaise *(p. 296)*.
Faune et flore sardes	Les flamants roses des salines de Cagliari, les chênes-lièges centenaires de la Gallura, les cerfs de la Costa Verde, le faucon pèlerin du parc de Porto Conte et les ânes blancs de l'Asinara.

Aller en Sardaigne

Nom officiel : Région autonome de Sardaigne
Capitale : Cagliari
Superficie : 24 090 km^2
Population : 1 666 300 hab. (recensement 2015)
Monnaie : l'euro
Langues : italien, sarde

En avion

LES COMPAGNIES AÉRIENNES

Au départ de la France, la Belgique et la Suisse

Alitalia – ✆ 0 892 655 655 (0,34 €/mn) - www.alitalia.com. Liaisons avec les aéroports d'Alghero, de Cagliari et d'Olbia à partir de Paris, de Nice et d'autres villes françaises (avec escale à Rome ou à Milan).

Etihad Regional – ✆ (0)91 208 70 80 - www.etihadregional.com. Vols saisonniers de Genève pour Cagliari et Olbia.

EasyJet – www.easyjet.com. Pour Olbia, vols saisonniers au départ de Bâle, Genève, Lyon, Nice et Orly. Pour Cagliari, vols saisonniers de Bâle, Genève et Orly.

Meridiana – ✆ 0 826 953 114 - www.meridiana.it. Vols directs de Nice et Paris-CDG pour Olbia.

Ryanair – www.ryanair.com. Vols pour Cagliari et Alghero au départ de Paris-Beauvais et Bruxelles ; pour Cagliari, vols au départ de Marseille.

On peut aussi prendre un vol pour la Corse et, de là, se rendre en Sardaigne avec les ferries qui partent d'Ajaccio, de Bonifacio et de Propriano *(voir plus loin)*. Consultez :

Air France – ✆ 36 54 (0,34 €/mn) - www.airfrance.com.

Air Corsica – ✆ 0 825 35 35 35 (0,15 €/mn) - www.aircorsica.com.

Du Canada

Air Canada – www.aircanada.com. Vols pour la Sardaigne au départ de Montréal et de Toronto, avec escale à Rome.

Air Transat – www.airtransat.it. Vols pour Rome, Milan et Venise au départ de Montréal, Toronto et Vancouver.

Alitalia – www.alitalia.it. Vols pour les trois aéroports de la Sardaigne *(voir ci-dessous)* avec escale à Rome.

CENTRALES DE RÉSERVATION

Plusieurs sites Internet permettent de comparer des tarifs négociés et de réserver en ligne. Pratique, le site **www.voyagermoinscher.fr** fonctionne comme un moteur de recherche, faisant jouer les différents prestataires.

Airportail – www.airportail.com.

Bourse des vols – 0 892 888 949 (0,34 €/mn) - www.bourse-des-vols.com.

Ebookers – ✆ 0 892 234 235 (0,34 €/mn) - www.ebookers.fr.

Expedia – ✆ 01 57 32 49 86 - www.expedia.fr.

Go Voyages – ✆ 0 899 651 951 (0,34 €/mn) - www.govoyages.com.

Kayak – www.kayak.fr.

Lastminute – ✆ 0 892 686 100 (0,34 €/mn) - www.lastminute.com.

Opodo – ✆ 0 899 653 655 (0,34 €/mn) - www.opodo.fr.

Voyages-sncf.com – ✆ 0 892 335 335 (0,34 €/mn) - www.voyages-sncf.com.

LES AÉROPORTS

Aéroport d'Alghero – Alghero (SS) - ✆ 079 935 282/011 - www.algheroairport.com. Petit aéroport moderne qui se situe au nord-ouest de l'île, aux environs

de Fertilia, dans l'agglomération d'Alghero. Autobus pour le centre d'Alghero et la gare ferroviaire. Location de véhicules. Station de taxis devant la zone Arrivées (✆ 079 973 97 95 ou 079 989 20 28) : comptez 20 € pour rejoindre le centre d'Alghero, 35 € pour Sassari.
Aéroport de Cagliari-Elmas « Mario Mameli » – Via dei Trasvolatori snc - Elmas - ✆ 070 211 211 - www.sogaer.it. Au sud de l'île, près de la commune d'Elmas, à 7 km du centre de Cagliari. Il est relié à l'ensemble de la région par les routes nationales 554 et 130. De la gare, située à 5mn à pied derrière l'aéroport, plusieurs trains à destination du centre de Cagliari marquent l'arrêt à « Elmas Aeroporto » (toutes les 20mn entre 5h et 21h). Location de véhicules à l'extérieur de l'aérogare. Station de taxis devant le terminal des Arrivées (✆ 070 66 55, 07 826 060 ou 070 400 101) : comptez de 15 à 20 € pour le centre de Cagliari.
Aéroport Olbia Costa Smeralda – Olbia - ✆ 0789 56 34 44 - www.geasar.it. Il est situé au nord-est de l'île, à 4 km de la ville d'Olbia. Autobus pour le centre d'Olbia et la gare ferroviaire *(lignes nos 2 et 10 - lun.-sam. 8h-20h, dép. ttes les 20mn, ttes les 40mn apr. 20h et dim.).* Location de voitures. Station de taxis à la sortie de la zone Arrivées (✆ 0789 22 718 ou 0789 69 150) : comptez 15 € pour le centre d'Olbia.

LIAISONS ENTRE LES AÉROPORTS ET LES LOCALITÉS TOURISTIQUES

Dans chacun des trois aéroports de l'île, un guichet d'information vous renseignera sur le moyen le plus simple de rejoindre votre destination.
Le réseau ferroviaire national se déploie sur une seule ligne qui relie les principaux nœuds portuaires du Nord, Olbia et Porto Torres, à Cagliari et aux villes minières de l'Iglesiente, dans le Sud. La plupart des destinations sardes sont donc loin d'être accessibles par le train. Informations et renseignements sur le site **www.trenitalia.com**.
Le bus reste le transport public le plus pratique pour atteindre les différentes localités sardes. Voici la liste des principales compagnies :
ARST – ✆ 800 865 042 (seult d'un téléphone fixe à partir de l'Italie) - www.arst.sardegna.it. Le principal réseau ; ses bus sillonnent toute l'île.
FARA – ✆ 0783 72 883 - www.faraviaggi.it. De l'aéroport de Cagliari-Elmas à Oristano, de l'aéroport d'Alghero-Fertilia au

DISTANCES EN KM (PARCOURS RAPIDE)	Alghero	Arbatax	Cagliari	Iglesias	Nuoro	Olbia	Oristano	Porto Torres	Sassari
Alghero	–	217	228	240	134	141	137	38	40
Arbatax	217	–	132	182	92	188	174	226	203
Cagliari	228	132	–	58	181	281	98	237	215
Iglesias	240	182	58	–	183	287	110	249	243
Nuoro	134	92	181	183	–	104	91	143	120
Olbia	141	188	281	287	104	–	190	125	103
Oristano	137	174	98	110	91	190	–	147	124
Porto Torres	38	226	237	249	143	125	147	–	29
Sassari	40	203	215	243	120	103	124	29	–

centre-ville, lignes saisonnières à destination des principales localités touristiques du littoral d'Oristano et d'Alghero.

Turmotravel – ✆ 0789 21 487 - www.gruppoturmotravel.com. Lignes Cagliari-Olbia-Santa Teresa di Gallura, Olbia-Sassari, Olbia-Santa Teresa di Gallura, Alghero-Bonorva.

Pour plus de détails, reportez-vous aux paragraphes « Taxi » (p. 34) et « Transports » (p. 35).

En bateau

LES COMPAGNIES MARITIMES

Bon à savoir – Le site **www.directferries.fr** détaille tous les trajets effectués par les différentes compagnies maritimes du bassin méditerranéen, avec leurs tarifs et leurs offres spéciales. Les réservations peuvent s'effectuer auprès des agences des compagnies maritimes, en ligne sur leur site, auprès des gares principales, des bureaux de tourisme de la SNCF ou des agences de voyages.

Au départ de la France

Corsica Ferries-Sardinia Ferries – ✆ 0 825 095 095 (0,15 €/mn) - www.corsica-ferries.fr. Liaisons entre la France continentale (Nice, Toulon), la Corse (Île-Rousse, Calvi, Bastia, Ajaccio et Porto-Vecchio) et la Sardaigne (Toulon-Porto Torres et Nice-Golfo Aranci).

La Méridionale (CMN) – ✆ 0 810 20 13 20 (prix d'un appel local) - www.lameridionale.fr. Liaison Marseille-Porto Torres (16h) avec escale (1h) à Propriano (Corse) ; départ tous les lundis et mercredis à 18h.

Moby Lines – www.mobylines.fr. Traversée (50mn) de Bonifacio (Corse) à Santa Teresa Gallura (pointe septentrionale de la Sardaigne) ; 4 départs quotidiens de début avril à fin sept.

Saremar – www.saremar.it. Effectue la traversée (1h) de Bonifacio (Corse) à Santa Teresa Gallura, y compris en hiver.

SNCM (Société nationale maritime Corse Méditerranée) – ✆ 36 20 (0,15 €/mn) - www.sncm.fr. Liaisons pour Porto Torres au départ de Marseille, Propriano ou Ajaccio. Ferry pour la Corse à partir de Marseille, Toulon et Nice.

Au départ de l'Italie

Si vous souhaitez partir d'Italie, les compagnies suivantes effectuent des traversées vers Olbia, à l'extrémité nord-est de l'île, et/ou vers Porto Torres :

Corsica Ferries-Sardinia Ferries – www.corsica-ferries.fr. De Livourne vers Golfo Aranci.

Grandi Navi Veloci – www.gnv.it. Ferries au départ de Gênes pour Porto Torres.

Grimaldi Lines – www.grimaldi-lines.com. Ligne Civitavecchia-Porto Torres.

Moby Lines – www.mobylines.fr. Départs de Civitavecchia, Gênes, Livourne et Piombino pour Olbia.

SNAV – www.snav.it. Liaisons Gênes - Porto Torres.

Tirrenia – www.tirrenia.it. Départs de Civitavecchia, Gênes, Naples, Palerme et Trapani à destination de Arbatax, Olbia et Cagliari.

Avant de partir

Météo

CARACTÉRISTIQUES CLIMATIQUES

Le climat de la Sardaigne est typiquement **méditerranéen**, avec des températures douces toute l'année et des hivers de courte durée (décembre-février). Autour de Noël, pendant une période de 4 ou 5 jours appelée *l'estate di San Martino* (« l'été de Saint-Martin »), les températures peuvent même atteindre 18 °C. À la saison froide, les vents (comme le mistral qui souffle du nord-ouest) sont doux et humides ; au printemps et en été, ils viennent surtout d'Afrique, apportant un air chaud et sec.
Dans la région Nord-Ouest, le climat est pluvieux, alors qu'il est très sec dans le Sud. Il pleut entre octobre et février, irrégulièrement le reste de l'année, les mois de juillet et d'août étant les plus secs. En moyenne, les précipitations annuelles varient de 450 à 600 mm.
Les **meilleures périodes** pour découvrir la Sardaigne vont d'**avril à juin** et de **septembre à octobre**. En juillet-août, le thermomètre atteint ou dépasse souvent les 38 °C, mais la brise marine et les vents, assez fréquents sur l'île, rendent ces températures supportables. On peut se baigner de mai à octobre.
Pour vous informer sur les conditions météorologiques sur place (prévisions ville par ville, météo des plages, état de la mer, force des vents), consultez les sites suivants : **www.meteo.it** ; **www.ilmeteo.it** ; **www.sar.sardegna.it** (en anglais).

VÊTEMENTS À PRÉVOIR

Pour l'été, emportez des vêtements légers en coton, un chapeau et des lunettes de soleil (indispensables), sans oublier votre maillot de bain. Si vous partez au printemps ou à la fin de l'automne, prévoyez des vêtements plus chauds. Dans tous les cas, un coupe-vent vous sera utile en bateau, en scooter ou en altitude. Prenez des chaussures de marche pour les randonnées en montagne ou les escapades dans la nature.

Adresses utiles

OFFICES DE TOURISME

Office national italien de tourisme
La première source d'information sur l'Italie : **ENIT** (Ente Nazionale Italiano per il Turismo) - www.enit.it/fr.
France – 23 r. de la Paix - 75002 Paris - ✆ 01 42 66 03 96 - infoitalie.paris@enit.it.
Belgique – 28 r. Émile-Claus - Bruxelles - ✆ (02) 647 11 54 - brussels@enit.it.
Canada – 110 Yonge Street - suite 503 - Toronto, Ontario M5C1T4 - ✆ (1) 416 925 4882 - fax (1) 416 925 4799 - toronto@enit.it.
Pour les offices de tourisme en Sardaigne, voir aussi p. 32.

Sardegna Turismo
www.sardegnaturismo.it – Ce portail développé en italien, en anglais et en allemand, est la source d'information la plus complète sur l'île (bien que les informations pratiques ne soient

pas toujours tenues à jour). On peut effectuer une recherche spécifique par province ou commune pour connaître les possibilités d'hébergement et de restauration, les moyens de transport, les tour-opérateurs locaux, les activités culturelles, sportives et de loisir (parcs aquatiques, établissements thermaux, cinémas, discothèques, ports de plaisance, théâtres, écoles de langue, associations sportives, associations Pro Loco, etc.).

Vous trouverez également les coordonnées de l'office de tourisme de la localité où vous souhaitez vous rendre dans la rubrique « S'informer » présente en début de chaque chapitre de la section « Découvrir la Sardaigne ». Sachez toutefois que bon nombre des offices de tourisme, Pro Loco pour la plupart, sont gérés en partie par des volontaires et que les horaires, surtout hors saison, sont parfois très aléatoires.

AMBASSADES ET CONSULATS

Ambassades d'Italie

France – 51 r. de Varenne - 75007 Paris - 01 49 54 03 00 - www.ambparigi.esteri.it.

Belgique – 28 r. Émile-Claus - 1050 Bruxelles - (02) 643 38 50 - www.ambbruxelles.esteri.it.

Suisse – Elfenstrasse 14 - 3006 Berne – (0) 31 350 07 77 - www.ambberna.esteri.it.

Canada – 275 Slater Street - 21st Floor - Ottawa, Ontario K1P5H9 - (1) 613 232 2401 - www.ambottawa.esteri.it.

Consulats d'Italie

France – 5 bd Émile-Augier - 75116 Paris - 01 44 30 47 00 - www.consparigi.esteri.it.

Belgique – 38 r. de Livourne - 1000 Bruxelles - (02) 543 15 50 - www.consbruxelles.esteri.it.

Suisse – 14 r. Charles-Galland - 1206 Genève - 022 839 67 44 - www.consginevra.esteri.it.

Canada – 3489 Drummond Street - Montréal, Québec H3G1X6 - (1) 514 849 8351 - www.consmontreal.esteri.it; 136 Beverley Street - Toronto, Ontario M5T 1Y5 - (1) 416 977 1566 - www.constoronto.esteri.it.

Pour les représentations étrangères en Sardaigne, voir p. 50.

INSTITUTS CULTURELS

L'**Istituto Italiano di Cultura**, dédié aux échanges culturels et linguistiques franco-italiens, organise des cours de langue et des événements culturels. Il possède bibliothèques et vidéothèques.

France

À Paris – 73 r. de Grenelle - 75007 Paris - 01 44 39 49 39 - www.iicparigi.esteri.it - lun.-vend. 10h-13h, 15h-18h. Il est situé au cœur du quartier St-Germain, dans le bel hôtel de Galliffet.

À Lyon – 45 r. de la Bourse - 69002 Lyon - 04 78 42 13 84 - www.iiclione.esteri.it - lun. et merc. 9h30-13h, 14h-18h30, mar. et jeu. 9h30-13h, 14h-17h30, vend. 9h30-13h.

À Marseille – 6 r. Fernand-Pauriol - 13005 Marseille - 04 91 48 51 94 - www.iicmarsiglia.esteri.it.

À Strasbourg – 7 r. Schweighaeuser - 67000 Strasbourg - 03 88 45 54 00 - www.iicstrasburgo.esteri.it - lun.-vend. 9h30-12h30, merc. 15h-17h.

Belgique

À Bruxelles – 38 r. de Livourne - 1000 Bruxelles - (02) 533 27 20 - www.iicbruxelles.esteri.it - lun.-vend. 9h30-13h, 14h-17h.

Luxembourg

À Luxembourg – 5-7 r. Marie-Adélaïde - 2128 Luxembourg - 352 25 22 741 - www.iiclussemburgo.esteri.it.

Suisse

À Zürich – Birmensdorferstrasse 198 - 8003 Zürich - ✆ 044 202 48 46 - www.iiczurigo.esteri.it - lun., merc., vend. 9h-13h, mar., jeu. 9h-13h, 15h-17h.

Canada

À Montréal – 1200 Dr Penfield av. - Montréal, Québec H3A1A9 - ✆ (1) 514 849 34 73 - www.iicmontreal.esteri.it - lun.-jeu. 9h-13h, 14h-17h30, vend. 9h-14h.
À Toronto – 496 Huron St. - Toronto, Ontario M5R 2R3 - ✆ (1) 416 921 38 02 - www.iictoronto.esteri.it - lun.-vend. 9h-13h, 14h-17h.

ASSOCIATIONS

Association Dante Alighieri – 12 bis r. Sédillot - 75007 Paris - ✆ 01 47 05 16 26 - www.ladante.fr. Fondée en 1889, cette association diffuse la culture italienne et propose des cours d'italien pour tous niveaux. Une trentaine d'antennes dans toute la France.
Centre culturel italien – 4 r. des Prêtres-St-Séverin - 75005 Paris - ✆ 01 46 34 27 00 - www.centreculturelitalien.com. Cours d'italien, de civilisation, de cuisine, conférences, vernissages et projections de films.

SITES INTERNET

Certains sont bien conçus, mais leurs informations pratiques (transport, hébergement, restauration) ou relatives aux conditions de visite des lieux touristiques (horaires d'ouverture, tarifs, etc.), ne sont pas toujours tenues à jour. Mieux vaut donc les vérifier par téléphone ou e-mail, ou auprès des offices de tourisme.
www.regione.sardegna.it – en italien. Le portail institutionnel de la Région Autonome de la Sardaigne renvoie vers des sites thématiques consacrés au tourisme, à l'environnement, à la culture, à la cartographie, à la santé…
www.comunas.it – en italien. Il présente chacune des communes sardes selon le même schéma : la commune est localisée sur la carte de l'île, au-dessus des informations essentielles (adresses et numéros de téléphone de la mairie, du Samu, de la police municipale, du bureau de poste et de la bibliothèque). S'affichent également le lien avec le site institutionnel et les rubriques touristiques et culturelles.
www.sardegna.beniculturali.it – en italien. Description des musées, des monuments et des sites archéologiques sardes ; informations pratiques mises à jour assez régulièrement.
www.parks.it/regione.sardegna/– en italien (versions anglaise et française pour certains parcs). Parcs et réserves naturelles.
www.sardegnadigitallibrary.it – en italien. Le patrimoine numérisé de la Sardaigne, des archives d'une grande valeur historique, avec des documents vidéo, audio, des images (un matériel polyglotte par définition) et des textes.

TOURISME DES PERSONNES HANDICAPÉES

Dans ce guide, le symbole ♿ signale les sites accessibles totalement (ou partiellement) aux visiteurs à mobilité réduite.

Accessibilité des infrastructures touristiques

Les infrastructures adaptées aux personnes à mobilité réduite sont de plus en plus répandues en Sardaigne. Les offices de tourisme des différentes localités sauront vous renseigner sur les facilités d'accès aux sites et aux stations balnéaires et pourront vous mettre en contact avec les associations en charge du secteur.
Pour des informations d'ordre général, consultez les sites :

www.superabile.it – en italien et en anglais. SuperAbile est le service de l'organisme public INAIL consacré aux personnes à mobilité réduite. Vous pouvez aussi les joindre par téléphone au ✆ 800 810 810 (appel d'un téléphone fixe depuis l'Italie) ou ✆ 00 39 6 455 396 07 (depuis l'étranger) ; composez le 1 pour être mis en contact avec un opérateur (certains parlent français).

www.disabili.com – en italien. Propose des focus par région.

www.turismopertutti.it – en italien, en français et en anglais.

Cooperativa Golfo degli Angeli – Via Cicale 5 - Cagliari - ✆ 070 522 055 - www.golfodegliangeli.it. Cette coopérative gère, sur le littoral de Cagliari et sa longue plage du Poetto, 7 établissements balnéaires accessibles par des rampes et dotés de parasols et de chaises longues pour les personnes handicapées et leurs accompagnateurs, le tout pour un prix symbolique ; on y trouvera des toilettes chimiques spacieuses, des douches, des vestiaires et une consigne, ainsi que des places de parking réservées à proximité des rampes d'accès.

Accessibilité des transports

Train – Les *Sale Blu* organisent un service d'assistance dans 251 gares du réseau national des chemins de fer, dont 6 gares sardes : Cagliari, Macomer, Olbia, Oristano, San Gavino et Sassari (pour les personnes ayant besoin d'un élévateur, le service est limité aux gares de Cagliari et de Sassari). Pour en bénéficier, il faut appeler le numéro vert national ✆ 199 30 30 60 au moins 12h avant le départ. Site Internet : www.trenitalia.com (pour la version anglaise, cliquez sur « Trenitalia », puis « Customer Assistance », et ensuite « Persons with reduced mobility »).

Autobus – La principale société de transport public, l'ARST, dispose d'une centaine de véhicules équipés d'une rampe mobile (✆ 800 865 042, seult d'un téléphone fixe à partir de l'Italie - www.arst.sardegna.it).

Formalités

DOCUMENTS

Pièces d'identité

Pour un voyage de moins de trois mois, les ressortissants de l'Union européenne et les citoyens suisses (y compris les enfants mineurs, même accompagnés) doivent être en possession d'une carte d'identité ou d'un passeport en cours de validité.
Les Canadiens présenteront un passeport en cours de validité.
Une autorisation parentale de sortie du territoire, délivrée par le maire de la commune de résidence, est nécessaire pour les mineurs voyageant seuls ou avec des adultes non titulaires du droit de garde.

Pour les conducteurs

Vous devez pouvoir présenter votre permis de conduire national (à trois volets pour les Français) ou un permis de conduire international en cours de validité. Outre les papiers du véhicule, vous devez vous munir d'une carte internationale d'assurance automobile, dite « carte verte », d'un triangle de présignalisation et d'un gilet fluorescent homologué UE (à conserver dans l'habitacle et non dans le coffre), à utiliser en cas de panne ou d'accident.

SANTÉ

Afin de bénéficier d'une assistance médicale au même coût que dans leur pays d'origine, les ressortissants de l'Union européenne doivent se procurer, avant leur départ, la **carte européenne d'assurance**

maladie, nominative et individuelle, valable un an. Elle s'obtient en 2 à 3 semaines auprès de votre Caisse primaire d'assurance maladie ou sur votre compte Ameli (www.ameli.fr).

En cas de problème sur place, une **assurance complémentaire** vous sera d'un grand secours. Beaucoup de cartes bancaires incluent dans leur contrat une assurance voyage (assistance, rapatriement). Si vous passez par un tour-opérateur, vérifiez qu'elle n'est pas déjà incluse dans le prix de votre voyage. Sinon, vous pouvez en souscrire une auprès des prestataires suivants :

AVA – 25 r. de Maubeuge - 75009 Paris - ✆ 01 53 20 44 20 - www.ava.fr.

AVI International – 44, r. de Washington - 75008 Paris - ✆ 01 44 63 51 00 - www.avi-international.com.

Axa Assistance – Le Carat - 6 r. André-Gide - 92321 Châtillon - ✆ 01 55 92 40 00 - www.axa-assistance.fr.

Europ Assistance – 1 prom. de la Bonnette - 92230 Gennevilliers - ✆ 01 41 85 93 65 (24h/24) - www.europ-assistance.fr.

Mondial Assistance – 7 r. Dora-Maar - 93400 Saint-Ouen - ✆ 01 53 05 86 00 - www.mondial-assistance.fr.

Pour les services médicaux en Sardaigne, voir p. 33.

ANIMAUX DE COMPAGNIE

Les animaux domestiques (chiens, chats, furet) doivent être munis du **passeport animalier** attestant d'une vaccination contre la rage (le propriétaire doit s'assurer qu'elle est à jour) et être identifiables par une micropuce ou un tatouage lisible. Le passeport animalier s'obtient auprès des services vétérinaires du pays d'origine.

Se loger

Retrouvez notre sélection d'hébergements dans « Nos adresses à… », en fin de description des principaux sites de la partie « Découvrir la Sardaigne ».

NOTRE SÉLECTION

Les établissements décrits dans ce guide ont été sélectionnés pour leur atmosphère, leur niveau de confort et leur rapport qualité-prix. Ils sont classés par catégorie : Premier prix, Budget moyen, Pour se faire plaisir et Une folie *(voir tableau ci-dessous)*.

Les prix que nous indiquons correspondent au tarif moyen d'une **chambre double** avec petit-déjeuner.

OÙ SE LOGER ?

Les prix des hôtels, des Bed and Breakfast (B & B) et des hébergements ruraux *(agriturismo)* varient considérablement selon la saison et le secteur. La Costa Smeralda, la plus exclusive de l'île, pratique ainsi des tarifs parfois trois fois plus élevés que le reste de la région à la même période.

NOS CATÉGORIES DE PRIX		
	Hébergement	**Restauration**
Premier prix	jusqu'à 90 €	jusqu'à 20€
Budget moyen	de 90 € à 120 €	de 20 € à 35 €
Pour se faire plaisir	de 120 € à 150 €	de 35 € à 50 €
Une folie	plus de 150 €	plus de 50 €

Le long des côtes, vous trouverez de nombreux villages de vacances, souvent très luxueux (en formule « tout compris »), tandis que l'arrière-pays a développé un type d'hébergement rural très agréable, en gîte ou chambre d'hôtes, proposant un service de demi-pension assez économique.

Dans les zones touristiques, beaucoup d'établissements (campings, villages de vacances ou grands hôtels) sont **fermés entre novembre et avril**.

SERVICES DE RÉSERVATION

Vous pouvez réserver tout type d'hébergement par Internet. Le site **www.sardegnaturismo.it** propose différentes formes d'hébergement par localité ou province.

Hôtels, appartements, Bed and Breakfast – www.venere.com. Cet excellent site offre un large choix d'hôtels. Pour réserver depuis la France : 01 57 32 34 60.

www.sardegne.com et www.sardegna.com proposent aussi des centaines d'adresses.

Gîtes ruraux – www.agriturist.it ; www.terranostra.sardegna.it ; www.turismoverde.it (en italien seult ; cliquez sur « Scegli il tuo agriturismo » et sélectionnez « Sardegna »).

Camping – www.federcampeggio.it (site de la Fédération italienne de camping) ; www.campeggi.com/fr/; www.campeggievillaggi.it ; www.camping.it/france ; www.faitasardegna.org.

AGENCES SPÉCIALISÉES

Gîtes et logement chez l'habitant

Locatissimo– 8 r. St-Marc - 75002 Paris - 01 40 13 97 87 - www.locatissimo.com. Propose une sélection d'agritourismes, d'appartements, de villas et de maisons indépendantes.

Bed & Breakfast Italia – Palazzo Sforza Cesarini - Corso Vittorio Emanuele II 282 - 00186 Roma - 01 76 60 74 75 (France) ou 00 39 06 68 78 618 (Italie) - www.bbitalia.it.

Location d'appartements et de villas

Cette solution très attrayante si vous tenez à votre indépendance s'avère souvent plus économique, surtout pour les familles ou les groupes d'amis. Voici quelques bonnes agences :

Cuendet – 11 r. de Courtalin (Bât. A) - 77700 Magny-le-Hongre - 0 820 204 301 (0,09 €/mn) - www.cuendet.fr.

Calculez votre budget quotidien

Le prix à la journée a été calculé **pour une personne**, sur la base d'un séjour en haute saison.

Mini budget avec hébergement dans une auberge de jeunesse ou un camping, déplacements en transports en commun, une pizza au déjeuner, un plat de pâtes dans une trattoria le soir, la visite d'un musée : comptez **55 €/j.**

Petit budget avec hébergement dans un hôtel simple, déplacements en transports en commun, une pizza au déjeuner, un plat au dîner, la visite d'un musée et un café : comptez **90 €/j.**

Budget moyen avec hébergement dans un hôtel mieux équipé, location d'une voiture, 2 restaurants par jour, un musée, un achat : comptez **140 €/j.**

Budget Dolce Vita avec hébergement dans des hôtels de luxe, des agritourismes raffinés ou des résidences d'époque, location d'une voiture, les repas dans des restaurants gastronomiques : comptez au minimum **200 €/j.**

PRIX INDICATIFS DE BASE DE QUELQUES SERVICES OU ARTICLES	PRIX MOYEN EN EUROS
Une chambre double dans une pension	90
Une chambre double dans un hôtel confortable ou un agritourisme	130
Une chambre double dans un hôtel de luxe	200
Un panino	4-6
Une pizza	6,50-10
Un bon repas dans une trattoria	25
Un dîner dans un restaurant chic	50
Une location de voiture pour 1 semaine (catégorie B)	200
Une location de scooter pour 1 jour	30
Un litre d'essence super	1,60
Un passage en bateau pour les îles mineures (AR)	15-20
Un café au comptoir	1
Une glace	2-3
Une bouteille de vin sarde AOC/AOCS	15-20

Interhome – 15 av. Jean-Aicart - 75011 Paris - ✆ 0 805 650 350 (appel gratuit depuis un poste fixe) - www.interhome.fr.
Bellavista – 24 r. Ravignan - 75018 Paris - ✆ 01 42 55 41 92 - www.bellavista-villas.com. Location de demeures de charme à la semaine. Les propriétés sont luxueuses et de tous les styles, du plus rustique au plus clinquant.
Homelidays – 47 bis r. des Vinaigriers - 75010 Paris - ✆ 01 82 88 96 02 - www.homelidays.com. Offres de location d'appartements et de villas pour quelques jours ou à la semaine.

Se restaurer

Retrouvez notre sélection de restaurants dans « Nos adresses à… », en fin de description des principaux sites de la partie « Découvrir la Sardaigne ».

NOTRE SÉLECTION

Pour répondre à toutes les envies, nous avons sélectionné des restaurants régionaux, mais aussi plus classiques ou gastronomiques, et des adresses où manger sur le pouce.
Comme pour « Se loger », ils sont classés par catégorie de prix *(voir tableau p. 21)*. Les tarifs indiqués correspondent au prix moyen d'un **repas pour une personne** (boissons et pourboire non compris).

TYPES D'ÉTABLISSEMENTS

Restaurants, « trattorie », « osterie » et « agriturismi »
Les restaurants proposent en général un service et un cadre soignés, voire élégants. Dans les *trattorie*, les *osterie* à direction familiale, on trouvera une cuisine bourgeoise, des prix plus modérés et une atmosphère animée et conviviale. Les *agriturismi*, quant à eux, font souvent partie – et c'est alors la solution idéale – d'une exploitation agricole avec un élevage et un potager propres. Ils se caractérisent par le service de

repas à prix fixe (entre 28 et 35 €), parfois même trop abondants et dont on a souvent du mal à venir à bout ! Même principe pour les *ittiturismi*, qui proposent eux des menus fixes à base de poisson frais, composés d'un défilé de plats aussi interminable que savoureux.

Dans les *trattorie* typiques, ne soyez pas étonné de voir le serveur ou le propriétaire vous présenter de vive voix la carte ou les plats du jour ; mais gare aux mauvaises surprises quand on vous apportera l'addition ! La liste des prix est toujours disponible : n'hésitez pas à la demander. Prenez garde aux menus touristiques, où le choix est quelquefois très limité. Attention aussi à certains produits, comme le poisson frais, dont le prix est affiché par *etto*, c'est-à-dire pour 100 g. Dans les *trattorie*, la carte des vins peut aller du vin de la maison à une véritable sélection de la production régionale.

Œnothèques et bars à vins

Dans cette région vinicole de riche tradition, les œnothèques qui servent à manger et les bars à vins se multiplient. Ils proposent, comme les *osterie*, des plats du jour ou des en-cas *(stuzzichini)*, et disposent d'un grand choix de vins servis en bouteille ou au verre.

QUAND SE RESTAURER ?

Le déjeuner est généralement servi de 12h30 à 15h, et le dîner de 20h à 23h, même si les clients restent souvent jusqu'à la fermeture (en général vers minuit).

Le jour de fermeture hebdomadaire est variable, mais la plupart des établissements restent ouverts le week-end.

En **basse saison** (d'octobre à mars), les horaires d'ouverture des restaurants tendent à diminuer, et plusieurs enseignes ferment jusqu'à l'été suivant ; il est donc toujours prudent de téléphoner au préalable.

LES SPÉCIALITÉS

Le repas italien

Le repas traditionnel se compose d'un *antipasto* ou hors-d'œuvre (crudités, charcuterie, légumes confits) ; d'un *primo piatto* (premier plat), essentiel, parfois à base de riz cuisiné en *risotto*, mais, le plus souvent, fait de pâtes sous toutes leurs formes et accommodées de multiples façons ; d'un *secondo* (viande ou poisson) que l'on peut accompagner d'un *contorno* (légumes ou salade). Viennent ensuite le fromage *(formaggio)* et les fruits *(frutta)*, ainsi que de nombreux desserts : gâteau *(dolce)*, glace *(gelato)* ou gâteau glacé *(semifreddo)*.

Les boissons

Sauf précision contraire de votre part, on vous apportera d'office une bouteille d'eau minérale *(acqua minerale)*, car les Italiens ne consomment pas l'eau du robinet : elle pourra être plate *(non gassata)* ou gazeuse *(gassata)*. On peut néanmoins demander de l'*acqua naturale* ou *acqua del rubinetto*.

Les vins se commandent à la carte, mais de nombreux établissements proposent du vin en pichet (*vino in caraffa* ou *vino sfuso*) ; précisez alors si vous souhaitez un *quartino* (un quart) ou un *mezzo litro* (un demi-litre). Vous pouvez aussi demander le *vino della casa* (la cuvée du patron).

Quant à la bière, elle peut être servie en bouteille ou *alla spina* (à la pression).

Les glaces

Réputés à travers le monde, les glaces et sorbets italiens *(gelati)* participent au plaisir des vacances. Pour compléter votre *cono* (cornet) ou votre *coppa* (pot de glace), on vous proposera de la *panna* ou *panna montata*, une crème chantilly très dense.

Dans les grandes *gelaterie*, vous réglerez d'abord votre glace à la caisse, en précisant la taille désirée, puis, muni du ticket, vous vous adresserez au serveur. Même pour le plus petit modèle, vous pourrez choisir plusieurs parfums !

Le café

Grande spécialité des Italiens, qui le torréfient légèrement plus que les Français, le café se boit à toute heure.
L'*espresso*, particulièrement serré, remplit juste le fond de la tasse. Si l'on préfère un café un peu plus long, semblable à l'expresso français, on demandera un *caffè lungo*. Le *caffè latte*, un simple café au lait, diffère du café *macchiato*, servi dans une petite tasse et seulement « taché » de lait. Le *cappuccino* (ou *cappuccio*) se rapproche du café-crème, mais avec un lait battu en mousse et saupoudré à volonté de cacao. Le café *corretto* est « corrigé » à l'eau-de-vie.
L'usage veut que l'on paie d'abord sa consommation à la caisse ; ensuite seulement, muni d'un ticket, on va commander au comptoir auprès du serveur qui ne manipule pas d'argent.

Voir aussi « La gastronomie », p. 82.

GASTRONOMIE ET TERROIR

Appellations

Les produits régionaux sardes de qualité portent les labels DOP (Dénomination d'Origine Protégée) ou IGP (Indication Géographique Protégée).
DOP : *fiore sardo, pecorino sardo, pecorino romano* (fromages), huile d'olive extra-vierge, safran, artichauts épineux (en cours de labellisation).
IGP : agneau de Sardaigne.
Parmi les vins, hormis le vermentino di Gallura, seul **DOCG** (Dénomination d'Origine Contrôlée et Garantie), on compte 19 vins **DOC** (Dénomination d'Origine Contrôlée, correspondant à notre AOC) : alghero, arborea, campidano di Terralba, cannonau di Sardegna, carignano del Sulcis, girò di Cagliari, malvasia di Bosa, malvasia di Cagliari, mandrolisai, monica di Cagliari, monica di Sardegna, moscato di Cagliari, moscato di Sardegna, moscato di Sorso-Sennori, nasco di Cagliari, nuragus di Cagliari, sardegna semidano, vermentino di Sardegna, vernaccia di Oristano.

Sur place de A à Z

ACHATS

Retrouvez notre sélection de boutiques dans « Nos adresses à… », en fin de description des principaux sites de la partie « Découvrir la Sardaigne ».

Horaires d'ouverture

En général, les magasins ouvrent du lundi au samedi, de 9h à 13h et de 16h à 20h. Dans les stations balnéaires, nombreux sont ceux qui restent ouverts tard le soir. Dans les villes, certains centres commerciaux ouvrent de 9h30 à 20h, sans interruption.

Chaussures et confection

Avant d'essayer, sachez que les tailles des vêtements italiens ne correspondent pas aux françaises : retirez une taille pour obtenir la taille française (un 42 italien correspond à un 40 français). En revanche, pour les chaussures, les pointures sont les mêmes.

ACTIVITÉS SPORTIVES

On peut découvrir la Sardaigne à pied, à vélo, à cheval, en canoë ou en bateau à voile : autant d'expériences qui permettent d'apprécier au mieux les superbes paysages de l'île, dans une nature souvent intacte. Avec masque et tuba ou avec bouteille, on peut explorer les fonds marins ; les grottes et les cavités souterraines réservent encore d'autres surprises.

Baignade

La Sardaigne compte une incroyable variété de plages sur presque 2000 km de littoral. À l'est comme à l'ouest, au sud comme au nord, la côte offre un kaléidoscope de couleurs : la mer décline des nuances allant du bleu pastel au vert émeraude, tandis que les plages et les falaises révèlent des gammes de blanc ou de rose. Certaines plages sont sauvages (pas toujours faciles d'accès), d'autres sont mondaines (dotées de transats et de parasols) : prévoyez votre équipement en fonction de vos préférences.

On se retrouve vite isolé sur les plages paradisiaques ! Mieux vaut emporter beaucoup d'eau, une trousse de secours (surtout si vous êtes avec des enfants) et, si possible, un téléphone portable.

Dans chaque chapitre du guide vous trouverez des encadrés et des circuits dédiés aux **plages**, avec de nombreuses indications pratiques sur leur typologie et leur accès.

Canoë-kayak

Le canoë, le kayak et la pirogue polynésienne sont autant de moyens plaisants pour découvrir la côte et la mer, mais aussi les paysages de l'arrière-pays, en naviguant sur les cours d'eau et les lacs. De nombreux centres de location et associations organisent des cours pour tous.

Dans l'arrière-pays, les sites les plus indiqués sont le Lago di Mulargia (partie sud-est de l'île), les lacs de Gusana, du Cedrino, d'Omodeo, ainsi que les deux lacs artificiels qui longent le Flumendosa (dans le Centre-Est), et l'embouchure du fleuve Tirso (au Centre-Ouest). En mer, une des zones les plus intéressantes est celle du Golfo di Orosei, de Dorgali et Cala Gonone jusqu'à Santa Maria Navarrese.

Cyclotourisme et VTT

C'est une excellente idée de parcourir la Sardaigne à vélo !

Les routes, peu fréquentées et en bon état, sont assez larges pour permettre aux voitures de doubler facilement ; le climat s'y montre favorable la majeure partie de l'année, y compris en hiver (les moments les plus difficiles étant les heures chaudes de juillet et août) ; les paysages superbes et variés, dans une nature loin de toute activité humaine, vous laisseront des souvenirs impérissables.
Le guide **Cycling Guide of Sardinia**, réalisé par l'Office régional du tourisme, présente 5 circuits de 24 étapes, d'une longueur moyenne de 100 km chacun (en italien et en anglais ; disponible en pdf sur www.sardegnaturismo.it). Ils couvrent toutes les zones géographiques de l'île et se croisent en certains points importants, ce qui vous permettra d'établir votre parcours à la carte ; en combinant plusieurs circuits, on peut ainsi traverser l'île du nord au sud.
Si vous planifiez vous-même votre trajet, sachez que les désagréments liés au trafic se concentrent dans la zone d'activité de Cagliari et autour des villes les plus importantes. Le reste de l'île est facile et agréable à parcourir.
Si vous optez pour un VTT (nombreux centres de location), vous pourrez atteindre des lieux moins faciles d'accès et par conséquent encore plus sauvages. Les plus beaux sentiers se situent dans le Supramonte, entre Nuoro et Baunei ; dans les environs du Gennargentu, le long des gorges de Su Gorropu, l'un des canyons les plus profonds d'Europe ; dans le Medio Campidano, parmi les plages de la Costa Verde, les mines de Guspini et Arbus et les splendides paysages de la région thermale de Sardara ; le long de la Giara de Gesturi ; dans le Sud-Est, la région des Sette Fratelli (Sarrabus) se prête à des excursions d'un niveau abordable.

Équitation

Une tradition très ancienne lie la Sardaigne au cheval, encore très présent : de nombreux villages sont le théâtre de manifestations telles que cortèges à cheval, joutes médiévales, courses pendant lesquelles les cavaliers locaux démontrent leur habileté, comme à l'Ardia de Sedilo. Beaucoup de jockeys originaires de l'île remportent par ailleurs des prix internationaux. Quelques troupeaux sauvages pâturent encore sur les hauts plateaux de la Giara ou dans les forêts de l'Aritzo. Les nombreux centres équestres proposent des cours pour les débutants comme pour les cavaliers confirmés, et des randonnées d'un ou de plusieurs jours.

Escalade

L'île possède plus de 3 000 voies, ouvertes sur de magnifiques parois rocheuses riches en aspérités ; le calcaire dont elles se composent souvent fait penser à celui de la Provence. À l'intérieur des terres, celles du Supramonte d'Oliena, de Dorgali et des promontoires de l'Ogliastra sont particulièrement appréciées. On peut aussi grimper sur des falaises à pic sur la mer ou les plages, comme celles des criques d'Orosei (Cala Luna, Cala Sisine, entre autres). Sur le site **www.sardiniaclimb.com** (en italien et en anglais), une F.A.Q. donne des conseils, renseigne sur les lieux les plus adaptés et sur la météo locale…

Golf

Les terrains de golf, spectaculaires, se déploient dans un maquis luxuriant et offrent des points de vue imprenables sur la mer. Les plus célèbres sont les terrains 18 trous :
Is Arenas Golf & Country Club – Loc. Pineta Is Arenas - 09070 Narbolia (OR) - ✆ 078 352 036 ou 335 125 83 22 - www.isarenas.it. Près des ports de

plaisance d'Oristano, Torregrande et Su Pallosu.

Is Molas Golf Club – SS 195, km 30,6 - Is Molas - 09010 Pula (CA) - ✆ 070 924 10 06 - www.ismolas.it. À quelques kilomètres de la mer de Pula.

Pevero Golf Club – Loc. Cala di Volpe - Porto Cervo (OT) - ✆ 078 995 80 00 - www.golfclubpevero.com. Avec vue sur la mer de la Costa Smeralda.

Tanka Golf Club – Loc. Tanca Elmas - Villasimius (CA) - ✆ 06 696 469 64 - www.atahotels.it. Entre Cagliari et Villasimius.

Vous trouverez aussi deux terrains à 9 trous :

Golf Club Puntaldia – Loc. Puntaldia - San Teodoro (OT) - ✆ 078 486 44 77 - www.duelune.com. Sur la côte orientale de la Gallura, à quelques kilomètres d'Olbia.

Sa Tanca Golf Club – Via delle Bouganville 31 - Flumini di Quartu Sant'Elena (CA) - ✆ 070 732 79 60 - www.golfsatanca.it.

Également plusieurs terrains d'entraînement :

Golf Club Alghero – Loc. Arenosu 1 - Alghero (SS) - ✆ 327 841 4076 - www.algherogolf.it.

Chia Golf Club – Loc. Chia - Via delle Ginestre - Domus de Maria (CA) - ✆ 070 923 011 - www.chiagolfclub.it.

Le guide **Golf in Sardegna**, réalisé par l'Office régional du tourisme, fournit des informations supplémentaires sur les terrains (en italien et en anglais ; disponible en pdf sur www.sardegnaturismo.it).

Navigation de plaisance

Outre la splendide situation dont ils bénéficient, les ports de plaisance sardes offrent aux navigateurs un large éventail de services ; presque tous assurent un approvisionnement en carburant et fournissent l'équipement nautique. Il est préférable, surtout l'été, de les contacter pour s'assurer de la disponibilité des places et réserver.

Le guide **Ports et points d'abordage de la Sardaigne** est publié en français par l'Office régional de tourisme.

En ligne, vous pouvez consulter **www.pagineazzurre.com** (en italien et en anglais), qui présente des cartes compréhensibles et des coordonnées.

Plongée sous-marine

Les splendides fonds marins de Sardaigne recèlent une grande variété de poissons et de flore, ainsi que quelques épaves. L'île compte de nombreux centres de plongée qui proposent des excursions encadrées par des instructeurs qualifiés.

Randonnée

Elle est, sans conteste, le meilleur moyen de découvrir la nature sauvage et spectaculaire de la Sardaigne. Un large éventail d'itinéraires attend les promeneurs, quels que soient leur niveau et leur âge.

Parmi les régions se prêtant le mieux à la randonnée, vous découvrirez, du nord au sud : l'île de Caprera, avec ses pointes, ses promontoires granitiques et ses calanques rocheuses ; l'ascension à la Torre della Pegna dans la Nurra ; les forêts du Goceano ; le Golfo di Orosei et ses falaises à pic sur la mer, scandées de petites criques retirées ; le haut plateau calcaire du Supramonte avec ses crêtes panoramiques (le Monte Albo ou le Monte Novo), ses gorges, ses grottes et ses forêts ; le massif montagneux du Gennargentu, avec ses torrents et ses bois de chênes verts et rouvres ; les forêts d'Aritzo en Barbagia ; le Sinis, près d'Oristano, entre dunes de sable, promontoires, plages, falaises et vestiges archéologiques ; la Giara, plateau basaltique situé entre les bourgs de Gesturi, Tuili et Baressa ;

le Monte Linas, au nord-ouest de la province de Cagliari, avec ses grandes étendues de forêt et ses torrents formant de magnifiques cascades, comme celle de Muru Mannu ; le maquis méditerranéen dans l'oasis WWF du complexe de Monte Arcosu-Piscinamanna ; les roches granitiques des Sette Fratelli (dans le Sarrabus), un massif recouvert d'une végétation luxuriante.

Pour les randonneurs les plus sportifs et les plus expérimentés, le « Selvaggio Blu », dans l'âpre région de l'Ogliastra, constituera un défi : considéré comme le parcours côtier le plus difficile d'Italie, il demande plusieurs jours de marche.

Randonnées sportives, aventureuses ou promenades plus tranquilles, les associations locales proposent des excursions pour tous les goûts. Vous vous adresserez à elles pour effectuer votre randonnée avec un guide professionnel du secteur ; la plupart sont très bien entraînés et passionnés par leur territoire.

Quelques précautions s'imposent toujours : se couvrir la tête pour éviter insolations et coups de soleil, être correctement chaussé, emporter des vêtements imperméables, des T-shirts de rechange, une torche électrique au cas où un imprévu vous contraindrait à marcher de nuit, une trousse de secours et, surtout, d'importantes provisions d'eau !

Le guide **An Island of Paths**, réalisé par l'Office régional du tourisme, présente 75 circuits de randonnée à travers l'île (en italien et en anglais ; disponible en pdf sur www.sardegnaturismo.it).

Spéléologie

Très riche et très ancienne d'un point de vue géologique, la Sardaigne possède de nombreuses grottes et cavités se prêtant à la pratique de la spéléologie. Parmi les endroits les plus saisissants, le Supramonte (Baunei, Dorgali, Oliena, Urzulei) et la région de Nuoro, le Capo Caccia près d'Alghero ou encore le Sulcis-Iglesiente, au sud-ouest de l'île. Il est indispensable d'être accompagné par des guides expérimentés. De nombreuses associations, animées par le désir de pénétrer un monde souterrain encore en partie inexploré, vous feront partager leurs découvertes ; elles sont coordonnées par la **Fédération de Spéléologie Sarde** – ✆ 0781 306 64 - www.federazionespeleologicasarda.it.

Surf, kitesurf et planche à voile

Toute l'île est constamment battue par des vents forts qui font littéralement voler les planches et génèrent des vagues très appréciées des surfeurs. Les endroits les plus réputés pour le surf, la planche à voile et le kitesurf sont la côte de la région d'Oristano (Capomannu et Funtana Meiga), les environs de Cagliari (Pula), Porto Pollo près de Palau, et Platamona (dans le secteur de Sassari).

AMBASSADES ET CONSULATS

La Sardaigne fait partie de la circonscription consulaire de Rome.

À Rome

Ambassade de France – Palais Farnèse - piazza Farnese 67 - ✆ 06 68 60 11 - www.ambafrance-it.org ;
Consulat de France – via Giulia 251 - ✆ 06 68 60 15 00 - consulat-rome@france-italia.it.
Ambassade de Belgique – Via dei Monti Parioli 49 - ✆ 06 36 09 511 - www.diplomatie.be/romefr.
Ambassade du Luxembourg – Via di Sante Croce in Gerusalemme 90 - ✆ 06 77 20 11 77 - http://rome.mae.lu.

Ambassade de Suisse – Via Barnaba Oriani 61 - ✆ 06 80 95 71 - www.eda.admin.ch/roma.
Ambassade du Canada – Via Zara 30 - ✆ 06 85 44 41 - www.canada.it.

En Sardaigne

Consulat honoraire de France – Piazza Attilio Deffenu 9 - 09125 Cagliari - ✆ 070 664 272 - studio.borghesan@tiscalinet.it; Via Caniga 35 - 07100 Sassari - ✆ 079 262 651 - info@carlodelfinoeditore.it.
Consulat honoraire de Belgique – Via Alghero 35 - 09127 Cagliari - ✆ 070 652 229 - giovanni@dore.it.
Consulat honoraire de Suisse – Via Venti Settembre 16 - 09125 Cagliari - ✆ 070 663 661.

ARGENT

Monnaie

Comme le reste de l'Italie, la Sardaigne utilise l'**euro**.

Banques/Change

Les **banques** sont généralement ouvertes du lundi au vendredi de 8h30 à 13h30 et de 14h30 à 16h.
Pour les visiteurs non issus de la zone euro, il est possible de changer de l'argent dans les bureaux de poste (sauf les chèques de voyage) et dans les **agences de change**. Une commission est perçue.

Cartes de crédit

Dans les villes, les localités touristiques et les bourgs de taille moyenne, les guichets automatiques *(Bancomat)* des banques et les bureaux de poste permettent de retirer de l'argent avec une carte bancaire (les retraits en devises étrangères sont soumis à des commissions).
Les cartes de crédit Visa, American Express et MasterCard sont généralement acceptées pour toutes les activités liées au tourisme (hébergement en hôtel, restauration, achats importants). En revanche, c'est un mode de paiement moins répandu dans les boutiques et les petites localités.
Conservez à portée de main le numéro d'urgence à appeler depuis l'étranger en cas de perte ou de vol de vos moyens de paiement, en le sauvegardant, par exemple, dans le répertoire de votre téléphone portable. En cas de perte de votre carte bancaire :
Amex – ✆ + 33 (0)1 47 77 74 84.
MasterCard – ✆ 800 870 866.
Visa – ✆ 800 819 014.

CODES RÉGIONAUX

Chaque province sarde a son propre code régional :
Cagliari : CA
Carbonia-Iglesias : CI
Medio Campidano : VS
Nuoro : NU
Ogliastra : OG
Olbia-Tempio : OT
Oristano : OR
Sassari : SS

DÉCALAGE HORAIRE

La Sardaigne est à la même heure que la France, la Belgique et la Suisse, et applique les heures d'été et d'hiver aux mêmes dates. Les Italiens appellent l'heure d'été « heure légale », et l'heure d'hiver « heure solaire ».

ÉLECTRICITÉ

Le voltage est de 220 volts. Attention néanmoins, car les constructions anciennes utilisent du 125 volts et certaines prises de courant italiennes ont deux ou trois broches. Dans la plupart des hôtels, il existe des adaptateurs spéciaux pour les prises de courant.

INTERNET

La connexion haut débit est disponible sur la quasi-totalité de

l'île, outil précieux pour pallier les conséquences de l'insularité et les difficultés de communication avec le continent. Les structures hôtelières sont souvent dotées de connexion Internet et plusieurs établissements possèdent le Wi-Fi. Vous trouverez des Points Internet et des cybercafés dans les villes de Cagliari, Oristano, Olbia et Sassari.

JOURS FÉRIÉS

1er janvier – Jour de l'an
6 janvier – Épiphanie
Dimanche et lundi de Pâques
25 avril – Anniversaire de la libération de 1945
1er mai – Fête du Travail
2 juin – Fête de la République
15 août – Fête de l'Assomption (Ferragosto)
1er novembre – Toussaint
8 décembre – Fête de l'Immaculée Conception
25 décembre – Noël
26 décembre – Saint-Stéphane
Voir aussi « Agenda » p. 42.

MÉDIAS

La Nuova Sardegna et *L'Unione Sarda* sont les principaux quotidiens de l'île. Bon nombre d'hôtels sont équipés d'une antenne satellite et reçoivent les chaînes francophones.

OFFICES DE TOURISME

Vous trouverez les adresses des offices de tourisme dans les rubriques « S'informer », au début de chaque chapitre de la section « Découvrir la Sardaigne ».
Dans les offices de tourisme des principales villes, comme Cagliari ou Alghero, et ceux des localités les plus touristiques, comme sur la Costa Smeralda, le personnel parle français ou anglais.
Les prestations peuvent varier considérablement selon la localité et le type de gestion des points d'information.
Les bureaux touristiques administrés par la commune ou par la province sont généralement ouverts au public 6 ou 7 jours par semaine et offrent un service d'information de qualité, surtout en haute saison.
La plupart du temps, les offices de tourisme sont secondés par des associations appelées **Pro Loco**, qui ont pour mission de promouvoir le tourisme localement et d'organiser activités et événements culturels. Dans certaines communes, ces associations fonctionnent comme de véritables offices de tourisme, avec un local ouvert au public, un personnel multilingue et très disponible. Ailleurs, en particulier dans les villages les moins touristiques, elles s'appuient sur un réseau de bénévoles aux horaires mal définis et se limitent parfois à une assistance téléphonique.
Enfin, si nombre de localités fournissent un service efficace de mai à septembre, il est plus difficile de compter sur leur aide le reste de l'année.

PARCS NATURELS

Le patrimoine naturel de l'île a donné lieu à la création de vastes zones protégées, sillonnées par des sentiers balisés et dotées d'aires de pique-nique.
Les parcs naturels nationaux et régionaux sont, du nord au sud :
- Parco nazionale Arcipelago di La Maddalena
- Parco nazionale dell'Asinara
- Parco naturale regionale dell'Oasi di Tepilora
- Parco regionale di Porto Conte
- Parco nazionale del Golfo di Orosei-Gennargentu
- Parco naturale regionale del Monte Arci
- Parco regionale di Molentargius-Saline di Cagliari
- Parco naturale regionale di Gutturu Mannu

Pour plus de renseignements : **www.parks.it** (site consacré aux parcs naturels italiens, avec version française).
Sur les côtes, plusieurs réserves naturelles marines ont su conserver un écosystème intact grâce aux mesures de protection environnementale dont elles bénéficient.

POSTE

Les postes italiennes sont indépendantes du service des télécommunications. Dans les grandes villes, les bureaux sont ouverts du lundi au vendredi, de 8h à 19h, le samedi de 9h30 à 13h ; ailleurs, ils sont ouverts de 8h15 à 13h30 (jusqu'à 12h30 le samedi), parfois l'après-midi aussi pour les bureaux situés en centre-ville ou dans les centres commerciaux.
Pour savoir où se situe le bureau de poste le plus proche et connaître ses horaires d'ouverture, contactez le ✆ 803 160 (Numéro Vert) ou consultez le site www.poste.it.
Les **timbres** *(francobolli)* sont en vente dans les postes et les bureaux de tabac. Lettre ordinaire jusqu'à 20 g, comptez 0,95 € d'affranchissement pour l'Europe.
En Italie, les **boîtes aux lettres** sont rouges.

SANTÉ

Pharmacies

Signalées par une croix verte, les *farmacie* sont généralement ouvertes de 8h30 à 13h et de 16h à 19h30 ou 20h.
Lorsqu'elles sont fermées, elles affichent le nom des médecins et de la pharmacie de garde.

SAVOIR-VIVRE

Dans l'arrière-pays, évitez de photographier les gens sans leur demander leur consentement, cela est considéré comme grossier.
On se salue d'une poignée de main, le baiser sur la joue étant réservé aux personnes se connaissant bien.

SOUVENIRS

Retrouvez notre sélection de boutiques dans « Nos adresses à... », en fin de description des principaux sites de la partie « Découvrir la Sardaigne ».
En Sardaigne, on peut encore acheter des articles réalisés selon un savoir-faire ancestral. Vous trouverez sans difficulté des boutiques et des ateliers présentant céramiques, poteries et tissus ornés de motifs traditionnels (tapisseries, couvertures, linge de maison et tapis) de bonne facture. Dans toute l'île la vannerie reste un artisanat traditionnel encore très pratiqué, pour la production de corbeilles en paille, raphia, palmier nain, osier ou asphodèle. Il n'est pas rare de voir de vieilles femmes, assises sur le pas de leur porte, tressant les joncs avec dextérité pour créer des paniers de toutes formes, qu'elles vendent souvent directement.
Parmi les spécialités de l'île, n'oubliez pas les bijoux (en filigrane ou en corail, de formes traditionnelles ou modernes), la dentelle, la sculpture en bois (masques, coffres, articles de cuisine) et enfin les objets en liège, spécialité de la Gallura.

TABAC

Les Italiens respectent scrupuleusement l'interdiction de fumer dans les restaurants, les bars et les lieux publics. Les amendes peuvent atteindre 550 € si l'on fume en présence de femmes enceintes ou de mineurs de moins de 12 ans. Cela vaut également dans les hôtels ; certains établissements proposent des chambres fumeurs.

TAXI

En règle générale, ces services sont coordonnés par des sociétés dans les grandes villes et assurés par des taxis indépendants dans les localités de moindre importance.
Si vous devez effectuer un long trajet, demandez une estimation préalable du prix de la course (l'office de tourisme peut vous donner des indications utiles).
La plupart des taxis n'acceptent pas les cartes de crédit.

TÉLÉPHONE

Les services téléphoniques sont gérés par **Telecom Italia**.
Les cabines publiques (de moins en moins nombreuses) acceptent les cartes téléphoniques prépayées *(scheda telefonica)* ; celles-ci sont vendues dans les agences Telecom Italia, ainsi que dans les kiosques et les bureaux de tabac (signalés par un panonceau à T blanc sur fond noir).

Appels nationaux

Pour appeler un numéro sur place, composez l'indicatif de la ville (commençant toujours par 0) + le n° du correspondant.
Les numéros de mobiles commencent par 3.

Appels internationaux

Pour appeler la Sardaigne à partir de l'étranger :
– 00 + 39 + le numéro de votre correspondant, avec le 0 pour les numéros fixes et sans le 0 pour les portables.
Appels à partir de l'Italie :
– vers la France : 00 + 33 + n° du correspondant sans le 0 initial (sauf pour les portables) ;
– vers la Belgique : 00 + 32 + n° de la zone sans le 0 + n° du correspondant ;
– vers le Luxembourg : 00 + 352 + n° de la zone sans le 0 + n° du correspondant ;
– vers la Suisse : 00 + 41 + n° de la zone sans le 0 + n° du correspondant ;
– vers le Canada : 00 + 1 + n° de la province + n° du correspondant.

Renseignements

Pour tout renseignement, consultez le service Internet des **annuaires** : www.paginebianche.it (pages blanches) ou www.paginegialle.it (pages jaunes).

THERMES ET CENTRES DE BIEN-ÊTRE

Les **centres de cure thermale** suivants possèdent les infrastructures et les services adéquats pour des séjours placés sous le signe de la santé et de la détente.
Benetutti (SS) – Terme Aurora - Loc. San Saturnino - ✆ 079 796 871 - www.termeaurora.
Fordongianus (OR) – Grand Hotel Terme Sardegna - SP 23, N° 1 - ✆ 078 3605 016 - www.termesardegna.it.
Sardara (VS) – Hotel Antiche Terme di Sardara - Loc. Santa Maria de Is Acquas - ✆ 070 938 70 25 - www.termedisardara.it ;
Hotel Eucalipti Terme - Loc. Santa Maria de Is Acquas - ✆ 070 938 50 44.
La liste complète des centres de cure thermale figure aussi sur le site **www.sardegnaturismo.it** (en italien et en anglais, rubrique « Sardinia wellness »).
Bon nombre de **centres de bien-être et de remise en forme**, en particulier dans les provinces de Cagliari et d'Olbia-Tempio, proposent bains, cures, massages et thérapies diverses.

TOURISME MINIER

La Sardaigne possède une longue tradition minière remontant à l'Antiquité. L'exploitation industrielle du sous-sol débuta vers le milieu du 19ᵉ s., avec

l'ouverture d'une centaine de mines métallifères, en particulier de plomb, de fer et de zinc.
Jusqu'à ce qu'elles cessent d'être rentables, il y a quelques dizaines d'années, l'extraction a joué un rôle majeur dans la vie économique, mais aussi sociale de l'île. En mémoire de ces années et des conditions de travail pénibles, voire tragiques, qu'eurent à subir les mineurs, les autorités ont souhaité sauvegarder les sites et les villages miniers. La plupart d'entre eux, en particulier dans l'Iglesiente, le Sulcis, l'Arburese, le Guspinese et l'Argentiera, se visitent.
Tous les sites miniers de l'île devraient être réunis dans un parc, le **Parco geominerario storico e ambientale** (Parc géominier, historique et environnemental), le premier du genre dans le monde, institué pendant la Conférence Générale de l'Unesco à Paris en 1997. Éloquents témoins de toute une époque, d'une histoire et d'une géographie particulières, ces mines désaffectées et les bâtiments annexes, les hangars où l'on travaillait le minerai, les villages jadis habités par les mineurs, les employés et leurs familles, aujourd'hui abandonnés, connaîtront ainsi une nouvelle vie sous le signe du tourisme d'archéologie industrielle.
Pour plus de détails, consultez le site **www.parcogeominerario.eu**.

TRANSPORTS

Autobus

ARST – www.arst.sardegna.it.
Le réseau de bus de l'ARST (Azienda Regionale Sarda Trasporti), principale compagnie de transports publics en Sardaigne, dessert toute l'île. Pour planifier vos déplacements, consultez son site Internet et, par prudence, demandez confirmation de vos renseignements sur place ou auprès des offices de tourisme.
Outre les lignes extra-urbaines, l'ARST gère le réseau suburbain des agglomérations de Cagliari, Sassari, Nuoro, Oristano, Iglesias, Guspini, Olbia et Lanusei.
Pour les **billets**, vous aurez le choix entre plusieurs formules : trajet unique ; 2 trajets à effectuer dans les 7 jours après le premier compostage ; un carnet donnant droit à 10 trajets sans limite de temps. Le prix varie selon le kilométrage (0 à 15 km, 15 à 25 km, etc.). Le prix du billet est majoré si on l'achète dans le bus, auprès du chauffeur.
L'ARST a mis au point un **billet touristique**, disponible pour les non-résidents en Sardaigne, à utiliser entre le 1er juin et le 30 septembre, et qui permet de voyager de manière illimitée sur tous les autobus ARST. Vous avez le choix entre quatre formules de durée différente, valables à compter de la date d'achat : 7 jours (45 €), 14 jours (70 €), 21 jours (100 €) et 28 jours (130 €). On l'achète dans les principaux points de vente de l'ARST et dans les points de vente autorisés ; il est nécessaire de le composter lors du premier trajet à bord d'un autobus, le jour même de l'achat.
Diverses entreprises de transports privées desservent également les localités de l'île.

Bateau

Pour les liaisons avec la Corse ou l'Italie, voir la rubrique « En bateau » (p. 15), dans le chapitre « Aller en Sardaigne ».
Pour les services de navettes desservant les îles, voir la rubrique « Transports » dans « Nos adresses à… », en fin de description des principaux sites de la partie « Découvrir la Sardaigne ».
Le long des côtes, les ports et les marinas proposent tous les services nécessaires aux plaisanciers.
Pour partir à la recherche de criques retirées, adressez-vous à l'une des

nombreuses compagnies louant des embarcations.

Train

Trenitalia – ✆ 89 20 21 (seult d'un téléphone fixe depuis l'Italie) - www.trenitalia.com. Le réseau ferroviaire sarde dessine une sorte de Y : la ligne centrale va de Cagliari à Oristano et à Chilivani, où elle se divise en deux tronçons ; le premier dessert Sassari et Porto Torres ; le second mène à Olbia et à Golfo Aranci. À titre d'exemple : Cagliari-Oristano : 1h30 ; Cagliari-Nuoro : 3h ; Cagliari-Sassari : 3-4h.
Les billets s'achètent en ligne, dans les gares ou les agences. Réductions pour les plus de 60 ans et les moins de 26 ans. Le billet doit impérativement être composté et utilisé dans les 6 heures qui suivent le compostage.
En marge du réseau ferré national, un train touristique, le **Trenino Verde**, traverse l'île *(voir ci-après)*.

Trains touristiques

Trenino Verde (Train vert) – www.treninoverde.com. Chemins de fer à voie étroite, ces petits trains, datant de la fin du 19e s., constituent une excellente manière de voyager dans l'arrière-pays sarde. La vitesse limitée permet d'admirer de splendides paysages, au sein d'une nature sauvage et intacte ; on pénètre, à travers bois et montagnes, dans des zones inaccessibles autrement, en faisant étape dans de petits villages perdus, dotés de gares minuscules, d'un autre temps.
Le Trenino Verde suit 4 lignes :
- **Mandas-Arbatax** (159 km), avec étapes à Nurri, Villanovatulo, Seui, Ussassai, Arzana et Lanusei. Après avoir traversé un paysage de collines, on franchit par un pont le lac de Flumendosa et l'on grimpe à travers bois à l'assaut du massif du Gennargentu, où la végétation se fait très dense ; passé le Lago Alto du Flumendosa, on se dirige vers la mer jusqu'aux falaises rouges d'Arbatax.
- **Mandas-Isili-Sorgono** (95 km), avec étapes à Nurallao, Laconi, Meana Sardo et Belvì. De Mandas, on prend la ligne locale de transport public vers Isili, pour continuer à travers les vallées et les montagnes du Gennargentu jusqu'à Sorgono, grâce à d'habiles travaux du génie civil ferroviaire.
- **Macomer-Bosa** (46 km), avec étapes à Sindia, Tinnura, Tresnuraghes et Modolo. Après de vastes pâturages délimités par des murets de pierres sèches et ponctués de *nuraghi*, une longue descente conduit jusqu'à la mer, le long des grands vignobles de Malvasia. Le départ se fait à Macomer, face à la gare des chemins de fer nationaux (Ferrovie dello Stato) ; le dernier tronçon s'effectue tout près de l'eau, avec pour destination finale la gare de Bosa, face à l'embouchure du Temo.
- **Sassari-Nulvi-Palau** (151 km), avec étapes à Perfugas, Bortigiadas, Tempio Pausania, Calangianus et Luras. La ligne touristique part de Nulvi, que vous pouvez rejoindre avec le réseau national depuis Sassari ou Alghero. Passé le *nuraghe* d'Irru, près de Nulvi, le train traverse les *mesas*, les collines caractéristiques de la région, et continue par une plaine verte et cultivée vers les monts de la Gallura, région des chênes-lièges et du granite. Viaducs et tunnels se succèdent jusqu'à Tempio Pausania où l'on entame la descente vers la Costa Smeralda et ses splendides panoramas, jusqu'à Arzachena et Palau ; terminus à la gare du môle, face à l'embarcadère des navettes pour La Maddalena.

URGENCES

Appels gratuits 24h/24 depuis tous les téléphones publics ou privés :

Urgences – ✆ 112.
Urgences sanitaires – ✆ 118.
ACI (Automobile Club d'Italie) – ✆ 1518.
Secours en mer – ✆ 530.

VISITES

Horaires

Les conditions de visite sont signalées en italique en introduction du descriptif des sites de la partie « Découvrir la Sardaigne ». En raison des variations du coût de la vie et de l'évolution incessante des horaires d'ouverture de la plupart des sites, nous ne pouvons donner ces informations qu'à titre indicatif.

Églises

Elles sont généralement fermées à l'heure du déjeuner et respectent la coupure de la sieste. Pour entrer dans les églises, le port du short est déconseillé (et parfois interdit), tout comme les minijupes et les T-shirts décolletés sans manches. Les personnes ne suivant pas ces recommandations pourront se voir refuser l'entrée. Les visites sont interdites pendant les offices.

Fermetures aléatoires

Il est fortement conseillé de téléphoner avant d'entreprendre un périple. Notez que certains **musées** risquent aussi d'être en totalité ou en partie fermés temporairement pour restauration ou manque de personnel.

Beaucoup de musées (surtout hors saison) ne sont ouverts qu'une demi-journée, le matin ou l'après-midi ; veillez à vous renseigner au préalable. Dans la plupart des cas, les dernières admissions ont lieu une demi-heure avant la fermeture.

Attention : les jours fériés *(liste p. 32)*, les monuments sont généralement fermés, mais avec une grande variabilité ; se renseigner avant la visite.

Prix d'entrée

Ces renseignements s'appliquent à des touristes voyageant isolément et ne bénéficiant pas de réduction.

Les musées nationaux sont gratuits pour les moins de 18 ans et le 1er dim. du mois. Se renseigner à la caisse avant l'achat du billet.

Pour les groupes constitués, il est généralement possible d'obtenir des conditions particulières relatives aux horaires ou aux tarifs, avec un accord préalable.

À l'occasion de la *Settimana dei Beni Culturali* (Semaine du patrimoine), dont la date est fixée d'une année à l'autre, certains monuments et musées ouvrent leurs portes gratuitement.

Dans le cas où la visite d'un musée, d'une église ou de quelque autre monument ne peut se faire qu'en présence d'un gardien ou de la personne qui détient la clé, il est d'usage de laisser une offrande ou une rétribution.

Visites guidées

Elles sont le plus souvent commentées en italien, mais peuvent être effectuées dans une autre langue, dont le français, auquel cas le fait est mentionné. Prévoir un supplément au prix d'entrée.

VOITURE

Cartes routières

La carte **Michelin Local n° 366 Sardegna** (au 1/200 000), avec index des localités, tableau des distances et plans de ville, indique les réseaux routiers principaux et secondaires, et fournit diverses informations utiles pour le touriste.

Vous pouvez également utiliser l'**atlas Italie** (au 1/300 000).

Le site **www.viamichelin.fr** offre par ailleurs de nombreux renseignements et services pour organiser au mieux son voyage : planification des circuits avec estimation des temps de trajet, visualisation et impression du circuit choisi, cartes routières et plans de ville, sélection d'hôtels et de restaurants du Guide Michelin Italie, service de réservation hôtelière.

Code de la route

Le réseau routier comprend des routes départementales et des nationales (*strade statali* ou *SS* suivi d'un numéro), signalées par des panneaux bleus. Il n'y a pas d'autoroutes en Sardaigne.
La **vitesse est limitée** à 50 km/h en ville et à 90 km/h sur les routes nationales (sauf à l'approche des rares intersections où elle passe à 50 km/h ; soyez vigilant !). Les contrôles réguliers de la police routière et de la gendarmerie, mais aussi la présence de troupeaux et de bergers, en particulier sur les routes de montagne, vous inciteront à respecter ces limitations.
Le port de la **ceinture de sécurité** est obligatoire à l'avant et à l'arrière.

Essence et stations-service

Sur les routes, les stations-service ferment généralement de 12h30 à 15h, le soir après 19h, ainsi que les dimanches et jours fériés.
Soyez prudent et faites le plein dès que possible, car elles sont plutôt rares en dehors des centres urbains.
Super = essence super.
Senza piombo = essence sans plomb, indice d'octane 95.
Super plus ou **Euro plus** = essence sans plomb, indice d'octane 98.

Location de véhicule

La plupart des agences de location disposent d'un guichet dans les trois aéroports internationaux, ainsi que dans les principales villes.
Selon les compagnies, l'âge minimum requis pour louer un véhicule peut aller de 21 à 25 ans.
Les forfaits *fly and drive* permettent de louer un véhicule à des tarifs plus avantageux ; informez-vous auprès des compagnies.

Parking

Les emplacements gratuits sont signalés par des bandes blanches, les zones payantes par des bandes bleues. Si vous louez une voiture, pensez à demander un disque de stationnement ; à défaut, vous indiquerez votre heure d'arrivée en laissant un mot sur le pare-brise.
Les parkings surveillés sont fréquents, notamment dans les stations balnéaires ; vérifiez les tarifs auprès des gardiens avant d'y laisser votre véhicule.

En famille

La Sardaigne se visite aisément en famille : les Italiens adorent les enfants et les vôtres seront toujours bien accueillis, où que vous alliez. Dans toutes les régions, vous pourrez prévoir une promenade dans un parc naturel ou une pause plage et baignade entre deux visites culturelles. Ne manquez pas enfin d'assister à l'une des fêtes traditionnelles qui jalonnent l'été, avec les personnages en costume. Dans le guide, les attractions qui présentent un intérêt particulier pour les enfants sont indiquées par le symbole 👪.

SITES OU ACTIVITÉS À FAIRE EN FAMILLE			
Chapitre du guide	**Nature**	**Musées**	**Loisirs**
Alghero	Grotta di Nettuno	Museo del Corallo	
Barumini	Haut Plateau de la Giara	Château d'Eleonora d'Arborea, à Sanluri	Complexe monumental de Su Nuraxi
Bosa		Museo delle Conce	
Cagliari	Plage Il Poetto	Museo delle Ferrovie della Sardegna, à Monserrato	Parcs publics du Monte Urpinu et du Monte Claro ; Trenino Cagliaritano
Carbonia		Museo del Carbone ; Museo Paleontologico E. A. Martel	Grande Miniera
Castelsardo et l'Anglona	Plages de Marina di Castelsardo, Lu Bagnu, Punta La Capra et Punta Li Paddimi		Excursions en bateau sur le fleuve Coghinas
Côte de l'Iglesiente et route des mines	Dunes de Piscinas	Museo del Coltello sardo	L'« arbre-maison » sur la plage de Pistis ; Galleria Henry
Extrême Sud par la Sulcitana	Laguna di Nora ; Riserva naturale WWF del Monte Arcosu		Osservatorio Astronomico de Cagliari

EN FAMILLE

Chapitre du guide	Nature	Musées	Loisirs
Iglesias	Grotta di Su Mannau, à Fluminimaggiore	Museo dell'Arte mineraria ; Museo Antico Mulino idraulico Licheri, à Fluminimaggiore	
Isola di San Pietro		Fortino Emanuele III - Museo Civico Casa del Duca	
Isola di Sant'Antioco	Plage Sottotorre de Calasetta		
Massif du Gennargentu		Tramas de seda, à Orgosolo ; masques du Museo delle Maschere de Mamoiada.	
Montiferru et Piana del Milis	Randonnée vers le Monte Urtigu	Museo della Tecnologia contadina, à Santu Lussurgiu ; Museo dell'Olio Giorgio Zampa, à Cuglieri	
Nuoro		Museo del Costume	
Olbia		Museo Archeologico	Le sous-marin *Mizar* et la sirène de Golfo Aranci
Ogliastra	Grotta de Su Marmuri ; Parco comunale di Seleni	Osservatorio Astronomico Ferdinando Caliumi	Trenino Verde
Péninsule du Sinis	Stagno di Cabras	Site archéologique de Tharros.	
Le Supramonte		Museo della Foca monaca, à Cala Gonone ; Parco-museo S'Abba Frisca, à Littu	Aquarium de Cala Gonone
Tempio Pausania	Valle della Luna, à Aggius	Museo delle Macchine del Sughero ; Musée ethnographique d'Aggius	
Vallée des nuraghi		Museo del Cavallo, à Pozzomaggiore	

Mémo

Agenda

Retrouvez ces manifestations ainsi que d'autres festivités locales dans « Nos adresses à… », en fin de description des principaux sites de la partie « Découvrir la Sardaigne ».

Un agenda des événements folkloriques et culturels est disponible sur le site : www.sardegnaturismo.it.

JANVIER

Mamoiada – www.mamuthones.it ou www.mamoiada.org. Le 16 au soir, pour la « sortie des *Mamuthones* », on allume des feux dans toutes les ruelles du village. Les festivités durent jusqu'au lendemain, avec défilés et danses autour des feux des *Mamuthones* et des *Issohadores*, masques traditionnels d'origine archaïque.

JANVIER-FÉVRIER

Carnaval – Du 17 janvier (fête de Sant'Antonio Abate) au Mercredi des Cendres, célébrations du carnaval, en particulier le jeudi et le Mardi gras dans toute l'île.

Sartiglia – www.sartiglia.info. Une des manifestations les plus spectaculaires de l'île. À Oristano, le dernier dimanche et le dernier mardi de carnaval, défilé costumé et course de chevaux.

SEMAINE SAINTE (MARS-AVRIL)

Dans de nombreuses localités – La commémoration de la Passion du Christ suscite une ferveur toute particulière, notamment à **Alghero**, **Cagliari**, **Castelsardo**, **Iglesias** et **Sassari**.

Fête du nougat – www.comunetonara.org. Le lendemain de Pâques, à **Tonara**, se tient la fête du nougat traditionnel *(torrone)*, que l'on offre encore chaud aux femmes du village. Les stands d'artisanat local affichent une belle variété d'articles. Défilés de groupes folkloriques, bals traditionnels, chœurs polyphoniques et expositions.

MAI

Fête de Sant'Efisio – www.festadisantefisio.it. Le 1er mai, à **Cagliari**. Un cortège de chars à bœufs, de groupes folkloriques, de cavaliers et de soldats, porte en procession la statue de Sant'Efisio ; dans l'après-midi, le cortège quitte Cagliari et se dirige vers **Nora**, en s'arrêtant dans le village de pêcheurs de **Giorgino**, à **Capoterra**, à **Sarroch**, à **Villa San Pietro** et à **Pula**. Le 3 mai, la procession se déroule le long de la plage de Nora ; le 4, l'effigie du saint retourne à Cagliari, en marquant les mêmes étapes qu'à l'aller.

Cavalcata sarda (la « chevauchée sarde ») – www.cavalcatasarda.it. L'avant-dernier dimanche de mai, à **Sassari**. Ce défilé profane rassemble des milliers de figurants en habit traditionnel, à pied, sur des chars ou à cheval. Course de cavaliers dans l'après-midi ; dans la soirée, des groupes de musique, avec *launeddas* et accordéons, accompagnent les bals traditionnels sardes.

JUIN

Girotonno (la « ronde du thon ») – www.girotonno.org. Au début du mois, à **Carloforte**. Quatre jours de festivités gastronomiques, avec concerts, spectacles et conférences, pour rendre hommage aux traditions populaires et culinaires liées à la pêche au thon, activité traditionnelle de l'Isola di San Pietro.

JUILLET

S'Àrdia – www.santuantinu.it. Les 6 et 7 juillet, à **Sedilo** et **Pozzomaggiore**. Les deux villages accueillent cette course équestre spectaculaire menée tambour battant et dédiée à saint Constantin.

JUILLET-AOÛT

Is Fassonis – www.comune.santagiusta.or.it. Le dernier dimanche de juillet ou le premier dimanche d'août, sur l'étang de **Santa Giusta**. Régate des *Is Fassonis*, embarcations traditionnelles réalisées avec les roseaux qui poussent sur les berges de l'étang.
Calagonone Jazz Festival – www.festivalcalagononejazz.it. Festival international de jazz se déroulant sur les plus beaux sites du village de **Cala Gonone** (district de Dorgali).

JUILLET-SEPTEMBRE

Le Isole del Cinema – www.leisoledelcinema.com. À **Asinara**, **Carloforte**, **La Maddalena** et **Tavolara** (et parfois d'autres localités). Festival de cinéma : rencontres avec des réalisateurs, acteurs, musiciens et écrivains ayant des liens avec la vie italienne.
Sarroch Summer Groove – www.voxday.com. À **Sarroch**. Festival donnant lieu à des concerts de rock, entre autres manifestations.

AOÛT

Time in Jazz – www.timeinjazz.it. À **Berchidda**. Un rendez-vous très attendu qui voit se produire des musiciens de niveau international.
Faradda dei Candelieri (la « fête des candélabres ») – www.candelieri.org. Le 14 août, à **Sassari**. Neuf cierges en bois géants sont transportés de la place du Castello à l'église Santa Maria di Betlem.
Sfilata dei Candelieri (le « défilé des candélabres ») – www.comune.nulvi.ss.it/candelieri.htm. Les 14 et 15 août, à **Nulvi**. Ce défilé représente l'un des événements religieux les plus typiques du nord de la Sardaigne.
Sagra del Redentore – www.ilredentore.it. Le 29 août, à **Nuoro**. La statue en bronze du Rédempteur est portée en procession de la ville jusqu'au mont Ortobene ; le cortège religieux s'accompagne de chants, de danses et de musique tout au long de la journée.
Matrimonio mauritano (le « mariage maure ») – www.prolocosantadi.altervista.org. À **Santadi**. Célébration traditionnelle, avec cortèges et musique folklorique sarde, durant tout le mois.

AOÛT-SEPTEMBRE

Festivalguer – http://festivalguer.netsoul.net. À **Alghero**. Une série de concerts réunit les grands noms de la musique italienne et des artistes locaux ; également du théâtre, de la danse et des soirées cinéma au Forte della Maddalena, dans l'amphithéâtre de Maria Pia, ainsi que sur les places et dans les rues de la ville.
Corsa degli scalzi (la « course des va-nu-pieds ») – www.prolococabras.it. Fin août-début septembre, à **Cabras**. Neuf jours de célébrations en l'honneur de San Salvatore ; lors de la « course des va-nu-pieds », les fidèles, vêtus d'une simple tunique blanche, courent pieds nus de l'église Santa Maria Assunta de Cabras jusqu'à la chapelle de l'ancien village de San Salvatore, le long d'un chemin poussiéreux.

La traditionnelle Cavalcata Sarda à Sassari.
J. Reuther / imageBROKER / age fotostock

SEPTEMBRE

Matrimonio selargino (le « mariage selargino ») – À **Selargius**. Un rite matrimonial traditionnel célébré par l'ensemble de la communauté.

SEPTEMBRE-DÉCEMBRE

Autunno in Barbagia (l'« automne en Barbagia ») – Placées sous le signe de l'hospitalité, les manifestations se déroulent dans une trentaine de villages de la Barbagia, une région montagneuse appartenant en grande partie à la province de **Nuoro**, et présentent des produits artisanaux. **Desulo** accueille entre fin octobre et début novembre la manifestation « La montagne produit » *(La montagna produce)*, une foire consacrée à l'artisanat, à l'élevage et à la gastronomie du Gennargentu.

NOVEMBRE

Vininovelli – www.vininovelli.com. À **Milis**. La principale foire des vins nouveaux sardes. Stands gastronomiques et œnologiques dans le centre historique du village, expositions et visites guidées.

DÉCEMBRE

Dans toute l'île – La nuit du 31, grands spectacles dans les villes et manifestations de liesse dans les centres historiques, surtout sur les places, pour célébrer le nouvel an. Parmi les *Capodanno* les plus effervescents et rassemblant le plus de monde, citons ceux d'**Alghero**, de **Cagliari**, de **Castelsardo**, d'**Olbia** (concerts et feux d'artifice sur la mer) et de **Sassari** (fête sur la piazza d'Italia).

Bibliographie

ART

MOSCATI Sabatino, *Les Derniers Phéniciens (l'art de la Sardaigne)*, Jaca Book, 1988.
SERRA Renata, *Sardaigne romane*, Éditions Zodiaque, 1991.

ETHNOLOGIE – CULTURE ET TRADITIONS POPULAIRES

CAROSSO Marinella, *La Généalogie muette. Résonances autour de la transmission en Sardaigne*, CNRS Eds, 2006.
GALLINI Clara, *La Danse de l'Argia*, Verdier, 1990.
MILLIQUET Lauranne, *La Porte d'argent - Contes sardes*, Slatkine, 2007.

GASTRONOMIE

BUGIALLI Giuliano, *Foods of Sicily and Sardinia and the Smaller Islands*, Rizzoli, 2002.
COGONI Serge, *Ma cuisine sarde*, Les Presses du Midi, 2010.
FARRIS Efisio, *Sweet Myrtle and Bitter Honey : The Mediterranean Flavors of Sardinia*, Rizzoli, 2007.

HISTOIRE – POLITIQUE

Le corpus des écrits politiques d'Antonio Gramsci est publié en français aux éditions Gallimard.
DYSON Stephen L. et ROWLAND Robert J., *Archaeology and History in Sardinia from the Stone Age to the Middle Ages : Shepherds, Sailors & Conquerors*, University of Pennsylvania Museum, 2007.
FERRANDI Jean-François, *La Corse dans le miroir sarde*, L'Harmattan, 2000.
LÉON LEURQUIN Jeannine, *Atlas préhistorique et protohistorique de la Sardaigne, vol. 1-6*, L'Harmattan, 1997-1999.
PORCU Antoine, *Aventures et mésaventures d'un Franco-Sarde atypique*, Revue Digraphe, 1999.

JEUNESSE

EGGERMAN Véra, *Les sardines ne poussent pas sur les arbres*, Autrement Jeunesse, 2002.
PITZORNO Bianca, *L'Étonnant Voyage de Polyxène*, L'École des Loisirs, 1997.

LITTÉRATURE

Les livres ci-dessous ont été écrits par des auteurs sardes et se déroulent sur l'île.
Pour en savoir plus sur les auteurs et la littérature sardes, voir p. 72.
ABATE Francesco, *Le Chroniqueur sans cœur*, La Fosse aux Ours, 2009.
AGUS Milena, *Battement d'ailes*, Le Livre de Poche, 2010 ; *Mal de pierres*, Le Livre de Poche, 2009.
ANGIONI Giulio, *Des milliers d'années*, Éditions du Revif, 2008 ; *L'Or sarde*, A.M. Métailié, 2003.
ATZENI Sergio, *Récits avec bande-son*, La Fosse aux Ours, 2004 ; *Il existe deux couleurs au monde. Le vert est la seconde*, La Passe du Vent, 2003 ; *La Fable du juge bandit*, La Fosse aux Ours, 2001 ; *Le Fils de Bakounine*, La Fosse aux Ours, 2000.
DELEDDA Grazia, *Dans l'ombre, la mère*, Éditions Autrement, 2008 ; *Braises*, Éditions Autrement, 2008 ; *Le Lierre sur l'arbre mort*, Éditions Autrement, 2008 ; *Le Pays sous le vent*, Éditions Autrement, 2008 ; *Elias Portolu*, Éditions Autrement, 2008 ; *Dans le désert*, L'Harmattan, 2006 ; *Le Fantôme du passé*, L'Harmattan, 2006 ; *Les Tentations*, Ombres, 2006.
DESSÌ Giuseppe, *Pays d'ombre*, Actes Sud, 1993 ; *San Silvano*, Verdier, 1988.
DETTORI Giovanni, *Au gré des lunes errantes*, La Passe du Vent, 2005.
FOIS Marcello, *Mémoire du vide*, Seuil, 2008 ; *Plutôt mourir*, Points, 2005 ; *Petites Histoires noires*, Seuil, 2005 ; *Les Hordes du vent*, Seuil, 2005 ; *Un silence de fer*, Points, 2004 ; *Ce que nous savons depuis toujours*, Seuil, 2003.
LEDDA Gavino, *Padre Padrone*, Gallimard, 1977.

MARROCU Luciano, *Faulas : Une enquête de l'inspecteur Serra*, La Fosse aux Ours, 2008.
MASALA Francesco, *Ceux d'Arasolé*, Zulma, 2005 ; *Le Curé de Sarrok*, Actes Sud, 1993.
NIFFOI Salvatore, *La Légende de Redenta Tiria*, Flammarion, 2008 ; *Le Facteur de Pirakerfa*, Zulma, 2004.
POUGET-TOLU Anna, *Les Années d'espérance*, Les Trois Orangers, 2003.
SATTA Diego, *Selvadore Espiga - Cette maudite nuit de Santu Jagu*, Persée, 2009.
SATTA Salvatore, *Le Jour du Jugement*, Gallimard, 2001.
TODDE Giorgio, *La Folle Bestialité*, Albin Michel, 2007 ; *La Peur et la Chair*, Gallimard, 2006 ; *L'État des âmes*, Gallimard, 2005.

PHOTOGRAPHIE

ATTINI Antonio, *Au-dessus de la Sardaigne. En vol sur l'île-continent et la mer d'Émeraude*, White Star, 2008.
BARNOUX Yves, *Murales de la Sardaigne*, Le Temps des Cerises, 2005.

Discographie

Sur le site **www.sardegnadigitallibrary.it**, vous pouvez écouter librement de nombreux extraits audio faisant partie d'archives : chants accompagnés à la guitare, chants *a tenore* (chant pastoral à 4 voix), chants monodiques (plusieurs voix à l'unisson), chants polyphoniques, chants sacrés, instruments traditionnels, musique contemporaine…

Boghes de Sardigna : Cantos a chiterra (Chants à la guitare), 2003.
Chants et danses traditionnels de Sardaigne, 1998.
Polyphonies en mer Méditerranée, Network, 1995.
Voches de Sardinna, Winter & Winter, 1998.
ACANTO, LEDDA Elena, MELIS Franco, DI BITTI Tenores, *Musique de Sardaigne*, Arc Music, 2005.
DE ANDRÉ Fabrizio, *L'Indiano*, Dischi Ricordi, 1981. Ce chanteur mérite une place à part. Son douzième album, connu sous le nom de *L'indiano* (pour l'image de la pochette), parle essentiellement de la nature et de l'homme, racontés à travers l'histoire de deux peuples – les Sardes et les Indiens d'Amérique –, tous deux « renfermés » dans leur monde, victimes de l'oppression de « colonisateurs ». Dans la chanson *Hotel Supramonte*, Fabrizio évoque le séquestre (4 mois) dont il fut victime avec Dori Ghezzi, la femme qui deviendra son épouse, sur les monts de la Sardaigne intérieure. De André avait acheté un terrain et un vieux *stazzo*, pas loin de Tempio Pausania, qu'il retapa et transforma en exploitation agricole, où se trouve aujourd'hui un *agriturismo*, L'Agnata.

LE GUIDE VERT

Le guide de toutes les découvertes !

Nos guides sur le Monde

Argentine • Argentine Route 40 • Bali Lombok • Boston et la Nouvelle-Angleterre • Brésil • Californie • Cambodge Laos • Canada • Chine Hong-Kong • Colombie • Corée du Sud • Cuba • États-Unis Nord-Est • États-Unis Nord-Ouest • États-Unis Sud-Est • Floride • Guadeloupe • Indonésie • Japon • Maroc • Martinique • Maurice Rodrigues • Mexique • New York • Parcs de l'Ouest américain • Pérou • Québec • Rajasthan • La Réunion • Seychelles • Sud-Ouest américain • Taïwan • Thaïlande • Tunisie • Vietnam

Nos guides sur l'Europe

Allemagne • Andalousie • Angleterre • Autriche • Barcelone et la Catalogne • Belgique • Bulgarie • Crète • Croatie • Danemark Suède • Ecosse • Espagne Atlantique (Pays Basque Navarre Cantabrie Asturies Galice) • Espagne du Centre (Madrid Castille) • Espagne côté Est (Valence Murcie Baléares Aragon) • Grèce continentale • Iles grecques Athènes • Irlande • Islande • Italie du Nord • Italie du Sud • Londres • Moscou St-Pétersbourg • Norvège • Pays Baltes • Pays-Bas • Pologne • Portugal • Pouilles • Prague • Rome • Roumanie • Sardaigne • Sicile • Suisse • Toscane Ombrie • Turquie • Venise • Vienne

Nos guides sur la France

Alpes du Nord • Alpes du Sud • Alsace Vosges • Aquitaine • Ardèche Drôme • Auvergne • Bourgogne • Bretagne Nord • Bretagne Sud • Champagne-Ardenne • Châteaux de la Loire • Corse • Côte d'Azur • Franche-Comté • Ile-de-France • Languedoc • Limousin Berry • Lorraine • Lot Aveyron Vallée du Tarn • Lyon et sa région • Nord Pas-de-Calais • Normandie Cotentin • Normandie Vallée de Seine • Paris • Pays Basque et Navarre • Pays de la Loire • Périgord Quercy • Picardie • Poitou Charentes • Provence • Pyrénées Toulouse Gers • Roussillon Aude Pays Cathare • France

Nos guides week-end en France et à l'étranger

Aix-en-Provence • Amsterdam • Athènes • Iles Baléares • Barcelone • Berlin • Bordeaux • Bruges • Bruxelles • Budapest • Iles Canaries • Copenhague • Cracovie • Dublin • Édimbourg • Florence • Gênes Cinque Terre & Portofino • Grenade Málaga • Hong-Kong Macao • Iles anglo-normandes • Istanbul • Lille • Lisbonne • Londres • Luxembourg • Lyon • Madère • Madrid • Malte • Marrakech Essaouira • Marseille • Milan et les lacs • Montpellier • Montréal • Munich et la Bavière • Nice • Nantes • Naples et Pompéi • New York • Paris • Porto • Prague • Québec • Rome • Saint-Pétersbourg • Séville • Stockholm • Strasbourg • Toulouse • Valence • Venise • Vienne

COMPRENDRE LA SARDAIGNE

Castelsardo
J.-P. Degas/hemis.fr

La Sardaigne aujourd'hui

Des plages spectaculaires, des stations balnéaires huppées, des villages aux traditions vivaces : la Sardaigne est une destination touristique de rêve. L'essor du tourisme incarne parfaitement les remarquables progrès, tant économiques que sociaux, accomplis par l'île depuis la fin de la guerre. Région autonome depuis 1948, la Sardaigne a connu en trente ans les plus grands bouleversements de son histoire. Des transformations rapides qui ont eu aussi leur revers ; mais face aux difficultés, la population, confrontée à la pauvreté et au chômage, part à la redécouverte de l'identité sarde, en pleine réhabilitation.

Institutions administratives

La Sardaigne est l'une des cinq régions autonomes à statut spécial de la République italienne, qui est une république démocratique parlementaire.

ADMINISTRATION RÉGIONALE

Envisagé dès 1944, le statut d'**autonomie** a été établi par la loi constitutionnelle n° 3 du 26 février 1948, qui confère à la région sarde un pouvoir législatif et une autonomie financière élargis. La Sardaigne peut ainsi légiférer de façon exclusive sur certains domaines, comme ceux de l'agriculture et des forêts ou de l'urbanisme.

Le **Conseil régional**, constitué de 80 membres élus pour cinq ans, détient le pouvoir législatif régional. Depuis 2001, le **président de la région**, chef du pouvoir exécutif régional, est élu directement, en même temps que le Conseil. Représentant du PD (Parti Démocratique), **Francesco Pigliaru** a été élu avec 42,45 % des voix le 17 février 2014.

La **Junte régionale** *(giunta)* détient le pouvoir exécutif.

DÉCOUPAGE ADMINISTRATIF

La Sardaigne a pour chef-lieu **Cagliari**, principale ville de l'île avec 154 478 habitants.

La Sardaigne compte, depuis 2005, **huit provinces** : Cagliari, Nuoro, Sassari, Oristano (les plus anciennes), Carbonia-Iglesias, Olbia-Tempio, Medio Campidano et Ogliastra *(voir encadré page suivante)*. L'île compte 377 communes pour une population de 1,66 million d'habitants. La deuxième ville de l'île est Sassari, avec 127 625 habitants.

Économie

Le revenu annuel par habitant de la région, plutôt modeste (environ 18 700 euros par an, données Istar 2013), est toutefois un peu

Pêcheurs.
F. Banfi / WaterFrame / age fotostock

supérieur à la moyenne de l'Italie du Sud (env. 17 200 euros). En 2014-2015, le taux de chômage régional était de 18,2 %, atteignant 40 % parmi les jeunes.

Le secteur rural emploie 8 % de la population active, contre 16 % dans l'industrie et 76 % dans les services. Dans ce secteur, l'administration et le tourisme sont les principaux pôles d'emploi.

Depuis 1999, les fonds structurels européens ont contribué à l'amélioration des équipements de l'île. Le gouvernement italien met également à la disposition du gouvernement sarde des sommes importantes pour compléter les ressources fiscales de l'île, dans le but de réaliser des travaux publics.

AGRICULTURE ET PÊCHE

L'île est héritière d'une longue tradition pastorale, une filière historique au cœur du tissu productif et des traditions locales qui peine à se moderniser.

Les exploitations d'**élevage**, petites ou de taille moyenne, occupent les deux tiers de la superficie utilisable et se consacrent principalement à l'élevage ovin et caprin (5 millions de têtes, soit le tiers du cheptel italien). Elle permet une production considérable de fromages (dont le fameux *pecorino*), de lait, de viande, mais aussi de peau et de laine.

L'**agriculture** repose sur les céréales (froment, orge, avoine et seigle), principalement dans le

PROVINCES, JUDICATS ET TERRITOIRES

La Sardaigne est aujourd'hui divisée en huit provinces : Cagliari, Carbonia-Iglesias, Nuoro, Olbia-Tempio, Oristano, Medio Campidano, Sassari, Ogliastra. On y perçoit encore la forte empreinte du découpage médiéval en quatre judicats : Cagliari, Torres, Arborea et Gallura. La géographie et les traditions identifient d'autres territoires historiques : la Barbagia, la Baronia, le Gennargentu, le Supramonte, le Mandrolisai, le Barigadu, le Sarcidano et le Goceano.

Campidano et la région de Sassari, les cultures maraîchères, les arbres fruitiers, avec quelques vignobles, et l'exploitation du chêne-liège qui entretient l'existence d'un artisanat local. La production d'olives est présente autour de Sassari, à Alghero et dans l'Iglesiente.
Plus amoureux de ses montagnes que tourné vers la mer, qui fut longtemps synonyme d'invasions et de danger, le peuple sarde n'a jamais réellement exploité les richesses halieutiques. Depuis une vingtaine d'années, l'industrie de la **pêche** et la conserverie connaissent un essor, principalement sur la côte ouest, dans les étangs et les embouchures des fleuves (calamars, poulpes, crustacés). La pêche au thon est pratiquée à partir de Porto Torres, Cagliari et Alghero.

UNE INDUSTRIE À LA TRAÎNE

En 1962, le Plan de renaissance pour la Sardaigne a eu pour objectif principal le développement industriel de l'île (création des complexes pétrochimiques de Cagliari et de Porto Torres). Malgré ce plan, qui a permis un certain décollage économique, la moitié des équipements industriels créés dans les années 1960 et 1970 sont aujourd'hui en sommeil ou en faillite. Ce secteur reste peu diversifié : production d'électricité, métallurgie (Portovesme), chimie (Nuoro), hydrocarbures, extraction minière (charbon, plomb, zinc) et papeterie (Arbatax).

TOURISME

Il s'est développé au début des années 1960, lorsque le prince **Karim Aga Khan** a créé sur la Costa Smeralda un complexe luxueux. Les infrastructures se sont multipliées au cours des années 1990, attirant les spéculateurs – les investissements touristiques sont encore principalement financés par des capitaux étrangers. Le tourisme est aujourd'hui la principale activité du secteur des services et l'une des plus importantes sources de revenus de l'île (la Sardaigne accueille près de 2 millions de visiteurs par an).
Le tourisme se concentre principalement sur les côtes, au nord de l'île dans la **Gallura** et la **Costa Smeralda**, et au sud autour de **Cagliari**. Malgré quelques abus, des aménagements ont été effectués en veillant au respect des sites naturels, et la côte sarde demeure l'une des mieux préservées de Méditerranée.
Des mesures sont prises depuis le milieu des années 2000 pour limiter le développement sur le littoral et déplacer les investissements vers l'intérieur des terres. Un tourisme se structure ainsi autour des sites archéologiques *(nuraghi)* et des monuments importants.
La mise en valeur d'un folklore riche et l'essor de l'écotourisme sont des pistes d'avenir pour le tourisme sarde.

Population

La densité de population atteint 68 hab./km^2 en moyenne, ce qui fait de la Sardaigne la région la moins densément peuplée d'Italie.
De nombreuses zones à l'intérieur des terres abritent à peine 30 hab./km^2.

RÉPARTITION

Depuis les années 1960-1970, on assiste au déplacement des jeunes du centre de l'île vers la côte, en particulier dans le Sud. La moitié des habitants vit dans la région de Cagliari (530 000 hab.) et de Sassari (280 000 hab.). Avec un taux de natalité bas, le départ des jeunes vers le continent et une faible immigration, la population insulaire semble condamnée à se réduire.

MODE DE VIE

La famille et la communauté jouent encore un rôle important. Dans une société fortement patriarcale, il a fallu attendre les années 1980 pour que les femmes bénéficient de l'évolution des mœurs au sein de la famille comme dans le domaine professionnel. Elles sont aujourd'hui de plus en plus nombreuses à travailler. Fait révélateur de l'évolution de la société, une femme a pu, en 2010, participer à la Sartiglia, une joute équestre qui, depuis le 13e s., envahit les ruelles d'Oristano à l'époque du carnaval. Grâce à l'amélioration des conditions de vie, la longévité a considérablement augmenté. L'île compte ainsi un nombre important de centenaires (1/1 000 hab.) et de super-centenaires (plus de 110 ans) : un phénomène qui concerne particulièrement les hommes vivant dans les villages de montagne.

COMPOSITION ET LANGUES

Même si l'histoire de la Sardaigne a été marquée par les invasions (arabe du 8e au 11e s., espagnole du 14e au 18e s.), la population est exceptionnellement homogène avec 81 % de Sardes et 16,3 % d'Italiens. En revanche, à Alghero, dans le nord-ouest de l'île, 60 % de la population est d'origine catalane. Le **catalan**, parlé par 30 % de la population d'Alghero, est enseigné à l'école. Le **tabarquin**, un dialecte ligure parlé dans les îles San Pietro et Sant'Antioco, rappelle la présence d'une communauté génoise installée là depuis le 18e s. Depuis 1997, le sarde, mais aussi les dialectes de la région de Sassari ou de la Gallura, le catalan et le génois tabarquin, ont le statut de langue régionale protégée *(voir l'encadré ci-dessous).*

RELIGION

Si nombre de fêtes et traditions sardes plongent leurs racines dans un passé païen, les Sardes n'en sont pas moins profondément chrétiens. Le phénomène de désertion des églises, présent ailleurs en Italie depuis la Seconde Guerre mondiale, épargne l'île. Le mariage reste une institution sacrée et une fin en soi. Le calendrier sarde est ponctué de fêtes religieuses particulièrement suivies, dont certaines rappellent les siècles de domination espagnole : c'est le cas notamment lors de la **Semaine sainte**, où des moines encapuchonnés conduisent des processions nocturnes.
Voir « Les fêtes », p. 80.

LA LANGUE SARDE

Le sarde *(sardo)* est la première langue minoritaire d'Italie et la première de l'île. Bien qu'elle soit distincte de l'italien – c'est l'une des langues romanes les plus anciennes –, elle a été longtemps traitée politiquement et sociologiquement comme un dialecte. Ainsi, la langue des médias et des affaires est l'italien, mais 80 % de la population continue de parler le sarde chez soi. Ce dernier a été reconnu officiellement comme une langue à part entière par l'État italien en 1997 et son usage à l'école a été autorisé. Toutefois, l'application n'en est pas aisée, car le sarde comprend trois familles distinctes : le **logudorese** (dans le Nord-Ouest), le **nuorese** (dans l'Est et le Centre) et le **campidanese** (dans le Sud, exception faite de Cagliari qui possède son propre dialecte). La grammaire et le vocabulaire sardes sont en grande partie issus du latin, mais quantité de mots – notamment ceux ayant trait à la terre et aux animaux – datent de l'époque des bâtisseurs de *nuraghi*.
Voir « Le Renouveau du sarde », p. 73.

Nature et paysages

Deuxième île de la Méditerranée avec 24090 km², la Sardaigne compte plus de 1 800 km de littoral baigné par des eaux limpides, turquoise ou émeraude, qui ont fait sa renommée. L'île est également réputée pour ses forêts, notamment les plus importants boisements de chênes-lièges subsistant en Méditerranée. Ses terres, sculptées dans le granite et le basalte, se composent d'une mosaïque de massifs plus anciens que les Apennins ou les Alpes, ainsi que de vastes étendues de maquis, dont les parfums intenses se retrouvent dans la gastronomie sarde.

Richesses des côtes

La Sardaigne est longue de 260 km et large de 120 km environ, avec pour points extrêmes le Capo Falcone au nord et le Capo Teulada au sud. L'île est séparée de la botte italienne par la mer Tyrrhénienne, de la Tunisie par le canal de Sardaigne, de la Corse – distante de 20 km – par les Bouches de Bonifacio, et des îles Baléares par la mer de Sardaigne.

Quatre grands golfes découpent le littoral : le Golfo dell'Asinara au nord, le Golfo di Cagliari au sud, le Golfo di Orosei à l'est, et le Golfo di Oristano à l'ouest. Les côtes, qui s'étirent sur plus de 1 800 km, présentent des paysages variés. Elles sont essentiellement rocheuses au nord, creusées de grottes ou découpées par des rias dans la Gallura et, à l'est, les **falaises**, non loin du Monte Santo, atteignent 757 m de hauteur. Au sud et à l'ouest, le littoral est très souvent sablonneux, avec des zones de dunes sculptées par le vent. Plusieurs **étangs** et **lagunes** situés le long de la côte constituent de riches écosystèmes, endroits de prédilection pour les amateurs d'observation ornithologique.

Montagnes et fleuves

Les montagnes occupent 14 % du territoire. Très anciens *(voir encadré ci-contre)*, les massifs sardes ont subi une longue érosion et ne présentent donc pas de hauts sommets. Ils ont souvent l'aspect

Ogliastra, Tortolì.
M. Ripani / Sime / Photononstop

de plateaux dont l'altitude varie entre 300 et 1 000 m. Le principal massif, celui du **Gennargentu**, comprend le plus haut sommet de l'île, la Punta La Marmora (1 834 m). Découpé de profonds canyons et percé d'innombrables grottes, il est aujourd'hui le principal parc national de Sardaigne.

Presque 70 % du territoire est couvert de collines, surtout entre Cagliari et Oristano. Les principales plaines sont le **Campidano**, qui s'étend sur une centaine de kilomètres dans le Sud-Ouest, et la **Nurra** dans le Nord-Ouest.

Les fleuves n'ont pas un niveau régulier : leur lit argileux est sujet aux crues et aux sécheresses, selon les saisons. Le **Lago di Omodeo**, le plus grand lac de barrage d'Italie, a été créé en 1924 afin de remédier au problème. Il est alimenté par le **Tirso**, le principal fleuve sarde (150 km de long), qui se jette dans le golfe d'Oristano. Le **Flumendosa** (127 km), lui aussi artificiellement endigué sur une bonne partie de son cours, rejoint la mer à la hauteur de Muravera. Le **Coghinas** (123 km) alimente un autre bassin artificiel, le **Lago de Coghinas**, avant de se jeter dans le golfe de l'Asinara.

La Sardaigne ne possède qu'un seul lac naturel, le **Lago di Baratz**, au nord-ouest d'Alghero.

« L'ÎLE AUX VEINES D'ARGENT »

Granites et schistes, trachytes, basaltes et calcaires : la Sardaigne doit sa diversité géologique au très grand âge de ses roches, qui comptent parmi les plus anciennes d'Europe. Les plus vieilles se sont formées au précambrien, plus précisément à l'ère paléoprotérozoïque (de -2 500 à -1 600 millions d'années). L'étude des couches sédimentaires a révélé l'existence de roches carbonifères et, par là même, d'une variation du niveau des mers. Les roches volcaniques, plus récentes, remontent à l'ère phanérozoïque (à partir de -542 millions d'années). Pendant la période oligocène (-30 millions d'années), la Sardaigne, qui formait avec la Corse la chaîne pyrénéo-provençale, se détacha du continent européen à la faveur d'une dérive continentale.

Depuis le début de l'histoire de l'île, les fabuleuses richesses minières d'*Argyrophleps nesos*, « l'île aux veines d'argent » comme l'appelaient les Grecs, ont attiré navigateurs et marchands de tout l'horizon méditerranéen. Bien avant le cuivre, le fer et le charbon, on exploita au néolithique l'obsidienne, une roche volcanique vitreuse et riche en silice, que l'on échangea sur toute l'île et même sur les rivages du continent.

Une kyrielle d'îles et d'îlots

Au nord-est se trouve l'archipel de **La Maddalena**, qui compte sept îles principales et quelque 40 îlots protégés depuis 1997 par le statut de parc national. Giuseppe Garibaldi passa les dernières années de sa vie sur l'Isola Caprera.
En face du Golfo d'Olbia surgit l'île de **Tavolara**.
Véritable oasis naturelle, l'îlot de l'**Ogliastra**, un récif de granite porphyrique rose, se dresse au large d'Arbatax et de Santa Maria Navarrese.
Au-delà du Golfo di Cagliari, au niveau de la pointe sud-est du Sarrabus, on trouve **Serpentara** et l'**Isola dei Cavoli**.
Occupant une superficie plus étendue, l'archipel du Sulcis comprend les îles **Sant'Antioco** et **San Pietro**.
En face de la péninsule du Sinis se trouve l'**Isola di Mal di Ventre**.
À l'extrémité nord-ouest, face à la péninsule de Stintino, surgissent l'**Isola Piana** et l'**Isola dell'Asinara** ; cette dernière, après avoir servi de colonie pénitentiaire, est classée parc national depuis 1997.

Curiosités naturelles

La Sardaigne possède d'extraordinaires formations rocheuses, surtout le long des côtes : façonnées par l'érosion, leurs formes capricieuses leur ont valu des noms originaux liés aux figures qu'elles évoquent. Ces monuments naturels, désormais protégés par la loi, ont fait l'objet d'un inventaire. Parmi les plus remarquables figurent les **Colonne dell'Isola di San Pietro**, les falaises de **S'Archittu**, le **Canal grande di Nebida**, le **Pan di Zucchero de Masua** sur la côte occidentale, l'**aiguille de Goloritzè** et l'**Orso** de Palau sur la côte orientale, et **Perda Liana** dans l'Ogliastra.

GROTTES TERRESTRES ET MARINES

La **Grotta di Nereo**, immergée sous le promontoire du Capo Caccia (à l'ouest d'Alghero) et tapissée de corail rose, est l'une des plus célèbres grottes sous-marines de la Méditerranée ; seuls les plongeurs chevronnés pourront aller l'admirer. Les grottes du littoral – **Nettuno** à Alghero, **Bue Marino** (qui doit son nom au phoque moine, dont c'est le dernier refuge sur l'île) à Cala Gonone – sont d'un accès plus facile.

DES AIRES MARINES PROTÉGÉES

Plusieurs zones bénéficiant d'un écosystème intact ont été classées pour recevoir une meilleure protection, grâce aux lois sur la conservation du patrimoine naturel.
L'aire marine protégée de **Capo Caccia-Isola Piana**, d'une exceptionnelle beauté, s'étend de la Punta Cristallo au Capo Galera.
La **péninsule du Sinis**, dans la province d'Oristano, aligne des plages de sable fin au pied de falaises blanches ; les paysages granitiques sont caractéristiques de l'Isola di Mal di Ventre.
Au sud-est se trouve le **Capo Carbonara**, une côte où se succèdent falaises, promontoires et plages.
Au nord-est, non loin de la Costa Smeralda, **Tavolara**, une île calcaire qui s'élève à 560 m au-dessus du niveau de la mer, forme une destination particulièrement prisée par les amateurs d'escalade.

Parmi les grottes terrestres, citons Sa Oche et Su Bentu à Oliena, Is Zuddas à Santadi, Su Mannau à Fluminimaggiore, Santa Barbara à Iglesias, San Giovanni à Domusnovas, Su Marmuri à Ulassai, Ispinigoli près de Dorgali et la Grotta Verde non loin d'Alghero.

Un climat maritime

Méditerranéen, le climat de la Sardaigne est avant tout déterminé par la mer. Les vents, souvent forts, soufflent du sud en été, et du nord-ouest en automne et en hiver.
Très rares en juillet et août, les précipitations se font plus fréquentes en automne, surtout au Nord-Ouest. En plaine, il ne tombe guère plus de 500 mm par an, et jusqu'à 1 000 mm sur les reliefs.

Une flore préservée

Répandu dans toute l'île, le **maquis méditerranéen** au parfum inoubliable, où croissent chênes verts, myrtes, cistes et conifères, est particulièrement beau dans la région de Montarbu et dans la Barbagia de Seui.
Divers types de chênes, dont le chêne vert et le chêne-liège, dominent dans les hauteurs boisées du Nord-Est et du Centre.
Le châtaignier est l'hôte principal du Gennargentu, tandis que plusieurs plages des côtes ouest et sud sont bordées de belles pinèdes.

Une faune sous haute protection

Dans les forêts vivent des espèces rares et protégées. Dans le Supramonte, on reconnaîtra le **mouflon** *(muflone)* mâle à ses solides cornes recourbées en spirale vers l'arrière; dans le Gennargentu volent l'**aigle royal** *(aquila reale)*, l'**autour des palombes** *(astore)* et le **milan noir** *(nibbio)*. Espèce indigène, le **cerf sarde** *(cervo sardo)*, qui vit parmi les bois de chênes-lièges et de conifères, était au bord de l'extinction dans les années 1960. Grâce à des programmes de protection, sa population atteint aujourd'hui quelque 700 têtes. Le **sanglier** *(cinghiale)* a, quant à lui, élu domicile dans les contreforts montagneux.
Les **petits chevaux** à robe brune et à la longue crinière descendent sans doute des chevaux arabes amenés par les envahisseurs puniques; ils paissent sur le plateau de la Giara di Gesturi, couvert de **bois de lièges** et de prairies, royaume des **asphodèles** et du **maquis méditerranéen** d'altitude (lentisque, olivier, arbousier et genévrier).
Dans les étangs côtiers vivent les flamants roses, les échasses blanches et plusieurs espèces rares d'oiseaux migrateurs ou sédentaires.

Histoire

Terre de peuplement précoce, la Sardaigne a vu se développer une culture bien à elle : la civilisation nuragique, avec ses « tombes de géants » et ses « maisons des fées ». À mi-parcours entre les côtes africaines et européennes, escale privilégiée sur les routes marchandes ou militaires, l'île voit défiler tour à tour Phéniciens et Romains, Vandales et Byzantins. À mi-chemin aussi entre la péninsule ibérique et la botte italienne, elle fait l'objet de bien des convoitises : un temps espagnole, les grandes maisons d'Italie se la disputent et elle passe de main en main. Et pourtant, au-delà des royaumes, des républiques et des mouvements d'unification, plus qu'italienne, plus qu'européenne, l'île demeure sarde avant tout.

Les premiers âges

LA PRÉHISTOIRE (4000-1800 AV. J.-C.)

Au néolithique moyen (4000-3400 av. J.-C.) se développe la **culture dite de Bonuighinu**, du nom d'une grotte découverte près de Mara, dans la province de Sassari. Elle se caractérise par la production d'une céramique brun noir polie et par l'aménagement de tombes *a grotticella* (petites grottes). Dans la même période, on voit apparaître les premières **domus de janas**.

Au néolithique supérieur (3200-2800 av. J.-C.) naît la **culture d'Ozieri**, que caractérise une céramique à la décoration toujours plus riche tandis que commencent l'extraction et le travail des métaux.

LA PÉRIODE NURAGIQUE (1800-500 AV. J.-C.)

Dans la région du Logudoro se développe la **culture de Bonnanaro** (1800-1600 av. J.-C.), liée aux nécropoles de Corona Moltana. Le début de l'âge du bronze correspond au passage à la civilisation nuragique qui débute entre 1800 et 1300 av. J.-C. Le **nuraghe**, son élément fondamental, est un édifice conique construit en gros blocs de pierre parfaitement ajustés. Abritant une ou plusieurs salles superposées, ces constructions, qui constituent les plus grandes constructions mégalithiques d'Europe et les plus achevées, étaient dotées d'une couverture en fausse coupole, ou *tholos*. Il s'agit parfois d'une tour simple, parfois aussi d'une tour centrale autour de laquelle sont disposés d'autres *nuraghi* polylobés,

LES « DOMUS DE JANAS »

Le beau nom de ces hypogées signifie « maison des fées ». Les *domus de janas* appartiennent à la période qui va du début du 4e à la moitié du 3e millénaire avant l'ère chrétienne. Elles sont creusées dans une roche granitique, calcaire, basaltique ou gréseuse. Certaines contiennent des sculptures de bovidés ou de caprinés.

Nuraghe Santu Antine.
M. Marca / Michelin

comme celui de **Su Nuraxi de Barumini**, inscrit par l'Unesco au patrimoine mondial de l'humanité. Il en subsiste sur l'île près de 7 000, plus ou moins bien conservés. De la même époque datent d'autres constructions comme les **tombe dei giganti** *(voir encadré p. 60)*.
À cette période se nouent des contacts commerciaux avec les autres populations de la Méditerranée, entre autres les Mycéniens et les Chypriotes, attirés par la richesse minière de l'île.
Le passage à l'âge du fer (900-500 av. J.-C.) se traduit, dans les villages, par de nouveaux changements, liés notamment à l'arrivée des Phéniciens : les habitats sont regroupés, ordonnés autour d'une cour commune et entourés de murs.

Conquête et civilisation

Avec l'arrivée des Phéniciens, la Sardaigne s'ouvre aux horizons plus larges de la civilisation méditerranéenne ; elle adopte en particulier une **structure urbaine** dont la vocation est avant tout commerciale.

PHÉNICIENS ET PUNIQUES (900-238 AV. J.-C.)

Venus de l'actuel Liban, les navigateurs phéniciens fondent d'abord Pula (Nora), sur la côte sud de l'île. Entre le 9e et le 7e s. av. J.-C., ils étendent leurs colonies côtières à Sulki (Sant'Antioco), Karalis (Cagliari), Bithia (Domusdemaria), Cuccureddus (Villasimius), Tharros (Cabras), Othoca (Santa Giusta), Monte Sirai (Carbonia) et Pani Loriga (Santadi).
Protégée par une enceinte, la cité phénicienne de Sardaigne comprend maisons, édifices publics, magasins, temples et acropoles. Les nécropoles de culture phénicienne se caractérisent par la présence de **tophets**, ces lieux consacrés aux sacrifices et à la sépulture des enfants et des petits animaux.
Lorsque survient, au début du 6e s. av. J.-C., la première révolte du peuple sarde, les Phéniciens demandent l'aide de **Carthage**.

LES « TOMBE DEI GIGANTI » OU « TOMBES DES GÉANTS »

L'imagination populaire a baptisé ainsi ces tombes d'époque nuragique, appelées *tombe dei giganti*, qui peuvent atteindre jusqu'à 30 m de longueur. Elles représentent une forme de sépulture plus évoluée que les dolmens et, comme les *nuraghi*, elles n'ont pas d'équivalent en Europe. La chambre funéraire, pouvant atteindre 5 à 10 m de long et 1 à 2 m de haut, est faite de blocs soigneusement ajustés et couverte d'un tumulus. Elle est précédée d'une exèdre extérieure, un espace rituel en demi-cercle, large de 10 à 20 m, matérialisé par des dalles de pierre dressées. La « façade » est constituée d'une monumentale stèle centrale pouvant être sculptée, ornée de bandeaux saillants et percée d'une ouverture donnant accès au couloir ; cette « pseudo-porte » symbolisait sans doute le passage vers l'au-delà. Les tombeaux des géants ont pu accueillir jusqu'à 200 corps.

Contre toute attente, l'expédition menée par les Carthaginois en 540 av. J.-C. se solde par une déroute. Une nouvelle attaque, en 509, soumet l'île et ses habitants, contraints de choisir entre l'esclavage et la misère. C'est la fin de la civilisation nuragique.

ROMAINS ET VANDALES (238 AV. J.-C.-467)

Après la Première Guerre punique (264-241), Carthage ne parvenant pas à satisfaire les exigences financières des mercenaires stationnés dans l'île, la Sardaigne est cédée aux **Romains** en 238 av. J.-C. En 227 av. J.-C., l'île se retrouve placée sous l'autorité d'un gouverneur : elle devient alors province romaine.

La structure urbaine suit désormais le modèle romain : on édifie théâtres et amphithéâtres (Nora, Carales), thermes (Forum Traiani, aujourd'hui Fordongianus), temples (Antas près de Fluminimaggiore), aqueducs (Turris Libisonis, devenue Porto Torres) et villas pavées de mosaïques. Comme dans l'ensemble du monde romain, on trace des routes pour s'assurer le contrôle de chaque région de l'île.

L'agriculture connaît un nouveau développement avec l'introduction du *latifundium*, vaste domaine foncier ; l'extraction du plomb argentifère des mines du Sulcis-Iglesiente s'intensifie.

Entre 460 et 467, profitant du déclin de l'Empire romain, les **Vandales**, venus d'Afrique du Nord, occupent la Sardaigne.

Le temps des juges et des moines

En 534, Justinien, empereur de l'Empire romain d'Orient, reprend l'île aux Vandales. Entre le 4e et le 5e s., le christianisme se répand dans l'île, avec sa cohorte de persécutions et de martyres.

LA DOMINATION BYZANTINE ET LES JUDICATS (534-1015)

Bélisaire, à la tête des troupes de Justinien, conquiert la Sardaigne en 534, marquant ainsi le début de l'**époque byzantine**. Le gouvernement de l'île est confié à un *praeses*, qui gère les affaires civiles, et à un *dux*, responsable des questions militaires. Vers l'an 800, le *dux* assume seul les deux charges et prend le titre de **judex** (juge).

Les **juges**, représentants de l'empereur byzantin, deviendront autonomes vers l'an mil. La Sardaigne se divise alors en **quatre judicats** : Cagliari, Arborea, Torres et Gallura.

La **présence monastique** s'intensifie, confortée par les donations que font les juges aux différents ordres. Les Bénédictins, venus de Montecassino, de Marseille, de Camaldoli, de Vallombrosa et de Cîteaux, s'implantent et contribuent considérablement à la diffusion de la culture catholique.

PISE ET GÊNES (1015-1323)

Présents en Afrique du Nord et en Espagne, les Arabes resserrent leur étau autour de la Sardaigne. Depuis le 8e s., l'île est soumise à des raids réguliers auxquels les judicats se révèlent incapables de faire face. En 1015, ils demandent l'aide du pape qui envoie **Pise** et **Gênes** en renfort. Une fois les Arabes écartés, les deux républiques s'affrontent pour le contrôle de la Sardaigne. La lutte, qui dure trois siècles, précipite la fin des judicats de Cagliari, de Torres et de Gallura, dans les années 1260. Malgré les conflits politiques, Pisans et Génois insufflent des modes nouvelles dans le domaine artistique.

LA SARDAIGNE ESPAGNOLE (1323-1714)

En 1323, **Alphonse d'Aragon** met le pied sur l'île. Il lui faut un an pour la conquérir et la diviser en 376 fiefs. Les seigneurs catalans qui ont pris part à la conquête en reçoivent une bonne partie, tandis que les villes sont placées sous l'autorité directe du souverain. De tous les anciens judicats, seul celui d'Arborea réussit à conserver son pouvoir. En 1353, une guerre éclate entre le royaume d'Arborea et Jacques II. Les Catalano-Aragonais envahissent Alghero et y installent une population espagnole. La résistance vient aussi des familles génoises et liguro-pisanes, comme les Malaspina et les Doria. Ces derniers s'allient au judicat d'Arborea, que les Aragonais conquièrent en 1410. C'est le début d'une longue période de domination espagnole qui laissera son empreinte sur tous les domaines de la vie sarde.

Vers la modernité

Après la guerre de succession d'Espagne (1701-1714), la Sardaigne tombe aux mains des Autrichiens. En 1718, l'île est donnée par l'empereur habsbourgeois Charles VI aux ducs de Savoie, en échange de la Sicile.

LA MAISON DE SAVOIE ET LE ROYAUME DE SARDAIGNE (1718-1861)

Dès 1720, un programme de restructuration et d'amélioration de l'architecture militaire, du réseau routier et des édifices religieux et civils se met en place; cependant, l'île reste éloignée des préoccupations du vice-roi piémontais, ce qui fait grandir le mécontentement social. En 1793, l'opposition à la Maison de Savoie culmine. La rébellion, dont le juge

UNE FEMME D'EXCEPTION

Parmi les juges de Sardaigne se détache une figure hors du commun : **Eleonora d'Arborea**, née en Catalogne vers 1340. En 1383, son frère Ugone III, juge d'Arborea, et sa nièce Benedetta sont assassinés, sans doute par les Aragonais. Dès lors, Eleonora se bat pour faire valoir les droits légitimes de son fils Frédéric à la succession au trône d'Arborea. Nommée juge, elle règne avec force et intelligence, étendant les frontières du judicat. En 1392, elle promulgue un corpus de lois, la **Carta de Logu**, un code novateur pour l'époque qui contient déjà les principes d'un État de droit (égalité devant la loi, droits des femmes et des mineurs, interdiction de l'usure). La reine Eleonora meurt en 1404, victime de la peste.

Giovanni Maria Angioy prend la tête en 1794, est étouffée en 1796 lorsque le peuple sarde découvre enfin son roi : chassé de Turin par Napoléon, le roi Carlo Emanuele III s'installe en 1799 à Cagliari. Les révoltes qui suivent en 1802 et 1812 sont avortées et différentes mesures sont prises pour tenter de relever l'économie désastreuse de l'île. En 1820, afin de promouvoir la propriété privée et de favoriser l'essor de l'agriculture, Vittorio Emanuele Ier promulgue l'Édit des Enclos qui autorise les propriétaires de champs ouverts à les clôturer. En 1827, la **Carta de Logu** *(voir encadré p. 61)* est abrogée et remplacée par le **Codice Carlo Felice**. Vers 1831, le roi Carlo Alberto abolit le système féodal, portant un coup de massue à l'équilibre social.

La Sardaigne joue un rôle de premier plan durant la période du Risorgimento. Le **Statuto albertino** de 1848, texte constitutionnel promulgué par le roi de Sardaigne, restera en vigueur jusqu'en 1948, quand sera proclamée la constitution de la République italienne. En 1861, **Vittorio Emanuele II**, dernier roi de Sardaigne, proclame la création du Royaume d'Italie.

LE ROYAUME D'ITALIE (1861-1946)

Malgré les progrès enregistrés dans le secteur des transports (création du réseau des chemins de fer), dans les domaines économique (création des premières banques, exportation des produits régionaux vers le continent) et social (amélioration de l'instruction), les problèmes demeurent nombreux : le **banditisme en Barbagia**, auquel le gouvernement Pelloux apporte en 1899 une réponse militaire,

la **grève des mineurs à Buggerru** en 1904, qui est réprimée dans le sang, et l'émigration en sont les expressions dramatiques.

La Première Guerre mondiale, lors de laquelle la **Brigade Sassari** s'illustre tout particulièrement, s'avère un conflit très meurtrier pour la Sardaigne qui paie un lourd tribut en vies humaines.

Rejoint par de nombreux anciens combattants de la Brigade Sassari, le **Parti sarde d'action**, fondé en 1921 par Emilio Lussu et Camillo Bellieni, revendique l'autonomie administrative de l'île. Avec le Parti communiste italien mené par Antonio Gramsci, le PSA constitue la plus forte opposition à Mussolini jusqu'à ce que celui-ci prenne le pouvoir à Rome en 1922.

LE FASCISME ET LA GUERRE

En 1924, le Parti fasciste remporte de nombreuses voix, au détriment du PSA et du Parti communiste.

En Sardaigne, les années fascistes se traduisent par la création de villes nouvelles comme Fertilia ou Arborea, appelée alors Mussolinia, l'assainissement de vastes étendues marécageuses, l'essor de l'industrie minière à laquelle Carbonia doit sa naissance. Si la Sardaigne n'est pas envahie durant la guerre, Cagliari subit néanmoins en 1943 des bombardements alliés qui détruisent la ville aux trois quarts. L'île connaît surtout un isolement quasi total.

En 1948, le statut de région autonome est accordé à l'île. Mené entre 1946 et 1950 par l'armée américaine et financé par la Fondation Rockefeller, le Sardinia Project permet l'éradication de la **malaria**, qui disparaît complètement de l'île.

DES ANNÉES 1960 À NOS JOURS

Conséquence de l'absence de solution au problème du chômage dont souffre l'île, un mouvement d'émigration se met en place vers le continent et le reste de l'Europe. Parallèlement, certains prennent conscience de l'énorme potentiel touristique de l'île, qui pourrait constituer un débouché économique. En 1962, le prince Karim Aga Khan fonde le luxueux **Consortium de la Costa Smeralda**. L'industrie traverse dans les années 1970 une période de crise profonde; l'augmentation des prix du pétrole entraîne licenciements et récession. Au fil des ans, même les activités d'extraction diminuent, jusqu'à la fermeture de la quasi-totalité des **mines** au cours des années 1980.

Chronologie

AVANT J.-C.

450 000 à 100 000 ans – Présence humaine dans la partie septentrionale de l'île.
1800-500 – Période nuragique. Quelque 30 000 tours sont élevées à travers l'île.
9e-7e s. – Les Phéniciens établissent des colonies sur la côte sarde.
540 – L'expédition menée par Carthage pour contrer la révolte sarde est un échec.
509 – Seconde expédition de Carthage. L'île est soumise. Déclin de la civilisation nuragique.
238 – L'île est cédée à Rome et devient province romaine en 227 av. J.-C.
216 – Les Sardes s'allient à Carthage contre Rome au cours de la Deuxième Guerre punique.

APRÈS J.-C.

460-467 – L'île est occupée par les Vandales.
534 – Justinien, à la tête de l'Empire romain d'Orient, reprend l'île.
4e-5e s. – Le christianisme s'étend à travers l'île.
711-1013 – Les Arabes envahissent la Sardaigne et multiplient les raids.
Vers l'an mil – L'île est divisée en quatre judicats (provinces).
1015-1323 – Lutte de Gênes et de Pise pour le contrôle de l'île.
1323 – Début de la suzeraineté de l'Espagne sur l'île.
1392 – Eleonora d'Arborea publie la *Carta de Logu*.
1718 – La Maison de Savoie abandonne la Sicile aux Habsbourg et reçoit en échange la Sardaigne, érigée en royaume.
1795 – Les Sardes se révoltent contre les Piémontais qui leur refusent plus d'autonomie.
1799 – Chassés de Turin par Napoléon, les ducs de Turin s'installent à Cagliari.
1847 – La Sardaigne devient partie intégrante du royaume de Piémont.
1915-1918 – La Brigade Sassari se distingue dans les batailles contre l'Autriche et l'Allemagne.
1923 – Un an après son arrivée au pouvoir, Mussolini entreprend la bonification des terres sardes, la relance de l'industrie minière et fait construire les villes de Mussolinia (actuelle Arborea) et Carbonia.
1948 – La Sardaigne devient région autonome de la République italienne.
1962-1964 – Le Sarde Antonio Segni est président de la République italienne.
1962 – Le prince Karim Aga Khan crée le Consorzio Costa Smeralda. La Sardaigne s'ouvre au tourisme.
1970 – Le Cagliari Calcio remporte le championnat italien de football.
1960-1992 – Des enlèvements contre rançon (phénomène appelé *Anonima Sequestri*) sont perpétrés dans l'île, parmi lesquels, en 1979, celui du musicien **Fabrizio De André** et de sa compagne Dori Ghezzi, séquestrés pendant 4 mois dans le Supramonte.
1985-1992 – Le sarde Francesco Cossiga est président de la République italienne.
2014 – Francesco Pigliaru (PD) est le nouveau président de Sardaigne.

Arts et culture

L'art sarde possède ses références propres, riches et variées, fruits d'une histoire singulière. Les balbutiements de la création artistique sont contés par les céramiques gravées caractérisant les périodes prénuragique et nuragique, puis Phéniciens et Romains apportent leur statuaire et leurs dieux. Mais c'est le Moyen Âge qui voit le plein épanouissement de l'expression artistique : alors que le christianisme conquiert le cœur de la Sardaigne, églises romanes, gothiques et baroques se multiplient dans le paysage. En mariant sculpture, peinture et architecture, le retable se fait la plus admirable expression des influences qui nourrissent l'art insulaire. Littérature, musique et danse, quoique portant elles aussi l'héritage espagnol et italien, font perpétuellement retour vers les racines de la culture sarde ; glorifiant la forte personnalité de l'île, elles cimentent l'esprit communautaire le temps d'un gozo ou d'une ronde de carnaval.

Arts plastiques et architecture

Passé la période nuragique, le développement des arts en Sardaigne se fait l'écho des conquêtes, invasions et dominations que subit l'île.

CÉRAMIQUES ET MOTIFS SCULPTÉS : LES BALBUTIEMENTS DE LA CRÉATION

Dès le néolithique, le peuple sarde fait preuve d'un sens artistique certain, comme en témoigne la **céramique** inventée entre 6000 et 4000 av. J.-C. Elle prend le nom de **cardiale,** d'après le *cardium,* un coquillage que l'on presse sur l'argile pour créer des motifs décoratifs. On en a retrouvé plusieurs spécimens dans les grottes de Su Carroppu (Carbonia) et de Filiestru (Mara).

Dans la région d'Oristano, les hommes du néolithique travaillaient l'obsidienne, une roche volcanique provenant du Monte Arci qui faisait l'objet d'un commerce sur le pourtour méditerranéen.

Les céramiques polies de la **culture de Bonuighinu** (4000-3400 av. J.-C.) retrouvées dans la grotte de Mara (province de Sassari) montrent une évolution de la technique de production. Les trousseaux funéraires découverts dans les nécropoles de Cuccuru is Arrius, aux environs de Cabras, ont révélé des statuettes de déesse mère aux généreuses formes féminines.

Au néolithique moyen (3400-3200 av. J.-C.) sont élevées les premières **domus de janas**. Les parois de ces sépultures creusées dans la roche sont ornées de motifs en relief – tête de bœuf, spirales et dessins géométriques – qui devaient être des symboles magiques.

La **culture d'Ozieri** (3200-2800 av. J.-C.) se caractérise par une céramique à la décoration plus complexe et plus animée qui comprend même des représentations humaines ; ses motifs ressemblent à ceux que

San Gavino à Porto Torres.
M. Marca/Michelin

l'on retrouve dans les Cyclades et en Crète. Les sépultures revêtent des aspects variés (*domus de janas*, cercles mégalithiques et menhirs) et la silhouette de la déesse mère y est traitée de façon plus stylisée.
Entre 2600 et 2400 av. J.-C. apparaissent les **menhirs anthropomorphes** et les **statues menhirs** comparables à celles de Corse, d'Italie du Nord et du sud de la France. Ces statues sont dites « armées » car elles montrent des poignards, probablement des symboles de pouvoir.
Entre 2100 et 1800 av. J.-C. se diffuse, sans doute grâce à des métallurgistes itinérants, la **culture du vase campaniforme**, un vase décoré en forme de cloche renversée. La **culture de Bonnanaro** (1800-1600 av. J.-C.) produit des céramiques moins richement décorées que les vases campaniformes.
Les débuts de l'âge du fer (900-500 av. J.-C.) voient apparaître des changements notables dans le décor de la céramique, qui adopte un style géométrique.
Au même moment se répand une petite statuaire de bronzes votifs représentant des archers, des lutteurs, des figures féminines, des animaux et des maquettes de *nuraghi*.
Les premiers témoignages de la présence phénicienne sont constitués par des trousseaux funéraires. Ces mêmes Phéniciens introduisirent sur l'île l'écriture, ainsi qu'une nouvelle structure urbaine.

ARCHITECTURE BYZANTINE ET ROMANE

L'**architecture** connaît un essor considérable sous la domination byzantine. San Saturnino de Cagliari, les sanctuaires de Sant'Antioco et San Giovanni di Sinis (Cabras) s'inspirent de Constantinople pour leur plan cruciforme et leurs coupoles sur pendentifs. On découvrira la sculpture de cette époque – chapiteaux ornementés, fragments de statuaire, éléments portant des inscriptions grecques – au Museo Archeologico Nazionale de Cagliari.

L'architecture romane, typique de la période des judicats, se retrouve tout au long d'un axe Cagliari-Porto Torres. Les couleurs des églises varient selon le matériau utilisé : toutes sont en effet bâties avec la pierre locale (granite dans la Gallura, roche volcanique dans le centre de l'île, calcaire dans le Campidano), d'où une intégration harmonieuse dans le paysage.
Le premier art roman fut marqué par l'intervention de maîtres d'œuvre pisans et lucquois (San Giovanni de Viddalba), catalans et provençaux, venus avec la communauté monastique de Saint-Victor de Marseille (San Saturnino à Cagliari, Sant'Efisio à Nora). Ces architectures sobres et massives portent une décoration dépouillée, comme à San Gavino (Porto Torres), Santa Maria del Regno (Ardara), Santa Maria (Bonarcado), ainsi que sur les cathédrales Santa Giusta (dans le bourg du même nom), Sant'Antioco di Bisarcio (Ozieri) et San Simplicio (Olbia).
Plus tardif, l'**art roman classique** (1150-1250) porte l'influence des artistes pisans installés sur l'île, mais aussi de maîtres d'œuvre toscans venus de Pistoia. L'ornementation affiche un relief plus prononcé, notamment avec le recours aux fausses arcades superposées sur la façade (San Pietro di Sorres à Borutta). L'église San Nicola, à Ottana, illustre la transition entre ces deux premières périodes de l'art roman.
À partir de 1160, on recourt de plus en plus fréquemment à la **bichromie** en faisant alterner des bandeaux de pierre volcanique sombre avec des lignes de pierre calcaire, comme à la Santissima Trinità (Saccargia), à San Pietro (Bulzi) ou à Santa Maria (Tergu).
Entre 1250 et 1300, les artistes commencent à introduire des éléments décoratifs gothiques sur des structures demeurées romanes. L'agrandissement de la cathédrale Santa Maria de Bonarcado, la reconstruction de la cathédrale San Pantaleo de Dolianova et les églises San Pietro di Zuri (Ghilarza) et San Pietro extra muros (Bosa) témoignent de cette évolution ; ces deux dernières églises sont en partie dues à Anselme de Côme.

ESTOFADO DE ORO

Caractéristique de la statuaire de la Sardaigne espagnole des 16e et 17e s., cette technique produit des effets de trompe-l'œil en imitant les étoffes précieuses. Elle consiste à recouvrir d'une feuille d'or fin une surface, puis à apposer par-dessus une couche de peinture ; cette dernière, partiellement grattée suivant un dessin, laisse alors apparaître la dorure sous-jacente.

GOTHIQUE, MANIÉRISME ET BAROQUE

L'**art gothique** s'inspire à la fois du style italien (cathédrale Santa Maria di Castello, à Cagliari) et du style catalan introduit par les Aragonais (sanctuaire Madonna de Bonaria, exemple le plus ancien de gothique catalan sur l'île), mais conserve de fortes spécificités sardes.
Dans le domaine artistique, la tutelle aragonaise et espagnole a eu pour effet de prolonger l'usage du style gothique tardif en architecture jusqu'au 17e s. Les églises se caractérisent par une **nef unique** flanquée de chapelles latérales et d'une sacristie surélevée, de voûtes sur croisées d'ogives ainsi que d'une façade dotée de créneaux et de contreforts diagonaux, éléments typiques de l'architecture civile catalane. Un campanile à section carrée s'élève sur l'un des côtés de l'édifice, dans l'alignement de la façade (San Giacomo, Cagliari).

LES GRANDS MAÎTRES DU RETABLE SARDE

Entre 1350 et 1450, les œuvres de **peintres catalans** parviennent en Sardaigne. Joan Mates réalise le *Retable de l'Annonciation* pour l'église San Francesco di Stampace, un monument caractéristique du gothique courtois. On attribue à l'entourage de Mateu Ortoneda le retable de l'église San Martino d'Oristano, aujourd'hui conservé dans l'Antiquarium Arborense, à Oristano. Le Portugais Alvaro Pires d'Evora, formé en Toscane, peint un retable pour l'église San Domenico à Cagliari ; le seul vestige de cet ensemble, une *Madone avec Enfant*, de style gothique tardif, est conservé à la Pinacoteca Nazionale de Cagliari.

Après 1450, de nombreux artistes espagnols s'établissent dans l'île. À Cagliari, les Catalans Rafael Thomas et Juan Figuera travaillent au *Retable de saint Bernardin de Sienne*, destiné à San Francesco di Stampace (Sassari). Pour la même église, Juan Barcelo réalise le *Retable de la Visitation*, une œuvre d'inspiration valencienne et flamande, tandis qu'un peintre de son atelier exécute le *Retable de la Crèche*, une composition à fond d'or rehaussée de couleurs vives. Le **Maître de Castelsardo**, un artiste anonyme que la postérité a baptisé du nom de la ville dans laquelle il travailla, réalise le retable de la cathédrale de Castelsardo. Il introduit dans la peinture un nouveau traitement de la lumière et de l'espace. On lui doit aussi le retable de l'église paroissiale San Pietro de Tuili et celui du miracle de la Portioncule, destiné à San Francesco di Stampace (Cagliari). Dans la mouvance du maître, Giovanni Muru exécute la prédelle du retable du maître-autel d'Ardara.

Le retable, hommage marial

La rencontre des deux cultures contribue à la naissance d'un art sarde original, dont le retable constitue l'élément le plus représentatif, faisant appel aussi bien à la sculpture qu'à la peinture. Le centre du retable est généralement occupé par une niche abritant une statue de la Vierge ; de part et d'autre sont disposés des panneaux de bois peints pourvus d'encadrements en stuc doré. Le plus bel exemple de cet art – conservé à la Pinacothèque nationale de Cagliari – provient de l'église San Francesco di Stampace, aujourd'hui détruite.

Certaines représentations mariales, si chères aux Sardes, font la renommée de plusieurs retables célèbres : la Madone de Valverde à Alghero, la Madone au figuier de San Pietro di Silki, la Vierge de Santa Maria di Betlem, à Sassari, et la statue de Nostra Signora di Bonaria (Cagliari), bel exemple de sculpture campanienne (Italie du Sud) sur bois peint selon la technique de l'**estofado de oro** *(voir encadré ci-contre)*.

École sarde, peinture maniériste, École napolitaine

L'École sarde de peinture n'apparaît à proprement parler qu'au 16e s. Son représentant le plus illustre, **Pietro Cavaro**, issu d'une famille de peintres de Cagliari, conjugue les influences flamandes et napolitaines avec les acquis d'une formation reçue à Barcelone. Il est l'auteur du *Retable de Villamar* et de celui du *Santo Cristo* pour l'église San Francesco d'Oristano. À sa mort (1535), son fils Michele suit ses traces en y apportant une inspiration raphaélesque. Appartenant à la même école, Antioco Mainas exécute des œuvres d'inspiration plus populaire.

La **peinture maniériste** est représentée par le **Maître d'Ozieri**, auteur du *Retable de Notre-Dame de*

Lorette dans la cathédrale d'Ozieri, de celui de sainte Hélène dans l'église paroissiale de Benetutti et de celui de la Sainte Famille conservé à la Pinacoteca de Ploaghe.
L'École napolitaine exerce une influence déterminante sur la peinture sarde de la fin du 16e s. et du début du 17e. Parmi les artistes napolitains actifs dans le sud de la Sardaigne, il faut citer Bartolomeo Castagnola, Giulio Adato et Ursino Bonocore. Même Francesco Pinna, originaire d'Alghero, n'échappe pas aux influences campaniennes (Italie méridionale), parfaitement perceptibles dans son *Retable de saint Albert* (église du Carmine à Cagliari) et dans celui de sainte Ursule (conservé à la Pinacoteca).

Somptuosités baroques

Il n'existe guère en Sardaigne d'œuvres architecturales qui se soient approprié les modes d'expression de la **Renaissance** italienne : dans l'île, ce renouveau artistique est revu et corrigé par un gothique catalan tardif. Seule l'église San Agostino Nuovo (1577-1580), à Cagliari, fait

LEXIQUE D'ART ET D'ARCHITECTURE

Abside – Extrémité, en demi-cercle ou polygonale, d'une église, derrière l'autel ; le terme indique aussi bien la partie extérieure que la partie intérieure.
Archivolte – Ensemble des arcs ornant une arcade. Elle peut être en plein cintre ou brisée.
Basilique – Édifice religieux rectangulaire, bâti sur le plan de basiliques romaines et divisé en trois ou cinq nefs.
Bas-relief – Sculpture taillée dans la masse, dont elle se dégage avec une faible saillie.
Chœur – Dans les églises, partie à l'arrière de l'autel où se tiennent les chantres et meublée de stalles en bois à décorations variées.
Coupole en pendentifs – Voûte sur pendentifs.
Croix (plan en) – On distingue la croix grecque, à branches égales, et la croix latine dont les branches du transept sont plus courtes.
Dolmen – Monument mégalithique formé d'une pierre plate posée sur des pierres dressées.
Domus de janas ou « Maison des fées » – *(voir encadré p. 58)*.
Fresque – De l'italien *a fresco*, application de peinture sur un enduit frais (et non plus directement sur la pierre).
Fronton – Ornement, généralement triangulaire, placé au-dessus des édifices, portes, fenêtres, niches.
Haut-relief – Sculpture taillée dans la masse, dont elle se dégage avec une forte saillie.
Maisons des fées ou **Maisons des sorcières** – Hypogées (ou sépultures souterraines) réalisés entre le début du 4e millénaire et le milieu du 3e millénaire av. J.-C., dont certains renferment un décor en relief.
Mégalithe – Monument préhistorique formé de gros blocs de pierre.
Menhir – Grosse pierre isolée dressée verticalement.
Mosaïque – Assemblage de tesselles multicolores prises dans le ciment utilisé pour l'ornement des murs et des sols.
Narthex – Portique précédant la nef d'une église.

exception, avec un plan en croix latine, une ornementation et une coupole Renaissance.

Au siècle suivant, en revanche, l'**art baroque** apporte des changements considérables, puisant à des sources diverses. En introduisant ce nouveau langage artistique lié au mouvement de la Contre-Réforme, les Jésuites jouent un rôle prépondérant dans la formation du goût, comme en témoignent les églises de Santa Caterina à Sassari et San Michele à Cagliari. La quête et le culte des reliques qui se répandent alors sont à l'origine de la construction de la crypte des Martyrs, dans la cathédrale de Cagliari.

Les églises se parent d'une décoration somptueuse, précieuse et expressive, souvent due à des maîtres génois et lombards. Le mausolée de Martino il Giovane (cathédrale de Cagliari) et l'autel de San Isidoro en sont de parfaites illustrations.

Néanmoins, au cours de cette période, de nombreux autels continuent à être réalisés en bois doré, selon la tradition espagnole.

Nef – Chaque partie de plan allongé d'une église. La nef centrale, souvent de dimensions plus grandes, est appelée simplement nef, tandis que les nefs latérales sont appelées bas-côtés.

Nuraghe – Construction mégalithique de forme conique que l'on ne trouve qu'en Sardaigne. Son nom dérive de la racine *nur*, signifiant « monticule ». À partir des formes simples du début, les *nuraghi* s'enrichirent de tours reliées entre elles par des murs épais. Il en subsiste plus de 7 000 dispersés dans l'île.

Ogive – Arc tendu diagonalement qui sert à soutenir une voûte.

Péristyle – Colonnade formant un portique qui entoure l'extérieur d'un édifice.

Polyptyque – Ensemble peint ou sculpté de plusieurs panneaux articulés.

Portique – Galerie ouverte soutenue par un mur et une rangée de colonnes ou par deux rangées de colonnes.

Prédelle – Partie inférieure d'un polyptyque ou d'un retable.

Protomé – Représentation sculptée de la partie antérieure d'un animal.

Purgatorium – Pièce destinée aux cérémonies de purification.

Retable – Construction verticale portant un décor peint ou sculpté, placée sur un autel ou en retrait de celui-ci.

Temple à puits – Constructions circulaires couvertes en fausse coupole, destinées à capter la nappe phréatique.

Tesselles – Carrés de moins de 1 cm^2 de terre cuite, verre ou pierre taillée qui, une fois assemblés, forment les mosaïques ou les pavements.

Tholos – Sépulture à coupole précédée d'un couloir.

Tombe des géants (Tomba dei giganti) – Sépultures collectives caractéristiques de la période nuragique, probablement destinées aux familles les plus puissantes *(voir aussi encadré p. 60)*.

Transept – Vaisseau transversal coupant la nef, qui donne à l'église la forme d'une croix.

Triptyque – Ensemble peint ou sculpté formé de trois panneaux dont les deux latéraux peuvent se rabattre sur la partie centrale qu'ils recouvrent.

Tumulus – Monticule de terre et de pierres recouvrant une sépulture.

Parmi les peintres, on citera Giovanni Carlone, Domenico Fiasella et Orazio de Ferrari, artistes originaires de Ligurie, ainsi que Pantaleone Calvo. Répondant aux commandes des ordres religieux, Domenico Conti peint pour les Mercédaires et Giuseppe Deris pour les Jésuites et les Minimes.

LES 18e ET 19e S. : DU NÉOCLASSICISME À L'ÉCLECTISME

Dans l'élaboration d'une identité italienne, le rôle des architectes est essentiel : Felice de Vicenti, avec son projet pour la basilique de Bonaria à Cagliari (1722), Saverio Belgramo di Famolasco (université et séminaire tridentin de Cagliari, 1764), Giuseppe Viana (église du Carmine à Oristano, 1786), Giovanni Francesco Daristo (multiples réalisations à Cagliari, Iglesias, Carloforte et Oristano). Leur répertoire décoratif s'enrichit de marbres, de statues, d'objets en argent et de tissus précieux.
Le plus important sculpteur sarde du 18e s., **Giuseppe Antonio Lonis**, qui a perfectionné à Naples la maîtrise de son art, a produit d'exquises statues de dévotion.
En peinture, le Romain **Giacomo Altomonte**, secondé par le Napolitain Domenico Colombino, a réalisé les fresques de la sacristie de San Michele à Cagliari. Pietro Angeletti exécute les peintures ornant les cathédrales d'Ales et de Cagliari, l'église paroissiale de Solarussa et celle de Santa Eulalia à Cagliari.
Les premières années du 19e s. annoncent le **néoclassicisme**, dont un digne représentant, le sculpteur Andrea Galassi, a travaillé à l'église de la Gran Madre di Dio de Turin.
Le peintre **Giovanni Marghinotti** reflète les courants du siècle : son œuvre est successivement empreinte d'un néoclassicisme célébrant la gloire de la Maison de Savoie puis d'un romantisme sensible à la culture populaire locale.
Durant la seconde moitié du 19e s., les disciplines reines sont celles liées à l'**urbanisme**. Gaetano Cima, professeur d'architecture à l'université de Cagliari de 1840 à 1864, est le chef de file d'une génération de techniciens qui accordent un rôle primordial à l'élaboration théorique des projets et soumettent leurs réalisations à des principes d'ordre, de symétrie et de proportion.
Durant cette période triomphe en Sardaigne, comme ailleurs en Occident, un **éclectisme** qui revisite les styles du passé en affichant une nette prédilection pour les lignes néo-Renaissance. Le nouveau Palais civique de Cagliari constitue une

LA PAROLE AUX MURS

À la fin des années 1960, simultanément à l'émergence d'une contestation estudiantine et ouvrière, on assiste dans quelques villages de l'intérieur de l'île à l'apparition de peintures murales. Souvent de grande taille, ces *murales* sont alors utilisées comme un moyen d'expression politique et sociale. Le mouvement, cantonné à la campagne et aux montagnes sardes, s'amplifie dans les années 1970. Les artistes des rues poursuivent aujourd'hui encore leur œuvre, provoquant tantôt l'admiration, tantôt l'exaspération des habitants, mais rarement l'indifférence. Si ces fresques expriment parfois encore une prise de position politique, elles peuvent aussi avoir une pure vocation artistique ou s'inspirer d'œuvres d'artistes connus. Parmi les villages célèbres pour leurs *murales* figure Orgosolo, qui compte plus de 150 fresques *(voir p. 196)*.

Murales à Thiesi.
Jores Rossetti

œuvre exemplaire de ce goût : l'édifice, dû à Crescentino Caselli et Annibale Rigotti, mêle éléments néogothiques et Art nouveau.

20e S. : ENTRE ABSTRACTION ET RETOUR AUX SOURCES

Au tournant des 19e et 20e s., une expression artistique fortement empreinte de régionalisme connaît une importance grandissante ; elle rencontre un accueil favorable jusque sur le continent.
La Biennale de Venise de 1907 consacre Francesco Ciusa dont *La Madre dell'ucciso* (« La mère du tué »), une sculpture en plâtre, remporte un vif succès. Des expositions nationales font connaître Antonio Ballero, tandis que la Sécession romaine (1913-1915) invite Giuseppe Biasi.
Avec la décoration des salles du **nouveau Palais civique de Cagliari**, une commande publique confiée à des artistes locaux, le **mouvement figuratif sarde** donne sa pleine mesure. Malheureusement, les bombardements de 1943 ont irrémédiablement détruit les œuvres peintes par Francesco Ciusa pour la Salle des Conseillers et par Mario Delitala pour la Salle du Musée ; ne subsistent que les œuvres de Filippo Figari qui dota la Salle des Mariages d'un cycle consacré à *L'Amour en Sardaigne* (1912-1914), et celles de Felice Melis Marini qui a composé, pour le Cabinet du Maire, trois vues panoramiques de Cagliari depuis la campagne, le mont Urpinu et le golfe.
Après la Première Guerre mondiale, toute recherche expérimentale en matière artistique disparaît et on cesse aussi de donner la primauté à un art décoratif esthétisant ; des artistes tels Federico et Melkiorre Melis privilégient au contraire les arts appliqués en revalorisant la culture populaire. Cette tendance se heurte cependant aux directives du régime fasciste qui entend étouffer toutes les spécificités régionales au profit d'un centralisme appuyé, y compris dans le domaine artistique.

Dans le respect de ces nouvelles orientations idéologiques et du style du *Ventennio* (« la double décennie » du régime) sont édifiés instituts universitaires, palais de justice et écoles. Les villes d'Arborea, Fertilia, Carbonia et Cortoghiana, répondant à des projets auxquels sont associées les avant-gardes, sortent de terre à cette époque.

Après la Seconde Guerre mondiale, les courants artistiques se diversifient ; tandis que certains artistes se rangent derrière les grands maîtres du début du 20e s. sarde (Biasi, Figari, Delitala), d'autres, comme Eugenio Tavolara, revisitent à la lumière du design la culture populaire régionale ; on tente également de promouvoir l'œuvre d'artistes locaux au sein des grands mouvements d'avant-garde italiens et européens.

En 1957, Mauro Manca remporte le Prix Sardaigne de la première Biennale nationale de peinture de Nuoro avec *L'Ombra del mare sulla collina* (« L'Ombre de la mer sur la colline ») : c'est la première fois qu'on attribue un prix à une œuvre non figurative. Cette récompense ouvre alors le débat entre partisans du figuratif et défenseurs de l'abstraction et renouvelle l'intérêt porté au Surréalisme et à l'Expressionnisme, expérimentés avec beaucoup de liberté et de créativité.

Avec Costantino Nivola qui, en 1967, redessine à Nuoro la place Sebastiano Satta, l'art contemporain s'engage dans la voie d'un retour à la tradition archaïque. Pour les années suivantes, il faut citer, en 1977, l'intervention à Ales de Giò Pomodoro, le *Piano d'uso collettivo Gramsci* (« Plan d'usage collectif »), ainsi que le théâtre de plein air de Porto Rotondo, œuvre de Mario Ceroli.

Aligi Sassu (1912-2000), artiste né à Milan de père sarde (ce dernier compta parmi les fondateurs du parti socialiste de Sassari), vécut quelques années à Thiesi. Sa passion pour les chevaux et pour les tons vifs du paysage méditerranéen, qui marquèrent sa peinture, remonte à ses années de formation.

La littérature

LE SARDE (« SA LIMBA »)

Sur l'île, les lieux, les plats, les manifestations possèdent un nom sarde et un nom italien. Depuis 2006, l'administration régionale elle-même utilise le sarde et on peut lui adresser des courriers dans cette langue. La loi statutaire du 7 mars 2007, qui fonde en droit le gouvernement régional, a également été rédigée en sarde et, en 1999, l'État accorde aux habitants de l'île le statut de minorité linguistique historique.

Genèse d'une langue

Avec l'arrivée des Romains en 238 av. J.-C., le latin se répand et s'impose aux dépens du paléo-sarde et du punique parlés par les autochtones. Mais la langue sarde à proprement parler n'est documentée qu'après l'an mil ; la **Carta de Logu** d'Eleonora d'Arborea (1392) constitue le plus célèbre exemple de document rédigé dans l'une des variantes du sarde, celle de la région d'Arborea *(voir encadré p. 61)*. C'est le linguiste allemand **Max Leopold Wagner** (1880-1962) qui a défini la spécificité du sarde par rapport à l'italien et aux autres langues romanes.

Le **sarde n'est pas un dialecte, mais une langue** romane ou néolatine, elle-même constituée de plusieurs dialectes. Il est resté beaucoup plus proche de sa souche originelle, le latin, que d'autres langues romanes comme l'italien, le français, l'espagnol ou le roumain. Ce conservatisme se reflète aussi dans la culture traditionnelle, avec ces fêtes aux figures emblématiques, tels les *mamuthones*, les costumes, les bijoux ou la musique.

LA LITTÉRATURE DE LANGUE ITALIENNE

Maître de la Sardaigne dès 1718, la Maison de Savoie fait tout pour favoriser l'usage de l'italien. Dans le cadre de cette politique d'italianisation, on envoie en Sardaigne enseignants et savants (des jésuites pour la plupart) qui ont pour mission d'éradiquer l'usage de l'espagnol dans l'île.
Les mouvements littéraires de l'époque – comme celui de l'**Arcadie**, qui crée à Cagliari une Académie – rencontrent dans les villes l'intérêt des lettrés. Le jésuite Angelo Francesco Berlendis (1735-1794) contribue à ranimer le goût pour les lettres.
Le théâtre subit les influences du mélodrame métastasien. Resté dans la littérature comme l'auteur de « drames pour la musique », Antonio Marcello (1730-1799) conserve cependant, en prologue de ses œuvres, un sonnet en espagnol.
Un esprit didactique se répand sur l'ensemble du 18e s.; il anime par exemple un proche de Giovanni Maria Angioy, le latiniste Francesco Carboni (1746-1817), un religieux progressiste qui écrit de la poésie en italien. À la fin du siècle, c'est le progrès social et économique de l'île qui devient souvent le sujet des œuvres littéraires. On s'intéresse également au patrimoine historique; Domenico Alberto Azuni, auteur d'une *Histoire géographique, politique et naturelle du Royaume de Sardaigne* (1799), jette les bases de l'historiographie.
Parmi les historiens, **Giuseppe Manno** (1786-1868), un homme de l'entourage des souverains de Savoie, laisse une œuvre à laquelle se référeront par la suite des générations d'historiographes. Son *Histoire de la Sardaigne* est primée par l'Accademia della Crusca.
La seconde moitié du 19e s., secouée par les bouleversements révolutionnaires et la répression de la Monarchie de Savoie qui s'ensuit, voit naître des œuvres en langue sarde, mais aussi *L'Autobiographie* de Vincenzo Sulis (1758-1843), écrite en italien et qui ne manque pas d'une certaine verve populaire.

LE RENOUVEAU DU SARDE

Avec l'unification de l'Italie, le processus d'italianisation se poursuit de façon plus soutenue encore. L'analphabétisme diminue et l'usage de la langue italienne se répand même au sein des classes populaires. Certaines figures sardes, tels Enrico Costa, Sebastiano Satta ou Grazia Deledda, commencent néanmoins à s'imposer. Cette époque est aussi celle où **Antonio Gramsci** (1891-1937) conçoit son œuvre politique et littéraire.
Enrico Costa (1841-1909) naît dans une famille de musiciens originaire de Ligurie. Contraint d'exercer divers emplois pour assurer son existence, il ne renonce pourtant jamais à sa passion pour la littérature, le théâtre et la musique. Il écrit des livrets d'opéra pour le compositeur Luigi Canepa (1849-1914), dont *David Rizio*, créé au Théâtre Carcano de Milan. Écrivain prolifique, il produit aussi des romans *(Il Muto di Gallura, La Bella di Cabras, Rosa Gambella, Giovanni Tolu)* et fonde *La Stella di Sardegna*, un périodique culturel qu'on lit jusque dans la péninsule. Il est l'auteur de plusieurs guides de voyage, parmi lesquels *Da Sassari a Cagliari*, paru en 1882. Il a aussi écrit une monumentale histoire de Sassari, qui reste encore aujourd'hui un ouvrage de référence.

Sebastiano Satta (1867-1914), avocat, journaliste et poète inspiré par Giosuè Carducci, croit à un socialisme philanthropique et romantique. Son œuvre poétique laisse poindre son amour pour les traditions et la langue sardes. Il est l'auteur des *Canti barbaricini* et des *Canti del salto e della tanca*.
Grazia Deledda (Nuoro, 1871-1936) est sans doute l'écrivain sarde le plus connu. Dans des romans, comme *Elias Portolu* (1903), *Cenere* (*Braises*, 1904), *L'Edera* (*Le Lierre sur l'arbre mort*, 1906), *Chiaroscuro* (1912), *Colombi e sparvieri* (1912), *Canne al vento* (1913), *Marianna Sirca* (1915), *L'Incendio nell'oliveto* (1918), *La Madre* (1920), elle livre une vision puissante et toute personnelle de la Sardaigne et des relations humaines, en se démarquant totalement du mouvement vériste. Son œuvre fut couronnée en 1926 par le **Prix Nobel de littérature**.
La Première Guerre mondiale marque profondément la Sardaigne. Ce conflit, qui détermine la fondation du Parti sarde d'action, donne aussi naissance à l'œuvre littéraire d'**Emilio Lussu**, l'un des officiers de la Brigade Sassari, auteur du récit de guerre *Un anno sull'altipiano* (1938).
Les années qui suivent la Seconde Guerre mondiale sont marquées par la revue **Ichnusa** (1949-1962) que dirige Antonio Pigliaru. Les écrivains de cette époque sont Giuseppe Dessì, Salvatore Cambosue et Salvatore Satta, mais aussi Franco Solinas, Maria Giacobbe, Paride Rombi, Giuseppe Fiori, Gonario Pinna, Francesco Masala, Antonio Cossu, Francesco Zedda et Antonio Puddu.
Dans les années 1970, la crise pétrolière provoque une vague de pessimisme contre laquelle la défense de la langue sarde et le combat pour sa reconnaissance officielle apparaissent comme un refuge. Les grandes figures de l'époque sont Michelangelo Pira qui écrit en sarde et, pour la littérature italienne, Sergio Atzeni. Le juriste **Salvatore Satta** (1902-1975) publie *Il Giorno del giudizio*, une subtile introspection psychologique qui fait vite du roman un véritable phénomène littéraire.
Dans les années 1980, Salvatore Mannuzzu *(Procedura)* et Giulio Angioni *(L'Oro di Fraus)* se consacrent au genre policier ; Bachisio Zizi *(Erthole)* et Michel Columbu *(Senza un perchè)* marquent également la littérature de leur temps. Aujourd'hui, la littérature sarde traverse une phase particulièrement féconde où le roman policier et le roman noir occupent une place de choix.

Les grands noms de la littérature sarde aujourd'hui

Gavino Ledda (1938) est l'auteur de *Padre Padrone*, traduit en 40 langues et adapté en 1977 au cinéma par les frères Taviani.
Récompensé par le Prix Calvino, **Marcello Fois** (1960), qui vit à Nuoro, est l'auteur d'une série de romans dont le héros, Bustianu, un

LES « CONDAGHI »

Les *Condaghi*, des manuscrits sur parchemin relatant des actes de donation en faveur de clercs, se multiplient entre les 11e et 13e s. : ils constituent les premiers écrits en langue vulgaire, le sarde. À l'origine, ces chartes étaient cousues les unes aux autres puis enroulées sur un bâton (*kontakion* en grec, d'où le mot sarde *condaghe*). Peu à peu, ces documents ont pris la forme familière du livre. Parmi les plus intéressants, on citera les *Condaghi* de San Pietro di Silki, de San Nicola di Trullas, de Santa Maria de Bonarcado, de San Michele de Salvenor, et celui de l'hôpital San Leonardo de Bosove.

UN CORTÈGE DE LANGUES AU FIL DES SIÈCLES

À l'époque des judicats, le sarde est, avec le latin, la langue des actes juridiques; mais hormis une chronique des rois juges de Torres, aucune œuvre littéraire en langue vulgaire n'est parvenue jusqu'à nous. Avec l'arrivée des Aragonais et sous la domination espagnole, le catalan et le castillan deviennent la langue de l'élite. Le sarde continue d'être la langue parlée par le peuple, mais perd toute influence. Au 16e s., époque d'effervescence culturelle, les grands penseurs maîtrisent à la fois le latin, le castillan, le catalan et le sarde. Parmi eux, le poète et homme d'Église Gerolamo Araolla compose aussi bien en italien et en sarde qu'en espagnol. Au 17e s. sont fondées les universités de Cagliari (1626) et de Sassari (1632). Le catalan est abandonné au profit du castillan, tandis que le sarde reste vivant parmi les classes populaires ainsi que dans les milieux religieux; la prose religieuse écrite en sarde connaît un certain succès qui ne se démentira pas jusqu'au début du 20e s. Au 19e s., on écrit en sarde et en italien, mais plus en espagnol. À la fin du siècle, Peppino Mereu figure au premier rang des poètes *in limba*, autrement dit de langue sarde. Porteur de nouveaux espoirs, le 20e s. élargit les horizons de l'île et les repousse au-delà de la mer, faisant craindre une perte de l'identité linguistique et culturelle sarde, un processus que le régime fasciste accentue. À la fin du siècle pourtant, on prend pleinement conscience de la richesse de la langue sarde et des possibilités de la littérature insulaire à se développer hors des frontières de l'île.

avocat qui mène l'enquête, lui a été inspiré par Sebastiano Satta.

Giorgio Todde (1951) est un auteur prolifique de romans policiers, tout comme **Luciano Marrocu** (1948), un historien qui vit à Cagliari.

Si **Salvatore Niffoi** (1950) écrit en italien, il situe ses romans sur l'île qu'il décrit avec passion, dans une langue qui emprunte beaucoup au sarde.

Recourant également beaucoup à la langue sarde, **Milena Agus** (1959), née à Gênes de parents sardes et qui enseigne l'italien et l'histoire à Cagliari, s'est fait connaître avec son premier roman *Mentre dorme il pescecane* (*Quand le requin dort*), avant de passer les frontières de son pays avec *Mal di pietre (Mal de pierres)*.

Michela Murgia (1972) a collaboré à divers quotidiens et revues. Elle a écrit notamment *Viaggio in Sardegna. Undici percorsi nell'isola che non si vede* (« un guide récit pour se perdre en Sardaigne »), et *Accabadora* (littéralement « celle qui met fin »), histoire d'une vieille couturière qui donne la mort aux agonisants par pitié et vit avec Maria, une enfant qu'elle a élevée comme sa fille.

Parmi la nouvelle génération, **Flavio Soriga** (1975) a été révélé par le Prix Calvino. **Francesco Abate** (1964), né à Cagliari, est journaliste et DJ. *Le Colonne d'Ercole,* un essai de **Sergio Frau**, identifie la Sardaigne à l'Atlantide; l'auteur y retrace une intéressante histoire de l'île à l'époque antique. **Nicola Lecca** (1976), natif de Cagliari, constitue un cas à part : rien dans son œuvre ne transpire de son identité sarde.

La musique

Nourrissant un répertoire exceptionnel, variée dans ses genres, par ses instruments et ses voix, la musique traditionnelle accompagne chaque moment de la vie, chaque événement du calendrier. En la perpétuant, les groupes folkloriques revigorent ce sentiment atavique d'appartenir à

ÉCRIVAINS VOYAGEURS EN SARDAIGNE

Dès la fin du 18e s., quelques voyageurs font escale en Sardaigne ; ils voient dans l'île une terre mythique, antique et sauvage. Plusieurs ont laissé une relation de leur périple : Joseph Fuos (*Nachrichten aus Sardinien*, 1780), Alberto della Marmora (*Voyage en Sardaigne*, 1826), Antoine Valéry (*Voyage en Corse, à l'Île d'Elbe et en Sardaigne*, 1835), John Warre Tyndale (*The Island of Sardinia*, 1849), Antonio Bresciani (*Dei costumi dell'isola di Sardegna*, 1850), Gustave Jourdan (*L'Île de Sardaigne*, 1861), Emanuel Domenech (*Bergers et Bandits. Souvenirs d'un voyage en Sardaigne*, 1867), Gaston Vuillier (*Impressions de voyage*, 1893), D. H. Lawrence (*Sardaigne et Méditerranée*, 1921).

Intéressantes aussi, les œuvres de photographes passés dans l'île, depuis les images prises par Édouard Delessert (*Six semaines dans l'île de Sardaigne*, 1855) jusqu'aux splendides créations d'Henri Cartier-Bresson qui, en 1962, fait un reportage en Sardaigne pour la revue *Vogue*, préférant à la naissante Costa Smeralda la Sardaigne des terres de l'intérieur.

une communauté locale *(sa bidda)*, un sentiment essentiel pour comprendre l'identité sarde.

MUSIQUE VOCALE

Virtuose et pratiquée par des chanteurs professionnels, ou simple mélodie reprise par tous, la musique vocale autorise toutes les combinaisons : chants monodiques féminins ou masculins (plus rares, ils sont généralement réservés à des solistes), polyphonies *a cappella* masculines ou féminines, chants avec accompagnement instrumental…

Vous entendrez le chant **a tenore** (chant polyphonique à quatre voix d'hommes), **a cuncordu** (chant à plusieurs voix, traditionnellement pratiqué par des confréries laïques ; l'expression désigne parfois aussi des chants religieux, souvent en latin, à quatre voix), **a chitarra** (chant à guitare).

UN SARDE D'ADOPTION

L'auteur de romans policiers **Massimo Carlotto** (1956) est un Padouan qui vit en Sardaigne. Créateur du détective Alligatore, il a situé certains de ses romans dans l'île.

La **poesia per la musica** (poésie pour la musique), profondément enracinée dans l'âme sarde, se traduit par des improvisations poétiques chantées (berceuses, chants funèbres, chants de travail et chants de fête). En été, durant les fêtes patronales, on peut assister à des **gare poetiche** (« joutes poétiques ») *(voir encadré p. 78)* en plein air dans les villages d'Atzara, Meana Sarda, Buddusò, Samugheo, Dorgali, Irgoli, Galtellì, Orgosolo, Oliena, Silanus, Bortigali et Torpè ; celle de Logudoro est particulièrement célèbre. Dans le **Campidano**, ces compétitions portent le nom de **cantada** et se tiennent, elles aussi, sur la place publique à l'occasion d'une fête patronale ; ne manquez pas celle de Santa Barbara de Sinnai (3e dimanche de juillet) ou celle de Sant'Elena de Quartu Sant'Elena (14 septembre).

Les **gosos** (du latin *gaudium*, « joie ») sont des chants en l'honneur des saints et de la Vierge. Ces chants typiquement espagnols, pratiqués depuis le 14e s., ont été introduits en Sardaigne à la fin du 16e s. Les rosaires et les cantates sont aussi des formes répandues. Vous pourrez entendre des gosos et des rosaires lors de fêtes patronales

Lors du carnaval de Mamoiada, les Mamuthones arborent des grappes de sonnailles.
P. Somelet/Photononstop

comme celles de San Bernardino à Mogoro (20 mai), de San Costantino à Samugheo (6 juillet) ou du Beato Fra Nicola à Gesturi (5 août).

LA MUSIQUE INSTRUMENTALE

Les fêtes populaires et traditionnelles sont l'occasion de découvrir les instruments typiquement sardes et leur répertoire : ne manquez pas la fête de Sant'Efisio à Cagliari (1er mai), la Cavalcata sarda (« chevauchée sarde ») à Sassari (avant-dernier dimanche de mai), la Sagra del Redentore (« fête du Rédempteur ») à Nuoro (avant-dernier dimanche d'août), ou la Sagra degli agrumi (« fête des agrumes ») à Muravera (mi-avril).

La **launeddas**, sans doute le plus connu des instruments sardes, est faite de trois cannes de roseau : cet instrument à vent accompagne les principales manifestations traditionnelles, à commencer par la fête de Sant'Efisio à Cagliari.

La pratique de la **guitare** s'est largement répandue lors de l'occupation espagnole (14e-18e s.) ; de nos jours, on l'emploie soit dans le *canto a chitarra*, où deux chanteurs ou plus exécutent à tour de rôle des variations, soit pour accompagner les poètes qui improvisent suivant la forme métrique dite *su versu*.

Entre la seconde moitié du 19e et le début du 20e s. ont été introduits sur l'île l'**accordéon diatonique** et l'**accordéon chromatique** *(su sonu)*, les instruments les plus utilisés pour la danse.

On joue de la **crécelle** et de la **guimbarde** *(su trunfa)* durant la Semaine sainte.

Également nombre d'instruments « mineurs », surtout destinés à accompagner les danses et pour lesquels il n'existe que des noms sardes : *su sulittu, su pipaiolu, su pipiolu, sas benas* – des instruments à vent – ou encore *su triangulu*…

LES JEUNES VOIX D'AUJOURD'HUI

Les **Tazenda**, un groupe de rock ethnique connu sur la scène internationale, plonge ses racines dans la tradition musicale et la langue sardes. Le « son Tazenda »

LES JOUTES POÉTIQUES

La *gara poetica* est une joute poétique pratiquée en Sardaigne lors des fêtes patronales. Elle oppose deux ou trois poètes – généralement professionnels – qui s'affrontent sur une estrade autour de thèmes tirés au sort, comme l'art et la nature ou la richesse et la pauvreté. Chaque poète improvise des vers rimés *(ottavas)* sur une mélodie *(traggiu)*, accompagnés par un petit chœur polyphonique d'hommes *(tenore)*. Mais il s'agit d'une improvisation extrêmement codifiée : la joute est composée de trois parties (exorde, thèmes et hagiographie chantée du saint), la versification répond à des règles complexes et même la posture des intervenants joue un rôle. Dans la *gara poetica*, le public interagit avec les jouteurs. En général très averti, capable de mémoriser des vers entiers pour les comparer à d'autres, il joue le rôle de jury informel, souriant, applaudissant ou faisant la moue selon la prestation.

mêle launeddas et accordéons diatoniques avec guitares électriques et voix. Récompensé à plusieurs reprises, le groupe a enregistré des chansons à succès comme *Spunta la luna dal monte, Pitzinnos in sa gherra, Nanneddu, Mamojada, Carrasecare, Preghiera Semplice, Domo mia*.

Les **Tenorenis,** un groupe musical rassemblant trois amis originaires d'Oristano, connaissent également un vif succès auprès du public de télévision ; ils composent des partitions qui marient chant traditionnel et musique de cabaret.

La danse

La musique de danse joue un rôle essentiel durant les fêtes. Les danses sardes, nombreuses, ont chacune leur propre nom et diffèrent selon les régions ; elles mettent en évidence l'identité de *sa bidda*, l'appartenance communautaire. La plupart du temps, les danseurs forment une ronde autour des musiciens et des chanteurs.

Le **Carnevale danzato de Seneghe**, avec ses *ballos'e sa partza* (bals de rue), débute le 20 janvier avec la fête du saint patron et s'achève au matin du Mardi gras avec, comme clou des festivités, le spectacle de *sas andantzas*.

Gavoi accueille également un carnaval dansé fort réputé ; la partie musicale est assurée par l'accordéon qu'accompagne une formation de *tumbarinu, triangulu, pipiolu* et d'accordéon diatonique.

Le cinéma

En 1899, les frères Lumière et le cinéaste Francesco Felicetti enregistrent sur la pellicule la visite en Sardaigne d'Umberto Ier et de la reine Margherita. Dans les années suivantes, les productions sont plutôt rares, hormis *Cenere* (1916) de Febo Mari, avec **Eleonora Duse**, un film adapté du roman homonyme de Grazia Deledda. Les réalisations cinématographiques ayant pour cadre la Sardaigne se sont souvent inspirées de l'œuvre de cet écrivain, de même que l'évocation des bergers et des bandits. Ainsi, en 1961, Vittorio De Seta réalise *Banditi a Orgosolo*, confiant les rôles à des bergers sardes. Le film raconte l'histoire d'un berger qui, recherché par la police parce qu'il a été contraint d'héberger trois bandits, devient à son tour un voleur. En 1969, *Barbagia*, un film de Carlo Lizzani avec Terence Hill, sort sur les écrans. Abordant le problème du banditisme, il s'inspire de la vie de Graziano Mesina et d'un essai de Giuseppe Fiori, *La Società del malessere* (1968).

Dans les années 1960, les studios Disney diffusent, dans la série *Peuples et Pays*, un curieux documentaire sur les Sardes *(Sardinia)*, présentés comme une minorité ethnique menacée d'extinction, à l'égal des Inuits ou des Amérindiens.

À partir de la fin des années 1960, le fascisme, les problèmes économiques et l'autonomie deviennent des thèmes majeurs du cinéma sarde. En 1964, Fiorenzo Serra tourne *L'Ultimo pugno di terra*, supervisé par Cesare Zavattini. Le film se heurte à une interdiction de diffusion en salle : n'étant pas dans la ligne officielle du plan de renaissance alors mis en œuvre, il est considéré comme « anti-autonomiste, défaitiste et amer » ; il sera néanmoins primé au Festival dei Popoli et on en tirera de brefs documentaires distribués dans les circuits cinématographiques.

Au Festival de Cannes de 1977, la Palme d'or revient à **Padre Padrone**, des frères Taviani, tiré du roman autobiographique de Gavino Ledda qui se déroule dans la Sardaigne des années 1940.

À la fin des années 1980, Gianfranco Cabiddu réalise *Disamistade*, un film sur l'honneur et la vengeance, avec Massimo Dapporto.

En 1990, c'est la sortie de *Il Segreto dell'uomo solitario* d'Ernesto Guida, avec Giulio Bosetto, tiré du roman de Grazia Deledda. *Il Figlio di Bakunin* (1987), de Gianfranco Cabiddu, produit par Giuseppe et Franco Taviani, est récompensé par la Grolla d'oro ; tiré d'un roman de Sergio Atzeni, le film retrace l'histoire de l'anarchiste sarde Tullio Saba.

La réalité de la vie sarde, les préoccupations d'une jeunesse confrontée au chômage et à la recherche de son identité sont au cœur des productions cinématographiques des deux dernières décennies. En 2000 sort *Un delitto impossibile* d'Antonello Grimaldi, adapté du roman de Salvatore Mannuzzu, *Procedura*. *Arcipelaghi* (2001), de Giovanni Columbu, est centré sur la vengeance d'un délit. La même année, *Pesi leggeri* d'Enrico Pau met en scène de jeunes boxeurs de Cagliari. Dans *Ballo a tre passi* (2003), Salvatore Mereu met en scène quatre jeunes et construit son film en quatre récits, un par saison. En 2004, Enrico Pitzianti réalise un long métrage sur les bases militaires, *Piccola pesca*. En 2006, Enrico Pau adapte, avec *Jimmy della collina*, un roman de Massimo Carlotto. Dans *Sonetàula*, son deuxième film, Salvatore Mereu renoue avec la Sardaigne du début du 20e s. et la vie de bandit, témoignant du regain d'intérêt des Sardes pour leurs racines. Le film a été présenté en 2008 au Festival de Berlin.

Traditions et art de vivre

La Sardaigne semble parfois vivre au rythme de son propre calendrier : celui qui scande l'année selon la vie du Christ et des saints, celui que dictent les saisons, celui des grands moments de la vie. Un mariage, les cérémonies de la Semaine sainte donneront lieu à la confection de tel ou tel pain ; les semailles ou la fin des moissons sont chaque année l'occasion de nouvelles réjouissances. La nature et ses cycles sont omniprésents, de la table à l'atelier : elle donne sa saveur à une solide cuisine du terroir, comme elle fournit la terre au céramiste, ou le jonc et l'asphodèle au tresseur de panier. Un savoir-faire ancestral que l'on se plaît à perpétuer et qui semble faire de la Sardaigne une parenthèse hors de la modernité.

Les traditions

Loin d'être un ensemble de coutumes ancestrales suscitant l'intérêt des seuls ethnographes, les traditions populaires sardes ancrent l'appartenance à la communauté. Mode d'expression empli d'authenticité, moment de partage d'une même foi et d'un même passé, elles expriment une façon de vivre et de rythmer le temps en harmonie avec la nature.

LES FÊTES

Sur le mode du sacré ou sur celui du divertissement, les fêtes renouent régulièrement le lien tissé avec l'histoire et les peuples qui vécurent sur l'île, comme le montrent certaines ressemblances avec des fêtes catalanes. Les costumes, la musique, les comportements aident à quitter momentanément le quotidien pour entrer dans le rite.

Le carnaval

Le carnaval prend des noms différents selon les provinces : *carrasegare* dans le dialecte du Logudoro, *carnovali* dans le Campidano, *carrasciali* dans la Gallura… Dans certaines régions, il commence le jour de la Saint-Antoine le Grand (feu de saint Antoine), ailleurs à la Chandeleur. Dans les deux cas pourtant, ces dates, liées à la fin de l'hiver et au retour de la lumière, renvoient à une autre « illumination » : en Sardaigne, on parle de *s'incresiare* (littéralement « *inchiesare* », « aller à l'église »), un rite de purification emprunté à la tradition juive et auquel se soumettaient les femmes relevant de couches.

Selon les lieux, le carnaval s'achève le Mardi gras, le mercredi des Cendres, ou le samedi de la Semaine sainte. On se déguise alors avec les costumes traditionnels : Bestios, Buttudos, Carraios, Maimones, Mamuthones, Mamuzzones, Merdules, Mascheras malas, Mascari brutti, Mascheras a lenzolu, Tintinnos, Traveris… les festivités varient suivant les endroits.

À Oristano, le carnaval se termine par le cortège de la Sartiglia.
Ph. Michel/age fotostock

Fêtes chrétiennes, fêtes des saisons

Les fêtes religieuses ont de nombreux traits communs avec les fêtes espagnoles. Pour les cérémonies de la Semaine sainte, particulièrement spectaculaires, on donne des mystères et des représentations sacrées au son de chants polyphoniques.

La plupart des fêtes se déroulent de mai à septembre. De mai à juin, elles célèbrent la vie pastorale : retour de transhumance, tonte, vente de fromage… En juillet, on rend hommage aux heures de la vie agricole : moisson, ensilage du grain, récolte des fèves, des haricots et du moût. En septembre recommence le cycle des fêtes agricoles et pastorales *(Capudanni)*.

À la fin de l'année, pour commémorer les défunts *(sos Mortos)*, les cloches sonnent le glas jour et nuit ; on met le couvert pour les morts de la famille qui, selon la croyance populaire, reviendraient chez eux à cette occasion.

Le 1er mai est jour de grandes festivités : c'est notamment, à Cagliari, la fête de Sant'Efisio, en mémoire d'un vœu formulé lors de l'épidémie de peste de 1656. La statue du saint est portée en procession depuis l'église qui lui

SAN FRANCESCO DI LULA AU CHEVET DES ENFANTS

Le 1er mai, les dévotions à San Francesco di Lula répondent à des rituels bien précis. On pratique des « échanges » avec le saint, comme *sa bertula* (« la besace ») : dans la poche d'une besace, on dépose une obole en monnaie, en échange de la guérison d'un enfant ; pour *sa pesada*, on pèse l'enfant malade et on offre au saint son poids en viande d'agneau ou de veau. La célébration se termine par un repas en plein air (*s'arbore*, ou en italien *l'albero*, « l'arbre ») auquel prend également part la statue du saint. À cette occasion, on mange *su filindeu* (potage de bouillon de mouton agrémenté de fromage) et *su zurrette* (boudin au sang).

LA « CANDELARIA » D'ORGOSOLO

Au matin du 31 décembre, les enfants d'Orgosolo se rendent de maison en maison pour quêter *sa candelaria*, un morceau de pain *(cocone)* qui leur est donné avec des fruits, des biscuits ou quelques pièces de monnaie. Un pain à base de farine de blé dur est préparé spécialement pour cette occasion par les femmes, quelques jours auparavant. Grazia Deledda raconte que la même tradition existait à Nuoro : on donnait aux enfants des morceaux d'un petit pain blanc et brillant en forme d'oiseau ou d'animal.

est dédiée jusqu'au lieu de son martyre, à Nora, d'où elle est ramenée à Cagliari le 4 mai.

Le même jour, on célèbre aussi San Francesco di Lula dans un cadre champêtre, près du sanctuaire où est conservée une statue du saint (œuvre anonyme de l'École napolitaine, 17e s.), à 2 km de la ville de Lula.

LES COSTUMES

Comme la musique et les danses, les costumes racontent chacun une histoire, une provenance, une identité ; chaque région leur a imprimé ses couleurs, ses motifs, ses raffinements, que l'on apprendra à distinguer à l'occasion des fêtes traditionnelles.

Le **costume féminin** comporte différentes pièces. Les femmes se couvrent la tête d'une coiffe, d'un fichu ou d'un châle. Chemise, *caraco* et gilet, tous ornés de broderies, sont portés sur d'amples jupes aux larges plis ou, au contraire, au plissé très serré. Le tablier a perdu toute vocation utilitaire pour devenir un élément précieux et luxueux de ce costume. Les bas, en fil de coton, seront blancs, de couleur vive ou sombre, selon l'âge, la région et la circonstance. De petites chaussures, des sabots, des bottines ou même des escarpins complètent la tenue.

Les **hommes** se coiffent d'un béret rouge ou noir, d'un bonnet ou d'un chapeau tambourin, voire d'un chapeau à large bord, auxquels on associe parfois un mouchoir.

Le costume traditionnel masculin se compose d'une chemise, d'un gilet et d'une veste courte, d'un pantalon – porté avec une petite jupe – bouffant ou ajusté, que l'on enfile dans des guêtres. Les bas, souvent tricotés à la main dans une laine blanche, sont portés dans de gros souliers cloutés ou dans des chaussures à lacets ou à boucles d'argent. Le gilet reste un vêtement très courant. Les ceintures de cuir, tantôt tressées, tantôt brodées, se ferment à l'aide de lacets ou d'une agrafe d'argent.

La gastronomie

La cuisine sarde est avant tout celle d'une civilisation agricole et pastorale ; ses plats, savoureux, vont à l'essentiel et à la simplicité.

LE PAIN

Il reste, comme autrefois, l'aliment essentiel de la table. Plus ou moins tamisée, la farine peut être de blé dur ou d'orge, parfois agrémentée d'autres ingrédients : pomme de terre, *ricotta*, matières grasses, olive. Le pain d'orge, qui exige une préparation plus longue, était autrefois celui des serfs et des pauvres ; le pain de farine de blé, lui, était réservé aux gens plus nantis ou servi les jours de fête. Autrefois, on confectionnait aussi un pain destiné à être conservé en souvenir d'un événement particulier, comme une sorte de porte-bonheur.

Pour les circonstances heureuses de la vie, mariages ou fêtes religieuses, on fabrique des pains spéciaux : le pain des mariés reproduit la forme d'alliances entrelacées, de petits oiseaux, de guirlandes de fleurs; le pain pascal, auquel on ajoute des œufs et des grains de raisin, est en forme de cœur ou de charrette et de petite maison. Comme les fêtes, ces différents pains rythment l'année depuis toujours – raison pour laquelle, sans doute, l'habitude de faire le pain à la maison ne s'est pas perdue.

Le pain carasau

Connu sous le nom de *carta da musica* (« papier à musique ») en raison de sa finesse, c'est le pain le plus typique de l'île. Originaire de la Barbagia, c'était le pain des bergers car il se conserve très longtemps. Sa confection, moment de solidarité, contribuait à la cohésion de la communauté : aux femmes de la famille, à qui était dévolue cette tâche, se joignaient amies et voisines. La fabrication suivait un processus complexe; les préparatifs commençaient la veille au soir et l'opération se terminait le lendemain matin avec la cuisson; les étapes intermédiaires prenaient des allures de rituel religieux, voire superstitieux.

Variante du *carasau*, le **pane guttiau** (de l'italien *gocciolare*, « égoutter ») est trempé dans l'huile d'olive extra-vierge et assaisonné d'une pincée de sel avant d'être remis au four quelques instants.

Autres variétés de pains

Su civraxiu est un pain très courant dans le Medio Campidano, les régions d'Oristano et d'Iglesias, ainsi que dans le Campidano de Cagliari. Fait de farine et de son, ce pain rond d'environ un kilo a une croûte croquante et une mie moelleuse. Son nom remonte à l'époque romaine et vient du latin *cibaria*, « farine ». **Su civraxiu** a obtenu le label d'Appellation d'Origine Contrôlée.

Su coccoi est renommé dans toute l'île, même s'il est surtout lié au Campidano. Ce pain à la croûte dure et à la mie moelleuse était autrefois réservé aux repas de fêtes et décoré de différentes façons selon l'occasion (avec des œufs à Pâques, par exemple). Il prend des formes variées et originales, corne d'escargot, artichaut, couronne ou poupée. La coutume veut qu'il soit servi lors des repas de noces.

La **fogazza** (fougasse) fait aussi partie des produits de la gastronomie sarde. La *fogazza con tommatica* est une fougasse à la tomate, tandis que le **pane 'e cariga** est une fougasse aux figues sèches et aux raisins secs.

Le **moddizzosu**, un pain rond et souple de forme plate, est fabriqué à Dorgali où on le propose aussi préparé avec des pommes de terre. Il accompagne les charcuteries et les fromages à pâte molle.

Su pistoccu, un pain à base de semoule ou de fleur de farine, est produit surtout dans l'Ogliastra et la Planargia. C'était le pain des gens aisés – il en existait d'autres recettes à base de farine de gruau ou d'orge pour les bergers et les pauvres. Ce pain ferme, qui se conserve bien, est idéal pour préparer de la *bruschetta* et des en-cas.

LES PÂTES

Le plat de pâtes le plus courant et le plus typique, **is malloreddus a sa campidanesa**, se compose de petits *gnocchi* de farine de blé dur, assaisonnés de sauce à la tomate et accompagnés de saucisse fraîche, le tout relevé par du *pecorino* râpé.

La **fregula**, composée de pâtes de blé dur séchées puis rôties au four, se présente sous la forme de petites boules. Elle est servie avec un bouillon ou assaisonnée avec du *pecorino (fregula incasada)*.

Les **culurgiones** de l'Ogliastra sont des raviolis farcis à la pomme de terre et ont la forme d'épis de blé.

Lexique de gastronomie sarde

Abbamele – Dérivé du miel.
Bobba – Soupe de fèves sèches.
Bottarga – Œufs (rogue) de mulet, salés et séchés.
Bouchès – Gnocchi au fromage frais et aux blettes.
Cascà – Le couscous cuisiné à Carloforte.
Casgju furriatu – Fromage frais, non salé.
Caulada – Soupe de choux.
Civargeddus prenus –Quiche farcie de pommes de terre, de courgettes, de hachis de viande, de *casu 'e fitta* (fromage mariné), de poivre noir et d'ail.
Civraxiu – Pain de farine et de son, typique du Campidano.
Coratella – Préparation à base d'abats d'agneau.
Cordula – Intestin d'agneau ou de chevreau cuit à la broche ou à la casserole.
Culurgiones – Raviolis farcis de *ricotta* et d'épinards ou de pommes de terre à l'ail, au fromage et à la sarriette.
Fainè – Galette de farine de pois chiches garnie.
Filindeu – Longues pâtes de blé dur, cuites dans du bouillon de brebis, servies avec du *pecorino* frais.
Fregula ou **fregola** – Graines de blé dur passées au four.
Frue – Fromage.
Lorighittas – Pâtes de blé dur en forme de boucles d'oreilles.
Malloreddus – Petits *gnocchi* sardes.
Mazzafrissa – Soupe de lait et de semoule frite.
Merca ou **casu axedu** – Lait caillé, solide, coupé en tranches dans la saumure.
Pabassinus ou **papassinos** – Pâtisserie préparée avec de la farine, des noix et des amandes, servie à l'occasion de la fête des morts.
Pane carasau ou **carta da musica** – Pain typique de semoule fine ou farine de blé en forme de galette.
Pane frattau –Pain *carasau* avec *pecorino*, sauce et œufs.
Pane guttiau – Pain *carasau* imprégné d'huile extra-vierge, réchauffé au four ou à la braise.
Paneddas – Sorte de pain cuit au feu de bois.
Pardulas ou **formaggelle** – Pâtisserie typique de Pâques, à base de fromage frais et de safran.
Pellizzas – Pâtes fraîches de forme allongée servies avec une sauce tomate et du *pecorino.*
Pilau – Sorte de soupe de poisson avec des petites pâtes.
Porcheddu ou **porceddu** – Petit cochon de lait.
Sa panada – Timbale à base de farce de légumes, de poisson (anguilles) ou de viande (agneau), cuite au four.
Sartizzu – Saucisse.
Seadas ou **sebadas** ou **sevadas** – Dessert typique, sorte de ravioli farci de fromage frais et frit, servi avec du miel.
Suppa cuata – Soupe de pain avec du fromage frais et du bouillon de brebis.
Surra – Ventrèche de thon, partie la plus précieuse de l'animal.
Ziminu – Abats d'agneau cuits à la braise.
Zippulas ou **cattas** – Sorte de crêpes typiques servies au moment du carnaval.

LES VIANDES

Plat vedette de la cuisine sarde, l'**arrosto al fuoco** est une viande rôtie au feu de bois. On apporte un soin tout particulier autant aux ingrédients qui entrent dans sa composition qu'aux diverses étapes de sa préparation : le bois employé pour la cuisson (la plupart du temps du genévrier, du chêne vert ou du chêne), la broche en bois aromatique et, bien sûr, la viande elle-même, qui sera toujours celle d'animaux élevés en liberté.
Il porceddu (porcelet) est un cochon de lait cuit entier au four avec du myrte et du laurier, ou à la broche tournante *(a tundu)*; s'il est gros, on le coupe en deux et on le fait cuire à la broche sur un feu de myrte. L'agneau est généralement cuit à la broche.
Pour préparer l'**arrosto a carraxiu**, on creuse dans le sol un trou où l'on fait brûler du bois aromatique, avant d'y déposer des strates de myrte. Sur ce lit, on dépose l'animal entier (sanglier, mouton, agneau, chevreau ou porcelet) que l'on recouvre avec du myrte et des braises ardentes. Le rôti est ensuite servi sur des plateaux en bois ou en liège qui gardent intactes les saveurs.

LES FROMAGES

Les fromages, en particulier ceux de chèvre et de brebis, font partie des aliments incontournables sur la table sarde. Le *pecorino romano* (pour lequel la Sardaigne fournit 80 % de la demande intérieure) et le *fiore sardo*, ainsi que des variétés douces et affinées du **pecorino sardo**, ont tous reçu le label d'Appellation d'Origine Contrôlée.
La **ricotta** se présente sous diverses formes : quand elle est fraîche, sa pâte est blanche et souple; après un affinage d'un mois, et parfois un fumage, sa pâte se fait plus compacte et presque sans croûte.

LA CHARCUTERIE

Pain, fromage et charcuterie sont les principaux ingrédients des en-cas sardes, particulièrement savoureux.
Seuls entrent dans la fabrication des jambons et des saucissons la viande et le gras du porc. Ils sont assaisonnés avec du sel et du poivre, parfois aromatisés avec de l'anis, fumés et affinés. Parmi les saucissons les plus connus, le **salami sarde** est produit surtout à Irgoli et à Villacidro. On trouve en outre des saucissons de sanglier, d'âne ou de chèvre. Le **capocollo** (tête de porc) et le **sanguinaccio** (boudin au sang) sont également des produits typiques de la charcuterie.
Le **jambon**, cru et salé, bénéficie d'un long affinage (4 à 5 mois). Aujourd'hui encore, on continue à le préparer selon les méthodes traditionnelles pour obtenir un produit goûteux, parfumé, d'une couleur rouge vif, avec un lard blanc, épais et présentant des veines rosées. L'affinage, favorisé par le climat, se fait à l'air libre après salaison, pressage de la viande et assaisonnement au poivre et à l'ail. Il existe des jambons de viande de porc, de sanglier et de chèvre.
On confectionne les **saucisses** à partir de viande de sanglier; il en existe plusieurs sortes selon les régions. Leur assaisonnement varie : poivre ou graines de fenouil sauvage. La Barbagia en est la principale zone de production (Irgoli et Fonni).

LE POISSON

Curieusement, il n'existe pas de tradition de pêche en haute mer, même si le poisson reste un mets apprécié que chaque région accommode selon ses propres recettes.
À Alghero, on mange la **langouste à la catalane**; le long des côtes de

la région d'Oristano, on prépare la **merca**, un plat à base de mulets bouillis et aromatisés avec de la salicorne ou de la poutargue, assaisonnée d'un filet d'huile ou émiettée sur des spaghettis. Les étangs de la région donnent les meilleures **anguilles** de l'île.
À Carloforte, seule localité sarde à revendiquer une réelle tradition maritime, on capture le thon dont on produit une excellente **poutargue**.
À Cagliari, on accompagne les pâtes de chair d'oursin ou de palourdes, et l'on déguste **sa burrida**, du poisson-chat assaisonné avec son propre foie, des noix, de l'huile et du vinaigre.

LES OLIVES ET L'HUILE

Les olives sardes, de petit calibre, sont délicieuses. On les consomme en hors-d'œuvre, mais elles entrent aussi dans la composition des entrées et des plats principaux (agneau ou mouton aux olives).
On peut les préparer de trois manières différentes : à l'escabèche *(a scabecchiu)*, en saumure ou écrasées. Les olives **a scabecchiu** sont les plus courantes. Après avoir été incisées et mises sous sel pendant quelques jours, elles sont rincées à l'eau, puis séchées au soleil et aromatisées avec du persil et de l'ail. On les conditionne ensuite dans des bocaux de verre emplis d'huile.
L'huile sarde, que l'on produit surtout à Gonnosfanadiga, dans le Medio Campidano, et à Alghero, compte parmi les meilleures d'Italie. Elle a un taux d'acidité très bas, une couleur nuancée de jaune et de vert et un goût prononcé. On l'apprécie plus particulièrement sur une tranche de *civraxiu*. On en trouve aromatisée aux piments, aux cardons (artichaut sauvage), au myrte ou associée à d'autres épices.

ÉPICES ET AROMATES

Ce sont les épices et les plantes aromatiques qui donnent à nombre de mets sardes, viandes et poissons surtout, leur saveur inimitable.
Parmi les plantes aromatiques les plus répandues, citons le **laurier,** le **genièvre**, le **romarin**, la **sauge** et le **myrte** ; ce dernier est plus particulièrement indiqué pour la cuisson du porcelet rôti.
Pour assaisonner les pâtes, on utilise volontiers le **fenouil sauvage** ; celui-ci convient également très bien aux viandes bouillies, rôties ou en sauce, ainsi qu'aux potages.
Le **safran** cultivé à San Gavino Monreale couvre près de la moitié de la production italienne. Il parfume les raviolis et les fritures de carnaval. D'autres plantes, et notamment les baies de myrte, entrent dans la préparation des liqueurs locales.

Pain *carasau.*
limpido / iStock

LES GÂTEAUX

Depuis des siècles, farine, miel, sucre et amandes constituent les ingrédients essentiels de la pâtisserie sarde.
Les **gueffos** et les **amaretti** sont des gâteaux aux amandes : pour leur confection, on utilise amandes douces comme amandes amères, du sucre, des blancs d'œufs et des zestes de citron. On les sert habituellement aux repas de baptême, de mariage ou de communion.
Les **anicini** sont des petits biscuits de forme allongée ou ovale, à base de farine, de sucre et de levure, parfumés à la liqueur d'anis et aromatisés avec des graines de fenouil sauvage. Entrant traditionnellement dans la composition des repas de mariage et de baptême, ils étaient recouverts d'un glaçage blanc ou décorés de zigzags. On les apprécie accompagnés d'un verre de **malvasia** ou de **moscato**.
Les **bianchittos** sont faits à partir de blancs d'œufs battus en neige, de sucre, d'amandes grillées et pilées et d'un zeste de citron.
Les **caschettas**, les pâtisseries typiques de la région des Barbagia, se présentent sous la forme d'une pâte feuilletée fourrée de miel, de cannelle, d'écorce d'orange, de noisettes grillées et pilées.
Les **mustazzolus,** caractéristiques de la région de l'Oristano, sont confectionnés avec du moût, de la farine de froment, de la levure et du sucre.
Les **cruxioneddu de mindua**, gâteaux traditionnels de carnaval, sont des petits raviolis de pâte feuilletée, fourrés aux amandes, à la crème pâtissière ou même à la *ricotta*, puis frits et saupoudrés de sucre glace.
En automne, on sert le **pan'e sapa** et les **papassinos** : la *sapa* est en fait du moût cuit à feu très doux.
Les savoureux **biscuits de Fonni** ressemblent aux *savoiardi* (sorte de biscuits à la cuillère), mais en plus grand.
Durant le carnaval, on mange des **zippulas**, des beignets de farine et de sucre, et des **pillus frittus**, petites pâtisseries fourrées de *ricotta* ou de pâte d'amande.

L'ARTICHAUT ÉPINEUX DE SARDAIGNE

Cette plante aux excellentes vertus a trouvé dans les zones côtières et les plaines centrales, près des cours d'eau, des conditions optimales de culture. Connue depuis les Phéniciens et parfaitement acclimatée, elle est devenue l'une des principales productions maraîchères de l'île.

La **sebada** est une pâte feuilletée non levée et passée à la friture, travaillée au saindoux puis fourrée de fromage frais auquel la semoule et le zeste râpé d'un citron ou d'une orange apportent une note d'acidité. Elle est frite dans l'huile d'olive et on la sert saupoudrée de sucre ou nappée de miel.

Les **pirichittus**, caractéristiques de la région de Cagliari, ressemblent à des boules de neige : sucre, citron et orange entrent dans leur recette.

La richesse des espèces végétales poussant sur l'île fait de la Sardaigne une terre idéale pour la production de **miels** variés : miel d'arbousier, d'agrumes, mille fleurs, miel de chardon, d'eucalyptus, d'asphodèle, de romarin et de châtaignier…

L'**aranzada**, une sorte de nougat fait avec des amandes et de l'écorce d'orange confite dans du miel, était autrefois offert en remerciement pour des cadeaux reçus à des occasions importantes.

Le **torrone** (nougat) le plus connu est celui de Tonara.

Le **gatto**, croquant au miel et aux amandes, remplace souvent le gâteau de mariage.

LES VINS

L'ensoleillement et le climat étant des atouts exceptionnels pour la culture de la vigne, l'île produit d'excellents vins.

Le cru le plus consommé dans l'île est le **cannonau**, issu d'un raisin noir et produit surtout dans la Barbagia et l'Ogliastra. Il a une belle robe rubis tirant sur le grenat, un bouquet intense et un goût sec, et possède du corps et du moelleux. Son titre en alcool n'est jamais inférieur à 12,5°. Il accompagne idéalement les viandes rouges, mais convient aussi aux préparations de mouton. Le poète Gabriele d'Annunzio disait de ce vin : « Je le reconnais à son seul arôme, et son arôme, indescriptible, suffit à me procurer l'ivresse. »

Parmi les rouges particulièrement indiqués pour les plats de viande, on trouve le **monica** de Cagliari et le **carignano** du Sulcis. Le **mandrolisai** est idéal avec l'agneau, tandis que le **giro** se marie bien avec les gâteaux et les fruits secs.

Parmi les vins blancs qui ont reçu le label AOC (Appellation d'Origine Contrôlée) pour leur qualité, il faut mentionner le **vermentino** de la Gallura et le **nuragus** de Cagliari. Le **semidano**, un vin de table blanc ou un pétillant brut, se consomme agréablement en hors-d'œuvre avec des crudités et de la charcuterie, avec des plats relevés ainsi que du poisson.

Le **moscato**, le **nasco** de la région de Cagliari, la **vernaccia** d'Oristano et la **malvasia** de Bosa sont des vins de dessert.

LIQUEURS ET ALCOOLS

Les raisins de Sardaigne sont particulièrement adaptés à la production de vins liquoreux. Les vins qui accompagnent le repas – nasco, giro, monica, cannonau, moscato ou malvasia – ont tous leur version liquoreuse.

D'une couleur rouge sombre, la liqueur de myrte (le **mirto**), le plus célèbre des alcools sardes, titre entre 28° et 36°. Elle provient de la macération de baies dans un mélange d'alcool blanc et d'eau ; on y ajoute ensuite un édulcorant, sucre ou miel.

L'eau-de-vie la plus commune est l'**abbardente** (l'eau ardente), une grappa très alcoolisée obtenue par fermentation de marcs de vin issus de divers vignobles. Elle a un goût très fort quand elle est faite à base de cannonau, plus délicat quand il s'agit de vernaccia.

L'eau-de-vie **filu 'e ferru** (« fil de fer »), un alcool extrêmement

fort, doit son nom à l'époque où sa distillation se faisait clandestinement : on enterrait en effet les bouteilles après les avoir attachées ensemble avec un fil de fer dont seul un morceau pointait hors du sol, pour signaler la cachette. Le *filu 'e ferru* de Santu Lussurgiu rencontre la faveur des amateurs.
Les plantes aromatiques comme le genièvre, le chardon ou le fenouil sauvage viennent aromatiser certaines grappas, les rendant reconnaissables entre toutes.
Outre le myrte, il existe d'autres alcools au goût prononcé (arbousier, citron, orange, amande, basilic, laurier) et des crèmes de liqueur, comme le **limoncello** qui, préparé avec les citrons locaux, entre souvent dans la préparation des sorbets.

L'artisanat

Tapis colorés avec des pigments naturels tirés de plantes ou de coquillages, bijoux, paniers, poteries… La renommée de l'artisanat sarde n'est plus à faire.

TISSAGE ET BRODERIE

La haute qualité de ce travail ancestral, autrefois exclusivement féminin, est encore reconnue de nos jours.
La technique utilisée à Samugheo et dans la province de Cagliari pour réaliser les fameux **tapis** sur des métiers à tisser horizontaux est dite « à grains » ou « à picots ».
Partie intégrante de la culture traditionnelle sarde, la confection de **costumes** constitue l'une des plus belles expressions artistiques de l'île avec plus de 100 modèles de vêtements. Teulada est l'un des centres de fabrication les plus connus.
Les **châles** d'Oliena offrent un remarquable exemple du raffinement de la broderie. Qu'ils soient en laine, en soie ou en lin teinté dans des coloris vifs, tous se parent de motifs floraux réalisés en fils d'or et d'argent et rehaussés de pierres fines.
Dans le Campidano et le Sarcidano, on pratique la broderie fine à l'aiguille *(a isprighittus, a specchietti)*, tandis que le Mandrolisai (Samugheo) est connu pour ses travaux au point de jours, au point de croix, au point jeté qui viennent orner les nappes.

LES BIJOUX

Argent, or, pierres fines, corail et obsidienne extraite du Monte Arci étaient utilisés pour réaliser les bijoux destinés à orner les costumes traditionnels ou à enrichir les vêtements sacerdotaux.
L'obsidienne, à laquelle certaines légendes prêtent des vertus magiques et thérapeutiques, est toujours employée pour les pendentifs.
Surnommé « l'or rouge », le corail est utilisé de longue date dans la fabrication de pendentifs, de colliers et de boucles d'oreilles. Sa pêche est aujourd'hui réglementée. Alghero est le centre de cet artisanat.
Ancestrale, la technique raffinée du **filigrane** perdure surtout à Quartu Sant'Elena, Villacidro, Iglesias et Cagliari.

LA VANNERIE

L'abondance d'asphodèles, de joncs, de palmiers nains et de paille a favorisé sur l'île l'art du tressage. Cette activité, largement répandue dans les temps préhistoriques, a trouvé sa terre d'élection autour d'Oristano, une région riche en étangs. La technique de vannerie propre à la Sardaigne est celle dite « à spirale », avec pour motifs les plus courants la rose et l'étoile.
Les paniers jouaient un rôle de premier plan dans les maisons

des bergers ou des agriculteurs, qui les utilisaient avant tout pour ranger les aliments. Aujourd'hui, la vannerie a trouvé avec la décoration d'intérieur un débouché beaucoup plus large.

LA CÉRAMIQUE

L'art de la poterie en Sardaigne remonte à la préhistoire ; toutes les populations de l'île l'ont pratiqué, de génération en génération. Un édit de 1692 rapporte l'existence d'une corporation qui réalisait des pièces de vaisselle d'usage quotidien et imposait aux artisans des modèles dont ils ne pouvaient s'éloigner. C'est la raison pour laquelle la production sarde, jusqu'au début du 20e s., ne put rivaliser avec le grand raffinement dont faisait preuve la céramique italienne qui, elle, offrait une grande variété de formes et d'usages.
L'avènement d'une céramique artistique, définitivement affranchie de toute règle, ne se fit qu'au siècle dernier, grâce à des artistes comme Francesco Ciusa, les frères Federico et Melkiorre Melis, Ubaldo Badas, Eugenio Tavolara ou Salvatore Fancello. La SPICA (Société pour l'industrie de la céramique artistique) voulue par Francesco Ciusa ne dura que quelques années, même si ce dernier remporta la médaille d'or à la Biennale des Arts décoratifs de Monza en 1923. C'est dans ces années-là que s'ouvrirent des centres d'art de la céramique, à la fois écoles et boutiques.
Aujourd'hui, la céramique sarde propose des modèles inspirés de pièces espagnoles du 17e s. comme l'*estrecho de terra* (ou *su strexiu*), un service de table d'environ 40 pièces ; cette vaisselle de tous les jours fait partie du trousseau de la mariée. On notera l'exquise élégance du broc de la mariée, richement orné de motifs floraux et de symboles empruntés au monde religieux.
La céramique contemporaine utilise l'argile rouge, le kaolin pour des objets plus raffinés et l'argile grise pour la vaisselle commune. Le tour de potier est réservé aux pièces uniques, la production en série se faisant par moulage.
Pabillonis, Dorgali, Sassari et Siniscola perpétuent cette tradition ancienne. Cependant, la production se concentre à Assemini qui, avec Oristano, fait partie de l'Association italienne des villes de la céramique (AICC) : l'association rassemble toutes les villes italiennes renommées pour la céramique et délivre un label.

LA COUTELLERIE

La production de couteaux, très ancienne, a été favorisée par la présence de gisements métallifères. Des couteaux précieux, véritables œuvres d'art et de collection, mais aussi des pièces d'usage quotidien sont produits dans la région de Nuoro (Pattada, Desulo, Dorgali, Gavoi) et dans celle du Medio Campidano (Arbus et Guspini) essentiellement.

LE TRAVAIL DU CUIR ET DE LA PEAU

En la matière, c'est avant tout pour la sellerie (selles et brides) que la Sardaigne a acquis une belle renommée. Viennent ensuite la chaussure et l'habillement (*gambales* ou guêtres, blousons dans la Barbagia), la maroquinerie (sacs, ceintures, portefeuilles et agendas). Avec les peaux de chevreaux et d'agneaux tannées, on réalise des descentes de lit pour les chambres d'enfants.
Alors que les tanneries sont situées surtout à Abbasanta, les centres de transformation en sous-traitance se trouvent à Cagliari, Monserrato, Decimomannu et Pula, dans l'Oristanese, à Dorgali, et dans la zone de Sassari, entre Ozieri et Santu Lussurgiu.

Broderies traditionnelles.
A. Pavan / Sime / Photononstop

LA FERRONNERIE

Sur ces terres à vocation agricole, le travail du fer était essentiel pour fabriquer les outils et les fers destinés aux animaux. De nos jours, la ferronnerie se préoccupe surtout d'aménagement domestique (portails, balcons, garde-fous), de décoration d'intérieur (lampadaires, lits, tringles à rideaux) et même de cuisine et de cheminée avec les ustensiles tels que broches, tournebroches ou grils. Malgré cette reconversion, le travail du fer a néanmoins su conserver les techniques traditionnelles et le savoir-faire ancestral.

Les ferronneries sont situées à Cagliari, Fonni, Sassari, Sorgono, Arbus, Santu Lussurgiu, Isili, Gavoi, Ittiri, Tonara, Orani.

LE BOIS ET LE LIÈGE

L'artisanat du bois, surtout répandu dans les zones de montagne comme la Barbagia (Desulo, Isili et Santu Lussurgiu), fournissait essentiellement de quoi aménager la maison, du mobilier aux objets (tabourets, cuillères, pipes en bruyère).

On retrouvait les coffres dans tous les intérieurs : outre qu'ils faisaient partie du trousseau de la mariée, ils constituaient aussi un indice de la fortune familiale. Pour leur fabrication, on employait d'ordinaire du bois de châtaignier, riche en tanin qui a la propriété d'éloigner les mites. Autre activité typique, la réalisation des masques que l'on porte pour le carnaval de Mamoiada et d'Ottana.

Le liège a été utilisé dès l'Antiquité par les Romains pour fabriquer sandales et bouchons d'amphores. Aujourd'hui, on s'en sert surtout pour les bouchons, même si la créativité des artisans lui a trouvé d'autres usages : plateaux, ustensiles de cuisine, cendriers…

DÉCOUVRIR LA SARDAIGNE

Costa Smeralda, la plage de Capriccioli.
J. Arnold/hemis.fr

Cagliari et le Sud-Est 1

Plage du Poetto.
V. Leplat/Sime/Photononstop

CAGLIARI ET LE SUD-EST

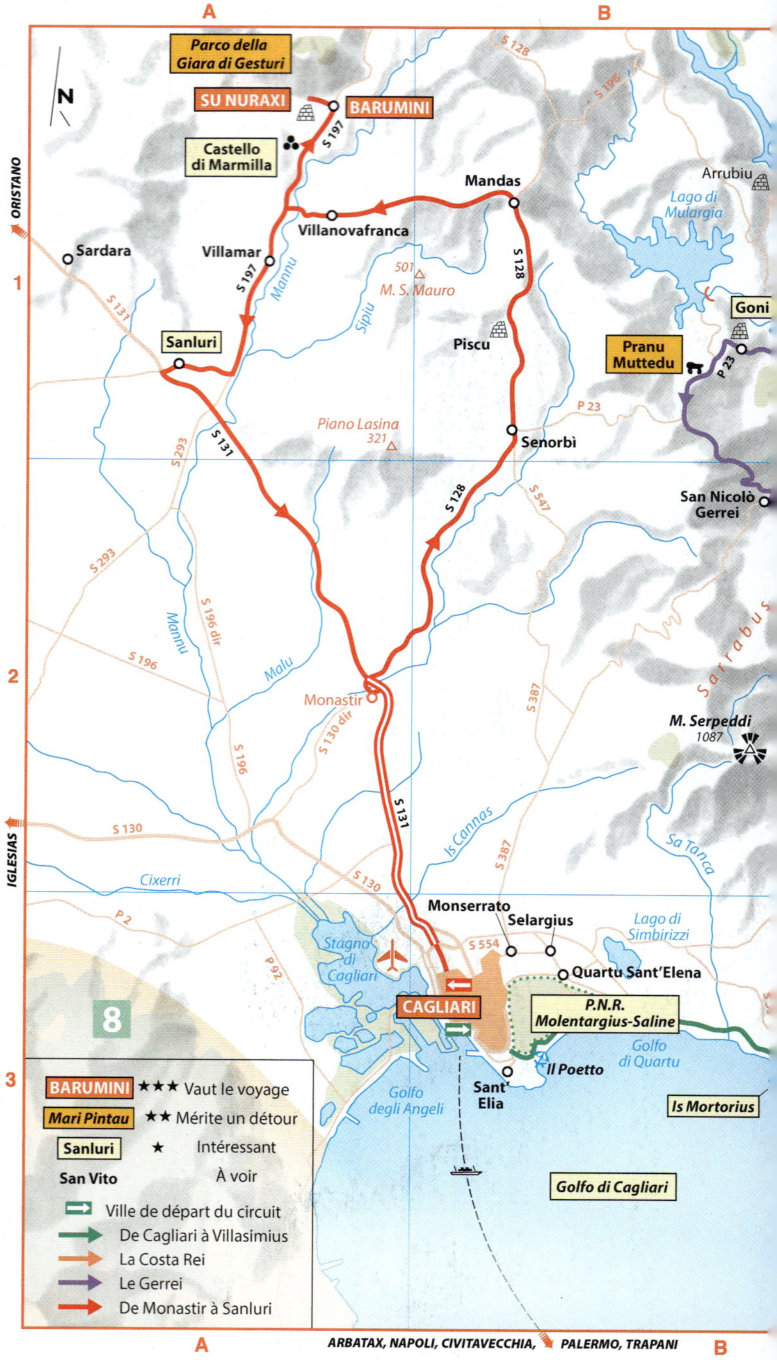

C

CAGLIARI ET LE SUD-EST
0
8 km
Flumineddu
Escalaplano
Salto di Quirra
S. Giorgio
2
M. Cardiga
676
Quirra
rmungia
P 27
Villasalto
San
istolu
Flumendosa
S 387
San Vito
M. Casargius
735
Muravera
Miniera di
Monte Narba
Ollastu
S'Oro
S 125
SS 125
M. Ferru
300
Capo Ferrato
Costa Rei
Nicola Bove
806
Geremeas
Castiadas
Villa Rey
Sant'Elmo
Marina di
San Pietro
ala Regina
Solanas
Mari
ntau
P 17
Porto
Sa Ruxi
Villasimius
I. Serpentara
Capo Boi
Golfo di
Carbonara
PUNTA
MOLENTIS
Porto
Giunco
Parco Geomarino
di Capo Carbonara
Capo Carbonara
I. dei Cavoli

1

2

3

C

Cagliari

★★★

154 478 habitants

Porte de la Sardaigne, Cagliari n'en a pour autant jamais reflété les réalités profondes ni les multiples facettes. Bien au contraire, tout au long de son histoire, la ville a entretenu son image de « capitale » : plus grand centre de pouvoir, plus grand port, plus grande ville côtière de l'île... Elle en est aujourd'hui le seul pôle à la fois pluriculturel et multiethnique. Même si l'époque moderne a apporté son inévitable cortège de béton et de nuisances sonores, de constructions anarchiques et d'embouteillages, Cagliari conserve un charme certain. Au fil des siècles, les maisonnettes sont parties à l'assaut des neuf collines dominant la « baie des anges ». Aucun plan urbain concerté, aucune perspective ne vient unifier ce patchwork architectural : la ville fait penser à ces films tournés caméra à l'épaule, rebondissant d'un plan à l'autre, toujours à la recherche du meilleur angle. Malgré cet aspect disparate, Cagliari reste belle à vivre et belle à voir : pleine de couleurs – bleu du ciel, blanc des rochers, ocre des demeures –, tel un tableau cubiste, elle livre des architectures enchanteresses et des panoramas spectaculaires. Qu'on la découvre de la mer ou du haut des collines du Campidano, cette ville sans arbres, balayée par les vents, piégée entre étangs, mer et collines, a toujours l'air d'une ville dessinée. Comme l'écrivait D. H. Lawrence, Cagliari demeure « lointaine comme si elle était restée en arrière de l'histoire ».

NOS ADRESSES PAGE 121
Hébergement, restauration, achats, activités, etc.

S'INFORMER

Ufficio del turismo – *Palazzo Civico - Via Roma 145 - ✆ 070 67 78 173 - été : 9h-20h ; hiver : 9h-13h, 14h-17h - www.cagliariturismo.com.*

Infopoint Palazzo Regio – *Piazza Palazzo 2 - ✆ 070 40 92 306.*

SE REPÉRER

Carte de région AB3 (p. 96-97) – Plan de ville p. 103 – La ville s'étend sur un ensemble de collines descendant vers la mer et la « baie des anges ». Les principaux sites se concentrent dans le Castello (la ville fortifiée) et les quartiers historiques alentour, Marina (au sud), Villanova (à l'est) et Stampace (à l'ouest).

SE GARER

Les quartiers de la Marina et du Castello sont soumis à des restrictions de circulation et il est difficile de trouver des places libres dans le centre-ville. Des parkings gratuits sont disponibles à l'extérieur du centre (15 à 20mn de marche), viale La Plaia, près de la basilique de Bonaria (lungomare Colombo, en face de l'hôtel Mediterraneo), ou encore à l'est, autour de la piazza Giovanni XXIII. Du côté de la Marina, vous trouverez, piazza Matteotti, le Metropark, un vaste parking payant à ciel ouvert, à deux pas de la gare et du port (10 €/24h). Grands parkings couverts sur le viale Regina Elena et sur la piazza Repubblica, non loin de la basilique San Saturno. Des zones de parcmètres, délimitées en bleu, jalonnent certaines avenues principales (viale Regina Margherita, corso Vittorio Emanuele II et largo Carlo Felice) : emplacements payants de 9h à 13h et de 16h à 20h, gratuits

Le quartier du Castello.
M. Jung / imageBROKER / age fotostock

la nuit et de 13h à 16h (sauf pour les parkings de la gare et ceux du viale Regina Elena, payants de 9h à 20h).

À NE PAS MANQUER
Le belvédère du Bastione di Santa Croce ; la cathédrale Santa Maria ; les maisons basses et colorées de la via Azuni ; l'église San Michele ; l'église San Domenico et son cloître ; la basilique San Saturno ; le sanctuaire de Bonaria ; les panoramas bordant le Golfo di Cagliari, à l'est, et la plage de Mari Pintau.

ORGANISER SON TEMPS
Cagliari et ses environs méritent au moins 2 jours.

AVEC LES ENFANTS
La plage di Poetto et ses activités en été ; un tour de la vieille ville à bord du Trenino Cagliaritano ; le Museo delle Ferrovie della Sardegna, à Monserrato.

Se promener Plan de ville

La découverte de Cagliari est organisée en trois circuits, les deux premiers étant incontournables pour appréhender les deux facettes du cœur de ville, à la fois médiéval et contemporain.

★★ LA VILLE FORTIFIÉE DE CASTELLO ET STAMPACE

Circuit 1 d'env. 2,5 km, tracé en vert sur le plan de ville (p. 103) – Comptez au moins 3h, sans les visites. Le parcours, qui serpente le long des remparts et à l'intérieur de la ville fortifiée, révèle de superbes panoramas. Si vous préférez éviter l'ascension et/ou la descente de la ville fortifiée, trois ascenseurs permettent d'accéder au Castello : aux bastions de Saint Remy (près de la piazza Costituzione), Santa Caterina (viale Regina Elena) et Santa Chiara (via Cammino Nuovo).

Le « Castello » de Cagliari ne se résume pas à ses puissantes fortifications extérieures. L'âme du Castello est à l'intérieur des murailles : l'ancienne ville médiévale est un univers fait de ruelles et de petits escaliers dérobés qui, avec ses magasins, bars et cafés, a connu une véritable renaissance urbaine. Après avoir effectué le tour des remparts, un parcours érigé de tours et de bastions, de panoramas urbains et de petits coups d'œil vers des ruelles pittoresques, il faut franchir cette carapace, qui n'est plus comme jadis une cuirasse défensive, mais un seuil pour entrer au contact du cœur historique. Entre rues piétonnes et lieux chargés d'histoire, face aux palais, aux églises ou le long des ruelles, Castello offrira alors une autre image, plus intime et tout aussi pittoresque. Le circuit se termine aux portes de Stampace, quartier résidentiel à l'ouest de la ville, qui abrite de très beaux témoignages d'architecture populaire.

★ Bastione di Saint-Remy A2

Assurant la transition architecturale entre le château et la ville basse, ce spectaculaire bastion, achevé en 1902, intègre les anciens bastions construits par les Espagnols (Bastione dello Sperone et Bastione della Zecca) dans la seconde moitié du 16e s. Du haut de cette plate-forme qui, dès la belle saison, est investie par les terrasses de cafés, vous jouirez d'une des plus belles vues sur la ville. Par les deux rampes du grand escalier, vous pourrez apercevoir l'intérieur du **Passage couvert**, vaste espace voûté peint de couleurs vives : servant à l'origine de salle de banquets, il accueille désormais régulièrement des expositions artistiques.

Remontez le viale Regina Elena (B1) aménagé en un long belvédère dominant l'est de la ville. Au largo Giuseppe Desi, entrez dans les jardins publics et suivez la grande allée jusqu'à la Galleria Comunale d'Arte.

Galleria Comunale d'Arte (Galerie municipale d'art) Hors plan en dir. A1

Viale San Vincenzo 2 - ✆ 070 677 75 98 - www.galleriacomunalecagliari.it - été : 10h-21h ; hiver : tlj sf mar. 10h-18h - 6 € ; billet combiné avec le Museo Civico d'Arte Siamese et Palazzo di Città 8 € - visite guidée en français sur réserv.

C'est avant tout une pinacothèque, aménagée dans l'ancienne poudrière royale, bâtiment néoclassique construit en 1828 sur un projet de Carlo Boyl. Elle propose au visiteur un panorama exhaustif de la production artistique sarde entre le milieu du 19e s. et le 20e s. Parmi les fonds exposés, le legs du collectionneur Francesco Ingrao est particulièrement remarquable : ses 500 œuvres dessinent un parcours à travers les principales tendances artistiques italiennes du 20e s. (une salle réunit en particulier 31 œuvres d'Umberto Boccioni).

Revenez sur vos pas et tournez à droite dans la montée Sa Avanzada pour rejoindre la porte du même nom.

Piazza Arsenale A1

En franchissant l'imposante et étroite **porta Sa Avanzada** – également appelée Porta di San Pancrazio –, on arrive à la piazza Arsenale, gardée par l'altière **Torre di San Pancrazio★** *(www.beniculturalicagliari.it - été : tlj sf lun. 10h-19h ; hiver : 9h-17h - 3 € - 189 marches)*. Ses courtines en moellons calcaires remontent à 1305, deux ans avant l'érection de la Torre dell'Elefante *(voir p. 107)*. Sur un côté de la tour apparaissent les impressionnantes poutres de bois séparant les niveaux (*visibles de la piazza Indipendenza*).

★ Cittadella dei Musei AB1

Derrière la Porta Arsenale, du côté de la place opposé à la tour, on pénètre dans le cœur culturel de la ville, une « citadelle » moderne réunissant les plus prestigieuses institutions muséologiques de Cagliari. Le blason en bronze du Royaume de Sardaigne surmonte la porte néoclassique.

À l'intérieur, une enfilade d'édifices modernes entourent une vaste cour; ils sont le fruit d'une réorganisation des bâtiments accueillant l'Arsenal royal piémontais et, après les bombardements de 1943, le District militaire et la

De Kàralis à Cagliari

Héritière à la fois d'une histoire qui remonte au 6e s. av. J.-C. et d'une situation topographique privilégiée, par sa variété notamment, l'agglomération actuelle de Cagliari se présente comme une superposition d'époques et de conceptions urbaines extrêmement diverses. Jusqu'au milieu du 20e s., les différents quartiers de la ville, aussi bien à l'extérieur qu'à l'intérieur de l'enceinte fortifiée, conservaient un caractère bien spécifique (on en retrouve des traces encore de nos jours) et avaient chacun leur propre physionomie.

LA KÀRALIS PHÉNICIENNE ET ROMAINE

De la Kàralis phénicienne on a retrouvé trace près de la lagune de Santa Gilla, au nord-est de la via Campo Scipione. L'endroit marquait, jusqu'au haut Moyen Âge, le cœur politique de la ville. Tout autour se formèrent peu à peu d'autres noyaux urbains : le quartier des résidences des classes les plus aisées vers l'intérieur des terres, le port sur la Lapola (il s'y trouve toujours) et les fondations religieuses au-delà de la colline de Bonaria, à l'extérieur de ce qui fut la Kàralis romaine.

LA NAISSANCE DU CENTRE URBAIN

C'est avec l'arrivée des Pisans, entre le 12e et le 13e s., que Cagliari devient un centre urbain à proprement parler. En 1217, les Toscans se rendent maîtres du judicat de Cagliari et érigent la forteresse de Castello ; la ville prend alors la forme qu'on lui connaît aujourd'hui.

Les fortifications avaient pour vocation de défendre le commerce des marchandises qui quittaient le golfe pour suivre les routes de la Méditerranée. S'élevant au-dessus d'un port naturel (l'actuelle Marina), la forteresse allait définir la nouvelle structure urbaine, à l'intérieur des murailles aussi bien que sur les pentes de ce roc fortifié, entraînant le développement de nouveaux quartiers comme Villanova. Ces quartiers, tout comme Marina et Castello, restent parfaitement identifiables.

MARINA, NOUVEAU CŒUR DE VILLE

Pour des raisons historiques, Cagliari est née de son port ; pour des raisons de planification urbaine, le quartier de Marina est devenu le véritable cœur de la ville au milieu du 19e s., lorsque, après l'annexion de la Sardaigne au Piémont de la Maison de Savoie, on lança un processus de modernisation de la ville auquel le noyau fortifié, formant barrière, constituait un obstacle.

caserne. Entre 1965 et 1979, d'importants travaux de réaménagement permirent de créer une structure culturelle polyvalente faisant cohabiter le Musée d'archéologie et la Pinacothèque, le Département des sciences archéologiques et d'histoire de l'art, l'École des études sardes de l'université de Cagliari, le Musée ethnographique régional et le Musée d'art siamois.

★ **Museo Archeologico Nazionale** (Musée archéologique national) AB1

Piazza Arsenale - ✆ 070 655 911 ou 070 605 182 45 - tlj sf lun. 9h-19h15 - 5 €.
Ce musée, installé dans la Citadelle depuis 1993, constitue l'exposition didactique la plus complète de l'île en matière de civilisation sarde. Sur quatre étages, à travers le matériel provenant des fouilles entreprises sur tout le territoire, les vitrines retracent les grandes périodes qui ont marqué la préhistoire et l'histoire ancienne de l'île : l'époque prénuragique (néolithique, énéolithique et premier âge du bronze); la culture nuragique jusqu'à sa rencontre (11e-9e s. av. J.-C.) avec les civilisations urbanisées de la Méditerranée égéenne et orientale; la colonisation phénicienne des côtes et les conquêtes carthaginoise puis romaine; le musée conclut sur l'époque byzantine.
Parmi les plus belles pièces du musée, ne manquez pas la reconstitution du **Tophet de Tharros**, une dune de sable renfermant les urnes cinéraires des nouveau-nés défunts; les petits bronzes nuragiques représentant des figures humaines ou mythiques, des divinités, des animaux... ; la coupe gravée de l'inscription « Le Christ jeune prêchant parmi les rameaux »; le masque découvert à San Sperate, placé par les Carthaginois dans les tombes pour éloigner les mauvais esprits; la statue de Julius Drusus (Druso Minore en italien), du 1er s.
Fin 2015, le musée accueillait aussi une partie des énigmatiques **statues★★** nuragiques (11e-9e s. av. J.-C.) retrouvées à **Mont'e Prama**; elles devraient être transférées à une date ultérieure au musée de Cabras *(voir p. 338)*.

Pinacoteca Nazionale (Pinacothèque nationale) AB1

Piazza Arsenale - ✆ 340 982 43 03 - www.pinacoteca.cagliari.beniculturali.it - tlj sf lun. 9h-19h15 - 3 €.
Installée dans la Citadelle depuis 1992, la Pinacothèque, qui s'appuie sur les antiques murs espagnols, offre un superbe point de vue sur la ville. Elle réunit sur trois niveaux une importante série d'œuvres d'art. Au rez-de-chaussée, vous verrez une belle collection de tableaux anciens de la Sardaigne (15e et 16e s.), provenant en grande partie de l'église San Francesco di Stampace, aujourd'hui détruite. L'étage supérieur expose des retables des 15e et 16e s. L'étage inférieur rassemble des tableaux du 16e au 18e s., sans homogénéité particulière de période ou de style; l'ensemble compose toutefois un beau panorama de la peinture sarde de la période aragonaise.

Museo d'Arte Siamese « Stefano Cardu »

(Musée municipal d'art siamois « Stefano Cardu ») AB1
Piazza Arsenale - ✆ 070 675 76 27 - www.museicivicicagliari.it - 9h-19h15 - 3 €; billet combiné avec la Galleria Comunale d'Arte et le Palazzo di Città 8 €.
Unique en son genre sur l'île, il conserve la plus vaste collection d'art du Siam (l'actuelle Thaïlande) en Europe. Le collectionneur Stefano Cardu, originaire de Cagliari, fit don à la ville des objets d'art qu'il avait ramenés de son séjour au Siam : pièces d'argent et d'ivoire, bronzes, monnaies, armes, sculptures en bois, ainsi qu'une belle collection de porcelaines comprenant en particulier d'exceptionnelles pièces chinoises de la période Ming et des premiers empereurs Qing (entre le 14e et le 17e s.).

CAGLIARI

SE LOGER	
B&B Antico Palazzo Crisaripa	1
B&B Il Cagliarese	9
B&B Il Melograno	3
B&B Rosso e Nero	8
B&B Villa Cao	4
Hostel Marina	5
T Hôtel et Restaurant	7

SE RESTAURER	
Ammentos	1
Barceloneta	8
Basilio	9
Dal Corsaro	2
Mamma Mia Cagliari	5
Pomata Restaurant	7
Sa Domu Sarda	6

Bastione di Sta Croce	C
Palazzo Boyl	B
Santa Rosalia	R
Palazzo di Città	A
Torre di San Pancrazio	L
Università di Cagliari	U

Raccolta delle cere anatomiche di Clemente Susini
(Collection de cires anatomiques de Clemente Susini) AB1

Piazza Arsenale - ✆ 070 675 76 27 - tlj sf lun. 9h-13h, 16h-19h - 1,55 €.

Réalisées entre 1803 et 1805, les 80 statues de cire présentées dans les 23 vitrines du musée sont toutes l'œuvre de Clemente Susini. La perfection du détail anatomique et le réalisme avec lequel l'artiste a su rendre l'image de la mort sur les visages de cire sont frappants.

Sur la piazza Arsenale, tournez le dos à la Cittadella dei Musei, avec la Porta Sa Avanzada à votre gauche, pour faire face à la Porta Cristina ; elle donne accès (par l'ouest) au quartier historique du Castello.

Porta Cristina A1

La porte donnait jadis accès à l'Arsenal royal, achevé en 1825. Elle doit son nom à Maria Cristina di Borbone, épouse du roi Carlo Felice di Savoia. Sa structure tripartite s'articule autour de colonnes doriques et ses formes classiques, inspirées de la Renaissance, rappellent la Porta Angelica à Rome.

Laissez la Porta Cristina sur votre droite et poursuivez jusqu'à la piazza Indipendenza.

Piazza Indipendenza A1

Elle est fermée d'un côté par la façade de l'Orfanotrofio delle Zitelle (18e s.) et de l'autre, entre le Palazzo Amat et le Palazzo delle Speziate, par l'**ancien musée archéologique**. Ancien siège de l'hôtel de la Monnaie et de l'Armurerie, transformé en musée en 1904, ce bâtiment accueille les œuvres conservées auparavant dans le Palazzo Vivanet *(via Roma, voir circuit suivant dans la ville basse).*

Engagez-vous dans la via Martini jusqu'à la piazza Palazzo.

Piazza Palazzo A1

C'est le cœur historique du quartier. Malgré le réaménagement opéré dans les années 1930 pour élargir la partie haute, qui entraîna la destruction de plusieurs édifices, la place, qui fut le centre politico-religieux de la ville, conserve ses caractéristiques anciennes. Elle aligne une série de superbes façades, celles du Palais royal, du Palais archiépiscopal et de la cathédrale.

Palazzo Regio

Le Palais royal fut construit en 1337 par les Aragonais afin d'accueillir le siège du pouvoir représenté par le vice-roi. On doit son aspect actuel au roi Carlo Emanuele III di Savoia (1769). De belles dimensions, la façade donnant sur la place se caractérise par son enfilade de pilastres doriques en pierre et ses balcons incurvés aux balustrades de fer forgé. Seul le portail surmonté d'un balcon sur des colonnes doriques vient rompre la continuité des fenêtres et des pilastres placés en alternance. Desservi par un escalier monumental, le premier étage est décoré de superbes ornementations de Domenico Bruschi narrant les épisodes les plus significatifs de l'histoire de l'île ; vous y verrez aussi le tableau d'Eleonora d'Arborea promulguant la Charte de Logu ; le plafond peint à fresque s'orne d'une allégorie de *La Sardaigne protégeant l'écu des Savoie*. L'ancien palais royal abrite aujourd'hui la **Préfecture**.

Palazzo Arcivescovile

Entre le Palazzo Regio et la cathédrale, le Palais archiépiscopal remonte sans doute lui aussi à l'époque pisane. Entièrement restauré, l'édifice abrite des œuvres romaines et des fragments originaux de l'ancienne façade de la cathédrale (sur les murs du vestibule).

★★★ Cattedrale Santa Maria AB1

Piazza Palazzo 4 - ✆ 070 663 837 - www.duomodicagliari.it - janv.-mai et oct.-déc. : 8h-12h, 16h-20h ; juin-sept. : 8h-20h, dim. toujours 8h-13h, 16h30-20h30 - ne se visite pas pendant les offices - gratuit.

Le faîte, les fenêtres et le parement du campanile, de style roman pisan (13e s.), ont été restaurés. À droite s'élève la cathédrale. Il reste peu de chose de la structure d'origine : la contre-façade, les murs entourant le transept et la deuxième chapelle à gauche de l'abside, sous une voûte d'arêtes. De la seconde phase de construction, datant des Aragonais (14e s.), seule subsiste la deuxième chapelle à droite de l'abside, dotée d'une impressionnante voûte en palmier.

Cathédrale Santa Maria.
L. Montico / hemis.fr

Ayant subi de multiples remaniements jusqu'à la première moitié du 20e s., l'église actuelle, un monument d'une grande complexité, apparaît comme un véritable palimpseste de styles. Entre le 17e et le 18e s. l'édifice fut « baroquisé » : Pietro Fossati le dota d'une façade couronnée de volutes (on en a connaissance aujourd'hui grâce aux dessins et aux gravures de l'époque) et une coupole fut ajoutée à la croisée de la nef et du transept. Plus tard, lorsque l'on voulut restaurer la façade romane, on perdit également la façade baroque, qui avait alors deux siècles. En 1925, on dessina encore une nouvelle façade, dans le style roman de Lucques cette fois, sur un projet de l'architecte Giarrizzo.
Intérieur – L'église se divise en trois nefs, avec trois chapelles sur chaque côté, un large transept et un **presbyterium** surélevé. Les deux chaires dépeignant des épisodes de la vie du Christ et les lions (aujourd'hui à l'entrée du presbyterium) constituaient à l'origine un ambon unique, réalisé par le sculpteur Guglielmo pour la cathédrale de Pise. Cette œuvre exceptionnelle fut offerte à Cagliari en remplacement de la chaire de Giovanni Pisano.
Le presbyterium, séparé de la nef par une balustrade en marbre du 17e s., donne accès au **sanctuaire**. Trois chapelles creusées dans la roche abritent des reliques attribuées à des martyrs du christianisme primitif, ainsi que des stucs et des ornements sculptés en marbre. Celle du centre montre un superbe exemple de décoration baroque.
Musée de la cathédrale – *Accès par la via del Fossario 5 - ✆ 070 68 02 44 - www.museoduomodicagliari.it - mar.-ven. : 16h30-19h30, w.-end 10h-13h, 16h30-19h30 - 4 €.* Il conserve une belle collection de parements liturgiques anciens issus du diocèse de Cagliari. Parmi les pièces les plus intéressantes, toutes en argent : les candélabres, le tabernacle et le devant d'autel du presbyterium.

Palazzo di Città (ancien hôtel de ville) A1

Piazza Palazzo 6 - ✆ 070 677 64 82 - www.museicivicicagliari.it - 15 juin-15 sept. : 10h-21h (nocturne jusqu'à minuit en juil.-août) - reste de l'année : tlj sf lun. 10h-18h - 4 € ; billet combiné avec la Galleria Comunale d'Arte et le Museo d'Arte Siamese 8 €.

Dressé au pied de la majestueuse cathédrale, l'ancien hôtel de ville (14e s.) présente une élégante façade de style baroque piémontais, réalisée lors de sa restauration au 18e s. À l'intérieur, ne manquez pas d'apprécier quelques magnifiques **plafonds★** peints. Le palais abrite trois collections issues de dons à la ville : un fonds ethnographique (bijoux et tissus), de céramiques (datant des 18e-19e s.) et d'art sacré (sculptures en bois). Des expositions d'art moderne et contemporain y sont régulièrement organisées.
Prenez la via Duomo, qui conduit à l'église della Speranza.

Chiesa della Speranza A1

Via Duomo - horaires variables.
Cette petite église à une seule nef abrite des chapelles communicantes sous des croisées à nervure de style gothique catalan. Après avoir accueilli le siège du *Stamento* militaire (l'un des trois organes, avec les représentations ecclésiastique et royale, du Parlement sarde institué en 1355), elle est aujourd'hui vouée au culte orthodoxe. Sur sa sobre façade s'ouvrent deux petites fenêtres et un portail architravé que surmonte un arc en ogive s'appuyant sur des chapiteaux ajourés.
Empruntez le passage entre l'église della Speranza et la cathédrale ; la via del Fossario conduit au Bastione di Santa Caterina.
Du **Bastione di Santa Caterina**, on jouit d'une vue splendide sur le quartier de Villanova et, à l'arrière, sur la coupole de la cathédrale.
Le panorama que l'on découvre depuis la **Terrazza Umberto I★★★**, un peu plus loin, en haut de l'escalier du bastione di Saint Remy, est plus impressionnant encore : ce belvédère exceptionnel permet d'embrasser la vue sur le quartier de la Marina et le Golfo degli Angeli à l'horizon.
En poursuivant par la via Mario De Candia, on arrive au Palazzo Boyl, tout au sud du lacis de ruelles caractérisant la ville médiévale, dont la via dei Genovesi, la via Lamarmora et la via Canelles forment la trame.

Palazzo Boyl A2

Via Mario De Candia.
Greffé sur la ligne de l'enceinte pisane, le Palais Boyl fut bâti à l'endroit où s'élevait jadis la Torre dell'Aquila, réalisée par le même architecte que les Torri di San Pancrazio et dell'Elefante. Carlo Pilo Boyl, marquis de Putifigari et commandant de l'Arsenal militaire royal, le fit construire en 1840, selon les canons de l'esthétique classique en vogue à l'époque. Le blason au centre de la balustrade montre une main serrant une mèche de cheveux (famille Pilo), à laquelle on ajouta le taureau (*boi* en sarde) de la famille Boyl et les bandes rouges sur champ d'or de la Maison d'Aragon.
Toujours sur la via Mario De Candia, le Teatro Civico jouxte le Palazzo Boyl, à la hauteur de la via dell'Università.

Teatro Civico A2

Cet édifice néoclassique fut construit au 19e s. pour remplacer le théâtre précédent, en bois, d'origine piémontaise (il avait été commandé par le marquis Zapata di Las Plassas, qui voulait un théâtre pour son palais). Il a été endommagé par les bombardements de 1943, tout comme le Bastione di Saint Remy, voisin. Aujourd'hui, après restauration, il accueille des concerts et des pièces de théâtre.
Empruntez la via dell'Università.
Remontant à l'époque piémontaise, le complexe regroupant l'ancien **Seminario Tridentino** (Séminaire tridentin) et l'**Università** frappe par ses dimensions. Il fut réalisé en deux phases successives, mais très rapprochées,

dans les dernières décennies du 18e s. : cela confère à l'ensemble architectural, articulé autour de deux grandes cours intérieures carrées, une certaine homogénéité stylistique et structurelle. L'entrée de l'ancien séminaire (au n° 28) et l'atrium de l'université sont superbes.
Poursuivez sur la via dell'Università.

★ Torre dell'Elefante (Tour de l'Éléphant) A1

Via Santa Croce (à l'angle de la via dell'Università) - ✆ 070 40 92 306 - www.beniculturalicagliari.it - été : tlj sf lun. 10h-19h ; hiver : 9h-17h - 3 €.
Haute de 30 m et réalisée en blocs de calcaire blanc, elle fut érigée deux ans après la Torre di San Pancrazio, dont elle a repris le plan et les formes. Comme cette dernière, elle comporte trois pans fermés vers l'extérieur, le côté intérieur étant ouvert. La tour, œuvre du maître Giovanni Capula, doit son nom à la statue d'un éléphant juchée sur une console qui fait saillie à plus de 10 m de hauteur, du côté donnant sur la via dell'Università. À la base de l'édifice, la superbe porte à herse donnait accès à la ville médiévale. L'ascension des 119 marches vous réserve un magnifique **panorama★★**. Le vaste point de vue sur le port donne la mesure de l'importance défensive de l'édifice, tandis que la vue sur la ville, autour de la cathédrale, permet une meilleure compréhension du tracé urbain.
Au-delà de la porte, la **chiesa di San Giuseppe** reflète, par sa structure, les principes de la Contre-Réforme ; sa nef unique est couverte d'une voûte en berceau et flanquée de chapelles latérales. Elle abrite une belle *Nativité* de Pompeo Batoni (1708-1787).
En poursuivant sur la via Santa Croce, on passe devant un ensemble de maisons médiévales pour arriver au splendide **belvédère★★** du **Bastione di Santa Croce**, édifié à partir de 1568 sur un projet de Rocco Cappellino et achevé par Giorgio Paleаro.
Rejoignez la piazzetta Santa Croce.

Basilica di Santa Croce A1

Piazzetta Santa Croce - www.santacrocecagliari.it - lun.-sam. 10h-12h30, 17h-19h, dim. ouv. le matin pour les offices et 18h-20h pour les visites.
L'église Santa Croce (1661) présente une particularité : elle possède à la fois un clocher et un campanile. Elle montre une curieuse façade à deux registres séparés par un bandeau décoré. Dans le registre supérieur, une ouverture rectangulaire laisse entrevoir le ciel ; elle est encadrée par deux volutes curvilignes aplaties, selon un schéma fréquent dans l'architecture baroque méridionale. À nef unique et chapelles latérales, elle présente un pavement et un autel plus tardifs, tout comme l'abside. Malgré cela, on distingue toujours le plan de l'abside carrée originelle, de facture jésuite. On pense que l'église fut édifiée à l'emplacement de l'ancienne synagogue ; il est même possible que les jésuites aient commencé à officier à l'intérieur du lieu de culte juif dont la structure n'aurait été modifiée qu'ultérieurement, après la réaffectation de l'édifice au culte chrétien.
Continuez sur la via Santa Croce.

Ghetto degli Ebrei (Ghetto juif) A1

Via Santa Croce 18 - ✆ 070 667 01 90 - www.camuweb.it - tlj sf lun. été : 9h-20h ; hiver : 10h-21h - visites guidées sur réservation.
L'ancien **Bastione Santa Croce** (18e s.) abrite le centre culturel « Il Ghetto » : son nom fait référence au ghetto juif qui s'étendait entre la via Santa Croce

et la via Stretta, avant sa disparition en 1492, à la suite de la promulgation de l'édit d'expulsion des rois de Castille et d'Aragon. Le bastion en lui-même, qui pouvait accueillir à l'origine plus de 300 soldats et 40 chevaux, abrite des expositions temporaires.

Tournez à gauche au bout de la via Santa Croce, puis tout de suite à droite pour rejoindre la via Fiume qui monte jusqu'au viale Buon Cammino.

Le **viale Buon Cammino**, l'« avenue du bon chemin », offre des points de vue plongeants sur la lagune Santa Gilla *(à gauche)*, la caserne Carlo Alberto du 19e s. *(à droite)* et l'église San Lorenzo, construite sur l'esplanade libérée par la démolition de la Porta Reale del Buon Cammino, qui se trouvait entre les deux bastions du 18e s. encore debout, le **Bastione del Beato Emanuele** sur la droite et le **Bastione di San Filippo** sur la gauche. De ce dernier, la vue embrasse le vallon de Palabanda et son amphithéâtre romain.

Si vous désirez visiter l'amphithéâtre romain, descendez la via Fra'Nicola de Gesturi qui débouche dans la via Sant'Ignazio, en contournant le vallon de Palabanda. Si vous préférez vous contenter d'un aperçu de l'amphithéâtre, prenez directement la via Anfiteatro.

Anfiteatro Romano (Amphithéâtre romain) A1

Viale Sant'Ignazio da Laconi (entrée face au Centro Solidarietà G. Paolo II) - ✆ 070 23 10 022 - mai-nov. : ven.-dim. 9h-18h ; de mi-nov. à fin avr. : uniquement w.-end 10h-16h - 5 €.

Une grande partie de la colline a été creusée pour permettre la construction de l'amphithéâtre, entre le 1er et le 2e s. Aménagé pour recevoir quelque 10 000 spectateurs, il accueillait aussi bien des combats de gladiateurs que des représentations théâtrales. L'édifice servit par la suite de carrière de pierres pour fournir du matériel de construction ; elle devint au milieu du 19e s. propriété de la ville, qui préserva ce qui en restait. On peut ainsi découvrir la *cavea*, avec une partie des gradins en ellipse, les souterrains et le podium destiné aux spectateurs de haut rang.

Prenez la sortie de l'amphithéâtre qui débouche sur la via Anfiteatro, puis continuez sur la via Ospedale.

La **via Ospedale** mène au complexe de l'hôpital du 19e s., l'*Ospedale Civile*. Dénotant quelque peu dans le reste du paysage urbain, la façade néoclassique et le plan en éventail, avec quatre cours intérieures, sont l'œuvre de Gaetano Cima.

Continuez sur la via Ospedale.

★★ **San Michele** A1

Via Ospedale 2 - ✆ 070 658 626 - 8h-11h, 18h-20h.

Construite entre 1664 et 1738, c'est un chef-d'œuvre mêlant architecture jésuite (le plan, à la fois central et longitudinal, s'articule sur un octogone élargi en croix, avec des chapelles radiales à voûte en berceau, un vestibule d'entrée et une chapelle presbytérale) et baroque espagnol (par les motifs décoratifs et l'organisation tripartite de la façade en tuf).

La superbe **coupole** à pans repose sur un tambour octogonal percé de fenêtres illuminant l'intérieur ; à l'extérieur, elle est couverte de tuiles et surmontée d'un lanternon. La **tribune** sculptée est exceptionnelle, tout comme les décorations en marbre et en bois, et la statue de saint Michel (17e s.) sur le maître-autel. La **sacristie** affirme toute la grâce et le raffinement du rococo sarde, avec ses tableaux, ses fresques, ses statues de bois polychrome et ses décorations stuquées.

En sortant de l'église, vous verrez, en face, la Porta di San Michele.

LA PROCESSION DE SANT'EFISIO

Dans une rue adjacente à la via Azuni, une église a été érigée à l'endroit même où, selon la tradition, aurait été incarcéré le saint patron de la Sardaigne, en l'an 430. Chaque année au 1er mai, jour de la Sant'Efisio, la plus importante procession de la ville part de l'église : elle est composée de militaires à cheval, d'habitants de toute la plaine du Campidano en costumes traditionnels, et de représentants de la municipalité. Ils accompagnent la calèche dorée, tirée par des bœufs, qui porte la statue du saint jusqu'à Nora, lieu supposé de son martyre, après 65 km de parcours et quatre jours de défilé ! *Voir aussi « Agenda », p. 42.*

Torre dello Sperone A1

Gardant l'arche monumentale de la **Porta San Michele**, cette tour, appelée aussi Torre degli Alberti (en raison du blason placé au centre de l'épigraphe), est le dernier vestige du mur d'enceinte qui protégeait le quartier historique de Stampace. Elle fut érigée par les Pisans à la fin du 13e s. Comme la Torre San Pancrazio et la Torre dell'Elefante, elle adopte un fût quadrangulaire et des parements de calcaire. Sur la façade donnant sur la via Portoscalas s'ouvre une petite loggia aveugle à quatre arcs en plein cintre.

Revenez en face de l'église San Michele et engagez-vous sur la via Azuni.

★★ Via Azuni A1

Cette rue historique du quartier de Stampace fut rendue célèbre par les courses de chevaux qu'on y organisa jusqu'au siècle dernier. On y trouve déjà les caractéristiques architecturales qui marqueront l'ensemble du quartier, avec ses enfilades de petits immeubles et ses charmantes maisons basses et colorées. Au bout de la rue, admirez la belle façade à deux clochers de l'église Sant'Anna.

Sant'Anna A1

Été : 7h30-10h30, 17h-20h ; hiver : 7h30-10h30, 17h-19h30.

Conçue en 1785 par Giuseppe Viana, qui fut distingué en 1777 du titre d'« architecte du roi de Sardaigne », l'église constitue un superbe exemple de rococo piémontais. Abondamment restauré après les bombardements de la Seconde Guerre mondiale, le monument, mis en majesté par de beaux escaliers, présente une façade incurvée, sur deux registres corinthiens ; la partie centrale, concave, supporte une élégante partie supérieure rythmée par des parastates (piliers engagés dans le mur), et raccordée par des volutes ; un tympan et deux clochers (le second date de 1938) surmontent l'ensemble. À la fois léger, recherché et monumental, l'espace intérieur est couvert par trois coupoles différentes : la première au-dessus de la nef ellipsoïdale, la deuxième sur un tambour octogonal au-dessus du transept, la dernière, plus petite, surplombant le presbyterium.

La via Azuni débouche sur la piazza Yenne.

La piazza Yenne et le largo Carlo Felice A1

Très animée les soirs d'été, la place accueille quantité d'agréables terrasses et de bars, à l'ombre de l'imposant **Bastione del Balice**.

Le **largo Carlo Felice**, qui descend vers la mer, fut baptisé en l'honneur du roi de la Maison de Savoie à qui l'on doit la route Cagliari-Porto Torres, construite à partir de 1822. Le boulevard actuel résulte d'un aménagement entrepris en 1860. Pour percer cet axe, il fallut abattre la Porta di Stampace *(à l'angle de la via Manno)* et les murailles occidentales de la Marina.

Haute de 4 m, la monumentale **statue du roi Carlo** (1824), en bronze, montre celui-ci en tenue de soldat romain, portant cuirasse et toge, casque sur la tête et bras droit pointant vers la route de Porto Torres. Malheureusement, la statue ayant été placée à l'envers, le roi est condamné à indiquer éternellement la direction opposée…

★ LA VILLE BASSE : LA MARINA A2

Circuit 2 d'env. 2 km, tracé en vert sur le plan de ville (p. 103) – Comptez 2h pour la balade, en plus des temps de visite. Le parcours commence sur la piazza Matteotti.

Palazzo Vivanet

Ce palais, construit entre 1893 et 1895, inaugura l'enfilade de portiques de la via Roma, précédant de quelques années l'hôtel de ville voisin. L'élégance des arcs en ogive et les éléments néogothiques appliqués sur plusieurs étages témoignent de la conception architecturale et culturelle qui présida au réaménagement de cette partie de la ville au début du 20e s. Plus récentes, les briques légèrement plus claires que l'on voit sur le revêtement de la façade sont comme les cicatrices laissées par les travaux de reconstruction, après la destruction de la partie centrale par les bombardements de 1943. Le palais accueille aujourd'hui une résidence universitaire.

★ Palazzo Civico (hôtel de ville)

Via Roma 145 - visite guidée gratuite juil.-déc. : sam. 9h-13h30, 14h-19h, en semaine sur réservation.

Le bâtiment, tout en calcaire, fut achevé en 1907, mais l'administration municipale ne s'y installa que huit ans plus tard. Quoique partiellement endommagé par les bombardements de 1943, le palais affiche une majestueuse façade à portique de style néogothique éclectique, sur laquelle s'élèvent deux tours octogonales. De la cour, un grand escalier d'honneur conduit aux étages supérieurs où se trouvent les salles de représentation, les bureaux et la Salle du Conseil (Sala della Giunta) avec le *Trittico dei Consiglieri* attribué à Pietro Cavaro et dont le style évoque celui de Raphaël. Des bustes en marbre et en bronze, des tableaux de Filippo Figari (1916-1924) et de Giovanni Marghinotti (19e s.), un retable du 16e s. et une tapisserie flamande du 17e s. complètent la série d'œuvres d'art qui y est conservée.

Continuez le long de la via Roma jusqu'à la Palazzata.

★ Palazzata

Surnommé Palazzata (palais), le cortège d'édifices à portique de la **via Roma**, qui fait face au port, reflète harmonieusement ses couleurs chaudes et ses formes éclectiques dans les eaux de la baie. Avec son enfilade d'**arcades** au rez-de-chaussée, il constitue l'un des plus beaux décors architecturaux et l'un des buts de promenade les plus appréciés de Cagliari. Inspiré du Paris haussmannien, l'ensemble fut réalisé à partir de la fin du 19e s. à l'emplacement d'anciennes fortifications, dont on peut voir encore les restes à l'angle

LE CASTRUM ROMAIN

Les rues partant face au port, dans le rectangle que dessinent la via Roma et la via Manno (au pied du château), parallèles à la mer, et leurs perpendiculaires, le largo Carlo Felice et le viale Regina Margherita, adoptent une disposition particulière : elles ont en effet conservé le maillage orthogonal hérité de l'ancien *castrum* fortifié romain, édifié à cet endroit précis.

Le port.
Ebisu / iStock

du viale Regina Margherita. Éminemment photogénique, c'est l'un des lieux les plus emblématiques de la ville.
En chemin, vous apercevez en particulier la **chiesa di San Francesco di Paola**, consacrée au protecteur des marins, dont la façade est rythmée de pilastres de style corinthien, et le moderne **Palazzo del Consiglio Regionale** (Palais du Conseil régional), inauguré en 1988 et décoré de sculptures de l'artiste Costantino Nivola (1911-1988).

Porto

Le quai du port s'étire le long de la via Roma. Ce dernier fut aménagé ici à l'époque romaine ; auparavant, sous la domination punique, il se trouvait dans le quartier de l'actuel Campo Scipione. Les Romains lui préférèrent cet endroit, naturellement pourvu de meilleures facilités d'accostage, et en entreprirent la fortification. Prenant la relève, les Pisans puis les Aragonais aménagèrent la Darsena (la darse) et édifièrent les murailles défensives de la Marina, l'isolant ainsi partiellement de la ville. À partir de 1860, les Piémontais détruisirent ces vestiges antiques pour entreprendre la construction des môles du Ponant (aujourd'hui Sabaudo) et du Levant.
À présent, la partie du port donnant sur la via Roma est consacrée principalement au trafic des passagers, le quai d'embarquement pour les véhicules se situant entre l'ancien et le nouveau môle, le Molo foraneo di Levante. Entre ce dernier et l'ancien Molo di Levante se trouve le secteur du fret ; encore plus à l'ouest, dans la zone industrielle de Macchiareddu, on charge et on décharge les conteneurs au Porto Canale.
Tournez à gauche dans le viale Regina Margherita et remontez l'avenue jusqu'à la piazza Costituzione.

Via Manno

Passé la piazza della Costituzione, marquée par le monumental **Bastione di Saint Remy** *(voir circuit du Castello p. 99)*, cette rue historique, longeant le sud du château, forme l'une des artères commerçantes les plus agréables de la ville.

Sant'Antonio Abate

Été : lun.-sam. 8h-12h, 16h30-20h30 ; hiver : 16h-20h, dim. 8h-9h.

À gauche, au milieu de la via Manno, l'église est marquée par un gracieux **portail** baroque, surmonté d'une niche accueillant une statue de saint Antoine. Consacré en 1723, cet édifice faisait partie du complexe hospitalier de Saint-Antoine ; sur un plan octogonal s'élève, appuyée sur un tambour, une belle coupole à pans s'achevant en lanternon. Parmi d'intéressantes œuvres d'art, l'église abrite un retable de la *Vierge d'Itria* (16e s.) et un *Sant'Antonio Abate* en bois polychrome.

Juste avant d'arriver sur la piazza Yenne, prenez à gauche la via Baylle.

★ Sant'Agostino

Via Lodovico Baylle - lun.-sam. 8h-13h, 17h-20h, dim. 9h-12h.

Exemple unique du style Renaissance à Cagliari, cette église a également la particularité de posséder une seconde entrée sur le largo Carlo Felice. À l'intérieur, une vaste **coupole** marque le croisement des quatre bras de l'édifice, en croix grecque. Le seul élément gothique, adossé au mur de contre-façade, est l'arc surbaissé qui soutient le chœur. Remarquez aussi la **voûte★** au-dessus du maître-autel, décorée de caissons à rosettes caractéristiques du répertoire Renaissance.

La crypte de l'église recueillit la dépouille de saint Augustin, natif d'Hippone (aujourd'hui Annaba en Algérie), avant que celle-ci ne soit transférée au 8e s. à Pavie, dans l'église San Pietro in Ciel d'Oro.

Continuez sur la via Baylle, puis tournez à gauche sur la via Sicilia et continuez jusqu'à l'église Sant'Eulalia qui vous fait face.

Sant'Eulalia

Vico del Collegio 2 - tlj sf lun., mat. et soir (horaires variables).

Cette église paroissiale fut fondée par les Aragonais au 14e s. En dépit de son beau clocher, l'édifice lui-même présente moins d'intérêt que son sous-sol : on y mit au jour, lors de travaux de restauration débutés en 1989, des vestiges de la ville médiévale de Cagliari ; la découverte fit sensation.

Museo del Tesoro e Area Archeologica – *À l'intérieur de l'église - ✆ 070 66 37 24 - www.mutseu.org - tlj sf lun. 10h-13h, 16h-19h - 5 € avec visite guidée en anglais - brochure en français.* Le musée abrite du mobilier sacré, des toiles et des œuvres en bois provenant de l'église San Sepolcro. Le parcours archéologique permet d'observer des pans de maçonnerie, dont les restes d'un portique, une citerne et des canalisations appartenant aux différentes strates qui se sont succédées, du 4e s. av. J.-C. jusqu'à la domination aragonaise.

À la sortie de l'église, montez à gauche la via Collegio qui débouche sur la via Principe Amedeo et tournez à droite.

Santa Rosalia

Signalée par son portique très élancé qui enjambe la via Principe Amedeo, l'église présente une belle façade baroque avec ses deux niches vides qui encadrent le portail et les deux autres, au niveau supérieur, qui contenaient les statues des saints franciscains Bonaventure et Antoine de Padoue.

Lorsque le vieil oratoire sur lequel avait été édifiée l'église fut cédé à l'ordre des Frères mineurs de l'Observance (1740), on construisit le fameux **portique** : remarquez sur ce dernier, en particulier, le majestueux balcon qui vient souligner la niche où trône la Vierge.

En remontant la via Torino, vous débouchez sur la piazza Costituzione.

À L'EST DU CASTELLO : LE QUARTIER DE VILLANOVA B1-2

Circuit 3 d'env. 2 km, tracé en vert sur le plan de ville (p. 103) – Comptez au moins 2h.
De la piazza Costituzione, prenez la via Sulis (située entre la via Regina Elena et la via Garibaldi) qui conduit jusqu'à la piazza San Giacomo.

San Giacomo B1

Piazza San Giacomo - horaires variables.
Édifiée au 15e s., cette église paroissiale, l'un des premiers exemples d'architecture gothique catalane en Sardaigne, est flanquée de l'Oratorio delle Anime et de l'Oratorio del Crocefisso, qui conservent un remarquable mobilier de bois et de marbre. Sur le beau clocher à fût carré, une inscription épigraphique indique la chronologie de la construction. La façade originelle a été remplacée au 19e s. par celle que l'on voit aujourd'hui ; œuvre de Gaetano Cima, elle arbore des lignes purement classiques.
À l'intérieur, une enfilade de chapelles latérales communicantes longe la nef unique sur ses deux côtés. Édifiée en étoile avec une clef pendante, la voûte couvrant la *capilla mayor* est un bijou de l'art gothique catalan.
À la sortie de l'église, tournez pour rejoindre la via San Domenico.

★ Via San Domenico B1

Avec ses maisons à deux ou trois étages, cette rue vous donnera un aperçu représentatif de l'architecture du quartier.
C'est ici que passe, le Vendredi saint, la procession accompagnant le Christ défunt, à la tête d'un cortège qui serpente dans les ruelles de Villanova. En signe de deuil, les femmes se voilent alors le visage de noir. En continuant, la via San Domenico s'élargit agréablement ; ses quelques bancs ombragés sont particulièrement appréciés des habitants du quartier.
Le complexe conventuel de San Domenico est situé en face, le long de la via XXIV Maggio.

UN PARFUM DE CAMPAGNE À CAGLIARI

Depuis le versant oriental du quartier de Villanova, au siècle dernier, Cagliari s'est étendue jusqu'à occuper toute la campagne alentour. Il y a encore peu de temps, ces quartiers formaient la banlieue de la capitale et des murs séparaient la ville de la campagne. Ils ont aujourd'hui disparu et le tissu urbain se poursuit sans interruption du centre aux grandes agglomérations de l'est. Dans le Rione Villanova, l'homogénéité des dimensions et des styles des bâtiments compose un paysage de ville à la campagne ; ce microcosme à la fois artisanal et résidentiel conserve des réminiscences médiévales.
Villanova, que l'on peut observer depuis les bastions, a conservé sa structure d'antan. La via San Giovanni, la via Piccioni, la via San Giacomo et la via San Domenico, toutes parallèles, croisent de petites ruelles ; elles dessinent le cœur d'un quartier qui, comme le Castello, se développe tout en longueur autour de quelques repères stratégiques : l'église San Cesello au nord, l'intersection entre la via Regina Margherita et la via San Giovanni au sud, le couvent de San Domenico à l'est et le quartier du Castello à l'ouest. Des enfilades de maisons adossées les unes aux autres complètent ce tableau aux allures médiévales.

★ Convento di San Domenico B1

Piazza San Domenico 4 - ✆ 070 66 28 37 - 8h15-11h, 18h-20h (19h30 en hiver) - gratuit.

Le complexe conventuel de Saint-Dominique représente l'une des plus belles réussites de l'architecture gothique aragonaise à Cagliari. Malheureusement, l'ensemble a été en partie endommagé par les bombardements de la Seconde Guerre mondiale. L'ancienne structure avait été fondée au 13e s. pour accueillir la première communauté dominicaine de Sardaigne; les murs encore debout présentent les traits caractéristiques du style gothique catalan.

En entrant, vous apprécierez le paisible **cloître★** planté d'une grande euphorbe : ses côtés sud et ouest sont un chef-d'œuvre d'élégance architecturale du gothique tardif. Plus loin, la nef unique de l'ancienne église fait désormais office de **crypte**, suite à la construction de la nouvelle église juste au-dessus (remarquez la dalle qui la soutient) : ne manquez pas la **chapelle du Rosaire★** (1580), surmontée d'une coupole octogonale, mélange original entre des solutions Renaissance et des manières du style gothique aragonais.

Au-dessus, la nouvelle **église** fut réalisée dans les années 1950 avec une coupole, un campanile et des décorations intérieures en céramique.

En sortant, descendez la via XXIV Maggio pour déboucher sur la via Garibaldi, où vous tournez à droite.

Via Garibaldi B1-2

Cette agréable artère commerçante et piétonne prolonge la via Manno *(voir p. 111)* à partir de la piazza Costituzione. En vous engageant à gauche sur la via Oristano, vous débouchez sur la piazza Gramsci : la place est dominée par le **Palazzo Legione Carabinieri Sardegna** (1933), siège du commandement régional des Carabinieri, dont la façade est dominée par quatre statues géantes en bronze signées Manca Albino (1897-1976).

Au sud de la piazza Gramsci, tournez à gauche dans la via Lucifero.

Via San Lucifero B2

Les anciens abattoirs municipaux ont été transformés en espace culturel. L'**Exmà** accueille divers événements culturels et des expositions artistiques temporaires. *Via San Lucifero 71 - ✆ 070 666 399 - été : tlj sf lun. 10h30-13h, 18h30-0h; hiver : tlj sf lun. 9h-13h, 16h-20h.*

Un peu plus loin, la **chiesa di San Lucifero** (1682) présente une belle façade à couronnement horizontal.

Rejoignez la piazza San Cosimo.

★★★ Basilica di San Saturno (ou Saturnino) B2

Piazza San Cosimo - visible uniquement de l'extérieur.

Le côté est de la place est occupé par la superbe basilique San Saturno (ou Saturnino comme l'appellent les Sardes), le premier témoignage d'architecture paléochrétienne dans la région. Édifié au pied de la colline de Bonaria, à proximité d'une nécropole chrétienne (la plus ancienne attestée à Cagliari), le monument remonte au 6e s. Il fut construit à l'emplacement du martyrium de Saturno, un habitant de Cagliari. L'édifice adoptait à l'origine un plan en croix grecque que surmontait une coupole; le corps central subsiste, avec ses quatre piliers reliés à des arcs soutenant la coupole, ainsi que des vestiges de la petite abside quadrangulaire.

Entre 1082 et 1119, les moines de Saint-Victor de Marseille prirent possession des lieux; ils reconstruisirent le monastère de San Saturnino et y installèrent le siège du prieuré sarde. À cette phase romane appartiennent le bras final à trois nefs, voûté en berceau et en arêtes (unique vestige des travaux entrepris par des artisans provençaux pour reconstruire les quatre bras), et l'avant-corps, dont la couverture s'est effondrée avec les deux portails surmontés d'amples arcades. Le parement en calcaire de Bonaria s'orne de moellons volcaniques et de marbres prélevés sur des monuments antiques. Le bâtiment roman demeura intact jusqu'en 1669, date à laquelle on dépouilla la basilique pour procéder au remaniement de la cathédrale.

À voir aussi Plan de ville

Orto Botanico (Jardin botanique) A1

Via Sant'Ignazio da Laconi 11 - ✆ 070 675 35 12 - de mi-mars à fin oct. : lun.-ven. 9h-18h ; de déb. nov. à mi-mars : 9h-13h30 - 4 €.

Créé au milieu du 19e s. entre l'amphithéâtre et la villa di Tigellio, le Jardin botanique a été aménagé sur le site de l'Institut de botanique de l'université. Il présente la plus vaste variété de plantes jamais réunies en Sardaigne. Ses 5 ha se divisent en quatre sections : plantes méditerranéennes, tropicales, succulentes et médicinales. Les deux parcours de visite proposés incluent les vestiges archéologiques romains. Ils permettent d'identifier ou d'admirer des caroubiers centenaires, un grand nombre de plantes grasses, l'oranger des Osages, des ficus d'âge respectable et des fougères arborescentes, des cyprès chauves *(Taxodium distichum)*, une palmeraie et, fleuron du jardin, un magnifique exemplaire d'*Euphorbia canariensis* poussant sur le mur adjacent à l'amphithéâtre.

Villa di Tigellio A1

Via Carbonazzi - ✆ 070 677 64 70 - été : tlj 10h-14h, 15h-19h ; hiver : 9h-17h - 2 €.

Plus qu'un simple palais, cette « villa » située au pied de la colline du Buon Cammino apparaît comme un véritable quartier résidentiel d'époque romaine. Elle doit son nom au musicien sarde Tigellius Hermogène, ami de César et de Cicéron, qui n'y a en réalité jamais séjourné.

Outre un bâtiment thermal, le complexe abrite les vestiges de trois *domus* urbaines, construites entre la fin du 1er s. av. J.-C. et les débuts du 1er s. de notre ère, mais habitées jusqu'à la fin du 4e s. Toutes présentent un atrium dont les quatre colonnes marquent les coins de l'*impluvium* (bassin destiné à recueillir les eaux de pluie).

Grotta della Vipera Hors plan en dir. A1

Viale Sant'Avendrace 87 - ✆ 070 677 64 00 - avr.-oct. : 10h-14h, 15h-19h ; nov.-mars : tlj sf lun. 9h-17h - 1 €.

La Grotta della Vipera est ainsi baptisée en raison des vipères représentées sur le fronton. Il s'agit en fait de la tombe d'Attilia Pomptilia ; elle a révélé des inscriptions poétiques en latin et en grec, par lesquelles Cassius Philippus, en exil à Cagliari, entendait honorer la mémoire de sa compagne.

D'autres tombes ont été mises au jour le long de la rue et l'on a découvert sur la via Falzarego voisine une **nécropole punique**. Les sépultures, principalement des chambres à hypogées accessibles par des puits, conservent de belles décorations picturales, en particulier la **tombe du guerrier** et la **tombe de l'Uræus**.

★★★ Santuario et basilica di Nostra Signora di Bonaria B2

Piazza Bonaria (accès à partir de la via Roma et du piazzale Deffenu, en empruntant le viale Bonaria qui grimpe sur la colline) - ✆ 070 301 747 - www.bonaria.eu - été : 6h30-12h, 16h30-18h30 - offrandes bienvenues.

Dressée au sommet d'un escalier monumental partant de la mer, la basilique de la Vierge de Bonaria (littéralement « Bon Air »), patronne des marins, est l'objet d'une grande dévotion; les papes Paul VI, Jean-Paul II et Benoît XVI n'ont pas manqué de la visiter. C'est d'ailleurs en référence à la Vierge de Bonaria que la capitale argentine, Buenos Aires, a été baptisée. Du parvis, vous jouissez d'une très belle **vue★★** sur le golfe de Cagliari.

Sanctuaire – Datant de 1324-1326, l'ancien sanctuaire constitue l'unique témoignage de la présence aragonaise durant le siège que ces derniers tinrent contre les Pisans, retranchés dans la ville fortifiée. La structure, bien que modifiée à la fin du 16e s., présente une belle nef soutenue par six travées renforcées par des arcs brisés. À ne pas manquer, l'abside octogonale, avec sa **voûte en palmier★★**, et le puissant clocher aragonais, employé comme tour de guet. Joyau incontesté du sanctuaire et objet de vénération pour de nombreux pèlerins, surtout des marins, la **statue en bois de la Vierge de Bonaria★★★** trône sur le maître-autel; la tradition rapporte qu'elle aurait échoué miraculeusement sur la plage en 1370.

En suivant le couloir conduisant à la sacristie, on aperçoit le **cloître**, établi à l'emplacement d'une vieille citerne : remarquez le puits avec sa jolie couronne en fer forgé au milieu de la cour. Un **musée** (*horaires variables - offrande bienvenue*) occupe désormais la citerne et rassemble une grande diversité d'ex-voto, offerts pour la plupart par des marins. Située dans la salle attenante, la **sacristie★** est décorée de belles boiseries et les murs sont couverts de peintures du 17e s.

Basilique – Depuis le 18e s., le sanctuaire est flanqué par la nouvelle basilique, élevée en partie selon le projet du Piémontais Antonio Felice De Vincenti. Entre la fin du 19e s. et 1907, année où le pape Pie X proclama la Vierge de Bonaria patronne de la Sardaigne, le chantier fut rouvert pour porter à son terme une église restée inachevée. Consacrée en 1926, la basilique présente un plan en croix latine et des formes caractéristiques du baroque piémontais. La façade à portiques est le fruit de travaux entrepris à la suite des bombardements de la Seconde Guerre mondiale; notez également les portes en bronze réalisées par le sculpteur Ernesto Lamagna.

À proximité Carte du Golfo di Cagliari p. 126-127

Parco di Monte Urpinu

À 4 km à l'est de la piazza Yenne. Du sanctuaire de Bonaria (à 1,5 km à l'est), suivez la via Milano puis le viale della Pineta vers la gauche (à pied, on pourra couper par la via Messina) et, enfin, le viale Europa.

Il s'agit du poumon vert de Cagliari, aménagé à la fin du 19e s. là où, avant, il n'y avait qu'une nature sauvage. La route en balcon qui permet de le rejoindre offre de beaux points de vue sur les quartiers Villanova et Castello, à l'ouest, et sur le Golfo di Quartu, le Monte Elia, l'étang de Molentargius et les marais salants à l'est.

Monte Sant'Elia

À 4,5 km au sud-est du port.

Belle destination de promenade, la colline de Sant'Elia n'est accessible que par les voies surélevées qui, dépassant la zone industrielle portuaire, le stade de football et le Palazzetto dello Sport, conduisent au-delà de la banlieue sud-est de Cagliari. Au pied de la colline, le **Borgo Sant'Elia** forme comme un appendice de la ville tourné vers la mer; c'est la « porte d'entrée » en Sardaigne pour ceux qui arrivent du large.

La basilique de la Vierge de Bonaria, patronne des marins.
Photoant/Fotolia.com

Sur le grand marché du dimanche matin, organisé en bord de mer, les étals débordent de toutes sortes de produits, des fromages aux légumes en passant par l'habillement… Le marché au poisson et aux crustacés, qui fait la renommée de l'endroit, rappelle les origines de cet ancien quartier de pêcheurs.

Le marché est installé à côté du lazaret piémontais où l'on entassait les équipages des navires en quarantaine. Restauré en 1935, le **Lazzaretto** a été transformé en centre culturel *(via dei Navigatori - ✆ 070 383 80 85 - www.lazzarettodicagliari.it - tlj sf lun. 9h-13h, 16h-20h).*

Non loin de là part un sentier conduisant au **Monte Sant'Elia** (138 m d'altitude), dont les deux sommets sont séparés par une dépression appelée la « selle du diable ». On y a retrouvé des traces d'habitations remontant au néolithique, aux temps nuragiques et à l'âge du fer (le site archéologique de la Grotta di Colombo n'est accessible que par la mer).

Du phare et du **Forte di Sant'Ignazio**, une forteresse en ruine, on bénéficie d'un beau **panorama★** vers l'ouest, particulièrement photogénique lorsque le soleil couchant colore la lagune de Santa Gilla et les hauteurs du Sulcis.

Deux tours, l'une pisane et l'autre espagnole, veillent sur le large. La **Torre Sant'Elia** offre un magnifique point de vue, surtout à l'aube, sur le Golfo di Quartu et la plage du Poetto *(voir ci-dessous).*

Il Poetto

À 8 km à l'est du centre de Cagliari - au départ de la piazza Mazzini, bus PQ ou PF.

Les établissements balnéaires s'alignent le long de la plage préférée des habitants de Cagliari. Son nom dérive du catalan *poeht* (puits), appellation que donnaient les Espagnols à la citerne qui se trouve à côté de la Torre Sant'Elia. Cette longue langue de terre, encore peu lotie, sépare les étangs de l'intérieur et le Golfo degli Angeli. On y respire l'authenticité, dans un mélange de vie mondaine et populaire – même si Il Poetto commence à changer d'allure. Pour apprécier pleinement le lieu, il faut venir profiter de la brise marine par les chaudes soirées d'été ou s'offrir un dîner de poisson frais dans l'un des innombrables petits kiosques. L'endroit se prête à une plaisante promenade nocturne.

★ Parco naturale regionale Molentargius-Saline

À l'est de Cagliari, derrière la plage du Poetto ; accès par la via La Palma quand on vient de Cagliari, ou par la via Don Giordi et la via della Musica quand on vient de Quartu Sant'Elena.

070 379 192 01 - www.parconaturalemolentargius.it - de 8h au coucher du soleil. Possibilité de visite guidée en autobus, en vélo, en bateau et à pied ; location de vélos.

Connus depuis l'époque des Phéniciens, les marais salants de Molentargius formèrent jusqu'en 1985 l'un des gisements les plus riches de Sardaigne ; le mot sarde *molenti* désigne les ânes qui en assuraient le transport. Il n'y a plus de paludiers aujourd'hui et seuls les édifices Liberty de l'exploitation – le palais de la direction, les ateliers et les entrepôts, l'Opera Nazionale Dopolavoro où se retrouvaient les sauniers et l'église Santissimo Nome di Maria – témoignent de l'activité passée.

La création du parc naturel en 1999 a permis de préserver l'écosystème du lac. Divisé en deux bassins par la plaine de Las Arenas, l'étang conserve l'eau douce dans la Bellarosa Minore et retient l'eau salée dans la Bellarosa Maggiore. Les bassins attirent hérons, aigrettes garzettes et talèves sultanes, mais aussi cormorans, goélands d'Audouin et goélands railleurs, qui apprécient les eaux salines. Grands favoris des visiteurs, les flamants roses semblent avoir trouvé ici leur habitat idéal et viennent sur l'étang pour nidifier. L'envol de *sa genti arrubi*, « le peuple rouge », comme l'appellent les Sardes, offre un spectacle unique. Le printemps et l'automne sont les saisons les plus propices à l'observation ornithologique (env. 170 espèces).

Vous aurez la plus belle vue d'ensemble sur les marais salants depuis le Parco di Monte Urpinu *(voir p. 116)*.

Quartu Sant'Elena

À 10 km à l'est de Cagliari. Quittez Cagliari par la via Guglielmo Marconi qui conduit au centre de Quartu ; du centre de la plage du Poetto (2,5 km), empruntez le viale Cristoforo Colombo vers le nord.

Aux portes de Cagliari, Quartu Sant'Elena est la troisième commune la plus peuplée de Sardaigne, devant Olbia, avec plus de 70 000 habitants. Jusque dans les années 1960, elle n'était pourtant qu'un gros bourg agricole vivant des activités liées à l'extraction du sel et à l'artisanat. La cité doit son nom à la **basilica Sant'Elena Imperatrice** (*via Armando Diaz 2*) dédiée à l'impératrice romaine Hélène, mère de Constantin et patronne de la ville.

QUARTU, REINE DU PAIN ET DES GÂTEAUX SARDES

La cité de Quartu Sant'Elena s'est fait une spécialité du pain et des gâteaux *(dolci sardi)*, sculptés ici en de véritables chefs-d'œuvre *(voir « Nos adresses à Cagliari », p. 121)*. Guirlandes de fleurs, petits oiseaux, sarments ornent ainsi *su pani de is sposus*, le « pain des mariés », tandis que la pâte d'amande prend les formes les plus inattendues : petits vases, paniers, chaussures, bottes et même modèle réduit de cathédrale ou autels gigantesques. Durant la **Festa di San Giovanni**, fin juillet, on porte en procession ces savoureuses sculptures ; suit le cortège des chars décorés où se trouvent des femmes en costume traditionnel parées de somptueux bijoux en filigrane.

La **chiesa di Santa Maria** (12e s.) dresse son mur-clocher à créneaux sur la place du même nom. De l'autre côté de la piazza Sant'Efisio, vous verrez le **Palazzo Todde**, une maison de maître sise sur la via Vittorio Emanuele, avec ses fenêtres aux décorations élaborées et sa loggia supérieure.
Au centre-ville, dans le quartier **Cepola** surtout, vous verrez encore de nombreuses constructions en *ladiri*, des briques de terre crue mêlant boue et paille et séchées au soleil. Ces matériaux pauvres ont trouvé entre les mains des habiles maçons de Quartu un emploi précieux; aujourd'hui, ils ont les faveurs des spécialistes de l'écologie et sont utilisés pour construire des maisons fraîches en été et chaudes en hiver.

Selargius

À 10 km au nord-est de Cagliari.
Ancien bourg agricole reconverti dans la fabrication de meubles, la petite ville s'est bâtie sur le site préhistorique de Su Coddu, où l'on a exhumé de nombreux objets remontant au néolithique; ces trouvailles devraient former la collection du futur musée archéologique, en préparation dans l'ancien **Carcere Aragonese**, la prison des marquis de Quirra au 17e s.
Selargius ne conserve qu'un petit nombre de ces *domus* rurales typiques en *ladiri (voir « Quartu Sant'Elena », ci-dessus)*; elles se concentrent surtout entre la via Roma et la piazza Si'e Boi.
Au nord de la via San Martino, la coupole de la **chiesa parrocchiale dell'Assunta** rivalise de hauteur avec la cheminée en briques rouges d'une ancienne fabrique de liqueurs.
Non loin, la **chiesa di San Giuliano★**, érigée aux 12e et 13e s., est un petit bijou d'architecture romane. Ses colonnes proviennent d'un édifice d'époque romaine. En septembre, elle accueille la cérémonie de clôture du *Matrimonio selargino*, un ancien rite nuptial en costume traditionnel comptant parmi les célébrations les plus pittoresques de l'île.

Monserrato

À 7 km au nord-est de Cagliari.
Ni les enfants ni les amoureux des trains d'antan ne manqueront Monserrato.
Museo delle Ferrovie della Sardegna – *Via Pompeo - ✆ 070 580 246 - fermé pour restauration lors de la rédaction de ce guide.* Il rassemble des locomotives à vapeur et des carrosses. Des maquettes et des dioramas font revivre l'histoire du chemin de fer en Sardaigne à la fin du 19e s.
Is Mascareddas – *Théâtre et laboratoire - Via XXXI Marzo 1943 20 - ✆ 070 583 97 42 ou 070 577 91 43 - www.ismascareddas.it.* Tout à fait original, l'atelier de cette compagnie théâtrale occupe une vieille demeure rurale à la cour ombragée de citronniers. Sa belle bibliothèque comprend plus de 3 500 volumes et 1 200 documentaires sur le théâtre d'animation.
Vous pourrez visiter le laboratoire où l'on fabrique pantins et marionnettes, un peuple de bois et de chiffons inspiré par les personnages de deux artistes sardes des années 1920, Eugenio Tavolara et Tosino Anfossi, et de leur maître Fortunato Depero (1892-1960), un créateur exceptionnel. Ces marionnettes très particulières, au caractère singulier, figurent les personnages de la vie rurale – bergers, fermiers, villageoises – qu'ils montrent tour à tour dans leurs occupations quotidiennes et dans les grandes heures de la vie sociale comme les processions ou les fêtes. Une visite à ne pas manquer!

Circuits conseillés

★ DE CAGLIARI À VILLASIMIUS Carte du Golfo di Cagliari

Circuit de 50 km, de Cagliari à Villasimius, tracé en vert sur la carte p. 126-127 – Comptez 2h, sans les pauses baignade, mais en prenant votre temps. Circuit sinueux mais sans difficulté. Quittez Cagliari par le sud (viale Poetto), longez les marais salants (viale Lungo Saline, viale Lungomare del Golfo) en passant derrière les infrastructures de la plage du Poetto, puis empruntez la SP 17.

Malgré leur densité, les constructions à vocation touristique s'intègrent relativement bien au paysage. Dès les plages du **Poetto** et de **Quartu Sant'Elena** *(voir p. 118)*, le parcours offre de belles échappées sur le littoral et la mer.

★ Is Mortorius

À 17 km du Poetto.

Peu après Capitana, du sommet du promontoire **Is Mortorius**, la vue embrasse tout le Golfo di Cagliari avec, en toile de fond, les montagnes du Sulcis. La plage en contrebas invite à une pause baignade.

Reprenez la SP 17 sur un peu plus de 3 km.

Cala Regina

Plus intimiste, nichée entre la route et une tour du 16e s., cette superbe petite crique ombragée par les eucalyptus et les pins se prête bien au snorkeling.

★★ Mari Pintau

Épargnée de toute construction en béton, cette magnifique plage, située à 2,7 km de Cala Regina et un peu avant Geremeas, s'étire dans une grande anse de sable et de gravillons clairs au nom explicite de « mer peinte ». Son entrée est signalée par quelques jolis pins alignés face à la mer.

★ Capo Boi

Passé les innombrables maisonnettes de vacances de Geremeas, Torre delle Stelle et Solanas, vous reconnaîtrez le promontoire de Capo Boi à sa tour conique du 17e s. Un **panorama**★★ impressionnant couvre le Golfo di Carbonara, des dunes de Porto sa Ruxi jusqu'à l'Isola dei Cavoli, en passant par les plages de Campus et Campu Longu, le port de plaisance de Villasimius et la péninsule où étincelle au soleil le Stagno Notteri.

Un chemin (non ombragé) permet de faire le tour du cap en 45mn env. et d'apprécier les différents points de vue.

Passé le Capo Boi, vous entrez dans la commune de Villasimius (voir p. 124).

DE MONASTIR À SANLURI Carte de région

Circuit d'env. 150 km, de Cagliari à Sanluri via Barumini, tracé en rouge sur la carte de région (p. 96-97) – Comptez 2h30 sans les visites. Voir p. 141.

NOS ADRESSES À CAGLIARI

TRANSPORTS

Avion

Aeroporto di Cagliari Elmas – *✆ 070 211 211 - www.sogaer.it.* Gare ferroviaire dans l'enceinte de l'aéroport *(www.trenitalia.com - trains ttes les h pour le centre - 7mn).*

Bateau

Tirrenia – *www.tirrenia.it.* Liaisons avec Arbatax, Naples, Palerme et Civitavecchia.

Bus urbains

CTM – *www.ctmcagliari.it - tarifs : 1,20 €/90mn, 3 €/j.*

Bus interurbains

ARST – *Piazza Mazzini (gare routière) - www.arst.sardegna.it.* Liaisons avec les principales villes sardes.

Turmotravel – *www. gruppoturmotravel.com.* Liaisons avec Olbia, Oristano, Nuoro, Palau, Arzachena et Santa Teresa Gallura.

Taxi

Cagliari Rossoblù *(✆ 070 66 55)*; **4 Mori** *(✆ 070 400 101).*

Train

Trenitalia – *www.trenitalia.com.* Liaisons avec Carbonia, Iglesias, Oristano, Macomer et Sassari.

VISITE

Trenino Cagliaritano – *Dép. piazza del Carmine - ✆ 070 655 549 - www.trenino.it - tlj (sf lun. en hiver), ttes les heures à partir de 10h (sf 13h-14h) - 8 €.* Visite commentée *(40mn, en français)* à bord d'un petit train touristique qui parcourt les rues de la vieille ville et longe les fortifications.

City Tour – *Piazza Yenne - www. citytourcagliari.com - 9h30-19h30 - 10 €.* Circuit multilingue *(1h)* en bus touristique à ciel ouvert pour découvrir les principaux monuments de la ville.

HÉBERGEMENT

PREMIER PRIX

Hostel Marina – A2 - *Scalette San Sepolcro 3 - ✆ 070 670 818 - www. hostelmarinacagliari.com - 35 ch. - 125 lits - 28 €/pers.* Bien située dans un immeuble doté d'une belle cour intérieure, cette auberge de jeunesse est propre et agréable.

B & B Rosso e Nero – A2 - *Via Savoia 6 - ✆ 070 656 673 - www. rossoenerobeb.it - 2 ch. - 64/70 €.* Cette adresse de charme propose deux confortables chambres, décorées avec goût, dont l'une est aménagée en mezzanine et l'autre est éclairée par deux grandes fenêtres à balcon (salle de bains privative séparée pour la seconde).

B & B Il Cagliarese – A2 - *Via Vittorio Porcile 19 - ✆ 339 654 40 83 - www.ilcagliarese.it - 3 ch. - 60/80 €.* En face du siège du Conseil régional, à deux pas du port. Deux de ses chambres, toutes confortables et sobrement décorées, disposent d'un balcon offrant un aperçu sur la mer. Petit-déjeuner remarquable, qui varie chaque matin (assiette salée, fruits, tartes), comprenant les excellents gâteaux de Tiziana, la sœur du propriétaire. Belle bibliothèque de thé, à disposition à toute heure.

B & B Il Melograno – Hors plan en dir. B1 - *Via Donizetti 38 - ✆ 070 498 592 - www. bbilmelograno.eu - P - fermé de mi-août à mi-sept. et de mi-déc. à mi-janv. - 2 ch. - 78 €.* Décoré avec goût, un B & B plein de caractère installé dans une belle villa des années 1930. Service informel mais courtois.

B & B Villa Cao – B1 - *Via Ottone Bacaredda 126 - ✆ 070 401 269 - www.villacao.it - P - 2 ch. - 80 €.* Cette maison entourée d'arbres, d'une roseraie et d'un jardin d'aromates méditerranéens constitue un havre de paix où l'on aime à se délasser dans un patio ombragé. L'intérieur, aménagé avec raffinement, comprend une bibliothèque fournie sur la Sardaigne.

B & B Antico Palazzo Crisaripa – A1 - *Via Canelles 104 - ✆ 347 923 02 87 (Sonia) - www.crisaripa.it - 3 ch. - 70 €.* Ce palais du 18e s. transformé en un chaleureux B & B a conservé ses poutres apparentes et plusieurs éléments de l'architecture d'origine.

POUR SE FAIRE PLAISIR

T Hotel – Hors plan en dir. B1 - *Via dei Giudicati 66 - ✆ 070 474 00 - www.thotel.it - P - 207 ch. - 120/170 €.* Design et style high-tech, jeux d'eau et de lumière, souci du moindre détail, confort à tous les niveaux : une atmosphère unique. Dans un gratte-ciel recouvert de panneaux de verre et offrant une vue magnifique sur la ville, cette adresse de luxe vous réserve des suites d'exception.
Élégant « bistrot », spa et salon de beauté.

RESTAURATION

PREMIER PRIX

Barceloneta – A2 - *Via Barcellona 62 - ✆ 348 013 06 80 - fermé le soir et lun. - 12/17 €.* Au cœur de la ville, petit restaurant de poisson frais à déguster dans une ambiance décontractée façon cantine : on commande et on vient chercher ses plats au comptoir, le tout servi dans des assiettes en plastique. Pas de terrasse, pas de vue, pas de service, ici tout se passe dans l'assiette : calamars frits, moules farcies, crevettes à l'ail, poulpe, *spaghetti alle vongole*, poissons grillés… Un vrai délice !

Mamma Mia Cagliari – B2 - *Via Lanusei 2 - ✆ 070 78 06 61 - 10/15 €.* À la fois bistrot et épicerie fine, cette adresse sent bon les produits frais. La grande ardoise affiche les plats du jour à consommer sur place ou à emporter. *Pizze* et *focacce* sont toujours bien garnies et les viandes bien grillées. En vente une sélection de produits gourmets.

BUDGET MOYEN

Ammentos – A1 - *Via Sassari 120 - ✆ 070 651 075 - 15/25 €.* Impossible de résister aux antipasti, déjà présentés sur chaque table ! Andrea et sa femme Graziella vous donneront un bel aperçu de la cuisine sarde, dans un cadre rustique typique.

Basilio – B1 - *Via Satta 112A - ✆ 070 480 330 - www.ristorantebasilio.com - fermé dim. soir et lun. - 20/30 €.* Depuis trois générations, cette adresse fait le bonheur des habitants de Cagliari. Cuisine régionale et napolitaine savoureuse, jolies tables et service attentionné. Agréable cour intérieure ombragée, agrémentée de plantes en pots.

Sa Domu Sarda – A1-2 - *Via Sassari 51 - ✆ 070 653 400 - 25/35 €.* Au cœur de la ville, une bonne adresse pour avoir un premier aperçu de la cuisine sarde traditionnelle. Accueil et décoration chaleureux.

Dal Corsaro – A2 - *Viale Regina Margherita 28 - ✆ 070 664 318 - fermé dim. et 1er-20 janv. - 45/55 €.* Dans le centre-ville, à quelques pas de la mer, tableaux, miroirs et estampes s'accordent pour composer un lieu à l'élégance sobre. En cuisine, le chef revisite la tradition sarde avec créativité.

POUR SE FAIRE PLAISIR

Pomata Restaurant – A2 - *Viale Regina Margherita 14 - ✆ 070 672 058 - www.luigipomata.com - fermé dim. - 35/55 €.* Le restaurant du chef étoilé Luigi Pomata revisite avec brio les classiques sardes. Le résultat est toujours parfait, que l'on choisisse la formule chic du restaurant ou celle plus décontractée (et économique) du bistrot.

PETITE PAUSE

Antico Caffè 1855 – *Piazza Costituzione 10/11 - ✆ 070 658 206 - www.anticocaffe1855.it.* Un café historique qui allie charme du passé et dynamisme d'un bar moderne, de l'aube à 2h du matin.

Caffè Tramer – *Piazza Martiri 11 - ✆ 070 652 828.* Minuscule, ce café n'a pas changé depuis 1857. Et la saveur de ses meringues fourrées non plus.

Café Libarium Nostrum – *Via Santa Croce 33/35 - ✆ 346 522 02 12 - www.caffelibarium.com - fermé lun. (sf l'été).* Une adresse agréable, élégante et très fréquentée, dotée d'une terrasse panoramique idéale pour siroter un cocktail ou un verre de vin en admirant le coucher du soleil.

Dulcis Pasticceria – *Via Baylle 25 - ✆ 070 674 043 - www.dulcispasticceria.it.* Salon de thé au décor charmant où déguster à toute heure des pâtisseries sardes finement préparées.

Gocce di Gelato e Cioccolato – *Piazza del Carmine 21 - ✆ 070 680 272 - fermé lun.* Parmi les meilleurs glaciers de la ville. La glace à la pistache de Sicile est un pur délice ! Le parc situé juste en face offre un cadre idéal à la dégustation.

Il Gelato – *Corso Vittorio Emanuele 244 - ✆ 070 684 646 - fermé lun.* Petit mais réputé, l'établissement propose des glaces aux parfums aussi insolites que délicieux, tels que piment, figue de barbarie ou sauge. Repaire d'amateurs.

ACHATS

Bon à savoir – Boutiques tendance et galeries d'art s'affichent via Sulis et via San Domenico (quartier Villanova), tandis que les grandes enseignes s'alignent via Garibaldi et via Manno. Les antiquaires se nichent dans les ruelles de Castello.

Galinanoa – *Via Baylle 71- ✆ 070 756 35 43.* Une très belle sélection d'objets d'artisanat sarde où design et tradition se marient avec style. Céramique, vannerie et tissus d'ameublement.

Mercato Comunale San Benedetto – *Via Cocco Ortu - 7h-13h.* Haut en couleur, le marché historique de Cagliari mérite bien une visite. Au rez-de-chaussée poissons et crustacés, à l'étage fruits, légumes et boucherie.

Sorelle Piccioni – *Viale Marconi 312 - Quartu Sant'Elena - ✆ 070 810 112 - fermé lun.* Réputées dans toute la région, les sœurs Piccioni concoctent de superbes gâteaux, aussi agréables à regarder qu'à déguster.

EN SOIRÉE

Lido Disco Beach – *Lungomare Poetto - ✆ 333 954 14 89 - avr.-oct. 8h-3h.* La boîte de nuit la plus célèbre de Cagliari.

AGENDA

Semaine sainte – Introduites sur l'île au 17e s., les cérémonies célébrant la Passion et la mort du Christ rappellent les traditions espagnoles.

Fête de Sant'Efisio – À partir du 1er mai. Somptueuse procession en costumes *(voir p. 42 et 109)*.

Villasimius

★★

3 654 habitants

De Cagliari à Villasimius, la route en corniche longe un littoral couvert de pins et d'eucalyptus, où se succèdent plages de rochers et de sable, tours de guet et stations balnéaires. Tout au sud, le Capo Carbonara marque l'extrême pointe des terres. Gardienne de ce magnifique environnement, Villasimius, l'ancien bourg de pêcheurs, est depuis les années 1960 devenue un lieu de villégiature fort prisé par les Cagliaritains.

NOS ADRESSES PAGE 129
Hébergement, restauration, achats, activités, etc.

S'INFORMER
Office de tourisme - *Piazza Giovanni XXIII* - *070 79 30 271* - *www.villasimiusweb.com.*

SE REPÉRER
Carte de région C3 (p. 96-97) – Carte du Golfo di Cagliari, Villasimius et la Costa Rei (p. 126-127)
Située à une cinquantaine de kilomètres de Cagliari, Villasimius occupe la pointe sud-est de l'île et s'étend sur la rive occidentale du Rio Foxi, qui se jette dans le Golfo di Carbonara.

À NE PAS MANQUER
Les superbes plages de Villasimius ; un tour en bateau dans l'Area marina protetta di Capo Carbonara.

ORGANISER SON TEMPS
Comptez une demi-journée pour effectuer le parcours sans vous presser, et au moins 2 jours si vous voulez vous baigner ou faire un tour en bateau.

Se promener

LE VILLAGE

Le petit village de pêcheurs de Carbonaria, rebaptisé Villasimius en 1862, s'est mué depuis quelques dizaines d'années en une station balnéaire plaisante et très fréquentée.

Vue plongeante sur la plage de Porto Giunco, à l'est du Capo Carbonara, et le Stagno Notteri.
R. Spila / Sime / Photononstop

Museo Archeologico

Via Frau 5 - ✆ 070 793 02 91 - www.villasimiusweb.com - de mi-juin à mi-sept. : mar.-dim. 8h-13h, 16h-18h ; reste de l'année : mar.-jeu. 10h-13h, vend.-dim. 10h-13h, 17h-19h - visite guidée sur RV - 3 €.

Couvrant les périodes nuragique, phénicienne, punique, romaine et médiévale, le musée, installé dans une demeure du 19e s., conserve des objets retrouvés lors des fouilles effectuées dans la région. Il renferme d'intéressantes trouvailles d'archéologie sous-marine, comme l'épave de l'Isola dei Cavoli.

1

Circuit conseillé

★★ LE LITTORAL DE VILLASIMIUS Carte du Golfo di Cagliari

▷ *Circuit reprenant, à partir du Capo Boi jusqu'à Punta Molentis, l'itinéraire « De Cagliari à Villasimius » tracé sur la carte du Golfo di Cagliari, Villasimius et la Costa Rei (p. 126-127), et sur la carte de région (p. 96-97).*

Villasimius est réputée pour ses belles plages, toutes différentes, qui se succèdent de part et d'autre du cap Carbonara *(elles sont décrites ci-après d'ouest en est, à partir du Capo Boi)*.

★ Porto Sa Ruxi

Dans la descente qui conduit vers Villasimius après le Cabo Boi, tournez à droite au panneau « Via Abruzzo ».

Cette longue plage de sable fin et blanc est agréablement bordée de genévriers. Attention, Porto sa Ruxi est exposée aux vents.

★ Piscadeddus

Dissimulée depuis la route par de petites falaises, cette charmante plage de sable est enserrée dans les rochers et assez peu fréquentée.

Campus et Campulongu

Campus (sable fin et gravillons) et Campulongu (sable fin et coquillages) sont bien équipées et permettent idéalement la pratique du surf, étant fort battues par les vents. Entre les deux se cache la petite plage de Cuccureddus, enserrée entre les rochers.

Spiaggia del Riso

La « plage du Riz » possède un sable plus grossier que les deux précédentes ; vous l'atteindrez en suivant la route qui mène au port.

Fortezza Vecchia

Au sud-ouest du petit port de plaisance - ✆ 070 79 30 232 - www.villasimiusweb.com - juin-sept. ; reste de l'année : visite seult sur RV - 3 €.

La première forteresse remonterait au 14e s. Elle fut agrandie par les Espagnols vers la fin du 16e s., lorsque l'on entreprit de fortifier le littoral pour lutter contre les débarquements de pirates turcs. La Fortezza Vecchia maintenait le contact visuel avec la Torre San Luigi, sur l'Isola Serpentara (à l'est du promontoire), la Torre di Porto Giunco et celles de l'Isola dei Cavoli (au sud) et du Capo Boi (à l'ouest).

Proche de la forteresse mais relativement peu fréquentée, **Cala Tramazzu**, avec son sable fin et blanc et son fond bas, convient parfaitement aux enfants.

★ Cala Caterina

Située sur la route du cap Carbonara, bien au-delà du petit port, cette agréable crique forme une plage de sable blanc en demi-lune encadrée de rochers ; ses eaux cachent une épave de la Seconde Guerre mondiale.

Capo Carbonara

Le cap marque l'extrémité méridionale du promontoire. Toute la région a longtemps vécu d'une intense exploitation du charbon de bois *(carbone)*, d'où son nom. Ses côtes, qui font aujourd'hui le bonheur des vacanciers, constituaient des lieux stratégiques pour le contrôle du trafic maritime ; en témoignent les nombreuses tours médiévales, souvent construites sur les restes de *nuraghi*.

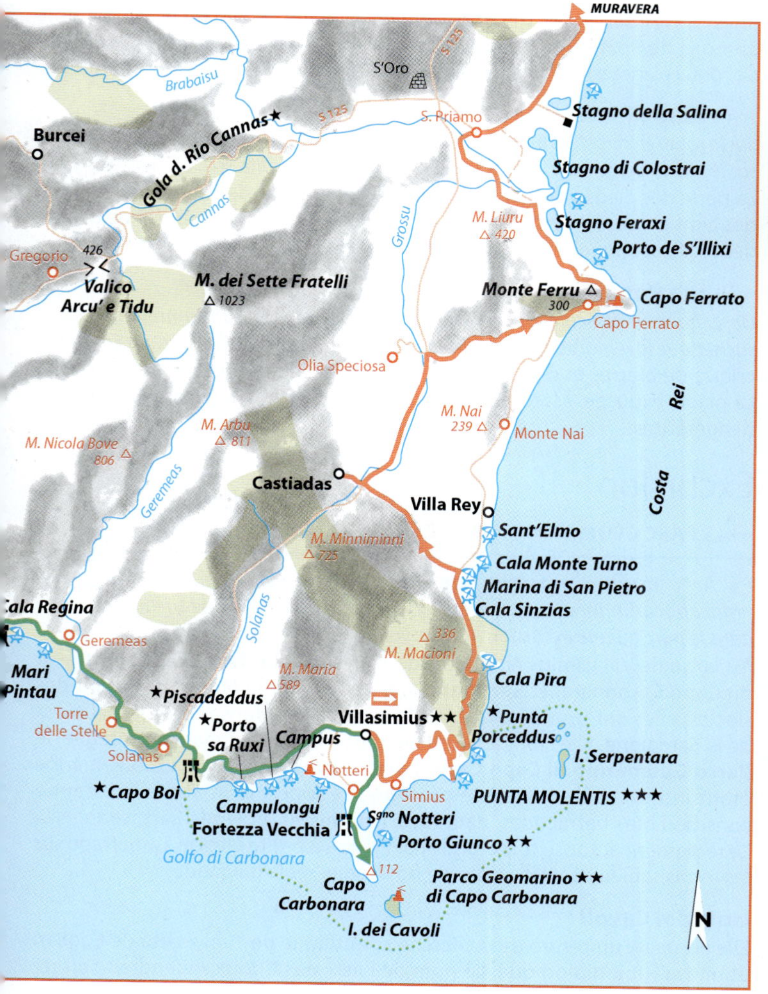

1

★ Usai
Mer sauvage et profonde pour cette plage située sur le versant oriental *(parking au rond-point belvédère, après le port).*

★★ Stagno Notteri
Seule une étroite bande de sable fin sépare de la mer cet étang de 34 ha, dont la profondeur ne dépasse pas 50 cm. N'ayant ni rivière pour l'alimenter ni débouché sur la mer, son niveau dépend avant tout des pluies. Celles-ci déterminent également le degré de salinité de l'eau, qui conditionne à son tour la présence, plus ou moins importante, des flamants roses en hiver.

★★ Porto Giunco et Notteri
À proximité, au pied de la tour sarrasine, se découpe **Porto Giunco★★**, l'une des plus belles plages de Villasimius, avec son sable blanc d'une extrême finesse. Très belle mais toujours bondée, la plage de **Notteri★**, qui s'étend au nord de Porto Giunco, possède des eaux chaudes et peu profondes. Ces deux plages servent souvent de toile de fond pour le cinéma et la publicité.

★★★ Punta Molentis
Sur la route en direction de la Costa Rei. Suivez les indications pour l'hôtel Oleandro sur le chemin à gauche, puis tournez tout de suite à droite (via Rio Trottu).
La perle des plages de Villasimius sert régulièrement de cadre pour tourner des films censés se dérouler dans les Caraïbes : un rêve de sable et de galets, des récifs exotiques et une eau sensationnelle.

★ Punta Porceddus
Descendez en véhicule tout-terrain ou à pied. Emportez suffisamment d'eau et sachez que la remontée sera vraiment dure! En face de l'île de Serpentara, cette crique de pierres et de gravillons entourée de maquis est restée sauvage. La plage, exposée, est fortement ventée et les hautes vagues y sont parfois dangereuses.

Excursion

★★ LE PARC GÉOMARIN ET SES ÎLES

Area marina protetta Capo Carbonara – ✆ 070 790 234 - www.ampcapocarbonara.it - lun., merc. et vend. 11h-12h. Pour une sortie en bateau dans le parc ou une excursion guidée, voir p. 131.
Au large de Villasimius émergent deux îles, l'**Isola dei Cavoli**, au sud-est du Capo Carbonara, et **Serpentara**, à l'est de Punta Molentis. Durant des siècles, elles ont présidé à la surveillance et à la défense des côtes sud-est de la Sardaigne. Elles font aujourd'hui partie d'une aire marine protégée, le **Parco Geomarino di Capo Carbonara**. La pêche et la chasse sous-marine étant interdites dans la zone protégée, le fond marin abrite une faune considérable : barracudas, daurades, langoustes, polypes, sars, sérioles… Le règlement autorise toutefois la navigation à petite vitesse, l'amarrage sur les fonds sableux où il n'y a pas de posidonies, et la baignade.

Isola dei Cavoli
Elle accueille un centre de recherche scientifique de l'université de Cagliari et une station biologique. Le nom de l'île « des Choux » viendrait soit de *cavuru* (« crabe » en sarde), soit d'une espèce végétale sauvage endémique de l'île. Cette dernière est couverte de maquis méditerranéen et son littoral

se découpe en de minuscules criques que frange une couronne de récifs. De l'anse la plus importante, au sud, part une belle excursion botanique organisée par le parc pour observer, entre autres, l'attrape-mouche, une plante carnivore endémique. Appréciée des cormorans huppés, l'île est aussi l'un des lieux de nidification du faucon pèlerin et des puffins cendrés.
Le phare de l'île, haut de 40 m, englobe une tour espagnole de la fin du 16e s. que défendaient quatre gros canons. Avec un simple masque et un tuba, vous pourrez voir la statue de la **Madonna del naufrago** *(voir p. 131)*, œuvre du sculpteur Pinuccio Sciola.

Serpentara

La petite île serpentiforme se compose d'un ensemble de rochers et de récifs qui, comme les îlots granitiques Variglioni au nord, forment des piscines naturelles où l'on prend plaisir à plonger. De la tour de San Luigi, on peut admirer tout le littoral de Villasimius ; de petits groupes de dauphins viennent parfois nager dans les environs.

NOS ADRESSES À VILLASIMIUS

TRANSPORTS

Bus

Bus urbains et interurbains – ARST - *www.arst.sardegna.it.* Liaisons avec Cagliari, Costa Rei, Villaputzu.

Location de scooter

Edilrent Simius - *Via Roma 77 - ✆ 070 792 80 37.*
La Via del Mare - *Via Umberto I 122 - ✆ 070 791 009.*
Travel Bus - *✆ 070 254 80 26 - www.travelbus.net.*

HÉBERGEMENT

BUDGET MOYEN

Affitacamere Da Angela – *Via Fiume 36 - ✆ 070 791 623 - www.affittacameredaangela.it - 6 ch. et 2 appart. 80/120 €.* À deux pas de la rue principale de Villasimius, Angela propose des chambres et des appartements simples et bien tenus, dont trois avec balcon. Parasols et serviettes de plage à disposition (vélo également, sur réservation). L'une des rares adresses ouvertes toute l'année.

Hotel Ristorante Stella d'Oro – *Via Vittorio Emanuele 25 - ✆ 070 79 12 55 - www.hotellastelladoro.com - 27 ch. 80/120 € - repas 24/35 €.* Dans le centre de Villasimius, un hôtel qui ne manque pas de cachet. Coquettes et très confortables, les chambres mériteraient presque une troisième étoile. Le restaurant sert une savoureuse cuisine régionale dans le joli patio fleuri.

POUR SE FAIRE PLAISIR

Hôtel Il Girasole – *Via Masaccio 6 - ✆ 070 791 496 - www.ilgirasolehotel.com - fermé nov.-mars - 8 ch. 120/150 €.* Situé dans un quartier résidentiel, le petit hôtel couleur agrumes d'Antonella ravira les voyageurs recherchant le calme. Chambres spacieuses disposant chacune d'un grand balcon. Le patron ne manque pas d'attentions pour ses hôtes. Petit-déjeuner servi en terrasse. Garage à moto.

UNE FOLIE

Pullmann Timi Ama – *Via dei Ginepri 3 - ✆ 070 79 791 - www.accorhotels.com - 🏊 - 275 ch. à partir de 160 €.* De loin le premier du classement parmi les hôtels de Villasimius et certainement l'une des meilleures adresses de Sardaigne. Chambres d'une élégante sobriété, buffet varié

1

chaque soir, plage merveilleuse, centre bien-être, service impeccable.

Simius Playa – *Via del Mare 77 - ✆ 070 793 11 - www.simiusplaya.com - fermé nov.-mars - 47 ch. et 2 suites, à partir de 140/380 €.* Situé au bout d'une route qui conduit à la mer, cet édifice à l'atmosphère sarde et mauresque est entouré d'un joli jardin fleuri. La carte du restaurant propose une cuisine élaborée et inventive, à déguster en été sur la terrasse.

À proximité

PREMIER PRIX

B & B Sa Guardia de Ferricci – *Via delle Primule (en dir. de la SS125) - Solanas - ✆ 333 245 93 29 - www.saguardia.com - 4 ch. 60/80 € - fermé nov.-fév.* Perchée au sommet d'une petite colline qui surplombe la vallée de Solanas, la charmante maison de Luca et Daniela, entourée d'oliviers et de chênes, est établie juste à côté d'un *nuraghe* (Sa Guardia) utilisé jusqu'au début du 20e s. par les pasteurs. Chambres simples, paisibles et joliment colorées.

RESTAURATION

PREMIER PRIX

Baccusardus – *Via del Mare 65 - ✆ 347 621 47 78 - www.baccusardus.com - fermé merc. - 10 €.* Ce petit bar à vin propose de belles assiettes de fromages et de charcuteries sardes. Nombreux vins de la région, vendus au verre. Les habitués s'y retrouvent le soir après la plage, à l'heure de l'apéro.

BUDGET MOYEN

Santa Maria – *Loc. Santa Maria (le long de la rte provinciale Villasimius/Cagliari, sur la gauche en sortant de Villasimius) - ✆ 070 790 205 - 25/35 €.* Un restaurant-pizzeria fréquenté par les locaux. Cuisine de la mer copieuse et large choix de *pizze*.

Hotel Ristorante Stella d'Oro – *Voir « Hébergement ».*

À proximité

BUDGET MOYEN

Da Barbara – *Strada provinciale per Villasimius 20 - Solanas - ✆ 070 750 630 - fermé merc. (sf juin-sept.) et oct. à mi-mars - 25/40 €.* Une institution régionale tenue par une famille passionnée de bonne cuisine : poisson d'une fraîcheur irréprochable, cuit au feu de bois. Réservation conseillée le soir.

PETITE PAUSE

Gelateria Chiccheria – *Via Vittorio Emanuele II 2 - ✆ 331 569 42 56.* Vaste choix de crèmes glacées et de sorbets gourmands, tous à base d'ingrédients très frais.

Pasticceria La Perla – *Via del Mare 104 - www.pasticcerialaperlavillasimius.com - ✆ 070 79 13 26.* D'exquises pâtisseries sardes, des petits-fours, des gâteaux et des brioches (à l'italienne) pour le petit-déjeuner. Coin cafétéria pour café et *cappuccini*.

ACHATS

Non Solo Coltelli – *Via Umberto I 88 - ✆ 340 550 22 81 ou 320 495 39 06.* Couteaux et autres produits de l'artisanat sarde (céramiques, filigranes d'argent).

Terry – *Via Umberto I 145 - ✆ 070 792 039 ou 333 112 44 93.* Le temple de l'artisanat textile sarde (beau linge de maison).

Il Capriccio d'Oro – *Via del Mare 21 - ✆ 070 79 13 24.* Des bijoux en corail et filigrane de grande qualité. Pour un souvenir de voyage « précieux ».

Quality Sardegna – *Via del Mare 40/42 - ✆ 070 790 452 ; Via Umberto I 45 - ✆ 070 791 400 - www.qualitysardegna.com.* Produits typiques de l'île, du pain *carasau* au thon de Carloforte, en passant par les *malloreddus*, les *culurgiones*, le *mirto* et les vins.

ACTIVITÉS

Bon à savoir – Villasimius offre de nombreuses possibilités pour des sorties en mer de qualité.

Archeodiving – *c/o Hotel Mariposas - Via Mar Nero 1 - ☎ 070 66 06 59 ou 338 382 99 31 (Roberto) - www.archeodiving.com.* Cours de plongée en apnée.

Cooperativa Sampey Mare Blu – *☎ 340 053 82 33 ou 340 851 52 45 ou 393 079 45 14 - www.sampeyvillasimius.it - dép. 10h, retour 16h30.* Excursions en bateau dans le parc du Capo Carbonara, autour de l'Isola dei Cavoli et parfois vers la Madonna del Naufrago *(voir « Agenda »)*.

Lega Navale Italiana – *Marina di Villasimius - ☎ 070 797 173 - www.leganavale.it.* Cours de voile et de biologie marine pour les enfants.

Pescaturismo di Carlo Portoghese – *Porto Spiaggia del Riso - ☎ 338 271 58 03 ou 333 677 33 65 - seult sur réserv.* Pêche sportive : excursion journalière, avec dîner à bord du *Sant'Angelo*, en compagnie de pêcheurs de profession depuis des générations.

Centro Turismo equestre Tanka c/o Tanka Village – *Loc. Tanka Elmas, Il Resort - Viale degli Oleandri 5 - ☎ 336 815 797 - www.atahotels.it - français parlé.* À deux pas de la plage : un complexe de luxe de très bon goût. Cours d'équitation, balades et poneys pour les enfants.

AGENDA

La Festa della Madonna del Naufrago – *3e sem. de juil.* Fête de la Vierge du Naufrage, dont les marins implorent la protection. En 1979, une statue a été déposée sur le fond marin de l'Isola dei Cavoli. Chaque année, un prêtre plongeur va déposer une couronne de fleurs à ses pieds. Une procession a lieu le samedi, suivie le dimanche d'une prière sous-marine puis d'une fête où l'on danse, chante et mange.

La Sagra di Santa Maria – *7-8 sept.* La statue de la Vierge est portée en procession jusqu'à l'église Santa Maria par un cortège en costumes traditionnels, comprenant les *traccas*, des chars ornés de fleurs et de fruits tirés par des bœufs. Danses traditionnelles au son des *launneddas*, flûtes construites en roseau.

La Costa Rei et le Gerrei

★

Plus sauvage que le littoral du golfe de Cagliari, la Costa Rei, bordée de pinèdes, s'étire dans une baie d'eau cristalline. Dans l'arrière-pays, le paysage se fait plus aride ; ici et là émergent quelques reliefs de granite. Les hauteurs capricieuses du Monte dei Sette Fratelli contrastent avec le Gerrei, une micro-région de hauts plateaux qui s'étend au nord-est de Cagliari, dont les verdoyantes vallées sont habitées depuis la préhistoire.

NOS ADRESSES PAGE 136
Hébergement, restauration, achats, activités, etc.

S'INFORMER

Ufficio Informazioni Turistiche Costa Rei – *Piazza Nostra Signora di Bonaria - ✆ 070 99 13 50 - www.aptcostarei.com, www.visitmuravera.it.*

SE REPÉRER

Carte de région BC1-3 (p. 96-97) – Carte du Golfo di Cagliari, Villasimius et la Costa Rei (p. 126-127). La **Costa Rei** forme une plaine littorale qui s'étend de Punta Molentis, au sud, à Capo Ferrato, au nord. Le **Gerrei**, une sous-région de hauts plateaux interrompus par de profondes vallées et sans débouché sur la mer, est limité à l'est par le Sarrabus, au sud par le Campidano, à l'ouest par la Trexenta et au nord par l'Ogliastra.

À NE PAS MANQUER

Le Parco archeologico di Pranu Muttedu, à Goni.

ORGANISER SON TEMPS

Les deux circuits peuvent s'enchaîner dans la journée, mais prévoyez plutôt 2 jours pour les apprécier davantage.

Circuits conseillés

★ LA COSTA REI Carte du Golfo di Cagliari, Villasimius et la Costa Rei

Circuit d'env. 47 km, de Villasimius à Muravera, tracé en orange sur la carte du Golfo di Cagliari, Villasimius et la Costa Rei (p. 126-127) – Comptez 1h de route, sans les arrêts. Quittez Villasimius par le sud-est (via del Mare) pour rejoindre Simius, puis empruntez vers le nord la SP 18, une route panoramique au tracé peu régulier.

★ Les plages

Sur une dizaine de kilomètres, de part et d'autre du **Monte Nai** (239 m), la Costa Rei, qui doit son nom au hameau homonyme **Villa Rey**, court de Punta Molentis, au sud, à Capo Ferrato (Portu Pirastu), au nord.

Sur le littoral – de plus en plus loti, hélas – se succèdent une guirlande de plages, dans un cadre sauvage de rochers et de végétation exubérante : genévriers séculaires, dunes, sable rosé et une tour espagnole pour **Cala Pira** ; eucalyptus et sable fin pour **Cala Sinzias**, protégée au sud par un promontoire ; trois kilomètres de sable doré pour la **Marina di San Pietro** ; grottes et mérous pour la **Cala Monte Turno**, près de **Sant'Elmo** ; sable, gravillons et rochers pour **Santa Giusta** avec, au milieu de l'anse, un aplat rocheux en forme de tortue.

Après Cala Sinzias, tournez vers l'ouest pour rejoindre Castiadas (8 km).

Plage de Cala Monte Turno, ancrée entre Punta Molentis et la Costa Rei.
Slow Images / Photolibrary / Getty Images

Castiadas

Située à l'est du Monte dei Sette Fratelli (1 023 m), la région de Castiadas fut abandonnée à la suite d'épidémies de malaria et de peste, à la fin du 16e s. Au milieu du 19e s., le gouvernement italien décida d'y installer un bagne agricole ; c'est en partie à la sueur de ses prisonniers que la contrée a été assainie.
Museo del Territorio – *Loc. Praidis - ✆ 070 994 503 19 - juin-oct. : 9h-13h, 16h-19h30, 20h-23h30 - 3 €.* Installé dans l'ex-institut pénitentiaire construit en 1877, il retrace l'histoire des lieux. Une partie des salles commente les traditions anciennes de la région.

Le Monte dei Sette Fratelli

Culminant à 1 023 m, la « montagne des sept frères » se prête à de belles randonnées, tout comme la **Foresta di Minniminni** *(suivez les indications pour San Pietro)*. Le long du parcours qui conduit au sommet de la forêt (725 m) poussent deux grands pins parasols : le premier a été planté à l'arrivée des forçats, le second quand ils sont partis, en 1952.
On a de là-haut un magnifique panorama sur Villasimius, le littoral et les hauteurs du Monte dei Sette Fratelli.
De Castiadas, empruntez la SS 125 vers le nord jusqu'à Olia Speciosa, d'où part la SP 19, qui conduit à l'est au Capo Ferrato (10 km).

Capo Ferrato

Le cap se trouve à l'est du petit bourg rural de Capo Ferrato. Du phare, vous aurez un beau **panorama** sur la Costa Rei au sud et le littoral de Muravera au nord.
En revenant sur vos pas depuis le phare, un chemin de terre en bon état *(sur la droite au premier croisement)* rejoint la côte, longe la petite anse abritée de **Cala sa Figu** et conduit à **Portu de S'Illixi**. L'accès étant plutôt difficile, l'endroit a conservé son caractère sauvage ; les sorties avec masque et tuba y sont fort plaisantes.

La **forêt de Capo Ferrato**, le long du rivage, permet de belles promenades.
Pour rejoindre San Priamo, à 17 km au nord-ouest de Capo Ferrato, suivez la route qui longe à l'ouest le Stagno Feraxi. Si vous ne passez pas par Portu de S'Illixi, du phare, rejoignez le groupe de maisons de Capo Ferrato d'où part, sur la droite, la route pour San Priamo. Arrivé là, tournez vers l'est pour suivre la route panoramique qui conduit à Muravera (12 km).

La corniche des étangs

La route offre de belles vues sur les étangs qui se succèdent du sud au nord – **Feraxi**, **Colostrai** et **Salina** – et sur leurs plages, toutes bien équipées. En hiver, l'étang de Colostrai accueille des colonies de flamants roses.

Muravera

Gros bourg de tradition agricole (plantations, élevage ovin) et de pêche lacustre (San Giovanni, au sud) désormais reconverti dans le tourisme, Muravera se trouve dans la plaine alluviale du Flumendosa. Chaque année, à la fin du mois de mars, on y fête les juteux **agrumes** de la région, dont l'excellente *Arangiu de Murera* a fait la réputation.
Dans la partie ancienne du village, l'église paroissiale est dédiée à **San Nicola di Bari** ; construite entre le 15e et le 16e s., elle a subi de nombreux remaniements, dont témoignent ses formes.
Au sud de Muravera se trouvent des **alignements de menhirs** (Scalas et Cuile Piras).

★ LE GERREI Carte de région

Circuit d'env. 110 km, tracé en violet sur la carte de région (p. 96-97) – Comptez plus de 2h d'une route montagneuse assez fatigante. Sortez de Muravera au nord-ouest par la via Roma et prenez la SS 125 jusqu'à la bifurcation ; la route partant sur la gauche conduit à San Vito (4,5 km). Env. 2 km avant le village, prenez à gauche vers la mine du Monte Narba (accès difficile, par un chemin de terre très accidenté).

Miniera di Monte Narba C2

Exploitée depuis le milieu du 18e s. par Carlo Gustavo Mandel, consul de Suède, cette mine de plomb et de zinc fut cédée vers le milieu du 19e s. à la Società Lanusei, dont le monogramme SL figure au-dessus de l'entrée de Villa Madama, la résidence du directeur de la mine. Le village, construit en 1863, comprenait un hôpital et toutes les infrastructures nécessaires au traitement du minerai.
Revenez sur vos pas pour rejoindre San Vito.

San Vito C2

Entouré de forêts de chênes et de chênes verts, au pied du Monte Lora, une formation calcaire faisant penser à une femme endormie, le bourg remonte à la fin du 15e s. Caractéristiques de l'architecture régionale, les maisons sont dotées de portails en bois et de patios. Des sept églises du village et des alentours, **San Lussorio**, d'origine médiévale, est la plus intéressante. Pour la fête patronale, en juin, l'église paroissiale **San Vito** (18e s.) marque le départ d'une procession de *traccas*, des chars traditionnels ornés. Après les célébrations religieuses, des groupes folkloriques dansent au son des *launeddas*, les flûtes sardes. Le premier jour du mois d'août, on célèbre *Sa prazzira*, une savoureuse pizza locale.
Quittez San Vito au nord-est et empruntez la SS 387 qui longe le Flumendosa. À la hauteur de la Cantoniera Lundra, prenez sur la gauche la tortueuse SP 28 pour rejoindre Armungia (à 24 km de San Vito).

★ Armungia C1

Guichet unique des musées situé près du Musée ethnographique - ✆ 070 958 90 11 - www.armungiamusei.it - se rens. sur le site pour les horaires - nuraghe 1,50 € ; musée et nuraghe ou maison natale et nuraghe 3,50 € ; billet combiné pour tous les musées 6 €. La visite guidée (en français), incluse dans le prix du billet, comprend le centre historique, le nuraghe, le musée, l'atelier du forgeron et la maison natale d'Emilio Lussu.

Situé sur une colline, à 366 m d'altitude, le petit bourg d'Armungia, apprécié des marcheurs, est entouré de maquis et de bois. Le **panorama★★** sur la vallée du Flumendosa est de toute beauté. La partie ancienne du village s'est formée autour d'un **nuraghe** (illuminé le soir), daté des 15e-14e s. av. J.-C. L'habitat en schiste, de caractère rural, montre souvent une cour intérieure que bordent une étable, un ou plusieurs entrepôts et un four rond.

Vous découvrirez la culture des paysans du Gerrei au travers de la **Bottega del fabbro** (l'atelier du forgeron), de la maison natale de l'écrivain et politicien Emilio Lussu (1890-1975) et du **Museo Etnografico « Sa domu de is Ainas »** (« La maison des outils »), qui conserve quelque 600 pièces.

Revenez sur la SP 28 ; à la bifurcation (presque en face du fleuve), prenez à gauche jusqu'au croisement avec la SS 387 que vous suivrez en direction de Ballao, installée dans une boucle du fleuve. Poursuivez sur la SP 22 vers le nord (direction Escalaplano) sur 15 km ; à l'intersection avec la SP 23, prenez à gauche pour Goni (à 24 km d'Armungia).

1

★ Goni B1

Particulièrement sinueuse, la route conduisant à Goni, un village pratiquant la vannerie et l'artisanat du liège, traverse des paysages plantés de chênes et de chênes verts. Curiosité pour les géologues, on trouve à la périphérie du bourg un graptolite, fossile assez rare de colonies de micro-organismes remontant au paléozoïque.

★★ **Parco archeologico di Pranu Muttedu** – *à 3 km à l'ouest de Goni, au km 16,200 de la SP 23 Senorbì-Goni - ✆ 070 982 059 - www.pranumuttedu.com - 8h30-18h (20h en été) - 4 € - visite guidée en français sur RV.* Ce parc archéologique est situé au cœur d'un magnifique bosquet de chênes-lièges. Les tombes mégalithiques et les menhirs (une cinquantaine en tout) de ce Stonehenge italien forment un ensemble superbe. Les pièces de fouille retrouvées correspondent à deux périodes, l'une allant de 3200 à 2880 av. J.-C. et l'autre de 2800 à 2600 av. J.-C.

Continuez sur la SP 23 vers le sud, en direction de Silius, sur 19 km.

San Nicolò Gerrei B2

Entouré de bois (arbustes et conifères) à perte de vue, entre le Monte Genis (979 m) et le Monte Arrubiu (773 m), **Pranu Sanguni** *(à 7,8 km à l'ouest)* évoque par son nom la floraison rouge sang qui colore le paysage au printemps.

Le cœur ancien du village, formé de maisons en *ladiri* (briques de terre crue et de paille) et en schiste, s'organise autour de l'église paroissiale (1600) dédiée à **San Nicolò** et de ses deux campaniles. La piazza Salvatore Naitza *(au sud de la SP 387)* et la piazza Emilio Lussu *(au nord)* accueillent deux œuvres contemporaines : un peinture murale de Pinuccio Sciola (né San Sperate, en 1942) et une sculpture de Giovanni Campus (Olbia, 1929).

De San Nicolò Gerrei, les amateurs de sites préhistoriques peuvent enchaîner avec le circuit de Monastir à Sanluri via Barumini (voir p. 141), Senorbì se trouvant à 25 km à l'ouest de San Nicolò Gerrei. Sinon, pour poursuivre ce circuit, sortez de San Nicolò Gerrei par l'est et rejoignez Villasalto (11 km) par la SP 27.

Villasalto C2

Situé sur un haut plateau, Villasalto est encerclé de bois et battu par les vents. Il s'est développé autour de la sobre **San Michele Arcangelo** (1600), qui a remplacé au rang d'église paroissiale **Santa Barbara**, dont la blanche façade attire le regard du haut d'un col au nord du bourg : l'endroit, véritable balcon, offre un extraordinaire **panorama★★** sur les sommets du Gennargentu et les *tacchi* de l'Ogliastra.

Casa-museo Su Mulino – *Ouv. uniquement l'été - horaires variables - gratuit.* Le moulin à blé abrite un petit musée où sont conservés des objets de la vie quotidienne qui aident à comprendre l'architecture rurale du Gerrei, ses traditions agricoles, ses spécialités culinaires et son artisanat (tapis et meubles ouvragés). Chapitre important de l'histoire économique de la région entre 1848 et 1987, l'activité minière est évoquée dans le bâtiment qui accueillait la direction.

Une courte promenade conduit à la **Grotta Santa Barbara**, depuis l'église du même nom, qui conserve une statue de la sainte.

La petite église champêtre dédiée à **San Cristolu** ou **San Cristoforo** *(à 2 km du bourg)*, récemment restaurée, a perdu beaucoup de son charme.

NOS ADRESSES SUR LA COSTA REI ET DANS LE GERREI

HÉBERGEMENT

Castiadas

BUDGET MOYEN

Agriturismo La Sorgente – *Loc. Annunziata - Castiadas - ✆ 070 99 49 108 - www.allasorgente.it - 6 ch. 55 €/pers. en 1/2 P.* Environnement bucolique pour cet agritourisme au cœur de la campagne sarde, à 10 km de la Costa Rei. Chambres simples, fonctionnelles et très propres. Sur la table défilent les meilleures spécialités sardes à base des produits de la ferme. Accueil chaleureux.

POUR SE FAIRE PLAISIR

I Menhirs – *Loc. Annunziata - Castiadas - ✆ 070 994 92 72 - www.imenhirs.it - 10 ch. 120/150 €.* Un établissement moderne ayant pour toile de fond les montagnes « dei Sette Fratelli ». Décoration et cuisine typiquement sardes.

Muravera

PREMIER PRIX

Camping Quattro Mori – *Loc. Is Perdigonis - Muravera - ✆ 070 999 110 - www.4mori.it - empl. 16/40 €.* En bord de mer, un très grand camping bien équipé et bien tenu. Nombreux chalets et mobil-homes.

BUDGET MOYEN

B & B Luna & Limoni – *Via Roma 134 - Muravera - ✆ 347 525 66 46 - www.lunaelimoni.it - 3 ch. 80/110 €.* Une maison agréable, dotée de chambres confortables, chacune ayant sa propre entrée. Partout, vrais ou peints, citrons et citronniers.

San Vito

PREMIER PRIX

Casa Camboni – *Via Nazionale 187 - San Vito - ✆ 070 992 90 42 - www.casacamboni-guesthouse.com - 3 ch. 65/80 €.* Une demeure de campagne du début du 19e s. pleine d'objets de famille et de meubles d'époque. Un endroit plein de charme, avec beaucoup d'espaces communs agréables, à l'intérieur comme à l'extérieur.

Villa Rey

PREMIER PRIX

Villaggio Camping Capo Ferrato – *Loc. Monte Nai - ✆ 070 991 012 - www.campingcapoferrato.it - empl. 18/45 €.* Atmosphère familiale pour ce camping de 2 ha sis au cœur d'une végétation méditerranéenne (beaux eucalyptus). Accès direct à la plage.

RESTAURATION

San Nicolò Gerrei

PREMIER PRIX

Agriturismo Su Niu de s'Achili – *À San Nicolò Gerrei, suivez la dir. Villasalto et, après 6,5 km, tournez à droite en dir. du Monte Genis, c'est indiqué 3 km plus loin - ✆ 070 950 246 - 17/28 €.* Exploitation agricole biologique, « le nid de l'aigle » est entouré d'un paysage sauvage, dont 400 ha de bois fréquentés par une colonie de daims. On y déguste d'excellents rôtis et des spécialités sardes.

Castiadas

BUDGET MOYEN

Agriturismo Gli Ulivi – *Loc. San Pietro - Castiadas - ✆ 070 995 027 - www.agriturismo-gli-ulivi.com - 22/30 €.* Cuisine du terroir élaborée avec les produits provenant, pour la plupart, de l'exploitation, située sur une colline à moins d'un kilomètre de la mer. Salle et véranda avec vue sur la mer.

Muravera

POUR SE FAIRE PLAISIR

Sa Cardiga e su Pisci – *Piazza Sardegna 10 - Muravera - ✆ 070 991 108 - 40 €.* Le nom – « la grille et le poisson » – annonce le menu de cette table, traditionnelle et savoureuse, où les plats s'accompagnent de vins régionaux.

ACHATS

Bresca Dorada – *Loc. Cann e'Frau (carrefour au km 28,6 de la SP 20) - Muravera - ✆ 070 994 91 63 - www.brescadorada.it.* Cette exploitation agricole, née dans les années 1980 pour produire du miel, est devenue célèbre pour son *mirto*, l'un des meilleurs de l'île.

ACTIVITÉS

Centro Subacqueo Mare e Dintorni – *Spiaggia su Murta, Via delle Rose o Chiosco Tamatete - Cala Sinzias - www.mareedintorni.com.* Immersions dans le parc géomarin de Capo Carbonara.

Rei Charter – *Loc. Sant'Elmo, Loc. Costa Rei Monte Nai, Muravera - www.sardiniacharter.it.* Locations et croisières quotidiennes sur des embarcations haut de gamme.

Soc. Coop. Monte dei Sette Fratelli – *Via Centrale s.n. - Castiadas - www.montesettefratelli.com.* Excursions diverses et trekking.

Iba Sa Cresia – *Loc. Piscina Rei - Muravera - www.ibasacresia.it.* Randonnées et trekking, manège et promenades à cheval, etc.

AGENDA

Sagra degli agrumi – *En mars-avr., à Muravera.* 3 jours dédiés aux agrumes, avec défilés de costumes traditionnels et *etnotraccas* (chars aménagés en musées ambulants), manifestations culturelles, etc.

Barumini

★★★

Quel camaïeu de verts, ceux des prés, des vignes et des oliveraies, de riantes collines qui alternent avec celui des champs de céréales. Des vergers parfumés et de petits îlots d'eucalyptus et de cyprès ponctuent les paysages fertiles de la plaine du Campidano. En voyageant au cœur de l'île, on remonte le cours d'une histoire plusieurs fois millénaire, pour arriver à Su Nuraxi, monument phare de la Sardaigne nuragique. Le parcours revêt toutefois plusieurs facettes : d'églises en châteaux médiévaux, de bourgs anciens en produits du terroir, on découvrira une province qui a noué des liens solides avec la terre des origines.

NOS ADRESSES PAGE 143
Hébergement, restauration, achats, activités, etc.

S'INFORMER

Ufficio informazioni turistiche Provincia del Medio Campidano – *Via Carlo Felice 267 - Sanluri (VS) - ✆ 070 935 67 32 (en français ou en anglais) - www.provincia.mediocampidano.it (en anglais) - lun.-vend. 8h-14h (et 15h-18h mar., jeu.).* Infos, documentation sur Barumini, Sanluri, Villamar et Villanovafranca.

SE REPÉRER

Carte de région A1 (p. 96-97)
Barumini se trouve au centre de la Sardaigne, à 10 km au nord de Villanovaforru, sur la SS 197.

À NE PAS MANQUER

Barumini et le complexe nuragique monumental Su Nuraxi.

ORGANISER SON TEMPS

Comptez une journée entière.

AVEC LES ENFANTS

Le complexe nuragique Su Nuraxi à Barumini ; le Museo Risorgimentale Duca d'Aosta dans le château d'Eleonora d'Arborea, à Sanluri.

Se promener

LE VILLAGE

Le village s'inscrit harmonieusement dans le paysage. Ne manquez pas l'église **San Francesco** (17e s.), intégrée au couvent des Capucins, dans le haut du village, l'église **San Nicola**, de style pisan archaïque, et la superbe église **San Giovanni★**, avec son parement polychrome, ses deux nefs avec abside et son élégant portail en façade.

La petite église **Santa Tecla** *(via Santa Tecla, à 50 m de San Giovanni)* présente une intéressante façade rectangulaire munie d'un couronnement crénelé. L'église **Santa Lucia** *(dans une rue transversale au viale Umberto I, qui suit la via Dante, sur la droite)*, des 15e-16e s., possède quant à elle une gracieuse façade, un clocher et un portique à trois arcades en ogive.

Enfin, l'église paroissiale **dell'Immacolata★** *(via Roma, à quelques pas de l'église San Giovanni et de la Casa Zapata)*, de facture gothique tardif, fut construite au milieu du 16e s. ; au siècle suivant y fut ajouté le chœur surmonté d'une petite coupole, où est conservé le grand retable de l'école de Cavaro.

Le complexe monumental Su Nuraxi et le Castello di Marmilla (au fond).
T. et B. Morandi / hemis.fr

★ Polo Museale Casa Zapata

Piazza Giovanni XXIII - ✆ 070 936 84 76 - www.fondazionebarumini.it - de 10h au coucher du soleil - billet combiné avec Su Nuraxi et le Centro Giovanni Lilliu 10 €.

Rare exemple en Sardaigne d'architecture civile hispanique, la Casa Zapata a été transformée en musée : ce bâtiment du 16e s. abrite de belles décorations s'inspirant des motifs classiques de la Renaissance sur le continent. Il a été construit sur les vestiges d'un très ancien *nuraghe*, le **Nuraxi e'Cresia**, que l'on peut visiter depuis l'intérieur de la demeure.

De la Casa Zapata, on aperçoit les ruines du Castello di las Plàssas.

Centro Giovanni Lilliu

Viale Su Nuraxi - ✆ 070 936 1041 - www.fondazionebarumini.it - avr.-sept. : 10h-19h (17h en hiver) - billet combiné avec Su Nuraxi et la Casa Zapata 10 €.

Cette vaste construction moderne est dédiée à l'archéologue qui consacra sa vie à la découverte du site de Su Nuraxi et à sa promotion internationale. Important pôle de conférences et d'expositions temporaires, le centre conserve une intéressante série de photos qui illustrent le déroulement des fouilles à Barumini dans les décennies 1940-1950.

À proximité Carte de région

★★★ Complexe monumental Su Nuraxi

À 1 km à l'ouest sur la route de Tuili.

✆ 070 936 81 28 - www.fondazionebarumini.it - visite guidée tlj à partir de 9h (dép. ttes les 30mn, dernier dép. 2h avant le coucher du soleil - billet combiné avec la Casa Zapata et le Centro Giovanni Lilliu 10 €.

Su Nuraxi constitue l'un des plus importants témoignages de l'architecture mégalithique protosarde. Classé par l'Unesco au patrimoine mondial de l'humanité en 1997, le site s'inscrit dans un paysage ouvert, dépouillé d'arbres, qu'encadrent les formes singulières créées par le plateau de la Giarra di Gesturi ; sur ce dernier, on a d'ailleurs retrouvé d'autres *nuraghi,* visibles depuis Su Nuraxi.

★★★ **Su Nuraxi** – La structure en blocs basaltiques, d'une extraordinaire complexité, est particulièrement bien conservée. Elle correspond en réalité à plusieurs phases de construction : la première, avec le *nuraghe* à plusieurs corps et sa tour tronconique à trois salles superposées, remonte au bronze moyen (16e-13e s. av. J.-C.) ; lors d'une deuxième phase (bronze final), le donjon central fut entouré par un bastion polygonal articulé sur quatre tours que reliaient des courtines rectilignes, à l'origine surmontées par des balustrades reposant sur des corbeaux.

L'espace intérieur ainsi délimité par le bastion était doté d'un puits d'eau de source de 20 m de profondeur ; cette cour marquait le centre d'un système architectural très élaboré, desservi par des escaliers, des ponts mobiles et des passages dans les murs.

★★ **Le village antique** – Exceptionnel d'un point de vue scientifique et très spectaculaire, le village occupant le complexe nuragique date de ces phases initiales, tout comme un bastion primitif à cinq tours.

L'agglomération comptait quelque 200 cabanes, à l'origine des unités mono-cellulaires couvertes d'un toit de branchages. Elle se développa à partir du bronze final, époque à laquelle remonte la cabane 80 (dite « cabane du Parlement »), probablement destinée à des fonctions politiques et religieuses, si l'on en croit la présence d'un siège circulaire et de niches dans les parois.

Au premier âge du fer, on entoura le bastion d'une épaisse enveloppe de maçonnerie dessinant un heptagone (polygone à sept branches) ; ce dernier bouchait l'ancienne entrée, remplacée alors par un accès surélevé. Un tracé urbain rudimentaire apparut entre le 9e et le 7e s. av. J.-C., lorsque furent creusés des égouts, des canalisations pour les eaux et une sorte de ruelle, en même temps qu'étaient construites les premières maisons « à cour », pluricellulaires et dotées d'un atrium central, parfois même d'un puits.

★★ Parco della Giara di Gesturi

À 5 km au nord de Barumini.

070 93 64 277 ou 348 29 24 983 - www.parcodellagiara.it.

Le haut-plateau basaltique et calcaire qui s'étend sur 42 km^2 au nord du site de Barumini abrite un environnement naturel parmi les plus préservés de la Sardaigne. Ce territoire est un lieu à la beauté sauvage, recouvert d'épais massifs de chênes-lièges, de rouvraies, de chênes verts et de maquis méditerranéen. Ici vivent des animaux protégés, comme lièvres, sangliers, canards et bécasses, etc.

Mais le roi de la Giara reste le **cavallino sardo**, une curieuse race de cheval de petites dimensions et dont on ne connaît pas l'existence d'autres troupeaux en Italie. Il est très fréquent d'en croiser au cours d'une randonnée (libre ou guidée) ; on le surprend le plus souvent en train de se nourrir de renoncules sauvages qui poussent à fleur d'eau dans les paulis, des petites dépressions du terrain où s'accumulent les eaux de pluie.

Pour tout découvrir sur le *cavallino della Giara*, visitez le **musée** qui lui est dédié à Genoni, à 15 km au nord de Barumini. *Via Chiesa 7 - Genoni - 339 16 76 863 - www.museocavallinodellagiara.it - mer. et jeu. 16h-19h, ven.-dim. 10h-13h, 16h-19h - fermé lun. et mar. - 3,50 €.*

Circuit conseillé Carte de région

DE MONASTIR À SANLURI AB1-2

Boucle d'env. 150 km, de Cagliari à Sanluri via Barumini, tracée en rouge sur la carte de région (p. 96-97) – Comptez 2h30 sans les visites.

Partant plein nord, ce parcours vous fera découvrir la plaine du Campidano qui s'étend de Cagliari à Oristano, cœur fertile de la Sardaigne, en passant par les villages de Senorbì, Mandas, Villanovafranca et, fleuron de la région, Barumini. Vous reviendrez vers Cagliari en passant par Villamar et Sanluri.

Sortez de Cagliari au nord-ouest par le viale Trieste qui se prolonge par le viale Monastir, et prenez la route nationale à l'embranchement avec la via Carlo Felice. Passé Monastir, prenez la SS 128 qui conduit directement à Senorbì (à 19 km).

Senorbì B1

Abritant une importante cave coopérative, Senorbì s'ordonne autour de l'église Santa Barbara et de son parvis : derrière la façade rythmée de volutes, remarquez les belles **coupoles★** élancées et ornées de tuiles en forme de losange. À quelques pas de l'église paroissiale, face à la mairie, une vieille demeure, dont l'architecture est typique du Campidano, accueille le musée archéologique de la ville.

Museo Archeologico Sa Domu Nosta – *Via Scaledda 1 - ✆ 070 980 90 71 - www.museodomunosta.it - tlj sf lun. 9h-13h, 16h-19h - 3 €.* Parmi les pièces de fouilles provenant des principaux sites archéologiques de Senorbì, vous verrez des amulettes, des colliers, des objets précieux, des broches et des assiettes découvertes dans la nécropole punique de **Monte Luna★**, située au sud de Senorbì *(visite sur RV, se renseigner au musée).*

En reprenant la SS 128, vous traversez Suelli (3 km) pour atteindre Mandas (15 km).

Mandas B1

Avec une quarantaine de sites nuragiques autour du village, Mandas est réputé pour la densité de son patrimoine archéologique, notamment pour celui de **Su Angiu**, d'où provient la *Navicella*, un splendide petit bronze conservé au Museo Archeologico Nazionale de Cagliari *(voir p. 102).*

Le bourg en lui-même dissimule, sur la place Carlo Alberto, à l'orée des champs, la jolie église **San Giacomo** (16e s.) ; on a de là une belle vue sur les alentours.

Museo di Arte Sacra – *Piazza Carlo Alberto - ✆ 070 987 802 10 - www.mandasmusei.it - mar.-vend. 16h30-18h30, w.-end 10h-12h30, 16h30-18h30 - 2 €.* Juste à côté de l'église, ce petit musée d'art sacré abrite notamment plusieurs pièces d'**argenterie** du 18e s., signées de l'artiste génois Luigi Montaldo.

En quittant Mandas vers l'ouest, prenez la SP 36 sur 10 km jusqu'à Villanovafranca.

Villanovafranca A1

Signalé par l'imposante coupole de l'église San Lorenzo, le village possède une jolie place centrale, la piazza Risorgimento, sur laquelle vous trouverez le musée archéologique.

Museo Archeologico « Su Mulinu » – *✆ 070 936 74 58 - été : tlj sf lun. 10h15-13h, 15h-19h ; hiver : tlj sf lun. 9h15-13h, 15h-18h10 - nuraghe ouv. aux mêmes horaires que le musée (horaires de fermeture variables selon l'heure du coucher du soleil) - 3 € ; billet combiné musée et nuraghe 5 €.* Il rassemble les objets découverts lors des fouilles effectuées dans le complexe nuragique **Su Mulinu**.

Sortez de Villanovafranca vers l'ouest et, après 3 km, prenez à droite la SS 197 jusqu'à Las Plassas.

★ Castello di Marmilla A1

Les ruines de ce bastion défensif du 13e s. sont perchées au sommet d'une impressionnante **colline★** qui dessine un cône presque parfait, visible à des kilomètres à la ronde : au sommet, vous jouirez d'une **vue★★** imprenable sur la région, Barumini en particulier.

★★★ Barumini A1

Voir p. 138.
Reprenez la SS 197 vers le sud pour rejoindre Villamar (à 10 km).

Villamar A1

★ **San Pietro** – *Via Vittorio Emanuele - pour la visite, s'adresser au curé de l'église San Giovanni.* Le bourg abrite l'une des églises les plus intéressantes de la région : édifiée au milieu du 13e s., elle affiche une splendide **façade** asymétrique en grès et pierre volcanique, surmontée d'un double clocher. À l'origine, l'édifice possédait une seule nef; une autre nef s'y est greffée, au nord, de taille plus restreinte, mais elle aussi pourvue d'une abside. Un escalier semi-circulaire factice, centré sur la façade, confère une harmonie visuelle à l'ensemble : il lui donne en effet l'allure d'une architecture monumentale, malgré les dimensions en réalité modestes de l'ensemble. Remarquez également les pendentifs décorés de feuilles, de croix, de protomés…
Quittez Villamar par la via Roma ; continuez sur la SS 197, en direction de Sanluri, que l'on rejoint en prenant à droite la SP 48.

★ Sanluri A1

Sa situation au cœur de la plaine du Campidano, quasiment à mi-chemin entre Cagliari et Oristano, a contribué à faire de Sanluri, entre le 13e et le 14e s., un centre fortifié stratégique. Alentour, les champs de blé qui s'étendent à l'infini ont probablement donné leur nom à la petite cité : Sanluri serait la contraction de l'expression *su logu de su lori*, « le lieu du blé » ; le pain traditionnel de Sanluri s'appelle *civraxu*, un mot qui dérive également du « blé ».
Avec sa forme carrée et ses tours massives et crénelées, le **château d'Eleonora d'Arborea★**, solide et bien conservé, date du 14e s. Il abrite désormais un musée.
Museo Risorgimentale Duca d'Aosta – *Via gen. Nino Villa Santa 1 - ✆ 070 930 71 05 - juil.-sept. : mar., merc., vend.-dim. 10h-13h, 16h30-21h ; reste de l'année : dim. 9h45-13h, 15h-19h (lun.-sam. seult sur RV pour des groupes d'au moins 15 pers.) - 6 € avec visite guidée - visite guidée en français sur RV.* Le musée retrace le mouvement du Risorgimento, une période marquante de l'histoire nationale qui, débutant en 1848, s'est achevée avec l'unification du Royaume d'Italie en 1861. Il renferme des statues de cire du 18e s., des témoignages d'époque et le mobilier du château, qui appartient toujours à la famille des Villasanta.
Nostra Signora delle Grazie – *Via Carlo Felice 237 - 7h-12h, 15h-18h.* Signalée par sa grande coupole vernissée, l'église ne conserve des lignes gothico-aragonaises de ses origines (16e s.) que sa partie inférieure ; c'est son style rococo piémontais, fruit des transformations effectuées durant les dernières décennies du 18e s., qui en fait le charme.
L'intérieur, de style baroque tardif, se caractérise par un décor opulent ; voyez en particulier les autels de marbre, le crucifix catalan du 15e s., le polyptyque de la fin du 16e s. et l'ample coupole du transept.

NOS ADRESSES À BARUMINI

HÉBERGEMENT

Barumini

PREMIER PRIX

Hôtel Su Nuraxi – *Viale Su Nuraxi 6 - ✆ 070 936 85 19 - www.hotelsunuraxi.it -11 ch. 70/80 €.* Une construction récente bâtie sur le modèle des maisons traditionnelles et située à l'intérieur d'une exploitation agricole. Chambres confortables offrant de belles vues. Restaurant avec table typique et raffinée.

Mandas

PREMIER PRIX

B & B Antica Locanda Lunetta – *Via Roma 10 - ✆ 349 360 78 89 - www.anticalocandalunetta.it - 5 ch. 80/90 €.* Au cœur du village, cette demeure de charme du 17e s. s'ouvre sur une ravissante cour pavée. Le vaste salon a été aménagé dans l'ancien espace réservé aux chevaux, tandis que les chambres, à l'étage, occupent l'ancien cellier. Les deux grandes suites sont dans la dépendance. Accueil souriant et polyglotte de Barbara et de son cousin Agostino.

Senorbì

BUDGET MOYEN

Hôtel Hammam – *Via Atzeni 25 - ✆ 070 980 85 78 - www.hotelhammam.com - 7 ch. 90/100 €.* Un hôtel de charme ayant pour cadre une grande demeure en pierre, en plein centre historique. Belle décoration autour de la pierre, du bois et de la céramique, mise en valeur par une lumière douce. Spa fort agréable.

RESTAURATION

Barumini

BUDGET MOYEN

Sa Lolla – *Via Cavour 49 - ✆ 070 936 84 19 - www.barumini.net/sa-lolla - 20/25 € - 7 ch.* Une vieille maison de maître transformée en hôtel-restaurant. Jolie salle avec grande cheminée et coin mezzanine. Cuisine typique et internationale.

La Taverna del Conte – *Via Fra Nicola 20 - Gesturi, 5 km au nord de Barumini - ✆ 070 936 00 30 - www.tavernadelconte.jimdo.com - fermé lun. - 15/20 €.* Ordonnée autour d'une longue cour pavée et ensoleillée, cette ancienne ferme du 18e s. propose une bonne cuisine sarde : bel assortiment de charcuteries des environs, *culurgiones* (raviolis de pomme de terre à la menthe), bifteck de cheval, etc.

Villasalto

BUDGET MOYEN

Paolo Perella – *Corso Repubblica 8 - Villasalto - ✆ 070 956 298 - seult sur réserv. - 25/35 €.* Le cadre n'a rien de spécial, pourtant l'atmosphère y est agréable. Quant à la cuisine, elle mérite le détour pour l'originalité de certains produits employés, de la farine de caroubier aux fruits sauvages, des *mozzarelle* de chèvre au jambon à la vernaccia.

AGENDA

Festa di Sant'Isidoro – *Villanovafranca, 3e dim. de mai.* Fête du saint patron des paysans : défilé d'engins agricoles couverts de fleurs et de tapis traditionnels.

Battaglia di Sanluri – *Fin juin.* La cité commémore la bataille qui opposa, le 30 juin 1409, Guillaume II de Narbonne à l'armée aragonaise de Martin Ier. Concerts, expositions et repas médiévaux accompagnent la mise en scène de *Sa Batalla*.

La côte est 2

Carte Michelin Local 366

La mythique route nationale 125, dans les environs de Quirra.

Jores Rossetti

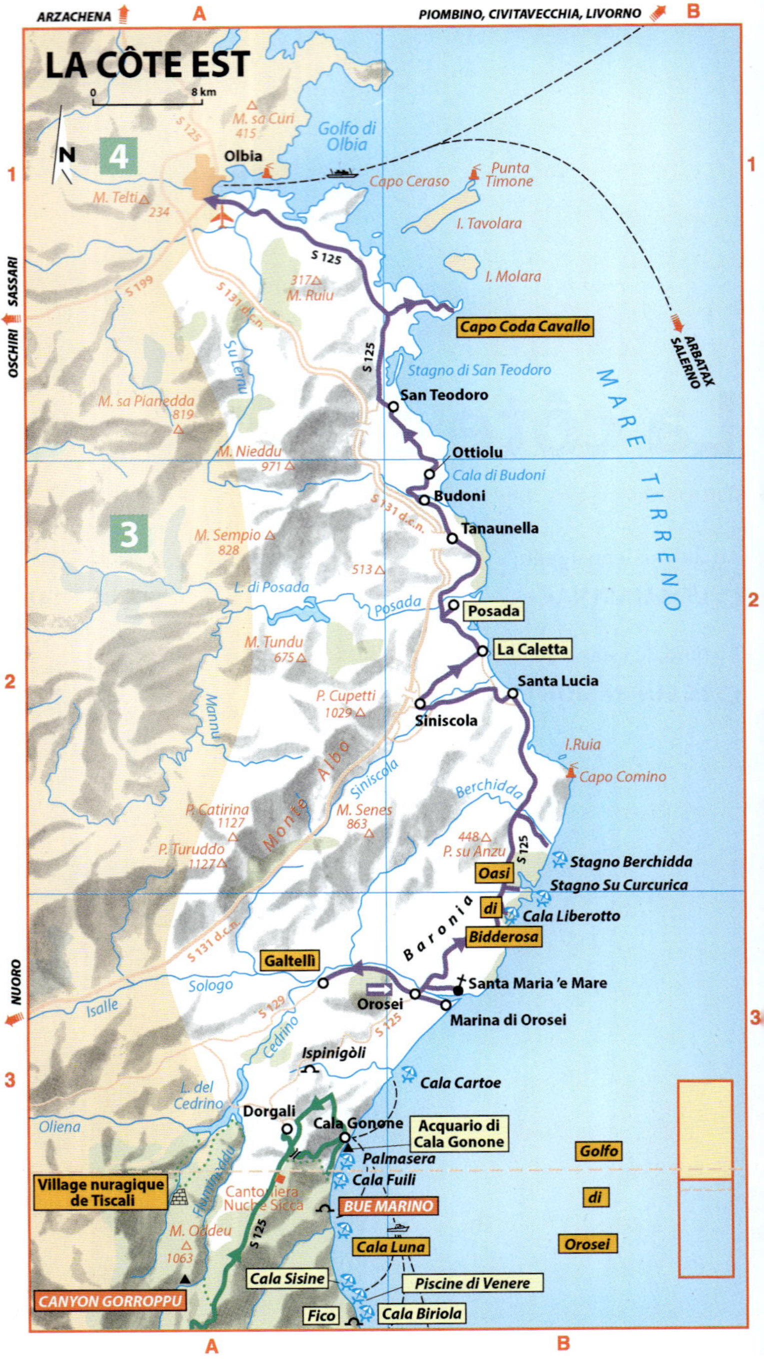
LA CÔTE EST
0
8 km
N
ARZACHENA
A
B
PIOMBINO, CIVITAVECCHIA, LIVORNO
ARBATAX
SALERNO
SASSARI
OSCHIRI
NUORO
1
2
3
4
Olbia
Golfo di Olbia
M. sa Curi
415
M. Telti
234
Capo Ceraso
Punta Timone
I. Tavolara
I. Molara
S 125
S 199
S 131 d.c.n.
317
M. Ruiu
Capo Coda Cavallo
Su Lernu
Stagno di San Teodoro
San Teodoro
M. sa Pianedda
819
MARE TIRRENO
M. Nieddu
971
Ottiolu
Cala di Budoni
Budoni
Tanaunella
M. Sempio
828
513
L. di Posada
Posada
M. Tundu
675
La Caletta
Santa Lucia
P. Cupetti
1029
Siniscola
Mannu
Monte Albo
I. Ruia
Capo Comino
Berchidda
P. Catirina
1127
M. Senes
863
448
P. su Anzu
P. Turuddo
1127
Stagno Berchidda
Oasi di Bidderosa
Stagno Su Curcurica
Cala Liberotto
Baronia
Galtellì
Santa Maria 'e Mare
Sologo
Orosei
Marina di Orosei
Isalle
S 129
Cedrino
Ispinigòli
Cala Cartoe
L. del Cedrino
Dorgali
Cala Gonone
Acquario di Cala Gonone
Oliena
Palmasera
Golfo di Orosei
Village nuragique de Tiscali
Cala Fuili
Cantoniera Nuche Sicca
Flumineddu
BUE MARINO
M. Oddeu
1063
Cala Luna
Cala Sisine
Piscine di Venere
CANYON GORROPPU
Fico
Cala Biriola

A
B
Cala Fuili
BUE MARINO
Cala Luna
Cantoneria Bidicolai
S 125
CANYON GORROPPU
Cala Sisine
Piscine di Venere
Cala Biriola
Fico
Parco Nazionale del Golfo di Orosei e del Gennargentu
1017
Genna Silana
Cala Mariolu
Cala Gabbiani
Codola di Luna
Genna Scalas
934
906
Genna Cruxi
Cala Goloritzè
629
Bruncu 'e Pisu
Urzulei
764
Genna Sarbene
SUPRAMONTE
724
Genna Coggina
590
Genna Arramene
Baunei
M. Olinie 1372
777
Pramaera
S 125
Santa Maria Navarrese
I. dell' Ogliastra
Lotzorai
Stagno di Tortolì
OLBIA
FIUMICINO
S 389
L. Alto del Flumendosa
Flumendosa
1241 M. Idolo
Tortolì
Arbatax
Capo Bellavista
Parco Seleni
Ogliastra
M. Armidda 1270
Lanusei
P. Tricoli 1211
S. Girolamo
MARE TIRRENO
Osini Vecchio
Gairo Sant'Elena
Bari Sardo
Punta su Mastixi
Serbissi
Osini Nuovo
S 389
S 125
Torre di Bari
Su Marmuri
Ulassai
Cardedu
Tacchi
Jerzu
Genna 'e Cresia
267
Pelau
Ulassai
Genna su Ludu 852
Marina di Gairo
Lago del Flumineddu
875 M. Ferru
Capo Sferracavallo
Tertenia
M. is Crobus 589
Flumineddu
Perda is Furonis 674
646 M. Rasu
S 125
Quirra
S. Giorgio
N
Salto di Quirra
Gruppa
676 M. Cardiga
M. Parredis 630
Quirra
I. di Quirra
Cala Murtas
Capo S. Lorenzo
Flumendosa
S 387
M. Casargius 735
Villaputzu
Uri
Porto Corallo
S 125
BUE MARINO ★★★ Vaut le voyage
Arbatax ★★ Mérite un détour
Baunei ★ Intéressant
Tertenia À voir
Ville de départ du circuit
De Villaputzu à Baunei
De Baunei à Dorgali et Cala Gonone
D'Orosei à Olbia
3
1
4
5
6

L'Ogliastra

★★

La montagne et la mer occupent tour à tour le premier plan dans ce théâtre naturel qu'est l'Ogliastra, la « terre des oliviers », qui poussent à perte de vue jusqu'au pied du Gennargentu ; depuis des siècles, on en tire une huile d'olive extra-vierge au caractère marqué. Plantées sur les terres arrachées à la montagne ou dans les plaines abritées du vent, les vignes produisent le cannonau, roi des vins rouges sardes. Les pâturages nourrissent des troupeaux qui donnent des fromages aux saveurs prononcées. Est-ce dans ces produits du terroir, fruits d'un savoir-faire ancestral, que l'on doit chercher le secret de l'incroyable longévité des Sardes de l'Ogliastra, la région de l'île qui compte le plus grand nombre de centenaires ? Là où l'homme n'a pas dompté la nature, l'Ogliastra étend d'immenses forêts de chênes verts et rouvres séculaires, dresse des bastions et des aiguilles calcaires spectaculaires face à quelque 80 km de littoral rocheux rose et blanc que baigne une mer limpide aux tons vert et cobalt. Un environnement somptueux qui se prête plus que jamais aux excursions et aux randonnées.

NOS ADRESSES PAGE 156
Hébergement, restauration, achats, activités, etc.

S'INFORMER

Servizio al turismo della Provincia Ogliastra – *Via Mameli 22 - Tortolì - ✆ 0782 600 900 - www.turismo.ogliastra.it*. Infos en français ou en anglais. En été, vous trouverez également des bureaux d'information touristique dans la plupart des villages.

SE REPÉRER

Carte de région (p. 146-147)

L'Ogliastra s'étend du haut bassin du Flumendosa (à l'ouest du massif montagneux du Gennargentu) à la côte de la mer Tyrrhénienne (versant oriental du Gennargentu), entre la province de Nuoro au nord-ouest et celle de Cagliari au sud-ouest. Ses deux chefs-lieux sont à 18 km l'un de l'autre : Lanusei, dans l'arrière-pays, et Tortolì, non loin de la côte.

SE GARER

À Lanusei, il n'est pas facile de se garer : tentez votre chance dans la via Umberto et sur la piazza Marcia, au centre du bourg, ou encore sur la piazza Mameli, au sud (parking multiniveaux à la rotonde, au bout de la via Roma). À Tortolì, vous trouverez des parkings payants dans le centre-ville et des parkings gratuits sur la piazza Rinascita, près de la via Cedrino.

À NE PAS MANQUER

Le curieux petit bourg d'Ulassai ; le paysage des *tacchi* de Jerzu et les plages d'Arbatax.

ORGANISER SON TEMPS

Comptez 2 jours pour le circuit proposé.

AVEC LES ENFANTS

La Grotta de Su Marmuri, à Ulassai ; l'Osservatorio astronomico Ferdinando Caliumi, au Monte Armidda ; le Parco comunale di Seleni, au Monte Tricoli ; le « Petit Train vert » au départ d'Arbatax.

Ulassai.
Elisa Locci / Fotolia.com

Circuit conseillé Carte de région

★ DE VILLAPUTZU À BAUNEI

2

Circuit d'env. 90 km, tracé en rouge sur la carte de région p. 146-147 – Comptez 2 jours : le premier pour remonter la côte de Villaputzu à Tertenia, Jerzu et Lanusei sur de belles routes de montagne dégageant des vues panoramiques ; le second pour apprécier la beauté du littoral d'Arbatax et ses superbes plages. Villaputzu, point de départ de ce circuit, se trouve à 4 km au nord de Muravera, qui clôt le circuit « La Costa Rei » (voir p. 132).

Villaputzu

Putzu signifie « puits » en sarde : la présence de l'eau joua en effet un rôle décisif dans l'histoire de ce petit bourg installé sur la rive gauche du Flumendosa, le deuxième fleuve de l'île, qui le sépare de Muravera. C'est près de la mer que se concentrent les principales curiosités du village, organisé autour de l'église paroissiale **Santa Caterina d'Alessandria** (18e s.), avec son intérieur rococo, et de **Santa Brigida**, un édifice plus simple de style gothique aragonais.
Après une longue carrière de port de pêche, **Porto Corallo**, que domine une tour espagnole du 16e s., s'est reconverti dans la plaisance et le tourisme autour de deux plages, **Porto Corallo** et, plus au nord, **Cala Tramatzu** *(accessible par un chemin de terre)*.
Retournez vers Villaputzu ; avant le village, obliquez vers le nord pour rejoindre Quirra (13 km).

Quirra

Du **castello di Quirra**, construit au 12e s. par les souverains de Cagliari pour défendre la frontière avec le judicat de Gallura, il ne reste que quelques ruines au sommet du Monte Cudias et un nom, Salto di Quirra, qui désigne des terres aujourd'hui vouées à la viticulture, après être restées longtemps incultes.

Au pied de la colline s'élève la petite église romane **San Nicola** (12e-13e s.). Contrairement à la plupart de ses contemporaines sur le sol sarde, elle fut bâtie entièrement en briques d'argile modelée sur place. Elle porte une décoration typiquement toscane et son clocher-mur se découpe sur le paysage. Non loin, à **Cala Murtas**, on a retrouvé les restes d'un village néolithique du 3e millénaire av. J.-C. Cette longue plage de sable, bordée de dunes et gardée par une tour médiévale, n'est accessible que l'été, car elle sert de garnison militaire le reste de l'année. En face, vous apercevrez l'îlot de Quirra.

Empruntez la SS 125 en direction de Tertenia (24 km).

Tertenia

Son nom viendrait de *tzar*, un mot phénicien signifiant « forteresse », ce que l'on croit volontiers en découvrant ce bourg coincé entre l'imposant Monte Ferru et la crête calcaire du Monte Arbu.

Le petit **Museo d'Arte moderna** *(Via Andrea Doria)* est consacré à l'œuvre d'Albino Manca, un sculpteur local qui fut particulièrement apprécié par les autorités fascistes ; de 1938 jusqu'à sa mort en 1976, il vécut à New York où il rallia, malgré la grandiloquence de son style, un certain consensus. Sur la place principale *(Piazza Kennedy)*, on peut voir une copie en taille réduite de l'une de ses œuvres, l'aigle de bronze du Battery Park de Manhattan.

Le littoral de Tertenia aligne 12 km de superbes plages, dont **Marina di Tertenia**, très bien équipée. Moins fréquentées, d'autres plages se succèdent vers le sud : **Caletta della Torre**, fort appréciée par les pêcheurs, et **Foxi murdegu**, non loin de la **Torre di San Giovanni di Sarralà**, une tour en moellons de granite remontant à 1720. Les jolies anses de **Barisoni**, **Su Prettu** et **Caletta Pagliuzze Dorate**, dont le nom évoque le minerai de fer qui transitait par le port minier désaffecté voisin, valent également le détour. De la plage de Barisoni part une piste de terre qui conduit à **Porto Santoru**, une plage de rochers entourée de maquis. Tout l'arrière-pays est parsemé de *nuraghi*, dont **Aleri**, près de Foxi (1400-1000 av. J.-C.).

Quittez Tertenia vers le nord et suivez la vieille route qui longe la SS 125 jusqu'au col Genna 'e Crescia (9,5 km).

Valico di Genna 'e Cresia

Le nom sarde de ce col peu élevé (267 m) pourrait se traduire par « porte de l'église ». On peut en effet voir la vallée du **Rio Pardu** comme une vaste nef verte, dont les bourgs perchés au fond à l'ouest seraient autant d'autels.

Au col, obliquez vers l'ouest pour rejoindre Jerzu (4,5 km).

Du col, la route multiplie les virages pour conduire à Jerzu ; au premier plan du paysage se dressent les **tacchi**★★, ces spectaculaires proéminences calcaires qui caractérisent le paysage de l'Ogliastra.

Jerzu

Encadré par les *tacchi* Porcu 'e Ludu et Troiscu, à 500 m d'altitude, Jerzu s'étage sur plusieurs niveaux, selon les caprices morphologiques du terrain. Dans le bas du village, au long des rues latérales pentues, on peut encore voir quelques maisons traditionnelles.

Célèbre pour sa production viticole florissante, Jerzu produisait déjà du vin en 1130, un acte daté, relatif à une donation de vignes, l'atteste ; aujourd'hui, les vignes qui tapissent les collines escarpées de la vallée du Rio Pardu et la plaine de Pelau produisent chaque année 100 000 quintaux de raisin, dont la coopérative du bourg (*voir Achats p. 160*), fondée en 1950, tire le cannonau rosso DOC. La **Sagra del vino**, le premier dimanche d'août, vous donnera l'occasion de déguster les spécialités du village, *su pani conciu* (du pain cuit dans le vin) ou *is tacculas* (des grives cuites dans la liqueur de myrte).

La campagne environnante regorge d'oliviers, d'amandiers, de figuiers, de châtaigniers et de noyers, pour les essences cultivées, tandis que chênes verts et érables, myrtes et genêts croissent dans les endroits restés sauvages. Le **Museo Naturalistico ed Ambientale** installé au centre du bourg se consacre à la protection de ce patrimoine naturel.

Une multitude de randonnées, de durées différentes (de 45mn à 8h) et pour tous les niveaux, ainsi qu'une paroi d'escalade, attendent promeneurs et amateurs de varappe au départ de Jerzu et des villages voisins. *(Rens. au Rifugio d'Ogliastra et sur : www.turismo.ogliastra.it/trekking_e_sentieri. Voir également Activités dans « Nos adresses dans l'Ogliastra » p. 156.)*

La région compte aussi une trentaine de *nuraghi* et une nécropole punique, Monte Corongiu.

Sortez de Jerzu en direction d'Ulassai (4 km).

★★ Ulassai

Corso Vittorio Emanuele II - ✆ 0782 793 18.

Perché à 200 m au-dessus de Jerzu, Ulassai apparaît comme un bourg singulier avec son **panorama★** sur le **Tacco di Tisiddu**, une formation calcaire tapissée de chênes verts. Habité sans interruption depuis la préhistoire, l'endroit a révélé un village mégalithique du 3e millénaire av. J.-C., un complexe d'habitation nuragique et de nombreuses *domus de janas*.

L'**Arco di Barigau**, dans le haut du village, est la seule trace visible de l'enceinte qui entourait le hameau médiéval. Ses maisons hautes et étroites étagées à flanc de colline alternent avec une série d'œuvres d'art contemporaines, créant comme un musée en plein air.

Stazione dell'Arte – *Loc. Zona Artigianale (à l'entrée sud de la ville) - ✆ 078 278 70 55 - www.stazionedellarte.it - mai-sept. : 9h30-19h30 ; oct.-avr. : 9h30-18h - 5 €.* L'ancienne petite gare a été aménagée en musée d'art contemporain où sont exposées une centaine d'œuvres, vibrantes et poétiques, de Maria Lai (1919), une artiste locale qui partit se former à Rome et à Venise, entre autres avec Arturo Martini. L'initiative est née en 1981, à la suite d'une installation conçue par l'artiste et nommée *Legarsi alla montagna*, « Se lier à la montagne » : Maria Lai et la population du village avaient relié leurs maisons au relief qui domine le bourg par des kilomètres de ruban bleu.

Derrière l'église paroissiale **Sant'Antioco**, érigée au début du 16e s. mais reconstruite après le bombardement dont elle a été victime en 1943, se trouve le **Lavatoio pubblico**. Synthèse originale entre passé et présent, ce lavoir public, construit en 1903, a été revisité par quatre artistes contemporains, Maria Lai, Costantino Nivola, Luigi Veronesi et Guido Strazza. L'œuvre de ce dernier, une série de tuiles de cuivre charriant l'eau vers les bassins et en amplifiant le son, a valu à l'ensemble son nouveau nom de « fontaine musicale ».

Grotta de Su Marmuri – *Cooperativa Su Bullicciu - ✆ 0782 798 59 - www.grottesumarmuriulassai.com - 10 €.* L'imposante grotte, dont certaines salles montent à 70 m de hauteur, doit son nom de « grotte du Marbre » à la couleur et à l'aspect de ses concrétions calcaires ; la température qui y règne est constamment d'environ 10 °C.

Sortez d'Ulassai par le nord-est et prenez la SP 11 vers le nord. La route, surplombée par de spectaculaires parois verticales, traverse Osini Nuovo (1,8 km).

Osini Nuovo

C'est le « nouveau » village où ont été transférés les habitants d'**Osini Vecchio**, 2 km plus au nord, détruit par des glissements de terrain à la suite de pluies automnales torrentielles survenues en 1951 et 1953. Les vieilles habitudes

2

du passé y sont demeurées, et l'on peut encore voir les anciens se rendre au lavoir public pour y puiser de l'eau.

Suivez la SP 11 en direction d'Osini Vecchio et les indications pour le Parco archeologico, tournez à droite pour grimper les 1,6 km en lacet (impressionnants), puis encore à droite sur 3 km par un chemin de terre; la route carrossable s'arrête au pied du sentier qui conduit au site archéologique, au sommet de la colline.

Complesso di Serbissi et Scala di San Giorgio

Coop. Archeo Taccu - Via E. d'Arborea 15 - ✆ 329 764 33 43 - www.archeotaccu.it - été : 10h-13h, 16h-19h15; reste de l'année : tlj sf lun. 10h-13h, 15h-coucher du soleil - 3 € - possibilité de visite guidée en français sur RV.

En haut du plateau Taccu, qui surplombe Osini Vecchio à l'est, le site nuragique de **Serbissi**, plutôt bien préservé, se compose d'un village habité entre le bronze ancien et le bronze final, d'une grotte à double entrée, de deux tombes de géants et d'un *nuraghe* à tour. Superbe **panorama★★★** sur l'Ogliastra au sud et la Barbagia au nord.

Sur la route du retour, la **Scala di San Giorgio**, profond ravin aux hautes parois calcaires, offre elle aussi des vues à couper le souffle, sur la vallée du rio Pardu cette fois.

Reprenez la SP 11 jusqu'à l'intersection avec la SS 198; là, prenez à l'est vers Lanusei. Entre le bourg de Gairo Sant'Elena et Lanusei, deux possibilités de détour s'offrent à vous : l'un vers le Monte Armidda, l'autre vers le parc archéologique Seleni. Pour le premier, de la Cantoniera Sarcerei (à 5,7 km de Gairo Sant'Elena et à 7,7 km de Lanusei), suivez la route vers le nord sur 2 km puis tournez à droite.

Monte Armidda

À mesure que l'on approche du sommet (1 270 m), l'odeur du thym et du serpolet se fait plus puissante, le silence plus intense. La route s'arrête à 1 150 m, sur un panorama à 360° : au nord, les forêts qui montent jusqu'au plateau de Baunei; à l'est, le **Monte Tricoli** (1 211 m); au sud, les *tacchi*, les bastions calcaires typiques de la région; à l'ouest, le profil solitaire du Gennargentu.

Osservatorio astronomico Ferdinando Caliumi – *✆ 380 368 81 98 - www.astroarmidda.it - 5 € - visite sur réserv., les lun. et vend. (sf j. fériés) à 20h, au dép. de Lanusei - habillez-vous chaudement, car il fait froid, même en été.* L'un des plus grands observatoires d'Italie a installé sur ce site ses puissants télescopes pour les pointer vers les galaxies ou les amas stellaires, l'astéroïde Junon ou la planète Saturne. En effet, la pollution lumineuse est ici pratiquement inexistante et, dans l'obscurité parfaite des nuits sans lune, on observe à l'œil nu deux fois plus d'étoiles que de coutume. Lors des visites guidées, le personnel vous aidera à identifier les constellations à l'aide d'un faisceau lumineux.

Area archeologica Parco Seleni

Accès par la SS 198; après la Cantoniera Sarcerei (à env. 7,5 km de Gairo Sant'Elena et 6 km de Lanusei), remontez la route au sud (3 km AR).

Coop. La Nuova Luna - ✆ 078 241 051 ou 0782 47 31 23 - www.lanuovaluna.it - 9h-av. coucher du soleil - 4 €.

Cette forêt de chênes verts et rouvres séculaires abrite le **Parco comunale di Seleni**, une grande aire équipée pour l'accueil des visiteurs. Sur un plateau juché à près de 1 000 m d'altitude, dans un cadre splendide, le parc, ponctué de sources, constitue l'habitat naturel des renards, des sangliers, des martres, des buses variables et d'autres rapaces. Le **village nuragique** comprend des vestiges d'habitat, des restes de *nuraghe* et des tombes de géants.

Revenez sur la SS 198 et continuez jusqu'à l'intersection avec la SS 389. En tournant à gauche, on peut rejoindre le circuit qui fait le tour du Gennargentu (voir p. 194). Tournez à droite en direction de Lanusei (14 km de Gairo Sant'Elena).

Lanusei

Via Umberto 30 - ✆ 0782 41 221 ou 0782 69 30 29.
Capitale historique de l'Ogliastra et, depuis 2005, co-chef-lieu de la nouvelle province avec Tortolì, Lanusei occupe une belle position en belvédère sur la mer. C'est une station de vacances très fréquentée par les Sardes.
En continuant vers le nord, on arrive à la cathédrale **Santa Maria Maddalena**, édifiée au début du 20e s. sur une ancienne nécropole punique et romaine. L'église **San Giovanni Bosco**, avec sa haute coupole, se découpe sur l'horizon.
Quittez Lanusei par le nord et suivez la SS 198 jusqu'à Tortolì (18 km).

Tortolì

Le « pays des tourterelles » compte plus de 10 000 habitants. Ses environs furent habités à partir de 3000 av. J.-C. et l'endroit connut un certain essor sous l'Empire romain. La menace sarrasine obligea la population à se réfugier dans l'arrière-pays, puis à construire le long de la côte, surtout sous la domination espagnole, bon nombre de tours pour protéger les lieux d'accostage, entre le Golfo di Orrì au sud et Portu Frailis au nord.
Le village se développe autour de la petite piazza Roma ; sa physionomie actuelle remonte au 19e s. Son développement touristique commença plus tard, quand, en 1969, le premier ferry de la ligne Gênes-Arbatax rompit l'isolement auquel était soumise la région – amorçant en même temps une intense spéculation immobilière.
L'église principale de Tortolì, **Sant'Andrea**, dédiée au saint patron du bourg, domine la petite ville de son haut campanile (env. 20 m). Construite en 1100, elle devint cathédrale en 1824. Non loin de là, la jolie petite église **Sant'Anna** *(toujours fermée)* est dédiée à la patronne des accouchées.
Sortez de Tortolì vers l'est par la via Monsignor Virgilio pour rejoindre Arbatax (4,5 km) ; une myriade de maisons de vacances ont remplacé les vignes et les potagers d'antan.

★★ Arbatax

Via Lungomare 89 - ✆ 339 899 29 39 - www.arbatax.eu.com.
Cette localité ancrée au pied du promontoire granitique du Capo Bellavista est en fait le port de Tortolì. Les **rochers de porphyre rouge**, à l'extrémité sud du port, sont considérés comme un véritable monument naturel qui a même inspiré un festival de musique, **Roccerosse & Blues** *(en août - pendant la durée du festival, vous ne pourrez accéder aux rochers, car la scène et les sièges utilisés pour les spectacles y sont installés)*.
Tout près du port se trouve la minuscule gare d'où part le **Trenino Verde** *(voir p. 36)*, charmant petit train touristique desservant Mandas, au cœur de l'île. La **Torre di San Miguel** (16e s.) et la petite église **Stella Maris**, dédiée à la Vierge protectrice de la mer, veillent sur l'ancien village de pêcheurs et sur la marina. On ne peut aller jusqu'au phare du **Capo Bellavista**, déclaré zone militaire.
En descendant vers le sud depuis le port d'Arbatax, on rejoint facilement la **Torre San Gemilano**, à 500 m de la marina du même nom, qui faisait partie du système de fortifications côtières de l'île. Tout près se trouve la petite église rupestre du même nom.
Au nord d'Arbatax, une longue plage borde le **Stagno di Tortolì**, un magnifique étang fréquenté par les hérons et les flamants roses.

LES PLAGES DE L'OGLIASTRA MÉRIDIONALE

Avec leurs rochers rosés et leur eau bleu cobalt, leurs pinèdes et leur maquis dense, les plages de l'Ogliastra méridionale, entre Arbatax et Marina di Gairo, sont une merveille. À l'est du port d'Arbatax, les **Rocce Rosse** plongent dans des eaux splendides; à l'ouest de **La Capannina**, on voit les sommets du Supramonte. Parmi les plages au sud du promontoire, isolées en baies, criques et calanques, celles de **Cala Moresca** et **Porto Frailis** sont vraiment charmantes.

Un cordon d'une vingtaine d'anses, toutes très belles et bien équipées, s'étire entre le Capo Bellavista et le Capo Sferracavallo au sud (à la hauteur de Tertenia). Pour les rejoindre depuis Arbatax, il faut suivre la SS 125 vers le sud et prendre les perpendiculaires partant vers l'est. La première conduit à la longue plage de **Lido di Orrì** (sculpture *Cella Osservatorio di Stella* du Milanais Massimo Kauffmann et *nuraghe* S'Ortali 'e su Monti datant de 1500 av. J.-C.) et à trois anses successives : **Spiaggia dei Milanesi**, **Foxiglioni** et **Cala Ginepro**.

Plus au sud s'étend la belle plage de **Cea**, puis **Punta Su Mastixi** et **S'Abba e s'Ulimu**. **Torre di Bari** compte quant à elle trois plages immenses; les deux premières ne sont séparées que par l'avancée de terre où s'élève la tour espagnole.

Sur la SS 125, presque à mi-chemin entre Tertenia et Tortolì, **Bari Sardo**, petit bourg de l'arrière-pays entouré de vergers et de vignes où pointe le campanile baroque de l'église **Nostra Signora del Monserrato**, conserve dans sa partie ancienne des maisons à l'architecture traditionnelle. Ses artisans continuent de pratiquer le **tissage**, mais cet ancien centre agricole se métamorphose petit à petit en station balnéaire. Sur son littoral, de longues plages se succèdent : **Sa Marina**, **Foxi**, **Pranargia**.

Marina di Cardedu, en contrebas du village du même nom, devient une plage naturiste en basse saison. **Sa Perda Pera**, qui tire son nom de son rocher en forme de poire, est réputée pour son animation nocturne.

La station de **Marina di Gairo** s'enorgueillit de ses deux plages : la minuscule et profonde **Su Sirboni** (accessible seulement à pied) et la célèbre **Coccorrocci**, la plage de galets – gris, roses et verdâtres – la plus grande de Sardaigne.

Pour rejoindre Lotzorai (10 km) à partir d'Arbatax, retournez vers Tortolì puis prenez au nord.

★ Lotzorai

Via Roma 81 - ✆ 0782 668 069.

Installé entre deux fleuves, le Rio Mirenu et le Pramaera, et protégé par le Monte Oro, Lotzorai adopte la structure typique des villages ruraux de la région, avec ses ruelles étroites et colorées et ses grandes maisons à cour. Reconverti en station balnéaire à l'atmosphère plutôt agréable, le village est doté d'une belle plage située en face de l'**Isolotto dell'Ogliastra**; cet îlot de porphyre rouge, jadis appelé Agugliastra, accueille aujourd'hui une statue du sculpteur Pinuccio Sciola (1942).

Dans le cimetière du village, vous verrez les vestiges d'une église dotée d'un magnifique mur-clocher.

Sortez de Lotzorai vers le nord. La SP 63 conduit à Santa Maria Navarrese (6 km) après avoir traversé Tancau sul Mare.

Cala Goloritzè, accessible à partir de Baunei par un joli chemin de randonnée.
Jores Rossetti

Santa Maria Navarrese

Il était une fois… une princesse de Navarre qui, rescapée d'un naufrage, fit ériger une chapelle en l'honneur de la Vierge. La petite église située sur la piazza Principessa di Navarra remonte au 11e s., comme, semble-t-il, les oliviers qui l'entourent.

Du petit port de plaisance de Santa Maria Navarrese, on embarque pour des **excursions en bateau** vers les merveilleuses criques du golfe d'Orosei : Cala Goloritzè et Cala Luna (plages que l'on peut également rejoindre à pied), Cala Mariolu, Cala Sisine et Cala Luna *(voir p. 166)*.

Pour rejoindre la SS 125 sans avoir à faire demi-tour, quittez le bourg vers l'ouest par la via Dolai, où vous tournerez à droite pour rejoindre Baunei (5 km ; beaux points de vue depuis la route).

★ Baunei

De l'esplanade panoramique aménagée peu avant le village, la vue porte au sud vers Arbatax et son cap, l'étang de Tortolì et l'îlot de l'Ogliastra ; vers le nord, vous découvrirez la chaîne de bastions calcaires qui surplombe Baunei (480 m). Du versant occidental du Monte Scoine, la vue s'étend à l'ouest sur les vignes qui entourent Ardali.

La bourgade, tout en longueur, fait tout pour mettre en valeur sa position panoramique, multipliant les belvédères sur l'intérieur des terres comme sur le golfe, pour le plus grand plaisir des touristes qui y passent en se rendant à Cala Goloritzè *(voir p. 168)*. La partie ancienne de Baunei accueille l'église paroissiale **San Nicola** (17e s.), qui conserve une certaine élégance en dépit des restaurations successives.

Altopiano del Golgo

Une brève excursion sur le haut plateau du Golgo, au nord du village *(12 km AR)*, conduit à **S'Isterru**, un gouffre karstique de 300 m de profondeur, qui a longtemps été pris pour un cratère de volcan.

La petite route blanche se poursuit jusqu'à **San Pietro**, jolie église construite au début du 18e s. grâce aux dons des bergers de la région. Devant l'église, on a placé en 1974 une pierre anthropomorphe sacrée provenant des environs ; le monolithe d'1,21 m de hauteur, associé à une tombe mégalithique, montre un visage humain stylisé, portrait d'un défunt ou d'une divinité.

Au départ du Golgo, une magnifique randonnée permet de rejoindre **Cala Goloritzè★** *(voir p. 168)*. Le sentier balisé, qui ne présente pas de difficultés particulières, descend le long d'un canyon naturel aux parois de calcaire où poussent des chênes-lièges. *Comptez 1h30 pour la descente et 2h pour la remontée. Prévoyez de l'eau et de bonnes chaussures de marche.*

NOS ADRESSES DANS L'OGLIASTRA

TRANSPORTS

Bateau

Tirrenia – *www.tirrenia.it.* Compagnie de navigation : liaisons avec Civitavecchia et Cagliari ; Gênes et Olbia uniquement en été.

Bus

ARST – *www.arst.sardegna.it.* Les lignes Cagliari-Baunei et Arbatax-Nuoro desservent les principales villes bordant la SS 125.

Location de deux-roues

Motonoleggio Gianni Arzu – *Via G. M. Dettori 15 - Tortolì - ✆ 078 262 44 37 ou 335 127 21 90.*

Train

Trenino Verde – *✆ 070 580 246 - www.treninoverde.com.* Une des quatre lignes du « Petit Train vert » traverse l'Ogliastra, de Mandas à Arbatax *(159 km - 5h de trajet - 2 dép./j).* Nous vous conseillons de partir d'Arbatax par le train du matin et d'aller jusqu'à Seui, où vous reprendrez le train dans l'autre sens.

HÉBERGEMENT

Arbatax

PREMIER PRIX

Appartamenti Caffarena – *Via Manzoni 19 - ✆ 0782 66 70 86 - www.appartamenticaffarena.it - mai-sept. - P - 11 appart. 350/610 € la sem.* Location d'appartements de deux ou trois pièces à 150 m de la mer, sur la superbe baie de Porto Frailis.

POUR SE FAIRE PLAISIR

Il Vecchio Mulino – *Loc. Porto Frailis - Via Parigi - ✆ 078 266 40 41 - www.hotelilvecchiomulino.it - ♿ P - 24 ch. 120/140 €.* Entouré d'une belle végétation méditerranéenne, cet hôtel se trouve à deux pas de Porto Frailis, près du port. Les chambres, calmes et avec des poutres en bois, offrent une jolie vue sur les jardins. Petit-déjeuner copieux à base de produits sardes, de gâteaux et desserts faits maison.

UNE FOLIE

Arbatasar – *Via Porto Frailis 11 - ✆ 078 265 18 00 - www.arbatasar.it - P - rest. fermé nov. et janv.-fév. - 43 ch. 150/220 €.* Une situation centrale, des infrastructures exceptionnelles et un excellent service pour cet hôtel de bon goût : salons, bar, terrasse, piscine extérieure et jardins. La salle du petit-déjeuner, au 3e étage, offre une vue panoramique sur le golfe d'Arbatax. Le restaurant de l'hôtel est réputé pour ses spécialités sardes et méditerranéennes ainsi que pour la qualité de sa cave.

La Bitta – *Loc. Porto Frailis - ✆ 0782 66 70 80 - www.hotellabitta.it - P - rest. fermé nov.-mars -*

63 ch. 170/200 €. Cette splendide villa possède une grande piscine extérieure faisant face à la mer, avec transats et parasols. La plage privée La Bitta se trouve à deux pas des chambres. Petit centre de bien-être avec jacuzzi et bains turcs. Les jardins de l'hôtel, le bar avec terrasse et le restaurant panoramique offrent une belle vue sur la mer et les falaises.

Barisardo

BUDGET MOYEN

Hotel Baja Azzurra – *Loc. Torre di Barì - ✆ 078 228 987 ou 078 229 067 - www.hotelbajazzurra.com - 🏊 🅿 - avr.-15 oct. - 21 ch. 100/130 €.* Cet hôtel familial se trouve au cœur d'un beau parc, en pleine campagne et à 250 m de la baie. De construction récente, il abrite des chambres lumineuses, spacieuses et décorées avec soin, certaines avec balcon. L'accueil y est chaleureux et attentif.

Cardedu

BUDGET MOYEN

Hotel Resort Tanca – *Loc. Su Scusorgiu - ✆ 078 224 90 06 - www.hotelresorttanca.com - 🏊 🅿 - Pâques-oct. - 12 ch. 80/120 €.* Une architecture moderne minimaliste, ouverte sur la nature par de larges baies vitrées. Design des chambres de styles nordique et japonais. L'hôtel est situé à quelques kilomètres de la mer. Le restaurant, ouvert le soir uniquement, propose d'excellents plats du jour.

Lotzorai

PREMIER PRIX

Camping Cavallo Bianco – *Via Lido delle Rose - ✆ 078 266 91 10 - www.campeggiocavallobianco.com - 100 empl. 13/25 €.* Installé à l'ombre d'une épaisse végétation, il donne directement sur la mer. Excursions en bateau vers l'Isolotto d'Ogliastra et les criques du golfe d'Orosei.

Marina di Gairo

PREMIER PRIX

Camping Coccorrocci – *Via Eleonora d'Arborea 14 - ✆ 0782 24 147 - www.campingcoccorrocci.org - 🏊 - 166 empl. 16/35 €.* Au calme, entre la végétation et les rochers rougeâtres, il est parfaitement équipé, y compris pour les activités sportives.

Santa Maria Navarrese

PREMIER PRIX

Ostello Bellavista – *Via Pedralonga - ✆ 0782 61 40 39 ou 393 947 80 80 - www.ostelloinogliastra.com - 🅿 - rest. fermé oct.-mars - 18 ch. 40/65 €.* Comme son nom l'indique, l'hôtel jouit d'une belle situation panoramique, dominant le port de Santa Maria Navarrese et le golfe d'Ogliastra. Restaurant bon marché.

Tertenia

PREMIER PRIX

Hotel Janas – *Loc. Sarrala - ✆ 0782 90 90 05 - www.hoteljanas.com - 🏊 🅿 - avr.-sept. - 10 ch.- 35/50 €.* Une belle bâtisse en pierre à environ 1 km de la mer. Randonnées équestres et manège (leçons d'équitation).

BUDGET MOYEN

Hotel Nastasj – *Loc. Foxi Murdegu - ✆ 0782 90 90 09 ou 320 289 21 33 - www.hotelnastasj.it - 🏊 🅿 - rest. fermé en hiver - 10 ch. - 60/110 € ☕.* Les chambres donnent d'un côté sur un patio qui rappelle les anciennes cours des petits bourgs sardes et, de l'autre, sur un magnifique paysage de maquis et de côtes. Le restaurant propose des plats régionaux.

Tortolì

PREMIER PRIX

Villaggio Camping Sos Flores – *Loc. San Gemiliano - ✆ 078 266 74 85 - www.sosflores.net - mai-sept. - 250 empl. 20/30 €.* Emplacements, bungalows, appartements, chalets et mobil-homes sur la plage, à l'ombre des eucalyptus : un endroit très agréable.

POUR SE FAIRE PLAISIR

Hotel rurale Abba 'e Murta – *SS 125, km 134, à 6,5 km au sud de Tortolì - ✆ 345 626 32 42 - www.hotelabbaemurta.it - 🏊 P - 17 ch. - 100/150 €.* Une ancienne maison de famille au milieu d'une oliveraie parcourue de sentiers. Un lieu à la fois rustique et luxueux, avec un splendide paysage de maquis en toile de fond.

Santa Maria Navarrese

POUR SE FAIRE PLAISIR

Hotel Santa Maria – *Viale Plammas 30 - ✆ 0782 61 53 15 - www.albergosantamaria.it - P - mars-oct. - 40 ch. - 150/190 € en 1/2 P.* À 150 m de sa plage privée, un hôtel agréable qui a été complètement restauré et dont la décoration a été totalement réalisée par des artisans locaux.

UNE FOLIE

Hotel Nascar – *Viale Pedras 1 - ✆ 0782 61 53 14 - www.albergohotelnascar.it - P - rest. fermé nov.-mars - 12 ch. 200/240 €.* Dans un édifice en granite de la fin du 19e s., à 50 m de la plage. Service très professionnel et soigné. Magnifiques jardins avec fauteuils en osier pour siroter un verre, confortablement installé.

RESTAURATION

Arbatax

BUDGET MOYEN

Marina di Arbatax – *Porto di Arbatax - ✆ 0782 66 74 18 - fermé lun. (sf mai-oct.) et janv. - 18/28 €.* Sur le port d'Arbatax, cette excellente adresse, dotée d'un décor marin élégant et épuré, joue la carte à la fois du bar et du bistrot. Cuisine de poisson avec quelques touches créatives, *pizze* bien garnies et bons cocktails.

Arbatasar – *Via Porto Frailis 11 - ✆ 078 265 18 00 - www.arbatasar.it - P - fermé nov.-fév. - 25/35 €.* Cuisine traditionnelle de poisson et spécialités méditerranéennes à déguster dans un cadre simple et élégant. Très bonne cave.

La Peschiera – *Loc. Peschiera San Giovanni - ✆ 078 262 48 01 - P - Pâques-oct. - 30 €.* Créé par la coopérative des pêcheurs locaux, le restaurant se trouve à l'extrémité de la plage de la Capannina, vers l'étang *(utilisez le parking du point de vente).* Le poisson est pêché du jour, choisi avec soin et très bien cuisiné. Menu fixe comprenant une douzaine de hors-d'œuvre, suivis de poissons grillés et frits, le tout arrosé de vins de la cave de Tortolì. Réservez, car malgré ses 150 places (salle et terrasse) le restaurant affiche toujours complet.

Baunei

PREMIER PRIX

Il Golgo – *Loc. Golgo - ✆ 337 811 828 - www.ristorantetipicogolgo.com - P - Pâques-oct. - 20 €.* Situé à Golgo, sur l'un des points les plus élevés du Gennargentu, le restaurant est géré par une coopérative de jeunes gens qui continuent par ailleurs leur activité de bergers. Les murs de pierre cachent une grande cheminée et d'anciens outils. Au menu, des *schiacciaus* (petits *gnocchi* au *pecorino*), de la *pecora in cappotto*, des fromages de la région, de la chèvre et du porcelet rôtis. Vins des caves coopératives de Dorgali et Tortolì.

BUDGET MOYEN

Su Coile – *Cala Sisine - ✆ 078 493 271 -www.coopsisine.it - ▭ - avr.-sept. - 35 €.* Accessibles par la mer uniquement, les ruines de la vieille bergerie, dans lesquelles se trouve le restaurant, se dressent sur l'une des criques les plus sauvages de la côte de Baunei. On vient y déguster du poisson fraîchement pêché.

Lanusei

PREMIER PRIX

La Nuova Verace – *Viale Europa 73 - ✆ 0782 40 725 - fermé dim. - 15/20 €.* Cuisine du terroir et de la mer d'un bon rapport qualité-prix.

BUDGET MOYEN

Da Giancarlo – *Loc. Coroddis - Via dei Ciclamini 34 - ✆ 078 240 428 - fermé lun. - 18/25 €.* Cuisine du terroir pour des spécialités de viande et de poisson au goût simple et authentique. Pizza au feu et terrasse panoramique.

Jerzu

PREMIER PRIX

Da Concetta – *Via Umberto I 111 - ✆ 0782 70 224 - 20 €.* Avec une solide réputation dans la région, Concetta sert le meilleur de la cuisine sarde, avec une attention particulière pour les spécialités de l'Ogliastra comme les *culurgiones di patate*.

BUDGET MOYEN

Il Rifugio d'Ogliastra – *Loc. Sant'Antonio - SP 13, km 5,5 - ✆ 320 606 37 28 - www.rifugiodogliastra.net - P - 25 € - 20 ch.* Ce refuge niché au pied des *tacchi* de l'Ogliastra, où le silence règne en maître, est un lieu privilégié. Au restaurant, on vous servira une cuisine du terroir saine et revigorante. Le délicieux jambon provient des cochons sardes élevés sur les pentes du Gennargentu. Goûtez aux *ravioli dolci di ricotta* et aux *culurgiones di patate* (*ravioli* à la pomme de terre), que vous accompagnerez d'un excellent cannonau de Jerzu.

Santa Maria Navarrese

PREMIER PRIX

Paninoteca Mc. Puddu's – *Via Lungomare - ✆ 348 796 75 98 - 15/20 €.* « Fast-food » local où l'on pourra goûter des produits du terroir de qualité : *panino* au lard et au *pecorino*, cuisine de l'Ogliastra, viande de bétail élevé dans les prairies du Gennargentu, *culurgiones* faits maison et *pizze*.

Tertenia

BUDGET MOYEN

Agriturismo Donnolu – *Loc. Su Engiu 8, SS 125 km 96/99 - ✆ 347 88 57 926 - www.donnolu.it - 27 €.* Passage obligé pour les amoureux de la région, Donnolu ravit les papilles par ses repas entièrement préparés avec les produits de la ferme. La formule comprend une infinité de plats face auxquels aucun régime ne tient.

Agriturismo Cirra – *Loc. Fusti e Carca, SS 125 km 98 - ✆ 338 81 96 123 - www.agriturismocirratertenia.com - 25/30 €.* En position panoramique sur la vallée de Tertenia, cet agritourisme, spécialisé dans l'élevage de brebis, sert un abondant menu fixe qui fait le plus souvent la part belle à l'agneau rôti.

Villaputzu

BUDGET MOYEN

Su Talleri – *SS 125, rte de Porto Corallo - ✆ 070 997 574 - P - fermé dim. - 30/35 €.* Excellente cuisine traditionnelle relevée d'un peu de créativité. Plats de la mer *(fregola con gli anemoni)*, servis dans un cadre sobre et une ambiance familiale. Cave de vins locaux.

PETITE PAUSE

Arbatax

Mai Tai Beach Bar – *Via San Gemiliano*. Dans l'anse de la spectaculaire Baia di Porto Frailis. Apéritifs, snacks et salades fraîches pour une pause gourmande.

Jerzu

Pastificio Le Tradizioni di Jerzu – *Corso Umberto I 13 - ✆ 0782 70 573 - www.tradizionisarde.net - fermé lun. et dim. soir*. En 2009, ce pâtissier a remporté le concours régional de *sebadas*, ces fines galettes frites et farcies au *pecorino*. Madame Virginia, propriétaire du lieu et médaille d'or de la catégorie, travaille principalement les *culurgiones, su coccoi prena* et les *pardulas*. Fraîcheur et qualité sont au rendez-vous.

Tortolì

Gelateria La Favorita – *Via Monsignor Virgilio 34 - ✆ 078 262 49 30*. Glaces artisanales.

ACHATS

Bari Sardo

L'Isola del Dolce – *Via Cagliari 37 - ✆ 348 06 82 77*. Pâtisserie régionale privilégiant les recettes anciennes et les ingrédients naturels ; une qualité assurée dans le respect de la tradition.

Moi Giancarlo – *Via Pigliaru 6 - ✆ 0782 29 236 - www.sardegnagioielli.com*. Atelier d'orfèvrerie artisanale spécialisé dans le travail du filigrane et la production de bijoux traditionnels.

Cardedu

Azienda Agraria Perda Rubia – *Loc. Perda Rubia - SS 125, km 121,6 - ✆ 348 670 85 53 - www.perdarubia.it - P -fermé dim.-lun.* On y produit et on y vend du cannonau, l'un des meilleurs vins sardes, obtenu à partir de cépages d'origine.

Jerzu

Antichi Poderi di Jerzu – *Via Umberto I 1 - ✆ 078 27 00 28 - www.jerzuantichipoderi.it - fermé sam. apr.-midi et dim. - visite et dégustations payantes*. Parmi les meilleures caves de la région. Vous trouverez ici toutes les variantes du cannonau.

Tertenia

Cooperativa Latteria Sociale Sant'Antonio – *Loc. Santu Perdu - ✆ 0782 93 713 - www.caseificiotertenia.it*. Coopérative des producteurs de fromage de chèvre et de brebis. *Pecorino* et *ricotta* d'excellente qualité.

Microbirrificio Lara – *Via Gennargentu 14 - ✆ 0782 69 37 53*. Production de bière artisanale, non pasteurisée et non filtrée. L'entreprise se situe dans le centre du village (accès par la via Roma, l'artère principale de la ville). Professionnalisme et passion se conjuguent pour donner une bière inoubliable.

Tortolì

Cantina Sociale Ogliastra – *Via Baccasara 36 - Società Cooperativa Agricola - ✆ 078 262 32 28 - www.cantinaogliastra.it*. Cave-coopérative réputée pour la culture et la vinification du raisin cannonau. Elle produit aussi des vins mousseux et liquoreux de qualité.

Oreficeria Murru – *Via Vittorio Emanuele 5 - ✆ 078 262 30 81 - www.oreficeriamurru.it*. Alliances, bracelets, boucles d'oreilles et pendentifs créés selon la tradition sarde : le filigrane est fait à la main avec deux fils d'or tressés.

Ulassai

Su Marmuri Cooperativa Tessile Artigiana – *Via Funtana Seri 37 - ✆ 0782 79 076 - www.sumarmuri.it - fermé sam. et dim.* Les doigts de fées des femmes de cette coopérative manient les métiers à tisser traditionnels tout comme le faisaient leurs grands-mères. Superbe linge de maison entièrement tissé à la main.

ACTIVITÉS

Excursions en mer

Abba – *Porto Turistico - Arbatax - ✆ 349 810 03 87 - www.sardegnadiving.it.* Excursions en mer, école de plongée.

Velamare - *Porto Turistico - Arbatax - ✆ 338 422 87 88 - www.velamarearbatax.it.* Location de Zodiac et de bateaux ; école de voile, ski nautique, planche à voile.

Ogliastra Diving – *Via Cagliari 103 - Barisardo - ✆ 340 420 47 25 - www.ogliastradiving.it.* Plongée, leçons de plongée et excursions.

Compagnia Costa Orientale Charter – *Via Lungomare 47 - Santa Maria Navarrese - ✆ 340 649 81 36 - www.fuorirottabaunei.it.* Excursions en mer le long de la côte de Baunei (visite des grottes), location de bateaux avec skipper et équipage. Croisières et mini-croisières les week-ends, avec nuit à bord.

Consorzio Marittimo Ogliastra – *Via Monsignor Virgilio 1/A - Tortolì - ✆ 078 262 80 24 - www.mareogliastra.com - juin-sept.* Excursions en mer le long de la côte de Baunei (visite des grottes). Croisières et mini-croisières les week-ends, avec nuit à bord.

Cardedu Kayak – *Loc. Perda Rubia - SS 125, km 121,6 - Cardedu - ✆ 078 275 185 - www.cardedu-kayak.com.* L'association organise des cours pour débutants et confirmés en canoë-kayak et kayak de mer.

Randonnées

Trekking Selvaggio Blu – *✆ 340 566 57 39 - www.supramonteselvaggio.it.* Trekking de 8 j. *(de mars à nov.)* pour groupe d'au moins 7 pers. (avec bagage de max. 12 kg) : l'excursion suit les sentiers des bergers et des charbonniers (observation d'aigles, de faucons et de chèvres sauvages), avec étape dans les bergeries. Parcours difficile, mais de toute beauté.

I Tacchi d'Ogliastra – *Via Umberto I 13 - Jerzu - ✆ 078 279 003 - www.ogliastranatura.com.* Excursions en quad, VTT, randonnée. S'adresser au « Pastificio Le Tradizioni di Jerzu » *(voir « Petite pause »).*

AGENDA

Arbatax

Rocce Rosse & Blues - *Août - www.roccerosse.it.* Dix jours de rock, blues et jazz dans le cadre scénographique des rochers rouges d'Arbatax. Une version hivernale du festival prévoit une programmation itinérante entre Cagliari et l'Ogliastra fin décembre.

Jerzu

Ogliastra Teatro - Festival dei Tacchi – *Début août - www.cadadieteatro.it.* Festival de théâtre contemporain, créé dans le cadre du *Cada die teatro* : il mêle les arts, la nature et les traditions locales dans le magnifique décor des *Tacchi* de l'Ogliastra.

Le Supramonte

★★★

Sauvage et tourmenté comme ses genévriers séculaires, le Supramonte – littéralement « au-dessus de la montagne » – compose un univers chaotique de grottes inexplorées et de forêts de chênes-lièges. Des espèces menacées s'y sont réfugiées : mouflons et martres, aigles royaux et craves à bec rouge. Seule présence humaine, quelques bergers y vivent encore dans leurs « cuiles », ces cabanes qui, par leur forme et leurs matériaux, rappellent les « nuraghi » de la préhistoire. De temps en temps, de rares randonneurs s'acheminent vers le sommet – le Monte Corrasi, à 1 463 m d'altitude – ou dans la gorge Su Gorropu, le canyon le plus profond d'Europe. Au pied de ce géant de pierre s'étire, splendide, le littoral du Golfo di Orosei, un « en dessous de la montagne » encore intact.

NOS ADRESSES PAGE 173
Hébergement, restauration, achats, activités, etc.

S'INFORMER

Ufficio del turismo di Dorgali – *Corso Umberto I 37 - ✆ 0784 927 235 - www.enjoydorgali.it.*

SE REPÉRER

Carte de région (p. 146-147) – Carte du Golfo di Orosei et Supramonte (p. 164). Le Supramonte est une sous-région côtière délimitée à l'est par le Tirreno, au sud par la province de l'Ogliastra et le Gennargentu, à l'ouest par la Barbagia et au nord par le Baronie et le Nuorese. Cette zone montagneuse culmine à 1 463 m à la Punta Corrasi, au sud-est de Nuoro.

À NE PAS MANQUER

Une randonnée dans le canyon Gorropu ; Cala Gonone et les plages paradisiaques du Golfo di Orosei ; l'Oasi de Bidderosa ; Galtellì, un bourg médiéval plein de charme.

ORGANISER SON TEMPS

Comptez 5-6h si vous ne faites que passer, et au moins 2-3 jours si vous voulez randonner, visiter les sites et découvrir la côte en bateau.

AVEC LES ENFANTS

L'aquarium et le Museo della Foca monaca, à Cala Gonone ; le Parco-museo S'Abba Frisca près de Dorgali.

Circuits conseillés

★★★ **DE BAUNEI À DORGALI ET CALA GONONE** Carte du Golfo di Orosei

Circuit de 75 km tracé en vert sur la carte du Golfo di Orosei et Supramonte p. 164 – Comptez 2h de route (sinueuse mais sans difficultés) sans les arrêts pour admirer les paysages, particulièrement pittoresques. Quittez Baunei vers le nord-ouest par la SS 125. Ce circuit prolonge celui de Villaputzu à Baunei (voir p. 149) et forme avec celui de Porto Rotondo à la Costa Smeralda (voir p. 218) un long parcours remontant la côte orientale de l'île. La première étape, le col Genna Arramene, se trouve à 4,7 km de Baunei.

★ Baunei

Voir p. 155.

Après Baunei, la route prend de l'altitude, laissant sur la gauche la vallée de Triei

Le Canyon Gorropu.
Elisa Locci / iStock

et le *nuraghe* **Loppelie**, situé au sommet d'un bastion rocheux. Elle traverse un majestueux paysage de versants boisés. Du col **Genna Arramene** (590 m d'altitude), au km 191,3, on voit au sud les terres de l'Ogliastra ; plus loin, au col de **Genna Coggina** (724 m), la vue porte sur les hauteurs de l'ouest. Peu après la **Casa cantoniera de Genna Scalas**, la petite église Santa Lucia (sur la gauche) est tout ce qu'il reste d'un bourg médiéval disparu.

La route passe au pied d'un bastion de calcaire dolomitique ; la **Punta S'Abbadorgiu** (943 m) s'élève au milieu d'un paysage boisé. Après le col **Genna Sarbene** (764 m), au km 172, une route mène à **Codula di Luna** ; un torrent qui coulait jusqu'à **Cala Luna★★** *(voir p. 167)* a érodé la roche au point de former ce canyon (on peut le rejoindre à pied en 3h, par un sentier difficile).

À hauteur de la Cantoniera Giustizieri (km 206), tournez à gauche vers Urzulei (7 km AR).

Urzulei

On atteint ce petit bourg pittoresque en descendant un dénivelé de 200 m à travers un beau paysage karstique. Dans les ruelles, Roberto Mulas a peint une série de *murales* en noir et blanc intitulée « Mémoire et identité ». L'église **Sant'Antonio** conserve un tableau du 17e s. figurant saint Antoine de Padoue. Au bout du village, sur la route pour Talana, s'élève l'église **San Giorgio di Sueli** datée du 16e s.

Sentier San Giorgio B-501 – *11 km - comptez 3h de marche.* De cette église part le sentier qui mène au massif du Supramonte. Des *cuiles*, les anciens refuges des bergers, ponctuent le parcours au long duquel vous admirerez le panorama depuis S'Iscala de su Piscau, l'if monumental de S'Eni di Monte Pertuntu, la source de Sa Culargia *(aire de pique-nique)*, les chênes-lièges de Fennau, la grotte de S'Edera (2 795 m), la tombe de géants de S'Arena et le village nuragique de Perdeballa.

La SS 125 continue au nord, sinue jusqu'aux cols Genna Cruxi (906 m) et Genna Silana (1 017 m), avant de rejoindre Dorgali (28 km).

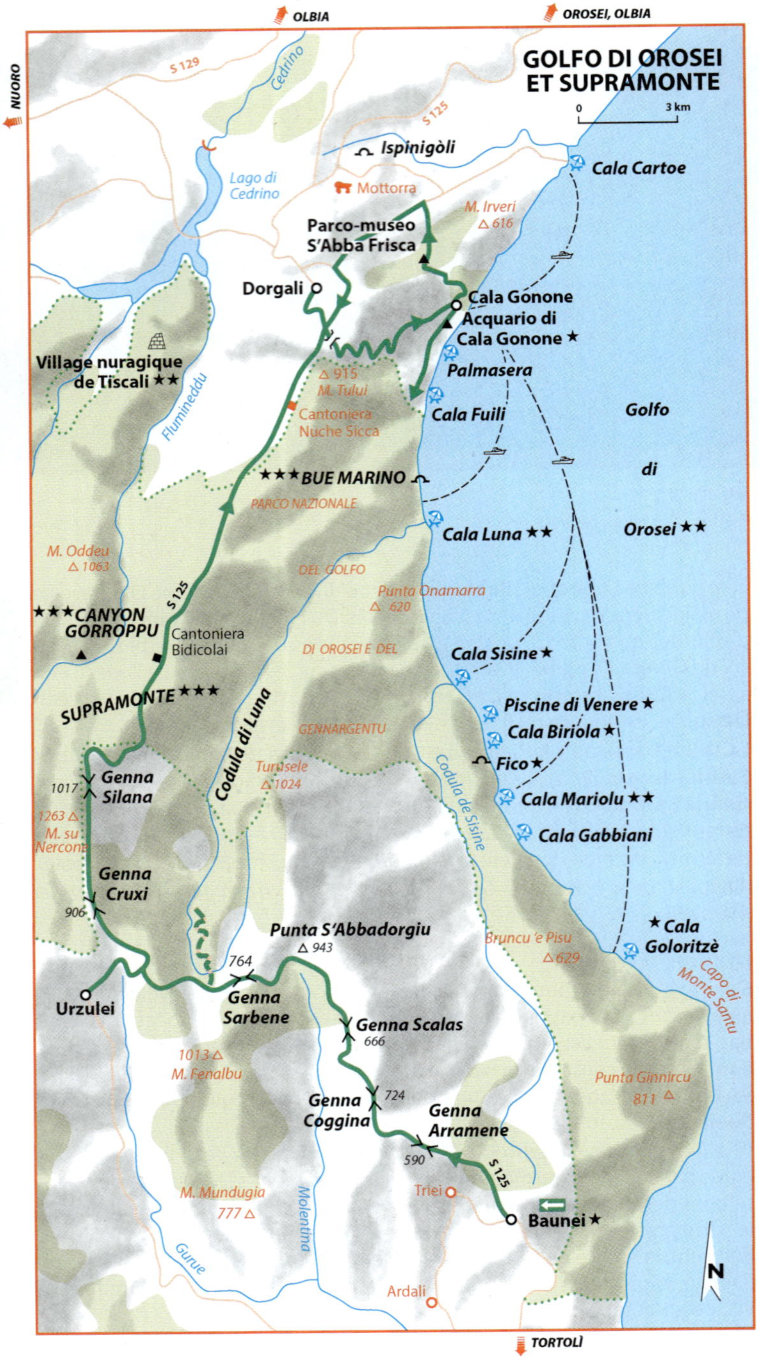
OLBIA
OROSEI, OLBIA
NUORO
TORTOLÌ
GOLFO DI OROSEI ET SUPRAMONTE
0
3 km
S 129
Cedrino
S 125
Ispinigòli
Lago di Cedrino
Mottorra
M. Irveri
616
Cala Cartoe
Parco-museo S'Abba Frisca
Dorgali
Cala Gonone
Acquario di Cala Gonone ★
Palmasera
Village nuragique de Tiscali ★★
915
M. Tului
Cantoniera Nuche Sicca
Cala Fuili
Flumineddu
Golfo
di
Orosei ★★
★★★ BUE MARINO
PARCO NAZIONALE
Cala Luna ★★
M. Oddeu
1063
DEL GOLFO
Punta Onamarra
620
S 125
★★★ CANYON GORROPPU
Cantoniera Bidicolai
DI OROSEI E DEL
Cala Sisine ★
SUPRAMONTE ★★★
Codula di Luna
GENNARGENTU
Piscine di Venere ★
Cala Biriola ★
Fico ★
Genna Silana
1017
Turusele
1024
Codula de Sisine
Cala Mariolu ★★
1263
M. su Nercone
Cala Gabbiani
Genna Cruxi
906
Punta S'Abbadorgiu
943
★ Cala Goloritzè
Bruncu 'e Pisu
629
Capo di Monte Santu
764
Urzulei
Genna Sarbene
Genna Scalas
666
1013
M. Fenalbu
Punta Ginnircu
811
Genna Coggina
724
Genna Arramene
590
S 125
Triei
M. Mundugia
777
Molentina
Baunei ★
Gurue
N
Ardali

Au terme d'une montée en douceur, on arrive au col **Genna Silana** (1 017 m), ligne de partage des eaux. Vers le nord, la vue embrasse la vallée du Rio Flumineddu, qui coule entre deux bastions calcaires dans la Gola Su Gorropu ; le fleuve s'engouffre dans ces gorges spectaculaires, au pied de parois de plus de 400 m de haut. On devine la fin de la gorge sur la gauche, le long de la route qui descend vers Dorgali.

★★★ Canyon Gorropu

Prévoir la journée, de bonnes chaussures de marche et de l'eau.

Une superbe **randonnée** permet d'apprécier le cadre naturel de ce canyon considéré comme le plus profond d'Europe. À effectuer de préférence au printemps ou à l'automne, au départ de Genna Silana *(voir Activités dans « Nos adresses à Dorgali » p. 176)*. Le parcours, long de 4 km pour un dénivelé d'environ 650 m, évolue à travers des paysages époustouflants. Côté botanique, genévriers, chênes verts et arbousiers bordent les sentiers, tandis que, parmi la faune, apparaissent martres, mouflons et aigles. Vous aurez également l'occasion de croiser en chemin des vestiges de *cuiles* (cabanes de bergers traditionnelles).

Après la Cantoniera Bidicolai (821 m), vous verrez se dresser à l'est, tel un gigantesque mur d'escalade, le Monte Oddeu (1 063 m). La route descend en pente raide et, passé la Cantoniera Nuche Sicca (504 m), le paysage change du tout au tout : les rochers calcaires cèdent la place à une région marquée par l'intense activité volcanique du quaternaire.

Au fur et à mesure que l'on approche de Dorgali, les cultures s'intensifient et font la part belle à la vigne. On arrive à Dorgali après avoir contourné la colline où s'élève la jolie petite église **Madonna del Carmelo**, d'où l'on apprécie une belle vue panoramique sur la vallée et le bourg.

2

Dorgali

Comune di Dorgali - Viale Umberto 37 - www.enjoydorgali.it - ✆ 078 492 72 35.

Cette localité vivante, adossée au versant occidental du Monte Bardia, se trouve à 10 km à l'ouest de Cala Gonone *(voir p. 166)* et à 30 km à l'est de Nuoro. Avec ses 225 km², Dorgali compte parmi les communes les plus étendues de Sardaigne. Bourg de caractère, il est renommé pour ses traditions artisanales – céramique, maroquinerie, tissage et orfèvrerie (filigranes d'or et d'argent) –, son vin et ses fromages *(voir « Nos adresses », p. 175)*. La partie ancienne du village, notamment dans la via Galileo Galilei, conserve quelques demeures de pierre volcanique sombre. À deux pas de là, sur la piazza Vittorio Emanuele, l'église paroissiale **Santa Caterina** renferme un bel autel de bois du 18ᵉ s.

Museo Archeologico – *Via A. Lamarmora - ✆ 338 834 16 18 - www.museoarcheologicodorgali.it - 9h30-13h, 15h30-18h (hiver : 16h-19h) - 3 €.* Il abrite une importante collection de pièces de fouilles datant des époques nuragique (Serra Orrios), punique et romaine, ainsi qu'une série de monnaies anciennes.

LA GROTTA DI ISPINIGÒLI

Il faut descendre 280 marches pour admirer les concrétions de la grotte, des cascades de stalagmites et de stalactites aux formes les plus diverses, et la colonne de 30 m de haut qui rejoint la voûte. La température est ici constante, à 15 °C. Du belvédère panoramique, à gauche de l'entrée, le regard plonge dans les profondeurs du « gouffre des vierges », une sorte d'entonnoir communiquant avec la cavité.

Museo Civico Salvatore Fancello – *Corso Umberto 37 - ✆ 0784 94 945 - 9h-13h, 16h-19h (14h-16h30 en hiv.) - 6 €.* Il rend hommage à cet artiste né à Dorgali en 1916 et disparu à Bregu Rapit, sur le front gréco-albanais, en 1941.
Outre un bestiaire en terre cuite, le musée abrite le splendide rouleau dessiné que Fancello offrit à son ami Costantino Nivola en 1938 : il s'agit d'un dessin ininterrompu de 7 m de long, orné de scènes agrestes et d'animaux fabuleux.
Reprenez la SS 125 vers le sud et prenez vers l'est pour rejoindre Cala Gonone (9 km).

★★ **LE GOLFO DI OROSEI** Carte p. 164

Cala Gonone

Piazza del Porto - ✆ 078 493 260. Informations en français.
Dès la fin du 19e s., les bourgeois de Nuoro prirent l'habitude de venir jusqu'à Cala Gonone, sur les rives du golfe, au prix d'un voyage long et fatigant. Ce petit village de pêcheurs, originaires pour la plupart de Ponza, est ainsi devenu la station balnéaire vedette du Golfo di Orosei, à l'est du grand parc national qui relie ce littoral au Gennargentu.
Museo della Foca monaca – *Via del Bue Marino 1 - ✆ 346 036 68 58 - www.ceafocamonaca.it - 9h30-12h30, 16h30-23h30 - 5 € (gratuit sur présentation du billet d'entrée de la grotte del Bue Marino) - brochure en français.* Ce musée présente à travers une série de **dioramas** plus de 300 animaux de la faune régionale : mouflon et martre, aigle royal et hibou (petit-duc scops), talève sultane et faucon d'Éléonore ; sans oublier le phoque moine de Méditerranée *(Monachus monachus)*, *foca monaca* en italien, espèce menacée d'extinction qui semble avoir disparu des côtes sardes et dont il ne reste aujourd'hui que quelques centaines de couples, majoritairement en mer Égée.
★ **Acquario di Cala Gonone** – *Via La Favorita - ✆ 0784 920 052 - www.acquariocalagonone.it - 10h-18h (20h en août) ; mars seult sam. et dim. - fermé nov.-févr. - 10 €.* Ouvert en 2010, l'aquarium de Cala Gonone, conçu par l'architecte Peter Chermayeff (auteur de ceux de Gênes, Lisbonne et Osaka), ménage un beau **panorama**★ sur le golfe à travers ses grandes baies vitrées.
Particulièrement didactique, il comprend 25 bassins représentatifs de la faune méditerranéenne, classée par profondeur, ainsi qu'une section tropicale ; ne manquez pas le **bassin de la mer ouverte**★ *(mare aperto)*, le plus grand du sud de l'Italie (350 000 l), fréquenté notamment par les mérous et les requins (vous pouvez assister à leur repas tous les jours à 15h). À la fin du parcours, un **bassin tactile** vous donne l'occasion de toucher des raies et des étoiles de mer.
Plus de 90 % des poissons présents ont été ramenés par des pêcheurs locaux et l'eau des bassins, en provenance du golfe, est pompée avec parcimonie (une fois par mois) et filtrée par des granules de verre recyclé.

★★★ Plages et criques

Les nombreuses et superbes **plages** de Cala Gonone sont la première raison d'un passage ici. Dans la station même, la **plage centrale** demeure plaisante, en dépit des foules estivales et de la proximité de l'embarcadère.
Les plages contiguës de Palmasera, Sos Dorroies et S'Abba Meica sont également très fréquentées, mais un peu plus éloignées du trafic de la marina.
Située à 4 km au sud du centre de Cala Gonone, juste après la plage de Ziu Martine, **Cala Fuili**, joliment encaissée dans une crique, est la dernière plage accessible par la route.
Au sud de Cala Fuili, le littoral est accessible uniquement à pied ou en bateau.
Un magnifique sentier longe la côte à partir de Cala Fuili, tandis que l'approche par la mer offre une vue spectaculaire sur le mur naturel des falaises calcaires.

La plage de Cala Gonone.
STELLA/imageBROKER/age fotostock

★★★ Grotta del Bue Marino

La « grotte du bœuf marin » a servi d'ultime refuge pour le phoque moine après l'arrivée sur les plages des premiers estivants, dans les années 1950, et avant sa disparition du golfe à la fin des années 1970.

Parcourue de 16 km de galeries, la grotte est divisée en deux branches (*ramo* en italien) principales, en partie sous les eaux, qui se rejoignent à leur entrée commune sur la mer.

★★ **Ramo Sud** – *Accès par bateau - ✆ 328 97 29 719 - visite guidée (45mn) - avr.-mai et oct. : 9h-17h ; juin-juil. : 9h-18h ; août : 9h-19h - 8 € ; billet compris en général avec la traversée en bateau - photos interdites.* La partie la plus spectaculaire est aménagée sur 1 200 m (sur un total d'env. 8 km). Les concrétions, variant entre le blanc et le rouge (présence de fer), se reflètent admirablement dans les eaux : les plus impressionnantes, datant de 700 000 ans, forment deux orgues géantes. À la sortie de la grotte, remarquez les **gravures** néolithiques (5 000 ans), qui représentent une douzaine de figures dansantes.

★★★ **Ramo Nord** – *Accès à pied à partir de Cala Fuili - ✆ 349 81 56 053 - visite guidée (1h) - avr.-oct. : 9h30-13h30, 15h-16h - 10 € - photos permises.* Accessible par une passerelle bâtie sur la falaise, au-dessus de la mer, cette partie de la grotte, plus intimiste, ravira les amateurs de spéléologie. Sur près de 800 m, vous découvrirez un réseau de galeries fossiles (dont une est divisée en deux niveaux par une fine **cloison naturelle**★★) et deux de ses multiples **lacs**★★ (on en dénombre 40 au total le long de ses 9 km) : le lago Smeraldo, qui est alimenté par une remontée d'eau salée, et le lago Abissale, qui s'enfonce sur 12 m.

★★ Cala Luna

Comptez 2h depuis Cala Fuili et 1h15 depuis la branche nord de la grotte. Snack-bar sur place.

À peine plus au sud que la grotte, cette plage couverte d'un fin sable blanc s'étend au pied d'une falaise percée de huit grottes spectaculaires qui procurent une ombre bienvenue. On peut faire des balades à cheval sur le petit étang voisin, bordé de lauriers-roses.

AU NORD DU GOLFE

Une belle **route panoramique★★** conduit vers **Cala Cartoe** *(à 5,5 km au nord de Cala Gonone)*. En chemin, ne manquez pas le **Parco-museo S'Abba Frisca** qui rassemble plus de 4 000 objets et instruments liés à la vie rurale traditionnelle, dont un pressoir à vin du 16e s. et une cabane de berger reconstituée. *Loc. Littu - 333 76 55 405 ou 338 23 80 089 - www.sabbafrisca.com - été : 9h-12h, 15h-18h ; reste de l'année sur réservation - 7 €.*

★ Cala Sisine

Bien protégée par une haute falaise, cette grande plage bénéficie d'une eau tranquille ; le soleil s'y attarde un peu plus longtemps qu'ailleurs.

★ Cala Biriola et Piscine di Venere

La portion du littoral la plus impressionnante se situe entre Cala Sisine et Cala Biriola ; seul défaut de cette splendide petite crique nichée au pied d'une haute falaise, elle est souvent à l'ombre.

La plage de Piscine di Venere est spectaculaire avec ses eaux azur et ses rochers blancs immergés.

★ Grotta del Fico

Società speleologica baunese - 349 146 38 02 ou 333 963 43 49 - www.grotta-delfico.it - mai-sept. - 8 €. Accès uniquement par bateau au départ des ports de Santa Maria Navarrese, d'Arbatax et de celui de La Caletta à Siniscola (Consorzio Marittimo Ogliastra - 078 262 80 24 - dép. vers 9h, retour vers 17h30 - dépose au pied d'un escalier).

Un parcours de 2 km est aménagé dans la grotte où, jusqu'à il y a une vingtaine d'années, se réfugiaient les derniers spécimens de phoques moines sardes.

★★ Cala Mariolu

Cette plage est un chef-d'œuvre de la nature : ses grands rochers la divisent en plusieurs criques aux eaux cristallines.

À proximité, la belle **Cala Gabbiani** est moins fréquentée, car le soleil s'y couche tôt.

★ Cala Goloritzè

Les bateaux n'ont pas le droit de s'en approcher. Sauf à y venir à pied *(voir p. 156)*, on ne peut donc la voir que de loin… ce qui suffit néanmoins à prendre la mesure de la paroi rocheuse où s'exercent les grimpeurs.

★ D'OROSEI À OLBIA Carte de la région

Circuit de 155 km tracé en violet sur la carte de région p. 146-147 – Comptez 2h45 de route. Quittez Dorgali au nord-ouest et suivez la SS 125 jusqu'à Orosei (20 km).

Orosei

Piazza del Popolo 12 - 0784 99 83 67 - www.orosei-proloco.com.

Dans le bourg, vous verrez quelques belles demeures (15e-17e s.) avec leurs cours intérieures. La tour carrée pisane de Sant'Antonio fait partie du complexe de l'église **Sant'Antonio Abate** *(entrée sur la via Ariosto)*, reconstruite entre le 14e et le 15e s. selon les caractéristiques des sanctuaires sardes, avec les *cumbessias* pour accueillir les fidèles. Des acrotères en terre cuite de goût baroque ornent la façade. Remarquez le portique sur le côté gauche et, à l'intérieur, la statue en bois du saint auquel l'église est dédiée.

Moins discrète, toute blanche sur la verte piazza del Popolo, s'élève l'église paroissiale **San Giacomo Maggiore**, avec sa façade baroque précédée d'un large escalier, ses cinq coupoles et son haut campanile. Elle renferme un beau baptistère du 18e s., des statues en bois (sur les autels latéraux) et de nombreux stucs.

Museo Guiso – *Via Musio 2 - été : 10h-12h, 19h-22h ; reste de l'année : w.-end 16h-19h - 2,50 €.* Installé dans une belle demeure du 17e s. restaurée par Vittorio Gregotti, il abrite une magnifique collection de théâtres du 18e s. miniaturisés et une série de costumes allant de 1880 au 20e s., avec des pièces sorties des ateliers des sœurs Callot, de Dior, Versace et Valentino.

Durant les fêtes de la Semaine sainte, on peut assister aux processions et aux rites organisés par les églises **del Rosario** *(via Lamarmora)* et **delle Anime** *(vico Rosario)*, dont les membres portent l'habit rouge et blanc.

Profitez de votre séjour pour goûter aux spécialités de la pâtisserie locale, *su pisteddu* et *su pane nieddu*.

Quittez Orosei vers l'est pour rejoindre Marina di Orosei (3 km).

Marina di Orosei

À son embouchure, le fleuve se divise en deux bras. Au nord, il finit son cours dans un canal ; au sud, il alimente le marais de **Su Petrosu** où viennent se nourrir canards colverts et talèves sultanes, foulques, poules d'eau, hérons cendrés et échasses blanches.

Le dernier dimanche de mai, la petite église **Santa Maria 'e Mare**, érigée au 13e s. par des marchands pisans et emplie d'innombrables ex-voto, marque le terme d'un pèlerinage au cours duquel la statue de la Vierge est portée en procession sur le fleuve, suivie par les bateaux des pêcheurs.

Toute la région est constellée de plages ; d'agréables pinèdes bordent celles d'**Osalla** et de **Fuile 'e Mare**.

Revenez vers Orosei puis empruntez la SS 129 pour rejoindre Galtellì (11 km). À la hauteur de l'embranchement pour Onifai (sur la droite, à 7,5 km de Marina de Orosei), on peut voir vers le sud les ruines du Castello Pontes.

Castello Pontes et Monte Tuttavista

Se confondant presque avec les rochers du Monte Tuttavista, les vestiges de cette forteresse du début du 11e s. se dressent sur des fondations d'époque romaine. Résidence des barons locaux, la forteresse fut conquise par les Aragonais en 1333 et habitée jusqu'au 15e s. Les travaux de restauration ont mis au jour un cycle de fresques exécutées entre la fin du 12e s. et le début du 13e s.

Un chemin de terre sur le Monte Tuttavista (805 m) conduit à **Sa Pedra Istampada** (« la pierre trouée »), une arche sculptée par le vent. Splendide panorama.

★★ Galtellì

Galtellì fit son entrée dans l'histoire au 12e s., lorsqu'elle devint le siège d'un évêché. Au Moyen Âge, le bourg appartenait au judicat de Gallura ; il acquit une certaine importance en tant que chef-lieu de la *curatoria* (division administrative du judicat) dont faisaient partie Dorgali et Orosei. Galtellì, plein de charme, compte parmi les bourgs médiévaux les mieux conservés de l'île.

La cathédrale romane **San Pietro** montre de belles fresques d'esprit byzantin. Réputé miraculeux, le **crucifix** de style gothique catalan (début du 14e s.) que conserve l'église paroissiale attire de nombreux fidèles de toute l'île. Les cérémonies de la Semaine sainte, très suivies par les habitants de Galtellì, drainent elles aussi beaucoup de monde.

Museo Etnografico Sa Domo de Marras – *Via Garibaldi 12 - ☏ 0784 90 472 - juin-août : 9h30-12h30, 16h30-19h30 ; reste de l'année : 10h-12h, 16h-18h - 3 € - visite guidée en français ou en anglais sur RV.* Pour mieux comprendre les traditions et l'économie du bourg, vous pourrez visiter ce musée installé dans une belle demeure aristocratique du 18e s.

Reprenez la SS 129 vers Orosei puis empruntez la SS 125 vers le nord jusqu'à Cala Liberotto et le Stagno Su Curcurica (env. 20 km).

★★ Oasi di Bidderosa

Pour préserver l'espace naturel de l'oasis, l'accès y est réglementé et payant. ☏ 333 179 83 35 et 342 355 99 75 - http://oasibiderosa.com - mai-oct. : 7h30-20h (dernière sortie) - accès limité pour les véhicules : 140 voitures maxi et 30 motos/j., réserv. conseillée en haute saison.

Cette oasis naturelle paradisiaque abrite cinq petites plages de sable blanc, entourées d'un maquis dense et parfumé. La plus vaste, **Cala Liberotto**, enserrée entre des rochers de granite rose, dispose de nombreux services dont un parking, un point de restauration et des locations de parasols et canoës. Au nord se trouvent deux étangs, **Stagno Su Curcurica** et **Stagno Berchidda**. Le premier, alimenté par les fleuves Rio Pischina et Rio Sa Mela, étend ses eaux émeraude sur 38 ha parmi des collines de granite couvertes de maquis et de pinèdes. Les lieux attirent quantité d'oiseaux, migrateurs ou non : échasse blanche, martin-pêcheur, héron, flamant rose, cormoran, aigrette garzette, ainsi que quelques espèces d'amphibiens et de reptiles, comme le crapaud vert, la rainette verte et la tortue des marais. Plus petit, l'étang de Berchidda (6 ha), alimenté par le fleuve du même nom, est particulièrement riche en anguilles et en mulets. Une longue plage de sable fin le borde à l'est.

Poursuivez sur la SS 125. Laissez à l'est le Capo Comino et, au km 76,2, tournez à droite pour rejoindre Santa Lucia (env. 14 km).

Santa Lucia

Cette station balnéaire plaisante était, il y a quelques dizaines d'années encore, une humble bourgade de pêcheurs originaires de Ponza. Dans la partie ancienne se trouve une petite église du 19e s.

Regagnez la SS 125 en passant par la via piazza Santa Lucia et tournez à droite pour rejoindre Siniscola (9,5 km).

Siniscola

Installée sur le versant nord du Monte Albo, cette grosse bourgade s'est considérablement développée depuis les années 1980 ; c'est le principal centre

Capo Coda Cavallo.
M. Lange / imageBROKER / age fotostock

urbain des Baronie septentrionales. Les quartiers anciens entourent l'église paroissiale **San Giovanni Battista** (18e s.), flanquée d'un haut campanile, dont l'intérieur est couvert de fresques de la fin du 19e et du début du 20e s. Outre les statues en bois offertes par des artistes locaux en signe de dévotion, l'église abrite une plaque anachronique : elle porte la date de 1627, mais aussi une indication de taille et une empreinte de pied… que la légende affirme être celles du Christ.

Siniscola offre un bon point de départ pour rejoindre le Monte Albo *(voir encadré p. 189)*.

Quittez Siniscola au nord-est par Località Su Pranu pour rejoindre La Caletta (7,5 km).

2

★ La Caletta

Le petit port est doté d'une longue et agréable plage, La Caletta, pourvue de tous les équipements touristiques.

Derrière, le petit étang **Su Graneri** possède un vivier de mulets et de bars.

Empruntez la SP 24 pour rejoindre Posada (env. 5 km), au nord-ouest de La Caletta.

★ Posada

Ce joli bourg se perche sur le versant d'une colline calcaire couverte de lentisques et d'euphorbes ; la tour carrée de l'ancien Castello della Fava (13e s.), qui domine Posada, offre un beau panorama sur le village et les plantations d'agrumes alentour.

Construit au 12e s. par les « juges » *(judike)* de Gallura, l'endroit fut ensuite conquis par le judicat d'Arborea, avant de passer aux mains des Aragonais. L'atmosphère de ces heures médiévales subsiste dans les ruelles sinueuses, les chemins en escalier, les arcs, les placettes et les jolies demeures de pierre grise.

Pour rejoindre San Teodoro, deux routes sont possibles : la SS 131 d.c.n. et la SS 125 : la distance est la même (env. 25 km), mais le parcours côtier vous prendra deux fois plus de temps (surtout en été), car il traverse plusieurs localités.

Sur le littoral, entre Posada et San Teodoro, se succèdent des stations balnéaires destinées au tourisme de masse, avec tout ce que cela suppose de belles plages bien équipées et faciles d'accès, d'infrastructures sportives et d'installations commerciales, de bars et de discothèques pour une vie nocturne animée.

Certaines stations, comme **Tanaunella** (belle vue sur les îles **Tavolara★★ et Molara★**, *voir p. 214)*, sont des agglomérations nouvelles formées essentiellement de maisonnettes de vacances où de nombreux Italiens du Nord ont établi leur résidence d'été. D'autres, comme **Budoni**, ont connu une histoire plus longue dont témoignent les *stazzi di San Pietro*, des maisons rurales semblables

L'arrière-pays bucolique de San Teodoro.
V. Leduc / Author's Image / Photononstop

aux mas provençaux ; sur ses étangs saumâtres, les joncs et les tamaris attirent une colonie de flamants roses. D'autres encore, comme **Ottiolu**, ont tout misé sur leur port de plaisance ; vous pourrez en profiter pour effectuer des sorties en mer le long du littoral.

San Teodoro

Le bourg est devenu une station balnéaire très fréquentée par une clientèle familiale et jeune qu'attirent les belles plages des alentours (notamment la blanche **La Cinta**) et l'intense vie nocturne.

Museo delle civiltà del mare – *Via Niuloni 1 - ✆ 0784 86 60 10 - www.icimar.it - lun.-vend. 10h-13h, 16h30-19h - 2 €.* Ce petit musée conte les heures anciennes du village, de 350 av. J.-C. jusqu'au Moyen Âge.

Suivez la SS 125, puis prenez à droite pour Capo Coda Cavallo (14 km).

★★ Capo Coda Cavallo

Sept belles plages entourent le cap, toutes faciles d'accès, bien équipées et... très fréquentées. Du nord au sud, vous trouverez d'abord **Cala Purgatorio**, protégée au sud par le cap et se prêtant à la baignade pour les enfants. Vient ensuite la petite crique **Le Farfalle-Cala Suaraccia**, sous la Punta di L'Astra Ruia, entourée d'un maquis dense et formant un point d'accostage. La **Punta dell'Est**, au bout du littoral, est accessible par un sentier panoramique (payant) d'où la vue porte sur les îles et sur la plage de La Cinta ; elle attire surtout les amateurs de windsurf et les plongeurs. Derrière la **Baia Salinedda** s'étend une zone de marais fréquentés par d'élégantes échasses blanches. La plage de **Salina Bamba**, qui forme un arc entre les salines et la mer, plaît elle aussi aux ornithologues en herbe. **Cala Brandinchi**, entourée de pinèdes et de dunes, accueille également un petit môle ; c'est de cette plage que, le 17 octobre 1867, Giuseppe Garibaldi s'embarqua sur le *San Francesco* pour rejoindre Piombino et tenter de libérer Rome. **Lu Impostu**, entourée de dunes que couvrent les genévriers, les chardons-Marie et les lis sauvages, étend sa plage sur plusieurs kilomètres.

Revenez sur la SS 125 pour regagner Olbia (26 km, voir p. 212).

NOS ADRESSES DANS LE SUPRAMONTE

HÉBERGEMENT

Budoni

BUDGET MOYEN

Budoni Beach – *Loc. Porto Ainu, vers la plage d'Ainu - ✆ 392 90 15 635 - www.budonibeachhotel.com - P - 28 ch. 70/130 €.* Les chambres, au mobilier de bois clair et décorées de tissus sardes, sont réparties autour d'une belle pelouse verte. La plage n'est qu'à 200 m à pied; tout autour la campagne. Accueil charmant.

Cala Gonone

PREMIER PRIX

Agriturismo Nuraghe Mannu – *Loc. Pranos - ✆ 0784 93 264 - www.agriturismonuraghemannu.com - 4 ch. 60/70 € - rest.* Les vestiges d'un ancien *nuraghe* se trouvent à quelques pas de ce sympathique agritourisme, sur les hauteurs de Cala Gonone. Quelques chambres propres et fonctionnelles et des emplacements de camping à l'ombre des oliviers. Cuisine régionale savoureuse et authentique.

Biriola Holidays – *Via Taloro 18 - ✆ 0784 920 090 - www.biriola.com - avr.-oct. - 5 appart. 50/100 € (5 nuits min.) - petit-déj. sur demande.* Bruno, Giovanna et leur fils Mateo proposent de spacieux appartements, simples et bien tenus, quatre d'entre eux ayant vue sur la mer; le cinquième, avec véranda, donne sur le jardin. Ils sont situés à 10mn à pied du port. Laverie à disposition et potager pour les clients. Excellent accueil.

Agriturismo Codula Fuili – *Loc. Pranos - ✆ 328 734 08 63 - www.codulafuili.com - P - 5 ch. 70 €.* Chambres lambrissées, avec vue sur la mer, orientées de façon à recevoir les premiers rayons de soleil. Tables faisant face à la baie et cuisine traditionnelle.

BUDGET MOYEN

Hotel La Favorita – *Lungomare Palmasera 30 - ✆ 0784 93 169 - www.lafavoritahotel.com - P - 14 ch. 70/100 €.* Excellent rapport qualité/prix pour ce petit hôtel coquet arrangé dans les tons bleu et blanc, à quelques pas du port de Cala Gonone. Également un restaurant sarde et un four à bois pour *pizze.*

Dorgali

PREMIER PRIX

Rifugio Gorropu – *SS 125 - Loc. Ortunnule, à 3 km au sud de Dorgali - ✆ 078 494 897 - www.rifugiogorropu.it - 6 ch. - 60/80 €.* Ce refuge est une étape idéale pour des promenades ou des randonnées plus sportives dans la nature alentour. Point de départ pour la gorge de Gorropu et le site archéologique de Tiscali. Camping, randonnées, excursions à cheval et en 4x4.

Agriturismo Biriddo – *Loc. Biriddo - SP 38, km 25,05 (12 km au nord-ouest de Dorgali) - ✆ 338 211 03 95 - www.biriddo.com - 9 ch. - 60 € - rest. sur réserv.* À 100 m du site nuragique di Serra Orrios, dans une oliveraie centenaire, ce gîte rural propose un hébergement en chambre classique ou dans de pittoresques chalets. Les produits de la ferme sont mis au service d'une cuisine régionale; excellents *maccarones furiaos,* au fromage et à la menthe.

Porto Taverna

UNE FOLIE

Relais Fenicottero Rosa – *Loc. Porto Taverna, à 18 km au sud-est d'Olbia - SS 125 - ✆ 0789 48 00 62 - www.relaisfenicotterorosa.com - P - 15 avr.-oct. - 11 ch.*

150/190 €. Les chambres, distribuées sur deux étages, s'ouvrent sur une terrasse ou sur un patio et sont décorées avec des tissus et du mobilier de la région. À la belle saison, le petit-déjeuner est servi à l'extérieur. Le soir, dégustation de produits régionaux pour l'*happy hour.*

San Teodoro

BUDGET MOYEN

Agriturismo Li Scopi – *Loc. Li Scopi - ✆ 338 708 84 14 - www.agriturismoliscopi.com - P - 10 ch. 115/145 € - rest. Pâques-oct.* Sur une superficie de 24 ha, une vaste oliveraie, des chênes-lièges centenaires et le maquis méditerranéen servent d'écrin à cette superbe structure. Chaque chambre possède sa propre véranda donnant sur le jardin. Menu typique composé exclusivement de plats de viande.

RESTAURATION

Budoni

BUDGET MOYEN

Lu Nibaru - *Loc. Marina - ✆ 0784 84 40 82 - P - mars-oct. - 25/30 €.* Ce bar-restaurant donnant directement sur la plage cultive une ambiance jeune et informelle. Les *spaghetti alla Baia Sant'Anna*, préparés avec des fruits de mer et des crustacés, recueillent tous les suffrages.

Ittiturismo La Fruscina - *Via Nazionale - ✆ 340 756 2913- P - 35 €.* À quelques pas de la belle plage de La Cinta, ce restaurant, qui ne paye pourtant pas de mine, sert des repas de poisson bien frais, très savoureux et extrêmement copieux. *Antipasti, primi*, grillades et dessert au goût de la mer défilent dans un ballet interminable.

Cala Gonone

PREMIER PRIX

Da Graziano Il Pescatore – *Via Vasco de Gama 22 - ✆ 0784 931 95 - www.ristorantedagraziano ilpescatore.it - 20 €.* Cette adresse, située un peu en retrait du bord de mer, est tenue par une famille de pêcheurs. Poissons d'une fraîcheur irréprochable !

BUDGET MOYEN

Codula – *Via Lamarmora 4 - ✆ 078 496 509 - www.ilquerceto.com - P - fermé lun. midi sf l'été - 30/35 €.* Ce restaurant propose depuis 1974 une cuisine du terroir et de saison (pas de poisson). Essayez les *bouchès* (gnocchi au fromage frais et aux blettes). Excellente sélection de fromages et de vins.

Dorgali

BUDGET MOYEN

Sant'Elene – *Loc. Sant'Elene, à 4,5 km au sud de Dorgali - ✆ 0784 94 572 - www.albergosantelene.it - P - fermé lun. (sf l'été) - 25/30 €.* Délicieuse cuisine de la mer et du terroir. Les salamis, les fromages, les desserts et les vins sont un régal. Au sommet d'une colline avec vue sur Dorgali.

Hotel Ristorante Ispinigoli – *Loc. Ispinigoli, à 8 km au nord de Dorgali - ✆ 0784 95 268 - www.hotelispinigoli.com - 24 ch. - 30 €.* Situé à quelques mètres de la grotte du même nom et à quelques kilomètres de la mer, ce restaurant s'est spécialisé dans les légumes. Ambiance simple et familiale.

Agriturismo Agripaules – *Loc. Iloghe-Sas-Paules - SS 129, km 20 (15 km au nord-ouest de Dorgali) - ✆ 349 361 65 51 - www.agripaules.com - 5 ch. - 22/30 €.* Isolée sur un plateau, avec la Punta Corrasi en toile de fond, la ferme de Maddalena et son mari Billia, qui parle français, ravira les gourmets amoureux de simplicité. Vous apprécierez en particulier leur *moddizosu*, pain à base de pomme de terre, leurs charcuteries et leurs fromages (excellent *pecorino*), leurs vin et digestif. La ferme dispose de chambres simples et lambrissées s'ouvrant sur une prairie où broutent des ânes.

San Teodoro

BUDGET MOYEN

Agriturismo Li Mori – *Loc. Li Mori - ✆ 078 485 10 00 - www.agrilimori.it -* P *- sur réserv. - 18/35 €.* De vieux outils agricoles parent les murs de ce *stazzo* (habitat rural). Plats savoureux réalisés à partir des produits les plus simples; une cuisine aux herbes aromatiques et aux parfums des bois.

POUR SE FAIRE PLAISIR

Bal Harbour – *Via Stintino - ✆ 345 226 25 12 - www.balharbour.it -* P *- avr.-oct.* Un bar de plage à l'ombre des palmiers. Dans la journée, service au bord de la piscine, bar à cocktails et carte de plats traditionnels *(comptez 50 €)*; le soir, barbecue et menus à prix fixe *(25/40 €)*. Un établissement qui a beaucoup de charme.

PETITE PAUSE

Cala Gonone

Roadhouse Blues – *Via Lungomare Palmasera 28 - ✆ 0784 93 187.* Ce pub de style irlandais, doté d'une belle terrasse sur la mer, accueille des concerts.

Iris Café – *Viale Cristoforo Colombo - ✆ 0784 93 110 - mars-déc.* Caractéristique de l'Iris Café? Le trachyte dans lequel un sculpteur local a taillé les sièges et la fontaine centrale. Beau et original, l'endroit accueille cafétéria, snack-bar et sandwicherie dans la journée; le soir, il se transforme en piano-bar et sert des cocktails. Glaces artisanales à toute heure.

Capo Coda Cavallo

Blue Bar – *Punta Est - ✆ 0784 83 40 19.* Idéal pour un cocktail au coucher du soleil, en profitant d'un des plus beaux panoramas de la Sardaigne depuis la terrasse.

Dorgali

Pasticceria Mulas – *Via Galileo 39 - ✆ 078 495 123 - www.mulaspasticceria.it - fermé dim. apr.-midi.* Depuis plus de 40 ans, une production artisanale de pâtisseries et de biscuits secs.

Porto San Paolo

Gelateria Artigianale RISS – *Via Antonio Gramsci 10 - ✆ 0789 40 061 - www.gelateriariss.com.* Glaces artisanales. Une grande variété de parfums, certains sans gluten. Tarte glacée maison.

ACHATS

Cala Gonone

Gianluigi Mele – *Loc. Su Romasinarzu - ✆ 0784 93 627 ou 347 066 18 58 - web.tiscali.it/ceramicheglmele.* Le maître sarde du raku et de la sculpture sur basalte vend des plats, des amphores, des figurines d'animaux sardes et d'élégants objets décoratifs.

Dorgali

Cantina Sociale Dorgali – *Via Piemonte 11 - ✆ 078 496 143 - www.cantinedorgali.it.* Depuis 1953, technologie et tradition produisent d'excellents vins et eaux-de-vie typiques de la région.

Nuovo Non Solo Ceramica di Enza Loi – *Corso Umberto 42 (point de vente); Via Grazia Deledda 1 (atelier) - ✆ 078 494 711 - visite de l'atelier sur RV.* Vaisselle, objets décoratifs (horloges murales…) et services de toilette rétro, dans la plus pure tradition de la céramique sarde.

Su Telarzu – *Via Lamarmora 140 - ✆ 0784 93 182 - www.sutelarzu.com.* Surnommée « la reine des tapis », Maddalena Mula a lancé sa petite entreprise artisanale de tissage dans les années 1970. Fort d'un succès international, le laboratoire continue à produire aujourd'hui tapis, nappes, draps, rideaux et tout linge de maison d'une très grande qualité, dans le plus grand respect des règles de l'art du tissage régional.

ACTIVITÉS

Budoni

Venti di Vela Sardinia Charter – *Loc. Marina di Porto Ottiolu - Budoni - ✆ 347 462 91 05 - www.ventidivela.it.* Excursions d'un jour à une semaine en voilier. Excursion à la journée dans le Parc marin de Tavolara et à l'Isola di Molara.

Capo Coda Cavallo

Blu Infinito Diving Center – *Loc. Salina Bamba - ✆ 349 656 49 21 - www.bluinfinito.it.* Pour plonger dans le Parc marin de Tavolara.

Dorgali

Cooperativa Ghivine – *Via Lamarmora 31 - ✆ 0784 96 721 - www.ghivine.com.* Excursions spéléologiques, naturalistes et archéologiques ; canyoning dans le parc du Gennargentu et sorties dans le golfe d'Orosei.

Gennargentu Escursioni – *Via Lamarmora 204/a - ✆ 078 494 385 - www.gennargentu.it.* Excursions pour Tiscali, le Supramonte d'Urzulai et d'Orgosolo et Su Gorropu.

Zente – *Via Lamarmora 124 - ✆ 349 666 22 64 - www.zente.it.* Excursions vers la grotte Rutta Niedda, Tiscali, la gorge de Fuili, Coda di Luna, Su Gorropu, Bue Marino ; escalade, spéléologie…

Società Chintula – *✆ 328 897 65 63 - www.gorropu.info.* Excursions à la grotte de Gorropu, randonnée, canyoning, spéléologie, parcours nature ; véhicules tout-terrain, repas traditionnels et cours de cuisine.

Cala Gonone

Consorzio Trasporti Marittimi – *Via Millelire 14 - ✆ 0784 93 305 - www.calagononecrociere.it.* Excursions à la Grotta del Bue Marino et mini-croisières pour se rendre sur les plages plus lointaines. Départ toutes les heures en été.

Pescaturismo Delfino 1 – *Porto di Cala Gonone - ✆ 338 800 59 25 - www.sardegnapescaturismo.it - mai-sept. : dép. à 9h et retour à 18h30 - réserv. conseillée.* Pêche sportive ou excursions avec repas à bord.

Cielomar – *Porto di Cala Gonone - ✆ 0784 92 00 14 - www.cielomar.it.* Location de bateaux et excursions nautiques.

Consorzio Noleggiatori – *Porto di Cala Gonone - ✆ 078 4 93 048 - www.calagononenoleggio.com.* Location de Zodiac sans skipper *(150 € plus le carburant, maxi 12 pers.)* et excursion en Zodiac avec accompagnateur *(45 €/pers.)* : départ à 10h pour une excursion au pied des falaises, avec baignade dans la petite grotte « dei gabbiani » à Cala Biriola (1h), à Piscine di Venere ; arrêt de 2h à Cala Mariolu, pause photo à la crique Goloritzè et 2h à Cala Luna ; retour à Cala Gonone vers 18h30.

Dolmen Servizi Turistici – *Via Vasco de Gama 18 - ✆ 340 535 76 27 - www.sardegnadascoprire.it.* Randonnées, véhicules tout-terrain, mini-croisières, location de Zodiac, de scooters des mers, de scooters, de VTT et excursions à la carte, notamment pour les personnes handicapées.

Argonauta Diving Club – *Via dei Lecci 10 - ✆ 0784 93 046 - www.argonauta.it.* Plongée avec bouteille dans les grottes marines ou sur épave, et snorkeling.

Porto San Paolo

Centro Sub Tavolara – *Via Molara 4 - Porto San Paolo - ✆ 078 940 360 ou 340 839 21 54 - www.tavolaradiving.it.* Cours de plongée : PADI, perfectionnement et niveau professionnel ; plongées avec guide ; location de matériel et recharge de bouteille.

Porto Taverna

Happy Diving – *Camping Tavolara - Loc. Porto Taverna - Porto San Paolo - ✆ 0789 40 064 ou 347 839 91 14 ou 349 150 02 15 - www.happydiving.it.* Plongée avec bouteille et excursions variées, dans des sites accessibles par bateau uniquement.

San Teodoro

Mediomare Marine Services – *Loc. La Cinta - San Teodoro - ✆ 393 332 09 13 ou 0784 86 52 50 - www.mediomare.com.* Location de bateaux à moteur et de canots pneumatiques, avec ou sans permis bateau ; location avec skipper pour les hors-bord et Zodiac ; excursions touristiques guidées et sports balnéaires (ski nautique, monoski, wakeboard, etc.).

AGENDA

Cala Gonone

Festival internazionale Calagonone Jazz – *www.festivalcalagononejazz.it. En juil.* Festival de musique afro-américaine qui accueille dans l'amphithéâtre de Gonone les plus grands noms du jazz. Stars européennes et américaines s'y produisent sous les étoiles.

La Sagra del pesce – *Déb. juin.* La grande fête de Cala Gonone : pour célébrer le début de l'été, on partage une gigantesque friture de poissons frais pêchés dans le golfe.

Budoni

Festa di San Giovanni Battista – *Autour du dernier dim. d'août.* Le saint patron est célébré trois jours durant : procession, concerts, danses folkloriques. Moment phare de la manifestation, les barques quittent le Porto Ottiolu pour escorter le saint dans une procession en mer.

Santa Lucia

Santa Lucia Festival – *Début sept.* À l'ombre de la Torre di Santa Lucia (17e s.), on célèbre un festival dédié à la mer, organisé par les associations écologiques du bourg.

NUORO ET LE CENTRE

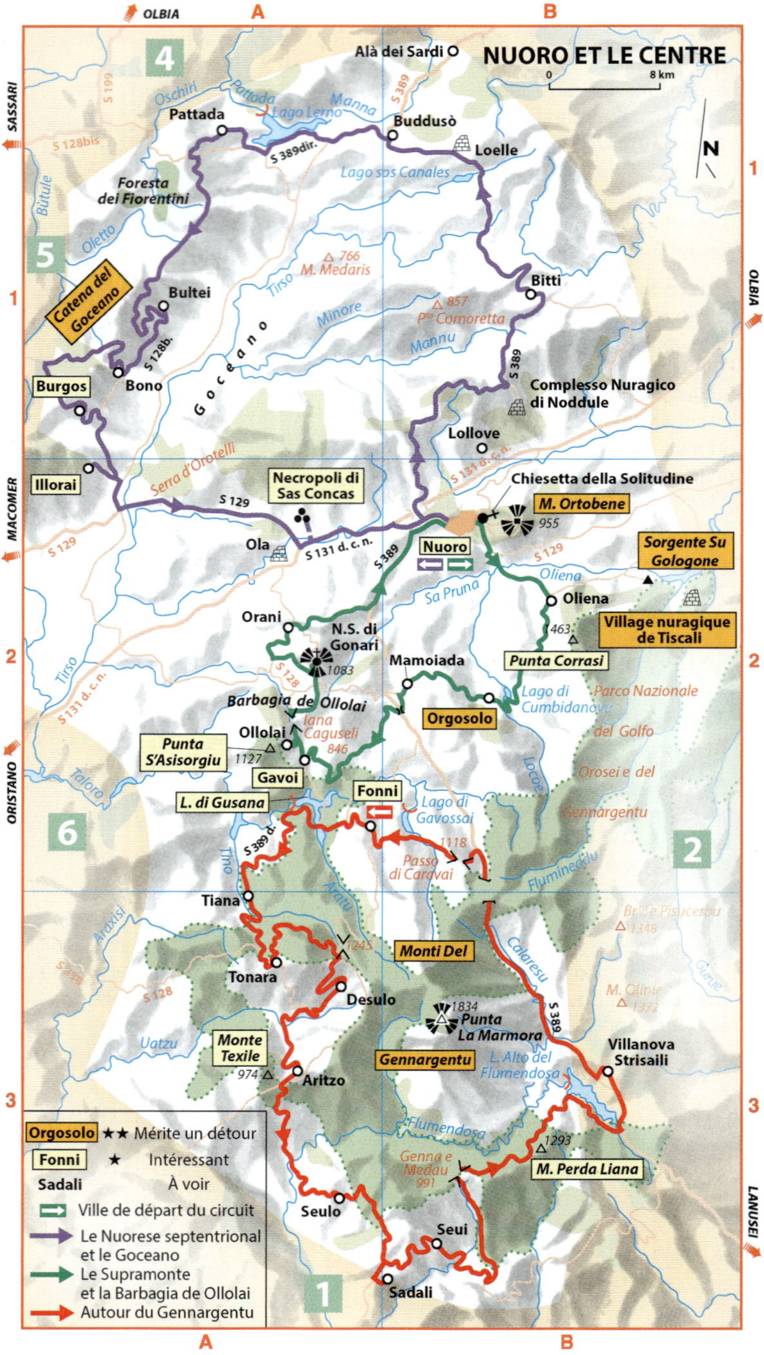

Nuoro et le Centre 3

Carte Michelin Local 366

Nuoro

★

37 304 habitants

Salvatore Satta, juriste et écrivain, parent du poète Sebastiano Satta, disait qu'on n'arrive pas à Nuoro « sans une longue préparation des esprits et des choses ». Enclave d'art et d'histoire faisant la part belle aux musées, Nuoro regarde à la fois vers la mer et vers la montagne, ce Monte Ortobene de riche mémoire littéraire, où se mêlent roches et forêts, mais aussi vers les hauteurs du nord, dans le Nuorese septentrional et le Goceano.

NOS ADRESSES PAGE 192
Hébergement, restauration, achats, activités, etc.

S'INFORMER

Ufficio informazioni turistiche Provincia di Nuoro – *Piazza Italia 7 - ✆ 0784 23 88 78 - www.provincia.nuoro.it.*

SE REPÉRER

Carte de région B2 (p. 178)

Nuoro, située dans le centre de l'île, est entourée de vallées et de montagnes : à l'est et à l'ouest les Baronie (« Baronies »), au sud-est le Supramonte, à l'ouest le Goceano et au nord-ouest le Monteacuto. Loin de Cagliari (182 km), à peu près équidistante de Sassari (120 km) et d'Olbia (104 km), elle a pour plus proche voisine Oristano (89 km). La ville est posée sur une crête granitique qui part du Monte Ortobene et s'étire vers le nord-ouest.

SE GARER

Places payantes sur la piazza Italia et dans les rues voisines.

À NE PAS MANQUER

Les collections ethnographiques du Museo del Costume ; les œuvres de Francesco Ciusa dans le musée qui lui est dédié.

ORGANISER SON TEMPS

Prévoyez une journée.

AVEC LES ENFANTS

Les costumes bariolés du Museo del Costume.

Se promener

Circuit d'env. 3 km – Comptez 1h de marche, sans la visite des monuments. Départ de la piazza Italia, à la hauteur de la via Ballero. Vous y trouverez un parking et l'office de tourisme qui vous fournira un plan de la ville.

En partant de ce centre administratif, vous verrez le raccord entre la vieille ville et la « cité nouvelle », construite à l'époque du totalitarisme.

Via Ballero

Dans cette rue, en 1975, lors des travaux de rénovation d'un vieil immeuble, ont été retrouvées les plus anciennes traces de vie humaine sur le site de l'actuelle Nuoro : une tombe byzantine qu'on estime remonter à une période comprise entre la fin du 6e et le début du 8e s.

Au sud-ouest de la piazza Italia, où l'administration municipale et la Province de Nuoro ont leurs bureaux, prenez la via Dante et tournez à droite sur la via Deffenu.

Cathédrale Santa Maria della Neve.
O. Fantuz / Sime / Photononstop

Palazzo del Governo

Bâti pour accueillir l'administration du Génie civil en 1936, il fut en fait attribué à la Préfecture, dont il devint le siège. L'entrée du bâtiment, sur un angle, est composée d'une haute porte et d'un balcon avec fenêtre. Les côtés comportent trois niveaux : les deux premiers se distinguent par deux ordres de fenêtres arquées, tandis que le niveau supérieur est percé de fenêtres se développant en longueur, selon les principes du Mouvement moderne.

Revenez sur vos pas et tournez à droite sur la via Papandrea où se trouve le beau palazzo Pirari-Podda, siège de l'Istituto Superiore Regionale Etnografico, puis poursuivez jusqu'à la piazza Crispi.

3

Palazzo delle Poste e Telegrafi

Signalé par sa tour en granite, le « palais des Postes et des Télégraphes », édifié en 1927 par Angiolo Mazzoni, après la création de la province de Nuoro, présente de remarquables **frises★** en roche volcanique rouge, sculptées de masques. Remarquez également la statue du lion qui se dresse au-dessus de la façade principale.

Remontez au sud le corso Garibaldi (petit marché d'antiquités le 2e sam. du mois) ; à la hauteur de la piazza del Popolo, tournez à gauche sur la via Sebastiano Satta.

★ Museo d'arte della Provincia di Nuoro (MAN)

Via Sebastiano Satta 27 - ✆ 0784 25 21 10 - www.museoman.it - été : 10h-13h, 16h-20h (15h-19h l'hiver) - visite guidée gratuite (en italien seult) - fermé lun. - 3 €.

Aménagé en 1999 à l'intérieur d'un édifice du 19e s. qui a conservé son bel escalier en marbre et ses ferronneries, ce musée rassemble les œuvres des plus illustres maîtres sardes du 20e s. : Antonio Ballero, Giuseppe Biasi, Francesco Ciusa, Giovanni Ciusa Romagna, Mario Delitala, Francesca Devoto, Salvatore Fancello, Carmelo Floris, Maria Lai, Mauro Manca, Costantino Nivola, Giovanni Pintori. Présentée sur quatre niveaux, sa collection permanente alterne une partie de l'année avec de grandes expositions temporaires consacrées à l'art du 20e s.

Continuez vers l'est jusqu'à la piazza Sebastiano Satta.

★ Piazza Sebastiano Satta

C'est l'ancienne piazza Plebiscito, aujourd'hui rebaptisée en l'honneur de celui que l'on surnomme « le chantre de la Sardaigne ». Cœur du vieux quartier de San Pietro, la place a été réaménagée en 1967 par Costantino Nivola, natif d'Orani, dans la Barbagia. Le sculpteur, pour donner de l'homogénéité à cet espace irrégulier, fit blanchir à la chaux les bâtiments, créant ainsi un fond lumineux respectueux de la tradition ; il fit paver le sol de granite, y disposa des bancs de forme parallélépipédique faits dans le même matériau, puis il fit installer une série de piédestaux autour desquels furent déposés de grands blocs, toujours en granite, dans l'état où ils avaient été prélevés sur le Monte Ortobene. Ces masses à l'état brut accueillent les copies de huit statuettes en bronze (les originaux sont conservés au MAN) illustrant la vie du poète de Nuoro.

Traversez la via Roma pour gagner la piazza Su Connottu.

Piazza Su Connottu

Le nom de cette place fait référence à la révolte paysanne du 26 août 1868 déclenchée par la privatisation des terres de la région de Nuoro, jusque-là gérées en collectivité, et qui allait inspirer nombre d'artistes et d'écrivains locaux. Sur la gauche, la **chiesa di Santa Croce** (fin du 16e s.), reconnaissable à sa coupole, renferme un *Christ flagellé* en bois du 17e s. Sur la droite se dresse la petite **chiesa di San Carlo**, du 17e s.

Dirigez-vous vers le nord par la via della Pietà.

Vous parcourez les plus charmantes ruelles de la ville, dans un quartier qui a conservé son atmosphère de village, parmi les maisons colorées et de beaux ateliers d'artisans.

Revenez vers le centre par la via Grazia Deledda, jusqu'au numéro 42.

★ Maison natale e Museo Deleddiano

Via Grazia Deledda 42 - ✆ 0784 25 80 88 - 15 juin-sept. : 9h-19h ; oct.-14 mars : tlj sf lun. 10h-13h, 15h-17h ; 15 mars-14 juin : tlj sf lun. 9h-13h, 15h-18h - gratuit - documentation en italien seult. Au moment de la rédaction de ce guide, le musée fait l'objet d'un réaménagement complet.

Dans la maison où naquit en 1871 **Grazia Deledda**, on a rassemblé les objets, les photographies et les éditions qui jalonnent les principales étapes de la vie de l'écrivain, ainsi que le diplôme et la médaille du Prix Nobel de littérature qu'elle a obtenus en 1926.

Prenez la première rue à gauche en descendant la via Grazia Deledda.

Via Aspromonte

Cette rue offre un splendide **panorama★** sur le Monte Ortobene et, vers le sud-est, la Punta Corrasi, point culminant du Supramonte.

Descendez la via Aspromonte jusqu'à la piazza Giorgio Asproni, à l'angle de la via Mannu.

Museo Nazionale Archeologico di Nuoro

Via Mannu 1 - ✆ 0784 31 688 - www.museoarcheologiconuoro.beniculturali.it - mar.-sam. 9h-13h (mar. et jeu. aussi 15h-17h) - 2 €.

Le musée archéologique est installé dans le palais Asproni, un édifice du 19e s. aux décorations néo-Renaissance, adjacent au siège moderne de la Biblioteca Sebastiano Satta (60 000 ouvrages). Une vaste collection de paléontologie (fossiles de mammifères, dont celui d'un singe jadis endémique en Sardaigne)

De Nùgor à Nuoro

Nùgoro, comme les gens de Nuoro aiment à appeler leur ville, dérive de *Nùgor*, un toponyme cité dans les documents des 11e-13e s. Les origines de la ville remontent à l'époque de la colonisation romaine, lorsque des groupes autochtones venus de plusieurs *nuraghi* durent se réfugier sur les versants du Monte Ortobene ; ils choisirent cet endroit, facile à défendre, pour sa situation imprenable. Bien d'autres peuplades des Barbagies suivirent plus tard leur exemple, s'installant dans des lieux similaires.

UNE LONGUE TRADITION D'ISOLEMENT

Des facteurs géographiques, politiques et socioculturels se combinent pour expliquer l'isolement qu'a longtemps connu Nuoro. Au 18e s. déjà, la ville était décrite comme un « repaire de bandits ». Au siècle suivant, d'âpres contentieux opposèrent l'État à une population essentiellement composée de paysans et de bergers, surtout lorsque des dispositions royales mirent fin à l'usage communautaire des terres.

À la fin du 19e s., une littérature nouvelle, sensible aux réalités de ce monde agropastoral, exprime ces conflits : l'écrivain **Grazia Deledda** (1871-1936), Prix Nobel de littérature en 1926, et le poète **Sebastiano Satta** (1902-1975) en sont les représentants les plus illustres. Quand Grazia Deledda disait de Nuoro, sa ville natale, « l'intérieur du pays est d'un primitivisme plus que médiéval », elle ne faisait pas allusion seulement aux masures séparées par des ruelles étroites où s'acheminaient encore des chars à bœufs, mais aussi et surtout à son peuple, croyant et travailleur, terriblement fermé et orgueilleux.

Cela n'empêche pas Nuoro de devenir chef-lieu de province en 1927 et de connaître à cette occasion un développement urbain considérable. Dans le cœur historique – les quartiers de Sèuna et de San Pietro – de ce qui n'était alors qu'une grosse bourgade vint se greffer un nouveau pôle administratif. Ce passage d'une vie essentiellement pastorale à de nouvelles obligations, plutôt d'ordre tertiaire, ne fut pas sans conséquences. La ville dut absorber un fort exode rural venu des campagnes environnantes et, du coup, entreprendre la construction de nouveaux quartiers, érigés à la hâte et sans grand souci des normes de l'urbanisme.

L'ATHÈNES SARDE

Pourtant, Nuoro, tout en conservant ses habitudes de village, est aussi devenu un centre administratif et commercial qui attire une population rurale de plus en plus nombreuse. Mais elle n'oublie pas pour autant qu'elle fut le berceau d'une société traditionnelle autant que rebelle. Cet ancrage dans le passé se ressent dans l'âme de ses habitants, dans ses expressions artistiques et littéraires si intenses qu'elle lui valut le surnom d'« Athènes sarde », dans ses traditions si fermement maintenues que ce chef-lieu de province est un modèle de valeurs religieuses, sociales et culturelles pour tout le centre de la Sardaigne.

y côtoie la reconstitution d'un petit temple nuragique de Villanova Strisaili. Une riche section est consacrée aux populations ayant occupé les alentours de Nuoro entre le néolithique et le haut Moyen Âge.
Continuez le long de la via Giorgio Asproni et tournez à droite pour rejoindre la piazza Santa Maria della Neve.

Santa Maria della Neve

Piazza Santa Maria della Neve - 7h-12h, 16h-20h.
Sa masse imposante s'élève en lieu et place d'une ancienne église que l'évêque du lieu, Giovanni Maria Bua, décida de faire reconstruire en 1835. La belle façade rose à tympan, aux colonnes ioniques en granite et aux clochers jumeaux, trahit le goût néoclassique aux accents palladiens cher à l'architecte Antonio Cano. Achevée en 1853, en face des palais de la Curie épiscopale et du Séminaire (1833), la cathédrale possède une structure à nef unique couverte d'une voûte en berceau. Trois chapelles de chaque côté, en forme d'abside et couronnées de petits dômes hémisphériques, communiquent de manière à créer l'illusion d'un plan en croix à trois nefs. Vous verrez à l'intérieur un *Ange pleurant le Christ déposé de la Croix*.

★ Museo Ciusa

Piazza Santa Maria della Neve 8 - ✆ 0784 253 052 - www.tribunuoro.it - Actuellement fermé, date de réouverture non précisée.
Au 1er étage de l'ancien tribunal de Nuoro (appelé habituellement « tribu » par les habitants), le musée présente la collection la plus complète dédiée à **Francesco Ciusa**, grand sculpteur sarde natif de Nuoro (1883-1949). Il rassemble, dans une muséographie particulièrement soignée, ses collections de céramiques, de grandes sculptures *(Il Fromboliere, L'Anfora sarda)* et, surtout, sa plus grande œuvre, *La Madre dell'ucciso* (La Mère du tué), qui reçut le premier prix lors de la Biennale de Venise en 1907. Le bâtiment, métamorphosé en « espace pour les arts », abrite également de grandes expositions temporaires (photographie, peinture, vidéo, design, etc.), en lien avec la vie locale.
Poursuivez vers le sud jusqu'au milieu de la via Antonio Mereu, qui longe le parco del Colle Sant'Onofrio, jusqu'au Musée ethnographique sarde.

★★ Museo del Costume

Via Antonio Mereu 56 - ✆ 0784 25 70 35 - www.isresardegna.it - oct.-14 mars : 10h-13h, 16h-19h ; 15 mars-30 sept. : 10h-13h, 15h-20h - fermé lun. - 5 €, réduit 3 €, billet combiné avec la Maison de Grazia Deledda 7 €. Réouverture fin 2016.
Ce musée ethnographique est le plus vaste et le plus important de l'île. Fraîchement rénové, il présente, à travers 9 salles, les us et coutumes de la vie traditionnelle en Sardaigne, du travail quotidien aux festivités, de l'habitat aux costumes, de l'alimentation à la religion en passant par l'imaginaire populaire. Univers des bergers, paysans, chasseurs, femmes… Chacun d'eux est illustré par une collection d'objets, d'archives et de photos qui évoque le quotidien sarde jusqu'à l'après-guerre. Parmi les pièces les plus intéressantes, une série de 54 costumes traditionnels masculins et féminins.

La visite se termine par une remarquable exposition de bijoux et amulettes, œuvres anciennes d'orfèvrerie. Il s'agit pour la plupart d'ex-voto présentés dans un espace qui rappelle la chapelle d'un sanctuaire.

En reprenant la via Antonio Mereu et l'étroit passage de la via Monsignor Bua, on arrive à la piazza Vittorio Emanuele II, une belle esplanade aux espaces verts soignés. De la place, par la via Giovanni XXIII, prenez la via Manzoni sur la droite. Au n° 22 se trouve l'ancien couvent des franciscains puis, sur la place suivante, le sanctuaire de la Madonna delle Grazie.

Les traditions artisanales de Nuoro sont encore très présentes.
nextyle / Fotolia.com.com

Santuario della Madonna delle Grazie

Dans ce sanctuaire des années 1950, on vénère chaque année, le 21 novembre, une statue en bois de la Vierge, découverte au 17e s. par un pasteur et qui aurait miraculeusement chassé les fléaux du siècle.

Empruntez la via delle Grazie jusqu'à l'église du même nom.

Chiesa delle Grazie

Via delle Grazie - 7h-12h, 16h-20h.

À partir de la deuxième moitié du 17e s. cette église fut, pendant plus de 200 ans, le centre spirituel de la ville. Dans les premières décennies du 20e s., devant la forte croissance démographique, les pères de Saint-Joseph décidèrent d'agrandir l'édifice. Le sanctuaire fut alors abandonné au profit du nouveau bâtiment. Il est aujourd'hui l'un des rares vestiges de l'ancien quartier du Rione di Sèuna. La façade de l'église présente une grande rosace et un portail aux lignes Renaissance que surmonte un tympan triangulaire portant l'inscription commémorative de l'église ; les logettes qui s'ouvrent du côté de la via delle Grazie soulignent le caractère populaire du bâtiment. À **l'intérieur**, vous noterez la nef unique à voûte en berceau, le presbyterium carré, étroit et surélevé, où se tenait le clergé, et les trois autels installés sur chaque côté, à la place des chapelles. Dans l'espace entre le presbyterium et la nef ont été mises au jour de belles fresques *a tempera*.

Regagnez le point de départ par la via 4-Novembre et la via Dante.

3

À proximité Carte de région

★★ Le Monte Ortobene B2

▶ *À 7 km au nord-est du centre. Quittez Nuoro par le viale Ciusa.*

On croise sur la droite, un peu surélevée, la **chiesetta della Solitudine**, ou « petite église de la Solitude » *(8h-12h - s'adresser au gardien comme indiqué sur le portail ou au bar-tabac voisin)*. Construite au début des années 1950 sur

le site d'une église du 17e s. chère à Grazia Deledda, elle abrite la tombe de l'écrivaine depuis 1959.
Continuez la route sur 1,3 km puis tournez à droite pour arriver au **Santuario della Madonna di Valverde** *(mat. et soir - s'adresser au gardien)*. Un charmant petit clocher signale cette église rurale érigée en 1684 sur un site habité depuis la préhistoire.
Faites demi-tour pour reprendre la route panoramique menant au sommet du Monte Ortobene, **Cùccuru Nigheddu** (955 m), d'où l'on jouit d'un point de vue englobant le plateau de Bitti, le Monte Arbo et la Baronie d'Orosei, le Supramonte d'Oliena, le Gennargentu, le Monte Gonare et la ville de Nuoro. La petite église **Nostra Signora di Montenero** *(ouv. pour la Festa del Redentore, voir encadré ci-contre)*, de 1608, et la **statue en bronze du Rédempteur**, de 1901, couronnent cette montagne.

Lollove B1

À 15 km au nord de Nuoro, que vous quitterez par la via della Pietra.
Ce hameau vous donnera l'occasion de plonger dans l'atmosphère typique des bourgs d'autrefois. Lollove a en effet conservé sa structure de village agricole, avec ses ruelles et ses maisonnettes de pierre. L'église paroissiale, aux lignes de style gothique finissant, arbore en façade une belle rosace et un portail en trachyte ; elle renferme *Sa Maddalena* (1601), œuvre d'un atelier romain.
En octobre, le « Vivilollove » fait revivre les traditions culinaires régionales.

Complesso Nuragico di Noddule B1

Loc. Su Linnamene, à la limite de la commune d'Orune. Suivez la SS 389 vers Bitti ; au km 13, un panneau signale la zone archéologique, à environ 200 m sur la droite.
Construit sur un affleurement rocheux, le site compte un *nuraghe* trilobé de plan irrégulier dominant un village de cabanes, une tombe de géants, une source avec un petit puits couvert à tholos, un grand escalier dans un atrium quadrangulaire, ainsi qu'une aire semi-circulaire pavée en partie bordée de sièges.

Circuits conseillés

LE NUORESE SEPTENTRIONAL ET LE GOCEANO Carte de région

Circuit de 166 km (sans les détours), tracé en violet sur la carte p. 178 – Comptez 2 jours avec les promenades. Vous pourrez passer la nuit à Bitti ou à Buddusò. Quittez Nuoro vers l'ouest par la via Trieste et la via Antonio Segni ; continuez sur la SS 389 vers le nord, en direction de Bitti.

Su Tempiesu

Pour visiter le puits sacré de Su Tempiesu, entrez dans Orune et suivez les indications « Fonte sacra Su Tempiesu » (à 5 km au nord-est). ✆ 328 756 51 48 - www.sutempiesu.it - été : 9h-19h (17h l'hiver) - visite guidée en français - 3 €.
Vestige de l'Antiquité, ce puits sacré datant du 9e s. av. J.-C. a conservé presque intact son toit à double versant, au-dessus d'un vestibule rectangulaire.
De retour sur la SS 389, poursuivez vers le nord pour rejoindre Bitti (12 km).

Bitti

Du village médiéval de Bitthe, situé au pied du Buon Cammino, il ne reste rien, pas même l'église primitive San Pietro. Le bourg a en effet été transféré au 15e s. au pied du Monte Bannitu, à la suite d'une épidémie de peste.
Sur la piazza Asproni, au centre du bourg, l'architecte Galfrè a rebâti au 19e s. l'ancienne église paroissiale dédiée à **San Giorgio Martire**, dont les lignes

LA FÊTE DU « REDENTORE »

29 août, 6h du matin. Le long du chemin grimpant vers le Rédempteur, au sommet du Monte Ortobene, les fidèles, le visage grave, se recueillent à l'écoute des hymnes liturgiques solennels ; certains lèvent les yeux vers les premiers rayons qui percent le feuillage du bois. La route est longue vers la statue de bronze, mais personne ne ralentit. Dans le silence qui entoure la montagne sacrée, seules retentissent les prières montant du cortège. Arrivés aux pieds du Rédempteur, ils sont des milliers à reprendre les rituels et à participer aux offices, comme tous les ans depuis plus d'un siècle.

Dans la foule, le costume traditionnel est de mise ; les femmes portent voile et couvre-chef, les hommes sont en bottes et gilet. Des groupes folkloriques venus de toute la Sardaigne égaient les visiteurs avec des danses, des chants et de la musique.

d'origine ont été banalisées par la restauration du début des années 1970. On doit au même architecte le petit **temple-fontaine** au centre de la place. Bitti abrite toutefois un très bel autel en bois dans l'église Santa Croce et d'importants témoignages médiévaux.

Museo della Civiltà contadina e pastorale – *Via G. Mameli 52 - ✆ 0784 41 43 14 - mars-oct. : 9h30-12h30, 15h-18h ; reste de l'année : 9h30-12h30, 14h30-17h30 - fermé lun., mar. apr.-midi et jeu. apr.-midi - 2,50 € ; billet combiné avec le complexe nuragique de Romanzesu 5 € - dépliant en français - visite guidée en anglais sur RV.* Ce musée retrace l'histoire paysanne et pastorale de la région. Dans le même bâtiment, le **Museo multimediale del canto a tenore** *(mêmes horaires et billet que le précédent)* est consacré au chant polyphonique traditionnel sarde ; Bitti est la patrie du groupe vocal des **Tenores di Bitti**, composé d'une basse, d'un baryton, d'un contralto et d'un ténor.

Quittez Bitti vers le nord et prenez la SS 389 jusqu'à Buddusò (24 km).

Pour visiter le Complesso Nuragico Romanzesu (voir ci-après), tournez à gauche au km 54,2 et suivez les indications.

Pour rejoindre le nuraghe Loelle (voir ci-après), prenez à droite l'intersection pour « Colonia penale Mamone » au km 38,6 avant d'arriver à Buddusò.

Buddusò

On respire l'air de la Gallura dans ce bourg du **Monte Acuto** qu'entourent les bois de chênes-lièges. Les blocs de granite extraits au 19e s. pour bâtir les palais bordant les rues pavées rappellent que toute l'histoire de la ville est liée au travail du granite.

Dans les collections du **Museo di Arte contemporanea**, les sculptures mêlent le granite et le bois ; la plupart des œuvres ont été exposées au **Simposium internazionale di Scultura** (Symposium international de sculpture), une manifestation que la ville organise chaque été depuis 1984. *Viale A. Segni - ✆ 079 715 308 - lun.-vend. 9h-13h, 15h-19h, w.-end sur RV - 3 €, réd. 1,50 €.*

L'église paroissiale **Santa Anastasia** mérite également une visite pour les peintures de la sacristie, tout comme le **nuraghe Loelle** *(7 km à l'est)*, le **nuraghe Ruju**, la **domus de janas Ludurru** et le **Complesso Nuragico Romanzesu** avec ses deux temples à mégaron et un puits sacré à tholos. *✆ 333 321 13 46 - www.romanzesu.sardegna.it - été : lun.-sam. 9h-13h, 15h-19h ; hiver : lun.-sam. 8h30-13h, 14h30-18h, dim. 9h-17h - 4 €, billet combiné avec les musées de Bitti 5 €.*

À l'entrée du hameau **Alà dei Sardi** *(à 12 km au nord-est, sur la SS 389)* se dresse la **Perda de Lughia Rajosa**, la « pierre de Lucia la colérique », une femme que la fureur aurait pétrifiée, selon la légende.

Quittez Buddusò vers l'ouest et prenez la SS 389 Dir; au bout de 10 km, tournez à droite sur la SS 128 Bis, puis à nouveau à droite après 3 km pour entrer dans Pattada (à 16 km de Buddusò).

Pattada

Ce village de montagne, le plus élevé de la province de Sassari, perpétue la production artisanale de **crans d'arrêt** à manche de corne, les *leppas*. Tous les deux ans, une importante foire rend hommage à cette tradition coutelière de grande qualité.

Culter Pattada, Museo Internazionale del Coltello – *Via Vittorio Emanuele 64 - ✆ 079 755 918 - www.culterpattada.com - été : 9h-13h, 16h-19h30 (18h l'hiver) - fermé dim. - 4 €.* La palazzina Giagu Deroma, petit hôtel particulier du centre-ville, accueille sur trois niveaux une remarquable exposition de couteaux régionaux, aussi bien anciens que contemporains. Au rez-de-chaussée, un laboratoire artisanal permet de comprendre le processus de fabrication des précieux objets, entre l'œuvre d'art et l'ustensile.

Les harmonieuses façades néoclassiques qui surgissent au détour d'une ruelle pavée, les ornementations Art nouveau de quelques petits palais rendent plaisante la balade dans ce lieu de villégiature. La pinède au sommet du village et les bois du **Monte Lerno** procurent une fraîcheur bienvenue durant les chaudes journées d'été.

À Pattada, l'héritage culinaire s'est également maintenu, avec les fromages de chèvre *(pecorino)*, la *ricotta*, les desserts et les célèbres *sas peritas* (petites poires), servis et vendus dans tous les commerces et *trattorie* de la localité.

Suivez la SP 165 vers le sud, puis la SP 36 pour rejoindre Bultei (29 km).

En route, les passionnés d'archéologie visiteront le **nuraghe Tilariga** *(à 11 km au nord de Bultei, par la SP 36 qui conduit à Ozieri)*, dont la tour centrale est flanquée d'un bastion doté de trois tours secondaires.

Au départ de la **Caserma forestale Morelli** *(à 18 km au nord de Bultei, par la SP 36 qui conduit à Ozieri)*, d'où l'on jouit d'un superbe panorama sur les vallées environnantes, on peut effectuer des excursions dans les bois de la **Foresta dei Fiorentini**, l'un des trois secteurs forestiers du Goceano (les deux autres étant Anela et Monte Pisano, sur les communes de Bono et Bottidda).

Bultei

Ce bourg au tracé en fer à cheval abrite de beaux palais du 19e s.

Une magnifique petite église romane en trachyte rouge, la **chiesa di San Saturnino**, se dresse à Su Campu *(à 7 km au sud-est de Bultei par la SP 86)*; tout près se trouvent les thermes du même nom.

Poursuivez sur la SS 128 Bis vers le sud pour arriver à Bono (8 km).

Bono

À la limite entre les provinces de Nuoro et de Sassari, Bono est le principal centre urbain du Goceano. L'église paroissiale **San Michele Arcangelo**, de style roman pisan, possède sur le clocher une horloge à l'histoire édifiante. Actionnée grâce à quatre boulets de canon – tirés sur le village en 1796 et réutilisés comme contrepoids –, elle commémore à sa manière l'assaut par lequel la population mit en fuite les troupes du gouvernement qui occupaient le village, rappelant ainsi la forte conscience indépendantiste de Bono. Le 31 août, date anniversaire de l'événement, un char porte jusqu'à l'église San Raimondo, au sommet du village, la plus grosse **courge** produite dans les potagers de Bono pour l'offrir à celui des concurrents qui arrivera bon dernier à la course annuelle de chevaux. Jadis, au terme de la fête, on laissait rouler la courge jusqu'au bas du village pour symboliser la fuite des soldats

LE MONTE ALBO ET SAN FRASNCESCO DI LULA

Sur la crête calcaire du Monte Albo poussent genévriers, arbousiers, chênes-lièges et oliviers; cette chaîne montagneuse allongée entre Lula et Siniscola est le domaine des sangliers et des mouflons, des aigles et des faucons. Quelques bourgs hauts en couleur s'y sont établis, comme le village minier de Guzzurra ou celui de **Lula** *(à 11 km à l'est de Bitti)*, constitué d'une poignée de maisons rassemblées autour d'un ancien centre minier.
Fleuron de Lula, l'église Santa Maria Maggiore abrite un décor à la détrempe des années 1920, une belle statue de la Résurrection du 17e s. et une *Assomption* du 16e s.
Dédié à François d'Assise, considéré par les Sardes comme le protecteur des *balentes* (les « valeureux »), le **Santuario di San Francesco** *(à 2 km au sud de Lula)* constitue l'un des lieux de dévotion les plus importants de la province. Restaurée et agrandie en 1795, tout comme, un peu plus tard, les *cumbessìas* voisines (petites hôtelleries destinées aux pèlerins), l'église fut édifiée à la fin du 16e s. en action de grâce : la tradition veut en effet que le saint ait exaucé les prières d'un groupe de bandits, blanchis des accusations portées contre eux. La population locale célèbre avec ferveur, du 1er au 9 mai, la **Festa di San Francesco di Lula**. C'est le meilleur moment pour goûter la *filindeu*, la soupe traditionnelle des bergers, partagée lors d'un grand repas en plein air.
Non loin de Lula, une petite église rupestre, la **chiesa del Miracolo**, joliment intégrée au paysage, dresse sa blanche façade en haut d'un escalier.

ennemis. Les 16 et 17 janvier, on célèbre la **fête de Sant'Antonio Abate** et, en février, le carnaval.
À l'occasion de balades dans les environs, vous apprécierez le panorama sur le Goceano qu'offre le **Monte Rasu** (1 258 m), les arbres millénaires de **Sos Nibberos**, les essences botaniques rares du **Monte Pisanu**, non loin de la Caserma delle Foreste del Goceano, et la mosaïque des champs dans la Valle del Tirso.
Poursuivez vers le sud sur la SS 128 Bis pendant 0,6 km puis prenez à droite la SP 101 sur 4 km, jusqu'à Burgos.

★ Burgos

De la route qui court au pied de Sa Cosera (« la paroi »), peu avant le village, on voit se découper le profil du **château de Burgos**, formidable avant-poste stratégique. Au-dessus des toits se dessinent la cime conique et la tour quadrangulaire édifiée sur le roc, qu'entoure une muraille en U.
Du **manoir**, la vue embrasse le paysage environnant, de la Valle del Tirso au Supramonte di Oliena et de l'Ortobene au Monte di Gonare. Construit en 1127-1129 par Gonario di Torres pour défendre le Logudoro, l'édifice fut, vers 1255, la demeure d'Adelasia di Torres, dernière reine de la Gallura et du Logudoro, à qui est dédié le **Parco letterario** (Parc littéraire) de la piazza Castello. Artaldo, fils de Leonardo di Alagon, porte-drapeau de la lutte pour la liberté de la Sardaigne, se réfugia dans ses murs en 1478, à la veille de la bataille de Macomer.
Museo dei Cento Castelli (Musée des Cent Châteaux) – *Vicolo Castello - ✆ 079 793 705 - tlj sf lun. 8h30-13h, 14h-19h - visite guidée du musée et du château 3 €*. Installé dans une maison de maître du 19e s., il propose des expositions temporaires et des photographies sur le thème des châteaux sardes.

LE GOCEANO

Géographiquement, le Goceano correspond plus ou moins à la haute vallée du Tirso, une dépression limitée à l'est par la Serra d'Orotelli et le plateau de Bitti, et à l'ouest par la **Catena del Goceano★★**. Dans ses paysages de montagne, et plus particulièrement dans la **Foresta di Burgos**, on pratique l'élevage des chevaux sardes. De là, des randonnées montent jusqu'à la cime du **Monte Rasu** (1 259 m), point culminant du Goceano.

La région a connu une occupation précoce : on y a retrouvé des nécropoles à *domus de janas* du néolithique, comme celle de **S'Unighedda**, et de nombreux *nuraghi* de l'âge du bronze, tel le **nuraghe Costa o S'Unighedda** dans la Foresta di Burgos. La présence humaine actuelle se concentre à mi-pente, sur le versant oriental de la paroi montagneuse (Sa Costera), et l'habitat s'entoure de pâtures et de zones de culture.

Connue pour ses sources thermales depuis l'époque romaine (dont datent les thermes de San Saturnino), la région exploite aujourd'hui les sources de la **Fonte Torosile** et de **Sa Funtana de Iscalas.** Elle abrite également une **faune variée** (Institut pour le développement de l'élevage hippique), et propose un artisanat de qualité, dont les **tapis de Nule**.

Lors des festivités qui accompagnent la **Sant'Antonio Abate** (16-17 janvier), des stands proposent les *sas copulettas*, délicieux gâteaux de semoule fourrés au miel et aux amandes avec des écorces d'orange.

Sortez de Burgos vers le sud et suivez les indications pour Esporlatu, où vous emprunterez la SS 128 Bis vers Nuoro ; après 5,5 km, prenez la SP 112 vers Illorai (à 11 km de Burgos).

★ Illorai

Ce petit village est le dernier de la chaîne montagneuse du Goceano. Le vieux **Ponte Ezzu**, doté d'une superbe ogive au niveau de son arcade centrale, remonte probablement au 12e s. ; il constituait alors l'unique point de passage pour traverser la Valle del Tirso.

Dans le **Parco Sa Cariasa**, on peut observer des chênes pubescents séculaires comptant parmi les plus grands d'Europe.

Vestige de l'époque nuragique, la **domus de janas de Molia** se trouve en aval du village *(à 8,5 km au sud, par la SS 128 Bis)*.

Parmi les fêtes religieuses, on retiendra celles organisées en neuvaines, le jour qui suit la Pentecôte et le 5 août, dans la petite **chiesa della Madonna della Neve e Santa Lucia** *(à moins de 2 km par la SS 129)*.

Reprenez la SS 129 en direction de Nuoro. Après 14 km, tournez à droite sur la SS 128 vers Oniferi. Peu après l'intersection avec la SS 131 et la bretelle pour Oniferi, sur la droite, on arrive à la nécropole de Sas Concas.

Château de Burgos.
G. Ricatto / mauritius images / age fotostock

★ Necropoli di Sas Concas

Accès libre.

Située sur la commune d'Oniferi, la nécropole à *domus de janas* de Sas Concas, la plus étendue de la Barbagia, a été creusée dans une veine de trachyte ; elle comporte 20 hypogées, répartis selon un plan particulièrement complexe. La **Tomba dell'Emiciclo** (tombe de l'hémicycle) et la **Tomba Nuova Ovest** (tombe nouvelle occidentale) en sont les plus importantes. On y a mis au jour des pétroglyphes et des coupelles ; les parois sont décorées de figures anthropomorphes, certaines représentées tête en bas (représentations d'un passage vers l'au-delà ?).

De retour à l'embranchement de la SS 131, prenez la direction d'Olbia ; 11 km plus loin, empruntez la sortie pour Nuoro.

3

★ LE SUPRAMONTE ET LA BARBAGIA DE OLLOLAI Carte de région

Circuit d'env. 87 km au départ de Nuoro, tracé en vert sur la carte de région (p. 178) – Comptez une journée. Voir p. 195.

NOS ADRESSES À NUORO

TRANSPORTS

Bus ARST – *www.arst.sardegna.it.* Liaisons avec Arbatax, Baunei, Budoni, Cagliari, Dorgali, Olbia, Orune, Porto San Paolo, Tortolì, Sassari.

HÉBERGEMENT

PREMIER PRIX

B & B Silvia e Paolo – *Corso Garibaldi 58 - ✆ 0784 312 80 - www.silviaepaolo.it - 3 ch. 55/65 €.* En plein cœur de Nuoro, le grand appartement de Silvia et Paolo s'ouvre sur une agréable cour agrémentée de plantes en pot. Les trois chambres (dont deux avec salle de bains commune) sont assez spacieuses et décorées avec une touche rétro (valises en carton, sièges sixties ou seventies). Dès votre arrivée, vous serez pris en main par ce couple très charmant. Vous apprécierez également la terrasse sur le toit, accessible par un escalier en colimaçon.

B & B Nughe 'e'Oro – *Via Matteotti 14 - ✆ 0784 18 232 55 - www.nugheoro.it - 3 ch. 60/70 €.* Situé au 6e étage d'un palais d'où l'on domine une grande partie de la ville, ce B & B se trouve à 100 m du corso Garibaldi et à 50 m de la piazza Vittorio Emanuele : un lieu stratégique et commode pour découvrir Nuoro.

POUR SE FAIRE PLAISIR

Hotel Sandalia – *Via Einaudi 12/14 - ✆ 0784 38 353 - www.hotelsandalia.com - P - 49 ch. 120/170 €.* C'est une fois à l'intérieur que l'on découvre tout ce qui fait le charme de cet hôtel : la vue sur les montagnes environnantes, une atmosphère chaleureuse, des chambres lumineuses au confort simple, mais décorées avec goût.

À proximité

POUR SE FAIRE PLAISIR

Su Lithu – *Loc. Sa Pineta Bonu Caminu -* **Bitti** *- ✆ 0784 41 30 12 - www.sulithu.it - P - 18 ch. 130/160 €.* Une splendide villa au milieu d'une pinède, avec un confort personnalisé et une décoration classique et raffinée. Bar et restaurant.

RESTAURATION

BUDGET MOYEN

Monti Blù – *Piazza Satta 8 - ✆ 0784 23 14 43 - fermé dim. soir et lun. - 30 €.* En plein cœur du centre historique. Le bleu de la mer est à l'honneur et tous les produits servis viennent du large : calamar, raie, bar, thon, langouste et *scampi*, selon la pêche du jour. Large choix d'entrées savoureuses et riche carte de vins sardes.

Il Rifugio – *Via Mereu 28/36 - ✆ 0784 23 23 55 - www.trattoriarifugio.com - fermé merc. - 30/35 €.* À deux pas de la place centrale Vittorio Emanuele II, ce restaurant a su marier la gastronomie de la Barbagia avec une cuisine moderne et innovante. Si les *culurgiones* et les *maccarones de busa* sont les spécialités de pâtes de l'établissement, le *semifreddo* (dessert glacé) au miel d'oranger et au *pecorino* vaut aussi le détour.

Ciusa – *Via Ciusa 55 - ✆ 0784 25 70 52 - www.ristoranteciusa.it - 35 €.* Une adresse incontournable et accueillante pour découvrir la soupe typique, le *filindeu* (pâtes de blé dur cuites dans le bouillon de brebis et servies avec du *pecorino* frais). Goûtez aussi aux produits régionaux comme la *fregola* (petites pâtes de blé dur), les salaisons du Supramonte ou encore les gâteaux faits maison.

À proximité

La Pineta – *Via Belvedere* - **Pattada** - *☏ 079 755 140* - 🅿 - *25 €.* Ce restaurant d'hôtel à l'abord plutôt simple propose une carte variée : *gnocchetti* (petits gnocchis) di Pattada, *pellizzas* (pâtes fraîches servies avec une sauce tomate et du *pecorino*), cochon de lait, *seadas* (sorte de raviolis de fromage frais, qui se déguste avec du miel), vins…

Agriturismo Testone – *Loc.* **Testone**, *à 23 km au nord-ouest de Nuoro, suivez la dir. Bitti par la SS 389 puis la SP 41)* - *☏ 0784 230 539* - *www.agriturismotestone.com* - *26/30 €* - *7 ch.* Isolée sur un magnifique plateau granitique parsemé de chênes-lièges, perchée à 700 m d'altitude, la ferme de Sebastiano et de son fils Mateo concocte d'inoubliables repas à partir de produits maison (à l'exception des fruits et légumes) : rôtis d'agneau et de porc, charcuterie, fromages, vin, tartes.

PETITE PAUSE

Caffé Tettamanzi – *Corso Garibaldi 71* - *fermé dim. mat.* Le café littéraire de la ville n'a rien perdu de sa popularité, ni de son allure, depuis son ouverture en 1875. Parfait à toute heure, du café à l'apéritif, sur les pas de Sebastiano Satta et de Grazia Deledda.

ACHATS

Antica Fabbrica del Dolce Nuorese – *Via Santa Croce 4* - *☏ 0784 23 123* - *www.aranzada.it.* La boutique fabrique et vend depuis 1886 des biscuits traditionnels, dont les *S'Aranzada* (écorces d'agrumes cuits au miel) et *Sa Pompìa* (variété locale de cédrat confit).

Latteria Zia Marianna 1936 – *Corso Garibaldi 174* - *☏ 0784 18 20 535* - *fermé dim.* Cette épicerie fine au décor d'antan propose les meilleurs produits de la Barbagia.

À proximité

Terrapintada – *Via Brigata Sassari 74* - **Bitti** - *☏ 078 441 40 72* - *www.terrapintada.com.* Splendides céramiques aux lignes contemporaines et aux motifs traditionnels.

ACTIVITÉS

Cooperativa Istelai – *Via Mameli 57* - **Bitti** - *☏ 0784 41 43 14.* Grand choix de visites guidées : complexe nuragique de Romanzesu, Nuraghe Loelle, Su Tempiesu di Orune, Museo della civiltà contadina e pastorale de Bitti, cascades de S'Illiora… L'excursion guidée au Monte Albo de Lula inclut un repas pris en compagnie des bergers.

AGENDA

Festa del Redentore – Fêtes et célébrations la dernière semaine d'août *(voir encadré p. 187).*

Festa di Nostra Signora del Miracolo – *Le 30 septembre, à Bitti.* La Fête de Notre-Dame du Miracle anime les rues du quartier Borgata Gorofai.

3

Le massif du Gennargentu

★★

Une beauté intense caractérise les paysages du versant occidental du Supramonte, au sud de Nuoro, au-dessus des villes d'Oliena et Orgosolo. Comme la toute proche Barbagia, que les Romains appelaient « barbare », car impossible à conquérir, cette terre forte de ses traditions ne laisse pas indifférent. Parc national et cœur géographique de l'île, le Gennargentu se tient également au cœur de l'identité sarde. L'esprit des traditions est peut-être ici plus vivant qu'ailleurs, dans l'attachement aux festivités ancestrales, dans la beauté des costumes et le raffinement des produits d'artisanat, dans l'originalité de la musique et des chants. Appelé aussi « Porte d'Argent » pour la couleur de ses rochers de schiste, le « toit de la Sardaigne », qui culmine à 1 834 m à la Punta La Marmora, renferme un microcosme de paysages et de visages unique en Italie.

NOS ADRESSES PAGE 203
Hébergement, restauration, achats, activités, etc.

S'INFORMER

Ufficio informazioni turistiche Provincia di Nuoro – *Piazza Italia 7 - ✆ 0784 23 88 78 - www.provincia.nuoro.it.* Fournit la liste des guides organisant des visites dans toute la province.

SE REPÉRER

Carte de région AB2-3 (p. 178). Trois régions historiques s'étendent au sud de Nuoro : le Supramonte au sud-est, la Barbagia au sud et, plus au sud encore, le Gennargentu, le sommet de l'île. Le Supramonte est lui-même divisé en deux secteurs : celui qui regarde la mer *(voir « Le Supramonte » p. 162)* et le Supramonte « du côté de la montagne », tourné vers l'ouest.

À NE PAS MANQUER

Oliena, Orgosolo et Ollolai dans le Supramonte et la Barbagia d'Ollolai ; Fonni, le village le plus élevé de l'île ; les sources Su Gologone ; le village nuragique de Tiscali.

ORGANISER SON TEMPS

Comptez une journée par circuit, le double avec de la randonnée.

AVEC LES ENFANTS

Le Tramas de Seda à Orgosolo ; le Museo delle Maschere à Mamoiada.

Murales à Orgosolo.
T. Di Girolamo/AGF Foto / Photononstop

Circuits conseillés Carte de région

★ LE SUPRAMONTE ET LA BARBAGIA DE OLLOLAI

Circuit d'environ 87 km, au départ de Nuoro, tracé en vert sur la carte p. 178 – Comptez une journée. Quittez Nuoro vers le sud-est par la via Mughina. La SP 22 conduit à Oliena.

Oliena

Via Grazia Deledda 32 - ✆ 0784 28 60 78.

Disposé sur un **site★** en amphithéâtre au pied de l'altière montagne de Punta Corrasi *(voir ci-dessous)*, Oliena est avant tout synonyme de tradition : celle des maisons peintes à la chaux, celles du vin de cannonau et des desserts, celles des bijoux en filigrane et des vêtements (chemises bleu ciel et châles noirs à franges, brodés de soie et d'or, que portent encore les femmes du village). Les maisonnettes du bourg se caractérisent par leurs **Cortes Apertas** (cours ouvertes), auxquelles Oliena consacre une journée spéciale autour de la mi-septembre.

Dans ce village à la religiosité fervente, arcades et escaliers extérieurs se multiplient au fil des ruelles, qui desservent quantité d'églises et de chapelles. Le **quartier de Sa Maddalena** est celui qui a su le mieux préserver son authenticité. La **chiesa di Sant'Ignazio** *(via Dante Alighieri)* y fut bâtie au milieu du 17e s., dans le prolongement du collège des Jésuites, un ordre religieux qui favorisa le développement économique de la région, en particulier au travers de la viticulture. D'autres églises méritent le coup d'œil : **Santa Croce**, avec son beau crucifix en bois au-dessus de l'autel, et la charmante **Nostra Signora d'Itria**.

Du bourg d'Oliena, vous pouvez effectuer des excursions intéressantes : la résurgence Su Gologone, le village nuragique de Tiscali et Punta Corrasi. Sinon, rendez-vous directement à Orgosolo.

★★ Sorgente Su Gologone

À 8 km d'Oliena par la SP 46. Point d'information, aire de pique-nique - ✆ 328 56 49 983 - www.sorgentisugologone.it - 2 €.

La plus grande **résurgence** de Sardaigne (300 l/s en moyenne) a creusé un grand bassin entre de hautes parois rocheuses, où se déversent ses eaux, canalisées par les entrailles karstiques du Supramonte. La clarté et la pureté de celles-ci en font un lieu particulièrement prisé par les plongeurs spéléologues. Entouré par un bois d'eucalyptus, le lieu déclaré « Monument naturel » par la région Sardaigne est au cœur d'un beau parc, cadre de nombreuses randonnées qui mènent jusque sur les cimes du Gennargentu.

★★ Village nuragique de Tiscali

À 7 km au sud de Su Gologone - ✆ 349 442 55 52 - www.ghivine.com - janv.-avr. : 9h-17h ; mai-oct. : 9h-19h - 5 €. Les excursions guidées (recommandées) partent d'Oliena ; un autre sentier, plus long, démarre de Dorgali.

Sur le mont Tiscali (515 m) se trouve l'une des merveilles archéologiques de l'île, redécouverte et mise en valeur uniquement depuis une vingtaine d'années. Après le site de la résurgence de Su Gologone et la traversée de la vallée de Lainatto (*parcours possible en 4x4*), une montée d'environ 60mn le long d'un ancien sentier de miniers mène au sommet du mont. Le parcours se poursuit à travers une fente naturelle dans le rocher, qui permet d'atteindre le village nuragique en quelques minutes. Spectaculaire, celui-ci apparaît à l'intérieur d'une grotte dont la voûte s'est écroulée.

Parmi les derniers remparts de la résistance des populations autochtones contre les Romains, Tiscali (2e et 1er millénaires av. J.-C.) a su préserver les vestiges en pierre et boue de ses huttes nuragiques.

★ Punta Corrasi

À 3 km au sud-est d'Oliena.

Sentier au départ de la localité « Monte Maccione » - comptez 6h AR.

Point culminant du massif du Supramonte, la Punta Corrasi (1 463 m) s'élève majestueusement au-dessus d'Oliena. La montagne a servi de décor pour quelques scènes du film *Les Dix Commandements* (1956) de Cecil B. DeMille.

Quittez Oliena vers le sud-ouest et prenez la SP 22 qui mène à Orgosolo (17 km).

★★ Orgosolo

Village de montagne, repaire de bandits, Orgosolo doit avant tout sa notoriété au film néo-réaliste de Vittorio De Seta, *Banditi a Orgosolo*, qui a obtenu en 1962 le prix du meilleur film au Festival de Venise.

Aujourd'hui, seules de rares maisons de l'ancien village sont encore debout, ainsi que quelques témoignages religieux : le clocher du 15e s. de l'église **San Pietro**, l'oratoire du 16e s. de **Santa Croce** et l'église **dell'Assunta** (17e s.). Si le village a conservé intacte une solide tradition pastorale, en particulier avec ses festivités du 15 août *(voir p. 207)*, Orgosolo est surtout connu pour ses célèbres **fresques★★**, les *murales (voir encadré ci-dessous)*.

Tramas de Seda – *Via Mercato 3 - ✆ 0784 40 32 07 - gratuit.* Une maison-laboratoire-musée où se perpétue l'élevage des vers à soie. La propriétaire a repris le métier séculaire des femmes d'Orgosolo et suit toutes les phases, de l'élevage des vers à la teinture de la soie, en passant par le dévidage des cocons et la filature. Elle confectionne sur son ancien métier à tisser ces longues bandes de soie grège *(Su Lionzu)* qui, enroulées sur la tête, forment la coiffe traditionnelle spécifique à ce bourg.

LE VILLAGE DES « MURALES »

Cœur de la culture de la Barbagia, isolé au centre du Supramonte, berceau du « banditisme » sarde, **Orgosolo** est surtout devenu, dans les années 1970, le village des *murales*. Paysans et pasteurs défendaient alors leurs terres contre les menaces d'expropriation ; ils nourrissaient contre l'État un fort sentiment libertaire et frondeur qui trouva sur les murs gris du village un terrain d'expression, à l'initiative d'un professeur, Francesco del Casino. Traduction de cette conscience politico-sociale, ses fresques et celles de ses élèves colorent toujours les ruelles du bourg et entretiennent la vitalité des idéaux qui les sous-tendent.

LES MAMUTHONES DE MAMOIADA

À partir du 17 janvier, Mamoiada fête son **Carnevale** à grand renfort de danses traditionnelles. La bourgade accueille alors le **défilé des Mamuthones** : d'inquiétants masques de bois réalisés par des artisans locaux, portant sur le dos une toison poilue et alourdis de grappes de sonnailles (ces cloches que l'on attache au cou du bétail), parcourent les rues du village au pas cadencé ; leur procession s'achève par le rituel archaïque des **Issohadores**, qui tentent de les attraper avec des cordes. On savoure lors de la fête le *su papassinu nieddu*, une délicieuse fougasse farcie de raisins secs, d'amandes, de noix et de *sapa* (un moût concentré).

Reprenez la SP 22 vers le nord-ouest pour rejoindre Mamoiada (10 km).

Mamoiada

Via Sardegna 13 - ✆ 0784 56 90 32 - www.mamuthonesmamoiada.it.

Museo delle Maschere mediterranee – *Piazza Europa 15 - ✆ 0784 56 90 18 - www.museodellemaschere.it - tlj sf lun. 9h-13h, 15h-19h - 4 € - brochure en français.* Le village est célèbre dans toute l'île pour son carnaval, auquel est dédié en partie ce musée. Il expose en effet une remarquable collection de masques★ et de costumes traditionnels de Mamoiada et des villages de Barbagia, dont les mystérieux **Mamuthones** *(voir encadré ci-dessus)*. Ces derniers sont confrontés à d'autres pièces du folklore populaire en provenance des pays du bassin méditerranéen, dont les Balkans et la Grèce.

À la sortie du village, suivez la SP 30 jusqu'à Gavoi (16 km).

★ Gavoi

*Via Roma 132 - ✆ 078 452 90 38. Vous trouverez ici une carte-guide pour parcourir les sentiers de la transhumance (*tramuda *en sarde) : Gavoi-Fonni-Tonara-Aritzo-Meana ou Sardo-Sorgono-Ovodda-Gavoi.*

Habité depuis les temps préhistoriques, comme le prouvent les *nuraghi* **Castrulongu** et **Talaikè**, le village, au cœur de la Barbagia, s'ouvre sur le lac artificiel de Gusana *(voir p. 199)*. Ses belles maisons en granite gris, aux balcons en fer forgé ou bois sculpté, typiques de la région, se développent sur deux niveaux : l'étage inférieur servait à loger les animaux.

Avec sa jolie façade décorée d'une rosace et ses pierres teintées de rose, l'église paroissiale **San Gavino★** *(via San Gavino)* est également remarquable pour son campanile à trois niveaux d'arcs.

Des ex-voto en filigrane d'or et d'argent forment le revêtement de la petite église **Sant'Antioco** *(dans le haut du village)*, à l'intérieur de laquelle une belle statue en bois du 18e s. représente le saint patron.

Museo della Civiltà d'altopiano – *Via Cagliari - ✆ 349 801 85 61 - 10h-13h, 16h-20h - donation bienvenue.* Le travail des mors et des éperons de chevaux est une tradition artisanale de Gavoi, que retrace ce petit musée familial consacré à la vie des bergers transhumants.

Côté gastronomie, Gavoi fabrique un succulent fromage de chèvre, le **fiore sardo** (la « fleur sarde »).

Quittez Gavoi en direction du nord-ouest par la SS 128 et, après 800 m, tournez à gauche sur la SP 29 pour atteindre Ollolai (4 km).

Ollolai

Avec ses modestes maisons rehaussées de belles portes en pierre noire, le village d'Ollolai, réputé pour sa production de paniers tressés et de robes traditionnelles, est au cœur de la fête des **cortes apertas**.

3

★ **Punta S'Asisorgiu** – *À 1 km d'Ollolai (suivez les indications pour la Località San Basilio).* Surnommée la « fenêtre de la Sardaigne », la Punta S'Asisorgiu *(*1 127 m*)* permet de voir, quand le ciel est dégagé, les deux mers : celle du ponant et celle du levant.

Reprenez la SS 128 vers le nord sur 4 km ; prenez ensuite à droite la SP 22, avant de tourner à gauche en suivant les indications pour le sanctuaire Nostra Signora di Gonari (6 km).

Nostra Signora di Gonare (ou Gonari)

Une promenade d'une dizaine de minutes dans un maquis de chênes verts conduit au sanctuaire. Aussi superbe qu'inattendu, le point de vue va du Monte Ortobene au Gennargentu, et du Monte Corrasi à la vallée qui descend vers Oristano.

Situé au sommet du **Monte Gonare** (1 083 m), l'une des montagnes les plus caractéristiques de Sardaigne selon Grazia Deledda *(voir « Une longue tradition d'isolement » p. 183)*, ce sanctuaire remonte au 14e s. Son origine pourrait cependant être plus ancienne encore, si l'on en croit la légende qui en attribue l'édification à Gonario II di Torres (1200). Les éléments visibles actuellement sont plus récents : la cloche porte la date de 1587, l'inscription sur une arcade de la nef évoque une construction dans les années 1618-1620. La structure en schiste talqueux, les arcades du presbyterium en trachyte rouge et la Vierge à l'Enfant en marbre constituent les fleurons architecturaux et artistiques de l'édifice.

Revenez à l'intersection pour Sarule et dépassez le village pour prendre la SS 128 ; après 4 km, vous arriverez à Orani.

Orani

Situé dans une vallée verdoyante au pied du Monte Gonare, le village d'Orani abrite d'élégants palais des 18e et 19e s. et plusieurs édifices religieux intéressants, dont la **Madonna del Rosario** *(via Rosario)*, du 16e s., avec ses voûtes peintes à fresque et le beau clocher gothico-aragonais de l'ancienne église paroissiale **Sant'Andrea Apostolo**, aux abords du village.

Symbole de la ville, l'église **Nostra Signora d'Itria** *(via d'Itria)* date du 17e s. Sur sa façade, les sgraffites de Costantino Nivola, peintre et sculpteur natif d'Orani, représentent la *Dea mater méditerranéenne* (1959).

Museo Nivola – *Via Gonare 2 - ✆ 0784 73 00 63 - www.museonivola.it - avr.-sept. : tlj sf lun. 10h-13h, 16h30-20h ; reste de l'année : tlj sf lun. 10h-13h, 15h30-19h - 5 € - brochure en français - visite guidée en anglais sur RV.* Installé dans l'ancien lavoir public, ce musée rend hommage à Nivola et aux autres artistes nés dans le village : le peintre et graveur Mario Delitala, l'écrivain Salvatore Niffoi et Paolo Modolo, célèbre pour ses créations en velours.

Reprenez la SS 128 vers le nord, puis la SS 131 d.c.n. en direction de Nuoro ; la SS 389 vous ramène directement en ville (à 23 km d'Orani).

★★ AUTOUR DU GENNARGENTU Carte de région

Circuit d'environ 140 km au départ de Fonni, tracé en rouge sur la carte de région p. 178 – Comptez une journée (2 jours avec les promenades). Pour rejoindre Fonni à partir de Nuoro, suivez la SS 389 vers le sud sur 34 km.

★ Fonni

Le village le plus élevé de Sardaigne (et l'unique station de ski de l'île !) offre un panorama splendide. Établi sur un col à 1 000 m d'altitude, il fait face au massif du Gennargentu et marque le point de départ de nombreuses excursions en montagne, notamment vers **Monte Spada** (1 595 m) et **Bruncu Spina** (1 829 m). Ce village d'origine médiévale s'est développé aux 17e et 18e s., notamment grâce aux franciscains qui y construisirent un couvent en 1610. Il est agencé autour de la **chiesa di San Giovanni Battista** *(au bout de la rue du même nom, au sud)*, un édifice du gothique tardif qui abrite un mobilier du 18e s. et, sur le maître-autel, un crucifix de la même époque.

Museo della Cultura pastorale – *Vico Gennargentu (à 50 m au nord de l'église) - ✆ 0784 18 76 113 - tlj sf lun. 10h30-13h, 15h-17h30 - 4,50 €.* Ce petit musée raconte les traditions pastorales de la région ; c'est l'un des rares bâtiments du 19e s. que l'on trouve encore dans le centre historique.

★ **Basilica della Madonna dei Martiri** – *Piazza Martiri (au sud-ouest).* Elle est précédée d'une cour entourée de *cumbessìas* modernes qui ont remplacé les maisonnettes originelles. Couvent d'un côté, oratoire à San Michele de l'autre, la basilique s'articule en une église du 17e s., la **Santissima Trinità** (à l'intérieur, fresques du 18e s., Christ en croix du 16e s., et deux toiles représentant la Sainte Trinité et la Crucifixion), que jouxte le sanctuaire proprement dit, achevé en 1716, avec des décorations en stuc et des peintures *a tempera*. Remarquez en particulier l'autel et le tabernacle en bois de 1725, ainsi que la Madone réalisée à Rome à la fin du 17e s. et qui donna son nom à la basilique. Le presbytère donne accès à la chapelle des reliques, à la sacristie et au sanctuaire souterrain.

De belles excursions mènent aux cimes les plus élevées du Gennargentu, dont la **Punta La Marmora** (1 834 m). Après la station de ski de Bruncu Spina (1 740 m), le « toit de la Sardaigne » n'est plus qu'à 45mn de marche.

Quittez Fonni vers l'ouest et prenez la SS 389 puis la SS 389 D avant d'arriver sur les rives du lac de Gusana (7 km).

★ Lago di Gusana

Situé sur la commune de Gavoi, ce bassin artificiel aménagé dans les années 1960 permet de pratiquer les sports aquatiques tout en bénéficiant de structures hôtelières confortables. Ses eaux dissimulent un ancien pont romain.

Une promenade *(10 km AR, env. 2h30)* sur le chemin de terre qui part à droite du pont Aratu conduit aux quatre menhirs de **Perdas Fittas**.

Après le Viadotto Aratu et le village d'Ovodda, la SS 128 conduit à Tiana (15 km).

Tiana

Sur la route conduisant aux stations de montagne du Gennargentu, ce petit village rural dégage une atmosphère paisible. Sa jolie église paroissiale, **Sant'Elena Imperatrice**, a été reconstruite à la fin du 19e s. sur le modèle de l'édifice antérieur, avec ses arcs gothiques et ses voûtes d'arêtes. Dans le passé, Tiana se fit connaître pour sa production d'**orbace**, un tissu en laine utilisé pour confectionner les vêtements traditionnels ; de ce savoir-faire artisanal il ne reste plus aujourd'hui que des témoignages paléo-industriels comme, au fond de la vallée, sur le fleuve Tino, un ancien moulin hydraulique à foulon, en pierre et au toit de bois, où est conservé le grand pilon avec lequel on pressait et on travaillait le tissu afin de le rendre plus résistant.

Continuez sur la SS 128 ; après 5,5 km prenez à gauche la SS 295 jusqu'à Tonara.

Tonara

Réputé pour son nougat, Tonara est également connu pour ses **tapis** *(tappeti)* et ses **sonnailles** *(campanacci)* : les forgerons travaillent au four ou au soufflet, battant le métal sur des matrices en pierre pour produire les cloches destinées au bétail.

Le village conserve de très anciennes **maisons de schiste**, avec des balcons couverts en bois. Vous y verrez aussi le **campanile** (17e s.) de l'église paroissiale

San Gabriele (le reste de l'édifice est plus récent), la **fontaine de Galusè**, la **domus de janas Is Forreddus** et, au sud du bourg, les ruines de l'église **Sant'Anastasia**.

Tonara est le point de départ pour la **Punta Mungianeddu** (1 467 m).

Continuez sur la SS 295 ; au bout de 2 km, tournez à gauche sur la SP 7 qui vous conduira à Desulo.

Desulo

Perché sur la crête occidentale de la chaîne du Gennargentu, Desulo est le bourg le plus proche de la **Punta La Marmora** (1 834 m), point culminant de l'île. Cet ancien village pastoral attire depuis quelques années un nombre croissant de touristes, de randonneurs et de skieurs.

De belles maisons traditionnelles en schiste, avec des balcons en bois, entourent la nouvelle église paroissiale du **quartier d'Issirìa**, consacrée, comme l'ancienne, à **Sant'Antonio Abate** *(via Lamarmora, au sud du village)* ; cette dernière, aux lignes gothiques, abrite une splendide chaire en bois. On y croise encore des femmes vêtues du costume traditionnel rouge, jaune et bleu.

Museo Etnografico « Casa Montanaru » – *Via Montanaru 34 - ☎ 078 461 96 24 ou 0784 61 94 15 - sur RV - gratuit.* Ce musée qui porte le surnom d'Antioco Casula, poète sarde du 19e s., conserve également les archives de ses œuvres. Il expose par ailleurs des costumes, des objets liés à l'activité pastorale au 19e s. et des photographies évoquant la transhumance et l'émigration des habitants du village vers le sud de l'île.

Revenez sur la SS 295 qui traverse Belvì et conduit à Aritzo.

Aritzo

Aujourd'hui lieu de villégiature estivale, le village a conservé, comme d'autres villages du Gennargentu, de belles maisons en schiste aux balcons de bois.

Ecomuseo della Montagna sarda – *Via Marconi 1 - ☎ 0784 62 98 01 - juin-sept. : tlj sf lun. 10h-13h, 16h-19h ; oct.-mai : tlj sf lun. 10h-13h, 15h-18h - 3,50 € - visite guidée du musée et des prisons espagnoles.* Sous les dominations aragonaise puis espagnole, le bourg pratiquait le « commerce de la neige », que l'on descendait vers la vallée dans des caisses tapissées de paille expressément conçues à cet effet. Cet écomusée entretient le souvenir de ces traditions : costumes, outils d'époque, documentation sur la production de *Sa Carpigna*, la *granita* à base de glace naturelle et de citron, fierté du village.

Le passage des **Vecchie Carceri**, aux arches en ogive, conduisait aux « prisons espagnoles ». Le curieux **Castello Arangino** (1917) affiche des formes néogothiques. L'église paroissiale **San Michele Arcangelo**, qui connut des restaurations répétées depuis sa fondation au 16e s., s'est vu adjoindre en 1919 des éléments néoromans ; elle renferme une statue en bois du 17e s., un autel en marbre du 18e s., une représentation polychrome de saint Michel et un tableau du peintre local Antonio Mura.

Quittez Aritzo et prenez la SS 295 jusqu'à l'indication Texile.

★ Monte Texile

À 974 m d'altitude, ce spectaculaire monticule rocheux en calcaire offre de superbes panoramas.

Reprenez la SS 295 et tournez au sud sur la SP 8 pour rejoindre Seulo.

Seulo

Le village, connu pour son excellent vin rouge, est le point de départ de nombreuses excursions en montagne. En toute saison, aux belles couleurs de l'automne ou sous les bourgeons printaniers, dans la neige en hiver ou

Paysage typique du Gennargentu.
Marc Xavier/Fotolia.com

sous le soleil estival, on prend plaisir à arpenter le **Monte Perdedu** (1 334 m) et à admirer les **paysages★★** exceptionnels de la Barbagia de Seulo : vallées creusées par le Flumendosa, formations rocheuses du **Su Stampu 'e Su Turrunu**, cascade de **Piscina 'e Licona.** On visite aussi les *domus de janas* de la **Foresta d'Addoli**.

Continuez sur la SP 8 vers le sud et tournez à droite au km 61,5.

3

Grotta de Is Janas

☎ 0782 599 012 - www.grottesadali.com - avr.-sept. : 10h-12h, 15h-18h ; reste de l'année : dim. seult - 6 €.

Elle doit son nom aux trois stalagmites qui, selon la légende, seraient des fées pétrifiées ; on visite cinq des six salles que compte la grotte.

Dans les profondeurs du plateau calcaire de **Taccu de Sadali**, cachée sous les chênes verts, une cascade alimente un petit lac souterrain dans un décor saisissant.

En direction de Sadali, sur la droite, un gigantesque chêne vert baptisé **S'Ilixi 'e Dabbareddu** a traversé les siècles intact.

Reprenez la SP 8 puis tournez à droite sur la SS 198 ; en bifurquant sur la via Grazia Deledda, vous arrivez à Sadali (à 13 km de Seulo).

Sadali

Dans cette tranquille localité de montagne, une cascade à l'intérieur même du village recueille les eaux de plusieurs sources avant de plonger, avec le Rio Carradori, dans un gouffre souterrain, **Sa Bucca Manna** (littéralement « la grande bouche »).

L'église paroissiale est consacrée à **San Valentino**, un martyr romain du 3e s. : elle est ornée d'une rosace et d'un portail gothique et abrite un autel en bois du 17e s.

Santa Maria, l'église située à l'extérieur du village, date quant à elle du 16e s.

Revenez sur la SS 198 et prenez au nord pour rejoindre Seui (9 km).

Seui

Ce village vivait autrefois grâce à l'extraction d'anthracite. Aujourd'hui, les ressources étant épuisées, l'activité minière s'est interrompue et il flotte dans les rues du village comme un parfum de grandeur perdue.
Dans le centre historique, l'église paroissiale **Santa Maria Maddalena** a subi de profondes modifications de son plan d'origine, remontant sans doute au 18e s. Tout autour serpentent des ruelles où les palais du 19e s. voisinent avec des maisons plus rustiques en schiste, dotées d'élégantes arcades, de balcons en bois et de toits de tuiles rondes. Tout ce réseau constitue un vaste parcours muséal – le **Percorso museale monumentale seuiense** – qui passe par la **Palazzina Liberty**, une maison Art nouveau (déb. du 20e s.) abritant des objets relatifs à l'activité minière, par l'ancienne prison du **Carcere Spagnolo** (1647) et sa salle de torture, et par la **Casa Farci** (du nom d'un homme politique originaire de Seui) où sont exposés des vêtements traditionnels et des objets liés au commerce, à l'agriculture, à la vie pastorale et à la production vinicole du village. On découvre également au long du parcours la **Galleria Civica**, installée dans le **Palazzo Municipale**, siège historique de l'hôtel de ville, qui expose des toiles du 17e s. et des œuvres contemporaines, et la **S'omu de Sa Maja**, un ancien édifice qui abrite un ensemble d'objets et de documents liés aux croyances populaires de la région, dont la sorcellerie. *Billetterie Via Roma 241 - ☏ 0782 53 90 02 - été : 9h-13h, 15h-19h30 (17h30 en hiver) - fermé lun. - 5 €.*

LE MANDROLISAI

Centre géographique de l'île, le Mandrolisai est la partie de la Barbagia la plus occidentale de Sardaigne. Ce haut plateau granitique creusé de nombreuses vallées tire son nom d'un mot médiéval désignant des terres de pâture (l'italien *mandria* signifie « troupeau »). La configuration de ces hautes terres et leur géologie se prêtent en effet parfaitement à l'élevage et à la viticulture, deux activités qui conservent un poids significatif dans l'économie de la région ; le vin de Mandrolisai provient des cépages bovale sardo, cannonau et monica.
À **Sorgono** *(15 km au sud-ouest de Tiana)*, la « capitale » du Mandrolisai, se dressent les menhirs de **Biru'e Concas** et les ruines de la **Casa Carta**, une demeure du 17e s., mais aussi le **Santuario di San Mauro**, l'un des sanctuaires les plus anciens de Sardaigne, avec son traditionnel enclos de *cumbessìas* et une église du 16e s. dont la façade de trachyte gris affiche une superbe rosace. À l'intérieur, voyez l'arche ouvrant sur le presbyterium et l'autel baroque. Près du sanctuaire se trouvent la **tombe des géants de Funtana Morta** et la grande pièce couverte du **nuraghe Talei**.
Le bourg le plus ancien du Mandrolisai, **Atzara** *(à 5 km au sud de Sorgono)*, perpétue la fabrication artisanale de tapis en laine et produit d'excellents vins, comme le cannonau. Son **Museo Regionale d'Arte Moderna e Contemporanea** rend hommage au peintre espagnol Antonio Ortiz Echagüe, qui vécut à Atzara de 1906 à 1909.
Le village d'**Ortueri** *(à 14 km au nord-ouest de Sorgono)*, qu'entoure une nature intacte, travaille le liège ; lui aussi produit des vins que l'on pourra déguster lors des **Magasinos Apertos** ; les caves ouvrent leurs portes au public pour cette manifestation et invitent aussi leurs visiteurs à goûter à l'*angule*, une spécialité de pâtisserie à base de miel.
Dans le **Parco Mui Muscas**, aux nombreuses sources, vivent en liberté le petit âne sarde et les chèvres tibétaines.

Quittez Seui vers le sud-est et prenez la SS 198. Après 7,5 km, avant le Valico Arcueri, prenez à gauche (vers le nord) la SS 198. Vous verrez le Monte Perda Liana à mi-parcours entre Seui et Villanova Strisaili (52 km).

★ Monte Perda Liana

La route suit un moment la ligne de chemin de fer du Trenino Verde, le « Petit Train vert », et traverse la **Foresta di Montarbu**, qui est pour beaucoup la plus belle forêt de Sardaigne. Parmi les frênes, les chênes verts, les houx et quelques paléo-espèces endémiques, la forêt possède plusieurs secteurs aménagés pour l'observation botanique et la randonnée.

En poursuivant vers **Villanova Strisaili**, vous passerez par le **nuraghe Ardasai**, qui domine la vallée du Flumendosa, puis par le **Monte Perda Liana**, le plus beau des *tacchi* (rochers de calcaire et de schiste) de l'Ogliastra, avec son faux air de Colorado.

Revenez sur la SS 198; après avoir longé le Lago Alto del Flumendosa, tournez à gauche sur la SS 389 et continuez au nord vers Nuoro; après 22 km (peu après le tunnel), prenez l'embranchement vers l'ouest pour Fonni (à 36 km de Villanova Strisaili).

NOS ADRESSES AUTOUR DU GENNARGENTU

HÉBERGEMENT

Gavoi

PREMIER PRIX

Hotel Gusana – *Loc. Oddirolo - SS 128 - ✆ 0784 53 000 - www.albergogusana.it - P - fermé nov. - 35 ch. - 70 €.* Si vous tombez sous le charme des paysages de la région, arrêtez-vous pour la nuit dans cet établissement; ses chambres simples et lumineuses bénéficient d'une belle vue sur le lac et ses environs.

Mamolada

PREMIER PRIX

B & B da Titina – *Via Vittorio Emanuele II 124 - ✆ 0784 56 065 - www.bebdatitina.it - P - 3 ch. 60 €.* La villa est entourée de 5 000 m² de jardin, de verger et de potager. Petit-déjeuner servi au jardin ou, quand il fait froid, dans une chaleureuse pièce au sous-sol.

Oliena

PREMIER PRIX

B & B Santa Maria – *Piazza Santa Maria (à l'angle de la via Grazia Deledda 76) - ✆ 0784 28 72 78 - www.bbsantamaria.it - 3 ch. 80 €.* Les chambres sont décorées avec des meubles fabriqués par des artisans locaux et sont toutes équipées d'une salle de bains. Au dernier étage, vous pourrez profiter du solarium pour vous détendre en admirant la vue magnifique sur le village et les montagnes environnantes. Enfin, sous le B & B, vous trouverez une très belle boutique d'artisanat du Gennargentu, l'« Isola Arte ».

UNE FOLIE

Hotel Su Gologone - *Località Su Gologone - ✆ 0784 287 512 - www.sugologone.it - rest. - fermé nov.-mars - 68 ch. à partir de 170 €.* Comptant parmi les plus beaux établissements de la région, l'hôtel occupe une villa blanche parfaitement rénovée, à quelques pas de la résurgence. Les chambres romantiques sont entièrement décorées avec des pièces d'artisanat sarde.
Le restaurant réputé propose une cuisine traditionnelle préparée avec soin. Tennis, piscine et centre de bien-être complètent le cadre.

3

Orani

PREMIER PRIX

Agriturismo Usurtala – *Loc. Usùrtala - ✆ 0784 73 00 22 - www.usurtala.com - P - 7 ch. 50 € - rest.* Une oasis luxuriante, au calme, dans un océan de verdure, où l'on pourra goûter une authentique cuisine traditionnelle. L'exploitation agricole gère également une petite fromagerie spécialisée dans la production de *pecorino* frais ou affiné ; délicieuses crème de fromage et *ricotta*.

Tiana

PREMIER PRIX

Agriturismo Carale – *Loc. Carale - Austis, à 12 km à l'ouest de Tiana par la SP 31 - ✆ 0784 67 329 - 10 ch. 60/80 €.* Une oasis de verdure pour accueillir un monde de saveurs : c'est le mot d'ordre de la direction de ce bel endroit où l'on pourra séjourner ou simplement déguster de bons produits régionaux.

Villanova Strisaili

POUR SE FAIRE PLAISIR

Hotel Orlando Resort – *Loc. Santa Barbara, à 8 km à l'est de Villanova Strisaili - ✆ 0782 32 823 - www.hotelorlandoresort.com - P - 51 ch. 140/200 €.* Hôtel de charme entouré d'un bois de chênes majestueux, à 18 km seulement des splendides plages d'Arbatax. Les chambres, grandes et confortables, sont meublées avec goût et fraîcheur ; des œuvres d'art contemporain sarde ornent les lieux. Centre de remise en forme et deux restaurants de cuisine de l'Ogliastra, où il faut absolument goûter aux raviolis, aux truites et à *sa paniscedda* (pain aux raisins secs, noix, miel et vin cuit).

RESTAURATION

Aritzo

BUDGET MOYEN

Da Daddo – *Viale Kennedy 14 - ✆ 333 277 46 19 - P - fermé lun. - 15/25 €.* L'atmosphère est celle d'un bar de village, avec sa télé allumée et quelques tables de joyeux retraités jouant aux cartes à toute heure de la journée. L'endroit idéal pour déguster une cuisine de grand-mère dont des raviolis au *pecorino* et sauce tomate et des côtelettes de porc et d'agneau que vous ne serez pas près d'oublier.

Desulo

PREMIER PRIX

Locanda La Nuova – *Via Lamarmora 45 - ✆ 0784 61 92 51 - - fermé vend. - 15 €.* Dans un cadre un peu rétro, à deux pas de la piazza De Gasperi, on déguste ici une excellente charcuterie, de la *ricotta* fumée, des entrées traditionnelles, mais aussi des soupes aux herbes du Gennargentu et des viandes *in umido* (cuites à l'étuvée). Dans ce cadre montagnard, on appréciera aussi de bons vins de pays et de l'eau-de-vie locale.

BUDGET MOYEN

Gennargentu – *Viale Kennedy 4 - ✆ 0784 61 90 59 - 20/30 €.* Non loin du musée Casa Montanaro, si le cadre joue la carte du moderne, le menu exalte les produits et les saveurs régionales traditionnelles. Charcuterie, fromages et viandes sont ici à l'honneur. Du four à bois sortent d'excellentes *pizze*.

Gavoi

BUDGET MOYEN

Agriturismo Antichi Sapori da Speranza - *Via Cagliari 190 - ✆ 0784 52 021 - www.agriturismodasperanza.*

com - P - *18/25 € - 9 ch.* À l'heure du repas, vous pourrez déguster les spécialités de la cuisine sarde (dont d'excellents raviolis de châtaignes en automne) confortablement assis près de la cheminée. Un atelier est dédié à la préparation des confitures et des légumes à l'huile. Possibilité d'hébergement.

Santa Rughe – *Via Carlo Felice 2 - ☏ 0784 53 774 - www.santarughe.it - fermé merc. (sf août) - 30 €.* On y sert les fromages qui font la renommée de Gavoi au niveau régional et national, mais aussi des ris, des tripes et des beignets de cervelle, de la *purpuzza* (porc mariné) et d'autres plats traditionnels, comme les *malloreddus* (petits gnocchis sardes) à la daube de sanglier. Menu sans gluten.

Oliena

BUDGET MOYEN

Agriturismo Guthiddai – *Loc. Guthiddai - ☏ 0784 28 60 17 - www.agriturismoguthiddai.com* - P - *fermé lun. - 25/30 € - 10 ch.* L'expression parfaite de l'agritourisme : en pleine nature, à 15 km du golfe d'Orosei et à proximité des sommets du Supramonte, mais à deux pas des centres historiques de la région. À table, c'est la ronde des saveurs : charcuterie, entrées, fruits de saison et vin de qualité. Possibilité d'hébergement.

Mamoiada

BUDGET MOYEN

La Campagnola – *Via Satta 2 - ☏ 078 456 92 47* - P - *fermé lun. - 25/30 €.* Cet établissement spacieux et confortable satisfera tous les goûts, avec des plats traditionnels ou plus classiques, tous à base de produits frais. Un incontestable point fort : les tourtes.

Orgosolo

PREMIER PRIX

Il Portico – *Via Giovanni XXIII - ☏ 0784 40 29 29 - www.ristoranteorgosolo.it - 15/18 €.* Parfait pour prendre un repas en admirant les *murales* (fresques) du bourg. Au menu, des plats typiques de la Barbagia accompagnés de vins de pays charnus.

Tonara

BUDGET MOYEN

Muggianeddu – *Via Monsignor Tore 10 - ☏ 0784 63 885 - fermé lun. - 20/30 € - 6 ch.* Une adresse maintes fois primée qui a fait de la haute gastronomie une tradition. Produits naturels originaires de la région de Tonara : champignons, fromages, charcuterie ainsi que le célèbre *torrone* de Tonara. À la carte, soupes parfumées, plats de viande et vin du Mandrolisai.

ACHATS

Fonni

Fratelli Pirisi – *Via Umberto 34 - ☏ 0784 58 471 - www.sardafiligrana.it.* Bijoux en filigrane faits main. Pièces uniques.

Mamoiada

Azienda Serconi – *Loc. Serconi - ☏ 328 746 16 60 - www.serconi.com.* Cette exploitation de safran permet d'assister à la cueillette, au nettoyage et au séchage. Vente directe de bulbes de safran pour la culture et de produits maraîchers. En été, maison à louer.

Oliena

Agricola Puligheddu – *Piazza Collegio 5 - ☏ 0784 28 77 34.* Cette exploitation a obtenu deux prestigieux prix pour son huile d'olive extra-vierge *Ghermanu*.

Pietro Maisola – *Viale Italia 60 - ☏ 0784 28 52 09.* Objets décoratifs en bois, de facture artisanale.

S'Ortu de Sos Moios –*Via Montale 4 - ✆ 0784 28 82 24.* Production artisanale de miels *millefiori*, de chardon, d'agrumes ou d'arbousier. Sur rendez-vous.

Susanna Piga – *Via Farina 8 - ✆ 340 358 19 98.* Broderies sur châles, sacs, coussins, cuir, mais aussi costumes traditionnels et harnachements pour chevaux.

Orani

Cooperativa Unione Pastori – *SP 17 - ✆ 0784 76 296 - tlj sf dim. 8h-13h.* Le *pecorino* sous toutes ses formes.

Pasticieria Nieddu – *Corso Italia 89 - ✆ 0784 73 00 39.* Tout l'art du biscuit (amandes, miel, safran, zestes d'orange).

Sarule

Panificio A.G.M. – *Via Nazionale 77 - ✆ 0784 76 062.* Amateurs de pain sarde, ne manquez pas le *carasau, su coccone* et *su pistoccu* de ce boulanger virtuose.

Pasticieria Tola - *Via Cagliari 12 - ✆ 0784 76 182.* Cette pâtisserie réputée a obtenu ses lettres de noblesse avec ses biscuits : il y en a pour tous les goûts.

Villagrande Strisaili

Gennargentu Caprini – *Loc. Su Bivio - ✆ 0782 31 90 34 - www.gennargentucaprini.com - tlj sf w.-end.* Un grand choix de fromages de chèvre *(caprini)* frais ou affinés que l'on doit au lait du bétail élevé alentour.

ACTIVITÉS

Gavoi

Barbagia No Limits – *Via Cagliari 85 - ✆ 078 418 20 373 - www.barbagianolimits.it.* Respect de la nature et professionnalisme de l'équipe sont au service d'une découverte 100 % écologique de la région : canyoning, trekking, canoë, bateau pneumatique…

Mamoiada

Jannas – *Corso Vittorio Emanuele III 129 - ✆ 329 114 49 78 - www.jannasmamoiada.it.* Itinéraires culturels et archéologiques, excursions naturalistes et randonnées.

Oliena

Barbagia Insolita – *Corso Vittorio Emanuele 48 - ✆ 0784 28 60 05 - www.barbagiainsolita.it.* Excursions et programmes aventure : Barbagia, Gallura, Supramonte, Monte Tiscali, Gorropu et Cala Luna.

Cooperativa Turistica Enis – *Loc. Monte Maccione - ✆ 0784 28 83 63 - www.coopenis.it.* Cette coopérative propose des excursions guidées en véhicule tout-terrain ou à pied dans le Supramonte. Hôtel et restaurant.

Le Fonti - Sorgenti di Su Gologone – *Loc. Su Gologone - ✆ 328 564 9983 - www.sorgentisugologone.it.* Excursions et randonnées dans le parc du Gennargentu, kayak sur les eaux du fleuve Cedrino, plongées dans les résurgences de Su Gologone.

Orgosolo

Società Servizi Turistici Cultura e Ambiente – *Loc. Sarthu Thitthu - ✆ 0784 401 015 - www.supramonte.it.* Visites guidées, excursions en VTT et à cheval, randonnées, parcours naturalistes, etc.

Seui

S'Eremigu – *Via Roma 241 - ✆ 0782 53 90 02.* Sur réservation, excursions, randonnées dans la forêt de Montarbu, visite des musées, des sites archéologiques et des monuments de la région de Seui.

Villagrande Strisaili

Ulloro Escursioni – *Via Roma - ✆ 345 355 53 28*. Excursions, repas traditionnels, randonnées, tout-terrain dans l'arrière-pays de l'Ogliastra.

AGENDA

Carnevale di Mamoiada – *De mi-janv. à déb. fév. - www.mamuthonesmamoiada.it*. Grand feu pour la Sant'Antonio et défilé des masques sombres de Mamuthones et d'Issohadores.

Carnevale barbaricino – Gavoi, *jeudi gras*. Le plus musical des carnavals de la Barbagia, avec des centaines de tambourins se déchaînant pour accompagner les autres instruments traditionnels.

S'Incontru – Oliena, *dim. de Pâques*. Le Christ ressuscité et la Vierge, portés en procession en deux cortèges, se « rencontrent » au milieu du village, au bruit des coups de feu tirés depuis le toit des maisons.

Sagra del torrone – Tonara, *lundi de Pâques*. On vient de toute l'île pour la « fête du nougat » de Tonara, fait ici avec les noisettes dont regorgent les bois des environs.

Sa Festa de sos martires – Fonni, *1er dim. de juin et lun. suivant*. La « fête des martyrs » est constituée d'une procession en costumes traditionnels qui honore la Vierge des martyrs au son des *gosos*, les chants sacrés sardes.

Sa Tundimenta seulese – Seulo, *en juin*. Le village abrite la pittoresque fête de la tonte des moutons.

Festa dell'Assunta – Orgosolo, *le 15 août*. L'Assomption est l'occasion d'admirer de beaux costumes traditionnels comme l'*antalena* (tablier brodé) et le *su lionzu* (mouchoir de soie couleur safran noué sur la tête et ne laissant voir que les yeux).

Festa della Madonna di Gonare – *Nostra Signora di* **Gonare**, *le 8 sept*. Le jour de la Madone, le sanctuaire résonne des chants sacrés sardes.

Festa dei Santi Cosimo e Damiano – Seulo, *dernier w.-end de sept*. La fête des saints Cosme et Damien est l'occasion de danses, de chants et de dégustation de vin doux.

Sagra delle castagne e delle nocciole – Aritzo, *en oct*. La célèbre fête des châtaignes et des noisettes du village d'Aritzo.

Olbia et le Nord-Est 4

Carte Michelin Local 366

À 105 km à l'est de Sassari et 275 km au nord de Cagliari :

Au nord-est d'Olbia :

Au nord-est de la Sardaigne :

Au nord-ouest d'Olbia :

À 44 km à l'ouest d'Olbia et à 70 km de Sassari :

Cala Coticcio, sur l'Isola di Caprera.

Beppe76/Fotolia.com

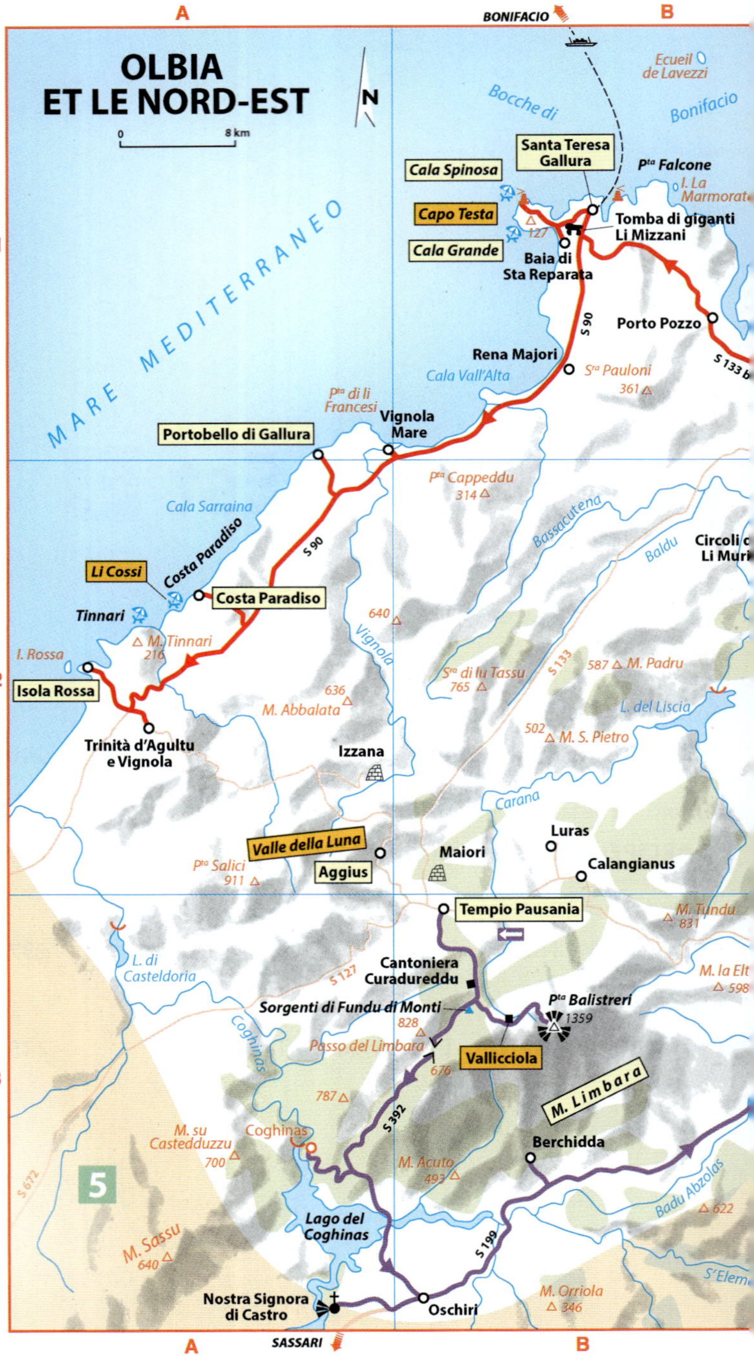
OLBIA
ET LE NORD-EST
0
8 km
N
A
B
1
2
3
5
BONIFACIO
SASSARI
Ecueil de Lavezzi
Bocche di
Bonifacio
MARE MEDITERRANEO
Santa Teresa Gallura
Cala Spinosa
Capo Testa
Cala Grande
Pta Falcone
I. La Marmorata
Tomba di giganti Li Mizzani
Baia di Sta Reparata
127
Porto Pozzo
S 90
S 133 b
Rena Majori
Cala Vall'Alta
Sra Pauloni
361
Pta di li Francesi
Vignola Mare
Portobello di Gallura
Pta Cappeddu
314
Cala Sarraina
Costa Paradiso
Li Cossi
Costa Paradiso
Tinnari
M. Tinnari
216
I. Rossa
Isola Rossa
Trinità d'Agultu e Vignola
Bassacutena
Baldu
Circoli d
Li Muri
640
Vignola
Sra di lu Tassu
765
S 133
587
M. Padru
L. del Liscia
636
M. Abbalata
502
M. S. Pietro
Izzana
Carana
Luras
Calangianus
Valle della Luna
Aggius
Maiori
Pta Salici
911
Tempio Pausania
M. Tundu
831
L. di Casteldoria
S 127
Cantoniera Curadureddu
M. la Elt
598
Sorgenti di Fundu di Monti
828
Pta Balistreri
1359
Coghinas
Passo del Limbara
676
Vallicciola
787
M. Limbara
S 392
M. su Castedduzzu
700
Coghinas
Berchidda
M. Acuto
493
S 672
Badu Abzolas
622
Lago del Coghinas
S 199
M. Sassu
640
S'Elem
M. Orriola
346
Nostra Signora di Castro
Oschiri

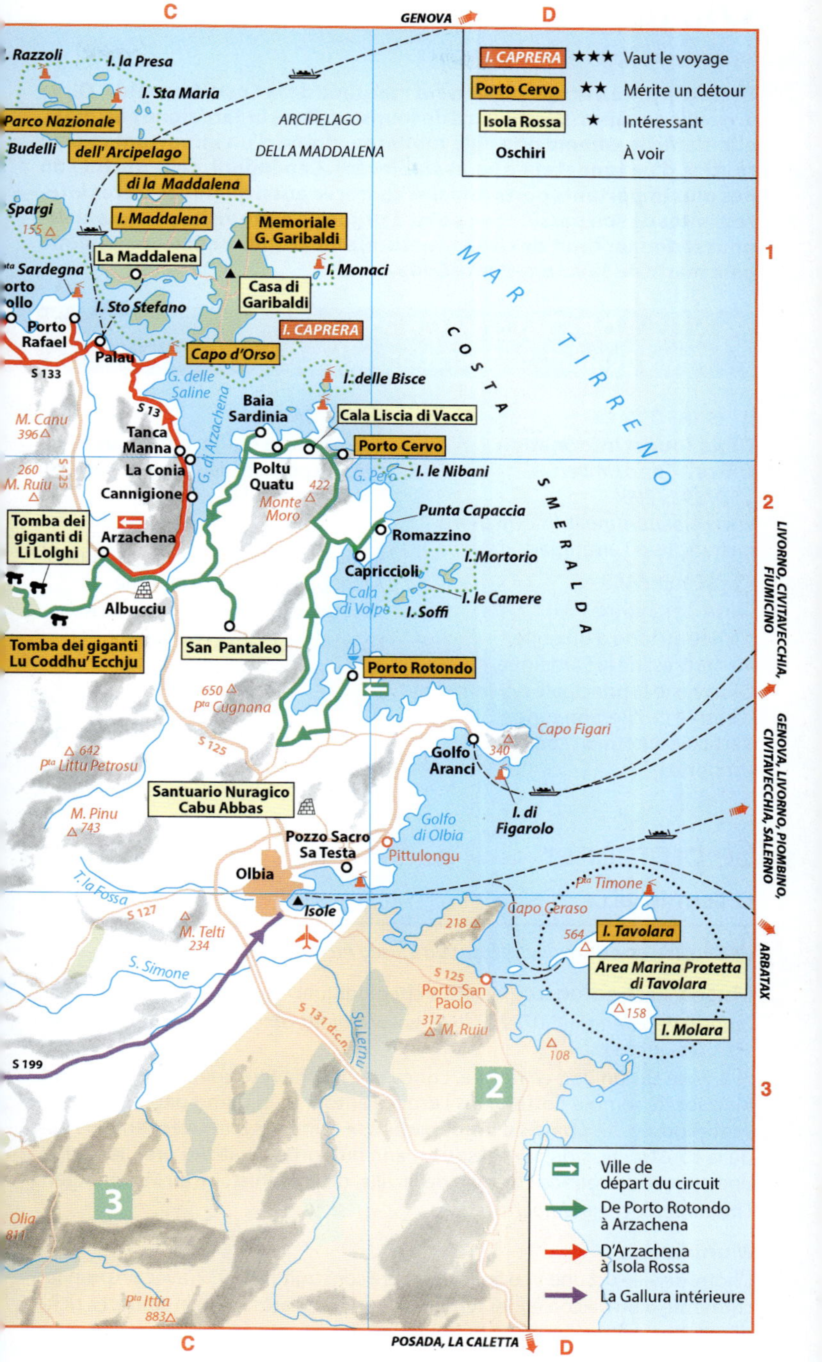

C
D
GENOVA
I. CAPRERA ★★★ Vaut le voyage
Porto Cervo ★★ Mérite un détour
Isola Rossa ★ Intéressant
Oschiri À voir
I. Razzoli
I. la Presa
I. Sta Maria
Parco Nazionale
dell' Arcipelago
di la Maddalena
Budelli
ARCIPELAGO
DELLA MADDALENA
Spargi
I. Maddalena
Memoriale G. Garibaldi
La Maddalena
I. Monaci
Casa di Garibaldi
I. Sto Stefano
I. CAPRERA
Porto Rafael
Palau
Capo d'Orso
S 133
G. delle Saline
I. delle Bisce
MAR TIRRENO
COSTA SMERALDA
Baia Sardinia
Cala Liscia di Vacca
M. Canu 396
Tanca Manna
Porto Cervo
La Conia
Poltu Quatu
I. le Nibani
M. Ruiu
Cannigione
Monte Moro
Punta Capaccia
Tomba dei giganti di Li Lolghi
Arzachena
Romazzino
I. Mortorio
Capriccioli
I. le Camere
Albucciu
I. Soffi
Tomba dei giganti Lu Coddhu' Ecchju
San Pantaleo
Porto Rotondo
Pta Cugnana
Capo Figari
Golfo Aranci
Pta Littu Petrosu
Santuario Nuragico Cabu Abbas
I. di Figarolo
M. Pinu
Golfo di Olbia
Pozzo Sacro Sa Testa
Pittulongu
Olbia
Pta Timone
Isole
Capo Ceraso
I. Tavolara
M. Telti
Area Marina Protetta di Tavolara
S. Simone
Porto San Paolo
M. Ruiu
I. Molara
S 199
LIVORNO, CIVITAVECCHIA, FIUMICINO
GENOVA, LIVORNO, PIOMBINO, CIVITAVECCHIA, SALERNO
ARBATAX
Ville de départ du circuit
De Porto Rotondo à Arzachena
D'Arzachena à Isola Rossa
La Gallura intérieure
Olia
Pta Ittia
POSADA, LA CALETTA

Olbia

58 723 habitants

Porte d'entrée à la fois aérienne et maritime de la Costa Smeralda, Olbia accueille en saison des millions de touristes. Dans la Sardaigne pastorale, elle s'affiche comme une ville moderne, dotée d'un important réseau routier, d'un tunnel et de voies surélevées. Cependant, celle qui fut l'un des plus importants ports romains conserve aussi quelques traces intéressantes de son passé. Et en point d'orgue de cette visite patrimoniale, pour redonner droit de cité à la nature, embarquez pour le magnifique parc marin de Tavolara-Punta Coda Cavallo.

NOS ADRESSES PAGE 216
Hébergement, restauration, achats, activités, etc.

S'INFORMER

Olbia Tourist Information Office – *Corso Umberto I - ℘ 0789 52 206 - www.olbiaturismo.it.* Informations en français ou en anglais.

SE REPÉRER

Carte de région C2-3 (p. 211)

Nichée au fond d'un golfe, au nord-est de la Sardaigne, Olbia reste la principale porte d'entrée de l'île. Son centre s'articule autour du corso Umberto I.

SE GARER

Des parkings gratuits se trouvent près du port de plaisance, en face du corso Umberto I.

À NE PAS MANQUER

La basilique San Simplicio ; le Museo Archeologico ; à proximité, le sanctuaire nuragique de Cabu Abas.

ORGANISER SON TEMPS

Prévoyez 2 ou 3 heures.

AVEC LES ENFANTS

Le Museo Archeologico ; le sous-marin *Mizar* et la sirène de Golfo Aranci.

Se promener Plan de ville

LE CENTRE-VILLE

Circuit d'env. 2 km avec départ du Museo Archeologico.

Museo Archeologico (Musée archéologique)

Isolotto di Pedone - ℘ 0789 28 290 - www.olbiaturismo.it - merc.-dim. 10h-13h, 17h-20h - gratuit.

Posé sur un îlot, ce musée, conçu par l'architecte contemporain Vanni Macciocco, semble flotter dans l'espace autour d'un grand patio central ; là sont exposées les **épaves d'embarcations★** romaines retrouvées en 1999 lors de la construction du tunnel sous-marin du port d'Olbia. Au premier étage, une exposition retrace l'histoire de la ville, de la préhistoire au Moyen Âge.

Empruntez le corso Umberto I.

Municipio

L'hôtel de ville occupe une belle demeure construite en 1932, avec un pronaos surmonté d'un balcon et des fenêtres pourvues d'arcs en plein cintre. La riche décoration a été réalisée en béton industriel.

De là démarre le **corso Umberto I,** bordé de magasins, restaurants et cafés.

Continuez le long du corso Umberto I jusqu'à la via Cagliari, sur la droite.

San Paolo

En bordure d'une jolie placette un peu à l'écart du *corso*, l'église San Paolo, rebâtie en 1747, apparaît flanquée d'une tour-campanile carrée en granite et coiffée d'une belle coupole revêtue de céramiques émaillées polychromes (1939).

Au bout du corso Umberto I, tournez à droite dans la via Sassari et son prolongement, la via San Simplicio.

★ Basilica di San Simplicio

Via San Simplicio - 7h30-13h, 15h30-18h (19h en été) - gratuit.

La plus importante église romane de la Gallura est dédiée à l'évêque et patron d'Olbia, le martyr San Simplicio, persécuté par l'empereur Dioclétien (4e s.). Édifiée en granite au 11e s., la basilique a pour particularité de présenter une abside orientée vers l'ouest (la plupart étant dirigées vers l'est).

À l'intérieur, les trois nefs sont séparées par des arcades : remarquez en particulier les **chapiteaux** aux formes dépouillées (le granite étant difficile à sculpter), décorées de têtes de bélier, de têtes humaines et de formes géométriques.

Retournez sur vos pas et continuez sur la via Sassari et la via G. Mameli ; tournez à gauche dans la troisième rue, la via Torino.

Mura Puniche (Enceinte punique)

Les seuls vestiges de l'enceinte punique (4e s. av. J.-C.) se trouvent à l'angle de la via Mameli et de la via Torino : ils consistent en de gros blocs de granite alignés sur 50 m, certains à bossage, et en une tour *(dans une cour privée).*

Continuez la via Torino jusqu'au bout et tournez à gauche dans la via Regina Elena, puis à droite dans la via de Filippi.

Villa Clorinda

Ne se visite pas.

Construite en 1920 par Bruno Cipelli, l'architecte du Municipio, elle présente un pronaos soutenu par des colonnes de granite gris et une petite tour-belvédère. La décoration de stuc blanc – motifs floraux, lyres, têtes masculines et féminines – mêle harmonieusement des éléments néogothiques et Liberty.

À proximité Carte de région

Acquedotto Romano

Loc. Sa Rughittula, à 1,5 km au nord du port d'Olbia.

Prenez la via dei Lidi ; tournez à gauche tout de suite après la passerelle et suivez la route sur env. 1 km.

L'aqueduc romain (2e s. ap.-J.-C.) partait de Cabu Abbas et courait sur 7 km avant d'entrer dans la ville par le nord pour rejoindre les thermes.

★ Santuario Nuragico di Cabu Abbas

À 7 km au nord-est d'Olbia par la SP 82.

Après avoir franchi la voie ferrée, laissez votre voiture près de l'église rurale Santa Maria et suivez le sentier qui serpente vers une crête granitique (30mn AR).

Ce *nuraghe* (13e-12e s. av. J.-C.), plutôt difficile à déchiffrer, comporte une tour circulaire à deux niches et un puits central où les fouilles ont permis d'exhumer des restes de sacrifices. La promenade se justifie par la **vue panoramique★** sur le Golfo di Olbia depuis le site.

Pozzo Sacro Sa Testa

À 5 km à l'est de la ville sur la route de Pittulongu (SP 82).
Loc. Sa Testa - fermé nov.-mars.
Le site de ce puits sacré, l'un des plus intéressants de ce type, date des 8e-6e s. av. J.-C.; il se compose d'une cour ovoïde axée sur un escalier qui descend jusqu'à la source sacrée, et d'une vaste enceinte.

Golfo Aranci

À 20 km au nord-est d'Olbia sur la SP 82.
0789 61 29 01 - www.golfoaranciturismo.it.
Situé à la base du promontoire de **Capo Figari**, ce village donne sur le Golfo di Olbia. Aucune orangeraie ne lui a donné son nom, qui vient en fait de *gulfu di li ranci*, « golfe des crabes », un toponyme que l'on retrouve sur les anciennes cartes. Gare maritime de marchandises depuis le début du 20e s., il accueille le port des ferries des chemins de fer italiens.
Golfo Aranci abrite également le **MuMart,** un musée d'art contemporain original, car sous-marin ! Il expose en effet les œuvres de 14 artistes entre 4 et 7 m de profondeur. On peut visiter le site aussi à bord du sous-marin *Mizar (voir la rubrique Activités dans « Nos adresses »). Rens. 0789 61 29 01 ou 360 36 76 03.*
Une autre attraction s'invite, elle, à la surface des eaux, la statue d'une **sirène** qui émerge devant le front de mer à 19h30 (le dim. aussi à 12h30) et ensorcelle les visiteurs avec son chant.
Malgré une croissance immobilière anarchique, rançon d'un fort développement touristique, le golfe compte plusieurs plages très fréquentées qui se succèdent à partir d'Olbia : **Pittulongu**, longue plage de sable fin très appréciée des familles et des locaux, **Sos Aranzos**, **Cala Sassari** et **Spiaggia Bianca** ; plus à l'est, de Golfo Aranci à Capo Figari, **Cala Moresca**, en face de l'Isola di Figarolo, **Cala Greca** et **Baracconi**, plages plus tranquilles, auxquelles on n'accède que par des sentiers.

Excursion Carte de région

★ AREA MARINA PROTETTA DI TAVOLARA-PUNTA CODA CAVALLO

Via Dante 1 - Olbia - 0789 20 30 13 - www.amptavolara.it. Créé en 1997, le **parc marin de Tavolara** s'étend sur 15 000 ha autour des îles de Tavolara et Molara.

★★ Isola Tavolara

Pour rejoindre l'île, prenez le ferry à l'embarcadère de Porto San Paolo, à 15 km au sud-est d'Olbia. 349 44 65 993 - www.tavolaratraghetti.it - été : dép. ttes les 30mn à partir de 9h (20mn de traversée) - 16 € AR (enf. 8 €), les billets s'achètent sur le quai. Pour des croisières d'une journée ou nocturnes au départ de Porto San Paolo et du port d'Olbia, se renseigner à l'office de tourisme.

LE ROYAUME DE TAVOLARA

Investie en 1807 par **Giuseppe Bertoleoni**, Tavolara fut officiellement donnée à Paolo, fils de Giuseppe, par le roi Carlo Alberto di Savoia. En signe d'amitié pour Paolo, qu'il connut au cours d'une visite en Sardaigne, le roi institua en 1837 le minuscule royaume de Tavolara. Passée, depuis cette date, de main en main, Tavolara fait désormais partie du parc marin, mais les descendants des « rois Bertoleoni » continuent à travailler sur l'île, où ils gèrent un restaurant.

Isola Tavolara.
A. Addis / Spexi / Sime / Photononstop

Tel un bastion émergeant des vagues, l'île de Tavolara est la sentinelle méridionale du Golfo di Olbia. Large d'1 km, longue de 6, elle s'élève à une moyenne de 550 m d'altitude. Deux péninsules en marquent les extrémités est et ouest : la montagneuse Spalmatore di Fuori et la plate Spalmatore di Terra, avec sa petite marina, deux restaurants, quelques maisons, l'émouvant petit **cimetière** où sont enterrés les « rois de l'île » et une plage où les lis de mer fleurissent entre juillet et septembre.

Un flot de touristes envahit les lieux chaque été, mais, heureusement, l'interdiction d'y construire et les contraintes imposées par le parc marin ont permis de préserver les lieux où se développe un abondant maquis méditerranéen. Deux espèces botaniques rares ont trouvé ici leur habitat idéal : une variété de géranium, l'*Erodium coricum*, et l'*Asperula deficiens*, une plante de la famille des Rubiacées.

Des excursions sous-marines guidées vous permettront de découvrir dans les failles des falaises des étoiles de mer, des mérous et le corail gorgone, voire, à plusieurs mètres de profondeur, une plage fossile.

★ Isola Molara

Encore plus sauvage, l'île de Molara, au sud de l'île de Tavolara, est inhabitée. Parmi des rochers granitiques et une végétation dense, malgré des embarcadères sûrs et des plages splendides, elle a pour seule architecture les vestiges du village médiéval de Gurguray.

NOS ADRESSES À OLBIA

TRANSPORTS

Aeroporto di Olbia Costa Smeralda – *078 956 34 00 - www.geasar.it.* Les lignes 2 et 10 des bus Aspo *(www.aspo.it)* desservent le centre-ville toutes les 20mn. Plusieurs autres lignes relient l'aéroport aux localités de la Gallura. *Rens. sur : www.gruppoturmotravel.com, www.arst.sardegna.it et www.deplanobus.it*

Porto di Olbia Isola Bianca – *0789 20 41 79 - www.olbiagolfoaranci.it.* Pour les lignes qui desservent Olbia : *voir p. 15.*

Bus – **Aspo** : réseau urbain et bus pour Porto Rotondo (ligne 5). *www.aspo.it.* **Sun Lines** : Liaisons avec Porto Rotondo et la Costa Smeralda. *www.sunlineseliteservice.com.*

ARST : liaisons avec Arzachena, Budoni, Nuoro, Orosei, Palau, San Teodoro, Santa Teresa, Siniscola. *www.arst.sardegna.it.*

Train – *Via Giacomo Pala 10 - www.trenitalia.com.* Ligne Cagliari-Golfo Aranci Marittima.

HÉBERGEMENT

PREMIER PRIX

Hotel Cavour – *Via Cavour 22 - 0789 20 40 33 - www.hotelcavourolbia.it - P - 21 ch. 75/90 €.* Une demeure historique restaurée avec élégance, en plein centre d'Olbia. Les chambres sont simples, sobres et de bon goût. Une adresse familiale, à recommander.

POUR SE FAIRE PLAISIR

Hotel Panorama – *Via Mazzini 7 - 0789 26 656 - www.hotelpanoramaolbia.it - 34 ch. 120/150 €.* Situé au cœur du vieux Olbia, cet établissement occupe un édifice des années 1950 parfaitement rénové. Chambres très confortables et belle vue pour la plupart. Terrasse sur le toit, spa.

À proximité

PREMIER PRIX

Agriturismo Maltana – *Via Maltanedda - SS 127, à 4,5 km à l'ouest du centre - 335 199 47 43 - www.olbiaagriturismobeb.com - 6 ch. 50/80 €.* Situé au pied du Monte Telti, ce paisible établissement propose des chambres simples et d'une propreté irréprochable, qui s'ouvrent sur un magnifique panorama couvrant la plaine autour d'Olbia et les montagnes à l'horizon. Petit-déjeuner avec gâteau et confiture maison.

BUDGET MOYEN

B & B Lu Aldareddu – *Loc. Plebi, à 12 km au nord d'Olbia - 342 16 63 957 - lualdareddusresort.weebly.com - P - 4 ch. 70/100 €.* Ce B & B a été aménagé dans un vieux *stazzo* (habitat rural typique de la région) de la fin du 19e s. Les espaces communs comprennent une salle de lecture avec cheminée, une salle de billard et une cuisine spacieuse. À l'extérieur, une large véranda où l'on sert les repas, un jardin agrémenté de cascades artificielles et d'un petit lac où nagent carpes et truites, un bois et un verger. Atmosphère à la fois rurale et très recherchée.

Agriturismo L'Aglientu – *Via L'Aglientu 1 - Loc. Azzanì, Loiri Porto San Paolo, à 20 km au sud-est d'Olbia - 0789 41 091 - www.laglientu.com - P - 6 ch. 90/105 €.* L'agritourisme est l'activité principale de cette petite exploitation spécialisée dans la production de fruits et légumes biologiques. Les chambres sont simples, accueillantes et confortables. L'atmosphère, familiale, est celle d'une vieille ferme rénovée dans le respect des traditions. Stages d'initiation à la céramique et au raku.

RESTAURATION

BUDGET MOYEN

Barbagia – *Via Galvani 94 - ✆ 0789 51 640 - www.ristorantebarbagia.com - fermé mer. (sf l'été) - 20/35 €.* Un peu à l'écart du centre-ville. Comme l'indique le nom, la cuisine mise ici à l'honneur est celle de la Barbagia, au centre de la Sardaigne. À goûter, le *filindeu* (des « fils » de pâte dans du bouillon de mouton) et les *maccarones furriaos*, farcis de fromage aigre.

Da Paolo – *Via Garibaldi 18 - ✆ 0789 216 75 - fermé dim. (sf l'été) - 20/25 €.* Une vieille institution du centre d'Olbia : spécialités régionales, poisson frais et frites maison. Service soigné et discret.

À proximité

BUDGET MOYEN

La Spigola – *Via Colombo 19 -* **Golfo Aranci** *- ✆ 078 946 286 - www.laspigolaristorante.com - P - fermé nov.-Pâques - 25/35 €.* Situé près de l'embarcadère des ferries, c'est le restaurant le plus proche de la mer dans ce quartier. Il possède une plage privée et équipée où l'on peut prendre un repas sous le kiosque. Le poisson y est d'excellente qualité.

Da Tonino - Re di Tavolara – **Isola Tavolara** *- ✆ 0789 58 570 - www.ristoranteredi tavolara.com - fermé oct.-mars - 30 €.* Un restaurant à même la plage, avec une cuisine typique de la région, aux saveurs inoubliables. Accueil familial par les descendants des rois de Tavolara.

BOIRE UN VERRE

Autour du **corso Umberto I**, qui mène droit au port et à la mer, se pressent la plupart des lieux fréquentés jusque tard dans la nuit.

Enoteca Vignando – *Corso Umberto I 4 - ✆ 0789 21 653 - www.enotecavignando.com.* Presque au bout du corso, un endroit agréable où s'arrêter pour un verre de vin accompagné d'une assiette de charcuterie ou de fromages.

ACHATS

Pasticceria Caldieraro – *Via Catello Piro 24 - ✆ 0789 21 346.* Une adresse toute simple pour se ravitailler en délices locaux : *bianchittos, sapas, papassines*, etc.

ACTIVITÉS

Sous-marin Mizar – *Dép. Porto Pescherecci -* **Golfo Aranci** *- ✆ 391 4138125 - www.coopfigari.it.* Cette embarcation jaune vous permettra d'admirer les fonds marins et les œuvres sous-marines du MuMart *(voir p. 214)*.

AGENDA

Fête de San Simplicio – *3 j. autour du 15 mai.* Spectacles populaires, événements sportifs et célébrations religieuses se succèdent avec, en point d'orgue, la procession solennelle en l'honneur du saint.

Una Notte in Italia, festival cinematografico – *Juil. - www.cinematavolara.it.* D'Olbia à San Teodoro en passant par l'île de Tavolara, des expositions, des rencontres et des débats accompagnent ce festival de cinéma ; on y montre surtout des films italiens.

La Costa Smeralda

★★

En 1962 le prince ismaélien Karim Aga Khan IV avait tout juste 26 ans. Ce diplômé d'Harvard, richissime et charismatique, se mit à la tête d'un groupe d'investisseurs étrangers qui dépensa des fortunes pour transformer en un paradis touristique de grand luxe ce promontoire pratiquement inhabité. Ils firent construire marinas et hôtels, resorts et villas de luxe, dans un style qui prétendait s'inspirer de l'architecture rurale de la Gallura intérieure et se fondre dans le paysage granitique. Il faut l'admettre : malgré une bonne dose de luxe insolent et de « pittoresque artificiel », l'ensemble a nettement plus de cachet que bon nombre de stations balnéaires dédiées au tourisme de masse qui défigurent une grande partie du littoral italien. Le nom choisi, « côte d'émeraude », évoque en tout cas un monde bien différent de ces terres que les Sardes appelaient Monti di Mola, « pierres de meule ». Vedettes de la côte, Porto Rotondo et Porto Cervo sont considérées respectivement comme le St-Tropez et le Cannes de la Sardaigne.

NOS ADRESSES PAGE 225
Hébergement, restauration, achats, activités, etc.

S'INFORMER

Ufficio informazioni turistiche Provincia di Olbia-Tempio – *Via A. Nanni 17/19 - Olbia - ✆ 078 955 77 32 - www.olbiatempioturismo.it - été : 8h-20h ; hiver : lun.-vend. 8h-14h, 15h-18h.* Informations en français.

Ufficio informazioni turistiche di Arzachena – *Piazza Risorgimento - Arzachena - ✆ 078 984 40 55 - www.arzachena-costasmeralda.it.* Informations en français. En été, bureaux d'informations touristiques à **Cannigione** et à **Porto Cervo**.

SE REPÉRER

Carte de région CD1-2 (p. 210-211) – Carte d'Olbia, la Costa Smeralda et l'archipel de La Maddalena (p. 219)

Porto Rotondo est situé dans une anse, à la pointe d'un promontoire au nord-est d'Olbia, entre le Golfo di Marinella et le Golfo di Cugnana. En face s'étire la Costa Smeralda, qui doit son nom à la couleur de ses eaux, sur une vingtaine de kilomètres de la Cala Razza di Juncu (Portisco) à la petite crique de Poltu Quatu, à l'ouest de Porto Cervo.

À NE PAS MANQUER

Porto Rotondo ; Porto Cervo ; San Pantaleo ; les tombes de géants d'Arzachena.

ORGANISER SON TEMPS

Le parcours pourrait se faire en une demi-journée, mais l'intense circulation, surtout en été, oblige à prévoir le double de temps.

AVEC LES ENFANTS

La plupart des clubs nautiques et des centres sportifs proposent des activités et des cours conçus pour les plus jeunes : voile, plongée et sports nautiques *(voir « Nos adresses sur la Costa Smeralda », p. 225).*

LA COSTA SMERALDA

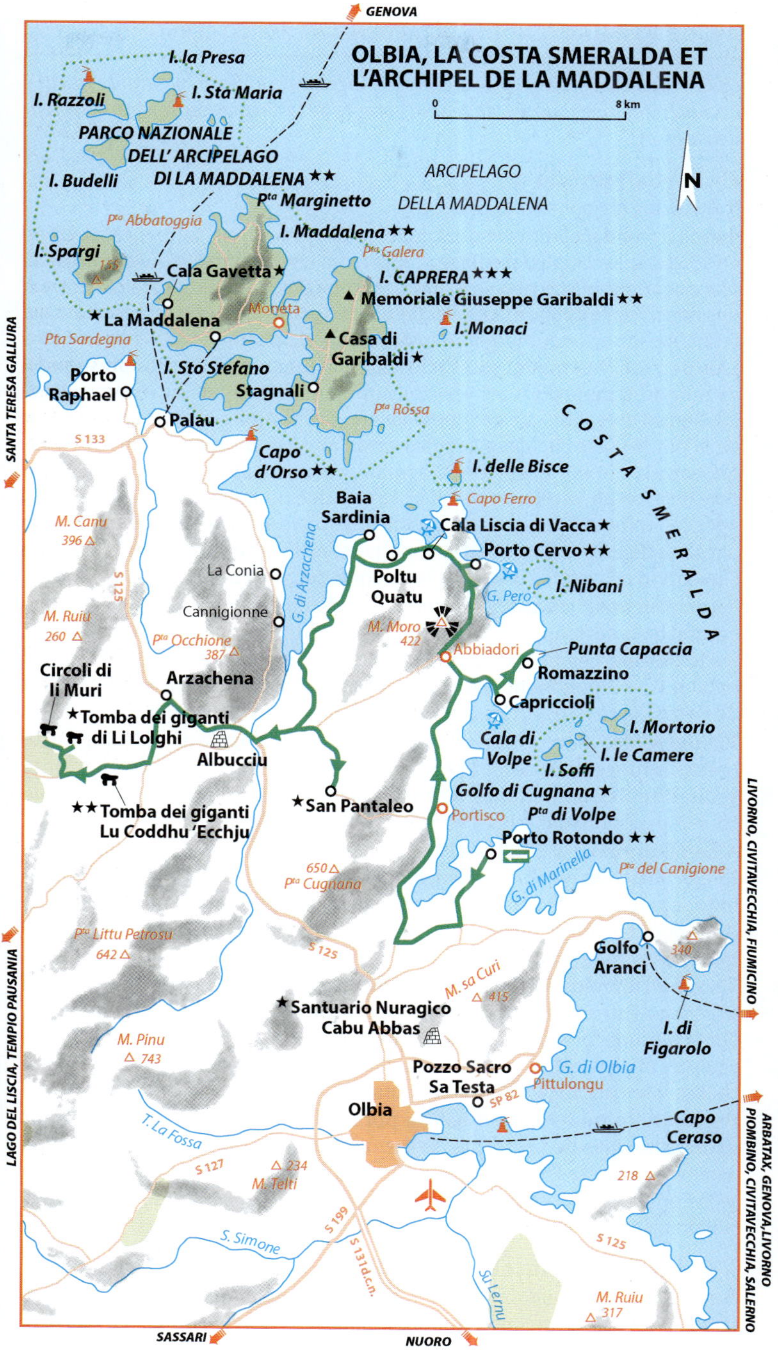

Circuit conseillé Carte Olbia, la Costa Smeralda…

★★ DE PORTO ROTONDO À ARZACHENA VIA PORTO CERVO

Circuit d'env. 68 km, tracé en vert sur la carte de la Costa Smeralda p. 219 – Comptez 1 bonne journée, en tenant compte de la circulation, particulièrement dense en été.

★★ Porto Rotondo

www.consorziodiportorotondo.it.

Ronde *(rotondo)* comme le port qui en marque le cœur, cette localité créée en 1964 par les Donà delle Rose, noble famille vénitienne (d'où le nom de la place centrale, piazzetta San Marco), est l'une des stations balnéaires les plus huppées d'Italie et un lieu de villégiature très prisé de la jet-set internationale. En haute saison, pour loger au luxueux Hotel Sporting, il vous en coûtera plus de 1 000 € la nuit et son Yacht Club compte parmi les plus prestigieux du monde. Dans le port, des yachts somptueux côtoient de superbes voiliers. Les Ferrari et les Porsche s'alignent le long des trottoirs. Sur le quai et autour de la petite place circulaire, la **piazzetta San Marco**, se succèdent des boutiques de haute couture et d'articles griffés, des cafés et des restaurants où l'on paie (des fortunes) plus pour voir et être vu que pour déjeuner vraiment, des agences immobilières que surmontent des appartements de luxe. L'ensemble n'est pas dépourvu d'une certaine élégance artificielle, fort peu sarde malgré l'invention de ce que l'on a appelé l'architecture « néo-méditerranéenne ».

Particulièrement jolie, la petite crique occidentale, dont le quai suit le dessin naturel de la côte, apparaît découpée comme un fjord. Administrativement, Porto Rotondo ne fait pas partie de la Costa Smeralda et les *Rotondini*, ses habitants, entretiennent une rivalité ouverte avec les *Cervini*, les vacanciers de Porto Cervo – l'esprit de clocher a de beaux jours devant lui…

Via del Molo – Rénovée en 2007 par Emmanuel Chapalain, un jeune artiste breton, la rue centrale de Porto Rotondo intègre dans son pavage une immense vague de poissons mettant en scène la chaîne alimentaire comme une longue course-poursuite entre les diverses espèces aquatiques.

★ **San Lorenzo** – *✆ 0789 34 114 - juil.-août 9h-11h, 20h-23h ; avr.-sept. 9h-11h, 15h30-18h30 - fermé sam. et dim. mat. et hors saison.* Cet intéressant monument contemporain (Andrea Cascella et Mario Ceroli, 1971) mérite un coup d'œil pour son intérieur en bois peuplé de statues et son extravagant campanile à vis, réalisé en 2008.

Teatro all'aperto – Tout en granite, il évoque les amphithéâtres de l'Antiquité avec son tympan, ses arches et ses obélisques ornementaux à l'extérieur. À l'intérieur une forêt de colonnes envahit la scène dont le mur s'orne de profils sculptés et de fenêtres en arches ouvrant sur le paysage. Inauguré en 1995, le théâtre peut accueillir 700 spectateurs.

Punta di Volpe – Au nord-est du port, cette pointe, parsemée des plus luxueuses villas de la localité, se termine sur une belle anse de sable qui accueille la plage Punta Volpe. À l'est, sur **Punta Lada**, s'étend sur 120 ha Villa Certosa, la fastueuse demeure de Silvio Berlusconi, objet de nombreuses polémiques, qui donne sur le Golfo di Marinella.

★ Golfo di Cugnana et Cala di Volpe

Sortez de Porto Rotondo en direction du sud et suivez la via Monte Ladu ; au carrefour avec la SP 99, prenez à droite ; à la bifurcation suivante, prenez à nouveau à droite, en direction de Porto Cervo, par la SS 94.

Porto Cervo, la célébrissime Piazzetta.
P. Curto / AGF RM/ age fotostock

Peu après la déviation pour **Portisco**, une grosse pierre fait fonction de borne : vous entrez officiellement sur le territoire du Consorzio Costa Smeralda *(voir encadré page suivante)*. La route grimpe doucement parmi des collines rocheuses couvertes de maquis ; en contrebas, des petites criques et des plages parsemées de granite rose : du sud au nord **Rena Bianca, Razza di Juncu, Petra Ruja**, la longue et magnifique **Cala Liscia Ruja**, appelée aussi Long Beach, et **Cala Petra Niedda**. En face, sur la mer animée en haute saison par des dizaines de yachts, se découpent quelques beaux îlots – **Mortorio, Soffi, Le Camere**.

Pour rejoindre ces plages, tournez à droite à hauteur de Cala di Volpe sur une piste qui longe la mer, où vous trouverez des parkings payants.

À **Cala di Volpe** se trouve un des complexes touristiques les plus fastueux de la Costa Smeralda, l'**Hotel Cala di Volpe**. Construit en 1963 sur un projet de Jacques Couëlle, il se niche au fond d'une crique bien abritée et affiche le style néo-méditerranéen dans toute sa splendeur. Quant à y loger, sachez qu'une chambre double en haute saison descend difficilement en dessous des 2 000 €.

Après Cala di Volpe, une petite route à droite conduit aux stations balnéaires de **Capríccioli** et **Romazzino**, puis à **Punta Capaccia**.

C'est sur ce promontoire que le gotha international vient passer ses nuits, ou plus exactement au Billionaire *(Loc. Pevero)*, un club exclusif qui fait le plein de personnalités du sport, de l'écran et de la politique, de juillet à septembre. Son fondateur, Flavio Briatore, ancien directeur de l'écurie Renault de Formule 1, occupe une villa formant belvédère au milieu des rochers aménagée dans un style oriental par l'architecte français Miguel.

Côté nature, entre Capriccioli et Romazzino s'étend la **Spiaggia del Principe** (plage du Prince), ainsi dénommée car, selon la légende, sa beauté aurait ensorcelé l'Aga Khan.

Reprenez la SS 94 puis, à droite, la SS 59 pour atteindre Porto Cervo.

LE CONSORZIO COSTA SMERALDA

La première ébauche de ce qui devait devenir le consortium de la Costa Smeralda fut signée le 29 septembre 1961 dans la maison de vacances que Gisèle Schneider, économiste des Nations unies, et son mari, l'écrivain René Podbielski, avaient restaurée à Liscia di Vacca. Participaient à cette réunion d'amis l'avocat André Ardoin, le jeune prince Karim Aga Khan IV, son demi-frère Guinness, l'industriel Giuseppe Kerry Mentasti et John Duncan Miller, fonctionnaire de la Banque mondiale, le premier à comprendre le potentiel de la région. Il ne fallut que quelques mois pour réunir les propriétaires du Consorzio Costa Smeralda.

Ratifié le 14 mars 1962, le consortium se donnait pour objectif la mise en place des infrastructures nécessaires à un développement immobilier de la région et à sa promotion touristique. Il institua des règles d'urbanisme et un comité d'architectes renommés – Jacques Couëlle, Antonio Simon, Raimond Martin, Giancarlo et Michele Busiri Vici, Luigi Vietti – fut chargé de superviser les nouvelles constructions. L'entreprise fut couronnée de succès et la Costa Smeralda devint un lieu de villégiature très apprécié de tout ce que le monde compte de gens riches et célèbres.

★★ Porto Cervo

Station de villégiature de renommée internationale et rendez-vous des grands de ce monde, Porto Cervo fut le premier centre construit par le Consorzio Costa Smeralda en 1962 et en reste le summum. Un petit lagon au fond de la baie accueille la marina d'origine, où yachts et voiliers rivalisent de luxe. Plus au nord, **Porto Cervo Marina**, énorme port de plaisance avec sa tour de granite et de basalte, accueille le prestigieux Yacht Club Costa Smeralda.

Par un dédale de ruelles, de portiques et d'escaliers, on rejoint la **Piazzetta**, rendez-vous mondain du tout Porto Cervo. Reliée au vieux port par un escalier de bois, elle est entourée de boutiques de luxe, centres de soins esthétiques, bars et restaurants huppés.

★ **Stella Maris** – Édifice symbole de la Costa Smeralda, l'église fut construite en 1969 d'après le projet de Michele Busiri Vici, dans un style néo-méditerranéen qui ne manque pas d'originalité : clocher et chapelles curvilignes, portique soutenu par des mégalithes (une relecture forcée du rôle des pierres préhistoriques qui parsèment l'île), majestueuses portes en bronze du sculpteur Luciano Minguzzi, pavement à disques irréguliers de granite. L'édifice s'est doté d'un orgue du 17e s., d'anciens tapis sardes et d'une *Mater Addolorata* que certains attribuent au Greco. On y donne souvent des concerts de musique classique.

Du parvis, la vue embrasse le village.

Les plages – Au nord-ouest de Porto Cervo s'étendent deux belles plages : **Cala del Faro** est une petite anse bien abritée, pourvue de tous les services imaginables *(indiquée à partir du centre de Porto Cervo)* ; à peine plus au sud, **Liscia Rena** est beaucoup plus isolée *(elle n'est pas signalée : quittez le centre de Porto Cervo vers le nord et allez au bout de la via Nibani).*

Reprenez la SS 59 et tournez à droite vers Baia Sardinia. À la hauteur de Pitrizza, un escalier et un sentier conduisent à la **Cala Liscia di Vacca★**. La crique, très découpée, se compose d'une multitude de petites plages ; elle est fermée au nord par l'Isola dei Cappuccini.

Retournez sur la SS 59.

Le paysage granitique de San Pantaleo.
A. Addis / Sime / Photononstop

Poltu Quatu

Ce bras de mer long et étroit, spectaculaire avec ses parois à pic, marque la frontière occidentale de la Costa Smeralda.
Poursuivez le long de la SS 162.

Baia Sardinia

Marquant l'extrémité orientale du golfe éponyme, et déjà hors de la Costa Smeralda, cette station balnéaire, créée de toutes pièces pour le tourisme, est réputée pour sa vie nocturne. Le **Colle di Battistoni**, à l'est, offre un beau **panorama★** sur la côte. La marina naturelle de **Tre Monti** et le **Forte Cappellini** bâti en 1700 par l'armée piémontaise s'intègrent parfaitement au paysage.
Poursuivez sur la SS 162 jusqu'au croisement avec la SS 59, tournez à gauche en direction de Porto Cervo et, peu après, bifurquez à droite vers San Pantaleo.

4

★ San Pantaleo

Enchâssé parmi des granites d'un gris bleuté sur un versant du Monte Cugnana (650 m), le gracieux village, étape incontournable des vacanciers de la Costa Smeralda, bénéficie d'une situation superbe et offre des **vues★★** à couper le souffle sur une grande partie de la côte et de l'arrière-pays. Parmi ses maisonnettes basses qui reprennent les couleurs des roches alentour, ce village, bâti à la fin du 19e s. autour de l'**église** du même nom, abrite des galeries d'art et des ateliers d'artistes ou d'artisans spécialisés dans le fer forgé, la marqueterie et la céramique de grès *(voir « Nos adresses à… » p. 228)*. Ne ratez pas le marché d'artisanat du jeudi, également le mardi l'été.
Revenez sur la SS 125 ; au carrefour avec la SS 59, tournez à gauche vers Arzachena.

Arzachena

Allongé sur une arête rocheuse, Arzachena était un tranquille bourg rural, serré autour de l'église **Santa Maria** (1776). Vers la moitié du 20e s., la cité est devenue en quelques dizaines d'années une ville au service de la Costa Smeralda.

L'attraction de la localité est le **Fungo**, un énorme bloc de granite, utilisé comme abri pendant le néolithique, dont la forme rappelle effectivement un champignon *(pour y accéder, suivez la via Limbara)*.
Les deux tombes de géants les plus fameuses des quelque 300 que compte la Sardaigne se trouvent à quelques kilomètres.
Quittez Arzachena au sud-ouest, vers Sant'Antonio di Gallura, par la SS 427 ; après 3 km, tournez à droite vers Luogosanto puis, après 1,8 km, tournez à gauche vers Capichera ; quelques centaines de mètres plus loin, laissez votre voiture pour emprunter le sentier sur la droite.

★★ Tomba dei giganti di Lu Coddhu 'Ecchju

Coddhu 'Ecchju compte parmi les monuments nuragiques les plus importants de l'île. Construit en granite local, orienté selon un axe est/ouest, avec une entrée orientale, l'ensemble date de l'âge du bronze moyen et montre l'une des plus anciennes tombes à allée couverte de l'île (1800-1600 av. J.-C.). Sur le front de l'exèdre semi-circulaire, longue de près de 14 m, un grand menhir cintré s'impose par ses dimensions (4 m de haut sur 1,90 m de large) ; une ouverture à la base donne sur un couloir formé de pierres, de 13 m de long. La tombe pouvait vraisemblablement accueillir des dizaines de défunts.
Non loin de la tombe s'élèvent deux *nuraghi*, **Punta di La Ettica** (orientée ouest/sud-ouest) et **La Prisciona** (est/sud-est).
Reprenez votre voiture et continuez jusqu'au panneau indiquant « Li Muri ». Si vous venez d'Arzachena, quittez le bourg en direction du nord-ouest par la SS 125 ; à la bifurcation, prenez à droite la SP 115 vers Bassacutena. Après 4,5 km, tournez à gauche ; la tombe se trouve à 2 km.

★ Tomba dei giganti di Li Lolghi

Elle aussi construite en granite, mais selon un axe nord-ouest/sud-est avec l'entrée sur ce dernier côté, cette tombe revêt des dimensions considérables, atteignant 27 m de longueur.
L'exèdre délimite l'espace semi-circulaire où se déroulaient probablement les rites funéraires. L'édifice a connu deux phases successives de construction et d'emploi entre 1800 et 1600 av. J.-C.
Retournez sur le chemin principal pour rejoindre la nécropole (500 m).

Circoli di Li Muri

Moins spectaculaire que les tombes de géants, cette nécropole se compose de cinq sépultures entourées chacune d'un cercle de pierres levées.
Deux autres monuments préhistoriques se trouvent le long de la route pour Olbia : le **nuraghe Albucciu** et le **Tempietto di Malchittu**, unique exemple de mégaron en Sardaigne.
Poursuivez vers le nord pour rentrer à Arzachena par la SP 115.

L'OLIVIER LE PLUS VIEUX D'EUROPE

Situé entre Arzachena et Tempio Pausania (*voir p. 245*), le **Lago del Liscia**, un bassin artificiel créé en 1962 et doté d'une capacité de 105 millions de m^3, approvisionne toute la basse Gallura. Le lieu a son charme, surtout au printemps, quand ses rives sont fleuries. Quand il est en crue, il submerge la petite église **San Nicola di Carana**.
Sur ses berges se dresse **S'Ozzastru**, un spectaculaire olivier de 8 m de haut dont la circonférence atteint 12 m. Déclaré monument naturel en 1991, ce serait l'un des arbres les plus vieux d'Europe.

NOS ADRESSES SUR LA COSTA SMERALDA

TRANSPORTS

Arzachena

Bus ARST – *www.arst.sardegna.it.* Liaisons avec Olbia, San Pantaleo, Palau, Santa Teresa ;

Porto Cervo

Bateau – *Marina di Porto Cervo - 078 990 51 11 - www.marinadiportocervo.com.*

Bus Sun Lines – *www.sunlineseliteservice.com.* Liaisons avec Olbia, Marinella, Porto Rotondo, Cugnana, Capriccioli, Baia Sardinia, Cannigione, Laconia.

Porto Rotondo

Bus – Sun Lines - *voir ci dessus.*

Aspo - *www.aspo.it.* Ligne 5 pour Olbia.

Bateau – *Marina di Porto Rotondo - 0789 34 203 - www.marinadiportorotondo.it.*

HÉBERGEMENT

Bon à savoir – Il n'y a qu'à s'offrir un café dans n'importe quel bar de la Costa Smeralda pour comprendre que le coût de la vie ici est sans commune mesure avec celui du reste de l'île. Nous limitons notre sélection d'adresses aux établissements qui pratiquent des prix raisonnables.

Arzachena

PREMIER PRIX

Agriturismo La MeSenda – *Loc. Malchittu - 0789 81 950 - www.lamesenda.it - P - mai-oct. - 7 ch. 80/90 €.* Dans cette vieille étable transformée en résidence de campagne, toutes les chambres ouvrent sur le jardin et ont un accès indépendant. À l'entrée de chacune d'elles, on a planté un arbuste qui lui donne son nom. Un cadre bucolique.

BUDGET MOYEN

Azienda agrituristica Spridda – *Via Stazzi Spridda, 37 - Loc. Cudacciolo, à 6 km au sud d'Arzachena - 347 977 88 58 - www.agriturismospridda.com - P - 4 ch. 80/100 €.* Autour d'un authentique *stazzo*, des bâtiments plus récents inspirés de cette architecture rurale traditionnelle accueillent les chambres. Les propriétaires, chaleureux et souriants, vous régaleront d'un petit-déjeuner fait de produits exclusivement régionaux.

POUR SE FAIRE PLAISIR

Tenuta Pilastru – *Loc. Pilastru, à 5 km à l'ouest d'Arzachena (rte de Bassacutena) - 078 982 936 - www.tenutapilastru.it - P - 32 ch. 130/170 €.* Cette ferme du 19e s., restructurée et agrandie, propose des chambres et des appartements décorés dans un style campagnard privilégiant les matières naturelles comme la terre cuite, le bois et le coton.

Baia Sardinia

BUDGET MOYEN

B & B La Murichessa – *Loc. Vaddimala - 339 531 65 32 - www.lamurichessa.it - P - 4 ch. 80/100 €.* Un accueil de qualité souligné par la noblesse des matières choisies, la décoration et les couleurs harmonieuses, ou encore le beau linge de lit. La grande cheminée et la cuisine exquise ont les faveurs d'une clientèle d'habitués.

Porto Cervo

POUR SE FAIRE PLAISIR

Valdiola – *Baia Cala di Volpe - 0789 96 215 - www.hotelvaldiola.com - P - avr.-oct. - 33 ch. 110/180 €.* Au calme, avec vue panoramique sur la baie de Cala di Volpe, l'hôtel propose des chambres au confort réduit à l'essentiel et décorées dans le style sarde traditionnel. Personnel aimable et disponible. Le buffet du petit-déjeuner est servi sur une splendide terrasse dominant la baie.

UNE FOLIE

Hotel Dolce Vita – *Via Monti di Capri - Loc. Liscia di Vacca - ✆ 0789 91 855 - www.hotel-dolcevita.it - 🏊 🅿 - 18 ch. 120/260 €.* Bien situé, cet hôtel (une véritable bonbonnière!) dispose de chambres spacieuses, soignées et confortables. Personnel souriant et charmant. La piscine est petite, mais on se trouve dans une station balnéaire!

Piccolo Pevero – *Loc. Golfo Pevero - ✆ 0789 94 551 - www.piccolopevero.it - 🅿 - avr.-oct. 17 ch. - 150/220 €.* Son architecture aux lignes harmonieuses évoque les anciennes fermes de la Gallura. Les chambres sont simples mais propres. La plage du Piccolo Pevero, d'une extrême blancheur, se trouve à 20 m et celle du Grande Pevero à 200 m.

B & B Il Cervo Dormiglione – *Via Boma 1 - Porto Cervo Marina - ✆ 0789 91 151 - www.ilcervodormiglione.com - avr.-oct. - 3 ch. 140/195 €.* Sur la colline dominant le Yachting Club Costa Smeralda, « le cerf grand dormeur » distille une atmosphère familiale et tranquille. La villa, restructurée pour accueillir les hôtes et entourée d'un grand jardin, est un petit bijou dans la nature.

Porto Rotondo

BUDGET MOYEN

B & B S'Alzola – *Via Pamentu Integghiatu 15 (ex. via Lampedusa) - Loc. Rudalza, à 5 km au sud-ouest de Porto Rotondo - ✆ 078 934 390 ou 338 285 63 89 - www.salzola.it - 6 ch. 90/120 €.* Façades en pierre et granite, pelouse anglaise, oliviers, chênes, genévriers, myrte et lavande sauvage forment le cadre de cette adresse dont les chambres, lumineuses et joliment décorées dans des tons pastel, révèlent un souci du détail.

POUR SE FAIRE PLAISIR

S'Astore – *Via Monte Ladu 36 - ✆ 078 930 000 - www.hotelsastore.it - 🏊 🅿 - avr.-sept. - 18 ch. 90/160 €.* Au calme dans son écrin de verdure, un hôtel très agréable aux chambres accueillantes ornées d'artisanat local. Belle terrasse panoramique et cuisine italienne ou sarde à savourer dans une salle chaleureuse.

San Pantaleo

POUR SE FAIRE PLAISIR

San Pantaleo – *Via Zara 39 - ✆ 0789 65 260 - www.hotelsanpantaleo.it - 🏊 🅿 - avr.-sept. - 32 ch. 130/160 €.* L'hôtel est doté de belles chambres et jouit, surtout, d'un panorama unique.

Agriturismo Ca'la Somara – *Loc. Sarra Balestra, à 2 km au nord de San Pantaleo - ✆ 078 998 969 - www.calasomara.it - 🏊 🅿 - fermé déc.-janv. - 6 ch. 90/140 €.* Un petit paradis avec son centre holistique offrant des thérapies naturelles. Table d'hôtes végétarienne (avec œufs et fromages) réservée aux clients de l'établissement. Vins locaux.

RESTAURATION

Arzachena

BUDGET MOYEN

Agriturismo Lu Branu – *Loc. Giuanneddu - SS 125, km 348, à 7 km au nord d'Arzachena - ✆ 0789 83 075 - www.lubranu.it - avr.-oct. - menu 32 € - appartements.* On produit ici légumes, fruits, saucissons, jambons, olives et huile. Les porcs, élevés en liberté, fournissent un rôti de renom. L'exploitation cultive un hectare de vigne spécialisée dans la production du vermentino et du rosso di Surrau. Outre les liqueurs traditionnelles, comme le myrte, elle confectionne des liqueurs spécifiques comme le *latte di capra* et l'*oleastro*, avec le savoir-faire ancestral.

Baia Sardinia

PREMIER PRIX

Sole e mare – *Piazzetta Due Vele - ✆ 0789 99 022 - 15/20 €.* Une pizzeria de qualité et quelques bonnes spécialités de la mer. Grandes salades et excellente *focaccia* (pizza blanche) accompagnant fruits de mer et daurades. Atmosphère familiale.

BUDGET MOYEN

Corbezzolo – *Piazzetta della Fontana - ✆ 0789 99 893 - www.ristorantecorbezzolo.it - avr.-oct. - 30/35 €.* Courtoisie et terrasse avec vue panoramique sont les points forts de ce restaurant. La carte propose aussi bien des recettes de la mer que des saveurs du terroir. Essayez la pizza Corbezzolo (saumon mariné et fromage de chèvre).

Porto Cervo

PREMIER PRIX

Panino Giusto – *Via della Marina Nuova - Porto Cervo Marina - ✆ 0789 91 259 - avr.-oct. 8h30-7h - 10/20 €.* La succursale sarde de la chaîne milanaise de « paninothèques » offre la possibilité de choisir entre plus de 50 sandwichs excellents. Pour bien manger à Porto Cervo sans se ruiner. Menu nuit pour les couche-tard après une sortie en discothèque.

POUR SE FAIRE PLAISIR

Gastronomia Belvedere – *Loc. Farina, à 5 km au sud de Porto Cervo - ✆ 0789 96 501 - www.gastronomiabelvedere.com - fermé mar. (sf l'été) - 40 €.* Juste quelques tables installées par un traiteur pour un restaurant de fortune où l'on déguste de délicieux antipasti « de la mer » ou « du terroir » et du poisson grillé ou au four. Même les milliardaires viennent y acheter des plats à emporter pour les déguster au bord de la piscine ou sur leur bateau.

I Frati Rossi – *Loc. Pantogia, à 2,5 km au sud de Porto Cervo - ✆ 078 994 395 - www.fratirossi.com - fermé nov.-déc. - 40/50 €.* Simple et rustique, ce restaurant doté d'une véranda panoramique sélectionne des ingrédients de qualité et s'inspire de la gastronomie toscane : poissons et crustacés d'une extrême fraîcheur, huile d'olive extra-vierge spécialement pressée pour cet établissement et porc élevé en liberté, mais aussi des pois chiches de la région du Chianti, des haricots du Pratomagno ou de savoureuses côtes de bœuf.

UNE FOLIE

Grazia Deledda – *Via dei Cedri - Loc. Tilzitta - ✆ 0789 98 990 - avr.-oct. - 40/60 €.* L'une des tables fréquentées par le beau monde de la Costa Smeralda. Intérieur rustique élégant, avec des vues splendides. Le chef propose un menu sarde revu à sa manière (poisson et viande). Parmi les spécialités, la *torta della Vergine*. Cave très bien fournie de vins sardes, italiens et étrangers.

Gianni Pedrinelli – *Loc. Pevero - ✆ 0789 92 436 - www.giannipedrinelli.it - mars-oct. - 50/70 €.* Sur la côte, un établissement élégant disposant de vastes salles où déguster une cuisine régionale faisant montre de créativité.

Porto Rotondo

BUDGET MOYEN

Tartarughino – *Piazza Quadra - ✆ 0789 38 50 04 - www.tartarughino.com - fermé janv. - 20/50 €.* Une adresse mondaine mais sympathique, à la fois café, bar, ou restaurant/pizzeria selon l'heure du jour, diffusant de la bonne musique et servant une cuisine à la fois tendance et simple.

UNE FOLIE

Da Giovannino – *Piazza Quadra 11/12 - ✆ 078 935 280 - mars-nov. - fermé lun. (sf l'été) - 70 €.* Les fins gourmets apprécieront ce beau restaurant, élégant et chaleureux, qui accueille la fine fleur des vacanciers de la Costa Smeralda pour leur servir une cuisine raffinée. Cave très riche et service courtois.

San Pantaleo

POUR SE FAIRE PLAISIR

Ristorante Balbacana – *Hotel Via Pompei 47 - ✆ 078 965 283 - www.arathena.it - P - avr.-oct. - 40/50 € - 35 ch.* Aménagé dans le complexe de l'hôtel Arathena, l'auberge, rustique et accueillante, comporte trois espaces aux ambiances différentes. Vue enchanteresse sur la vallée. Cuisine traditionnelle de la mer réinterprétée avec créativité.

UNE FOLIE

Locanda Sant'Andrea – *Via Zara 36 - ✆ 0789 65 205 - www.giagonigroup.com - avr.-nov. - fermé lun. (sf juil.-août) - 60 €.* En retrait des bruits et des excès de la Costa Smeralda, ce restaurant prépare des plats sardes traditionnels comme le *porceddu arrosto* (cochon de lait rôti), des poissons et des crustacés.

PETITE PAUSE

Arzachena

Vigne Surrau – *Loc. Chilvagghja, à 4 km à l'est d'Arzachena (SP 59 Arzachena-Porto Cervo) - ✆ 0789 82 933 - www.vignesurrau.it - visite des caves sur réserv. 10h-12h, 15h-18h.* Une cave magnifique, qui mêle éléments traditionnels et matériaux modernes comme le verre pour créer un cadre raffiné et accueillant. On peut visiter les caves, acheter les vins de la maison (cannonau et vermentino di Gallura à l'honneur), les déguster avec des assiettes de produits locaux, ou simplement se régaler d'un apéritif avec vue sur les vignobles. Incontournable.

Porto Cervo

Il Portico – *Piazzetta - ✆ 0789 93 16 21 - avr.-sept.* Sur LA *piazzetta*, cœur mondain de Porto Cervo, une adresse pour voir et être vu, en sirotant un bon cocktail.

Porto Rotondo

Boccondivino – *Via del Molo 15 - ✆ 0789 35 256 - avr.-sept. - dès le matin et jusqu'à 3h.* L'endroit est minuscule. On y achète des en-cas *(à partir de 5 €)* que l'on mange dehors, assis sur des bancs de pierre ou de bois. Parfait pour l'apéritif : leur *mojito* est le meilleur de Porto Rotondo.

ACHATS

San Pantaleo

Bottega Lu Fraili – *Via Molise 19/21 - ✆ 0789 65 414- www.bottegalufraili.com.* Fondée en 1930 par le patriarche Sebastiano Solinas, cet atelier de fer forgé est réputé pour ses réalisations de grande qualité. Dans la lignée de son père, Davide Solinas travaille le fer et le cuivre à l'état brut avec des instruments rudimentaires, puis les peint en s'inspirant des couleurs de sa terre d'origine. Très belles œuvres.

Gianfranco Salis - Arte in Piazza – *Piazza della Chiesa 1 - ✆ 339 89 07 323 - www.gianfranco-salis.com.* Cet artiste sarde, qui se partage entre Paris et la Costa Smeralda, crée des assemblages uniques de matériaux recyclés, bois, fer et pierres. Un hommage à la nature et au développement durable.

ACTIVITÉS

Visites, randonnées et excursions

Aventure Viaggi – *Viale Costa Smeralda 33* - **Arzachena** - *✆ 0789 83 405 - www.aventureviaggi.it.* Excursions quotidiennes avec un guide local.

Anemos – *Loc. Li Muri* - **Arzachena** - *✆ 333 73 89 973 - www.anemos-arzachena.com.* Randonnées, excursions guidées à la tombe des géants de Li Lolghi et à la nécropole néolithique de Li Muri.

Consorzio del Golfo – *✆ 0789 88 418 - www.consorziodelgolfo.it - avr.-oct.* Excursions en bateau à moteur vers l'archipel de La Maddalena, au départ de Baia Sardinia, Cannigione ou Palau.

Babitours – *✆ 0789 35 494 - www.babitours.com.* Excursions en bateau à moteur au départ de Porto Rotondo pour l'archipel de la Maddalena et les localités de la Costa Smeralda.

Voile

Water Sport Centre – *Loc. La Sciumara* - **Cannigione** - *✆ 338 390 57 06 - www.watersportcentre.com.* École équipée de tous les types de planches et de voiles pour le windsurf; navigation à voile, paintball, wakeboard et ski nautique.

AGENDA

La Costa Smeralda multiplie les événements, surtout l'été : expositions, régates, tournois de golf et de polo, défilés de mode et concerts, toujours sous le signe du luxe.

Big Game – *Porto Rotondo - fin août.* Chaque année est organisée une partie de pêche en haute mer considérée comme l'une des plus importantes manifestations du genre en Méditerranée.

Marché de San Pantaleo – Le petit bourg est renommé pour son artisanat de qualité. Toute l'année chaque jeudi un marché permet d'en apprécier la variété ; vous y trouverez aussi des produits régionaux. En été, marché d'art et d'artisanat le mardi également.

Arcipelago della Maddalena

Archipel de La Maddalena

★★

Une soixantaine d'îlots granitiques et schisteux composent des paysages fantasmagoriques redessinés par l'érosion due aux vents et à la mer ; deux d'entre eux – La Maddalena et Caprera – sont des destinations incontournables pour qui voyage dans cette partie de la Sardaigne. Sur les falaises et les récifs nidifient les goélands leucophées et les puffins cendrés, les cormorans huppés et les hirondelles de mer, les goélands d'Audouin et les puffins des Anglais. Ici poussent plus de 700 espèces végétales, dont 50 sont endémiques, comme la rare armoise, et de nombreuses plantes aquatiques, comme la posidonie de Méditerranée. Bref, la nature à l'état pur sur 180 km de côtes, à découvrir à pied ou en voilier, muni de jumelles ou de palmes…

NOS ADRESSES PAGE 235
Hébergement, restauration, achats, activités, etc.

S'INFORMER

Office du tourisme La Maddalena (en saison) – *Via XX Settembre - La Maddalena* - ✆ *0789 73 63 21* -
Ente Parco Arcipelago di La Maddalena – *Via Giulio Cesare 7 - La Maddalena* - ✆ *078 979 02 11* - *www.lamaddalenapark.it.*

SE REPÉRER

Carte de région CD1-2 (p. 210-211) – Carte d'Olbia, la Costa Smeralda et l'archipel de La Maddalena (p. 219)

L'archipel est formé de 7 îles : La Maddalena, la plus grande, est en position centrale, cernée à l'est par Caprera (reliée à La Maddalena par un pont), au sud par Santo Stefano, à l'ouest par Spargi et au nord-ouest par Budelli, Razzoli et Santa Maria.

À NE PAS MANQUER

Cala Gavetta et la route en corniche sur La Maddalena ; Caprera, sa nature et la maison-musée de Garibaldi.

ORGANISER SON TEMPS

Comptez une journée et demie pour La Maddalena et Caprera.

AVEC LES ENFANTS

Cala Spalmatore sur La Maddalena ; le Mémorial Giuseppe Garibaldi à Caprera.

La Maddalena, la nature à l'état pur…
Enrico Pieragostini/Fotolia.com

Découvrir

Carte d'Olbia, la Costa Smeralda et l'archipel de La Maddalena

★★ ISOLA DELLA MADDALENA

Avec 45 km de littoral et une superficie de 20 km², La Maddalena est la plus grande des sept îles qui forment l'archipel. D'aspect triangulaire, elle s'élève au centre en un plateau qui culmine à 156 m au sommet de la Guardia Vecchia.
Attention : les îles sont toujours battues par les vents ; renseignez-vous auprès de l'office de tourisme ou des locaux sur les plages idéales pour la baignade.

★ La Maddalena

Le bourg de La Maddalena – capitale de l'île et seul centre urbain – se trouve au milieu de la côte méridionale. On lui cherche en vain des airs sardes ; la ville a en effet été construite au 18e s., à l'initiative de la Maison de Savoie, et agrandie à partir de 1887, après l'installation d'une base navale par la marine militaire italienne.

Cœur animé de la bourgade, la **piazza Garibaldi★** – surnommée *piazza rossa* en raison de son ancien pavement rouge – est bordée par les édifices des instances officielles, dont le **Municipio** (hôtel de ville) : le bureau du maire expose l'une des bombes lancées sur la ville en 1793 par les troupes navales de Napoléon, qui envisageait alors de conquérir la Sardaigne.

4

Tout autour se succèdent magasins et cafés, bondés en été, à l'heure de l'apéritif. La place est la porte d'entrée dans la « vieille ville », toute de ruelles et d'escaliers.

Par le largo Matteotti, on rejoint l'église **Santa Maria Maddalena**, élevée en 1779-1780. Le petit **musée diocésain** attenant expose une collection de bijoux apportés en ex-voto durant deux siècles, ainsi qu'un crucifix en argent et deux candélabres offerts à la ville par Lord Horatio Nelson, l'amiral anglais, qui s'arrêta dans la rade de La Maddalena avant la bataille de Trafalgar. *Via Baron Mano - ✆ 0789 73 74 00 - 10h-13h, 16h-20h (21h30-23h30 l'été) - fermé lun.*

Tout autour de l'église, les anciennes maisons de pêcheurs sont reliées par de petites cours et des escaliers.

En suivant la via Vittorio Emanuele en direction de l'ouest, on atteint le **Porto Cala Gavetta★**, le charmant petit port de pêche et la marina bordée de demeures du 18e s. Sur la piazza XXIII Febbraio – jour de la victoire des troupes locales sur les Français – s'élève la **Colonna Garibaldi**, une colonne de granite érigée en hommage à Giuseppe Garibaldi.

L'ULTIME DEMEURE DE GIAN MARIA VOLONTÈ
Gian Maria Volontè (1933-1994), protagoniste du film d'Elio Petri *La classe ouvrière va au paradis* (1971), repose dans le petit cimetière de La Maddalena. Sur la pierre de granite de sa tombe, on peut lire une phrase de Paul Valéry : « Le vent se lève, il faut tenter de vivre. »

En empruntant vers l'est la commerçante **via Garibaldi**, on rejoint la **piazza Umberto I**. Cette grande esplanade s'orne d'une statue d'Anita Garibaldi, l'ardente compagne du « héros des deux mondes », d'une grande ancre et d'une fontaine moderne. Vous y apprécierez le **panorama★** sur les îles méridionales et le littoral sarde.

★★ La route en corniche

Le parcours en corniche *(Strada Panoramica)* autour de l'île *(20,5 km)* livre de superbes panoramas. Vous le suivrez dans le sens inverse des aiguilles d'une montre : le circuit part de la piazza Umberto I et monte vers l'est par la via Principe Amedeo. Peu après les dernières maisons du bourg, la vue embrasse le Passo di Moneta, Caprera et les îles Giardinelli.

Museo Archeologico Navale Nino Lamboglia – *Loc. Mongiardino - ✆ 0789 79 06 33 - visite sur RV 9h30-12h30, 15h30-18h30 - 4 €.* Il est consacré à l'archéologie sous-marine, notamment aux vestiges d'une embarcation romaine naufragée vers 120 av. J.-C. près de l'Isola di Spargi. Quelque 200 amphores sont ici replacées dans leur position d'origine.

Continuant vers le nord, la route panoramique passe tout près de **Cala Spalmatore** (👪), protégée des vents et très prisée par les enfants pour ses jeux aquatiques. Peu après, une bifurcation sur la gauche conduit à **Guardia del Turco** et à **Guardia Vecchia**, où les souverains de la Maison de Savoie firent construire le fort San Vittorio, avec sa tour octogonale munie d'un phare (superbes **panoramas★★**).

À la hauteur du village résidentiel de **Porto Massimo**, la route oblique vers l'ouest, coupant le promontoire qui culmine au nord de l'île à la **Punta Marginetto**. Sur la baie de **Stagno Morto** (l'« étang mort »), de gros blocs de granite émergent du maquis. Une petite route sur la droite conduit à la **Punta Cannone** ; sur le versant oriental s'étend le village de vacances du Touring Club Italien. Un autre chemin, au-delà du promontoire, rejoint **Bassa Trinita**, belle plage de sable et de dunes.

La route s'éloigne de la côte et rejoint le centre de l'île, traversant un maquis ponctué de rochers granitiques. À la bifurcation *(km 12,9)*, vous prendrez à droite, vers le nord-ouest, pour rejoindre les vestiges du **Forte dei Colmi** et la longue **Cala Francese**, fermée au nord par une langue rocheuse où s'élève la petite **église della Madonnetta**. La crique attenante, **Cala Nido d'Aquila**, possède beaucoup de charme.

Après avoir passé la **Punta Nera**, le parcours se termine à Cala Gavetta.

★★★ ISOLA CAPRERA

Caprera se trouve à l'est de La Maddalena, à laquelle la relie un **pont** de 600 m. Deuxième île de l'archipel par sa superficie (15,75 km^2) et la longueur de ses côtes (34 km), elle est sans rivale pour la beauté de ses paysages et la richesse de sa flore (pinèdes, chênes verts, genévriers et dense maquis de myrtes, de lentisques et d'arbousiers). Elle est inhabitée, hormis quelques mois par an où les bergers y conduisent leurs troupeaux en transhumance.

Sur le versant oriental, un chemin en escalier monte au sommet du Monte Teialone, à 212 m.
Sur le versant nord-est de l'île, la **falaise★★★** plonge à pic dans la mer : sur cette même côte s'ouvre la **Cala Coticcio★★**, une anse à la beauté spectaculaire. *La crique fait partie de la zone de réserve intégrale du parc ; l'accès est réservé aux résidents, à moins d'être avec un guide du parc. Rens. au ✆ 0789 79 02 11.*
Dans la pointe sud-ouest de l'île se trouve le **Centro Velico Caprera**, une école de voile prestigieuse.

★ Casa-museo di Giuseppe Garibaldi - Compendio Garibaldino
(Maison-musée de Giuseppe Garibaldi)
Prenez la première bifurcation à gauche après le pont - ✆ 0789 72 71 62 - www.compendiogaribaldino.it - tlj sf lun. 9h-20h (ouv. réduite hors sais., se rens.) - 6 €, 10 € billet groupé avec le Mémorial.
Dans un moment particulièrement difficile de sa vie, après la mort de sa compagne Anita et la chute de la Repubblica romana, Garibaldi s'installa à Caprera où il avait acheté un domaine en 1855. Vingt-cinq ans durant, il s'y consacra à l'agriculture, y planta une oliveraie, une pinède et un verger d'agrumes. Transformé en musée d'État en 1978, le complexe bénéficie d'une belle situation, en position panoramique sur la côte et entouré de maquis. On visite l'étable, la Casa Bianca (la « maison blanche »), emplies de meubles, d'objets de la vie quotidienne, de tableaux et de souvenirs (le lit de camp, le fauteuil qui lui fut offert par la reine Margherita di Savoia), et les édifices attenants. Dans la grande cour s'élève le pin planté pour la naissance de sa fille Clelia, ainsi que le four et le moulin à vent que Garibaldi construisit lui-même. Au bout de l'avenue se trouvent la tombe toute simple du héros et le petit **cimetière** où repose une partie de sa famille.

★★ Memoriale Giuseppe Garibaldi
Forte Arbuticci - ✆ 320 43 43 945 - tlj sf lun. 8h30-17h30 - 6 €.
Abrité à l'intérieur de l'ancien fort Arbuticci (19e s.), le mémorial du « héros des deux mondes » est un impressionnant conte multimédia : vous y découvrirez l'épopée de Garibaldi, chantre de l'unité italienne, mais plus encore citoyen du monde, à l'aide de vidéos, cartes évolutives, bandes sonores et autres bornes interactives qui donnent vie à l'abondante documentation.

Museo Geo-mineralogico Naturalistico
Stagnali - www.associazionecesaraccio.it - juin-oct. : 9h-13h, 15h-19h - 2,50 €.
Ce musée expose de nombreux échantillons de roches, minéraux, fossiles, sables, coquillages, flore et faune marines.

UN ESPACE PROTÉGÉ PAR UN PARC INTERNATIONAL
Créé en 1994, le **Parco nazionale dell'Arcipelago di La Maddalena** est le premier parc national de Sardaigne. Ce parc géomarin couvre 5 038 ha terrestres, 13 000 ha marins et 221 km de côtes. Il comprend l'ensemble des îles et des îlots appartenant au territoire communal de La Maddalena. Un Parc Marin International, regroupant l'archipel de La Maddalena et l'île de Lavezzi, une réserve naturelle située au sud de la Corse, devrait voir le jour pour protéger un milieu naturel homogène au-delà des frontières. Une structure italo-française de coordination serait chargée d'appliquer peu à peu des normes communes en matière de gestion et de valorisation des ressources naturelles.

Plages
Caprera abrite nombre de belles plages différemment exposées, une particularité précieuse pour les jours de très grand vent. La **plage « dei Due Mari »** (des deux mers), par exemple, au sud-est de l'île dans l'isthme de terre qui relie Caprera à Isola Rossa, est dotée de deux baies orientées l'une au nord et l'autre au sud. Toujours au sud-est, la **plage « del Relitto »** doit son nom aux restes d'une épave. Sur la côte orientale se cache une crique plus sauvage mais très belle, **Cala Brigantina**.

LES AUTRES ÎLES

Les autres îles de l'archipel sont accessibles seulement avec des excursions en bateau au départ de La Maddalena, Palau, Santa Teresa di Gallura et Porto Rotondo.

Isola Spargi et Isola Spargiotto
L'île de **Spargi**, à l'ouest de La Maddalena, est renommée pour les plages de son versant oriental : **Cala Corsara**, **Cala Connari**, **Cala Granara**, merveilleuses criques de sable blanc aux eaux émeraude, s'entourent de rochers et de maquis. Sur le versant septentrional, des fortifications se dressent à pic sur la mer.

Sur **Spargiotto**, un îlot au nord-ouest de Spargi particulièrement exposé au mistral, nidifient le cormoran huppé et le goéland d'Audouin, surnommé « la mouette des tempêtes ».

Isola Budelli
Budelli, au nord de l'île de Spargi, accueille l'étonnante **Spiaggia Rosa★★**, immortalisée par Michelangelo Antonioni dans son film *Le Désert rouge*. Cette plage doit sa couleur rose à la forte concentration de débris coralliens et de fragments de coquilles, dont la *Miniacina miniacea*, un protozoaire foraminifère. Avec la mer limpide qui la baigne et les rochers granitiques qui l'entourent, elle forme un spectacle unique, devenu le symbole du parc maritime. Plusieurs années d'exploitation touristique ayant failli compromettre à tout jamais ce phénomène naturel, la plage est désormais surveillée et protégée : il est interdit de s'y baigner, d'y jeter l'ancre et même de s'en approcher en bateau. Les excursions organisées ne passent à proximité que pour donner l'opportunité de prendre une photo.

★ Porto della Madonna
Les amateurs de voile apprécient particulièrement cette superbe lagune située entre les îles de Budelli, Razzoli et Santa Maria, extraordinaire miroir d'eau où le parc a spécialement aménagé des zones pour la plongée et le snorkeling et d'autres pour l'observation ornithologique.

Isola Razzoli et Isola Santa Maria
Ces deux îles au nord de Budelli sont séparées, parfois de quelques mètres seulement, par l'étroit Passo degli Asinelli. **Razzoli** est célèbre pour ses falaises et ses rochers dont les formes évoquent les sculptures d'Henry Moore. Son phare imposant surplombe les Bocche di Bonifacio.

Santa Maria était l'un des endroits préférés du scénariste Franco Solinas (1927-1982). Sur l'île subsistent quelques habitations, bâties avant que toute construction n'y soit interdite, et un modeste couvent où des moines bénédictins fuyant Bonifacio avaient trouvé refuge au Moyen Âge. Elle possède l'une des plus grandes plages de l'archipel, **Cala Santa Maria**.

Nibani, Mortorio, Soffi et Camere

Situés au sud-est de l'archipel, en face de la Costa Smeralda, ces quatre îlots oubliés sont très proches de Porto Cervo et de Porto Rotondo. Revendiqués à la fois par la commune de La Maddalena, dont ils dépendent depuis toujours, et par celle d'Arzachena, ils font avant tout partie du parc maritime et bénéficient ainsi de mesures de protection de l'environnement.

NOS ADRESSES DANS L'ARCHIPEL

TRANSPORTS

Bateau

Les ferries pour La Maddalena (passagers et véhicules) partent toutes les 30/60mn, 7j/7, de la Stazione Marittima de **Palau** ; la traversée dure 20mn. Le service est assuré par plusieurs compagnies et le billet acheté aux guichets est valable pour tous les bateaux :
Saremar – *www.saremar.it.*
Delcomar – *www.delcomar.it.*
Maddalena Lines – *www.maddalenalines.it.*
Toutes les îles de l'archipel sont accessibles avec des excursions en bateau au départ de La Maddalena, Palau, Santa Teresa Gallura et Porto Rotondo (informations dand les offices de tourisme). Les tarifs n'incluent pas toujours la taxe à payer pour entrer dans le parc : renseignez-vous avant de réserver.

Bus

Les bus circulant sur l'île de La maddalena partent de la Colonna Garibaldi, près de la via Amendola, et conduisent à Sualeddu, à 3,5 km au nord, ou à Caprera. Comptez en moyenne un trajet par heure ; les billets s'achètent à bord ou dans les bureaux de tabac *(tabacchi)*, que l'on reconnaît à leur grande enseigne en « T ». **Turmotravel** - *www.gruppoturmotravel.com.*

Voiture

Seules les îles La Maddalena et Caprera sont accessibles aux voitures.

Location de bateaux et Zodiac

Aquaspeed – *✆ 347 75 80 477 - www.fmnoleggio.it.*
Cala Peticchia – *✆ 346 30 43 058 - www.calapeticchia.it.*
Ecomar – *✆ 338 637 82 56 - www.ecomar.it.*

HÉBERGEMENT

PREMIER PRIX

Villaggio Camping Maddalena – *Via G. Mary - Loc. Moneta - ✆ 078 972 8051 - www.camping maddalena.it - juin-sept. - 80 empl. 15/23 €.* Sur une colline, dans un cadre agréable, le camping s'étend sur 3 ha de terrain ponctué par des zones de maquis. Location de bungalows, de chalets et de *tukuls* (hutte conique en boue).

BUDGET MOYEN

B & B Petite Maison – *Via Livenza 7 - ✆ 078 973 84 32 - www.lapetitmaison.net - P - fermé janv.-fév. - 3 ch. 85/110 €.* À seulement 5mn à pied du centre, ce petit B & B possède des chambres élégantes, confortables, chaleureuses et calmes, à la décoration personnalisée et dotées de salles de bains spacieuses. Le petit-déjeuner, copieux et varié, est préparé par la maîtresse de maison ; chaque jour différent, il est toujours exquis.

POUR SE FAIRE PLAISIR

Residenza Mordini – *Via Principe Amedeo 3 - ✆ 0789 737 325 - www.residenzamordini.com -* P *- 6 ch. et 1 suite - 130/160 €.* Cet élégant édifice de 1931 a été rénové à l'aide de matériaux respectueux de l'environnement et transformé en hôtel de charme par deux jeunes et dynamiques propriétaires, Clotilde et son frère Giacomo. Particulièrement confortables, les chambres, aux teintes chaudes, ont conservé en partie leur carrelage d'origine et sont décorées de meubles contemporains et antiques.

Garibaldi – *Via Lamarmora - ✆ 0789 73 73 14 - www.hotelgaribaldilamaddalena.it - avr.-oct. - 19 ch. 110/145 €.* Au calme dans les hauteurs du bourg, le Garibaldi offre un cadre familial et abrite des chambres joliment décorées.

RESTAURATION

PREMIER PRIX

Da Roby – *Via Amendola 2bis - ✆ 0789 737 727 - fermé jeu. - 10 €.* À deux pas de l'embarcadère, délicieuses *pizze* concoctées par Roberto et sa femme Antonella.

Paposceria L'Isola che non c'è – *Piazza XXIII Febbraio 7 - ✆ 339 80 96 215 - isolachenonce.vpsite.it - 5/10 € - 10h30-14h, 19h-0h.* La *paposcia* est une sorte de pain/pizza farcie. Une alternative originale au classique sandwich.

POUR SE FAIRE PLAISIR

Ristorante Sottovento – *Via E. Dandolo 9 - ✆ 0789 73 77 49 - fermé lun. (sf l'été) et déc.-janv. - 35/45 €.* Ce petit établissement sympathique à l'inspiration cosmopolite, doté d'un joli jardin intérieur, prépare une cuisine de la mer et du terroir faite avec des produits de la région (jambons, saucisses artisanales, *pecorino*, pain *carasau*). Les desserts sont maison. Carte de vins locaux, où certains regretteront l'absence des grands classiques de l'île.

PETITE PAUSE

Charlie Bar – *Via Garibaldi 110 - ✆ 338 651 19 11.* Sur la place principale du village, ce bar est le rendez-vous des insulaires et des touristes. Bon choix de pâtisseries, amuse-gueules et *happy hour* à partir de 18h30. L'endroit se transforme le soir en bar-discothèque.

Dolci Distrazioni – *Largo Matteotti 8 - ✆ 0789 19 67 253.* Un excellent glacier artisanal avec un bon choix de parfums.

ACHATS

Miro Salumeria – *Via Italia 10 - ✆ 0789 73 70 30.* Depuis 1891, une véritable caverne d'Ali Baba où se ravitailler en charcuterie, fromages et produits locaux.

ACTIVITÉS

Centre équestre Cavalla Marsala – *Loc. Stagnali* - **Caprera** - *✆ 347 23 59 064.* Dédié au cheval de Garibaldi, ce centre propose des excursions, du trekking et des cours pour enfants.

AGENDA

Fête patronale – *20-22 juil.* Célébrations religieuses, spectacles et musique. Une procession part de l'église Santa Maria Maddalena pour accompagner la statue de la sainte jusqu'au port de Cala Gavetta, d'où une flottille de barques pavoisées l'escorte sur les eaux. Grand feu d'artifice final.

L'extrême Nord

★★

Un immense théâtre naturel de rochers de granite gris et rose que les vents, l'eau et le sel ont façonné de mille formes capricieuses, telle est la toile de fond de la Sardaigne septentrionale. Une succession de péninsules et de caps, d'anses et de criques, de plages de sable blanc s'avançant dans des eaux turquoise en dessinent les côtes, ponctuées ici et là d'agréables stations balnéaires. Un vigoureux maquis méditerranéen couvre l'arrière-pays ; parmi ses buissons parfumés se nichent les « stazzi » – l'équivalent sarde du mas provençal. La civilisation y refait surface dans quelques bourgs plus animés comme Santa Teresa Gallura, dessinée par un roi.

NOS ADRESSES PAGE 241
Hébergement, restauration, achats, activités, etc.

S'INFORMER

Offices de tourisme – Palau - *Piazza Fresi* - *✆ 078 970 70 25* - *www.palauturismo.com.*
Santa Teresa Gallura - *Piazza Vittorio Emanuele I 24* - *✆ 0789 75 41 27* - *www.santateresagalluraturismo.com.*

SE REPÉRER

Carte de région ABC1-2 (p. 210-211)
Palau et Santa Teresa Gallura sont les deux principaux centres de haute Gallura. De Santa Teresa Gallura, la SS 90 descend le long de la côte occidentale jusqu'à Isola Rossa, en longeant la très belle Costa Paradiso.

À NE PAS MANQUER

Santa Teresa Gallura ; Capo Testa ; Portobello di Gallura ; Costa Paradiso et l'Isola Rossa.

ORGANISER SON TEMPS

Comptez 1 à 2 jours, mais l'endroit est si beau qu'il mériterait bien plus.

AVEC LES ENFANTS

Le Trenino verde de Palau à Tempio Pausania.

4

Circuit conseillé Carte de région

D'ARZACHENA À ISOLA ROSSA ABC1-2

Circuit d'env. 110 km au départ d'Arzachena, tracé en rouge sur la carte de région (p. 210-211) – Comptez au moins une journée. Le circuit, qui prolonge celui de la Costa Smeralda, suit le littoral oriental d'Arzachena jusqu'à Santa Teresa Gallura, puis continue vers le sud par le versant occidental de la haute Gallura.

Arzachena *(voir p. 223)* C2
Empruntez la route côtière en direction de Palau (27 km).
Les étangs **Padula Saloni** occupent le fond du Golfo di Arzachena, formant une vaste zone humide que fréquentent de nombreux oiseaux aquatiques : talèves sultanes, hérons rouges, aigrettes et, parfois, cigognes noires.
La rive occidentale du golfe, que longe une étroite route côtière, est ponctuée de jolies plages, généralement de sable. **Cannigione** *(à 8 km au nord d'Arzachena)*, un ancien bourg de pêcheurs, s'est doté d'une grande marina et

d'une plage bien équipée. La station balnéaire de **La Conia** *(à 2,5 km au nord de Cannigione)* s'étend de la plage jusqu'au sommet de la colline. Les adeptes du snorkeling se retrouvent au large de **Tanca Manna**, tandis que les amateurs de glisse préfèrent **Mannena**. Accessibles par des sentiers partant sur la droite, **Piscine** et **Li Capanni** bénéficient d'une eau turquoise limpide à souhait.

★★ Capo d'Orso C1
La plage du Golfo delle Saline, que la route sépare des marais salants, est protégée au nord par le « cap de l'Ours » : au pied du rocher qui s'étire vers l'Isola di Caprera, un récif de 122 m de haut façonné par les vents évoque la silhouette d'un ours. Le promontoire était déjà connu du géographe grec Ptolémée et les anciens navigateurs s'en servaient comme d'un point de repère naturel.

Palau C1
Située dans l'une des découpes les plus spectaculaires de la côte septentrionale, la station balnéaire concentre ses activités autour de son port de plaisance et des quais où accostent les ferries qui desservent l'archipel de La Maddalena *(voir p. 230)*. Le carnaval est ici particulièrement animé.
Au nord du port, on rejoint la plage de **Palau Vecchio** par son agréable promenade le long d'une pinède.
De là, le **Trenino verde** (Petit Train vert) aux vieux wagons relie Palau, sur des voies étroites, à Nulvi, Tempio Pausania et Sassari.

Punta Sardegna C1
Un bref détour *(10 km AR)* conduit, au nord-ouest, au promontoire de Punta Sardegna via le **Monte Altura**, que surplombe une forteresse. Accessible à pied seulement, la plage de **Cala di Trana**, encerclée de dunes et de maquis, vous garantit la tranquillité.
Porto Rafael *(à 4 km au nord-ouest de Palau)* doit son nom au comte espagnol Rafael Neuville di Berlange, qui y fit construire quelques belles villas en 1962. Cette station sophistiquée, où la vie nocturne bat son plein, possède un port de plaisance bien équipé. Sa jolie *piazzetta* donne sur la Cala Inglese, une crique surnommée « la piscine » pour la transparence de ses eaux.
On a découvert deux sites nuragiques le long de la route conduisant à Santa Teresa : au pied du Monte Canu, à quelques kilomètres de la mer, la **Tomba di giganti Li Mizzani**, relativement petite, remonte à l'âge du bronze. **Saiacciu**, dans la localité Stazzo di S'Ajacciu, se compose d'une tombe de géant, d'un cercle mégalithique, de deux menhirs et d'un édifice rectangulaire ; la sépulture remonte à 1400-900 av. J.-C.
Reprenez la SS 133 en direction de Tempio Pausania ; après 3 km, empruntez la petite route sur la droite qui mène à Porto Pollo (à 6 km au nord-ouest de Palau).

Porto Pollo C1
Rochers roses façonnés par le vent, sable fin, maquis vigoureux : les aspects les plus typiques des côtes de Gallura sont réunis ici. Un isthme étroit relie la jolie petite **Isola dei Gabbiani** à la terre. Très ventée, l'île attire bon nombre d'amateurs de planche à voile et de voile. On y trouve par ailleurs des hébergements meilleur marché que sur le reste de la côte.
De retour sur la SS 133, peu après le petit bourg de San Pasquale (beau panorama), une route sur la droite conduit à Porto Pozzo (à 12 km de Porto Pollo).

Porto Pozzo B1
Ancien village de paysans-pêcheurs, Porto Pozzo s'est doté d'un joli petit port de plaisance.

Capo d'Orso : ce rocher était déjà un point de repère naturel pour les navigateurs de l'Antiquité.
Alberto Maisto/Fotolia.com

À l'est, la péninsule **Coluccia**, couverte de maquis, se prête à de belles randonnées.
La SS 133b conduit à Santa Teresa Gallura (à 12 km au nord-ouest de Porto Pozzo).

★ Santa Teresa Gallura B1

On arrive à Santa Teresa Gallura après avoir traversé une plaine couverte de maquis et de bruyères naines ; des oliviers séculaires, courbés par le vent, se dressent çà et là. Le village est situé sur un petit promontoire qui donne sur les **Bocche di Bonifacio**, l'étroit passage entre la Sardaigne et la Corse *(ferries au départ du port, 1h de traversée)*. Dans les dernières décennies, ce bourg de maraîchers et de pêcheurs (surtout de corail) s'est transformé en une agréable et vivante station balnéaire, à l'ambiance encore authentique, qui voit sa population multipliée par dix en été. Le village actuel, qui date de 1808, aurait été dessiné selon les plans de Vittorio Emanuele I de Savoie, roi de Sardaigne de 1802 à 1821, qui désirait le dédier à son épouse. Un tracé régulier organise les rues en un maillage à angle droit autour de la vaste **piazza Vittorio Emanuele**. Tout autour s'étendent les ruelles piétonnes qui accueillent d'innombrables cafés, boutiques et magasins.

Au 16e s., les Aragonais construisirent, côté mer, la **Torre di Longosardo**, haute sentinelle de pierre. Le site offre une belle **vue★** sur la côte et la Corse. Sur la gauche s'étend la **Rena Bianca**, une belle plage située en plein centre-ville (et donc toujours bondée en saison).

★★ Capo Testa B1

De **Punta Falcone,** au nord-est, à Capo Testa, à l'ouest, la côte égrène une série de plages de toute beauté : une mer transparente et turquoise, du sable blanc et fin, des rochers de granite et un maquis diffus y composent des paysages de carte postale.
Sortez de Santa Teresa Gallura en direction du nord-ouest pour rejoindre Capo Testa (5 km). Prenez à droite l'isthme qui y conduit.

Le puissant promontoire qui prend fin au phare de Capo Testa offre un paysage séduisant, fait d'énormes rochers qui ne sont pas sans évoquer les sculptures d'Henry Moore. Cinq plages s'y succèdent. Bien équipées, **Rena di Levante** et **Rena di Ponente**, respectivement au nord et au sud de l'isthme, sont aussi appelées « des deux mers » : la première est abritée quand souffle le mistral, la seconde quand les vents soufflent du nord-est. Emportez masque et tuba pour vous rendre sur les criques de **Zia Colomba**, un peu plus à l'ouest, au superbe fond marin.

Passé l'isthme, suivez la route vers la droite sur env. 1,5 km jusqu'au phare de Capo Testa (parking).

Toute de granite blanc et d'eau couleur émeraude, la petite plage de **Cala Spinosa★** est l'une des plus belles et des plus sauvages du promontoire.

En prenant à gauche la strada Cala Grande après l'isthme, on traverse la « Valle della Luna », qui débouche après 2 km *(derniers 800 m à pied)* sur des criques sauvages, très fréquentées par les hippies dans les années 1970; se succèdent du nord au sud : Cala di l'Ea, Cala di Mezzo et la magnifique **Cala Grande★**, avec ses rochers aux formes évocatrices et ses eaux cristallines.

Au sud, la station balnéaire de **Baia di Santa Reparata** porte le nom de sa petite église médiévale.

De retour à Santa Teresa Gallura, quittez la localité en direction du sud et suivez la SP 90 jusqu'à Vignola Mare (env. 20 km).

La route se rapproche de la côte à la hauteur de Ciuchesu. Quoique moins renommées, plusieurs plages invitent à une pause baignade. **Lu Pultiddolu**, une plage isolée bien abritée, est parsemée de grands rochers; au fond de l'eau pousse la posidonie, une plante aquatique endémique de la Méditerranée. Plus fréquentées, **Rena Majori**, avec sa pinède et ses dunes, et **Rena di Matteu**, sont dotées de bonnes infrastructures. **Cala Pischina** porte le surnom de « Ho'okipa sarde », un clin d'œil à la fameuse plage d'Hawaï qu'aiment tant les surfeurs. **La Piana**, au sud du petit promontoire de rochers rouges du Monte Russu, avec ses deux rivages en demi-lune, se prête à l'observation ornithologique. **Lu Litarroni**, **Naracu Nieddu** et **Chischinagghju**, des plages agréables entourées d'une végétation luxuriante, bien équipées (camping), conviennent aux familles ayant des enfants.

Vignola Mare A1

Le village s'inscrit dans un beau paysage; sa tour du 16e s., La Turra, se dresse au-dessus d'une ancienne madrague. Sa petite église est dédiée à San Silverio, protecteur des pêcheurs et des marins de la Gallura.

Après Vignola Mare, tournez à droite pour Portobello di Gallura (10 km AR).

★ Portobello di Gallura A1

Pour y parvenir, on traverse une mer de lentisques ponctuée d'oliviers pliés par le vent. De temps à autre, dissimulées dans le maquis, quelques belles villas se fondent discrètement dans le paysage. Le petit port de plaisance n'accueille que les bateaux de faibles dimensions. La plage de **L'Agnata**, avec son sable rose foncé et ses récifs, conserve sa tranquillité.

Revenez sur la SP 90; à la hauteur de Lu Colbu, tournez à droite pour rejoindre Costa Paradiso (10 km AR).

★ Costa Paradiso A2

On pénètre dans un magnifique domaine privé de 800 ha qui abrite un complexe de villas et résidences touristiques *(www.costaparadisoresort.com)*.

Le littoral, splendide avec ses rochers de trachyte rouge et ses petites criques solitaires, court jusqu'à Punta li Canneddi, au sud. Du parking, une superbe

promenade, en à-pic sur la mer, conduit en 15mn à la plage de **Li Cossi★**, adossée à des falaises de granite rose revêtues de maquis, que traverse le Rio Li Cossi. Avec son profil en pente douce, la plage est idéale pour les enfants. Pour une baignade plus tranquille, continuez encore pendant 30mn pour rejoindre **Tinnari,** plage de galets plus sauvage.
Une belle randonnée *(1h AR)* mène au sommet du **Monte Tinnari** (216 m).
Reprenez la SP 90 jusqu'à la bifurcation pour Isola Rossa (8 km AR).

★ Isola Rossa A2

Ce petit bourg blanc dans un paysage rouge amarante a vu le jour au début du 20e s., à l'initiative d'un groupe de paysans et de pêcheurs (surtout de moules et de crustacés) de la Gallura et de la région de Naples. Depuis, il a tellement grandi que, durant l'été, il accueille jusqu'à cent fois sa population ordinaire (130 habitants). Le soir venu, les pêcheurs hissent leur bateau sur la plage, près du petit port que domine une tour espagnole du 16e s. Le village fait face à l'îlot du même nom.
Retournez vers la SP 90 et abandonnez la côte pour rejoindre Trinità d'Agultu e Vignola (6 km).

Trinità d'Agultu e Vignola A2

Du haut de ses 365 m d'altitude, ce bourg agricole bénéficie d'un superbe **panorama** sur le littoral jusqu'au Golfo dell'Asinara, au sud. Il fut fondé dans la deuxième moitié du 19e s., autour d'une église rurale, par des familles de bergers de la Gallura. **Sant'Antonio di Li Colti** et **San Pietro Martire**, deux églises anciennes, font l'objet de pèlerinages. Le **nuraghe Paduledda** offre lui aussi de belles vues sur la région.
Quinze kilomètres supplémentaires sur la SP 74 vous conduiront au cœur de la magnifique **Valle della Luna★★** à Aggius *(voir p. 248)*.

NOS ADRESSES DANS L'EXTRÊME NORD

TRANSPORTS

Palau

Bateau – De la Stazione Marittima, départ des ferries pour La Maddalena toutes les 30/60mn, 7j/7 *(trajet 20mn)*. Le service est assuré par plusieurs compagnies :
Saremar – *www.saremar.it.*
Delcomar – *www.delcomar.it.*
Maddalena Lines – *www.maddalenalines.it.*
Bus ARST – *www.arst.sardegna.it.* Liaisons pour Santa Teresa Gallura, Arzachena, Olbia.
Location de scooters et VTT – Dodo's Rental - *Porto Pollo - ✆ 0789 70 41 26 - www.dodosrental.com.*
Radio-taxi – *Piazza del Molo - ✆ 078 970 92 18.*
Train touristique - Trenino Verde – *✆ 392 97 82 326 - www.treninoverde.com.* Trajet pittoresque de Tempio Pausania à Palau Marina (en face de l'embarcadère des ferries) en passant par Calangianus, le Lago del Liscia et Arzachena.

Santa Teresa Gallura

Bateau Saremar – *www.saremar.it.* Plusieurs liaisons par jour avec la Corse.
Bus – ARST - *www.arst.sardegna.it.* Liaisons avec Palau, Arzachena, San Pantaleo, Olbia et Sassari ;
Turmotravel - *✆ 0789 21 487 - www.gruppoturmotravel.com.*

4

Liaisons avec Palau, Arzachena, Olbia, Nuoro, Oristano et Cagliari ; **Digitur** - *✆ 079 26 20 39 - www.digitur.it.* Liaisons avec l'aéroport de Fertilia, près d'Alghero.

HÉBERGEMENT

Capo Testa

PREMIER PRIX

Bocche di Bonifacio – *Capo Testa - ✆ 078 975 42 02 - www.bocchebonifacio.it* - P - *avr.-oct. - 15 ch. 60/70 €.* À quelques mètres de la mer, un petit hôtel simple aux chambres sobres, mais fraîches et lumineuses. Le restaurant de l'hôtel propose une cuisine familiale.

Palau

PREMIER PRIX

Campeggio Baia Saraceno – *Loc. Punta Nera - ✆ 0789 70 94 03 - www.baiasaraceno.com - mars-oct. - 20/40 €.* Une adresse pratique pour les plaisanciers (l'établissement dispose de son propre ponton avec emplacements) autant que pour les amateurs de plongée *(Diving Center)*. Bungalows, mobil-homes et *tukuls* (hutte de terre battue).

POUR SE FAIRE PLAISIR

La Roccia – *Via dei Mille 15 - ✆ 0789 70 95 28 - www.hotellaroccia.com* - P - *avr.-oct. - 22 ch. 120/140 €.* Un cadre familial, au cœur du village. L'établissement doit son nom à l'imposant rocher de granite que l'on voit depuis le jardin et le porche de l'hôtel. Toutes dotées d'une terrasse ou d'un balcon, les chambres, dans les tons azur et blanc, sont simples et fonctionnelles.

Hotel Altura – *Loc. Monte Altura - ✆ 0789 70 96 15 - www.hotelalturapalau.com* - 🏊 P - *mai-sept. - 60 ch. 120/140 €.* À 300 m de la mer et à 5mn de Palau, composé de maisonnettes disséminées le long de petites routes, cet hôtel calme et à l'accueil courtois ressemble plutôt à un mini-village. Chambres spacieuses, décorées avec goût et joliment meublées.

UNE FOLIE

Capo d'Orso – *Loc. Cala Capra - Capo d'Orso - ✆ 0789 79 03 07 - www.hotelcapodorso.com* - 🏊 P - *avr.-oct. - 84 ch. à partir de 400 €.* Un petit paradis sous le signe du luxe : centre de bien-être, parcours de golf, solarium au bord de l'eau, gymnase, marina. Une atmosphère magique dans un écrin de verdure ponctué d'oliviers et de genévriers, face à la mer. Les chambres, de style sarde, sont décorées avec le plus grand soin et possèdent une grande terrasse ou une véranda. Deux restaurants en bord de mer.

Santa Teresa Gallura

POUR SE FAIRE PLAISIR

Marinaro – *Via Angioy 48 - ✆ 0789 75 41 12 - www.hotelmarinaro.it - 25 avr.- 20 sept. - 27 ch. 100/140 €.* En centre-ville et non loin de la plage, l'édifice adopte l'architecture classique de la région. Des espaces fonctionnels et une décoration douce dans les tons bleus et jaunes.

Gran Hotel Corallaro – *Loc. Rena Bianca - ✆ 0789 75 54 75 - www.hotelcorallaro.it* - 🏊 P - *83 ch. 140/160 €.* Au cœur du maquis, avec vue sur les Bouches de Bonifacio, un hôtel moderne aux chambres confortables et joliment décorées, avec piscine et solarium.

Vignola Mare

BUDGET MOYEN

Santa Maria – *Loc. Larinzeddu, Aglientu, à 10 km au sud de Vignola Mare - ✆ 079 60 30 21 - www.santamariavignola.it - avr.-oct. -*

9 ch. 90/110 €. Située sur une petite route de campagne, cette ancienne demeure rurale entretient une atmosphère informelle où le calme règne en maître. Chambres au mobilier de bois et de fer forgé. Sa situation légèrement surélevée lui confère une vue panoramique.

RESTAURATION

Cannigione

BUDGET MOYEN

Tavola Azzurra – *Via De Gama 14 - ✆ 347 121 53 28 - 15/25 €*. Cet établissement assure un service simple (serviettes en papier) et en extérieur uniquement. Mais les plats typiques, comme les poissons, sont excellents, les portions copieuses et l'addition raisonnable. Du coup, trouver une table peut s'avérer compliqué en juillet-août : mieux vaut arriver avant 19h30 pour éviter l'attente ; sinon, armez-vous de patience. Vente à emporter (rôtisserie).

Agriturismo La Colti – *Loc. Lu Pireddu, rte Arzachena-Cannigione - ✆ 0789 88 440 - www.lacolti.it - P - avr.-nov. - 35 € - réserv. conseillée*. Un grand complexe installé en pleine nature qui propose une cuisine de produits bio venant de l'exploitation familiale où l'on élève porcs et vaches de race limousine, moutons, lapins et poules. Cadre rustique et accueillant. Le menu, typique de la Gallura, varie selon les saisons.

Palau

POUR SE FAIRE PLAISIR

Vecchia Gallura – *Loc. Scopa, rte de Santa Teresa Gallura - ✆ 0789 70 81 94 - P - mars-oct. - 35/40 €*. Ce restaurant, situé dans un endroit agréable, propose des produits du terroir préparés avec soin. *Porceddu*, chevreau et langouste sur réservation.

Da Robertino – *Via Nazionale 20 - ✆ 0789 70 96 10 - fermé lun. sf l'été - 35/45 € - réserv. conseillée*. Des photographies de fonds marins ornent les murs de cette petite adresse typique. Plats à base de poisson du jour (spaghettis aux tellines et à la poutargue, ou à la langouste, grillades de poissons). La carte des vins rend hommage aux crus sardes. Portions généreuses, accueil courtois et personnel serviable.

UNE FOLIE

La Gritta – *Loc. Porto Faro - ✆ 0789 70 80 45 - www.ristorantelagritta.it - P - fermé merc. sf l'été et nov.-mars - 50/70 €*. Une adresse idéale qui contente à la fois la vue et le palais. Le regard se perd dans la contemplation des couleurs de l'archipel, tandis que les assiettes s'emplissent d'une savoureuse cuisine de la mer. Parmi les plats, tous très raffinés, une mention spéciale pour la poutargue de mulet avec ses croûtons, les bavettes aux calamars, poutargue et haricots, et les plats de résistance à base de poisson frais. Riche carte des vins.

Santa Teresa Gallura

BUDGET MOYEN

Pepè Satan – *Via Lamarmora 20/26 - ✆ 078 975 50 48 - fermé 15 oct.-15 avr. - 15/25 € - réserv. conseillée*. En plein centre, un établissement où l'on pourra savourer une bonne pizza napolitaine ou des plats sardes.

POUR SE FAIRE PLAISIR

Agriturismo Saltara – *Loc. Saltara, à 12 km au sud de Santa Teresa Gallura par la SP90 - ✆ 0789 75 55 97 - P - 40 € - appart.* Même les gens de la région viennent y déguster les spécialités sardes et les plats traditionnels de la Gallura, souvent cuisinés dans le four à bois qui sert aussi à cuire le pain. *Antipasti* variés, charcuterie, fromages, soupe de la Gallura, raviolis et porc cuit sur la braise avec saucisses et pommes de terre… Pour finir, gâteaux faits maison. On arrose le tout d'un bon vin de pays et on clôt le repas avec la liqueur de myrte de la maison.

Marlin – *Via Garibaldi 4 - ✆ 078 975 46 97 - www.ristorante-pizzeriamarlin.com - fermé merc. en hiver - 35/50 €.* Fréquenté par les habitants de la région, un restaurant accueillant doté d'une agréable terrasse. Pâtes maison, plats de poisson et de viande, bonnes *pizze*. Intéressante carte des vins avec de nombreux crus sardes.

S'Andira – *Via Orsa Minore 1 - Loc. Santa Reparata - ✆ 0789 75 42 73 - www.sandira.it - P - mai-sept. - 50/75 €.* Le restaurant dispose de belles salles et d'un agréable jardin panoramique avec pergola. Sa cuisine de la mer, aux parfums méditerranéens, utilise des produits de qualité.

PETITE PAUSE

Santa Teresa Gallura

Piazza Vittorio Veneto – Sur la place principale vous trouverez plusieurs adresses qui servent petits-déjeuners, club-sandwichs et parts de pizza. Le soir, musique et cocktails en font le point de rendez-vous favori des jeunes.

Antica Gelateria Conti – *Via Italia 3 - ✆ 078 975 50 02.* Depuis 1915, cet établissement confectionne le *turrone* sarde, tendre ou dur, et des glaces excellentes. Essayez le parfum *abbamela* (pommes, noisette et miel) ou *stella di Sardegna* (pistache et amande).

ACHATS

Cannigione

Sardegna a Tavola – *Via Nazionale 121 - ✆ 078 988 516.* Produits régionaux sucrés ou salés, tous sélectionnés avec soin. Poivrons farcis, confitures, cardons et cœurs d'artichauts à l'huile, poutargue et mulet, mais aussi vins et liqueurs.

Costa Paradiso

De nombreuses boutiques de produits régionaux, surtout des fromages et des vins, jalonnent la route côtière.

Santa Teresa Gallura

Avec Alghero, Santa Teresa Gallura est l'un des principaux centres de travail du **corail** en Sardaigne.

La Gallina Matta – *Piazza San Vittorio 16 - ✆ 0789 75 50 09.* Artisanat d'art sarde sélectionné avec soin par les propriétaires. Des céramiques et des étoffes tissées main, vraiment uniques.

La Bottega – *Via XX Settembre 5 - ✆ 0789 75 42 16 - www.enotecalabottega.com.* Vente de produits locaux, huile et vins.

AGENDA

Palau

Lu Carrasciali Palaesu – *Début mars.* Dix jours de célébration du carnaval dans les rues de la ville : art, spectacles, défilé de chars et gastronomie.

Tempio Pausania

★

14 342 habitants

Entre la côte septentrionale et la crête des Monti Limbara au sud, les petites routes de la Gallura intérieure montent et descendent au gré de collines boisées aux formes arrondies. Elles traversent des plantations de chênes-lièges qui, démasclés, montrent leur derme rouge ; ils se préparent à produire une nouvelle écorce dont on fera des bouchons et toutes sortes d'articles d'usage quotidien ou décoratif. Des vignes, on tire le vermentino, le plus noble des vins sardes. Peu touristique, cette partie de la région donne au voyageur curieux l'opportunité de découvrir une Sardaigne plus authentique, autour de sa « capitale », Tempio Pausania, et d'une couronne de petits bourgs d'artisans et de viticulteurs.

NOS ADRESSES PAGE 250
Hébergement, restauration, achats, activités, etc.

S'INFORMER
Office de tourisme– *Piazza Mercato 3 - ✆ 0796 39 00 80 - www.comune.tempiopausania.ot.it.*

SE REPÉRER
Carte de région AB2-3 (p. 210-211)
Tempio Pausania se trouve à 45 km à l'ouest d'Olbia et à 70 km au nord-est de Sassari.

SE GARER
Parking gratuit sur la piazza Aldo Moro, dans la via Stazione Vecchia (près de la gare) et dans le viale San Lorenzo.

À NE PAS MANQUER
Une déambulation dans les rues de la vieille ville de Tempio Pausania ; la Valle della Luna et le joli bourg d'Aggius ; le musée du Vin de Berchidda.

ORGANISER SON TEMPS
Comptez une journée.

AVEC LES ENFANTS
Le musée ethnographique d'Aggius ; la Valle della Luna.

Se promener

★ LA VIEILLE VILLE

Elle occupe le sommet d'un plateau granitique, au nord-ouest du massif des Monti Limbara. Avec ses ruelles pavées et ses austères maisons de granite gris, la vieille ville semble avoir échappé à la modernisation de la commune et conserve un certain charme.

Piazza Gallura

Sa forme triangulaire dessine le cœur historique de Tempio Pausania. Parmi les édifices qui la bordent, le **Palazzo Comunale**, qui accueille l'hôtel de ville. En longeant le palazzo sur le côté gauche, on arrive aux escaliers qui montent à la piazza San Pietro. De forme irrégulière, la petite place est entourée d'édifices sévères.

★ San Pietro

La cathédrale San Pietro s'appuie sur le côté nord de la place. De ses origines (fin 15e s.), seuls subsistent le campanile et le portail : le reste a été reconstruit au début du 19e s. La façade droite présente des lésènes (bandes verticales en léger relief) et des oculi à mosaïques. L'intérieur conserve deux somptueux autels dorés du 18e s. Mitoyen de la cathédrale, l'**oratoire de la Santa Croce** conserve un intérieur du 18e s.

Oratorio del Rosario

De l'autre côté de la place, la façade de l'Oratorio del Rosario montre une certaine harmonie en dépit du mélange de styles : un portail aragonais, un tympan curieusement infléchi (18e s.) et une arcature aux allures romanes.

Museum Templense

Via Villamarina 1 - ✆ 0796 39 30 99 - www.museumtempioampurias.it.
Le petit musée installé dans le sobre Palazzo Pes-Villamarina, à l'est de la piazza Gallura, conserve de la vaisselle sacrée (argenterie), des objets liturgiques, des ornements rituels et des portraits officiels.

À voir aussi

Museo Storico delle Macchine del sughero

Stazione Sperimentale del Sughero - Via Limbara 9 (au nord de la vieille ville) - pour se rens. sur les horaires ✆ 0796 72 269.
Une série d'instruments et de machines anciennes, remises en état, permet de mieux comprendre le cycle de production des objets en liège, un artisanat essentiel dans l'économie de la Gallura *(voir encadré ci-contre)*.

Stazione Ferroviaria

Via Stazione Vecchia (au sud de la vieille ville). Ouverte à l'occasion des passages du Trenino Verde (voir p. 36) - ✆ 079 63 11 57.
Construit en 1931 pour l'inauguration de la ligne de chemin de fer Sassari-Tempio Pausania, l'élégant édifice montre toutes les caractéristiques d'une gare de transit, parallèle aux quais, façade tournée vers le centre-ville. Le guichet de la billetterie est d'époque. Peint par Giuseppe Biasi (1885-1945), le hall est décoré de scènes de la vie rurale, tandis que la salle d'attente des premières classes montre des scènes de la vie quotidienne.

Fonte di Rinaggiu

Au sud-ouest de la vieille ville. Du largo Alcide de Gasperi, prenez viale Fonte Nuova.
Une agréable promenade à l'ombre des arbres, très appréciée des Tempiesi en été, monte vers le sommet de la ville pour rejoindre la Fonte di Rinaggiu. Cette source d'une eau minérale reconnue pour ses qualités diurétiques est exploitée par la station thermale voisine.

À proximité Carte de région

Luras B2

▶ *À 10 km à l'est de Tempio Pausania sur la SP 10 (tournez à gauche sur la SS 127).*
La région de Luras était habitée dès le néolithique, comme le prouvent les dolmens **Alzoledda**, **Billella** et **Ciuledda**, datés des 3e et 2e millénaires av. J.-C. L'économie du village, jadis basée sur l'agriculture, l'élevage, le travail du liège

LA DERNIÈRE MÈRE

L'*accabadora* était, jusqu'à la moitié du 20e s., une femme préposée « à la bonne mort », c'est-à-dire chargée par les familles de mettre fin (de l'espagnol *acabàr*) aux souffrances des agonisants. La *femina accabadora* arrivait la nuit. En silence, elle entrait dans la chambre du malade et le tuait en l'étouffant ou par un savant coup assené sur la tempe à l'aide d'un marteau d'olivier. Sans parler à personne, elle revenait ensuite chez elle. Il était absolument interdit de se faire payer : le geste de *l'accabadora*, appelée aussi « la dernière mère », était uniquement motivé par la pitié envers le malade. Pour mieux comprendre ce personnage, lisez le roman *Accabadora*, de Michela Murgia, Éd. du Seuil (2011).

et l'extraction du granite, s'est résolument tournée vers la viticulture – vermentino, moscato et le plus célèbre, le nebbiolo di Luras –, comme le montrent les nombreuses vignes des alentours.

Museo Etnografico Galluras – *Via Nazionale 35a - ✆ 368 337 63 21 - www.galluras.it - 5 € - sur RV.* Dans une demeure rurale typique de la région, le musée expose 4 000 objets illustrant la vie quotidienne et les anciens métiers de la région. Parmi les pièces les plus intéressantes du musée on trouve *lu mazzolu*, le marteau d'olivier employé par *sas accabadoras* (*voir encadré ci-dessus*).

Collezione Forteleoni – *Via Umberto I 23 - ✆ 079 647 547 -www.forteleoni.it - sur RV.* Cette collection est installée dans la maison-atelier de Tonino Forteleoni, habile artisan qui a renouvelé les techniques de travail du liège, le façonnant par exemple en bas-relief ou en mosaïque.

Calangianus B2

À 10 km à l'est sur la SS 127.

Capitale du liège avec Tempio Pausania, Calangianus accueille un **musée du Liège** *(via San Francesco 3 - ✆ 345 97 06 852 - www.museodelsughero.com - tlj sf dim. 10h-13h, 15h-18h)* et une école professionnelle spécialisée où se tient chaque année, en septembre, la foire internationale du liège.

L'église **Santa Giusta** (14e s.) conserve une *Assunzione* d'Andrea Lusso (16e s.) ; celle de **Santa Maria degli Angeli** abrite un beau chœur du 18e s.

4

★ Aggius A2

À 8 km au nord-ouest de Tempio Pausania. Quittez Tempio Pausania par la via Italia Unita et, à la bifurcation, empruntez sur la droite la SP 27 jusqu'à Aggius.

Situé sur le versant sud-est du Monte La Croce (666 m), au profil dentelé, ce charmant bourg a conservé ses belles **maisons de granite** et ses quatre églises construites du 16e s. au 18e s. Outre les activités traditionnelles liées au liège

LE LIÈGE DE LA GALLURA

Difficile de les manquer : dans toute la Gallura se dresse leur silhouette tordue par le mistral, leur sombre feuillage toujours vert, leur bois rouge mis à nu par le démasclage. Les chênes-lièges *(Quercus suber)* sont là, comme des témoins du temps qui passe, patients : il faut en effet attendre que l'arbre ait au moins 18 ans avant de procéder au premier écorçage, puis une dizaine d'années encore pour obtenir une couche de liège exploitable. Matériau léger, isolant, souple, et d'une exceptionnelle longévité, le liège trouve son emploi partout. On en fait des bouchons, des tuiles, des plats et des récipients en tout genre et même des objets d'art et des bijoux.

et au granite, le village s'est spécialisé dans la production de **tapis** selon les méthodes anciennes et organise chaque été la *Mostra del tappeto aggese*, une exposition des plus belles réalisations en la matière.

★**Museo Etnografico MEOC** – *Via Monti di Lizu 6 - ✆ 079 62 10 29 - www.museo-diaggius.it - tlj sf dim. 10h-13h, 15h-19h (15h30-17h30 en hiver) - fermé janv. - 4 € - infos en français.* Un charmant complexe, entouré par un jardin, accueille l'un des plus importants musées ethnographiques de la Sardaigne. Une riche section est dédiée au tapis traditionnel d'Aggius (démonstrations de tissage sur métier ancien en saison). Le musée documente les activités liées au liège et à la viticulture ainsi que la tradition du chant polyphonique d'Aggius. Belle collection de costumes féminins et masculins.

★★ Valle della Luna A2

Au nord-ouest d'Aggius, après le nuraghe Izzana.

La « vallée de la Lune » doit son nom à des formations rocheuses évocatrices, suggérant par endroits l'aride surface lunaire. Parmi les rochers les plus spectaculaires se trouve, près de la route, une gigantesque tête que certains appellent « frère capucin », d'autres « Platon ».

Circuit conseillé Carte de région

★★ LA GALLURA INTÉRIEURE ABC3

Circuit d'env. 110 km, de Tempio Pausania à Olbia, tracé en violet sur la carte de région (p. 210-211) – Comptez une demi-journée. Quittez Tempio Pausania au sud par la via Limbara et empruntez la SS 392 en direction d'Oschiri. Après la Cantoniera Curadureddu (env. 6,5 km), tournez à gauche vers Vallicciola (détour de 15 km AR).

★★ Vallicciola : excursion sur les Monti Limbara B3

Après la Cantoniera Curadureddu, la route devient extrêmement sinueuse, mais reste en bon état ; de lacet en lacet, elle parvient au milieu d'une forêt dense de chênes et de sapins, parsemée d'énormes rochers granitiques et parcourue de cascades. De l'esplanade, la **vue**★ embrasse toute la Gallura et, par temps clair, porte jusqu'aux rivages de la Corse. Une route sur la gauche, raide et sinueuse, monte *(6 km)* à la petite église **Madonna della Neve** (1 248 m) ; la route goudronnée se poursuit et prend fin vers 1 300 m d'altitude.

Pour un **panorama**★★ encore plus dégagé sur les Baronies (au sud-est) et le Logudoro (au sud-ouest), grimpez les 60 m qui vous séparent de la **Punta Balistreri** (1 359 m), le toit de la Gallura : le spectacle en vaut vraiment la peine !

Redescendez jusqu'à la Cantoniera Curadureddu et reprenez la SS 392 en direction d'Oschiri.

Sorgenti di Fundu di Monti B3

Sur la route, à 2 km après la déviation pour Vallicciola et les Monti Limbara.

Jaillissant à 544 m d'altitude, cette quintuple source aux propriétés diurétiques est l'une des 28 disséminées sur le massif ; la forêt avoisinante constitue une excellente halte pour un pique-nique.

Après le Passo del Limbara (676 m), la route descend vers le Lago del Coghinas.

Lago del Coghinas A3

Ce grand lac de retenue fut créé en 1927. De forme irrégulière, il s'allonge en trois bras correspondant aux trois vallées qui y convergent. La digue (58 m de hauteur et 185 m de longueur) lui permet de stocker jusqu'à 254 millions de m^3, dont une grande partie sert à alimenter la centrale hydroélectrique

Chênes-lièges écorcés.
T. Stankiewicz / Look / Photononstop

voisine construite en 1924 dans le cadre de la politique d'autarcie énergétique mise en œuvre par le gouvernement fasciste.
La SS 392 franchit le lac par un viaduc à son extrémité orientale et conduit à Oschiri (32 km de Tempio Pausania).

Oschiri B3

L'agriculture et l'élevage sont, avec la pêche lacustre (carpes et anguilles), les principales activités de ce gros bourg qui, le long de ses ruelles, alignent de belles maisons traditionnelles. Sa petite église romane **San Demetrio** (la chapelle du cimetière), à l'allure un peu archaïque, date de 1158. Ne quittez pas Oschiri sans avoir goûté aux *panadas*, une pâte très fine farcie de viande (veau ou porc) ou, mieux encore, de chair d'anguille.
Sortez d'Oschiri au sud, empruntez la SS 199 et tournez à droite pour rejoindre Nostra Signora di Castro (détour de 10 km AR).

Nostra Signora di Castro A3

Cette belle **église romane** s'élève au sommet d'une colline. Voyez les moellons de trachyte rose, les pilastres d'angle, les lésènes et les colonnes de la façade.
Retournez vers Oschiri et prenez la SS 199 en direction d'Olbia ; après 10,5 km, tournez à gauche pour rejoindre Berchidda (14 km).

Berchidda B3

Des moutons, des vignes et des chênes-lièges pour produire du *pecorino*, du vermentino et des objets en liège : voilà résumées en trois mots les activités de cette grosse bourgade installée sur le versant méridional des Monti Limbara, au pied du Monte Azzarina. Le long des rues du village s'alignent des demeures néoclassiques ou Liberty et de grandes villas entourées de jardins. De la place principale, la **vue★** porte sur le Monte Acuto et la vallée.
★ **Museo del Vino - Enoteca Regionale della Sardegna** – *Via Gian Giorgio Casu 5 - ✆ 079 70 52 68 - www.muvisardegna.it - mai-sept. 10h-14h, 16h-20h ;*

4

reste de l'année 9h-13h, 15h-18h - fermé sam. et dim. mat. et lun. - 3 €. Installé dans un surprenant édifice moderne qui se dresse au-dessus de la vallée, le musée du Vin, qui accueille aussi l'œnothèque régionale de la Sardaigne, expose des outils et des objets anciens liés aux différentes phases de production du vin et présente le panorama viticole de la région en mettant le vermentino di Gallura à l'honneur *(voir aussi www.stradavermentinogallura.it)*. Il propose également une cave de dégustation.

De la terrasse, le regard embrasse les vignes qui entourent la bourgade.

En août, Berchidda accueille le festival international *Time in Jazz*, dirigé par le grand trompettiste **Paolo Fresu**, natif du lieu (1961).

Rejoignez Olbia (38 km) par la SS 199.

NOS ADRESSES À TEMPIO PAUSANIA

HÉBERGEMENT

PREMIER PRIX

Agriturismo La Cerra – *Loc. Stazzo La Cerra, à 12,5 km au nord de Tempio Pausania sur la SS 133 - ✆ 347 560 64 62 - www.agriturismolacerra.it - P - rest. ouv. Pâques-oct. - 6 ch. - 75 €; en août 1/2 P oblig. (60 €/pers.).* Un *stazzo* typique de la Gallura, au cœur des prairies du domaine agricole qu'entourent les bois de chênes-lièges et les massifs granitiques : idéal pour un séjour au calme. Chambres simples, voire rudimentaires. Sur réservation, l'établissement vous montrera l'extraction et le travail du liège. Au restaurant, uniquement des produits de la ferme.

À proximité

POUR SE FAIRE PLAISIR

La Vignaredda – *Via Gallura 14 - Aggius - ✆ 079 62 08 18 - www.lavignaredda.it - P - 2 ch. et 4 appart. 110/140 €.* En pleine nature, à 500 m d'altitude, cette élégante demeure a bénéficié d'une restauration soignée qui lui a rendu sa splendeur originelle, avec pierres apparentes et cheminées. La décoration, différente dans chaque chambre ou appartement, s'inspire de l'Art nouveau et du style rustique sarde. Entourée d'un grand jardin avec solarium, la résidence offre une vue splendide sur la forêt de chênes-lièges et les massifs granitiques alentour.

L'Agnata di De André – *Loc. Agnata, à 12 km au sud de Tempio Pausania par la SS 392 - ✆ 079 67 13 84 - www.agnata.com - P - 10 ch. 130/170 €.* Un lieu de rêve : l'ancien *stazzo* que le *cantautore* Fabrizio De André (1940-1999), le Brassens italien, a restructuré et habité dans les années 1970 avec sa femme Dori Ghezzi vous accueille aujourd'hui au milieu d'une nature enchanteresse. Chambres confortables, magnifique piscine et, partout, l'esprit du grand *Faber*.

RESTAURATION

PREMIER PRIX

Pizzeria Il Fagotto – *Piazza Italia 12 - ✆ 079 63 35 24 - 10 €.* Sur une place centrale du bourg ancien, la petite adresse de Giovanna est une institution : excellentes *pizze* à la coupe, à petits prix.

BUDGET MOYEN

Il Purgatorio – *Via Garibaldi 9 - ✆ 079 63 40 42 - fermé nov. et mars - 25/35 €.* En plein centre, une *trattoria* à l'ambiance chaleureuse et familiale. Au menu, vous choisirez entre des recettes du terroir et des plats à base de poisson ou de viande qu'accompagnent un grand nombre de légumes. Essayez, parmi les entrées, les *macaroni* à la poutargue et à la *ricotta* ou la soupe de la Gallura ; pour continuer, le sanglier à l'aigre-doux ou l'agneau ; en dessert, des gâteaux faits maison comme les *seadas*, ou la *ricotta* (très fraîche) servie avec de l'*abbamele*, un produit typiquement sarde à base de miel.

À proximité

BUDGET MOYEN

Agriturismo Il Muto di Gallura – *Loc. Fraiga, à 1 km au sud d'Aggius - ✆ 079 62 05 59 - www.mutodigallura.com - P - fermé mar. - réserv. cons. - 20/35 € - 15 ch.* Ce *stazzo*, situé au cœur d'un bois de chênes-lièges, porte le nom d'un bandit romantique du 19e s., héros du roman d'Enrico Costa. Les produits régionaux, sanglier, *porceddu, caprittu, gnocchi* et *ravioli di ricotta*, sans oublier la soupe de la Gallura, y sont servis avec des vins de pays. Jolies chambres avec un petit spa.

Il Mosto – *Via del Mosto 13 (angle via Roma) - Aggius - ✆ 079 62 03 03 - 20/35 € - réserv. conseillée.* Une adresse très agréable pour déguster les spécialités locales dans une salle rustique ou dehors, dans une des ruelles du joli bourg. Cuisine soignée avec ingrédients de qualité et riche carte des vins.

ACHATS

Cantina Gallura – *Via Val di Cossu 9 - Tempio Pausania - ✆ 079 63 12 41.* La Cantina Sociale Gallura est l'une des entreprises les plus dynamiques de la région. Créée en 1956, elle compte environ 160 associés et possède un patrimoine viticole de 350 ha répartis sur les communes de Tempio, de Luras et de Calangianus.

Centro pilota per la tessitura – *Via Li Criasgi 22 - Aggius - ✆ 079 62 02 99.* Ce « centre pilote pour le tissage » est géré par une coopérative d'artisans qui tissent, sur des métiers horizontaux, tapis, tentures et linge de maison décorés de motifs traditionnels, selon des techniques anciennes.

AGENDA

Carnaval – *Tempio Pausania - fév.* Chars, groupes musicaux et personnages masqués défilent dans la ville durant les *Sei Giorni* (six jours) du carnaval de Tempio Pausania. Clou des festivités, *Lu Palu di la frisiola* (le concours du beignet), une palpitante joute équestre où les cavaliers, lancés au grand galop, tentent d'attraper la *frisiola*, long beignet préparé pour le carnaval.

Time In Jazz – *www.timeinjazz.it.* Début août se tient le festival de jazz de Berchidda. La direction artistique en est assurée par Paolo Fresu, trompettiste de jazz de renommée internationale, né à Berchidda.

ACTIVITÉS

Train touristique - Trenino Verde – *✆ 392 97 82 326 - www.treninoverde.com.* Trajet pittoresque de Tempio Pausania à Palau Marina (en face de l'embarcadère des ferries) en passant par Calangianus, le Lago del Liscia et Arzachena.

SASSARI ET LE NORD-OUEST

Sassari et le Nord-Ouest 5

Carte Michelin Local 366

Sassari

★★

127 625 habitants

Destin mouvementé que celui de Sassari. Elle vit le jour pour accueillir les peuples fuyant la malaria et les pirates, et dut faire face, au cours de son histoire, aux Pisans, aux Génois, aux Aragonais et aux Piémontais de la Maison de Savoie. Est-ce pour cela qu'elle a toujours affirmé une si farouche indépendance ? Témoin des heures contrastées de son passé, son cœur médiéval jouxte les quartiers « modernes » du 19e s. Ville universitaire depuis le 17e s., républicaine depuis la moitié du 18e s., Sassari donna naissance en 1891 à *La Nuova Sardegna*, l'un des deux journaux régionaux de l'île. Des hommes illustres y virent le jour : deux présidents italiens – Antonio Segni et Francesco Cossiga – et le dirigeant du parti communiste, Enrico Berlinguer. Sassari est la deuxième ville de l'île sur le plan économique, politique et culturel et offre un point de départ idéal pour rejoindre Porto Torres et sa splendide basilique romane.

NOS ADRESSES PAGE 270
Hébergement, restauration, achats, activités, etc.

S'INFORMER

InfoSassari – *Palazzo di Città - Via Sebastiano Satta 13 - ✆ 079 20 08 072 - www.comune.sassari.it - 9h-13h, 15h-18h - fermé sam. apr.-midi et dim.* Informations en français.

SE REPÉRER

Carte de région AB1-2 (p. 252) – Carte de la région de Sassari et la route du roman (p. 266) – Plan de ville (p. 257). Sassari est située dans la partie nord-ouest de la Sardaigne, sur un plateau calcaire incliné vers le Golfo dell'Asinara, à moins de 15 km de la mer, à 200 km de Cagliari et à 100 km d'Olbia.

SE GARER

Comptez 1 €/h en parking payant : piazza Fiume, en sous-sol, ouvert jusqu'à 22h ; piazza Matteotti, accès jour et nuit ; piazza Mons. Mazzotti (près de la cathédrale), aussi, avec un peu de chance, quelques places gratuites ; via dei Mille (entrée de ville), gardé jour et nuit ; vers jardins publics de l'Emiciclo Garibaldi.

À NE PAS MANQUER

La cathédrale San Nicola, les collections d'archéologie du Museo Nazionale G. A. Sanna ; deux fêtes traditionnelles hautes en couleur : la Cavalcata sarda et I Candelieri ; dans les environs, la basilique San Gavino de Porto Torres.

ORGANISER SON TEMPS

Comptez au moins une bonne demi-journée pour la ville et une autre pour découvrir les environs.

Se promener Plan de ville

★ LA VIEILLE VILLE

Circuit 1 *d'env. 4 km, au départ de la piazza Castello, tracé en vert sur le plan de la ville (p. 257) – Comptez 3h.*

Le cœur historique de Sassari s'est développé sur le site de l'ancien village de Thathari. Au début du 13e s., on l'entoura d'une enceinte de 2,6 km flanquée de

La façade du Palazzo della Provincia.
A. del Castillo/age fotostock

35 tours, dont il ne reste que quelques vestiges. L'axe principal de la ville médiévale, la « Ruga de Cotinas », se situait au niveau du corso Vittorio Emanuele II, qui relie la piazza Castello, au sud, à la piazza Sant'Antonio, au nord, en traversant un quartier sillonné de ruelles étroites.

Piazza Castello B1

Dominée par deux gratte-ciel érigés dans les années 1960, cette agréable place piétonne, plantée de palmiers, relie la vieille ville et son extension du 19e s. Elle tire son nom de l'ancien château aragonais qui se dressait en son centre.

Après la démolition de l'édifice, une partie de l'emplacement fut occupée par la caserne de la Brigata Sassari; elle accueille aujourd'hui un **musée** dédié à cette prestigieuse brigade. *Piazza Castello 9 - ✆ 079 20 85 308 - 8h-16h30 (sam. 8h-13h) - fermé dim. - gratuit.*

Castello aragonese - Barbacane B1

✆ 331 23 89 208 - visites guidées 10h-13h, 16h30-19h30 - fermé lun., mar. et dim. apr.-midi - 3 €.

Édifié en 1330 et démoli en 1877, après avoir servi de siège au tribunal de l'Inquisition, les vestiges du château révèlent d'intéressantes fondations, dont une partie du fossé et les **barbacanes,** d'impressionnants couloirs défensifs percés de meurtrières, édifiés sur deux niveaux et reliés par un escalier en colimaçon.

Au début de la via Brigata Sassari, sur la droite, l'église **Madonna del Rosario** conserve un somptueux maître-autel baroque du 17e s.

★ Corso Vittorio Emanuele II AB1

Cette artère marquait dès le Moyen Âge l'axe principal de la ville. Jadis bordée de demeures à portiques où se succédaient marchands et artisans, elle a gardé son caractère commercial et, malgré les démolitions du 19e s., conserve quelques beaux exemples d'architecture : ainsi la **Casa Farris** (n° 23), avec ses fenêtres géminées de style gothique catalan, ou la **Casa Guarino** (n° 42), souvent appelée « Casa di Re Enzo », avec son double portail et ses chapiteaux sculptés ; en dépit des remaniements, cette dernière reste l'exemple le plus significatif de l'architecture civile du 15e s.

Museo della Città - Palazzo di Città A1

Corso Vittorio Emanuele II - ✆ 079 20 15 122 - www.comune.sassari.it/thamus/it - visites guidées 10h-13h, 17h-20h - fermé dim. apr.-midi et lun. - 3 €.

Billets communs – *Pour les trois bâtiments du Museo della Città (Palazzo di Città, Palazzo Ducale et Palazzo della Frumentaria) : 6 € ; pour le Museo della Città, le Castello, le site du Monte d'Accoddi et la domus de janas de Montalè : 9 €.*

Le parcours se déroule entre le **Teatro Civico** (1826), qui évoque le Teatro Carignano de Turin, de style néoclassique, et le palais érigé en 1830 sur l'emplacement de l'hôtel de ville médiéval. L'exposition retrace l'histoire de la cité et explicite les éléments caractéristiques de sa culture et de ses traditions. Le musée abrite la seule statue originale de la Fontana del Rosello (17e s., *voir p. 257*), représentant l'*Été*.

Continuant sur le corso, on rejoint l'église **Sant'Andrea** (1648), qui affiche une belle façade baroque d'inspiration ligure et, un peu plus loin, le **Palazzo di San Saturnino** (n° 62), de style néoclassique.

Le corso se termine sur la piazza Sant'Antonio.

Piazza Sant'Antonio A1

Sur cette place s'élevait jadis la porte médiévale éponyme. Sur la gauche, on peut voir un bout de l'enceinte munie d'une tour à créneaux.

À droite, au début de la via Aurelio Saffi, s'élève l'église **Sant'Antonio Abate**, construite entre 1700 et 1707. Sa façade imposante allie la rigueur classique à certains éléments baroques, comme les colonnes torses se terminant en figures grotesques. L'église conserve sur le maître-autel un superbe **retable★** en bois marqueté et doré, dont la conception et les peintures sont attribuées au Génois Bartolomeo Augusto.

Au bout de la via Aurelio Saffi, on croise le corso della Trinità que l'on prend à droite.

Corso della Trinità A1

C'est ici que la ville conserve la partie la plus longue de son enceinte médiévale. Édifiée par les Pisans au 13e s., la muraille fut ensuite renforcée par les Génois – avec d'assez piètres résultats, puisque les Français réussirent à s'emparer de la ville en 1527.

Dans le vicolo Godimondo, on peut encore voir une partie du chemin de ronde interne ainsi qu'une série de maisonnettes adossées à la muraille et séparées par des placettes appelées *patiu*, à l'espagnole.

Retournez sur le corso della Trinità.

Une tour à peine plus haute que l'enceinte s'avance légèrement. Peu après, vous verrez dans un bas-relief le blason de Sassari : une tour, emblème de la ville, la croix génoise et un lis.

Piazza Mercato B1

Dans l'angle sud-ouest de la place s'élève la **Santissima Trinità**, une église du 17e s. dédiée à l'ordre de la Sainte-Trinité pour la Rédemption des captifs. Félix de Valois et Jean de Matha, les deux religieux français fondateurs de l'ordre, sont représentés agenouillés à côté d'un cerf dans le bas-relief situé au-dessus du tympan du portail.

Descendez la rue en escalier à droite de l'église (via Col di Lana) pour rejoindre la Fontana del Rosello.

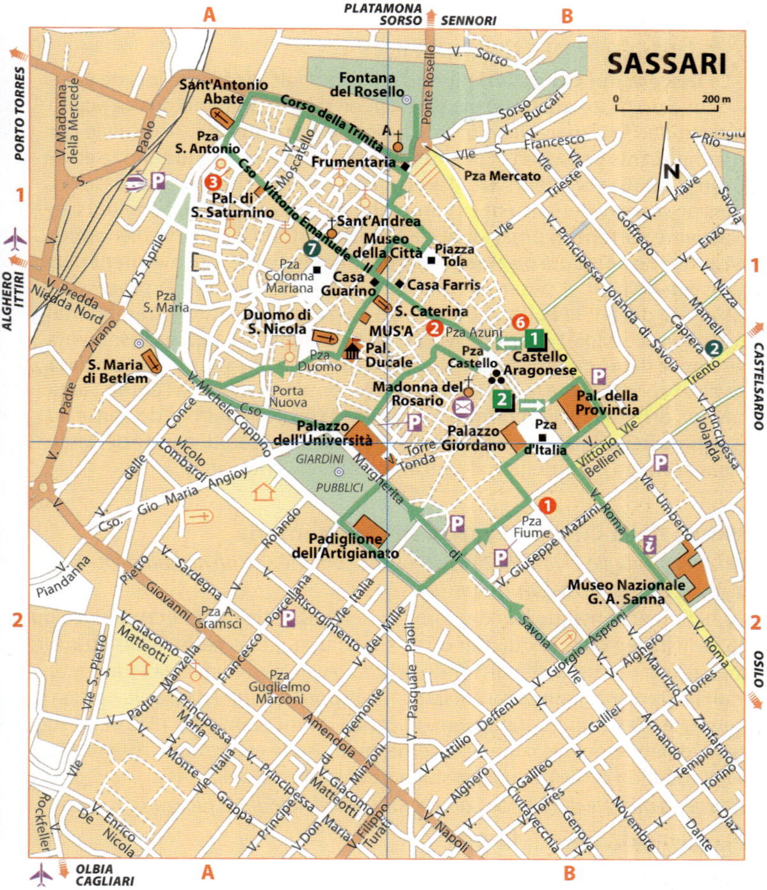

SE LOGER		SE RESTAURER			
B&B Tanina	2	Antica Hostaria	1	Fainè Sassu	6
Vittorio Emanuele	7	Antiche Mura (Le)	3		
		Coffee Break	2	**Santissima Trinità**	**A**

★ Fontana del Rosello B1

Déjà connue comme point d'eau au 13e s., continuellement célébrée par les voyageurs des 19e et 20e s., cette monumentale fontaine est devenue le symbole de la ville. Elle est désormais totalement englobée dans le tissu urbain et ce cadre peu gracieux (y compris le pont qui la surplombe!) lui a ôté beaucoup de son charme. Sa structure actuelle, avec ses lignes Renaissance, date du 17e s. L'eau jaillit de douze bouches léonines (les douze mois de l'année), tandis qu'aux angles de la structure se tiennent quatre statues allégoriques qui représentent les saisons (ce sont des copies, les originaux sont perdus, sauf l'*Été*, qui est conservé au Museo della Città, *voir ci-contre*). Au sommet des deux arcs, la **statue équestre de san Gavino** a été refaite en 1975 (l'original est perdu).

Retournez vers la piazza del Mercato pour emprunter la via al Rosello jusqu'à l'angle de la via delle Muraglie.

LA DESCENTE DES CHANDELIERS

La **Discesa dei Candelieri** répond à un vœu fait à la Vierge lors de l'épidémie de peste qui frappa la ville. On en trouve un témoignage écrit à partir de 1580, mais elle remonte probablement au 13e s. Très suivie par les habitants de Sassari et par les touristes, elle attire chaque année environ 100 000 spectateurs. Le 14 août à 18h, au départ de la piazza Castello, les neuf *gremi* (les anciennes corporations d'arts et métiers), toujours en activité, portent en procession sur le corso Vittorio Emanuele d'énormes cierges de bois doré ou argenté enrubannés et fleuris, qui mesurent plus de 5 m de haut et pèsent de 250 à 300 kg. À mi-parcours, la procession s'arrête devant le Palazzo Ducale, où le maire, en costume traditionnel espagnol, se joint à eux, provoquant sifflements ou applaudissements selon le degré de satisfaction des habitants quant à l'administration de la ville. Pendant toute la procession, qui se termine à minuit à l'église Santa Maria di Bethlem, les porteurs de cierges exécutent des pas de danse au rythme frénétique des tambours. En 2013, la manifestation a été déclarée par l'Unesco patrimoine culturel immatériel de l'humanité.

Museo della Città - Palazzo della Frumentaria A1

Via delle Muraglie 2 - ✆ 079 20 03 45 - www.comune.sassari.it/thamus/it - visites guidées 10h-13h, 17h-20h - fermé lun. - 3 €.

Ce bâtiment constitue l'un des rares témoignages de l'architecture civile du 16e s. Installée dans le quartier où se concentraient les édifices liés au commerce, tels l'abattoir, la poissonnerie et la balance publique, la Frumentaria était le grenier à grain : on y amassait le blé pour le tenir en réserve en cas de guerre ou de famine. L'établissement cessa de fonctionner en 1833 et fut successivement employé comme caserne, menuiserie et entrepôt. Aujourd'hui, il fait fonction de centre d'exposition pour le Museo della Città.

Tournez à gauche dans la via Lamarmora pour rejoindre la piazza Tola.

Piazza Efisio Pasquale Tola B1

La place, qui accueillit un temps le poids public, fut longtemps le centre de la vie commerciale de Sassari et représente aujourd'hui un des hauts lieux de la *movida* de la ville. Le **Palazzo d'Usini**, siège de la bibliothèque municipale, y fut construit en 1577 ; il constitue l'un des rares exemples d'architecture Renaissance tardive en Sardaigne.

Rejoignez le corso Vittorio Emanuele II, tournez à droite et empruntez la première à gauche, la via Santa Caterina.

Santa Caterina A1

La structure de l'église (anciennement Gesù e Maria) transcrit, pour la première fois en Sardaigne, le langage architectural de la Contre-Réforme qui fit suite au Concile de Trente (1545-1563) et dont les Jésuites furent les promoteurs actifs. Plusieurs éléments d'inspiration gothico-catalane semblent pourtant s'être ajoutés au projet initial, surtout au niveau des éléments de couverture. L'église renferme de belles peintures du 17e s.

★ MUS'A (Museo Sassari Arte) - Pinacoteca al Canopoleno A1

Piazza Santa Caterina 4 - ✆ 079 23 15 60 - www.pinacotecamusa.it - 9h-13h30 et aussi 15h-17h les lun. et mar. - fermé w.-end - gratuit.

Installée dans l'ancien collège jésuite du Canopoleno, un prestigieux édifice construit aux 16e-17e s. dont faisait partie l'église Santa Caterina, la pinacothèque expose plus de 400 tableaux, de provenance essentiellement privée,

De Thathari à Sassari

À l'origine, l'endroit n'était probablement que l'arrière-pays de *Turris Libisonis*, port romain actif dès 46 av. J.-C. et situé à 20 km au nord de la ville actuelle. Il se trouvait le long de l'axe routier qui reliait la colonie à Cagliari. Le processus de formation du centre urbain proprement dit fut long ; il faut attendre le Moyen Âge pour qu'un écrit mentionne le nom de Jordi de Sassaro, dans un registre du monastère de San Pietro in Silki daté de 1131.

DU VILLAGE À LA « LIBRE COMMUNE »

Établi dans une région saine, fertile et riche en eau, facile d'accès pour les populations qui fuyaient le paludisme et les attaques des pirates, le nouveau village se développe près du Sancti Nicolai de Thathari, établi dès 1135 sur le site de l'actuelle cathédrale San Nicola. Entre-temps, le judicat de Torres ayant perdu de son importance, Thathari hérite de son rôle politique. Les échanges commerciaux avec la péninsule italienne se multiplient et le bourg grandit ; à la fin du 13e s., on rédige les statuts de la « libre commune de Sassari ». Une liberté toutefois soumise à conditions, d'abord par Pise, puis par Gênes.

CAPITALE DU « CAPO DI SOPRA »

En 1378, Sassari passe sous le contrôle du judicat d'Arborea, très engagé dans la lutte contre les Aragonais. En 1410, elle intègre la confédération catalano-aragonaise, assumant même le rôle de capitale du « Capo di Sopra », qu'elle dispute à la Cagliari du « Capo di Sotto », un peu comme Bastia et Ajaccio. C'est l'époque où s'épanouit le gothique catalan. En dépit des conflits méditerranéens et de la stagnation économique, le 16e s. apporte une véritable croissance démographique à Sassari qui se rapproche culturellement, plus que n'importe quelle autre ville sarde, de l'expérience de la Renaissance italienne. Malheureusement, l'épidémie de peste qui la frappe en 1652 touche durement sa population et l'oblige à mettre un frein à ses ambitions politiques par rapport à Cagliari. La reprise démographique et agricole de la deuxième moitié du siècle lui permet d'envisager à nouveau un avenir plus souriant.

LA SASSARI ROYALE ET RÉPUBLICAINE

Comme le reste de l'île, Sassari passe aux mains de la Maison de Savoie en 1720. Sous le règne de Vittorio Emanuele III (1730-1773), en particulier grâce au ministre Gian Lorenzo Bogino, on assiste à une reprise économique favorisée par une prudente modernisation et par quelques réformes, et ce, malgré une gestion encore féodale du pouvoir. Entre 1793 et 1802, Sassari se retrouve au cœur des révoltes anti-piémontaises qui durent jusqu'au milieu du 19e s. en dépit de la répression féroce des souverains. En 1851 naît à Sassari la Società Operaia di Mutuo Soccorso, qui réunit des artisans et des ouvriers, et la ville commence à jouir de la renommée républicaine qui l'accompagnera jusqu'au début du 20e s. En 1861, la Sardaigne entre dans le Royaume d'Italie ; la ville s'agrandit, on démolit le château aragonais, une bonne partie de l'enceinte et des quartiers plus modernes voient le jour vers le sud-est, le long de la « *strada reale* » qui relie Sassari à Cagliari. En 1891, un groupe de jeunes radicaux fonde *La Nuova Sardegna*. Suspendu par le pouvoir fasciste en 1926, ce quotidien paraît de nouveau en 1947 et existe encore aujourd'hui.

présentés en sections thématiques (art sacré, mythologie, histoire, portraits, natures mortes, scènes de genre…), dont chacune est organisée chronologiquement. On y voit des toiles d'artistes italiens et européens du Moyen Âge au 20e s., dont une importante collection d'œuvres d'artistes sardes du début du 20e s. et une riche section d'arts graphiques.

Rejoignez la piazza del Comune, toute proche.

Museo della Città - Palazzo Ducale A1

Piazza del Comune - ✆ 331 43 77 156 - www.comune.sassari.it/thamus/it - visites guidées 10h-13h30, 16h30-19h30 - fermé sam. apr. midi, dim. et lun. - 3 €.

Siège de l'hôtel de ville depuis 1878, cet imposant palais, érigé par don Antonio Manca, duc de l'Asinara, entre 1775 et 1804, constitue le meilleur exemple d'architecture civile du 18e s. à Sassari. L'ensemble, d'une grande sobriété, montre plusieurs éléments évoquant les édifices piémontais. Remarquez le porche doté d'un très bel escalier à deux volées, et la cour, très harmonieuse. Le palais, qui au rez-de-chaussée accueille des expositions temporaires, invite le visiteur dans la demeure de la plus importante famille de la ville au 19e s. Le parcours montre aussi l'évolution du bâti, élevé sur les vestiges de demeures plus anciennes, comme le révèle très clairement la section appelée *Le Cantine del Duca* (les caves du duc) qui nous conduit à travers d'anciens locaux de service comme des citernes, des puits et des dépôts.

Rejoignez la piazza del Duomo.

★★ Duomo di San Nicola A1

Piazza Duomo - 8h30-12h, 16h-19h, dim. 8h30-11h45, 17h-19h.

Édifiée sur une structure religieuse paléochrétienne préexistante, la cathédrale présente une remarquable **façade★★** de style baroque espagnol (18e s.), avec les statues des martyrs Gavino, Proto et Gianuario sur le deuxième niveau, celle de San Nicola di Bari – patron de Sassari – sur le troisième, et Dieu le Père sur le faîte. L'édifice fut construit en plusieurs étapes : le corps principal de l'édifice date des 15e et 16e s. ; la partie basse du clocher, qui remonte au 13e s., fut surmontée en 1756 par un élégant corps octogonal. Faites le tour de l'église pour mieux l'apprécier.

Intérieur – À nef unique, il a conservé sa physionomie gothique et abrite plusieurs œuvres d'excellente facture, dont la *Madone du Tempietto* (1626, 2e chapelle à gauche), le *Martyre des saints Côme et Damien* (17e s., attribué à Carlo Maratta, 2e chapelle à droite – dans celle-ci, sur la gauche, une fresque du 17e s. de *Sant'Antioco di Sulcis* dans une corniche du 15e s.), une *Communion des Apôtres* (19e s., bras droit du transept), la *Vierge du Bois* (14e s., maître-autel) et une statue en bois de San Nicola di Bari (école napolitaine du 17e s., à droite du maître-autel). Remarquez le chœur en bois sculpté par des artisans locaux (début 18e s.) et le mausolée de Placido Benedetto di Savoia, frère des rois Vittorio Emanuele I et Carlo Felice, mort à Sassari en 1802.

Museo Diocesano – *Accès par le bras gauche du transept ou de la piazza Duomo - 11h-16h - fermé sam.-lun. - 2 €.* On accède au musée par la dite « sacristie aragonaise », du 15e s., dont on admire les voûtes d'arêtes reprises par des appuis en granite dont une imposante colonne centrale. Le musée conserve des ornements liturgiques, des pièces d'orfèvrerie en argent (16e-19e s.) et un étendard de procession sur panneau de bois (fin du 15e s.). Le parcours d'exposition continue dans l'**église San Michele**, juste en face, qui accueille la pinacothèque et une petite section archéologique.

Empruntez la via Maddalena, au sud de la cathédrale ; une fois sur le viale Coppino, tournez à droite pour rejoindre la piazza Santa Maria (à 400 m de la cathédrale).

Santa Maria di Betlem A1

L'église s'élève sur la vaste place du même nom, un peu en retrait. Elle doit sa richesse architecturale à sa longue histoire. Fondée en 1106, elle fut confiée aux Bénédictins avant de passer à l'ordre franciscain en 1274. La façade, qui date du 13e s., est digne d'intérêt pour son portail dont les colonnes s'ornent de chapiteaux sculptés, ses décorations aux accents arabes, son arcature et la rosace du second niveau. Un médaillon en relief au-dessus du portail, du côté gauche, figure une Vierge. Le campanile circulaire fut érigé en 1846.

C'est à Santa Maria di Betlem que l'on conserve les chandeliers de bois portés en procession à l'occasion de la Discesa dei Candelieri *(voir encadré p. 258)*,

Intérieur – À la sobriété extérieure de l'édifice répond un intérieur envahi par les éléments décoratifs qui, ajoutés aux 18e et 19e s., ont profondément modifié les volumes gothiques du 15e s. Seule la **Cappella dei Muratori** (la 1re chapelle sur la gauche), avec voûte d'arêtes et arcs ogivaux naissant de chapiteaux à crochet, parvient à restituer le caractère originel du style aragonais. Partout ailleurs, c'est un triomphe d'autels baroques, de statues et de stucs.

Dans le **cloître**, presque totalement muré, on peut voir de nombreuses inscriptions médiévales, catalanes et espagnoles.

Retournez sur le viale Coppino, prenez à droite, puis à gauche sur le corso Margherita di Savoia, jusqu'à la piazza d'Armi.

Palazzo dell'Università A2

Signalé par sa monumentale façade ocre et blanc, le siège de l'université de Sassari – la plus ancienne de Sardaigne –, a été rénové en 2012 pour les 450 ans de sa fondation. À l'intérieur, l'édifice s'ordonne autour d'une jolie **cour★** à arcades, gazonnée et plantée de palmiers; le premier étage abrite une bibliothèque *(ouverte au public)* décorée de plafonds peints d'armoiries.

Empruntez la via Università puis le largo Ittiri. Au bout, tournez à droite pour rejoindre la piazza Castello.

★ LA VILLE DU 19e S.

Circuit 2 d'env. 1,5 km, tracé en vert sur le plan de la ville (p. 257) – Comptez 2h avec la visite du Musée archéologique G. A. Sanna. Départ de la piazza d'Italia, à 200 m au sud-est de la piazza Castello.

★ Piazza d'Italia B1-2

Véritable cœur battant de la cité, cette vaste place piétonne (1 ha), harmonieuse et homogène, marque le centre monumental de la ville « moderne » du 19e s. Au centre s'élève le monument au roi Vittorio Emanuele II (1899). Au nord-est se dresse la façade majestueuse et élégante du **Palazzo della Provincia★**, construit entre 1873 et 1880. Malgré l'académisme de ses lignes néoclassiques, l'édifice reste, par ses proportions, son caractère fonctionnel et la qualité des décorations (peintures de la salle du conseil), l'un des bâtiments publics les plus remarquables d'Italie.

En face, au n° 19, s'élève l'élégant **Palazzo Giordano** (1878), de style néogothique.

Faites le tour du Palazzo della Provincia puis empruntez la via Roma.

★★ Museo Nazionale Giovanni Antonio Sanna B2

Via Roma 64 - ✆ 079 27 22 03 - www.museosannasassari.beniculturali.it- tlj sf lun. 9h-20h, dim. 9h-14h (sf 1er dim. du mois 9h-20h) - 3 €.

Installé dans un édifice néoclassique construit dans les années 1920 et dans une aile annexe édifiée en 1973, le musée s'entoure d'un magnifique jardin.

LA CAVALCADE SARDE

La **Cavalcata sarda**, l'une des manifestations folkloriques les plus significatives de l'île, a lieu l'avant-dernier dimanche de mai. Elle rappelle le défilé organisé le 20 avril 1899 en l'honneur d'Umberto II di Savoia et de son épouse Margherita, arrivés à Sassari pour inaugurer le monument à Vittorio Emanuele II. Le matin, venus de tous les coins de l'île, des milliers de figurants – en costumes traditionnels et portant de splendides bijoux – défilent de la périphérie de la ville à la piazza Italia, à pied, à cheval ou montés sur les *traccas* (chars ornés). L'après-midi, les cavaliers s'affrontent en une course folle faite de « duels » d'habileté. La musique, les chants et les danses rythment l'événement, qui vaut à lui seul un voyage.

Né en 1878 des donations de Giovanni Antonio Sanna, directeur des mines de Montevecchio *(voir p. 374)*, il fut réorganisé à partir des années 1930, avec l'apport de nouvelles collections publiques et privées.

Les salles de la **section archéologique** permettent de mieux comprendre l'évolution de la présence humaine dans l'île. La muséographie retrace le passage du paléolithique inférieur (450 000 av. J.-C.) aux cultures préhistoriques sardes, jusqu'à l'apparition de la civilisation nuragique (1800 av. J.-C.). On découvre ensuite le temple prénuragique du Monte d'Accoddi *(voir p. 264)*, les hypogées des *domus de janas*, avec des objets provenant des trousseaux funéraires de différentes nécropoles, et les céramiques et statuettes en bronze de la civilisation nuragique. Après la phase phénicienne-punique (pièces étrusques et grecques exhumées dans les sites puniques sardes) on passe à la ville de Turris Libisonis, fondée par les Romains sur le site de l'actuelle Porto Torres (magnifiques mosaïques et sculptures). La dernière salle évoque l'époque médiévale.

La **section ethnographique** expose de beaux spécimens d'artisanat sarde.

En sortant du musée, prenez en face la via Giorgio Asproni, bordée de palmiers, et tournez à droite sur le corso Margherita di Savoia ; après l'Emiciclo Garibaldi, tournez à gauche, dans le parc (via Tavolara).

★ Padiglione dell'Artigianato « Eugenio Tavolara » A2

En cours d'aménagement pour recevoir le nouveau musée d'artisanat.

Créé en 1956 par Ubaldo Badas afin de mettre en valeur les produits typiques de l'artisanat sarde, ce pavillon abritera un musée exposant une somptueuse collection des plus belles créations de l'artisanat régional du 20e s. (bijoux, textiles, céramiques et paniers).

L'**édifice** en lui-même, qui affiche une structure très ouverte et dynamique, malgré certaines interventions comme la fermeture du côté oriental, traduit une intéressante recherche expressive, basée sur l'emploi de matériaux différents dont la juxtaposition crée des jeux de volumes et des contrastes chromatiques.

Dans l'escalier, des bas-reliefs en stéatite illustrent la *Cavalcata sarda*. Ils sont l'œuvre d'**Eugenio Tavolara** (1901-1963), artiste original – sculpteur, céramiste et dessinateur – né à Sassari. Jolis reliefs en céramique et sculpture en faïence de Giuseppe Silecchia dans le patio.

Pour retourner sur la piazza d'Italia, longez le parc vers le sud, dépassez l'Emiciclo Garibaldi, puis tournez à gauche dans la via Giuseppe Manno : ce sera l'occasion d'apprécier le tracé orthogonal de ce quartier.

La Cavalcata sarda.
J. Reuther / imageBROKER / age fotostock

À voir aussi Plan de ville

San Pietro in Silki Hors plan en dir. A2

Via delle Croci, au sud-ouest de la vieille ville.

L'église, contiguë au couvent franciscain du même nom, donne sur une jolie place plantée d'arbres, seule réminiscence de la pleine campagne où fut construit l'édifice au 12e s. De sa fondation romane, il ne reste que la partie basse du campanile ; la nef flanquée de quatre chapelles date du 15e s. et la façade, avec son vestibule, de 1675. À l'intérieur, voyez la voûte et les chapiteaux de la première chapelle sur la gauche, splendide évocation du gothique catalan, ainsi que la représentation de la *Vergine delle Grazie* (12e s.) sur le maître-autel.

À proximité

★★★ **Basilica della Santissima Trinità di Saccargia**

À 17 km au sud-est de Sassari. Voir p. 274.

5

Circuits conseillés Carte Région de Sassari et la route du roman

★★ LA CAMPAGNE AU NORD DE SASSARI

Circuit d'env. 90 km, tracé en vert sur la carte Région de Sassari et la route du roman p. 266 – Comptez une journée. Quittez Sassari par le nord-ouest (corso della Trinità), passez au-dessus des voies de chemin de fer et empruntez la SS 131 en direction de Porto Torres.

Entouré de douces collines, le paysage de l'*agro sassarese*, la campagne de Sassari, ne manque pas de charme. Au km 2 *(sur la gauche)*, vous verrez un portail rural du 17e s., le **San Bainzeddu**, surmonté d'une statue du martyr San Gavino ; ce genre d'entrée monumentale aux allures espagnoles est assez fréquente dans les domaines agricoles de la région, tout comme sont typiques les petites églises rurales qui ponctuent le parcours. Vous apercevrez celle de **San Pasquale** (1780) au milieu des champs cultivés.

Au km 3,9 partent deux chemins contigus; celui de droite conduit à **Sant'Orsola** (18e s.), avec son étrange structure ovale, et celui de gauche à la minuscule **Santa Barbara** (13e s.), avec ses arcs aux accents arabes.

Au km 12,2 de la SS 131, une route sur la gauche conduit au site préhistorique du Monte d'Accoddi.

★ Autel prénuragique de Monte d'Accoddi

✆ 334 80 74 449 - visites guidées ttes les h : avr.-août 9h-18h (dim. 9h-14h); reste de l'année 9h-14h - fermé lun. - 3 €.

Ce complexe préhistorique comprend un autel, un village et une nécropole à hypogées. La structure de l'autel, unique en son genre dans toute la Méditerranée occidentale, ne peut être comparée qu'aux **ziggourats** mésopotamiennes. Il se compose d'une grande plate-forme supportant une pyramide tronquée à laquelle donne accès une rampe trapézoïdale, longue de 46 m, formée de grands blocs calcaires sommairement taillés. L'autel, qui remonterait à 2800 av. J.-C., semble remplacer une structure antérieure. À l'est, la grande dalle de calcaire, elle aussi en forme de trapèze, est forée de sept trous le long des bords et placée au-dessus d'un entonnoir naturel; il pourrait s'agir d'une « table » de sacrifice. Une autre structure trapézoïdale, la « cabane du sorcier », comporte cinq pièces de forme irrégulière couvertes d'un toit à une seule pente. Les fouilles entreprises pour mieux en comprendre la fonction se poursuivent; on pense que ces cabanes souterraines pouvaient accueillir 1 000 habitants.

Revenez sur la SS 131 et poursuivez en direction de Porto Torres (7 km). Vous entrez dans la ville par le sud en suivant la SS 131, qui devient via Indipendenza, puis largo Sabelli.

★ Porto Torres

i Stazione Marittima - Via Bassu - ✆ 079 50 48 008 - 9h-12h, 16h-19h - fermé en sem. en nov.-déc.

Occupant une belle position dans le Golfo dell'Asinara, sur un plateau qui descend en pente douce vers la mer, le port principal de la Sardaigne septentrionale est relié par ferries avec Marseille et Toulon, entre autres. La ville moderne a été construite sur les vestiges de l'ancienne colonie romaine *Turris Libisonis*, fondée au Ier s. av. J.-C. selon un axe nord-sud.

★★★ **Basilica di San Gavino**– *Piazza Martiri - ✆ 388 89 96 823 - 9h-13h, 15h-18h30 (17h30 oct.-avr.) - 3 €.* Ce monument, l'un des plus importants du patrimoine insulaire, est dédié à San Gavino, martyr sarde mis à mort sous Dioclétien, en l'an 304. Elle fut construite à l'emplacement d'une nécropole romaine et de deux églises des 5e-6e s., entre 1030 et 1080 comme le précise l'inscription à la base du pilier externe, à son angle nord-est; la basilique affiche toutes les caractéristiques de l'architecture pisane – moellons de calcaire, arcatures, fenêtres étroites –, mais offre aussi une particularité originale : la présence de deux absides opposées. Faites le tour de l'église pour admirer les portails du côté nord; le premier, de style roman (première moitié du 11e s.), est doté d'une lunette décorée de bas-reliefs (scènes de chasse); le second, de style gothique catalan, date de la fin du 15e s.; en face, sur l'esplanade Atrio Comita, les maisonnettes basses (17e s.) appartenaient aux *confraternite*, les associations de fidèles. Du côté sud, un magnifique **portail** géminé donne

La basilique San Gavino à Porto Torres.
Jores Rossetti

accès à l'intérieur.

À l'**intérieur** les beaux chapiteaux sculptés proviennent d'édifices romains. Le **catafalque** (estrade funéraire) du 17e s., avec les statues des trois martyrs Gavino, Proto et Gianuario, est porté en procession le 3 mai jusqu'à l'église San Gavino al Mare *(voir « Cappella Balai ou église San Gavino al Mare » p. 267)*. L'antichambre à exèdre de la **crypte** aménagée au 17e s. (accessible à partir des nefs latérales) renferme des statues des 18e et 19e s., ainsi que deux beaux sarcophages romains et paléochrétiens : remarquez celui orné de muses, et un autre dont le couvercle montre des *putti* (angelots) qui pressent le raisin. La crypte abrite les reliques des trois martyrs.

Tour aragonaise – *Au port, molo Segni.* Cette tour octogonale, qui remonte probablement à la première moitié du 14e s., mesure 16 m de haut pour un diamètre de 15 m. Elle se dresse entre le port romain d'origine et le **port** moderne, à l'est, où arrivent les navires en provenance d'Espagne, de France et de Gênes. Récemment modernisé, ce dernier dispose d'un port de plaisance bien équipé. En face du port se trouvent les anciens entrepôts de la douane, les *Magazzini doganali*, de style Art déco, qui abritent maintenant des commerces.

De la piazza del Comune, tournez à gauche pour rejoindre la zone archéologique.

Area archeologica di Turris Libisonis et Antiquarium – *Via Ponte Romano 99 (à l'ouest du corso Vittorio Emanuele II) - Pour la visite se rens. : ✆ 079 51 44 33.* Le parc comprend trois établissements thermaux. Les **Terme Maetzke** se composent de trois pièces comportant des fragments de revêtements en marbre, des stucs et des peintures murales, et de deux *insulae* (ensembles de logements ; 1er s.). Les **Terme centrali**, que l'on appelle aussi Palazzo di Re Barbaro, comptent plusieurs *tabernae* dotées de puits, un *decumano* pavé de trachyte rouge et un *frigidarium* (bain froid) avec des mosaïques multicolores. Les **Terme Pallottino** comportent quatre salles, dont deux avec abside. L'**Antiquarium Turritano★** abrite, parmi les objets exhumés lors des fouilles de *Turris Libisonis*, un splendide autel de marbre, l'Ara di C. Cuspius Felix, dédié à la divinité égyptienne Bastet.

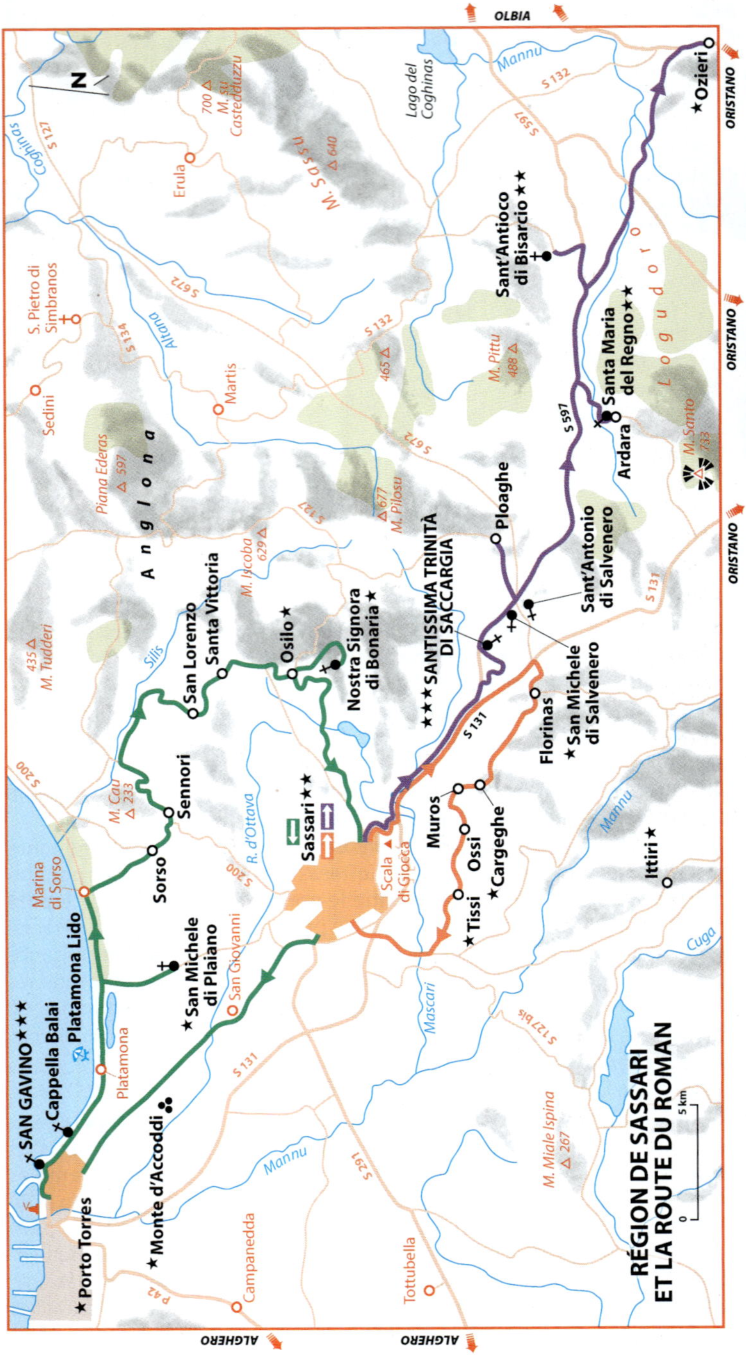
RÉGION DE SASSARI
ET LA ROUTE DU ROMAN
0
5 km
N
OLBIA
ORISTANO
ORISTANO
ORISTANO
ORISTANO
ALGHERO
ALGHERO
★ Porto Torres
SAN GAVINO ★★★
Cappella Balai
Platamona Lido
Platamona
Marina di Sorso
Sorso
Sennori
San Lorenzo
Santa Vittoria
Osilo ★
Nostra Signora di Bonaria ★
★ San Michele di Plaiano
San Giovanni
★ Monte d'Accoddi
Sassari ★★
Scala di Giocca
Tissi ★
Ossi
★ Cargeghe
Muros
Florinas
★ San Michele di Salvenero
★★★ SANTISSIMA TRINITÀ DI SACCARGIA
Sant'Antonio di Salvenero
Ploaghe
Ardara
Santa Maria del Regno ★★
Sant'Antioco di Bisarcio ★★
★ Ozieri
Ittiri ★
Tottubella
Campanedda
Sedini
S. Pietro di Simbranos
Martis
Erula
Anglona
Logudoro
M. Sassu 640
700 M. Su Casteddazzu
Lago del Coghinas
Coghinas
Mannu
Altana
Silis
R. d'Ottava
Mascari
Cuga
Piana Ederas 597
435 M. Tudderi
M. Cau 233
M. Iscoba 629
677 M. Pilosu
465
M. Pittu 488
M. Santo 733
M. Miale Ispina 267
S 127
S 132
S 597
S 672
S 134
S 200
S 131
S 127 bis
S 291
P 42

Parmi les découvertes les plus récentes (mai 2009) figure une statue d'Héraclès sans tête ni bras, datant probablement du 1er s.; ce dieu lié à l'élément aquatique, héros des voyageurs et des commerçants, est depuis toujours associé à l'Isola dell'Asinara et à la ville de *Turris Libisonis*.

Ponte Romano – Il franchit l'embouchure du Rio Mannu. Long de 135 m et soutenu par sept arches de hauteurs différentes pour suivre le relief du terrain, il faisait partie de la voie reliant la ville à Cagliari.

Cappella Balai ou San Gavino al Mare – Une jolie promenade vers l'est, en suivant le lungomare Scogliobruno et le lungomare Balai, le long d'un littoral creusé de petites grottes naturelles, conduit à cette petite église construite en 1850 au sommet d'un rocher, sur le lieu traditionnellement vénéré comme étant la sépulture des trois martyrs San Gavino, Proto et Gianuario. L'église n'ouvre ses portes qu'au mois de mai, quand une procession qui part de la basilique accompagne leur effigie jusqu'ici.

La **Cala Balai**, avec ses eaux couleur émeraude et sa crique enchâssée dans les rochers, est pleine de charme.

Quittez Porto Torres vers l'est, par la SS 81, en direction de Platamona Lido (8 km).

Platamona Lido

Après la Torre di Abbacurrente, les pinèdes et les falaises calcaires plongeant dans l'eau composent un paysage particulièrement plaisant. La pinède située derrière l'étang de Platamona compte cinq aires de pique-nique équipées *(accès à partir de la via Pieroni, la via della Torre et la via Stefanelli).*

Quittez Platamona Lido vers l'est et, après 4 km, prenez à droite vers San Michele di Plaiano.

★ San Michele di Plaiano

L'église s'élève près des ruines d'une ancienne abbaye toscane ayant appartenu à l'ordre des camaldules puis aux vallombrosiens. Construite entre 1082 (côté gauche) et 1116 (façade et reste de l'édifice), elle arbore une décoration rustique à motifs géométriques. L'intérieur comporte une nef unique, austère.

Revenez sur la SS 81 et poursuivez jusqu'à Marina di Sorso puis bifurquez au sud par la SP 30 jusqu'à Sorso (13,5 km).

Sorso

Environ 2 km avant le village, le sanctuaire nuragique **Serra Niedda** atteste des lointaines origines du territoire de Sorso. Le complexe comprend un puits sacré daté du bronze moyen et plusieurs bâtiments postérieurs. Les étendues de vignes qui l'entourent rappellent que Sorso produit du vin – d'ailleurs excellent (vermentino et moscato) – qui accompagne *Li cozzuli di Saba* et *papassini*, les biscuits dont l'endroit a fait sa spécialité. La vieille ville, appelée Bicocca (« baraque »), affiche une structure médiévale avec des maisons basses en tuf calcaire de provenance locale. Au bout du corso Vittorio Emanuele II s'élève la majestueuse église **San Pantaleo** (1856), de style néoclassique. La **Fontana della Billellera** (16e s.), derrière l'église, rappelle celle du Rosello de Sassari.

Rejoignez Sennori par la SS 200 (1,8 km).

Sennori

Jouxtant Sorso, ce village entouré d'oliviers est disposé en amphithéâtre sur une colline abrupte. Il faut monter au sommet du bourg pour rejoindre l'église paroissiale **San Basilio**; le potager attenant abrite la **Necropoli dell'Orto del Beneficio Parrocchiale**, composée de onze *domus de janas* dont certaines présentent des motifs en relief (trois têtes de taureau stylisées). Le territoire de Sennori conserve plusieurs témoignages d'époque prénuragique et nuragique. Le village maintient une production artisanale importante et fabrique en particulier de jolis paniers avec les feuilles séchées de palmier nain.

Au sud du bourg se dresse une curieuse construction blanche à l'allure grecque : la petite église rurale **San Giovanni** (18e s.), vers laquelle se dirige, le dernier dimanche de juin, une procession traditionnelle ; à pied, en calèche ou à cheval, les participants en grand costume viennent rendre hommage au saint.

Sortez de Sennori au nord-est et empruntez la SP 72 jusqu'à San Lorenzo (11 km) : la route traverse un paysage boisé parsemé de rochers calcaires.

San Lorenzo

Le village se trouve au centre de la **Valle dei Mulini**, une vallée verdoyante parsemée de ces moulins à roue que l'on utilisa intensément par le passé pour la production de farine de blé.

Santa Vittoria

Le bourg accroche à même le rocher ses pittoresques maisons et sa petite église à la belle façade. Son plan irrégulier tient à sa position en bordure de pente. De Santa Vittoria, on jouit d'un beau panorama sur Osilo.

Reprenez la SP 72 pour rejoindre Osilo (6 km).

★ Osilo

Juste avant de monter vers Osilo, un chemin en terre sur la droite conduit à la petite église **San Giovanni**. La ligne de chemin de fer, les figuiers de barbarie, les chevaux qui pâturent çà et là composent un paysage bucolique. En levant les yeux, vous apercevrez les ruines du château, principal motif de fierté d'Osilo. Pour les atteindre, il vous faut grimper les ruelles étroites et sinueuses de ce village à la franche allure montagnarde, malgré son altitude toute relative (615 m).

Castello dei Malaspina – Le château appartenait à la famille Malaspina, originaire de la Lunigiana (Toscane), qui débarqua en Sardaigne en 1016 à l'occasion d'une expédition contre les Arabes. En récompense de leur zèle, les Malaspina reçurent du Saint-Siège plusieurs terrains où ils firent construire des ouvrages fortifiés, dont celui d'Osilo, destiné à veiller sur les frontières de l'Anglona et de la Gallura. La faible quantité de ruines ne permet pas de comprendre l'articulation de l'intérieur, mais on estime que son mur de défense couvrait environ 1 000 m^2, distribués selon un plan en ovale allongé, avec une enceinte et deux tours.

Au retour, arrêtez-vous à l'église paroissiale de l'**Immacolata Concezione** (18e s.) pour y admirer quelques belles pièces (fonts baptismaux, une *Sacra Famiglia* polychrome et le chœur), puis à l'église contiguë **Santa Croce** et à celle du **Rosario**, pour son élégant portique. Le **Palazzo Vecchio**, où siège l'hôtel de ville, offre un exemple intéressant d'architecture civile du 17e s. Près du cimetière, l'église **Babbu Eternu** est dédiée au « Père Éternel ».

Un court détour *(7 km AR vers le sud, en partant de l'entrée orientale du bourg)* conduit à l'église **Sant'Antonio**, d'où l'on a un très beau point de vue sur Osilo et son château. Le panorama devient spectaculaire lorsque l'on arrive au **Santuario di Nostra Signora di Bonaria★**. Dédiée à la protectrice des navigateurs, cette église (milieu du 15e s.) s'élève, solitaire et sévère, à 767 m d'altitude. Dommage qu'elle soit pratiquement toujours fermée, car elle abrite un chœur insolite, avec des bancs en pierre.

Retournez à Osilo et continuez par la SS 127 pour revenir à Sassari (15 km).

★★ LA CAMPAGNE AU SUD DE SASSARI

Circuit d'env. 45 km, tracé en orange sur la carte Région de Sassari et la route du roman p. 266 – Comptez 3h. Quittez Sassari par le sud en empruntant le viale Italia et, à l'embranchement, son prolongement jusqu'à la SS 131 que vous prendrez en direction de Cagliari jusqu'à la sortie Florinas (à 20 km). Cet itinéraire peut également constituer un retour alternatif vers Sassari pour le circuit « La route du roman » (voir p. 273).

Florinas

Son parc archéologique compte une trentaine de *nuraghi* et une dizaine de *domus de janas* de l'âge du bronze et du néolithique récent, ainsi qu'une nécropole romaine datant du Bas-Empire. Dans le centre historique du village s'élève l'église paroissiale **Assunta** dont les chapelles aux voûtes d'arêtes abritent de magnifiques autels en bois. L'église fait partie, avec l'Oratorio della Crescixedda et le presbytère, d'un complexe du 18e s. L'église **Santa Croce** date de la même époque, avec sa façade ornée et percée de fenêtres ; elle conserve un maître-autel en bois peint et un beau crucifix.

Continuez sur la SP 3 jusqu'à Cargeghe (6 km), puis Muros (1,5 km plus loin).

★ Cargeghe

Trois églises méritent le coup d'œil : l'église paroissiale **SS. Quirico e Giulitta** (18e s.), dans la partie haute du bourg, conserve un *Cristo dormiente*, œuvre maniériste du Florentin Gorino Baccio (fin 16e s.) ; l'**Oratorio di Santa Croce** (première moitié du 17e s.), situé sur une petite place récemment rénovée, recèle un autel en bois, son retable et un crucifix ; enfin, l'église rurale **Santa Maria di Contra** *(à 1 km au sud-est du bourg, vers la vallée de Campomela ; en descendant de la place, prenez à droite à la première bifurcation)*. L'église et ses alentours offrirent leur décor au film *Padre Padrone*, adapté du roman éponyme de Gavino Ledda, réalisé par Paolo et Vittorio Taviani (Palme d'or au Festival de Cannes en 1977). Le bâtiment de style roman (sauf la façade, postérieure), pourvu d'un mur-clocher, est en blocs de pierre calcaire. Il renferme un devant d'autel du 17e s. L'église, l'une des plus petites de Sardaigne, ne désemplit pas lors de la commémoration de la naissance de Marie (8 septembre).

Muros

Au 11e s., le village appartenait au judicat de Torres ; il passa ensuite aux mains des Aragonais, avant de devenir propriété des marquis de Monte Muros. Étendu au pied du Monte Kanekervu, il est connu pour ses vestiges archéologiques : les localités de **Su Monte** et de **Sa Terricola** (modèles d'habitat protohistorique de l'âge du bronze moyen), l'hypogée préhistorique **Sa Rocca Ruia**, la tombe nuragique du **Monte Simeone** et les grottes de la Scala di Giocca, de Muzzigone et de l'Inferno. Fin octobre se déroulent les célébrations en l'honneur des martyrs Gavino, Proto et Gianuario auxquels est dédiée l'église locale.

Reprenez la SP 3 jusqu'à Ossi (3 km).

Ossi

Le village offre une belle vue sur la vallée du Mascari et sur Sassari. Le site nuragique **Sa Mandra 'e sa Guia** possède une structure circulaire qui servait probablement à la panification. La nécropole à hypogées de **Noeddale** fait partie des nombreux vestiges archéologiques dont s'enorgueillit Ossi. Le bourg compte également plusieurs églises rurales : **Santa Vittoria**, **Santa Maria di Silvano** et **Sant'Antonio** (du 12e s.).

Continuez vers l'ouest par la SP 3 jusqu'à Tissi (4,5 km).

★ Tissi

C'est certainement le plus joli parmi cette couronne de villages au sud de Sassari. D'origine médiévale, mais reconstruit au 18e s., il présente une structure géométrique qui se développe en étages parallèles. Surplombant le bourg, la petite église **Santa Vittoria** remonte au 12e s. ; malgré les remaniements successifs, son clocher-mur et l'arcature aveugle de son pignon ont conservé leur caractère. De l'église part l'artère principale du village, bordée de jolies maisons colorées à un seul étage qui donnent sur les oliveraies ; elle descend jusqu'à la place où s'élève **Santa Anastasia**, l'église paroissiale du 16e s., construite sur une structure préexistante d'époque romane.

Retournez sur la SP 13 en direction de Sassari.

NOS ADRESSES À SASSARI

TRANSPORTS

Bus ATP – *www.atpsassari.it.* Lignes urbaines.

Metrosassari – *www.arst.sardegna.it.* Le métro léger couvre 4,3 km, de Santa Maria di Pisa à l'Emiciclo Garibaldi. Billet valable dans le métro et les bus ATP.

Bus ARST – *www.arst.sardegna.it.* Lignes interurbaines.

Radiotaxi – *079 253 939.*

Gare – *Piazza Stazione 20* - 3 lignes : Sassari-Alghero (*via* Olmedo), Sassari-Sorso et Sassari-Nulvi-Palau.

Porto Torres

Bateau – *Voir p. 15.*

Plusieurs agences proposent des excursions vers et dans le Parco nazionale dell'Asinara *(voir p. 300).*

HÉBERGEMENT

PREMIER PRIX

B & B Tanina – B1 - *Viale Trento 14 - 346 181 24 04 - www.taninabandb.com - - 3 ch. 50 €.* Au 1er étage d'un édifice de 1904 qui a conservé ses plafonds à stucs et son carrelage d'origine, Anselmo et sa femme Tanina proposent trois chambres au charme désuet, avec leurs hauts plafonds éclairés de lustres antiques, leurs lits anciens et leurs miroirs dorés. Enchanteresse terrasse fleurie pour le petit-déjeuner et cuisine commune.

Vittorio Emanuele – A1 - *Corso Vittorio Emanuele II 100 - 079 23 55 38 - www.hotelvittorioemanuele.ss.it - 44 ch. 70/90 €.* Sur la rue principale de la vieille ville, un hôtel confortable, classique mais bien équipé, d'un bon rapport qualité-prix.

Platamona

PREMIER PRIX

Camping Golfo dell'Asinara – *Loc. Platamona 35 - 079 310 230 - www.campingasinara.it - - avr.-sept. - 240 empl. 21/40 €, 135 bungalows 45/100 €.* Un grand camping bien organisé et joliment situé. Bon rapport qualité-prix.

RESTAURATION

PREMIER PRIX

Fainè Sassu – B1 - *Via Usai 17 - 079 236 402 - fermé merc. - 17h-21h - 10 €.* On y savoure une spécialité de Sassari, la *fainè*, une galette de farine de pois chiches, très riche, que l'on mange surtout en hiver. Elle est servie coupée en losanges, assaisonnée de poivre noir ou préparée avec des oignons et de la saucisse pétris dans la pâte. Pour mieux faire descendre le tout, commandez un cagnulari ou un autre vin rouge local.

Coffee Break – B1 - *Piazza Azuni 19 - ✆ 079 20 09 061 - 10/15 €.* Un petit café qui cuisine. Menu buffet à 8 € et des sandwichs savoureux à prix très doux. Agréable terrasse sur la place.

BUDGET MOYEN

Le Antiche Mura – A1 - *Piazza Sant'Antonio 2 - ✆ 079 236 725 - 15/25 € - fermé à midi.* Depuis 20 ans, les *pizze* du *signor Paolo* font le bonheur des habitants. Belle salle intérieure voûtée et terrasse extérieure.

Antica Hostaria – B2 - *Via Cavour 55 - ✆ 079 20 00 66 - fermé dim. - 25/35 €.* Excellente adresse pour savourer une cuisine méditerranéenne « des îles », créative et sortant de l'ordinaire. Bon choix de vins et menu dégustation.

Florinas

PREMIER PRIX

Agriturismo Sa Pria – *Loc. Pedru Maiolu, à 2,5 km au sud de Florinas - ✆ 079 43 83 75 - www.sapria.it - 15/22 €.* Dans une belle salle à manger panoramique avec cheminée, on savoure une cuisine familiale privilégiant les produits faits maison (y compris le pain et les pâtes). Plusieurs plats traditionnels introuvables ailleurs.

Porto Torres

BUDGET MOYEN

Li Lioni - *SS 131 - Loc. Li Lioni, à 3 km au sud-est de Porto Torres - ✆ 079 50 22 86 - www.lilioni.it - fermé merc., dim. soir en hiv. - 35 €.* Ambiance rustique, cuisine du terroir de qualité, à base de produits choisis avec soin et recettes traditionnelles. La *panefratteria* – du pain *frattau* assaisonné de différentes manières – est délicieuse. Jetez un coup d'œil au vieux moulin hydraulique à blé, construit par l'un des aïeux des quatre frères propriétaires.

POUR SE FAIRE PLAISIR

Scogliolungo – *Lungomare Balai - ✆ 333 46 35 155 - www.scogliolungo.it - 20/60 €.* Restaurant panoramique avec de belles terrasses sur la mer. Cuisine de la mer, concoctée avec soin et originalité, et *pizze*. Une bonne table dans un cadre élégant.

Sennori

BUDGET MOYEN

Da Vito – *Loc. Badde Cossos - ✆ 079 360 245 - www.ristorantedavito.it - fermé dim. soir et lun. - 30/40 € - 11 ch.* Beau panorama, accueil attentionné et chaleureux, cuisine de la mer et du terroir très variée dont une délicieuse spécialité, la *pasta e fagioli con le cozze* (des pâtes, des haricots, des moules et… beaucoup de piment). Vins sardes.

Sorso

PREMIER PRIX

Tastevin – *Via Bernini 8 - ✆ 079 353 038 - fermé dim. - 15/20 €.* Un beau choix de vins et une remarquable sélection de charcuteries et de fromages sardes, italiens et internationaux.

PETITE PAUSE

Sur la **via Torre Tonda**, proche de l'université, plusieurs adresses sympas pour grignoter quelque chose ou prendre un verre.

Accademia – *Via Torre Tonda 11 - ✆ 079 230 241* - Un bar plutôt trendy, où l'on pourra prendre un verre ou un en-cas, selon l'heure, sous le plafond voûté ou sur la terrasse couverte. Le matin, demandez les *cappuccino e brioche*. Un bar à vins et à cocktails original ouvert en soirée.

Pan Cafè – *Via Torre Tonda 45 - ✆ 348 92 01 451.* Un café/pâtisserie adorable aux tons clairs, style New England, qui offre d'excellentes raisons pour une pause sucrée ou salée.

Mirto Mirtillo – *Via Usai 31 - ✆ 079 23 81 73.* Cette pâtisserie dissimule une magnifique cour plantée de citronniers et d'orangers, idéale pour déguster un baba ou un *cannolo* (dessert sicilien à base de *ricotta*), tout en sirotant un *cappuccino* ou un jus de fruit naturel.

ACHATS

Alberti-Bottega del Gusto – *Via Roma 23 - ✆ 079 236 659 - fermé dim. et août (il « déménage » alors à Stintino).* Depuis 1925 synonyme de tradition et de qualité, ce traiteur propose le meilleur de la gastronomie sarde et mérite son nom de « temple des papilles ». On peut aussi y acheter de savoureux plats à emporter. Expéditions dans le monde entier.

Antica Salumeria Mangatia – *Via Università 68 - ✆ 079 234 710 - www.mangatia.com - fermé dim.* Cette boutique historique, fondée en 1922, est une référence pour les gourmets. Il est difficile de résister aux produits régionaux – charcuterie, fromages, pains spéciaux, pâtisseries –, tous de grande qualité.

Capitta – *Corso Vittorio Emanuele II 71 - ✆ 079 23 35 90 - fermé dim.* Une boutique qui vend en vrac des produits sucrés qui arrivent de toute la région. Pour se ravitailler en délices sardes.

Bagella – *Corso Vittorio Emanuele II 20 - ✆ 079 235 033 - fermé dim.* Un beau magasin de vêtements et d'accessoires (ceintures, sacs, bottes, etc.).

Angelo Maggi – *Via Manno 8 - ✆ 079 23 20 45 - www. angelomaggi.com.* Cet artiste, qui s'occupe de peinture et d'objets d'art, propose dans une belle galerie ses créations aux atmosphères mystérieuses et féeriques. Charmant.

Osilo

Osilo est renommé pour son *pecorino (de mi-décembre à juin).* Deux producteurs ont été distingués par Slow Food pour la qualité de leurs produits : **Luigi Pulinas** – *Loc. Pittone - ✆ 079 42 491* et **Gavinuccio Turra** – *Loc. Monte Luiu - via Campicello, 13 - ✆ 079 42 695.*

Sennori

Margherita Fara –*Via Umberto 25 - ✆ 079 362 040.* Excellente pâtisserie traditionnelle.

Oleificio Paschino Branca – *Via Roma 105 - ✆ 079 360 690.* Production d'une huile d'olive extra-vierge légèrement piquante, car produite avec des olives de la variété Bosana.

Tenute Dettori – *Loc. Badde Nigolosu - ✆ 079 51 27 72 - www.tenutedettori.it.* Un domaine renommé qui propose des crus à base de cannonau pour les rouges et vermentino pour les blancs. De ce complexe fait aussi partie l'agritourisme **Kent'Annos,** qui vous fera découvrir les saveurs de l'Anglona *(menu 40 € - www. kentannos.it).*

AGENDA

La Cavalcata sarda – *Voir encadré p. 262.*

La Discesa dei Candelieri – *Voir encadré p. 258.*

La basilica Santissima Trinità di Saccargia.
J. Reuther / imageBROKER / age fotostock

La route du roman

★★

De Sassari à Ozieri, la route du roman égrène ce que les Sardes appellent les « quatre magnifiques » (églises). Chacune y va de sa couleur : calcaire blanc ou blond, basalte noir, trachyte rouge ou rosé. L'une préfère les moellons sagement rangés en bandes, l'autre les éparpille de ci de là dans le parement. Dans des paysages sereins – comme participant d'une immense contemplation – arcatures, lésènes, rosaces, portails, colonnes et chapiteaux retracent un passé d'une égale ferveur d'église rurale en cathédrale ou en monastère. Un voyage qui aide à comprendre les racines toscanes de la Sardaigne romane.

NOS ADRESSES PAGE 276
Hébergement, restauration, achats, activités, etc.

S'INFORMER

InfoSassari– *Palazzo di Città - Via Sebastiano Satta 13 - ✆ 079 20 08 072 - www.comune.sassari.it - 9h-13h, 15h-18h - fermé sam. apr.-midi et dim.* Informations en français.

SE REPÉRER

Carte de région B2 (p. 252) – Carte de la région de Sassari et la route du roman (p. 266)

La route du roman démarre au sud de Sassari, pénètre à l'est dans le Meilogu, partie centrale de l'ancien judicat de Torres, pour finir à Ozieri, dans le Monteacuto.

À NE PAS MANQUER

La Santissima Trinità di Saccargia ; Santa Maria del Regno ; Sant'Antioco di Bisarcio.

ORGANISER SON TEMPS

Comptez une demi-journée.

Circuit conseillé Carte Région de Sassari et la route du roman

Circuit de 60 km, tracé en violet sur la carte p. 266. Quittez Sassari par le sud en empruntant le viale Italia puis, dans le prolongement, la SS 131 en direction de Cagliari. Après les lacets de la Scala di Giocca, la route descend vers la zone industrielle et la plaine de Campamela (dénivelé de plus de 180 m). À la bifurcation, quittez la SS 131 pour la SS 597 pour Olbia, jusqu'au km 16, au sud de la route.

★★★ Santissima Trinità di Saccargia

Sur la route d'Olbia, à 3 km de Codrongianos - ✆ 347 000 78 82 - 9h-18h - 3 €.

Au milieu des champs brûlés par le soleil, elle apparaît soudain, aussi somptueuse qu'inattendue. L'endroit, une terre de pâturage, semble comme inchangé depuis l'an 1112, lorsque l'ordre toscan des camaldules y fonda l'église et le monastère attenant. Une main-d'œuvre venue des régions de Pise et de Pistoia en commença la construction selon le plan en croix fort répandu à l'époque. L'abside remonte à cette première phase. La nef agrandie, la façade à trois niveaux et le campanile furent édifiés plus tard, entre 1180 et 1200. L'édifice que l'on voit aujourd'hui résulte en fait d'une restauration presque intégrale – contestée par certains pour son manque d'orthodoxie – réalisée entre 1903 et 1906; l'effet reste malgré tout exceptionnel.

Des bandes alternées de calcaire clair et de lave basaltique foncée rythment le parement, en une alternance de noir et de blanc qui fait penser à San Michele de Murato, en Corse. Les chapiteaux du portique sont sculptés de motifs végétaux et zoomorphes; sur celui du pilastre de gauche, on admirera plusieurs exemplaires de la vache tachetée (la *s'acca argia* en sarde) qui, selon certains, donna son nom à l'église.

L'intérieur, fleuron lui aussi de l'architecture romane du nord de l'île, montre une nef sévère typique du christianisme archaïque; dans l'abside, un superbe **cycle de fresques★** dépeint des scènes de la vie du Christ.

En dépit de sa renommée touristique, l'église demeure un lieu de culte bien vivant pour les fidèles de la région. Les sept samedis précédant Pâques, les pèlerins, venus parfois de villages éloignés, s'y rendent à pied pour entonner les *gosos*, des chants traditionnels, dans une atmosphère prenante. La grande fête annuelle se tient soixante jours après Pâques.

Continuez sur la SS 597 en direction de Ploaghe (6 km). La route monte jusqu'à un petit plateau où l'on aperçoit les absides de San Michele di Salvanero.

★ San Michele di Salvenero

Ouverte seult durant les offices (irréguliers).

Le paysage industriel qui encercle désormais l'église, sur le site du village de Salvenero, abandonné au 18e s., compromet la poésie de l'édifice…

Bâtie entre 1110 et 1130, l'église faisait partie d'une abbaye toscane dépendant des frères bénédictins de Vallombrosa. Remaniée au début du 13e s., elle fut ensuite lourdement restaurée au début du 20e s., comme la Santissima Trinità di Saccargia. Plus archaïque et plus pauvre que cette dernière, elle affiche une façade de calcaire doré bicolore toute simple et sans bandes, et l'on appréciera l'élégante arcature des absides.

L'église Sant'Antonio di Salvanero se trouve de l'autre côté de la bretelle routière.

Sant'Antonio di Salvenero

Ouverte seult durant les offices (irréguliers).

Il faut tenter d'oublier la centrale électrique voisine… La petite église de Sant'Antonio di Salvenero fut construite en 1220-1225 par la même

main-d'œuvre que San Michele, qui employa cette fois des moellons blancs et rouges. L'arche dans laquelle s'inscrivent le portail et la fenêtre date de l'époque aragonaise, tandis que les deux annexes ont été ajoutées au 18e s.
Reprenez la SS 597 jusqu'au village de Ploaghe.

Ploaghe

Le gros bourg de Ploaghe, étalé sur le Monte San Michele, conserve en son centre un intéressant complexe religieux formé par l'église paroissiale **San Pietro**, en partie baroque et flanquée d'un beau campanile à flèche et de deux oratoires, **Santa Croce** et **Rosario**. Le presbytère abrite une collection de peintures sardes et italiennes du 15e au 18e s. ayant appartenu à Giovanni Spano, archéologue et linguiste natif du village. Dans le cimetière contigu, de nombreuses pierres tombales portent des inscriptions en *logudorese*, un dialecte sarde. Le village est renommé pour l'habileté de ses tisseuses.
Revenez sur la SS 597 ; après env. 10 km, tournez à droite sur la SS 60 afin de rejoindre Ardara (16 km).

★★ Santa Maria del Regno à Ardara

Se renseigner sur les horaires au ✆ 079 40 01 93.
Bourg à vocation agricole, Ardara était la capitale du judicat de Torres entre le 11e et le 13e s., époque où il connut une relative importance. En témoigne la silhouette sombre et massive de l'église, que l'on voit de loin se découper sur le ciel, au sommet du plateau volcanique qu'occupe la vieille ville. Soulignées par la sévérité du basalte noir dans lequel elle fut construite entre le 11e s. et l'an 1107, ses imposantes proportions (29 m de long, 10 m de large et env. 16 m de haut) attestent son importance politique : les souverains de l'époque y prêtaient serment. Comme pour alléger l'ensemble, de minces pilastres séparent les cinq tableaux de la façade et une délicate fenêtre géminée s'ouvre au-dessus du portail en plein cintre. Au niveau de l'abside, voyez les fenêtres à baie unique et à degrés ainsi que les bases décorées des pilastres médians. Sur le côté gauche, un peu en retrait, se dresse une tour-clocher incomplète. À **l'intérieur**, tout aussi austère, le magnifique **Retablo maggiore di Ardara★**, un polyptyque de grande dimension, fut réalisé par Giovanni Muru et son école au début du 16e s. Cette église palatine (d'où son nom de chapelle du « règne ») était attenante au palais royal, dont il ne reste que quelques pierres.
Reprenez la SS 597 ; à la bifurcation pour Martis, tournez à gauche pour rejoindre Sant'Antioco di Bisarcio (10 km).

★★ Sant'Antioco di Bisarcio

✆ 079 78 76 38 - 9h-13h, 15h-19h (14h-17h en hiv.) - fermé lun.
Elle s'élève, majestueuse, au sommet d'un éperon, dominant une campagne silencieuse. Les moellons de trachyte rouge et noir du parement produisent, suivant l'heure et la saison, de beaux effets de couleur. La structure d'origine, antérieure à 1090, a été détruite par un incendie ; le reste a été reconstruit entre le milieu du 12e et le début du 13e s. Siège de l'évêché, elle traduit son importance par des dimensions remarquables – 33 m de long sur 12 m de large et 10 m de hauteur.

La façade asymétrique de l'avant-corps à deux étages, exemple unique dans l'architecture médiévale de l'île, est d'inspiration française. Notez la colonne de droite avec son lion blotti et les trois pièces supérieures ; celle du centre, qui comporte un autel, était la chapelle particulière de l'évêque. Un petit escalier permet de monter vers le toit pour observer de plus près l'arcature latérale.
De retour sur la SS 597, continuez vers Ozieri.

★ Ozieri

Disposée en amphithéâtre et entourée de forêts, Ozieri offre de beaux panoramas sur la vallée qui s'étend à ses pieds.

La **Grotta di San Michele** (près du stade) est à l'origine d'une des cultures les plus intéressantes de la civilisation prénuragique (3000-2000 av. J.-C.), que présente le **Museo Archeologico** installé dans le couvent des Clarisses. *Piazza Baden Powell - ✆ 079 78 51 052 - http://museo.comune.ozieri.ss.it - 9h-13h, 15h-19h (18h le w.-end) - fermé lun. - 5 €.*

La vieille ville, toute de ruelles escarpées et d'escaliers, de placettes et de jardins, montre de belles demeures de pierre rosée, parfois dotées de loggias. Vous verrez en particulier le **Palazzo Vigliaroni**, édifié au début du 20e s., et le **Teatro de Candia**, d'inspiration Art déco.

Retournez sur Sassari en faisant demi-tour vers la SS 597, puis par la SS 131 ou par les bourgs agricoles du circuit « La campagne au sud de Sassari » (voir p. 269).

NOS ADRESSES SUR LA ROUTE DU ROMAN

RESTAURATION

Ozieri

BUDGET MOYEN

Terradoro – *Strada Provinciale Ozieri-Chilivani, km 5 - ✆ 079 758 904 - 20/35 €.* Ce restaurant propose une réinterprétation de la cuisine du terroir. Goûtez la *copuletta* – des raviolis glacés aux amandes – le dessert typique d'Ozieri.

Condrogianos

BUDGET MOYEN

Ristorante Saccargia – *Loc. Saccargia - ✆ 079 434 013 - www.ristorantesaccargia.com - fermé lun. - 30 €.* Un restaurant en pleine campagne, surplombant la merveilleuse Santissima Trinità di Saccargia. Cuisine du terroir et de la mer accompagnée des vins maison.

Trattoria Dona Maria – *Chilivani, à 8 km au nord-ouest d'Ozieri - Loc. Macallè - ✆ 375 742 57 78 - 25/35 €.* Une atmosphère particulière règne dans cette structure militaire de la Seconde Guerre mondiale transformée en *trattoria* ; le comptoir en pierre fait grand effet. Les produits, de belle qualité, témoignent d'une grande recherche, depuis les fromages et la charcuterie jusqu'aux desserts et aux vins.

ACHATS

Ozieri

Le *spianata di Ozieri* est un pain très fin de tradition ancienne. Deux adresses où se le procurer : **Panificio Sanna** *(Via Asproni 12 - ✆ 079 787 897)* et **Pasticceria Cannas** *(Regione Manighedda - ✆ 079 780 179).* Cette dernière est également spécialisée dans la production des *savoiardi* (biscuits que l'on utilise pour le *tiramisù*) du Logudoro : leur origine remonterait au 15e s., ils auraient été créés pour honorer la visite du roi de France !

Ploaghe

La Genuina – *1 Via Stazione - ✆ 079 44 92 23 - www.lagenuinaonline.it.* Spécialités locales : charcuteries de chèvre et de porc.

Castelsardo

★★

Castelsardo 5 860 habitants.

Castelgenovese, Castel'Aragonese, Castelsardo : trois noms pour une seule histoire. Le premier, « Château génois », fut donné à la forteresse d'origine par la noble famille ligure des Doria, en 1102. Quand, en 1448, le bourg fortifié est conquis par la Couronne d'Aragon, les nouveaux maîtres le rebaptisent « Château aragonais » comme pour mieux se l'approprier. En 1769, la Maison de Savoie lui attribue son nom actuel. La partie basse de la ville et ses alentours pourraient aujourd'hui s'appeler « Castel turistico », tant ce petit Mont-Saint-Michel méditerranéen suscite l'admiration. Il constitue le point de départ d'un bel itinéraire traversant les collines de l'Anglona, d'église romane en village médiéval.

NOS ADRESSES PAGE 286
Hébergement, restauration, achats, activités, etc.

S'INFORMER

Pro Loco Castelsardo – *Piazza del Popolo* - ✆ *079 471 506 - www.castelsardoturismo.it.* À disposition aussi des audioguides du bourg.

SE REPÉRER

Carte de région B1 (p. 252) – Carte des collines de l'Anglona (p. 283)

Castelsardo, à 33 km au nord-est de Sassari, occupe un site enchanteur, sur un cap volcanique surplombant le Golfo dell'Asinara : le bourg s'étage au pied d'une forteresse qui abrite une ville haute, entourée de bastions. Les collines de l'Anglona s'étirent au sud et au sud-est.

SE GARER

À Castelsardo, garez-vous dans la via Sedini (SS 134), à 1 km à l'est du centre (parking acceptant également les camping-cars), dans le parking des Spalti della Manganella (au nord-est du bourg, vers la mer) ou dans le parking payant de la via Nazionale ; autre parking près du château.

À NE PAS MANQUER

Une promenade dans la ville fortifiée ; la visite de la cathédrale Sant'Antonio Abate et du Castello dei Doria ; les plages à l'est du bourg.

ORGANISER SON TEMPS

Comptez une demi-journée pour la ville et une autre pour les alentours.

AVEC LES ENFANTS

Les plages ; la Roccia dell'Elefante ; les excursions sur le fleuve *(voir « Nos adresses à Castelsardo » p. 286).*

Se promener

LA VILLE BASSE

La partie basse du bourg, la **Pianedda**, ne ressemble certes plus au village de pêcheurs qu'elle était jusqu'en 1960 ; elle conserve néanmoins, malgré un développement immobilier quelque peu anarchique, une atmosphère colorée demeurée typique, et l'on appréciera la belle vue qu'elle ménage sur la marina.
À l'ouest de la place, la via Nazionale remonte vers la ville haute.

★★ SU CASTEDDU : LA VILLE HAUTE FORTIFIÉE

La puissante enceinte qui encercle la vieille ville aligne une série de bastions et de tours, dont certains surplombent la mer. La muraille délimite le noyau urbain de l'ancienne Castelgenovese ; on y pénétrait en venant de l'est par une porte « de mer », et en venant du sud par une porte « de terre ».

Un véritable dédale de ruelles étroites et escarpées la sillonne, ponctué d'arches formant portes, d'escaliers interminables et, çà et là, de petites échoppes d'artisanat local (la vannerie est particulièrement réussie) et des boutiques de souvenirs. Mais dans ce labyrinthe, il suffit de lever les yeux et de regarder par-delà les toits et les bastions pour retrouver la mer – et le sens de l'orientation. En entrant dans la ville fortifiée par la via Sottu la Polta, vous remarquerez les vestiges (une partie du chambranle) de la porte méridionale de la vieille ville ; elle ouvrait sur la **piazza del Popolo**, bordée à gauche par le château.

★ Castello dei Doria - Museo dell'Intreccio mediterraneo

Via Marconi - ✆ 079 471 380 - juil.-août. : 9h-0h ; mai-oct. 9h30-13h, 15h-19h - reste de l'année 9h30-13h, 15h-17h30 - fermé lun. sf été - 3 € - visite guidée en français sur réserv.

La forteresse, construite entre le 12e et le 14e s., comprenait la résidence des Doria, des logements pour les troupes, des dépôts d'armes et de vivres ainsi qu'une citerne. Quelques salles, consolidées et restaurées, accueillent un intéressant musée ethno-anthropologique consacré à la **vannerie** de plantes locales comme l'asphodèle, le jonc et le palmier. Des terrasses du fortin, on jouit d'un splendide **panorama★** sur le Golfo dell'Asinara ; par temps clair, la vue porte jusque sur les côtes de la Corse.

Prenez les escaliers au fond de la place pour rejoindre la via Mazzini et tournez à gauche dans la via Vittorio Emanuele.

Palazzo Episcopale

Le palais épiscopal, une demeure du 17e s., abrite un beau mobilier et plusieurs œuvres d'art ; il accueille aujourd'hui des expositions.

Santa Maria delle Grazie

Cette église médiévale remaniée au 16e s. (entrée sur le côté droit) conserve, dans la chapelle en face de l'entrée, un **crucifix★** « du Christ noir » *(Lu Crittu Nieddu)* remontant au 14e s. et, sur le maître-autel, un *Ecce Homo* du 17e s.

Empruntez à droite la via al Seminario jusqu'à la cathédrale.

Le bourg de Castelsardo.
travelstock44 / Look / Photononstop

★ Cattedrale di Sant'Antonio Abate

Piazza del Duomo - ✆ 079 639 30 99 - été : 10h-13h, 15h-20h ; reste de l'année : se rens. - 2,50 € (musée).

Avec son **campanile★★** coiffé d'une coupole vernissée (tour-phare à l'époque des Doria) et son parvis surplombant les fortifications et la mer, la cathédrale, édifiée au 17e s., occupe une position privilégiée. L'édifice renferme un mobilier de bois et de marbre des 17e et 18e s., ainsi qu'une *Madonna in trono con Bambino e angeli* extraite d'un retable démembré du 15e s., œuvre du Maestro di Castelsardo. C'est avant tout à cet artiste anonyme qu'est dédié le **Museo Diocesano**, installé dans le cadre intimiste de la crypte de la cathédrale ; vous y verrez une *Madonna di Salasciu*, statue en bois polychrome du 13e s.

La Scaletta, l'escalier partant sur la droite de la cathédrale, descend vers la ville basse en dégageant des **vues★** magnifiques ; les marches qui partent à gauche de la façade de la cathédrale rejoignent les Spalti Manganella et, plus bas, les bastions espagnols, restaurés au 18e s. par la Maison de Savoie.

Bastioni spagnoli et Parco Lu Grannaddu

Une agréable promenade mène au Parco Lu Grannaddu, aménagé en jardin jusqu'à la Torre Mezzaluna, tour qui protégeait la *porta a mare*. Au sol, subsiste le tracé de Santa Croce ; cette ancienne église, qui vit naître la procession des Lunissanti *(voir encadré)*, fut détruite dans les années 1950 car elle menaçait de s'écrouler. La population s'y regroupait pour prier et soutenir les soldats pendant les batailles. De la falaise, **beau★** panorama sur la vieille ville.

5

LA PROCESSION DES LUNISSANTI

Les rites de la Semaine sainte, tout empreints de réminiscences médiévales, revêtent à Castelsardo un caractère particulièrement pittoresque. Ils commencent le lundi qui suit le dimanche des Rameaux, le *Lunedì Santo*, appelé aussi *Lunissanti*. Avant l'aube, les membres de la Confraternità dell'Oratorio della Santa Croce, encapuchonnés et drapés d'une cape blanche, se rendent à l'église Santa Maria où ils célèbrent la messe sur l'autel du « Christ noir » *(Lu Crittu Nieddu)*. Au lever du soleil, la procession s'achemine vers Nostra Signora di Tergu *(voir p. 285)* au son de chants sacrés transmis oralement de génération en génération. Le moment le plus spectaculaire vient avec le crépuscule : toutes les lumières de Castelsardo s'éteignent alors pour laisser défiler une procession portant des torches. La cérémonie se clôt dans l'église Santa Maria avec la présentation des *Misteri* aux fidèles.

Le littoral Carte des collines de l'Anglona

★ **LES PLAGES**

Marina di Castelsardo

À l'ouest de la ville fortifiée. On y accède à pied en suivant le Lungomare Anglona jusqu'à l'escalier.

Pratiquement au pied du bourg, cette plage familiale, à l'eau peu profonde, est parfaite pour les enfants.

Cala La Vignaccia

À l'est de la ville fortifiée. On y accède à pied en suivant le Lungomare Zirulia jusqu'à un escalier en ciment.

Sable gris et gravillons couvrent cette plage de ville qui s'étire au pied des falaises de trachyte rouge. Facile d'accès, elle est très fréquentée par les habitants du bourg. Appréciée des plongeurs, elle convient moins aux enfants, les algues rendant les fonds glissants.

Pedraladda

À l'est de la ville fortifiée. Suivre le Lungomare Zirulia jusqu'au numéro 50 et emprunter l'escalier au niveau du Pedraladda Club Hotel.

Plage de sable, avec gravillons et quelques rochers à 500 m du centre du bourg. Sous l'eau, le sol s'enfonce de façon abrupte, ce qui rend la baignade dangereuse pour les enfants. L'endroit remporte en revanche les faveurs des plongeurs et l'on vient s'y faire bronzer sur de grands rochers plats.

Poltu di La Rena

À l'est de la ville fortifiée. On y accède à pied en suivant le Lungomare Zirulia, puis un petit chemin de terre. Après le parking, suivez le sentier escarpé.

Moins fréquentée que les autres car plus éloignée du centre, cette plage de sable fin et foncé, avec quelques rochers et une mer émeraude à perte de vue, est un véritable havre de paix.

Baia Ostina

Loc. Baia Ostina, à 2,5 km à l'est de Castelsardo par la SS 134; suivez les indications « Terrabianca » et tournez à gauche; laissez votre véhicule au parking et descendez à pied.

PÊCHE ET TRADITION

Mollusques et crustacés comptent parmi les ressources de Castelsardo, aux côtés des mulets géants et des baudroies. On sait cependant que les Sardes sont avant tout un peuple de bergers; ce sont en fait des émigrés de Ponza (Latium) qui ont amené ici leur savoir-faire en matière de pêche, apportant avec eux les trémails – filets faits d'une triple nappe de mailles et lestés – et les casiers en jonc.

La reine de la gastronomie locale est assurément la langouste, dont la réputation en matière de qualités nutritives n'est plus à faire : 1,9 % de lipides, 234 mg de phosphore (pour 100 g) et beaucoup de vitamines B1 et B. Un cocktail nutritionnel miracle subordonné à un concours de circonstances très précis au sein de l'écosystème : la conformation du fond marin, sa richesse en flore et en faune, mais aussi la température, la pureté et la salinité de l'eau. À Castelsardo, chacun a sa recette pour préparer la langouste… *(voir « Nos adresses à Castelsardo » p. 286).*

Bien abritée au fond d'une crique profonde, protégée par de sombres falaises au sommet desquelles s'est installé l'imposant hôtel Villaggio Baia Ostina, cette plage possède un fond marin intéressant à découvrir.

Lu Bagnu

Loc. Lu Bagnu, à 4 km au sud-ouest de Castelsardo par la SS 200. Escalier dans le centre du hameau.

Cette plage de sable fin couleur crème, à l'ombre de parois rocheuses couvertes de maquis, dispose d'une zone d'eau peu profonde, idéale pour les enfants. On trouve tous les services nécessaires dans le hameau.

Punta La Capra

Loc. Lu Bagnu, à 4 km au sud-ouest de Castelsardo par la SS 200. Au km 27, garez la voiture et suivez le panneau « Mare ».

Les falaises de trachyte foncé dominent une mer alternant les tons de bleu et de vert et cachant des fonds merveilleux. Sur une partie de la plage, une piscine naturelle peu profonde est délimitée par des rochers. L'endroit est idéal pour ceux qui aiment l'eau mais ont peur du large, et les plus petits s'y sentiront en sécurité. On peut également y camper. La proximité du hameau Lu Bagnu en fait toutefois un lieu assez fréquenté.

Punta Li Paddimi

Loc. Lu Bagnu, à 4 km au sud-ouest de Castelsardo par la SS 200, près du village touristique Rasciada Club ; on accède à la plage par un chemin de terre jusqu'au parking, puis par un sentier difficile.

Cette petite crique de galets multicolores, délimitée par une falaise brune, conviendra aux plus jeunes autant qu'aux plongeurs. Quelques rochers plats émergent de l'eau. Grand parking et emplacements pour les camping-cars.

Lu Ramasinu

Environ 12 km au sud-ouest de Castelsardo par la SS 200. Juste avant le carrefour avec la SP 13 m, un sentier de terre (150 m) conduit à la plage.

Cette plage de sable à gros grains et de galets s'avère plus propice aux bains de soleil qu'à la baignade, car le haut-fond qui s'étend le long de la rive rend l'accès à l'eau difficile. Ceux qui le franchiront en seront récompensés par un fond marin riche et coloré, à découvrir avec masque et tuba. Quelques amateurs y pratiquent la pêche en apnée. Lu Ramasinu, qui ne dispose d'aucune infrastructure, respire la tranquillité en plein mois d'août : une aubaine !

À proximité Carte des collines de l'Anglona

Valledoria

À 15 km au nord-est de Castelsardo (voir carte p. 283).

Valledoria fait référence, par son nom, à la famille génoise qui fonda Castelsardo. Elle occupe le site de l'ancienne ville romaine de Codes, au centre d'une belle vallée creusée par le fleuve Coghinas. Avant de se jeter dans la mer, les eaux du fleuve traversent une dépression où elles forment un étang de plus de 50 ha, fréquenté en hiver par de nombreuses espèces d'oiseaux migrateurs, hérons cendrés, canards, souchets, cygnes, sarcelles, plongeons, foulques et bécasses. Les bars et les mulets prolifèrent dans les eaux saumâtres de l'embouchure. Celle-ci isole la ville proprement dite de son littoral sableux mais n'empêche pas la station balnéaire de bénéficier de 20 km de plages se prêtant au windsurf, au kitesurf et à la plongée.

Circuit conseillé Carte des collines de l'Anglona

★★ LES COLLINES DE L'ANGLONA

Circuit d'env. 85 km, tracé en rouge sur la carte ci-contre – Comptez une journée. Quittez Castelsardo par le sud (via Sedini) et empruntez la SS 134 dont le premier tronçon, parallèle à la côte, offre des points de vue panoramiques sur la ville et son promontoire.

Parmi les collines se faufilent d'étroites vallées où s'élargissent des plaines fertiles où pousse le blé. Les terres ventées de l'Anglona, si proches de la mer et pourtant si étrangères aux rumeurs du tourisme balnéaire, appellent à la contemplation et au silence depuis des temps immémoriaux ; au Moyen Âge, plusieurs communautés monastiques s'y établirent, nous laissant en héritage quantité d'églises rurales qui rouvrent leurs portes à l'heure des offices.

Au niveau de Terrabianca, la route oblique vers le sud dans un paysage désolé. Peu après avoir passé la SP 90, qui conduit à Santa Teresa di Gallura, vous verrez surgir sur la gauche la Roccia dell'Elefante (au km 19,3).

Roccia dell'Elefante

On dirait un éléphant, trompe en l'air, accroupi sur le bord de la route… Ce bloc erratique en trachyte, modelé par la pluie et le vent (il y en a beaucoup dans l'Anglona), abrite en fait un hypogée funèbre à *domus de janas* creusé sur plusieurs niveaux entre 3200 et 2800 av. J.-C. Une petite porte ouvre sur une salle dont les parois latérales s'ornent de deux grandes têtes de taureau stylisées.

Poursuivez vers le sud en direction de Sedini (15 km de Castelsardo).

La route domine la vallée du Toltu *(sur la droite)*. Une fois dépassé le plateau de Multeddu, elle longe celui de Tergu et traverse un paysage âpre, non dépourvu de charme. Peu après la Casa Cantoniera San Giovanni, le panorama s'élargit et la vue embrasse la verte plaine du Coghinas.

★ Sedini

Ce bourg pittoresque s'est développé tout en longueur dans une gorge calcaire. Sa partie la plus ancienne est construite à même la roche. Des placettes, de petits ponts et des passages souterrains relient les maisons entre elles.

De style gothique aragonais, l'église principale du village, **Sant'Andrea**, montre un beau portail et conserve dans le presbytère une copie (1597) de la *Trasfigurazione* de Raphaël, réalisée par le peintre maniériste sarde Andrea Lusso. L'église **Madonna del Rosario** (17e s.), au sommet du bourg, abrite quelques belles fresques.

Domus Sa Rocca – *Via Nazionale (presque à la sortie du village) - 10h-13h, 15h-19h - gratuit, offrande bienvenue.* Monument le plus remarquable du village, cette nécropole de l'époque prénuragique, creusée dans le calcaire, comporte six cellas disposées sur deux étages.

Après avoir servi de prison puis d'habitation, elle accueille aujourd'hui un petit musée consacré à l'agriculture locale.

L'église rurale **San Pancrazio di Nusri** *(à 3 km au sud-ouest de Sedini)* mérite le détour. D'aspect austère, avec ses murs bicolores alternant calcaire et pierre volcanique, elle constitue le seul vestige d'un monastère bénédictin du 12e s. Si vous voyagez avec des enfants, proposez-leur de chercher la silhouette d'une chaussure de pèlerin gravée sur les moellons en partie basse du bâtiment.

Poursuivez vers le sud en direction de Bulzi (3,5 km), la route, qui redescend, offre un beau panorama.

Bulzi

L'église **San Sebastiano** conserve, dans la 2e chapelle sur la droite, une importante **Déposition★** en bois (début du 13e s.) provenant de l'église **San Pietro di Simbranos★** *(voir ci-dessous)* : il s'agit du seul exemple significatif de gravure sur bois romane en Sardaigne.

Les ruines de l'ancien monastère bénédictin **San Nicola di Silanis** (écroulé il y a quelques années, malgré la restauration de l'abside), se dressent dans un paysage spectaculaire *(accessibles à pied, à 1,5 km après le Campo Sportivo).*

Poursuivez sur environ 4 km vers le sud.

★ San Pietro di Simbranos (San Pietro del Crocifisso)

L'église offre un remarquable exemple d'architecture romane d'inspiration pisane, en parfaite harmonie avec le paysage environnant. L'édifice, à une seule nef, remonte probablement aux années 1113-1120 ; un remaniement en 1225 vit l'adjonction de l'abside et du transept lui donnant son plan en « T ». L'élégante façade, striée de bandes horizontales alternant calcaire clair et trachyte sombre, s'articule en trois étages. Le portail à architrave est surmonté d'une lunette portant un bas-relief roman.

La route contourne le Monte Ultana ; à la bifurcation, tournez à gauche pour gagner Perfugas (env. 6 km).

Perfugas

Autour du bourg, dont le nom signifie « lieu des fugitifs », s'étend une plaine fertile habitée depuis le paléolithique inférieur, si l'on en juge par les éléments découverts dans le Rio Altana et conservés dans le musée local.

Museo Archeologico e Paleobotanico – *Via Nazario Sauro - ✆ 079 56 42 41 - juin-sept. 9h-13h, 16h-20h (15h-19h en hiv.) - 3 €.* La collection du musée montre

5

un ensemble d'objets – plutôt rudimentaires – comptant parmi les plus anciens retrouvés en Sardaigne, dont une statuette de la Déesse Mère *(Dea Madre)* remontant au néolithique. Une salle audiovisuelle permet de suivre des itinéraires virtuels dans la région.

Peu après le musée se trouvent un puits sacré nuragique clôturé et l'église paroissiale **Santa Maria degli Angeli** qui abrite un beau retable du Maestro di Perfugas (16e s.) dédié à San Giorgio.

Au croisement avec la SS 127, tournez à gauche pour rejoindre Laerru (6,5 km).

Laerru

Ce bourg agricole occupe une belle position panoramique sur la pente du petit plateau de Tanca Manna, où sources et grottes abondent dans une végétation de maquis méditerranéen. Dans le village se trouvent deux églises à réminiscences gothiques aragonaises : **Santa Margherita**, renommée pour ses deux chapelles, et la petite église du **Rosario**.

Une promenade vers le sommet peu élevé du Monte Ultana vous fera passer aux abords d'une **forêt fossile** et de nombreux vestiges archéologiques (*domus de janas*, tombe de géant et temple nuragique).

Poursuivez en direction de Martis (8 km) ; vers l'est se dressent les hauteurs de la Gallura.

Martis

Pendant longtemps, Martis a produit la « pierre à feu » (le silex) nécessaire dans l'ensemble de l'île. Dans un paysage serein au sud-est du bourg, **San Pantaleo★** fut construit dans le premier quart du 14e s., probablement par une main-d'œuvre originaire de Ligurie. Les remaniements ultérieurs (entre le 16e et le 19e s.) n'ont pas affecté la façade tripartite qui a conservé l'arcature aveugle de son pignon, sa rosace bicolore et son solide portail à voussures. L'intérieur se développe en trois nefs (partiellement effondrées) que séparent des arcs en ogive.

45mn AR. Un sentier muletier permet de rejoindre à pied le **Parco paleobotanico di Carrucana** qui protège la belle forêt fossile de Carrucana.

À la sortie de Martis, empruntez la SS 132 en direction d'Ozieri et faites un détour vers Chiaramonti (17 km AR).

★ Chiaramonti

Via della Resistenza - ✆ 345 86 35 443.

Le village s'élève au sommet d'une colline, entre deux petites vallées. Les témoignages archéologiques retrouvés sur place – une centaine de *nuraghi*, une vingtaine de *domus de janas* et des tombes de géants – prouvent une occupation très ancienne. Hormis les deux églises du centre, **San Matteo** (néoclassique) et le **Carmelo** (16e s.) et les activités artisanales (tissus brodés, tapis de coton et de laine à grains, dite *a pibiones*), c'est à l'extérieur du bourg que se trouvent les principaux objectifs de visite, le château Doria et l'exquise Santa Maria Maddalena.

Castello Doria – Les ruines du château (13e s.) surplombent le village. Comme de nombreuses forteresses de l'île, celle-ci appartenait à la famille des Doria et faisait partie de la ligne de défense construite par les Ligures au 14e s. pour contrer l'avancée des troupes catalano-aragonaises. À l'origine, le château consistait en un donjon de base carrée inséré dans une enceinte où se trouvaient aussi les logis pour les troupes. Des vestiges du donjon, la **vue★** porte, par temps clair, jusqu'à la côte corse au nord. Une partie de la forteresse a été reconvertie en église lors de la domination aragonaise : au bout d'une nef unique entourée de huit chapelles, on verra dans l'abside les restes d'une voûte d'arêtes.

Pour rejoindre l'église Santa Maria Maddalena, faites demi-tour vers Martis ; après env. 2,7 km, à la hauteur de la fontaine, tournez à gauche (5 km AR).

★ Santa Maria Maddalena

Harmonieusement insérée dans le paysage, l'église s'avère un bel exemple de roman mineur. Sa construction débuta peu après 1205, pour le compte de l'ordre toscan des Camaldules ; une inscription sur un moellon de la façade évoque d'autres travaux réalisés en 1335. Bien que toute l'église soit bâtie en calcaire et en pierre volcanique, on note une différence entre l'emploi de petites pierres, dans les parties basses, et celui de rangées de moellons dans les parties hautes et en façade.

Faites demi-tour et reprenez, sur la gauche, la SS 132 jusqu'à la SS 127, puis tournez à gauche en direction de Nulvi. La route descend, franchit le fleuve Is Canneddu et remonte en serpentant parmi les collines.

Nulvi

Des murs de pierres sèches divisent les champs de blé sur le versant du petit plateau calcaire du Monte San Lorenzo. Le bourg qui s'y est installé, de structure linéaire, faisait partie de la juridiction des Doria puis des Aragonais. On trouve trace de ce noble passé dans l'architecture de la vieille ville, dominée par le campanile octogonal de l'église paroissiale **Vergine Assunta** (18ᵉ s.) ; voyez-y les fonts baptismaux, la chaire et l'autel de la sacristie.

Toute proche, l'église du **Rosario** (17ᵉ s.) est pourvue d'une façade baroque. Dans la ruelle qui sépare les deux églises, l'**Oratorio di San Filippo** conserve les trois imposants candélabres (9 m de haut) que l'on sort les 14 et 15 août pour la *Sfilata dei Candelieri*, un événement religieux qui remonte au 13ᵉ s.

Quittez Nulvi par le nord et empruntez la SS 17 pour rejoindre Tergu (12 km).

★ Nostra Signora di Tergu

À l'entrée du hameau, une route sur la droite conduit à cette église romane, qui faisait partie d'un ancien monastère bénédictin médiéval – le plus important de l'Anglona – dont il ne reste que quelques ruines. Le calcaire blanc des arcs et des colonnettes contraste à merveille avec le rouge violacé de la volcanite du parement.

On situe la fondation de l'édifice entre 1065 et 1082, mais le plan de la façade et ses ornements la rattachent aux modèles pisans du 12ᵉ s. On devine au sommet les restes d'un fronton (écroulé) ; la fausse loggia du niveau intermédiaire, avec ses quatre colonnes (dont deux torses), s'ouvre en un oculus quadrilobé ; une arcature aveugle rythme le niveau inférieur, avec son portail à architrave. Le plan en « T » est dû à l'ajout du transept, qui termine sur la gauche par un sobre campanile carré.

Poursuivez jusqu'à Lu Bagnu (p. 281), pour rejoindre la SS 200 et prendre la direction de Castelsardo (4 km).

La route longe la côte parmi les vignes et les figuiers de barbarie, offrant de beaux points de **vue★** sur Castelsardo. Sur l'éperon de la marina de Frigiano s'élève une tour espagnole du 16ᵉ s.

NOS ADRESSES À CASTELSARDO

HÉBERGEMENT

PREMIER PRIX

B & B Casa Doria – *Via Garibaldi 10 (ville haute) - ✆ 349 355 78 82 - www.casadoria.it - 3 ch. 70/82 €.* Une maison de ville sur trois étages, le dernier avec salon panoramique. Dans une atmosphère sarde chaleureuse, de jolis paniers traditionnels décorent les murs ; l'ensemble a des allures de maison de grand-mère.

B & B Primo Sole – *Via Lombardia - Loc. Lu Bagnu, à 3 km au sud-ouest de Castelsardo - ✆ 339 492 03 62 - www.realprimosole.com - P - 4 ch. - 70/80 €.* À 250 m de la plage, cette maison jaune, située dans un paisible quartier résidentiel, abrite de grandes et confortables chambres, toutes avec balcon privatif, dont deux avec espace cuisine dissimulé dans une armoire. Petit-déjeuner soigné.

BUDGET MOYEN

B & B Il Tramonto – *Via Cagliari 160 (ville haute) - ✆ 349 294 76 64 - 3 ch. 80/100 €.* Située à deux pas de la place principale de Castelsardo, la maison de Manuele dispose de chambres simples et colorées, avec salle de bains privative ou commune, en fonction de votre budget. Charmante terrasse au dernier étage pour profiter de la vue et déguster votre petit-déjeuner.

Baga Baga – *Loc. Terra Bianca, à 2 km à l'est de Castelsardo - ✆ 079 470 075 - www.bagabaga.it - P - fermé nov. - 10 ch. 90/120 €.* Situé sur une colline en face de la ville fortifiée et entouré d'une végétation méditerranéenne, l'hôtel multiplie les atouts : des panoramas à couper le souffle, une atmosphère raffinée et une excellente cuisine sarde. Chambres avec décoration traditionnelle et disposant de toutes les commodités, y compris un balcon ou un petit jardin privé.

RESTAURATION

Bon à savoir – Si vous voulez manger de la **langouste**, c'est à Castelsardo qu'il faut le faire. De nombreux restaurants proposent leur recette maison et participent même chaque année à un concours thématique !

PREMIER PRIX

Mediterraneum Caffè – *Lungomare Anglona 5 (ville basse) - ✆ 389 421 0178 - http://laportasulmare.jimdo.com - fermé nov.-mars - 10/15 €.* Superbe terrasse face à la mer qui s'ouvre également sur la cité fortifiée. Deux frères, Paolo et Stefano, servent une cuisine simple et généreuse, constituée de *panini*, de salades complètes et de plats du jour. Bon vin au verre et bière pression.

BUDGET MOYEN

Aragona – *Via Manganella 3 (ville haute) - ✆ 079 470 081 - www.ristorantecastelsardo.it - 25/30 €.* Un restaurant installé sur les bastions, avec une belle terrasse panoramique. Spécialités de la mer et pâtes. Essayez le plat qui a fait sa renommée : les *spaghetti al mirto*.

Café de Paris – *Via Trieste 7 (ville basse) - ✆ 079 470 618 - Pâques-oct. - 25/30 €.* Un nom français, mais une cuisine tout ce qu'il y a d'italien, avec des entrées et des pâtes savoureuses. Un endroit prisé par les jeunes de la ville.

POUR SE FAIRE PLAISIR

Rocca 'ja – *Via Sedini, à l'est du centre - ✆ 079 470 164 - www.ristoranteroccaja.com - fermé*

jeu. (sf été) - 30/40 €. La bonne adresse pour déguster des bons plats du terroir et de la mer, des *pizze* (le soir) mais surtout une excellente langouste à la braise.
Il Cormorano – *Via Colombo 7 (ville basse)- ✆ 079 470 628 - www.ristoranteilcormorano.net - fermé mar. sf été - 40/55 €.* Cuisine de la mer pleine de talent et de fantaisie, dont une délicieuse langouste, dans un cadre élégant.

Chiaramonti

BUDGET MOYEN

Agriturismo Sas Damas – *Loc. Sas Piras - ✆ 347 77 17 641 - fermé lun. - 20/25 € - 3 ch.* Une vieille ferme retapée entourée de végétation et de sites préhistoriques. Charcuterie faite maison, légumes du potager et préparations à base d'agneau, de mouton ou de sanglier. Les raviolis farcis à la *ricotta* et les desserts sont excellents.

Martis

BUDGET MOYEN

Azienda Agrituristica Carrucana – *Loc. S'Ena - ✆ 079 566 175 - www.agriturismocarrucana.it/- repas 25/30 € - 4 ch.* Perdu au milieu de nulle part, voilà un *agriturismo* de charme, avec un agréable jardin, une belle salle à manger et une cuisine délicieuse : outre les classiques du terroir, des surprises originales, dont *s'appara* (oignons sauvages), *maccarrones de 'errittu* (pâtes artisanales) et *sa pompia* (un agrume confit originaire de la Baronia, comme la propriétaire).

ACHATS

Bon à savoir – À deux pas du château, sur le seuil des maisons de la via Marconi, des femmes vendent les jolis paniers qu'elles ont fabriqués. Un peu chers, mais faits main.

Sardartis - Padiglione dell'artigianato – *Via Sedini 16 - ✆ 079 470 366 - www.sardartis.it.* Grande exposition de produits d'artisanat à prix abordables.

Chiaramonti

Pasticceria Ziccheddu Cossu – *Via Carmelo 8 - ✆ 079 569 066.* Une pâtisserie tout indiquée pour les gourmands.

Perfugas

Società Cooperativa Pastori – *Via Nazario Sauro 6 - ✆ 079 564 086.* Vente de fromages et de produits laitiers.

ACTIVITÉS

Valledoria

Excursionsu sur le fleuve Coghinas – *C/o Chiosco-Bar L'Alta Bhanda Cafè - Imbarcadero Foce del Coghinas - ✆ 328 279 84 42 - www.focedelcoghinas.com.* Bateau pour 16 pers. On remonte le fleuve Coghinas au coucher du soleil. Fantastique, et pas seulement pour observer les oiseaux.

AGENDA

Castelsardo

Sagra del pesce – *2e dim. d'août.* La Pianedda (ville basse) accueille cette manifestation sympathique qui enchaîne une procession pendant la journée et une dégustation de poissons et de produits locaux le soir.

Nulvi

Sfilata dei Candelieri – *Les 14 et 15 août.* Procession suivie d'un grand repas.

Alghero

★★★

44 082 habitants

Un peu Cannes, un peu St-Paul-de-Vence, Alghero est souvent appelée « la petite Barcelone sarde » pour sa vivacité et son dynamisme. C'est que les liens entre Alghero et l'Espagne ne se démentent pas depuis le 14e s., quand les Catalans y apportèrent leur langue – encore parlée aujourd'hui – et ce style gothique qu'affichent de nombreux édifices de la vieille ville. Ce charmant petit port, que ceinture une belle muraille médiévale tournée vers la mer, s'enorgueillit d'une promenade, façon « ramblas », qui conduit vers la longue plage au nord de la ville. Alghero constituera un excellent camp de base pour découvrir la Nurra, du Capo Caccia à la péninsule de Stintino et à l'Isola dell'Asinara, et l'arrière-pays qui s'étend vers l'est.

NOS ADRESSES PAGE 306
Hébergement, restauration, achats, activités, etc.

S'INFORMER

Ufficio informazioni turistiche – *Piazza Porta Terra 9 - ✆ 079 97 90 54 - www.alghero-turismo.it - 8h-20h, dim. 10h-13h.* Informations en français.

SE REPÉRER

Carte de région A1-2 (p. 252) – Carte de la Nurra (p. 297). Alghero, à 40 km au sud-ouest de Sassari, est située dans la rade du même nom, le long de la P 49. L'idéal est d'y arriver de Villanova Monteleone, par la SS 292, pour apprécier au mieux le site. Ses rues étroites se serrent sur une petite presqu'île ceinte de fortifications, au pied desquelles se trouve le port de pêche. La ville moderne, plutôt anonyme, longe le front de mer *(via Lido et viale 1° Maggio)* et les plages au nord de la vieille ville.

SE GARER

Attention : les vieux quartiers sont en zone à trafic limité (ZTL) : la circulation n'y est autorisée que de 8h à 10h30 et de 14h30 à 16h30. Grand parking (payant) piazzale della Pace, le long de la via Garibaldi, derrière le port.

À NE PAS MANQUER

Les deux belvédères : Torre del Portal et le campanile de la cathédrale ; San Francesco ; les remparts ; la

Alghero.
R. Spila / Sime / Photononstop

Grotta di Nettuno au Capo Caccia ; les plages de l'Argentiera dans la Nurra du nord ; la route vers Bosa, la plage La Pelosa à Stintino.

ORGANISER SON TEMPS

Prévoyez une journée pour la visite de la ville, deux si vous y ajoutez la Grotta di Nettuno et le Capo Caccia, quatre ou cinq jours si elle vous sert de base pour découvrir la Nurra (Stintino et l'Argentiera). Les soirées à Alghero sont d'un grand romantisme.

AVEC LES ENFANTS

Le Museo del Corallo et la Grotta di Nettuno.

Se promener

★★★ PROMENADE ENTRE TOURS ET REMPARTS

Le circuit part de la piazza Porta Terra, à l'extrême ouest de la via Vittorio Emanuele. Comptez 2 heures, idéalement l'après-midi pour profiter des couleurs du soleil couchant.

Piazza di Porta Terra

La Maison de Savoie baptisa ainsi la place qui marquait l'entrée « par la terre » dans l'enceinte de la ville ; aujourd'hui, la place se trouve à la limite entre la vieille ville, à l'ouest, et la ville moderne, à l'est.

★ Torre di Porta Terra (del Portal)

Tlj 9h-13h, 16h30-19h30 (23h en été) - fermé déc.-fév.

La tour percée de meurtrières qui s'élève sur la place se nommait à l'origine tour « dels Ebreus », car elle avait été construite au 14e s. grâce au soutien financier de la colonie juive de la ville. Le blason catalan en orne l'entrée. La magnifique salle couronnée d'une voûte à douze voûtains abrite un modèle réduit de la ville. Au sommet, une belle **terrasse panoramique**★★ offre une vue d'ensemble sur la vieille ville et le Capo Caccia.

Au rez-de-chaussée la tour accueille l'office de tourisme et un bookshop.

Descendez vers le sud par la via Simon jusqu'au largo di San Francesco.

Torre di San Giovanni (San Joan)

Au centre du largo San Francesco, cette tour cylindrique du 14e s. faisait partie du système défensif de la ville, au même titre que les ruines de la forteresse espagnole que l'on peut voir à côté du Banco di Sardegna.

Continuez sur la via Fratelli Kennedy jusqu'à la piazza Sulis.

LA NAISSANCE DE LA « BARCELONETA » SARDE

L'histoire d'Alghero commence véritablement avec la conquête catalano-aragonaise de la Sardaigne, en 1323. Les Catalans avaient alors besoin d'un lieu d'accostage commode dans le nord-ouest de l'île; ils choisirent la petite forteresse portuaire que la famille des Doria avait fait bâtir dans la première moitié du 12e s. En 1354, Pierre IV d'Aragon y débarqua à la tête d'une formidable expédition. L'énergique souverain fit chasser tous les habitants de la cité pour les remplacer par une population venue des possessions ibériques. Il fit abattre les petites tours génoises et leur en substitua d'autres, plus hautes et plus solides, dans le cadre d'un agrandissement et d'un renforcement de l'enceinte. Lorsque l'empereur Charles Quint débarqua en 1541 avec ses quarante galères, il s'exclama : « *Bonita y ben assentada !* », « gracieuse et bien solide ». Tout aussi « solide » fut l'assimilation du peuple sarde : alors que la ville était déjà aux mains de la Maison de Savoie, on y imprima un catéchisme en catalan (1850) et de nombreux *algheresi* parlent encore aujourd'hui une forme archaïque de catalan.
Messe en catalan le dimanche à 20h dans la cathédrale.

Torre di Sulis

Cette tour massive, comme la place qui l'accueille, doit son nom actuel au patriote sarde emprisonné dans ses murs au début du 19e s. Jadis appelée Torre dello Sperone ou **dell'Esperó Reial**, elle remonte à la fin du 14e s. Les deux pièces dont elle se compose sont reliées par un escalier en colimaçon aménagé dans l'épaisseur du mur.

★★★ Les remparts

Entre la Torre di Sulis au sud et la Porta a Mare au nord, les remparts délivrent un superbe panorama sur le Capo Caccia et l'horizon. La promenade, entièrement piétonnière, est particulièrement agréable au coucher du soleil.

La rue Bastioni Cristoforo Colombo – qui, avec les rues Bastioni Marco Polo, Bastioni Pigafetta et Bastioni Magellano, rendent hommage aux grands voyageurs – s'élargit à la hauteur du **Bastione della Misericordia** et se termine à la **Torre di San Giacomo**; dans un lointain passé, on enfermait les chiens errants dans cette tour gothique octogonale.

La fortification se termine au nord par le **Bastione Real**, puis s'infléchit à l'est; elle surpasse en hauteur la **Torre di Sant'Elmo**; au pied des remparts s'étendent le port et la jetée, la plage de San Giovanni et, au large, l'Isolotto della Maddalenetta. La vue embrasse le hameau de Fertilia, l'étang Calich et l'aéroport. Les Bastioni Magellano, curvilignes, conduisent à l'escalier qui fait face à la **Porta a Mare**, l'entrée de la ville côté mer. Les remparts se terminent sur le **Forte della Maddalena**, construit entre 1572 et 1574 et bien restauré; des concerts s'y donnent en été.

★★ LA VIEILLE VILLE

De la Porta a Mare, on accède, au sud, à la piazza Civica, dans le centre historique.

★ Piazza Civica

Elle est comme un petit salon à ciel ouvert où les gens d'Alghero aiment à se retrouver. Plusieurs magasins en font la vitrine de la ville. Les palais qui entourent la piazza Civica, ancien cœur administratif de la ville, offrent un bel exemple d'architecture civile. Si la majorité d'entre eux portent encore l'empreinte espagnole, tous ont été remaniés dans un style piémontais.

La **Casa de Ferrera** (ou **Palazzo d'Albis**, au n° 31), exemple typique du *palau* aragonais du 15e s. avec ses quatre fenêtres jumelées, accueillait le siège du gouverneur militaire et du vice-roi de Sardaigne ; au rez-de-chaussée, le Caffè Costantino se prête à une pause agréable.

Le **Palazzo Lavagna** *(n° 16-18)*, transformé au 19e s., conserve dans la cour intérieure des réminiscences de ses origines catalanes et, au premier étage, un cadran solaire en ardoise. De même, à l'angle de la piazza Civica et de la via Carlo Alberto, le **Palazzo Serra** fut érigé sur les bases d'une construction catalane disparue, et cela avant d'être remanié, au 19e s., dans le style néo-classique ; son entrée s'inspire du baroque piémontais.

Continuez sur la via Manno.

Museo Diocesano d'Arte Sacra

Ex-Chiesa del Rosario - Via Manno- ✆ 079 97 33 041 - vend.-lun. 10h30-13h30, 17h-20h ; mar. et jeu. 10h30-13h30 - fermé merc. et nov.-déc. - 3,50 €.

Installé dans l'ancienne église du Rosario (17e s.), il recèle parmi les œuvres exposées une *Madonna dei Naviganti*, statue en bois du 15e s. réalisée par un artiste catalan, et un reliquaire de la Sainte-Croix en argent du 16e s.

Tournez à droite sur la via Sant'Erasmo.

Via Sant'Erasmo

Appelée autrefois « carrer de les Monges » et assez bien conservée, elle constituait l'axe principal du quartier juif, derrière la Torre di Castilla. Les deux escaliers montent vers les remparts. Au n° 8, le **Palazzo Carcassona**, ancienne demeure d'une famille juive originaire du Languedoc, présente une façade Liberty, mais conserve, sur la partie gauche, une fenêtre de style gothique catalan.

Retournez sur la via Manno.

★ Cattedrale di Santa Maria

Malgré son manque d'unité stylistique, l'ensemble revêt une certaine majesté. La façade donnant sur la petite piazza del Duomo s'est vu ajouter au 19e s. un pronaos (vestibule) néoclassique ; les parties les plus anciennes (**campanile★**, abside), de style gothique tardif catalan, remontent au 16e s. L'intérieur à trois nefs, dont les élément décoratifs datent du 18e s., abrite un riche maître-autel en marbre de 1727 ; dans le bas-côté gauche du transept, le monument néo-classique à Maurizio di Savoia, mort du paludisme à Alghero en 1799, à 27 ans.

Empruntez la via Principe Umberto, derrière la cathédrale.

Via Principe Umberto

Sur la rue se dresse le très beau **campanile★** octogonal de style gothique catalan, qui donne accès à la cathédrale à travers une porte élégamment ouvragée. *✆ 079 97 33 041 - lun. et ven. 11h-13h15, 17h30-19h30, mar., jeu. et sam. 11h-13h15 - fermé dim. et nov.-déc. - 3 €.*

La grand-rue de la ville est bordée de nobles demeures. Au n° 11 se dresse la **Casa Doria** (ou Casa Machin, du nom de l'évêque d'Alghero qui y séjourna dans la deuxième moitié du 16e s.), dont le portail Renaissance et les **fenêtres★** de style gothique catalan reflètent l'habileté des artisans de l'époque.

Un peu plus loin, sur la **piazza del Teatro**, le Palazzo della Curia accueille les archives épiscopales. Terminé en 1862, le **Teatro Civico di Alghero**, avec son harmonieuse façade néoclassique, est le seul théâtre de Sardaigne à avoir conservé une structure portante en bois.

La rue se termine au pied de la sobre **église de la Misericordia**, fondée au début du 16e s. par les Franciscains, remaniée dans la deuxième moitié du 17e s.

et restaurée après la Seconde Guerre mondiale. Son campanile affiche un style espagnol. Le crucifix qu'elle renferme, sauvé d'un naufrage au 17e s., suscite une importante procession durant la Semaine sainte.
Empruntez à gauche la via della Misericordia pour rejoindre la via Carlo Alberto.

San Michele

Piazza Ginnasio.
Sur une place qui a souffert des bombardements de 1943, s'élève cette église baroque construite au 17e s. par les Jésuites sur les vestiges d'un autre édifice consacré à saint Michel. Vous la repérerez aux losanges colorés de sa **coupole★** en majolique de Valence, l'un des symboles de la ville. La façade est restée inachevée, car la proximité des constructions attenantes ne permettait pas d'entreprendre des travaux d'envergure. À l'intérieur, si le maître-autel est dédié à saint Michel, les chapelles des transepts sont dédiées aux deux fondateurs espagnols de la compagnie de Jésus, saint Ignace de Loyola (chapelle gauche) et saint François Xavier (chapelle droite).
Empruntez la via Carlo Alberto.
La **via Carlo Alberto**, la « carrer Major » parallèle à la via Principe Umberto, est l'autre rue commerçante de la ville, bordée par les belles vitrines des antiquaires et des bijoutiers.

★★ San Francesco

L'église, dont les lignes et les volumes inspirèrent nombre d'autres édifices sur l'île, fut bâtie au 14e s. Elle connut une première campagne de restauration à la Renaissance, à la suite d'un effondrement (1593). La façade, assez sobre, s'agrémente de deux rosaces, l'une romane, en bas, et l'autre de style Renaissance tardif, en haut. On doit à l'artiste contemporain Mario Nieddu la sculpture dédiée à San Francesco (1983). Le **campanile**, de forme triangulaire (symbole de La Trinité), montre un bel exemple de gothique catalan, tout comme la petite cour médiévale. Particularité de cet édifice, il adopte un tracé oblique (et non perpendiculaire) par rapport à l'axe routier, probablement parce qu'il a repris, en partie au moins, le tracé de l'église préexistante. À l'**intérieur**, l'autel de marbre polychrome supporte trois statues de l'artiste Gian Battista Franco, réalisées en 1773 : la Vierge, encadrée par saint François à gauche et saint Antoine à droite. Remarquez aussi le *Christ à la colonne* en bois, daté du 18e s. Le chœur est couvert d'une élégante voûte en berceau.
Près de la sacristie, une porte s'ouvre sur le magnifique **cloître★** dont les 22 colonnes de grès clair font écho à la nef et aux pilastres de l'église. Ce lieu charmant et paisible est tout imprégné de la simplicité propre à l'ordre franciscain. L'été, il accueille des concerts de musique classique *(accès par la porte qui s'ouvre sur la petite cour à gauche de l'église).*
Rejoignez, au bout de la rue, l'angle entre la via Roma et la via Barcelonetta.

Piazzetta del Municipio

La petite place doit son nom à la présence de l'ancien hôtel de ville. Au n° 73, voyez la belle loggia du 18e s. du **Palazzo Peretti**.

HORS LES MURS

Lungomare Dante

En bord de mer, au sud de la vieille ville.
Immédiatement au sud de la piazza Sulis, le Lungomare Dante suit le tracé de la côte ; il est bordé de belles villas Liberty.

CORAIL ET LANGOUSTES

À la différence d'autres villes sardes, plutôt tournées vers l'arrière-pays, Alghero vit au rythme de la mer; elle en tire deux produits qui depuis des siècles participent à sa culture et ses traditions : le corail et les langoustes. La côte au sud du Capo Caccia est appelée **Riviera del Corallo** pour l'abondance de **corail** d'une remarquable qualité due à l'action des forts courants marins sur le développement des polypes. Le corail d'Alghero est caractérisé par sa couleur rouge, homogène et brillante, et sa structure très compacte et non poreuse.

Seconde excellence locale, la **langouste** de la côte comprise entre Bosa et Stintino, dont la pêche est strictement réglementée; elle est considérée comme la meilleure grâce à la richesse et à la forte salinité de l'eau. Dans presque tous les restaurants de la ville, on vous la servira d'avril à fin août, dans la version *à la catalane* (avec oignons et tomates) ou *à l'algherese* (juste assaisonnée d'un filet d'huile). Prix moyen en 2015 : 70/80 €/kg après une période de forte baisse des cotations *(120/130 € en 2012)*.

Via XX Settembre

Au sud-est de la vieille ville, en partant de la piazza Sulis.

À partir de la fin du 19e s., elle forme l'axe principal des nouveaux quartiers qui se construisent à l'est de la ville fortifiée. C'est aujourd'hui le cœur commercial de la ville moderne.

Museo del Corallo

Via XX Settembre 8 - ✆ 079 97 38 610 - 10h30-13h, 16h30-19h - fermé lun. - 3 €.

Aménagé dans une jolie villa Liberty du début du 20e s., le musée raconte la biologie du corail ainsi que l'histoire de sa pêche et de son artisanat en Méditerranée et dans la région d'Alghero en particulier.

Passeggiata a Mare

Au nord de la vieille ville.

Non loin du Forte de la Maddalena, une promenade plantée de palmiers longe le port pour conduire aux plages du **Lido di San Giovanni**. Conçue par l'architecte Joan Bousquet sur le modèle des *ramblas* espagnoles, elle renoue le lien historique de la ville avec la Catalogne. Beaucoup de jeunes *Algheresi* s'y retrouvent pour boire un verre à *L'Ormeggio*.

À proximité Carte de région

★★★ Grotta di Nettuno A2

À 25 km à l'ouest d'Alghero. Prenez la dir. de Fertilia puis du Capo Caccia; une route sinueuse offrant de splendides vues longe la Riviera del Corallo, dans la baie de Porto Conte. On peut aussi s'y rendre en bateau (20mn) à partir du port d'Alghero. *Voir p. 296.*

Circuits conseillés Carte de la Nurra

Occupant les deux extrémités d'un vaste promontoire, le Capo Falcone (au nord) et le Capo Caccia (au sud) sont reliés par une côte superbe aux paysages sauvages. Au gré des collines et des plaines, parmi les bruyères et les palmiers nains, les vignes et le maquis, on y découvrira des vestiges nuragiques et d'anciennes mines établies en bord de mer.

La **Nurra** est une région agricole comprise entre Alghero, Sassari, Porto Torres et la mer de Sardaigne. Le circuit se divise en deux boucles partant d'Alghero : l'une dans la **Nurra du sud**, proche d'Alghero ; l'autre à travers la **Nurra du nord** jusqu'à Stintino, à l'ouest de Porto Torres. Si vous manquez de temps, vous pouvez les combiner en un seul itinéraire, d'Alghero à Stintino.

★★ LA NURRA DU SUD

Circuit d'environ 80 km, tracé en bordeaux sur la carte de la Nurra p. 297 – Comptez une journée pour visiter les sites, deux jours si vous désirez profiter de la mer. Quittez Alghero par le nord en longeant le port (via Garibaldi puis via Don Minzoni), poursuivez vers le nord par la SP 42 et dépassez l'aéroport, sur la gauche.

Vous longez le grand domaine vinicole **Sella e Mosca**, pionnier de la viticulture sarde depuis 1899 *(en été, visites guidées gratuites tlj sf dim. à 17h30 - www.sellaemosca.com ; voir « Nos adresses » p. 311).*

Continuez sur la SP 42 jusqu'à la bifurcation pour Li Piani (sur la droite) où vous prendrez à gauche pour rejoindre la Necropoli di Anghelu Ruju (à 10 km d'Alghero).

★ Necropoli di Anghelu Ruju

SP 42, km 8 - Loc. Li Piani - ✆ 329 43 85 947 - mai-sept. 9h-19h, avr. et oct. 9h-18h, nov.-mars 10h-14h - 6 € billet combiné avec Nuraghe Palmavera.

Avec ses 38 sépultures creusées dans le grès de la plaine, cette grande nécropole préhistorique remonte à l'âge du cuivre (3000 av. J.-C.). Les tombeaux présentent de nombreux éléments typiques du néolithique : un plan concerté, des coupelles à offrandes creusées dans le sol, des scènes de la vie quotidienne incisées ou gravées évoquant le monde des vivants. Couleur dominante, l'ocre rouge rappelle le sang et la régénération.

Les armes et le mobilier retrouvés par les archéologues sont conservés au Museo Archeologico Nazionale de Cagliari.

Continuez jusqu'au carrefour avec la SS 291 puis tournez à gauche.

Établi au centre d'une zone assainie dans les années 1950, à la suite de la réforme agraire du territoire d'Alghero, **Santa Maria la Palma** est un bourg agricole qui produit du vin et des fromages et montre une structure urbaine entièrement planifiée.

Continuez sur la SS 291 vers l'ouest jusqu'à la SP 55bis. Au carrefour, tournez à droite et suivez les indications pour le Lago Baratz ou Barazza.

★ Lago Baratz

Seul lac naturel de Sardaigne, il s'est formé il y a environ 100 000 ans, quand le niveau de la mer était plus élevé et couvrait l'anse de Porto Ferro. Il s'insère dans un beau cadre naturel de pins et de maquis, non loin d'un cordon de dunes. Avec une douzaine de kilomètres de pourtour et une profondeur n'excédant pas les 2 m, il attire hérons cendrés et aigrettes garzettes, grèbes, plongeons, foulques et mouettes. Avec un peu de chance, vous apercevrez peut-être une tortue de marais se chauffant au soleil.

Centro di educazione ambientale Lago Baratz – *Via dei Fenicotteri 25 - Loc. Baratz - ✆ 079 279 623.* Ce centre d'éducation à l'environnement a installé deux observatoires ornithologiques et aménagé quatre sentiers balisés (de 5 à 30mn) autour du lac pour les promenades à pied, à cheval ou à vélo, dont un spécialement équipé pour les personnes à mobilité réduite. N'oubliez pas chaussures de marche, jumelles et appareil photo.

Rejoignez la SP 55bis (soit en faisant demi-tour, soit en continuant vers l'ouest) pour arriver à Porto Ferro.

Cala Calcina.
Jores Rossetti

Plages de Porto Ferro et Cala di Porticciolo

Une mer émeraude et trois tours du 17e s. limitent la plage de Porto Ferro : au nord, la **Torre Bianca** et la **Torre Nera**, au sud, la **Torre Bantine Sale**.

De retour sur la SP 55bis, prenez vers le sud en longeant le Monte Doglia (sur la gauche) ; suivez à pied le sentier qui part du parking.

On aperçoit de loin la silhouette de la **Torre del Porticciolo**, qui veille au nord sur la plage du même nom. Malgré le camping-village touristique installé sur le plateau qui la surplombe, la plage est tranquille et relativement peu fréquentée.

Reprenez la SP 55bis et continuez vers le sud. À la bifurcation, prenez la route de droite en contournant le versant oriental du Monte Timidone (littéralement « le grand timide »).

★★ Capo Caccia

Le **panorama** sur la baie de Porto Conte est absolument splendide. **Tramariglio**, un hameau dépendant d'Alghero, accueillait jadis un bagne. Il est aujourd'hui totalement voué au tourisme : les bâtiments pénitentiaires ont été reconvertis en logements de vacances, tandis que Cala Tramariglio, limitée au sud par Punta del Frara et par une tour du 17e s., abrite une **marina** d'une capacité de 120 embarcations (inférieures à 10 m).

Dépassez la zone résidentielle de Pischina Salida ; à la bifurcation, descendez la route à gauche jusqu'à Cala Calcina.

De la crique **Cala Calcina**, beau point de **vue**★ sur le massif du Capo Caccia (186 m), dont les parois abruptes tombent à pic dans la mer.

Retournez sur la route principale ; à la bifurcation, prenez à droite pour rejoindre l'autre versant du promontoire.

Du belvédère en surplomb, on voit à ses pieds **Cala d'Inferno** et, au large, l'**Isola Foradada** où la mer a creusé une grotte naturelle.

Suivez la route qui remonte (vue sur la Torre del Bulo) jusqu'au sommet ; à gauche commence l'escalier qui descend jusqu'à la Grotta Verde.

La **Grotta Verde** *(ne se visite pas)* doit son nom aux lichens et aux mousses qui recouvrent les rochers autour de l'entrée. On y a découvert des sépultures et des trousseaux funéraires du néolithique (env. 6000 av. J.-C.).

Continuez la route vers le sud jusqu'à l'extrémité arrondie qui précède le cap.

Le belvédère du **Capo Caccia**, véritable terrasse naturelle sur la mer et sur les spectaculaires falaises calcaires du cap, offre un **panorama**★★★ à couper le souffle vers le promontoire de Porto Conte, la rade d'Alghero et la côte qui descend vers le sud. Le puissant phare qui veille sur ses côtes se voit à plus de 34 milles nautiques. Sur la droite du belvédère, l'**Escala del Cabirol**★★★ (« escalier du chevreuil ») descend à la Grotta di Nettuno par 654 marches (110 m de dénivelé). Fatigant à l'aller comme au retour, il réserve néanmoins des vues superbes.

★★★ Grotta di Nettuno

✆ 079 94 65 40 - avr.-oct. 9h-19h ; nov.-mars 9h-15h - 13 € - visite guidée avec commentaire multilangue ; en français seult pour groupes sur RV.

Excursions à partir d'Alghero. En **autocar** *: bus ARST (arst.sardegna.it), ou bus touristique Trottolo (voir p. 306) dép. via Catalogna - trajet 50mn - 4,50 € AR.*

En **bateau** *: Linea Grotte Navisarda - ✆ 079 95 06 30 - www.navisarda.it, ou Linea Grotte Attilio Regolo - ✆ 368 35 36 824 - www.grottedinettuno.it : au moins 2 dép./j selon météo - mars-oct. - durée 2h30 visite de la grotte comprise (le bateau repart immédiatement après la visite) - env. 15 € AR.*

Découverte par des pêcheurs au 16e s., la grotte est ouverte aux visites depuis 1954, sur un parcours de 600 m. Quasiment constante tout au long de l'année, la température ambiante varie entre 18 et 20 °C.

L'eau qui pénètre dans la cavité forme le **Lago Lamarmora**, l'un des plus grands lacs salés d'Europe avec ses 100 m de longueur. La lumière s'infiltre en un seul point de la grotte ; une flore cavernicole en verdit les parois. Au terme de 153 marches, on accède aux différentes salles de la grotte, baptisées selon les formes étranges de leurs stalagmites et de leurs stalactites (sapin de Noël, coupole de basilique, orgue). Les concrétions les plus imposantes sont aussi les plus anciennes ; certaines ont plus d'un millier d'années.

Du Capo Caccia, il faut remonter la route jusqu'à la fin de l'arc oriental du promontoire pour tourner à droite en direction de Fertilia ; à la bifurcation, prenez à nouveau à droite vers Porto Conte (parking gratuit).

PARCO REGIONALE NATURALE DI PORTO CONTE

Créé en 1999, ce parc régional naturel s'étend du Monte Dolia à l'étang de Calich (à l'ouest de Fertilia) et au vaste golfe de Porto Conte, que protègent les promontoires de Punta Giglio à l'est et de Monte Timidone-Capo Caccia à l'ouest. Outre un riche maquis, il abrite la *Centaurea horrida*, une centaurée épineuse endémique de l'île, le palmier nain *(Chamaerops humilis)*, le seul palmier natif d'Europe, et la posidonie de Méditerranée (une plante sous-marine qui forme de vastes herbiers). Côté faune, parmi 35 espèces de mammifères et 150 d'oiseaux, on rencontre lièvres sardes, lapins sauvages et belettes. Des espèces qui avaient disparu, telles que les petits chevaux de la Giara et les ânes blancs de l'Asinara, ont été réintroduites dans le parc. À Punta Cristallo, le faucon pèlerin et le vautour fauve nichent sur des rochers en surplomb de la mer, à 300 m d'altitude. *www.parcodiportoconte.it.*

LA NURRA
0
10 km
N
Punta Caprara o dello Scorno
Cala Arena ★★
408
Cala d'Oliva
La Reale
Isola dell'Asinara
Punta Tumbarino
Parco Nazionale dell' Asinara ★★
265
Cala Sant' Andrea ★★
Fornelli
Golfo
dell'
Asinara
TOULON, GENOVA
★★ Capo Falcone
I. Piana
★★★ LA PELOSA
Gabbiano-Roccaruja ★
Torre Falcone
Punta Negra
★ Stintino
Cala Lupo
Stagno di Casaraccio
Tamerici
La Tonnara
Cala Coscia di Donna ★
Le Saline ★
Pazzona ★
Ezzi Mannu ★
Stagno di Pilo
I. dei Porri
S 34
MARE MEDITERRANEO
★★★ SAN GAVINO
Pozzo S. Nicola
S 57
★ Porto Torres
SASSARI
251
M. Santa Giusta
Capo Mannu
R. d'Ottava
M. Alvaro
342
Santo
S 42
★ Argentiera
Palmadula
Monte Forte
SASSARI
Mannu
★ Capo dell' Argentiera
444
464
M. Forte
S 291
Filibertu
Lago Baratz ★
Porto Ferro
Tottubella
Santa Maria la Palma
Parco regionale naturale di Porto Conte
Baratz
S 55 Bis
★ Necropoli di Anghelu Ruju
Olmedo
S 42
Cala di Porticciolo
M. Doglia
436
Cantine Sella e Mosca
M. Miale Ispina
267
M. Timidone
361
Stagno di Calich
I. Piana
★ Golfo
Palmavera ★
Serra
Tramariglio
Porto
Le
Surigheddu
Verde
Conte
Bombarde
★ Fertilia
Lazaretto
Iscala Mola
★★★ DI NETTUNO
Punta del Giglio
Rada di Alghero
Capo Caccia ★★
ALGHERO ★★★
5

★ Golfo Porto Conte

La baie de Porto Conte, port naturel entre le Capo Caccia et Punta Miglio, est extrêmement bien protégée des vents. Sur le fond marin pousse en quantité la posidonie de Méditerranée : ces immenses herbiers sous-marins offrent protection et alimentation à un vaste écosystème marin. Entre le Capo Caccia et Alghero, le littoral prend le nom de **Riviera del Corallo** pour la richesse de ses formations coralliennes *(voir encadré p. 293)*.

Au nord-est, la grande plage de **Mugoni**, avec sa mer d'un émeraude limpide, son sable fin et le bois de pins qui l'entoure, attire beaucoup de monde.

Au sud-est, la marina de Porto Conte peut accueillir 300 embarcations allant jusqu'à 22 m de long.

Foresta domaniale Porto Conte « Le Prigionette » – *Loc. Le Prigionette - ✆ 079 94 50 05 - www.parcodiportoconte.it - 8h-16h - entrée libre sur présentation d'une pièce d'identité.* Dans cette réserve naturelle de 5 600 ha, destinée à la réintroduction d'espèces animales ou végétales autochtones ou endémiques, trois itinéraires ont été balisés. Le premier conduit au sommet d'une colline en face du Monte Timidone, le deuxième sur le Monte Timidone et le troisième à Cala della Barca.

Quittez Porto Conte vers l'est pour rejoindre les plages Lazzaretto et Le Bombarde.

Les plages Lazzaretto et Le Bombarde

Ces deux plages fort appréciées *(accessibles par un chemin de terre)* dessinent des arcs de sable fin que sépare une avancée rocheuse. Elles sont entourées d'une végétation exubérante et, dans les environs immédiats, des structures d'accueil pour tentes et camping-cars permettent d'y passer la nuit. Quand le vent souffle, elles sont prises d'assaut par les amateurs de glisse.

Quittez Le Bombarde vers le nord ; au croisement, prenez à l'est la route pour Fertilia. Un bref détour vers l'ouest permet de rejoindre le nuraghe Palmavera.

★ Complexe nuragique de Palmavera

Loc. Mastrantoni, SS 127 bis, km 42 - ✆ 329 43 85 947 - mai-sept. 9h-19h ; avr. et oct. 9h-18h ; nov.-mars 10h-14h - 6 € billet combiné avec la Necropoli di Anghelu Ruju.

À mi-chemin entre le Golfo di Porto Conte et la rade d'Alghero, ce complexe a été édifié entre le 15e et le 8e s. av. J.-C. avec des blocs de calcaire et de grès. Il se compose d'un corps central muni de deux tours, d'une défense avancée et des vestiges d'une cinquantaine de cabanes à plan circulaire.

★ Fertilia

L'histoire de Fertilia commence en 1933, en pleine période fasciste, lorsque l'on entreprend l'assainissement de la Nurra. Le tracé urbain, orthogonal, se développe à partir de la place principale ; là se dresse l'église paroissiale **San Marco**, avec sa façade évidée au centre et ses deux annexes latérales ; le campanile a été ajouté en 1955. La rue principale, bordée d'édifices en arcades, traverse tout le centre.

La **Scuola Elementare** d'Arturo Miraglia (1935), destinée à accueillir l'école primaire du bourg, rappelle des références plus internationales au gré de ses volumes à lignes courbes et de ses fenêtres en longueur ; elle alterne bandeaux de briques et parois enduites.

Fertilia compte deux plages fort appréciées par les familles et une marina.

Sortez de Fertilia vers l'est, en suivant les indications pour Alghero.

Stagno di Calich

On mit à pied d'œuvre les forçats pour assainir, en 1898, cet étang d'une superficie de près de 100 ha. Tel un calice (origine probable de son nom), il recueille la majeure partie des eaux de la région, très poissonneuses (anguilles, loups, daurades…) et fort appréciées des pêcheurs. Hérons cendrés et pourprés, flamants, avocettes et échasses blanches leur disputent leurs prises, pour le plus grand plaisir des ornithologues en herbe.

Regagnez Alghero en passant par le Lido di San Giovanni.

★★ LA NURRA DU NORD

Circuit d'environ 130 km, tracé en gris sur la carte de la Nurra p. 297 – Comptez une journée pour les seuls sites et paysages, deux jours pour profiter de la mer à Stintino (le village est aussi très agréable en soirée) et à Argentiera. Vous pouvez combiner ce circuit avec celui de « La campagne au nord de Sassari » (voir p. 263), en prévoyant un hébergement à Stintino ou à Argentiera.

Quittez Alghero par l'est en suivant la via Vittorio Emanuele II puis la SS 127bis. À la bifurcation de la Cantoniera Rudas (au nord-ouest, on aperçoit une pierre de foudre de 3 m de haut), prenez l'embranchement de gauche.

Olmedo

Les vignes et les potagers entourent ce bourg rural autrefois ceinturé d'un bois d'ormes – *olmi* en italien, d'où son nom. Le village originel, Ulumetu, fut détruit par les corsaires en 1540.

Dans la partie haute du village actuel, ses formes simples, typiques de l'architecture romane primitive, confèrent à l'église **Madonna di Talia** un aspect archaïque touchant. Construite en roche volcanique et en calcaire, elle date de la première moitié du 12e s. La façade comporte une arcature aveugle qui structure également les côtés de l'édifice. L'espace intérieur, exigu malgré ses trois nefs, crée une grande intimité. Des chapiteaux cubiques arrondis aux angles soutiennent les arcades.

Chaque année, avant Noël, on aménage dans la petite église une curieuse crèche entièrement réalisée en mie de pain.

Sortez d'Olmedo et prenez la SP 19bis jusqu'à l'intersection avec la SS 291, que vous suivrez vers l'ouest sur 1,5 km. Tournez vers le nord en suivant toute la SP 42 en direction de Stintino. Peu avant Pozzo San Nicola, un chemin de terre sur la droite longe la centrale électrique et conduit au Stagno di Pilo (comptez environ 35 km depuis Olmedo).

Stagno di Pilo

Cet étang d'eau saumâtre attire les ornithologues. Ils peuvent y observer des hérons, des faucons des marais, des talèves sultanes ou des geais, protégés par le rideau de joncs et de tamaris qui parsèment les dunes, occupés à se nourrir et indifférents à la vue, à l'est, de la centrale éolienne et de la zone industrielle de Porto Torres.

Les voyageurs, eux, apprécieront davantage le **panorama★** sur la Penisola di Stintino et l'Isola dell'Asinara, vers le nord-ouest.

La plage *(parking, emplacements pour camping-cars)* est adaptée aux familles avec enfants en raison de son sable fin et de sa mer peu profonde. Quand le vent souffle, celles-ci font place aux amateurs de glisse.

De retour sur la SP 57, prenez à droite en direction de Pozzo San Nicola, puis vers le nord par la SP 34 qui vous conduira jusqu'à Stintino (15 km).

★ Stintino

Via Sassari 123 - 079 52 00 81 - www.infostintino.it.

En 1885, une quarantaine de familles de pêcheurs d'origine ligure qui habitaient Cala d'Oliva, sur l'Isola dell'Asinara, en furent expulsées par l'État pour laisser place aux bagnes que l'on avait décidé de construire dans l'île. Ils reçurent, à titre de compensation, les terres du Capo Falcone. S'y sentant à l'étroit, ils préférèrent s'établir sur cet étroit bras de mer qu'ils baptisèrent *s'isthintinu*, « boyau », à l'origine du nom actuel. Stintino vaut le détour, avec deux ports de plaisance – Portu Mannu et Portu Minori –, et des **plages** à n'en plus finir *(voir « Les plages de Stintino » page ci-contre).*

Museo della Tonnara – *Porto Nuovo - ✆ 079 520 081 - www.infostintino.it - juin-15 sept. : 18h-23h, 16 sept.-15 oct. 17h-0h, reste de l'année sur RV - 2 €.*

Situé à Porto Mannu, ce musée organisé en six espaces, comme la *tonnara* traditionnelle (la madrague italienne), retrace le parcours suivi par le thon et décrit tous les aspects de sa pêche, à travers une série de documents, de photographies, de modèles réduits de bateaux de pêche et d'instruments de travail. Les documentaires d'époque sur la *mattanza* (le massacre final), projetés dans la « chambre de la mort », sont particulièrement frappants.

Voir aussi Loc. La Tonnara p. 302.

★★ Capo Falcone

La route continue au nord de Stintino, dépasse sur la droite le hameau Le Vele et Punta Negra et longe une côte basse et accidentée jusqu'au Capo Falcone, offrant de splendides **panoramas★★** sur le cap, l'Isola Piana, l'Asinara et la longue plage blanche de **La Pelosa** avec sa fortification espagnole. La route s'arrête au sommet du **Capo Falcone**, au pied de la tour du même nom (16e s.). Le **belvédère★★★** est extraordinaire : au nord, une vue superbe sur l'Isola Piana, sa tour espagnole du 15e s. et l'Asinara ; à l'ouest, sur les hautes falaises qui plongent dans la mer.

★★ Parco nazionale dell'Asinara

Via Josto 7 - Porto Torres - ✆ 079 503 388 - www.parcoasinara.org. Sur l'île, centre de visite à Fornelli et Cala Reale.

L'accès à l'île est interdit aux véhicules privés à moteur et aux animaux. Pour la visite, plusieurs options : excursion guidée en bateau + bus, véhicule tout-terrain ou petit train à roue, à partir de Stintino ou Porto Torres ; dépose en ferry au départ de Porto Torres (compagnie Delcomar, www.delcomar.it), puis exploration de l'île en transport public, à pied, à vélo ou à cheval. Une seule possibilité d'hébergement : auberge de Cala d'Oliva - www.sognasinara.it - dortoirs et services en commun. Points de restauration à Cala Reale, Cala d'Oliva et Fornelli, mais aucun magasin de produits alimentaires.

Le parc comprend l'île de l'Asinara et la mer qui l'entoure. Un habitat toujours très limité au fil de l'histoire a permis à l'écosystème de l'Asinara de conserver son intégrité : l'île était occupée à l'époque néolithique et au Moyen Âge (monastère des Camaldules de Sant'Andrea et Castellaccio à Punta Maestro de Fornelli) et les archives attestent la présence d'une communauté de bergers et de pêcheurs au 17e s., mais cette dernière fut expulsée lors de l'installation sur l'île d'un lazaret et d'un bagne (visite impressionnante de l'ancienne prison de Fornelli, dans le sud de l'île). Entre 1960 et 1997, année de la fondation du parc, l'île accueillait une prison de haute sécurité.

En faisant le tour de l'île par la mer, vous profiterez pleinement de la vue sur les hautes falaises du versant occidental et sur les magnifiques criques du versant oriental, dont celles de **Cala Sant'Andrea★★** et **Cala Arena★★** *(interdites d'accès)*, et vous profiterez, au point culminant, d'une **vue★★** magnifique sur le golfe de l'Asinara et les montagnes corses. Le fond marin de ce côté est rocheux et sableux, mais généralement peu profond. Le versant occidental est totalement rocheux, escarpé et riche en anfractuosités ; l'eau y est très

Les plages de Stintino

Les plages de la presqu'île de Stintino *(présentées ici par ordre alphabétique)* ont tout pour plaire. Elles sont tranquilles même en plein mois d'août, excepté La Pelosa, la star de la région. *Un service de navettes relie Stintino à l'ensemble de la commune et prévoit des arrêts à toutes les plages (juin-sept. 7h30-1h, dép. ttes les h.).*

★ **Cala Coscia di Donna** – *à 5 km au sud de Stintino par la SP 34, puis 1 km de sentier de terre.* Petite crique de galets, peu fréquentée car d'accès peu aisé. Cadre splendide (elle est bordée de belles bruyères et de myrte) et fond marin intéressant pour la plongée. Comme toutes les plages de la côte occidentale de la péninsule, mieux vaut y aller quand le vent souffle du sud-est, afin d'éviter les vagues sur les rochers.

Cala Lupo – *à 2 km au nord de Stintino par la SP 34 (suivez les indications pour la base nautique de Cala Lupo).* Rochers et gros sable pour cette plage proche du centre de Stintino, surtout fréquentée par les plongeurs.

★ **Ezzi Mannu** – *à 10 km au sud de Stintino par la SP 34.* Longue plage de sable blond protégée par un cordon de dunes couvertes de végétation. Deux parkings payants *(acceptant aussi les camping-cars)* et petite restauration. Seul point noir, la proximité de la centrale électrique.

★ **Gabbiano/Roccaruja** – *à 3,5 km au nord de Stintino par la SP 34 (pas de panneau, accès par le restaurant Il Gabbiano ou le Roccaruja Diving Center).* Sable blanc et fin, mer limpide et de nombreux équipements pour cette plage au charme indéniable.

★★★ **La Pelosa** – *à 4 km au nord de Stintino par la SP 34.* Véritable oasis naturelle, cette longue plage de sable blanc, délimitée au nord par la Torre della Pelosa (17e s.), est la plus célèbre des plages de Stintino et, de ce fait, la plus fréquentée. La vue sur l'Isola Piana et l'Isola dell'Asinara, le parfum du maquis, la qualité du fond marin en font un endroit d'exception. Parking payant *(1,50 €/h)*, bar et restaurant. Le plus simple est de s'y rendre avec la navette qui part de Stintino.

★ **Le Saline** – *à 3,5 km au sud de Stintino par la SP 34.* Une grande anse proche des anciennes salines qu'exploitaient les moines de Nostra Signora di Tergu *(voir p. 285)* et des *tonnare (voir p. 302).* Sable blanc au pied d'une des tours les plus anciennes de Sardaigne. Grand parking *(camping-cars autorisés)*, services en tous genres *(hôtel, bar, restaurant, pédalos…)* et mer peu profonde, convenant aux enfants.

★ **Pazzona** – *à 6,5 km au sud de Stintino par la SP 34.* Une belle plage de quartz et de gravillons clairs, entourée de dunes couvertes d'une végétation luxuriante et proche d'un petit étang. Quand le vent souffle, beaucoup de surfeurs et de véliplanchistes. Parking *(camping-cars autorisés).*

Punta Negra – *à 2,3 km au nord de Stintino par la SP 34.* Sable et rochers entourés d'une somptueuse végétation. Convient aussi bien aux enfants qu'aux plongeurs.

Tamerici – *à 1 km au sud de Stintino (pas de panneau, accès par la via Lepanto).* Bien que proche de Stintino, cette plage, fermée au nord par une riche végétation et au sud par des rochers, est peu fréquentée. Ses eaux profondes ne sont pas indiquées pour les plus jeunes. Aucune infrastructure, hormis le parking en terre et la jetée pour l'accostage des bateaux.

profonde. Deux espèces rares et fragiles colonisent les eaux, l'algue rouge *(Lithophyllum lichenoides)* et la patelle géante *(Patella ferruginea)*.

En plus du maquis méditerranéen, l'île compte une trentaine d'espèces végétales endémiques, dont certaines ne poussent qu'en Sardaigne du Nord, tandis que d'autres se retrouvent aussi en Corse. Plus de 80 espèces sauvages de **mammifères** y vivent, dont le mouflon, le sanglier, l'âne sarde et l'âne albinos. Quant à l'avifaune, elle est représentée par la perdrix sarde, la rare mouette corse, le cormoran huppé et le faucon pèlerin.

Pour continuer le circuit, il faut faire demi-tour jusqu'à la Località La Tonnara.

Località La Tonnara

À 3,5 km au sud de Stintino, près de la mer, on peut admirer les **tonnare**, ou thonaires, ces grands filets à thons qui, jusqu'au milieu du 20e s., fournirent la principale ressource au bourg. Ces installations ont été reconverties en village touristique dans les années 1970. Les travaux ont fait en sorte de conserver l'esprit des lieux et de sauvegarder une sorte de mémoire « paléo-industrielle ».

Reprenez la SP 34 jusqu'à Pozzo San Nicola et poursuivez jusqu'à Palmadula, au sud-ouest (env. 24 km). À la pompe à essence du village, tournez à droite et suivez les panneaux pour Argentiera.

★ Argentiera

Du haut de la colline, on découvre une **vue**★★ à couper le souffle sur le petit golfe de San Nicola. La vocation touristique de l'endroit est récente. Dans cette importante région métallifère, on vivait jusqu'au 20e s. de l'extraction du plomb, du zinc et de l'argent. L'exploitation, commencée sous les Romains, poursuivie par les Pisans, a perduré jusqu'en 1963, quand la mine a fermé ses portes : les filons étaient épuisés.

MÉSAVENTURES D'UN FRANÇAIS À ARGENTIERA

Dans les années 1830, le Tourangeau Honoré de Balzac vint chercher fortune à Argentiera. Il s'y fit tromper et en partit déçu, ne rapportant avec lui que quelques échantillons de galène, avec l'espoir d'en extraire une bonne quantité d'argent. Ses désastreux investissements dans les mines argentifères ne l'empêcheront pas d'aimer l'Italie qu'il continuera à vénérer comme la *« mère de tous les arts »*.

La Pelosa.
V. Leduc / Author's Image / Photononstop

Devant des plages de toute beauté aux eaux limpides, le lieu conserve des allures de ville fantôme du Far West, avec ses installations en ruine et ses échafaudages de bois qui s'étagent de bas en haut de la falaise. Rien n'y manque : le puits, les logements des ouvriers (La Plata), l'auberge des mineurs célibataires, le club des employés, la laverie, la menuiserie, les ateliers, les entrepôts, les bureaux, le comité d'entreprise (bel exemple d'architecture du Razionalismo italien, bien que compromis par une restauration douteuse) et une place dédiée à Camillo Marchese, directeur historique de la mine. Il y a même une salle de cinéma : le metteur en scène Marco Ferreri y a tourné les dernières scènes de son film *Pipicacadodo* (1980), où un instituteur – interprété par Roberto Benigni – fait la classe à des élèves d'école maternelle. Ce ne fut d'ailleurs pas la première expérience cinématographique du lieu, immortalisé au début du film *Boom !* (1968), dont Elizabeth Taylor et Richard Burton partageaient le premier rôle. Les sites seront intégrés dans le projet d'un musée de la mine.

La position de la mine sur la mer, idéale pour le transport et le commerce des minerais, permet aujourd'hui la découverte d'un littoral que l'on parcourt à pied ou en voiture (le chemin de terre est carrossable).

Entre le Capo Mannu, au nord, et le spectaculaire **Capo dell'Argentiera★**, au sud, s'étirent des plages et des caps aux noms évocateurs, tels Muso di Porco (« gueule de porc ») ou Capo di Indiano (« tête d'Indien »), en référence à leurs formes étranges. L'anse en demi-lune de **Porto Palmas** *(env. 5 km au nord d'Argentiera)*, véritable piscine naturelle protégée des vents, est autant appréciée par les familles que par les plongeurs. Des myriades de galets microscopiques de toutes les couleurs, où l'orange domine, couvrent la plage. On en part pour découvrir les petites criques voisines, **Cala Marini Netti** et **Cala Trincata**. **Acque Dolci**, **La Frana** et, entre les deux, **Le Marine**, idéale pour la pêche aux oursins et aux patelles, sont trois autres plages de la commune de Palmadula.

De retour à Palmadula, continuez vers l'est en direction de Monte Forte.

Monte Forte

Du haut de ses 484 m, la colline schisteuse de Monte Forte (au sud du village du même nom) domine la Nurra ; les Aragonais y avaient construit un château vers le milieu du 14ᵉ s. (aujourd'hui détruit).

Pour regagner Alghero, dépassez le bourg de Corte et, à l'intersection avec la SS 42, empruntez celle-ci vers le sud.

★ LA ROUTE D'ALGHERO À BOSA Carte de région

Circuit de 115 km au départ d'Alghero, tracé en marron sur la carte de région (p. 252) – Comptez une journée (environ 2h30 de route). Quittez Alghero au sud-est par la SS 292 vers Villanova Monteleone.

Avant l'ouverture de la route côtière, il fallait obligatoirement traverser le haut plateau de Villanova pour rejoindre Bosa depuis Alghero. Le « **pays de Villanova** », qui correspond plus ou moins au moyen et au haut bassin du fleuve Temo, se trouve à cheval entre la province de Sassari et celle de Nuoro. Pâturages et massifs tabulaires caractérisent cette âpre région montagneuse.

Peu après avoir quitté Alghero, la route, appelée **Scala Piccada★**, plonge dans une mer d'oliviers avant d'affronter la montée ; de virage en virage (tous en épingle), elle se faufile parmi des agglomérats de tufs et de laves volcaniques. La Cantoniera Scala Piccada s'élève à 355 m d'altitude et malgré sa relative faible hauteur, elle offre un **panorama★★** spectaculaire : au nord-est Sassari et Osilo, au nord Porto Torres, à l'ouest le Capo Caccia puis, vers le sud, un littoral de toute beauté jusqu'au Capo Marargiu. La route continue à grimper vers le haut plateau de trachyte jusqu'à la Cantoniera Monte Fulcadu, à 488 m.

Villanova Monteleone A2

Ce bourg de montagne d'origine médiévale est situé au centre du pays de Villanova, sur des terres boisées culminant au sud-ouest à Punta di Pedra Ettori (718 m). Il fut fondé en 1436 par les populations fuyant Monteleone Rocca Doria *(voir ci-contre)* ; le nom du bourg (« nouvelle ville de Monteleone ») porte trace de cette histoire tourmentée. La partie la plus ancienne du village abrite de belles maisons en pierre calcaire et trachyte où, il y a quelques dizaines d'années encore, logeaient les familles des paysans. Une maquette de ce type d'habitation est visible au petit musée du village.

Museo Etnografico Comunale – *Via Roma 13 - Su Palatu 'e sas Iscolas - ✆ 079 96 04 00 - 8h30-12h30, 15h30-19h30 (juil.-août 16h30-20h30) - fermé lun. - 1,50 € ; 4 € visite guidée des trois sites (musée, Necropoli di Puttu Codinu et Nuraghe Appiu) - brochure en français.* Il est installé dans une demeure de 1896. On y a reconstitué les phases de production de trois produits typiques du bourg – pain, fromage et textiles – pour illustrer les activités traditionnelles du village. On y organise souvent de belles expositions de photographie.

L'église paroissiale **San Leonardo de Limoges** remonte au 16e s. et abrite un beau mobilier en bois de la fin du 18e s., époque à laquelle elle a été remaniée. À voir également : Santa Croce, l'église du Rosario et l'hôtel de ville, la Fontana Su Paradisu et Sa Rocca Pinta.

Sortez du bourg au sud et suivez la SP 12 jusqu'à la Cantoniera Marchisones (3 km). D'ici vous pourrez découvrir un **panorama★** unique sur la couronne de monts en cônes tronqués qui barre l'horizon au sud.

Poursuivez en direction du sud, puis tournez à gauche sur la SP 12 en direction du Monte Cuccu.

★ Nuraghe Appiu A2

✆ 079 96 04 06 - 8h30-12h30, 15h30-19h30 (13h30-17h30 en hiver) - 1,50 €, 4 € billet combiné avec visite guidée des trois sites (Museo Etnografico de Villanova Monteleone, Necropoli di Puttu Codinu et Nuraghe Appiu).

Entouré d'un bois de chênes verts, le Nuraghe Appiu occupe une position spectaculaire sur un plateau plongeant vers la mer. Au pied du Monte Cuccu se trouve le *nuraghe* Appiu proprement dit, avec son village de 200 cabanes.

Le complexe comprend également une tombe de géants, deux petits dolmens, un cercle mégalithique et un temple à mégaron.
Faites demi-tour jusqu'à la SS 292 et prenez-la vers Padria-Monteleone Rocca Doria.

Necropoli di Puttu Codinu A2

✆ 079 96 04 06 - 8h30-12h30, 15h30-19h30 (13h30-17h30 en hiver) - 1,50 €, 4 € billet combiné avec visite guidée des trois sites (Museo Etnografico de Villanova Monteleone, Necropoli di Puttu Codinu et Nuraghe Appiu).
Les *domus de janas* de Puttu Codinu consistent en neuf sépultures creusées dans la roche à proximité des fleuves Temo et Curos. La nécropole date de 3500 av. J.-C.
La route franchit le lac artificiel du Temo.
Créé au début des années 1980, le **Lago del Temo** est un bassin artificiel d'une capacité de plus de 30 millions de m^3. La partie méridionale du lac s'avance entre le Monte Minerva au sud – un bastion au sommet aplati dont les parois plongent à pic sur 644 m de hauteur – et Su Monte à l'est, l'éminence rocheuse (421 m) d'où Monteleone Rocca Doria domine le paysage alentour.
Peu après le bout du lac, tournez à gauche et montez sur 2 km jusqu'au village.

★ Monteleone Rocca Doria AB2

Le minuscule village parvint à soutenir un mémorable siège, trois longues années durant, contre les Aragonais de Sassari, d'Alghero et de Bosa, qui ne vinrent à bout du seigneur d'origine génoise Nicolò Doria qu'en 1436. Le roi d'Aragon donna en personne l'ordre de démanteler la forteresse que la famille ligure avait fait construire au 13e s. La population dut alors abandonner le site pour aller fonder Villanova Monteleone. Le village conserve dans sa partie la plus ancienne la jolie église romane **Santo Stefano**. Édifiée en moellons de calcaire, elle présente des caractéristiques architecturales l'apparentant au 13e s. Les quatre chapelles de la nef de gauche ont probablement été ajoutées vers la fin du 18e s. L'autre église romane du bourg, **Sant'Antonio Abate**, à nef unique, se trouve près du cimetière ; la population locale préfère l'appeler Sant'Antoni de su Fogu.
La **Valle del Temo**, toute proche, territoire sauvage des *caddos birdes*, les mythiques chevaux à la toison verdâtre, se prête à de jolies balades. John Huston y aurait tourné certaines scènes de *La Bible*.
Revenez à l'intersection avec la SS 292 ; là, tournez à droite vers Villanova Monteleone ; au croisement avec la SS 28 (sur la gauche), prenez au sud en suivant les indications pour Montresta. À chacune des deux bifurcations, prenez à droite.

Montresta A2

Ce petit bourg installé sur le versant oriental de la vallée est entouré d'escarpements en trachyte, tapissés de maquis et de bois séculaires de chênes-lièges. En 1750, Carlo Emanuele III, roi de Sardaigne, assigna le village à une communauté de Grecs venus de Cargèse, en Corse. Les colons quittèrent bientôt les lieux, non sans laisser trace de leur passage dans quelques détails architecturaux et dans l'artisanat (vannerie en asphodèle et en jonc). À leur départ, on rebaptisa la bourgade du nom de Montresta, la « montagne du blé » en sarde. Parmi les églises du village, la petite église rupestre **San Cristoforo Martire** fut construite au 17e s. et gérée par le clergé gréco-corse.
N'oubliez pas de goûter au pain local, un *bistoccu* croquant et appétissant.
Reprenez la SP 19 vers le sud jusqu'à Bosa, puis suivez les indications pour Alghero, en empruntant la P 49 vers le nord.

★★★ **Strada panoramica Bosa-Alghero** (route panoramique Bosa-Alghero) A2

La route s'éloigne de Bosa *(voir p. 350)* et monte en lacet en offrant des vues à couper le souffle sur le paysage sauvage de ce morceau de côte.

À 6 km au nord de Bosa *(parking)*, beau panorama et petit chemin pour la plage de **Bosa Cumpultittu** *(voir p. 354)*. Les 10mn d'effort requis pour descendre le sentier escarpé (et surtout le remonter!) seront récompensées par ce petit coin de paradis protégé des vents (emportez de l'eau avec vous, la plage est dépourvue de toute infrastructure).

La **Torre Argentina**★ (16e s.) s'élève au milieu d'un paysage presque lunaire, blanche comme les rochers qui l'entourent. On la rejoint par un chemin de terre assez raide, mais le panorama vaut le détour. Après la tour, la route s'engage sur le promontoire du **Capo Marargiu** puis serpente sur les flancs du Monte Mannu (802 m), laissant à l'est le Monte Ruju (668 m).

Marina di Villanova tient lieu de débouché maritime à Villanova Monteleone. Les 400 m de sable blanc et fin de la plage Corallo et ses nombreuses infrastructures attirent bon nombre de baigneurs. Quand le vent souffle – cela arrive souvent –, les surfeurs prennent possession des vagues, sous le regard bienveillant de la **Torre di Pòglina** et de la petite église **La Speranza**, reconstitution moderne d'une chapelle du 16e s.

NOS ADRESSES À ALGHERO

TRANSPORTS

Aéroport – *Fertilia, à 10 km au nord d'Alghero sur la SP 44 - ✆ 079 935 2821 - www.aeroportodialghero.it.* Liaisons en bus avec l'aéroport assurées par la compagnie ARST.

Port de plaisance – *✆ 079 989 31 17 - www.portodialghero.com.*

Bus ARST – *✆ 079 950 179 - www.arst.sardegna.it.* Liaisons avec Sassari et Nuoro.

Taxi – Consorzio Taxi Alghero *: ✆ 079 973 97 95 ;* **Radio Taxi :** *✆ 079 989 20 28 ou 079 935 035 pour l'aéroport.*

Gare – *Via Don Minzoni, à 2,5 km au nord du centre - ✆ 079 950 785 - www.ferroviesardegna.it.*

VISITES

Cooperativa SILT - *Nuraghe Palmavera - SS 127bis, km 45 - ✆ 329 43 85 947 - www.coopsilt.it.* Visites guidées thématiques en français, à Alghero et alentour.

Smuovi - *Torre di Porta Terra - Piazza Porta Terra 2 - ✆ 079 989 75 02 - www.smuovi.com.* Circuits thématiques et visites guidées de la vieille ville et du parc archéologique en français.

Trottolo - *Porto Turistico - 07041 Alghero - ✆ 330 319 019 - www.trottolo.it - avr.-oct.* Circuit de 1h40 *(Lido San Giovanni, Fertilia, Nuraghe Palmavera, plage de Mugoni, Porto Conte, foresta Le Prigionette, Capo Caccia-Grotta di Nettuno)* en bus panoramique avec audioguide en français *(dép. ttes les 2h du port d'Alghero).*

HÉBERGEMENT

PREMIER PRIX

B & B Benebenniu – *Via Carlo Alberto 70 - ✆ 380 17 46 726 - www.benebenniu.com - 3 ch. 70/90 €.* Au cœur de la vieille ville, le vaste appartement de Maria et Francesco, situé au dernier étage, s'ordonne autour d'une petite cour qui inonde de lumière le salon et la cuisine. Au fond, les chambres s'ouvrent sur la via Carlo Alberto (double vitrage). Petit-déjeuner dressé sur la table de la cuisine.

BUDGET MOYEN

B & B Rosso di Sera – *Strada Vicinale Evangeletz 7 (4,5 km au sud-est du centre) - ✆ 339 714 10 60 - www.bbrossodisera.it -* 🏊 🅿 *- 2 ch. 80/120 €.* Cachée derrière un joli muret en pierre volcanique, la maison de Claudia est isolée sur la route du sanctuaire de Valverde, et entourée d'une vaste oliveraie. Confortables chambres aux tons pop (jaune/bleu et vert/mauve). Petit-déjeuner servi sur la terrasse, en face de la piscine. Beaux couchers de soleil sur le Capo Caccia, à l'horizon.

POUR SE FAIRE PLAISIR

La Terrazza sul Porto – *Piazza Civica 19 - ✆ 079 97 31 05 - www.bblaterrazzasulportoalghero.it - 4 ch. 120/150 €.* Au cœur du centre-ville, une adresse de charme dotée de chambres au goût contemporain avec des touches design. Magnifique « terrasse sur le port » où vous attend le petit-déjeuner fait maison.

Hotel Angedras – *Via G. Frank 2 - ✆ 079 97 35 034 - www.angedras.it - 31 ch. 120/140 €.* Au sud du centre-ville, un hôtel très agréable et lumineux, qui propose des chambres confortables de style moderne. Le restaurant de même nom, situé sur les remparts du vieil Alghero, sert une cuisine traditionnelle bien réalisée.

Country Hotel Vessus – *Loc. Vessus - SS 292, km 1,850, à 2,5 km au sud-est du centre - ✆ 079 973 50 18 - www.vessus.it -* 🏊 🅿 *- 11 ch. 124/144 €.* Bel édifice plein de charme dans une propriété de 14 ha plantée d'oliviers. Chambres tout confort et meublées avec goût.

UNE FOLIE

Villa Las Tronas – *Lungomare Valencia 1 - ✆ 079 981 818 - www.hotelvillalastronas.it -* 🅿 *- 25 ch. 180/430 €.* Merveilleusement situé sur un promontoire, les pieds dans l'eau, l'ancien *buen retiro* (retraite) de la famille royale accueille aujourd'hui un splendide hôtel de luxe. De beaux jardins isolent des bruits de la ville cette grande demeure aristocratique. Chambres classiques de toute beauté, avec des meubles d'époque et tout le confort rêvé. Le restaurant panoramique, avec une vue à couper le souffle, sert une cuisine sarde raffinée. Si vous n'avez pas le temps d'y loger ou d'y prendre un repas, venez-y au moins pour siroter un verre au bar, ouvert à tous.

À proximité

UNE FOLIE

Wine Resort Ledà d'Ittiri – *Loc. Arenosu 23 - Fertilia (12 km au nord d'Alghero par la SS 291) - ✆ 329 25 28 891 - www.margallo.it -* 🏊 🅿 *- mai-oct. - 6 ch. 170/240 €.* Entourée par 10 ha d'oliviers et 6 ha de vignes, cette maison de charme, bâtie dans les années 1940, abrite des chambres raffinées, décorées avec des meubles anciens et des objets d'artisanat local. En saison sont organisés des *wine tours* avec dégustation et vente des vins de la maison *(rens. sur le site)*.

Olmedo

BUDGET MOYEN

La Locanda Il Trovatore – *Loc. Tottubella, à 7 km au nord d'Olmedo - ✆ 079 25 98 135 - www.lalocandailtrovatore.com -* 🏊 *- 8 ch. 80/100 €.* Au centre d'une grande propriété agricole, une auberge à l'allure médiévale, avec lits à baldaquin en fer forgé et tissus provençaux. Les propriétaires, des passionnés de musique lyrique, mettent à la disposition de leurs hôtes des bicyclettes électriques pour rejoindre les plages et Alghero. Petit-déjeuner servi au bord de la piscine, avec vue sur le Monte Baranta. Un endroit très agréable.

Agriturismo I Vigneti – *Loc. Santa Caterina, à 4 km à l'ouest d'Olmedo - ✆ 079 902 685 - www.ivigneti.com - 🏊 - 10 ch. 90/100 €*. Une propriété de 10 ha assurant une production rigoureusement biologique (légumes et viandes) pour une cuisine rustique mais savoureuse. La maison, moderne et chaleureuse, entourée de palmiers, d'un beau jardin avec coin barbecue et d'une grande piscine, vous réservera un accueil familial et attentif.

Porto Conte

BUDGET MOYEN

B & B Su Sirvone – *Loc. Maristella - ✆ 320 776 84 19 - www.susirvone.com - P - 3 ch. 90/110 €*. Isolée sur une colline non loin du port de Maristella, la maison ocre de Martine et Joseph surplombe joliment les environs, en particulier le golfe de Porto Conte. Chambres lumineuses avec lit en fer forgé et balcon privatif, dont une face à la mer. Beau jardin planté d'oliviers et de lauriers.

Stintino

BUDGET MOYEN

B & B Il Gatto Pescatore – *Lungomare C. Colombo n° 101/a - ✆ 333 241 83 69 - www.gattopescatore.it - 3 ch. 90 €*. Ce B & B situé sur la marina de Stintino est tenu par un jeune couple très sympathique, dont le mari parle couramment français. Chaque chambre possède sa propre salle de bains. Accueil chaleureux et bon petit-déjeuner.

B & B Sul Porto – *Lungomare C. Colombo - ✆ 392 386 00 48 - www.bedandbreakfaststintino.com - 3 ch. 70/95 €*. Jolies chambres parfaitement tenues, qui s'ouvrent directement sur les barques de Porto Minori, au cœur de Stintino. Cuisine et terrasse communes. Bon accueil.

B & B Villa Piera Montecucco – *Via Grecale 39 - ✆ 339 543 99 42 - www.bbsardinien.it - P - fermé déc.-fév. - 3 ch. 90/100 €*. À 300 m de la marina de Stintino, une grande villa blanche dans un agréable jardin, avec une jolie terrasse. Des chambres de caractère et une bibliothèque fournie.

RESTAURATION

PREMIER PRIX

Focacceria Milese – *Via Garibaldi 11 - ✆ 079 952 419 - www.barmilese.it - fermé mar. sf été - 5/15 €*. Depuis 1971, c'est un incontournable à Alghero. On prépare sous vos yeux de mémorables sandwichs farcis appelés *focacce del Milese*. Les garnitures possibles sont innombrables, mais la version originale prévoit tomates, thon, œufs, anchois, roquette, oignons et bacon. Ne quittez pas la ville sans y avoir fait une halte.

Lu Furat – *Via Columbano 8 - ✆ 079 973 60 52 - fermé lun. sf l'été - 5/12 €*. Sous une antique salle voûtée, Claudio et sa mère Pina concoctent de délicieuses *pizze* et les incontournables *fainè*, galettes de farine de pois chiches richement garnies.

BUDGET MOYEN

Osteria Barcellonetta – *Via Gioberti 4 - ✆ 079 973 20 79 - www.ristoranteosteriabarcellonetta.it - 25/35 €*. Dans une rue calme, cette petite auberge propose une cuisine régionale de marché, à déguster dans la salle soutenue par des poutres ou, au fond, sous une grande voûte. Cadre agréable et cuisine soignée.

La Botteghina – *Via Principe Umberto 63 - ✆ 079 97 38 375 - www.labotteghina.biz - 20/35 €.* Un endroit minuscule, logé dans une des rues centrales du vieux bourg, qui sert une cuisine savoureuse à base de produits locaux. À essayer la *pizza per due* (longue de 50 cm), garnie avec des associations insolites comme noix et *pecorino* ou fèves, *ricotta* et menthe. Bon choix de plats végétariens.

POUR SE FAIRE PLAISIR

Osteria Macchiavello – *Bastioni Marco Polo 57 et Via Cavour 7 - ✆ 079 980 628 - www.osteriamacchiavello.it - 35/40 € + 10 % serv., menu à 16 € le midi.* Des spécialités sardes et d'autres renouant avec les origines catalanes de la ville, comme la délicieuse *paella alla catalana* ; nappes rouges sur de jolies tables installées à même les bastions sur l'adorable terrasse.

Il Pavone – *Piazza Sulis 3/4 - ✆ 079 979 584 - www.ilpavoneristorante.com - 40/60 €.* Une adresse de qualité qui réussit à créer une ambiance intimiste et familiale, avec des tables dressées directement sur la place ; on y sert une cuisine de la mer élégante et soignée. À l'intérieur, on admire les tableaux collectionnés ou peints par Domenico Caria, le patron. Tout à côté, le **Piccolo Pavone** est la version jeune et décontractée, où l'on mange (bien) pour 15/20 €.

Al Tuguri – *Via Maiorca 113 - ✆ 079 976 772 - www.altuguri.it - fermé dim.- 40/60 €.* Une demeure ancienne joliment restaurée, dans la vieille ville, proche des bastions. Cette adresse accueillante est célèbre pour sa cuisine de la mer, combinant avec bonheur tradition et inventivité. Intéressants menus du terroir, de la mer ou végétarien *(40/45 €)* ; en saison, ne ratez pas la fameuse langouste : *aragosta alla catalana* ou *all'algherese*.

Argentiera

PREMIER PRIX

Il Veliero – *Via Carbonia 1 - ✆ 079 53 04 71 - 5/15 €.* Un bar-restaurant tout simple, mais idéal pour un sandwich ou un plat, à deux pas de la plage.

Monteleone Rocca Doria

BUDGET MOYEN

Agriturismo Calarighe Biancospino – *Loc. Pibirra - ✆ 079 925 045 - P - 28/30 € - 3 appart.* Une situation incroyable au cœur de la Sardaigne profonde, à l'est de Monteleone Rocca Doria, pour cette bâtisse très authentique. Sur la table, des produits maison uniquement : tout est fait sur place, dans le respect de l'agriculture biologique. Traversée par un cours d'eau, l'exploitation agricole dont fait partie l'agritourisme comprend aussi trois *nuraghi*, des *domus de janas* et des abris pour les bergers.

Santa Maria La Palma

BUDGET MOYEN

Agriturismo Bonsai – *SP 55 - ✆ 079 999 138 - www.bonsaialghero.it - sur réserv. sf juil.-août - fermé à midi - 25 € - 8 ch.* Toute la famille se démène afin de concocter, chaque soir, un délicieux et généreux dîner, à commencer par le père, Gino, qui vous transmettra son amour pour les légumes de sa ferme, sa femme Maria Rita qui prépare les desserts, et leurs deux enfants, Cristian et Davide, aux fourneaux et au service.

Le Pinnette – *Podere Monte Sixeri - Strada Guardia Grande - Podere 13 (à 6 km au sud de Santa Maria La Palma) - ✆ 079 999 90 16 - www.residenzedicampagna.com -* 🅿 *- 35/45 €.* Un bel endroit, au sommet d'une colline. Dans ces petits édifices circulaires au toit de paille (les *pinnette*), on sert des produits maison essentiellement, qu'il s'agisse de l'huile, de la charcuterie, des viandes, du pain ou des desserts. Possibilité d'hébergement dans les studios, appartements et villas du Podere Monte Sixeri.

POUR SE FAIRE PLAISIR

Agriturismo Sa Mandra – *Regione Sassegada, podere 21 - ✆ 079 999 150 - www.aziendasamandra.it -* 🅿 *- 40 €.* L'agritourisme Sa Madra est devenu un *country resort* raffiné qui comprend le restaurant, des structures pour l'hébergement installées dans deux maisons rurales restructurées (Su Passu et Inghirios), dotées de spa, et un centre hippique. Au restaurant l'authentique cuisine traditionnelle est servie à l'ombre des eucalyptus. Parmi les hors-d'œuvre, goûtez la *crema al timo* (crème de fromage au thym), la *fregola alla nuorese* (des pâtes de blé dur grillées avec de la saucisse et des champignons) et le cochon à la broche. Menu végétarien également.

Stintino

BUDGET MOYEN

Silvestrino – *Via Sassari 12 - ✆ 079 523 007 - www.hotelsilvestrino.it - fermé jeu. sf été et déc.-mars - 25/30 € - 11 ch.* Fondé en 1949, cet établissement est réputé pour ses produits de la mer, en particulier pour son homard frais, en spaghettis ou en salade.

La Pelosetta – *Loc. La Pelosa - ✆ 079 52 71 88 - avr.-oct. - fermé lun. soir (sf été) et mar. - 25/40 €.* Un restaurant-pizzeria à quelques mètres de la mer, niché entre la plage de La Pelosa et le Capo Falcone, avec une belle vue sur le Golfo dell'Asinara. Bonne cave. Au bord de la mer vous trouverez le *bar/paninoteca* **I Ginepri**.

PETITE PAUSE

Bon Bon – *Via Einaudi 21 - ✆ 079 978 171 - fermé lun.* Un peu à l'écart du centre historique, une confiserie-pâtisserie pour les gourmands, pleine de tentations !

Pasticceria Ciro – *Via Sassari 35 - ✆ 079 979 960 - fermé lun.* De nombreuses spécialités à découvrir dans cette pâtisserie très appréciée.

Caffè Costantino – *Piazza Civica 30/31 - ✆ 079 976 154 - fermé lun. sf été.* Sur la place centrale du centre-ville, un café historique avec une belle véranda circulaire foisonnant de plantes.

Caffè Latino – *Lungomare Magellano 10 - ✆ 079 976 541 - fermé mar. sf été.* Un des plus beaux cafés de la ville. Décor marin à l'extérieur avec le va-et-vient des bateaux dans le port, plus intime et très agréable aussi à l'intérieur. On s'y rend volontiers pour l'apéritif ou en soirée : excellent choix de vins, d'alcools et de cocktails.

ACHATS

Corail – Spécialité d'Alghero, le corail est travaillé par de nombreux orfèvres dont vous trouverez les boutiques un peu partout dans le centre-ville.

Agostino Marogna – *Piazza Civica 34 - ✆ 079 98 48 14 - www.marognacoralli.it.* Une boutique magnifique ouverte sur la piazza

Civica, centrale, où le maître-bijoutier expose ses créations uniques et présente aussi un petit musée du corail.

Gioielli Gianni Piga – *Via Carlo Alberto 55 - ✆ 079 98 08 59 - www.giannipiga.it.* Un atelier artisanal où sont proposés des bijoux très originaux, qui exaltent la beauté du corail et du filigrane d'or ou d'argent.

Coricrea – *Piazza Municipio 5 - ✆ 079 97 77 66 - www.coricrea.it.* Corinna Grillo donne vie à des bijoux adorables, jeunes et colorés, qui mêlent tissus, métaux, pierres et papier.

L'Altra Isola – *Via Maiorca 107 - ✆ 079 97 51 71 - www.altraisola.com.* Les meilleures réalisations artisanales de l'île sont exposées dans cette belle boutique au cœur du centre-ville : bijoux, tissus, céramiques, terres cuites… Impossible de résister à la tentation de se faire un petit cadeau !

Antonio Marras – *Piazza Civica 12 - ✆ 079 97 32 085 - www.antoniomarras.it - 10h-13h, 16h-21h (18h30-0h en été).* S'il est vrai qu'on trouve les créations de Marras dans le monde entier, c'est à Alghero, où il est né en 1961 et où il continue d'habiter, qu'on apprécie au mieux le style du grand couturier : les tissus précieux parfois « maltraités », le travail artisanal, la Sardaigne comme point de départ de son inspiration, le mélange des genres et des styles. Un délice à la vue et au toucher.

Cantine Sella & Mosca – *Loc. I Piani - SP 42, km 20-21, à 10 km au nord d'Alghero - ✆ 079 99 77 00 - www.sellaemosca.it - 9h-19h (20h en été) - fermé dim.* Cet immense domaine de 650 ha (dont 520 ha plantés de vignes) fut fondé en 1899 par deux Piémontais, Erminio Sella, neveu de l'homme d'État Quintino Sella, et Edgardo Mosca. La visite guidée gratuite *(en été tlj sf dim. à 17h30)* vous conduira à la cave de 1903 et au petit musée dédié à la maison. Elle se termine avec une dégustation des vins du domaine, parmi lesquels le rouge Marchese di Villamarina (AOC Alghero), le blanc Terre Bianche (du vignoble Torbato) et le vin *passito* Anghelu Ruju, issu des raisins de cannonau passerillés.

Marchés – *Merc. mat. - via A. de Gasperi ; dernier sam. du mois - piazza Civica.* Marché aux puces.

EN SOIRÉE

Alghero

Pour sortir le soir, vous aurez l'embarras du choix : la vieille ville pour les amoureux, le Lido pour les noctambules.

L'Arca – *Lungomare Dante 6.* Musique tous les soirs ; l'endroit attire beaucoup de jeunes. Ambiance sympathique.

ACTIVITÉS

Excursions en bateau – Au port d'Alghero vous trouverez les bateaux au départ pour la Grotta di Nettuno et plusieurs excursions le long de la Riviera del Corallo.

Diving Center Capo Galera – *Loc. Capo Galera, Fertilia - ✆ 079 942 110 - www.capogalera.com.* Bateau de 15 m pour 20 plongeurs. Possibilité d'hébergement dans un voilier de 26 m ancré dans le port d'Alghero.

Mountain Bike Porto Conte – *Via Catalogna 28 - ✆ 079 952 992 - www.mtbportoconte.it.* Programme d'excursions quotidiennes en VTT encadrées par des experts (en été seult).

Île de l'Asinara

De nombreuses agences organisent des excursions au départ de Stintino ou Porto Torres.

Faites votre choix en fonction des programmes, des prix et de la disponibilité des places. Pour un panorama général des services touristiques autorisés consultez le site www.parcoasinara.org.

Mare & Natura – *Via Sassari 77 - Stintino - ✆ 079 520 097 - www.marenatura.it.*

Agenzia Linea del Parco – *Porto Nuovo - Via Lungomare 95 - Stintino - ✆ 349 260 50 23 - www.lineadelparco.it.* Excursions sur l'île en bus, en véhicule tout-terrain ou en voilier; journées de pêche.

Agenzia La Nassa – *Via Sassari 39 - Stintino - ✆ 079 520 060 - www.agenzialanassa.it.* Excursions en bateau à moteur, en catamaran ou en voilier.

Apéritif en catamaran – *Stintino - ✆ 338 235 59 59 ou 348 105 24 49 - 19h-22h - 25 €.* Un apéritif romantique à bord d'un catamaran pour jouir du coucher du soleil dans le port de Stintino. Durant la journée, excursions vers l'Isola dell'Asinara.

Asinara 4x4 – *Via Monti 19 - Porto Torres - ✆ 079 50 21 77 - www.asinara4x4.com.* Excursions en véhicule tout-terrain et trekking dans le parc.

Pescaturismo Cristina – *Porto Torres - ✆ 079 510 914 ou 368 371 98 42 ou 333 698 06 93.* Pêche touristique, excursions à la journée au départ du port.

Associazione Ippica Alessandra – *✆ 349 23 88 352 ou 331 76 03 054 - www.assial.it.* Excursions à cheval sur l'île de l'Asinara.

La Nurra

Les Sentiers de la Nurra – 4 sentiers balisés : Lampianu-Cala Fiumini (1h45); Cala Fiumini-Strada Finagliosu (1h45); Strada Finagliosu-Li Furreddi (1h45); Li Furreddi-Parking la Pedraia (45mn). Brochure en français disponible aux points d'information touristique d'Alghero, de Stintino et de Porto Torres.

AGENDA

Alghero

Sant Miquel – *Fin sept.* La ville célèbre son saint patron avec des spectacles de musique et théâtre et des festivals gastronomiques.

Cap d'Any a l'Alguer/ Festivalguer – Les festivités du Nouvel An à Alghero sont particulièrement longues : elles commencent dès début décembre et se poursuivent jusqu'au 6 janvier, avec un programme fourni qui s'enrichit chaque année, englobant aussi le populaire **Festivalguer** (concerts de musique italienne et d'artistes locaux, théâtre, danse, soirées cinéma - *www.festivalguer.net*). Grand feu d'artifice la nuit de la Saint-Sylvestre.

La Vallée des nuraghi

★★

Aujourd'hui surnommé « l'Auvergne sarde », un pays de plaines, de volcans éteints et de hauts plateaux à pâturages, le Meilogu – « lieu du milieu » – occupait le cœur de l'ancien judicat de Torres. Ce bassin irrégulier aux paysages variés est habité depuis la nuit des temps : le « nuraghe » de Santu Antine et les « domus de janas » de Sant'Andrea Priu constituent les témoignages les plus anciens de la présence humaine dans la région. Le Moyen Âge vit fleurir la construction de nouveaux villages, de quelques églises, comme la remarquable San Pietro di Sorres, et de deux châteaux, Roccaforte Monteleone et Bonu Ighinu. Thiesi et Padria, elles, rendent hommage à l'architecture gothique aragonaise.

NOS ADRESSES PAGE 319
Hébergement, restauration, achats, activités, etc.

S'INFORMER

GAL (Gruppo d'Azione Locale Logudoro Goceano) – *Via Manzoni 10 - Thiesi - ✆ 079 887 00 56 - www.gallogudorogoceano.it- tlj sf sam. 9h-13h, 16h-19h.* Informations sur la région, en italien seult.

SE REPÉRER

Carte de région AB2 (p. 252)

La Valle dei Nuraghi s'étend à l'est d'Alghero et au sud de Sassari. Tous les villages décrits se trouvent à proximité de la SS 131, axe de ce circuit, au nord et au sud de la vallée.

À NE PAS MANQUER

Le *nuraghe* de Santu Antine ; les *domus de janas* de Sant'Andrea Priu à Bonorva ; l'église romane San Pietro di Sorres près de Borutta.

ORGANISER SON TEMPS

Prévoir au moins une grosse journée.

AVEC LES ENFANTS

Le Museo del Cavallo à Pozzomaggiore.

Circuit conseillé Carte de région

★★ LA VALLÉE DES NURAGHI AB2

Circuit d'env. 160 km, tracé en bleu sur la carte de région (p. 252) – Comptez au moins une journée. Quittez Alghero au nord-est par la SS 127bis ; après 15 km, suivez la SS 131bis pour rejoindre Ittiri (28 km).

5

Ittiri B2

Situé sur un plateau à 450 m d'altitude, entouré de vignes et d'oliviers, ce gros bourg agricole est connu pour ses traditions artisanales – tapis, broderies, fer forgé, mais aussi travail artistique du trachyte, comme en témoignent les demeures de la vieille ville ; Ittiri accueille d'ailleurs des artistes sardes et étrangers à l'occasion d'une **Biennale della trachite**.

L'église paroissiale **San Pietro in Vincoli**, du 15e s., présente une imposante façade de la fin du 19e s.

Reprenez la SS 131bis en direction de Thiesi (20 km) ; la route traverse de beaux paysages.

Thiesi B2

Étendu au pied du haut plateau Su Montiju, ce village de bergers vit le jour sous la domination romaine. La région était néanmoins déjà habitée depuis fort longtemps, comme le prouvent la nécropole néolithique Mandra Antine et le *protonuraghe* Fronte 'e Mola. La rue principale s'élargit à la hauteur de **Santa Vittoria**, l'église paroissiale édifiée au 16e s., qui mêle style gothique aragonais et éléments typiquement sardes. Comme l'édifice dont elle s'inspira (San Giorgio à Pozzomaggiore, *p. 316*), elle présente une façade à pignon entre un contrefort et un campanile à base carrée.

La **peinture murale** du collège *(Scuola Media)* fut réalisée par **Aligi Sassu** (1912-2000), artiste né à Milan de père sarde, qui vécut quelques années à Thiesi. La fresque, intitulée *S'Annu de s'attaccu* (« l'année de l'assaut »), dépeint les troupes du duc de l'Asinara lancées contre les habitants du bourg, qui refusaient d'acquitter l'impôt, en 1800.

De Thiesi prenez la SP 23 vers Bessude pour un détour vers Siligo.

Siligo B2

Dans un **paysage★** clairement volcanique, Siligo occupe une petite vallée creusée entre le Monte Pelao et le Monte Sant'Antonio. Les coulées de lave crachées par le Monte Ruju (530 m) forment un véritable mur allant de 4 à 10 m de hauteur. L'église romane archaïque **Sant'Elia ed Enoch** *(accessible par un chemin sinueux puis à pied)* possède deux nefs et deux autels, dédiés chacun à l'un des deux saints qu'y vénèrent les fidèles.

Continuez la SP 41b jusqu'au croisement avec la SS 131 ; prenez-la à droite, puis tournez à gauche sur la SS 128b pour rallier Mores en traversant un beau paysage.

Mores B2

On voit de loin le **campanile** de l'église paroissiale Santa Caterina di Mores, le plus haut de Sardaigne avec ses 48 m. Sa pierre volcanique rose délicatement ciselée se pare de stucs néoclassiques. L'intérieur, typiquement jésuite, renferme un émouvant *San Sebastiano* du 17e s. Au sommet du campanile, un groupe de statues en terre cuite (figurant le Rédempteur et, à ses pieds, les quatre évangélistes) veille sur les ruelles étroites et sinueuses de la vieille ville, admirablement préservée.

Sur les terres entourant le Monte Lachésos (546 m) ont été retrouvés d'importants vestiges préhistoriques, comme le spectaculaire dolmen de **Sa Covaccada★**, daté de 3000 à 2000 ans av. J.-C. *(à 10 km au sud-est de Mores, suivez la direction Bono/Ittireddu, puis prenez à droite (indication Sa Covaccada) et encore à droite. Il faut passer une grille qu'on peut ouvrir pour continuer en voiture).*

SILIGO, TERRE DE POÉSIE

Est-ce l'ombre des volcans éteints ? Une situation à l'écart du monde moderne ? De profondes racines culturelles ? Toujours est-il que Siligo a vu naître plusieurs personnages dotés d'un sens poétique hors du commun comme **Maria Carta** (1934-1994), interprète sensible de la chanson traditionnelle sarde, qui se fit connaître en France et aux États-Unis. **Gavino Ledda** (né en 1938), l'auteur de *Padre Padrone* (1975), un roman dont l'action se déroule dans les environs de Siligo, a été traduit en plus de 40 langues. Le cinéma leur a rendu hommage à tous deux : Francis Ford Coppola et Franco Zeffirelli ont filmé Maria Carta pour sa forte présence scénique et les frères Taviani se sont inspirés du roman de Gavino Ledda pour réaliser le film du même nom.

TORRALBA, BONNE COMME DU BON PAIN

Les pains de Torralba possèdent une incomparable saveur à l'ancienne. *Sa fresa niedda*, très croquant, est cuit au four à bois à deux reprises ; le *pane carasau* est souvent préparé avec de la farine de sarrasin ; pour le *pane untinadu*, le pain de l'Épiphanie, on laisse goutter du gras de saucisse jusqu'à ce que le pain en ait absorbé tout le goût. Parmi les douceurs dont Torralba s'est fait une spécialité, vous savourerez aussi les *mantogadas* (farine et saindoux accommodés de sirop de sucre et de citron), les *casadinas* (farcies de fromage aigre, de persil et de raisins secs) et *sa gozzula de s'ou* (semoule, raisins secs et un œuf entier) : bon appétit !

Revenez à Mores et suivez la SS 128bis en direction de Bonnannaro/Borutta. À la sortie de Borutta, tournez à gauche pour San Pietro di Sorres.

★★ San Pietro di Sorres B2

✆ 334 85 37 751 - www.sardegna2000.it - 9h30-12h, 15h30-18h, dim. 10h30-12h, 15h30-16h30 - mars-oct. visites guidées pendant les horaires d'ouverture - 5 €.
Avec la Santissima Trinità di Saccargia *(p. 274)*, elle compte parmi les hauts lieux du roman en Sardaigne. Du haut du site, où l'on a retrouvé de riches trousseaux funéraires dans des tombes byzantines, on domine la plaine avoisinante. 13 m de largeur, 33 m de longueur et 11 m de hauteur, l'église fit office de cathédrale de 1112 à 1503, date à laquelle le diocèse de Sorres, dont elle était le siège, fut supprimé. Elle connut deux étapes de construction entre la fin du 11e s. et la fin du siècle suivant ; les travaux de restauration entrepris à la fin du 19e s. ont altéré son aspect premier. Il semble que les rangées de moellons calcaires des portions orientale et méridionale soient d'origine, alors que les parties bicolores (calcaire et pierre volcanique noire) et la décoration de la façade seraient postérieures. L'ensemble reste malgré tout remarquable. À l'**intérieur**, les portants en noir et blanc sont surmontés de voûtes d'arêtes en pierre volcanique. De belles roues marquetées ornent la balustrade (12e-13e s.). Lors de la fête du saint, le 29 juin, une procession en costumes rejoint l'église à pied et à cheval.
Le monastère bénédictin adjacent (agrandi en 1953) accueille un **musée** dédié au site et à l'église, et propose des hébergements *(www.sanpietrodisorres.net)*.
Retournez au croisement, puis prenez à gauche pour Torralba.

Torralba B2

Petit centre agricole renommé pour son pain *(voir encadré ci-dessus)*, Torralba se trouve dans une région dont l'abondance d'eau a favorisé une occupation humaine précoce. On trouve dans les environs une trentaine de *nuraghi* et une dizaine de tombes de géants.
Museo della Valle dei Nuraghi – *Via Carlo Felice 143 - ✆ 079 847 298 - été : 9h-20h ; hiver : 9h-17h.* Maquettes et résultats de fouilles fournissent un bon complément à la visite du site archéologique de Santu Antine.
Suivez la via Carlo Felice pour rejoindre la SS 131bis, tournez ensuite à gauche sur la SP 21 en direction de la gare de Torralba.

Nostra Signora di Cabbu Abbas B2

Sur la droite de la route s'élève la petite église romano-pisane, construite entre le 12e et le 13e s. en moellons de calcaire clair à l'extérieur et en trachyte à l'intérieur. Sur le tympan, une étrange statue anthropomorphe renvoie probablement à une divinité paléochrétienne.
Continuez sur la SP 21.

★★ Nuraghe di Santu Antine B2

079 84 74 81 - www.nuraghesantuantine.it - 9h-20h (17h nov.-mars) - visite guidée (conseillée) ttes les h de 9h30 à 12h30 et de 14h30 à 18h30 (16h30 oct.-mars), audioguides disponibles - 6 €.

Deuxième site nuragique par son importance après Su Nuraxi de Barumini, ce joyau de l'architecture protosarde domine la vallée du haut de ses 18 m. Solennité et puissance caractérisaient ce complexe à la distribution spatiale labyrinthique, composé d'une forteresse avec tour centrale au cœur d'un bastion trilobé. Remarquez en particulier l'escalier hélicoïdal et la chambre supérieure, où une trentaine de rangées de pierres simplement superposées confirment le talent de bâtisseur de cette antique civilisation. Le chemin de ronde, avec ses guérites et ses fentes de visée, rappelle la fonction défensive du complexe. Autour, on a retrouvé des cabanes circulaires nuragiques (12e s. av. J.-C.) et des constructions rectangulaires d'époque romaine. Si la datation du site, entre 1600 et 1500 av. J.-C., ne laisse guère de doutes, tous les experts ne s'accordent pas, en revanche, sur les différentes phases de construction.

Si vous n'avez pas le temps de faire le circuit en entier : de Santu Antine, continuez dans la même direction sur env. 15 km pour rejoindre directement la **Nécropole de Sant'Andrea Priu★★** *(voir p. 318).*

Pour continuer le tour, revenez en arrière jusqu'à la SP 21, puis tournez à gauche sur la SS 131 en direction de Giave.

★ Giave B2

Tout autour de Giave, formations volcaniques et anciennes coulées de lave dessinent un paysage singulier, évoquant l'Auvergne par certains côtés. Le **Monte Annaru** (491 m), un ancien volcan actif au miocène (ère tertiaire), conserve un cratère pratiquement intact ; il donne lieu à une belle excursion à pied. En été, on peut descendre la cinquantaine de mètres de ses parois pour observer la structure géologique d'origine ; en hiver, le cratère se remplit d'eau et forme un joli lac.

Le neck (piton volcanique) **Sa Pedra Mendarza** ressemble au Pain de Sucre de Rio de Janeiro ; il s'agit d'une cheminée dégagée par l'érosion. Faucons et corbeaux nidifient sur ce monument naturel, haut d'une centaine de mètres.

Reprenez la SS 131 vers le sud ; après env. 4 km, prenez à droite pour Cossoine.

Cossoine B2

Situé à 500 m d'altitude, au centre d'un plateau, ce petit bourg remonte au 15e s. Le centre du village abrite plusieurs demeures des 16e et 17e s. ainsi que l'église **Santa Chiara**, un bijou du gothique tardif avec campanile octogonal. De Cossoine, on rejoint le Monte Sa Costanza *(à 5 km au nord-ouest du village)* qui culmine à 600 m d'altitude.

Au milieu d'une mer de végétation où affleurent des rochers calcaires émerge, solitaire, simple et solide, la petite église **Santa Maria Iscalas**, construite vers l'an 1000 par les moines camaldules. L'édifice, de style byzantin tardif, est bâti en moellons de calcaire blanc de petite taille, sauf pour les encoignures équarries. Quelques fragments de peintures murales médiévales, dont un Baptême du Christ, ornent l'intérieur *(rarement ouvert)*.

Sortez de Cossoine à l'ouest pour emprunter la SS 292 jusqu'à Pozzomaggiore.

Pozzomaggiore B2

Ce gros bourg agricole se consacre avant tout à l'élevage et à la production fromagère. Sa vieille ville (11e s.) conserve de belles demeures des 17e et 18e s. L'église **Santa Croce** (12e s.) abrite des fresques du Jugement dernier. Bel

Le nuraghe Santu Antine.
Jores Rossetti

exemple du gothique aragonais, l'église paroissiale **San Giorgio Martire** a été édifiée vers le milieu du 16e s. Des contreforts diagonaux raccordés par des volutes en supportent la façade en moellons de grès. L'escalier, postérieur, amplifie l'aspect théâtral de l'ensemble. Remarquez le motif à sarment de vigne qui orne l'encadrement, l'entrelacs des arcs infléchis qui continue le long des contreforts et le beau portail enrichi de pinacles, de demi-colonnes et d'un arc en plein cintre ornementé. L'église conserve le groupe de *San Giorgio e il drago* (16e s.) et quelques autels en bois.

Museo del Cavallo – *Via Convento 39 - ✆ 079 80 11 23 - mar. et mer. 9h-13h, sam. 11h-13h.* Installé au rez-de-chaussée d'un couvent du 17e s., il abrite 10 salles thématiques sur le monde équestre.

De la colline où se juche la petite église romane **San Pietro** *(au sud du village)*, on jouit d'un beau **panorama★** sur le bourg et sur la côte de Bosa.

Sortez de Pozzomaggiore à l'ouest pour rejoindre Padria.

★ Padria B2

Protégé par trois collines de pierre volcanique, le bourg se trouve au pied du Monte Minerva, sur un haut plateau basaltique. Par l'équilibre de ses proportions, la finesse de sa construction et ses ornements, l'église paroissiale **Santa Giulia** (1520), un modèle des églises sardes de style espagnol (plateresque et gothique catalan), rappelle San Francesco di Alghero. Notez l'élégante iconographie des chapiteaux. **Santa Croce** (16e s.) se reconnaît à son joli clocher pointu. Au hasard des ruelles et des placettes, vous découvrirez d'autres motifs, également d'école catalane, sculptés sur les linteaux par des *picapedras* (sculpteurs locaux). Dans le village, des édifices tout simples, à un seul étage, voisinent avec des demeures nobiliaires en calcaire et en trachyte, dans une atmosphère fleurant bon l'Espagne ancienne.

Au nord de Padria et Mara, un chemin de terre vers l'est (10 km AR ; pour bons conducteurs seulement) conduit au Santuario di Bonu Ighinu. Dépassez les ruines du château de Bonvehi, fondé par les Doria au 13e s.

★ Santuario di Bonu Ighinu B2

Le sanctuaire est aujourd'hui assez délabré et ses *cumbessìas*, où logeaient les pèlerins, sont pratiquement en ruine. On voit néanmoins toujours la façade en forme de retable, précédée de rampes d'escaliers. Malgré son piteux état, le site, d'une parfaite tranquillité, possède un charme indéniable.

Revenez vers Pozzomaggiore pour rejoindre ensuite Semestene et l'église San Nicola di Trullas (à 4 km à l'ouest de Semestene).

San Nicola di Trullas B2

L'église **San Nicola di Trullas** s'élève en pleine campagne, sur le site d'une villa romaine; vers 1113, des camaldules construisirent là un monastère, chef-d'œuvre du roman sarde. L'arcature supérieure forme une fausse loggia dont chaque colonne a pour chapiteau un sommier à motif gravé; les cavités ménagées entre les arcs étaient destinées à accueillir des médaillons de céramique. L'unique nef, composée de deux travées à voûtes d'arêtes, conserve quelques fragments de fresques du début du 13e s.

Sortez de Semestene à l'est par la SP 8 jusqu'à **Bonorva**, bourg agricole spécialisé dans l'artisanat textile, qui produit de superbes couvertures et des tapis, d'abord réalisés sur métier à tisser horizontal puis brodés.

Quittez Bonorva par l'est et prenez la SP 43 en direction de Bono, puis tournez à droite vers Rebeccu.

★ San Lorenzo di Rebeccu B2

Malgré ses allures un peu rudimentaires, propres au roman archaïque, la petite église **San Lorenzo di Rebeccu** illustre une heureuse intégration de l'architecture dans le paysage.

Revenez sur la SP 43; après quelques km, tournez à droite et rejoignez l'église Santa Lucia, sur la droite; le site archéologique se trouve 500 m plus loin, sur la gauche.

★★ Necropoli di Sant'Andrea Priu B2

✆ 348 56 42 611 - mars-oct. 10h-13h, 15h-19h, reste de l'année sur RV - 6 €.

Les *domus de janas* de Sant'Andrea Priu sont impressionnantes. Vingt sépulcres furent creusés entre le 5e et le 3e millénaire av. J.-C. dans une paroi de trachyte de 10 m de hauteur, orientée vers le sud.

L'étonnante **Tomba del Capo★★** (250 m^2 et 18 pièces) est ensuite devenue un lieu de culte; en témoignent de beaux cycles de fresques, variant du 4e au 14e s. selon les différents usages du site : lieu de culte paléochrétien, église byzantine, puis bénédictine. Remarquez le beau visage d'une femme romaine datant du 4e-5e s. Ces sépultures comptent parmi les plus importantes de Sardaigne.

NOS ADRESSES DANS LA VALLÉE DES NURAGHI

HÉBERGEMENT

Thiesi

PREMIER PRIX

Hotel Il Cavallino Rosso – *Via Fratelli Chighine 2 - ✆ 079 886 643 - 🏊 🅿 - fermé janv. - 15 ch. 80 €.* Un hôtel moderne et bien équipé, avec une belle piscine. Parmi les spécialités du restaurant, ne manquez pas le *zichi* (sorte de pain traditionnel au lard et à l'ail) agrémenté de fruits de mer et la *fregola con le arselle*, petites pâtes de blé dur grillées aux coques.

RESTAURATION

Bonorva

PREMIER PRIX

Su Lumarzu – *Piazza Regina Elena - Loc. Rebeccu - ✆ 079 867 933 - www.ristorantesulumarzu.com - fermé mar. - 15/20 €.* Joliment situé dans un village minuscule, ce restaurant dispose d'une agréable terrasse.

Ittiri

BUDGET MOYEN

Agriturismo Su Recreu – *Str. Prov. 28, Ittiri-Romana - Reg. Camedda, à 3 km au sud du centre - ✆ 079 44 24 56 - www.agriturismosurecreu.it - 🅿 - fermé lun. - 30/35 € - 3 ch. et maisonnettes.* Une authentique ferme dans une propriété agricole qui se consacre à l'élevage de moutons et de chèvres et fabrique d'excellents fromages. Le menu, qui suit les produits de saison, est tout aussi excellent que copieux. Possibilité d'hébergement.

Padria

PREMIER PRIX

Locanda Zia Giovanna – *Via Fratelli Sulis 9/11 - ✆ 340 268 12 89 - 20 €.* Très longue histoire pour cette bonne table, attentive au choix des produits et préparant une cuisine familiale simple et savoureuse.

Thiesi

BUDGET MOYEN

Agriturismo Santu Ainzu – *SS131 bis Ittiri\Alghero, à 2 km au nord-ouest de Thiesi - ✆ 333 795 52 74 - www.agriturismosantuainzu.com - 20/30 €.* Un restaurant rustique où l'on sert une robuste cuisine régionale.

ACHATS

Bonorva

Su Telalzu – *Corso Umberto I 114 - ✆ 329 41 72 886 - www.sutelalzu.it.* Sur des métiers à tisser horizontaux, on fabrique ici du linge de maison, des coussins et des tentures à motifs traditionnels.

Ittiri

Gavina Delogu – *Corso Vittorio Emanuele 225 - ✆ 079 442 383 - 9h-13h sf dim.* Cette pâtisserie artisanale d'excellente réputation propose viennoiseries et petits gâteaux, en particulier des *amaretti* (aux amandes) et des *pirichittos* (petits biscuits glacés).

AGENDA

Pozzomaggiore

L'Àrdia – *Début juil.* Une spectaculaire course équestre qui réunit une centaine de cavaliers près du sanctuaire rupestre, aux portes de Pozzomaggiore. Mêlant rites païens et chrétiens, cette fête rappelle la victoire de l'empereur romain Constantin sur Maxence à Ponte Milvio.

ORISTANO ET L'OUEST

Oristano et l'Ouest 6

Carte Michelin Local 366

Oristano

★

31 677 habitants

Par-dessus la cime des palmiers, parmi le jasmin et la glycine, émergent les tours médiévales et les coupoles aux tuiles iridescentes d'Oristano. Dans les rues aux noms anciens, tout un passé médiéval, baroque et néoclassique resurgit au fil des bâtiments de pierre, de brique et de fer forgé. Un petit air andalou y règne, dans une ambiance calme et paisible que seule vient rompre, les jours de Sartiglia, l'euphorie de la grande course équestre. Oristano, trop souvent boudée par les touristes, est le point de départ d'excursions vers la lagune et ses étangs poissonneux, vers la plaine asséchée d'Arborée et celle, presque désertique, du Sinis où émerge le souvenir glorieux de Tharros, vers les collines de l'arrière-pays ou autour du Montiferru, et surtout vers Bosa, fleuron de la province. Au sud-est de la ville, une zone industrielle de plus de 30 000 ha accueille un port-canal qui, avec ses 12 m de profondeur, permet l'amarrage de navires de fort tonnage.

NOS ADRESSES PAGE 327
Hébergement, restauration, achats, activités, etc.

S'INFORMER

Ufficio informazioni turistiche – *Piazza Eleonora d'Arborea 18 - ✆ 0783 36 83 210 - www.gooristano.com.* Office très actif avec des informations en français.

SE REPÉRER

Carte de région A2 (p. 320)

Située dans l'immédiat arrière-pays du golfe éponyme, au centre de la côte occidentale de l'île, Oristano s'étend à l'extrémité ouest d'une grande plaine alluvionnaire, limitée au nord par le fleuve Tirso, au sud par l'étang de Santa Giusta et à l'ouest par les dunes du littoral. Que l'on arrive de Sassari ou du sud de l'île, on entre dans la ville par la via Cagliari (au sud) en traversant une banlieue peu gracieuse. À mesure que l'on s'approche du centre, palmiers, tours et coupoles s'élancent vers le ciel.

SE GARER

Le centre d'Oristano est un cauchemar pour les automobilistes : nombreuses rues à sens unique et circulation réservée aux résidents dans la vieille ville. Mieux vaut se garer sur la via Cagliari ou la via Tirso, son prolongement.

À NE PAS MANQUER

La cathédrale Santa Maria Assunta et l'Antiquarium Arborense.

ORGANISER SON TEMPS

Comptez une demi-journée.

Se promener

LA VIEILLE VILLE

Circuit d'env. 2 km au départ de la piazza Roma, au nord du centre-ville – Comptez 3 à 4h avec les visites des sites.

Le cœur de la vieille ville médiévale était entouré au 13e s. d'une enceinte circulaire correspondant plus ou moins (dans le sens des aiguilles d'une montre) aux actuelles via Cagliari, via Diego Contini, via Mazzini et via Solferino.

Chevalier de la Sartiglia.
T. et B. Morandi / hemis.fr

La vieille ville comptait deux accès : l'un au nord, à la Porta Manna, et l'autre au sud-ouest, à la Porta Mari (démantelée en 1907), sur l'actuelle piazza Manno.

Piazza Roma

Toujours animée, cette exubérante porte d'entrée du centre-ville est dominée par l'imposante tour qui est devenue le symbole d'Oristano.

★ Torre di Mariano

Cette tour de grès est pratiquement tout ce qu'il reste d'une muraille érigée en 1290 par Mariano II, père d'Eleonora et souverain du judicat d'Arborée – dont Oristano était la capitale – et détruite au début du 20e s. La tour s'élève à 28 m de hauteur et se compose de deux corps superposés. Dans sa partie basse s'ouvre la **Porta Mannu**, ou « grande porte », entrée principale de la ville fortifiée. La tour est souvent appelée Torre di San Cristoforo, car elle conserve un retable représentant le saint protecteur des voyageurs.

Corso Umberto

Cette rue, également nommée *via Dritta* par les gens d'Oristano, court en ligne droite de la piazza Roma à l'extrémité nord-est de la piazza Eleonora. Importante artère commerciale, elle aligne d'innombrables boutiques.

Piazza Eleonora d'Arborea

Sur cette place oblongue se dressent trois édifices intéressants : le **Palazzo Corrias-Carta**, néoclassique, le **Palazzo Comunale** (17e s.), ancien couvent de l'ordre des Piaristes (frères des écoles pies), et le **Palazzo Mameli** (18e s.) avec ses beaux balcons en fer forgé, son jardin d'agrumes et de cactus. Reine de ce « salon » urbain, Eleonora d'Arborea fut la souveraine du judicat de 1383 à 1404 ; elle est à l'origine d'une charte constitutionnelle, la *Carta de Logu*, qui assura à son royaume l'indépendance législative par rapport à l'envahisseur aragonais. Cette série de lois rédigées en sarde resta « la » référence législative des siècles durant. Son **monument en marbre** fut inauguré en 1881.

LES CHEVALIERS DE LA SARTIGLIA
Le dernier dimanche de carnaval et le Mardi gras, des figurants de la cour d'Eleonora d'Arborea et des chevaliers aux visages masqués, des joueurs de trompette et une armée de tambours forment une procession haute en couleur. À sa tête, *su Componidori*, dont le somptueux costume obéit à des règles très strictes, bénit la foule. Le cortège arrive sur la via Duomo, recouverte pour l'occasion d'une couche de terre ; le fier chevalier lance alors sa monture au galop et fait une démonstration d'habileté en décrochant à la pointe de son épée un anneau étoilé suspendu, la *sartiglia*. Les autres chevaliers l'imitent à leur tour ; plus ils se montreront habiles, et plus l'année sera prospère. Introduite en 1350 pour célébrer le mariage de Mariano II, cette fête attire désormais beaucoup de curieux à Oristano.
Fondazione Sa Sartiglia – Piazza Eleonora d'Arborea 44 - ✆ 078 330 31 59 - www.sartiglia.info.

Traversez la place en vous dirigeant vers l'église San Francesco (en venant du corso Umberto, tournez à droite une fois sur la place).

San Francesco

Fermé jeu. mat.
Remodelée en style néoclassique sur un édifice gothique du milieu du 13e s., cette église conserve le **crucifix polychrome de Nicodemo★**, chef-d'œuvre de l'école catalane de la fin du 15e s., figurant la Passion du Christ avec un réalisme impressionnant. Le magnifique cloître attenant a été restauré.
Un bref détour par la via Angelo Salvatore de Castro, toute proche, permet d'admirer les belles fenêtres Renaissance, partiellement sculptées, du **Palazzo De Castro**.
Continuez sur la via Sant'Antonio.

Pinacoteca Comunale Carlo Contini

Hospitalis Sancti Antoni - Via Sant'Antonio - ✆ 0783 79 12 62 - juil.-sept. 10h-13h, 17h-20h45 ; reste de l'année 10h30-13h, 17h-19h30 - gratuit.
Installée dans l'ancien hôpital de Sant'Antonio, dans un cadre moderne et très agréable, la pinacothèque offre un aperçu de la peinture sarde du 20e s. et accueille des expositions temporaires. Hormis ce fonds, le lieu abrite aussi la bibliothèque publique et un centre de documentation sur la Sartiglia *(voir encadré)*.
Revenez sur vos pas et tournez à droite sur la via Duomo.

★ Cattedrale Santa Maria Assunta

L'emploi systématique du grès, y compris pour le **campanile** – roman jusqu'au niveau de l'arcature aveugle, baroque au-dessus, avec ses mascarons de trachyte rouge et sa coupole revêtue de majoliques – confère à l'édifice une belle homogénéité. On monte une dizaine de marches pour accéder au parvis surélevé de la cathédrale. Une reconstruction baroque effectuée entre 1721 et 1733 a profondément modifié la structure gothique du 13e s. qui, elle-même, s'était surimposée à un bâtiment roman. Sur le portail figure un arbre déraciné, emblème de l'Arborée.
L'**intérieur**, éclectique, juxtapose toutes les époques et tous les styles : les fastes baroques du maître-autel et des chapelles latérales, la rigueur néoclassique du transept, les décorations peintes du début du 20e s. dans la nef. La **cappella del Rimedio** *(bras droit du transept)*, elle, est gothique, tout comme

la statue en bois polychrome de l'**Annunziata**★ *(première chapelle à droite)*, œuvre de Nino Pisano (14e s.).

À droite de la façade s'élèvent le **Seminario Tridentino**, lui aussi en grès, et l'**Oratorio dello Spirito Santo**, de plan byzantin mais fortement remanié aux 17e et 18e s.

Revenez sur la piazza Eleonora d'Arborea et tournez à droite pour emprunter la via del Carmine.

Nostra Signora del Carmine

Située dans la rue du même nom, l'église affiche un style rococo rappelant les influences piémontaises. Elle présente un aspect plutôt sobre et un intérieur aussi gracieux que lumineux. Les majoliques du clocher et de la coupole rappellent San Francesco di Alghero. Le blason des marquis d'Arcais, commanditaires de l'édifice, orne le dessus du portail.

De la piazza Eleonora d'Arborea, suivez le corso Umberto et tournez à droite sous le portico Corrias.

★ Antiquarium Arborense

Piazza Corrias - ✆ 0783 791 262 - www.antiquariumarborense.it - 9h-20h, w.-end 9h-14h, 15h-20h - 5 €.

Il permet de comprendre l'histoire de la ville et de Tharros, d'où proviennent les pièces majeures de la collection. On y verra des fragments d'obsidienne d'époque nuragique retrouvés sur le Monte Arci, un masque apotropaïque (« qui détourne le danger ») phénicien et de nombreuses céramiques, mais aussi une belle exposition de verrerie et trois retables des 15e et 16e s.

Sur la via Parpaglia voisine, au n° 8/12, se trouve la « **Maison d'Éléonore** », bel exemple d'architecture Renaissance. Non loin, au n° 14 de la rue, se dresse le **Teatro Comunale**.

Continuez sur la via Parpaglia jusqu'au croisement avec la via Santa Chiara, à gauche, qui conduit à l'église du même nom.

Santa Chiara

Via Santa Chiara, à l'angle de la via Garibaldi.

L'église médiévale a été restaurée en 1923 dans un style néogothique. De la structure d'origine subsistent la sobre façade en grès, l'abside, quelques chevrons polychromes et de magnifiques tablettes sculptées dont l'une montre des lions attrapant des faons.

À l'extrémité orientale de la via Garibaldi s'élève la **Torre di Portixedda**, tour cylindrique qui faisait partie de l'enceinte médiévale et constituait la « petite porte » de la vieille ville.

Évocatrices de l'Oristano médiévale, les rues du secteur oriental de la vieille ville, entre la via Angioi et la via Azuni, composent un parcours plaisant. La **via Azuni** était autrefois le cœur du quartier juif.

À proximité Carte de région

Marina di Torre Grande A2

À 10 km à l'ouest d'Oristano. Sortez de la ville au nord par la via Cagliari ; après avoir franchi le Tirso, tournez à gauche sur la SP 1, vers Marina di Torre Grande.

Aménagé en promenade plantée de palmiers, le *lungomare* de cette plaisante bourgade aligne terrasses de cafés et étals d'artisanat devant une longue plage de sable et de gravillons. La marina, bien protégée des vents, peut recevoir jusqu'à 400 embarcations. **Sa Turri Manna**, la plus haute des tours des fortifications espagnoles de l'île, accueille aujourd'hui des expositions d'art.

LES ÉTANGS AU SUD D'ORISTANO

Santa Giusta A2

À 3,5 km au sud-est d'Oristano. Quittez la ville par le sud en suivant la via Cagliari puis la via Giovanni XXIII ; à l'intersection avec la SP 53, tournez à gauche pour Santa Giusta.

Situé sur la berge de l'**étang Santa Giusta**, ce bourg agricole s'est bâti sur les restes d'Othoca, une ville phénicienne-punique fondée vers 730 av. J.-C. À l'entrée du village, au sommet d'un relief (le site de l'ancienne acropole ?), se dresse la **cattedrale Santa Giulia**, élevée vers le milieu du 12e s. en grès doré du Sinis. Les chapiteaux sculptés du portail, la fenêtre trilobée et le losange à gradins typiquement pisan adoucissent à peine l'austère façade romane. Du site, la vue porte au nord sur Oristano, au sud-est sur le Monte Arci, et à l'ouest sur le Stagno de Santa Giulia où, chaque année, le 1er août, se déroule une régate *(voir « Agenda » p. 43)*. Le 14 mai, on rend hommage à la sainte qui a donné son nom au village.

Arborea A2

À 15 km au sud d'Oristano. Quittez la ville par la via Cagliari, puis la via Giovanni XXIII ; dans le prolongement, la SP 40 conduit jusqu'à Arborea.

La route longe l'**étang S'Ena Arrubia** où se posent des vols de flamants roses. L'**idrovora di Sassu**, une impressionnante pompe de drainage installée ici en 1934, participa à la seconde phase d'assainissement de la plaine de Terralba et à l'assèchement de l'ancien étang Sassu. Le projet mettait en œuvre des solutions très novatrices pour l'époque, typiques du Futurisme et du Rationalisme – le bâtiment porte d'ailleurs des emblèmes fascistes, comme le faisceau du licteur. La route, toute droite, longe un canal et des champs à la géométrie parfaitement régulière.

Arborea fut construite au centre de l'**étang de Sassu** dès que ce dernier fut asséché, en 1928. Elle prit d'abord le nom de *Villaggio Mussolini*, puis, deux ans plus tard, de *Mussolinia di Sardegna* ; en 1944, après la chute du fascisme, elle fut rebaptisée du nom de l'ancien judicat. Peuplée de colons venus surtout de Vénétie – c'est pourquoi le dernier dimanche d'octobre on y célèbre la fête de la *polenta*, spécialité vénitienne –, la ville adopta le tracé orthogonal typique des villes construites à cette période et se dota d'édifices éclectiques. Au long d'avenues bordées d'arbres, les maisons alternent des styles Liberty et néogothique. Les bâtiments publics comme le Palazzo Comunale, l'*albergo* et l'école se regroupent sur la place principale, à côté de l'**église Maria Ausiliatrice** dont les allures tyroliennes jurent dans le contexte.

Sur le corso Italia, un ancien moulin accueille le **MUB,** un musée dédié à l'assainissement de l'étang, et un Musée archéologique qui expose les objets mis au jour pendant ces travaux. *0783 80 20 05 - en été merc. et ven. 10h-12h, 17h-19h ; le reste de l'année se renseigner - 2 €.*

Marina d'Arborea *(4,5 km à l'ouest d'Arborea)* possède une belle plage et une vaste pinède. La Torrevecchia, une tour du 16e s., domine **Marceddì** *(10 km au sud-ouest d'Arborea)*, un pittoresque bourg de pêcheurs établi sur les berges d'un étang.

NOS ADRESSES À ORISTANO

TRANSPORTS

Bus ARST – *www.arst.sardegna.it.* Lignes urbaines et interurbaines.
Taxis –Piazza Roma *(✆ 0783 70 280)* et piazza Ungheria, à l'extérieur de la gare *(✆ 0783 74 328).*
Gare – *Piazza Ungheria 17.* Trains pour Cagliari et Ozieri-Chilvani, d'où partent les trains pour Sassari et Olbia.

HÉBERGEMENT

PREMIER PRIX

Eleonora B & B – *Piazza Eleonora d'Arborea 12 - ✆ 0783 70 435 - www.eleonora-bed-and-breakfast.com - P - 3 ch. 60/75 €.* Ce B & B de charme, dont la propriétaire enseigne l'histoire de l'art, occupe une belle demeure sur la place principale de la vieille ville. Très bon rapport qualité-prix.
B & B Al Rimedio – *Via delle Grazie 2, à 2,5 km du centre par la SP 56, dir. Bosa - ✆ 389 267 99 48 - www.alrimedio.it - 3 ch. 60/70 €.* Cette jolie maison construite en matériaux traditionnels (paille et boue) est décorée de mobilier *fifties.* En saison, petit-déjeuner servi dans le jardin situé à l'arrière.

RESTAURATION

PREMIER PRIX

DriMcafè – *Via Cagliari 316 - ✆ 0783 303 750 - fermé merc. - 15/20 €.* Avec sa grande salle aux murs annotés de citations à la craie, cet adorable café culturel, point de rencontre entre la culture sarde de Michele et celle marocaine de Driss, propose de bons plats du jour, dont un succulent couscous et un excellent tajine. Thé à la menthe recommandé.

BUDGET MOYEN

Da Gino – *Via Tirso 13 - ✆ 0783 71 428 - fermé dim. - 25/35 €.* Une adresse historique de la localité, recommandée surtout pour sa cuisine de la mer, avec un choix d'*antipasti* de premier plan.
Ele Bistrot – *Via Parpaglia 11 - ✆ 0783 71 672 - 25/35 €.* Une adresse jeune et dynamique, qui propose une cuisine ancrée dans la tradition mais réinterprétée avec goût.

PETITE PAUSE

Pasticceria Eleonora – *Piazza Eleonora d'Arborea 1 - ✆ 0783 71 454 - fermé dim.* Une pâtisserie traditionnelle qui propose des spécialités sucrées et salées à déguster aussi sur l'agréable terrasse.
Pasticceria Azzurro Antico – *Via Nazario Sauro 16 -* **Terralba,** *à 25 km au sud d'Oristano - ✆ 078 384 145 -* L'endroit idéal pour une pause-café si vous faites une excursion autour d'Arborea.

ACTIVITÉS

Sardinian Way – *Viale Repubblica 72 - ✆ 0783 75 172 - www.sardinianway.it.* Excursions pédestres ou équestres dans la région, leçons de planche à voile et nombreuses activités nautiques.

AGENDA

Sa Sartiglia – *Voir encadré p. 324.*
Régate d'Is Fassonis – *Dernier dim. de juil.-début août.* L'étang de Santa Giusta voit se dérouler une régate d'embarcations traditionnelles, fabriquées avec des bottes de roseaux qui poussent sur les rives.

Le Montiferru et la Piana del Milis

★

Le Montiferru est un massif volcanique très boisé, entrecoupé de formations rocheuses aux formes bizarres et peuplé par une faune des plus typiques, du mouflon au cerf sarde, en passant par le vautour fauve. Les nombreuses sources, les torrents, les petites cascades et les falaises de la côte sont autant de destinations pour de plaisantes randonnées. L'architecture et un artisanat traditionnel encore actif – à Santu Lussurgiu et Cuglieri – enrichissent la visite du cœur montagneux de la Sardaigne. Entre le Montiferru et Oristano s'étend la Piana del Milis, province à forte vocation agricole, notamment par la culture des agrumes. Cette région fut habitée dès l'époque préhistorique et exploitée par les Romains et les moines de l'ordre des Camaldules.

NOS ADRESSES PAGE 335
Hébergement, restauration, achats, activités, etc.

S'INFORMER

Associazione turistica Pro Loco Cuglieri – *Hameau Borgata Santa Caterina di Pittinuri - 09073 Cuglieri - ✆ 078 539 857 ou 329 615 70 11.*

SE REPÉRER

Carte de région AB1-2 (p. 320) – Carte Le Montiferru et la Piana del Milis, la péninsule du Sinis et le Barigadu (p. 330-331)

Le Montiferru, un massif d'origine volcanique, se dresse au nord d'Oristano, entre la plaine du Campidano et la mer. Son sommet le plus élevé est le Monte Urtigu (1 060 m d'alt.), à l'ouest de Santu Lussurgiu. Il est bordé au sud-est par la Piana del Milis (plaine).

À NE PAS MANQUER

Le bourg de Santu Lussurgiu et le panorama depuis le parvis de l'église de Cuglieri.

ORGANISER SON TEMPS

Comptez une journée.

AVEC LES ENFANTS

Le Museo dell'Olio Giorgio Zampa à Cuglieri ; le Museo della Tecnologia contadina à Santu Lussurgiu ; la randonnée vers le Monte Urtigu et sa source d'eau fraîche.

Circuit conseillé Carte Le Montiferru et la Piana del Milis…

AUTOUR DU MONTIFERRU A1-2

Circuit de 115 km au départ d'Oristano, tracé en rose sur la carte p. 330-331 – Comptez une journée. Quittez Oristano par le nord-est (via Vandalino Casu et via Nazionale) pour emprunter la SS 131, la Carlo Felice ; sortez à Tramatza pour prendre la SP 13 jusqu'à San Vero Milis (19 km).

San Vero Milis

Au centre de ce bourg agricole, l'église **Santa Sofia** (fin du 16e et début du 17e s.) montre un bel exemple d'éclectisme local : une rosace gothique, trois portails Renaissance et un campanile de facture classique en pierre de Sinis, haut de 40 m, que chapeaute une coupole à bulbe. L'intérieur abrite de beaux autels, des statues baroques et un *San Sebastiano* en bois du 17e s.

De structure baroque, l'église **San Michele**, toute proche, conserve un *San Michele Arcangelo* issu de l'école napolitaine.

Le village est renommé pour sa vannerie et pour son excellent vernaccia, un blanc sec très parfumé.

Les environs de San Vero Milis comptent de nombreux témoignages préhistoriques ; parmi une trentaine de *nuraghi*, le gigantesque **complexe de S'Urachi**, à proximité du bourg, comprend une forteresse ensevelie entourée de dix tours.

Sortez au nord-est par la via Su Cantaru ; suivez la SP 9 jusqu'à l'intersection avec la SP 15 où vous tournerez à gauche ; au croisement avec la SP 14, prenez à droite jusqu'à Milis (6,5 km).

Milis

Situé à la limite nord de la Piana del Milis, le bourg est souvent appelé le « pays des oranges », pour ses vergers d'agrumes séculaires. Aux abords du village, la petite église romane **San Paolo**, en grès et trachyte, conserve un retable du 16e s. de style catalan. En face de l'église paroissiale **San Sebastiano**, le **Palazzo Boyl**, une belle demeure du 15e s., accueille une petite pinacothèque et un centre culturel.

Sortez au nord-ouest par la via Giuseppe Verdi et prenez la SP 15 jusqu'à Bonarcado (6,5 km).

★ Bonarcado

Une huile d'olive vierge extra, des cerises, du miel et du nougat, telles sont les principales productions de ce bourg agricole entouré de terres fertiles, au pied du Montiferru.

Il abrite aussi un bijou d'architecture romane, le **Santuario bizantino della Madonna di Bonacattu★**, un complexe religieux cruciforme installé sur une jolie petite place dans la partie la plus ancienne du village. Siège d'un très ancien culte marial, l'édifice fut construit en briques entre le 7e et le 8e s., reprenant en partie un établissement thermal romain (vous verrez à l'intérieur le bassin avec pavement de mosaïque). La façade ouest montre des arcatures et des assiettes en céramique ; elle remonte au 13e s., alors que celle du nord, de style néoroman, fut réalisée en 1933. L'église conserve une très belle *Vierge à l'Enfant*, bas-relief en terre cuite du 15e s. Chaque année, du 18 au 20 septembre, les importantes célébrations qui se tiennent dans le sanctuaire s'accompagnent d'une foire de l'artisanat et de la Sagra del *torrone* (nougat).

En face, l'austère **Santa Maria**, une abbaye de camaldules, fut construite en basalte sombre. La façade, la paroi sud et la base du clocher appartiennent certainement à la première phase de construction (12e s.), tandis que le reste

DES VACHES À GOURMETS

Terre de pâturages, le Montiferru nourrit une race de bovidés particulière, la sardo-modicana. Seul le lait de ces vaches permet de produire le *casizzolu del Montiferru*, un fromage à pâte filée jaune et élastique en forme de poire, consommé frais ou affiné et apprécié pour sa saveur légèrement piquante. Dans la cuisine du terroir, on l'utilise avec les pâtes et dans les desserts, on le marie à des fruits (raisin, figue, noix et poire) ou du miel. Le mâle de la race, le *Bue rosso* – bœuf rouge – fournit une viande savoureuse.

fut ajouté vers le milieu du 13e s. Un motif décoratif original orne les pilastres des côtés et l'abside.

Quittez Bonarcado par l'ouest (via Europa) et empruntez la SP 11 pour une déviation jusqu'à Seneghe (9 km AR).

Seneghe

Ce petit bourg, étape incontournable pour les gourmets grâce à son excellente huile extra-vierge et sa viande de **Bue rosso** (« bœuf rouge », *voir encadré p. 329)*, s'étend sur le versant oriental du Montiferru, entouré de bois de chênes verts et d'oliveraies. Au mois de novembre, le bourg accueille **Pane e olio in frantoio** (« Pain et huile en pressoir »), une fête gastronomique qui se déroule surtout dans les pressoirs du territoire, qui sont alors ouverts au public. C'est une occasion parfaite pour déguster les excellents produits locaux.

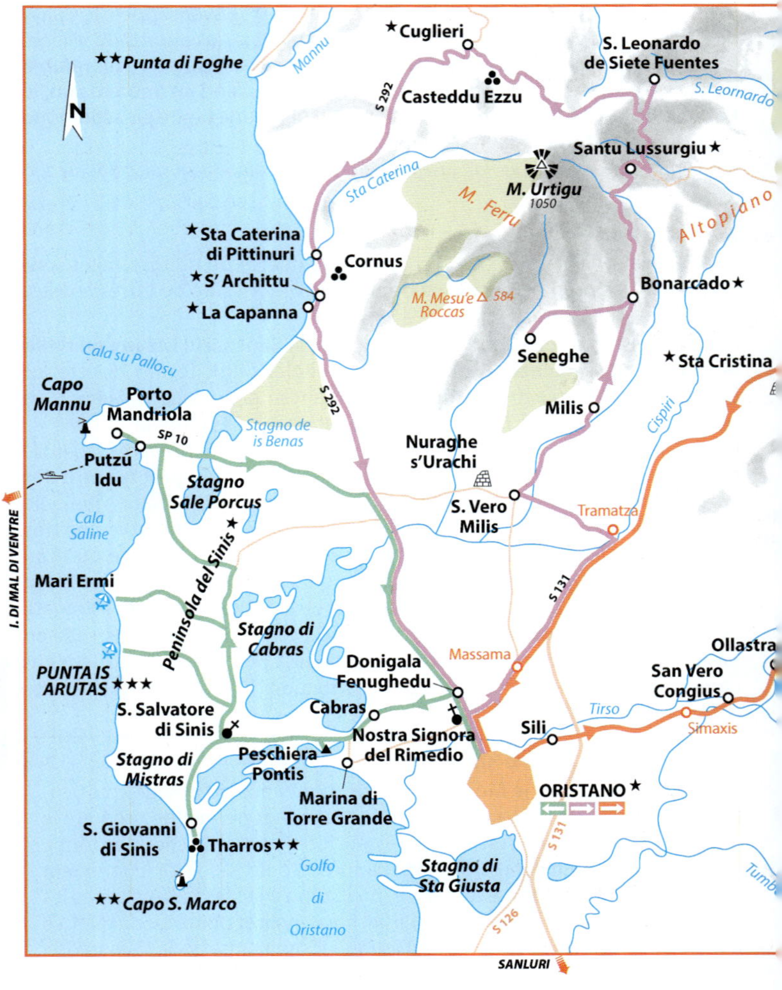

Retournez à Bonarcado et sortez du bourg au nord par le corso Italia, puis empruntez la SP 15 jusqu'à Santu Lussurgiu (7,5 km).

★ Santu Lussurgiu

Ce bourg médiéval, installé au fond d'un ancien cratère volcanique, est entouré de bois d'yeuses, de châtaigneraies et de cerisiers.

Museo della Tecnologia contadina – *Via Deodato Melon 1 - ✆ 0783 55 06 17 - www.museotecnologiacontadina.it - tlj sf. lun. 10h30-12h30 - 3 €.* Au centre du village, dans une belle demeure du 18e s., le musée a rassemblé quelque 2000 pièces qui évoquent le monde paysan, agriculture et élevage, ses traditions et son quotidien. Les machines à fouler le tissu et les instruments de vinification et de distillation évoquent les autres corps de métiers.

Par des ruelles et des petites places bordées de maisons en pierre à plusieurs étages, peintes de couleurs vives et dotées de balcons en fer forgé, on arrive au sommet du bourg et à deux églises : **Santa Maria degli Angeli** (fin du 15e s.), qui conserve un bel autel en bois, et **Santa Croce**, dédiée au martyr Lussorio qui, selon la légende, venait ici évangéliser et baptiser les païens.

De nombreux **artisans** se sont spécialisés dans la fabrication des couteaux à cran d'arrêt et des articles de sellerie (brides, selles, bottes) ; les chevaux occupent en effet ici une place à part depuis l'Antiquité ; ils sont les protagonistes d'un événement très apprécié, la course de couples de chevaux conduits par des cavaliers en costume à l'occasion du carnaval (*voir Agenda p. 42*). On fabrique aussi à Santu Lussurgiu des fromages célèbres : le *casizzolu* (*voir encadré p. 329*) et *sa trizza e sa fresa*.

Sortez à l'est par la via delle Opere Pie et empruntez la SP 19 ; à la bifurcation pour Cuglieri, prenez à droite la SP 20 jusqu'à San Leonardo de Siete Fuentes (7 km).

San Leonardo de Siete Fuentes

Beaucoup de Sardes viennent y passer leurs dimanches d'été, à la recherche d'un peu de fraîcheur. Au-dessus

LA ROUTE DES MOULINS

Entre Scano di Montiferro et Sagama, au nord-ouest de San Leonardo de Siete Fuentes, s'étire la **vallée du Rio Mannu**, avec ses sept moulins hydrauliques munis de roues horizontales ou verticales. Simples constructions en pierre couvertes d'un toit pentu, certaines conservent les engrenages et les mécanismes mus par l'eau qui provenait du bassin du Montiferru. Ces moulins étaient au nombre de seize à l'origine ; ils faisaient partie d'un système complexe comprenant également une série de canalisations et de murs secs délimitant des potagers. Présents depuis le 17e s. au moins, ils datent de la colonisation agricole entreprise dans la région par les Camaldules.

Un beau parcours en corniche (400 m) suit les chemins muletiers sur 2,5 km. **Cooperativa S'Olostriu** – *Corso Vittorio Emanuele 24 - Scano Montiferro - ✆ 078 532 90 10.*

des maisons, les sept « bouches » de la source thermale ont donné son nom à ce hameau dépendant de Santu Lussurgiu.

La petite église **San Leonardo** se trouve au pied du village, entourée d'arbres. La partie d'origine, de style roman pisan, remonte à la moitié du 12e s., avec de beaux moellons de basalte sombre. Les remaniements romano-gothiques datent du début du 14e s. Voyez les deux portails d'époques différentes sur la façade, l'abside carrée et le clocher.

Sortez au sud et revenez jusqu'à la bifurcation pour Cuglieri, où vous prendrez à droite pour rejoindre le bourg (16 km).

Randonnée vers le Monte Urtigu

Avant d'arriver à Cuglieri, à mi-parcours, prenez l'embranchement pour Badde Urbara et continuez jusqu'au bâtiment de la Guardia Forestale (vous vous y annoncerez et en profiterez pour demander de plus amples informations sur les lieux) ; continuez jusqu'au parking, situé près d'une source fraîche, dite *Elighes Buttiosos* (« chênes verts dégoulinants ») : un endroit charmant, qu'il faudra pourtant vous décider à quitter pour effectuer les dernières 15mn de marche jusqu'au sommet du mont (1 050 m).

En reprenant la route de Cuglieri, on pourra s'arrêter, 3 km avant la bourgade, au Casteddu Ezzu, sur la gauche. Le panneau indicateur n'est pas facile à voir, mais ce qui reste du château se repère sans difficulté. Vous laisserez votre véhicule sur une petite esplanade et monterez une centaine de marches (faciles).

Casteddu Ezzu

Les ruines du **Castello di Montiferru**, appelé ici Casteddu Ezzu, comprennent quelques restes de tours et de parements de mur, en quantité suffisante toutefois pour que l'on retrace son plan en longueur. Plus difficiles à trouver sont les pièces souterraines (probablement des citernes). L'ensemble fut, semble-t-il, érigé au 12e s. pour protéger les frontières entre le Logudoro et l'Arborée, auquel il fut annexé au siècle suivant.

★ Cuglieri

En entrant dans le bourg, on jouit d'une belle vue sur les maisons qui s'étendent au pied de l'imposante Madonna della Neve, que l'on rejoint au terme d'une belle promenade le long des ruelles et des escaliers bordés de hautes demeures en pierre. Du parvis de l'église *(piazzale Colle Barodus)* s'ouvre sur la côte un **panorama★★** de toute beauté.

L'arche calcaire de la Spiaggia d'ell'Arco, à S'Archittu.
G. Evangelista / AGF Foto / Photononstop

Santa Maria della Neve – La majestueuse façade néogothique de l'église est percée de trois fenêtres jumelées et flanquée de deux campaniles pourvus de flèches et d'acrotères qui leur confèrent une allure médiévale. Le fronton, que les locaux comparent au chapeau des *carabinieri* (les gendarmes italiens), est devancé par une ample terrasse. Une légende raconte que l'église fut construite au 13ᵉ s. pour honorer la découverte d'une statue de la Vierge non loin de la plage de Santa Caterina di Pittinuri *(voir ci-dessous)*. Toutefois, rien dans la structure de l'édifice ne révèle des origines médiévales; les archives mentionnent l'existence de l'église à partir du 15ᵉ s. seulement et évoquent d'importants travaux de restauration aux 17ᵉ et 18ᵉ s., dont on retrouve trace à l'intérieur, de style baroque piémontais. L'autel à éventail du presbytère mérite le coup d'œil.

Museo dell'Olio Giorgio Zampa – *Corso Umberto 68 - ✆ 340 529 11 75 - sur RV - 3 €.* Construit en 1937 sur un ancien moulin à huile à traction animale récemment restauré, c'est le seul rescapé des seize moulins de Cuglieri encore en activité dans les années 1970. On peut y suivre toute la filière de production traditionnelle de l'huile (meule, presses); un intérieur rural reconstitué montre un bel exemplaire de cuisinière à bois.

Cuglieri est également renommé pour son artisanat de tapis, tapisseries, couvertures de coton et de lin, réalisés selon des techniques très anciennes, et pour *sa prenditura*, les franges ornementales que l'on applique sur le linge de maison.

Sortez de Cuglieri au sud-ouest pour emprunter la SS 292 jusqu'à Santa Caterina di Pittinuri (14 km).

★ Santa Caterina di Pittinuri

La station balnéaire s'est développée autour d'une jolie crique de sable blanc et de galets colorés, dans une anse protégée et peu profonde fermée par une falaise calcaire. La **Torre Pittinuri**, du 16ᵉ s. *(on y accède en tournant à droite avant d'entrer dans le bourg)*, d'où s'ouvre un beau **panorama★**, domine l'ensemble.

Ruines de Cornus – Un petit chemin de terre à la sortie du village, sur la gauche, conduit aux ruines de la ville punique et romaine de Cornus. Le site fut fondé vers la fin du 5e s. av. J.-C.; cette première phase carthaginoise a laissé une enceinte et quelques tombes. Cornus fut le centre de la résistance sarde-punique contre les Romains, après la révolte qui éclata en 215 av. J.-C., en pleine Deuxième Guerre punique. De l'époque romaine subsiste un édifice thermal. Le monument le plus important du site archéologique est le complexe paléochrétien de Columbaris, composé de trois basiliques (avec quelques sarcophages) et d'une nécropole datée du 6e s.
Sortez de Santa Caterina di Pittinuri au sud par le corso Alagon et suivez la SS 292.

★ S'Archittu

En descendant vers le sud, vous longerez plusieurs plages. La première, la **Spiaggia dell'Arco**, avec son arche calcaire de 9 m de haut au-dessus d'eaux profondes, est très appréciée par les plongeurs acrobatiques, surtout depuis que s'y est tenu, en 2001, un championnat mondial. La base de l'arche est accessible par un petit sentier dans le maquis. À son coucher, le soleil s'encadre dans l'arche – et les photographes sont nombreux sur les lieux!
Juste au sud, la plage de **S'Archittu**, adossée à la station balnéaire, a souffert d'un développement immobilier désordonné; en revanche, jolie promenade sur le haut de la falaise. La **Spiaggia Stella**, au centre de S'Archittu, est prise d'assaut par les vacanciers l'été. Hors saison, on appréciera son fond marin sablonneux parsemé de nombreux récifs.
Par un escalier en pierre très raide, on accède à **La Capanna★**, une petite baie située immédiatement au nord du promontoire (au sud de S'Archittu). Son paysage de tuf et le panorama sur S'Archittu compensent amplement l'effort.
Entre S'Archittu et Torre del Pozzo, à la hauteur du Bar del Capitano, une jolie maisonnette de vacances de forme triangulaire, construite vers la fin des années 1960, voulait évoquer une voile; d'aucuns lui trouvent plutôt des allures de chalet…
De l'autre côté du promontoire s'étend le rivage de **Torre del Pozzo** (Torre su Puttu), du nom de la tour espagnole du 17e s. qui surplombe le rocher « della Balena » (il ressemble à une énorme baleine échouée). Très belle promenade sur la corniche.
Du promontoire de Torre su Puttu, dirigez-vous vers le sud pour prendre la SS 292 jusqu'à Oristano (24 km).

NOS ADRESSES AUTOUR DU MONTIFERRU

HÉBERGEMENT

Bonarcado

BUDGET MOYEN

Sa Mola – *Via Giardini - ✆ 0783 56 588 - www.samola.it - P - fermé fév. - 9 ch. et 13 studios 80/100 €.* Une demeure du milieu du 19e s. accueille la partie hôtel, tandis que des édifices modernes, bien intégrés au paysage, abritent le reste de la résidence, au milieu d'un beau jardin fleuri planté d'oliviers centenaires. Au restaurant, une excellente table pour découvrir toutes les subtilités de la cuisine du terroir.

Santa Caterina di Pittinuri

PREMIER PRIX

Agriturismo Pedramanna – *Zona Ersat - Podere 6 - ✆ 340 83 76 199 - www.pedramanna.it - P - 6 ch. 60/70 €.* Cette ancienne ferme rénovée se trouve au cœur d'une exploitation oléicole, à 4 km de la mer. Sur réservation, randonnées équestres et sorties en Zodiac. Cuisine sarde traditionnelle.

Santo Leonardo de Siete Fuentes

PREMIER PRIX

Malica – *Via Macomer 5 - ✆ 0783 55 07 56 - www.albergomalica.it - 12 ch. - 55 €.* Disposant d'un bar et d'un jardin, l'hôtel-restaurant, situé au centre de San Leonardo, accueille ses hôtes dans des chambres confortables et bien équipées. À la carte, des spécialités locales telles que raviolis, porcelet rôti, *seadas* et desserts du Monte Ferru.

Santu Lussurgiu

BUDGET MOYEN

Antica Dimora del Gruccione – *Via Michele Obino 31 - ✆ 0783 55 20 35 - www.anticadimora.com - 8 ch. 90 €.* Cette belle maison de maître en plein centre du bourg fait partie du circuit *albergo diffuso*; elle propose 8 chambres personnalisées et un petit-déjeuner à base de produits maison. Table excellente et authentique.

Sas Benas – *Réception Via S. Cambosu 6 - ✆ 0783 55 03 79 - www.sasbenas.it - 18 ch. 80/100 €.* Trois belles demeures historiques restaurées avec soin et beaucoup de goût, adhérant à l'*albergo diffuso*. Une quatrième demeure accueille la réception et les espaces communs, la dernière abrite un restaurant réputé pour sa cuisine du terroir. Les propriétaires sont des passionnés du *sas benas*, un instrument de musique archaïque, ancêtre de la *launeddas*.

RESTAURATION

Cuglieri

POUR SE FAIRE PLAISIR

Meridiana – *Via G. Angioi 11 - ✆ 078 539 400 - fermé lun. et mar. - 45 €.* Une belle demeure en pierre du 16e s. où l'on sert notamment une excellente cuisine de la mer.

Santa Caterina di Pittinuri

BUDGET MOYEN

Scogliera – *Corso Alagon 55 - ✆ 0785 38 231 - www.lascogliera.info - fermé merc. sf été - 30/40 €.* Cuisine régionale de poisson, comme les délicieuses *penne ricci e bottarga* (*penne* aux oursins et à la poutargue). Également hôtel, sur la plage du hameau.

La Villa Pedras Longas – *SS 292, km 95 - ✆ 078 538 433 - P - avr.-sept. - fermé merc. - 30/40 €.* Propose une cuisine traditionnelle classique, avec des spécialités de la mer et du terroir. Cadre rustique et ambiance familiale.

Santu Lussurgiu

BUDGET MOYEN

La Bocca del Vulcano – *Via Leonardo Alagon 27 - ✆ 078 355 09 74 - fermé dim. soir (sf réserv.) - 25/30 €.* Intéressant mélange de saveurs sardes et de cuisine des Marches (sur l'Adriatique), avec des spécialités de viande. Presque tout est fait maison, y compris le vin. Le Centre de trekking de Sardaigne tient ses bureaux dans ce restaurant.

ACHATS

Santu Lussurgiu

Santu Lussurgiu, où la tradition artisanale perdure, fait partie des villages où acheter des souvenirs de qualité. Pour la viande, vous privilégierez celle du *bue rosso*, une vache nourrie en plein air exclusivement *(voir encadré p. 329)*.

Couteaux – Vittorio Mura -*Viale Azuni 29 - ✆ 0783 55 07 26 - www.muravittorioefigli.it.*

Fromages – Borrodde - *Viale Azuni 121 - ✆ 347 67 56 874;* **Piu** - *Via Azuni 199 - ✆ 338 569 79 76.*

Pâtisserie – Ardu - *Via Santa Maria 42 - ✆ 0783 55 11 80;* **Pasquini** -*Via Roma 28 - ✆ 0783 55 01 69.*

Distillerie Lussurgesi – *Via delle Sorgenti 14 - ✆ 0783 55 20 37 - www.abbardente.it.* Production de l'Abbardente, l'eau-de-vie typique de Santu Lussurgiu.

Seneghe

Oleificio Sociale Cooperativo – *Corso Umberto I - ✆ 0783 54 665 - www.oleificiodiseneghe.it.* Production et vente de l'excellente huile d'olive extra-vierge locale.

AGENDA

Milis

Rassegna Vini novelli della Sardegna – *www.vininovelli.com. En nov.* La plus grande foire aux vins nouveaux sardes. Stands œno-gastronomiques dans le centre historique, expositions, visites guidées.

San Leonardo de Siete Fuentes

Cavallinfiera – *www.cavallinfiera.it - de fin mai à début juin.* La plus ancienne et importante foire équestre de l'île, qui s'étend sur 3 ha, présente plus de 250 chevaux de race anglo-arabe sarde, chevaux de selle italiens et races autochtones comme le poney de la Giara ou le cheval du Sarcidano.

Santu Lussurgiu

Carnaval de Santu Lussurgiu – *Dim., lun. et Mardi gras.* Lors de manifestations équestres animées, les cavaliers en costume galopent deux par deux dans les rues du centre historique.

La péninsule du Sinis

★

Vous pénétrez ici dans un univers aquatique avant tout ; ponts et canaux traversent et sillonnent les étangs et les marais, domaines des flamants roses et des mulets, dont les œufs – la « bottarga » – font office de « caviar sarde ». La présence humaine est discrète : quelques pêcheurs manœuvrent leurs embarcations – « is fassonis » – fabriquées avec des plantes lacustres, les paysans s'absorbent dans leur travail et, de loin en loin, un voyageur curieux, à pied ou à vélo, fait route vers Tharros la Phénicienne.

NOS ADRESSES PAGE 342
Hébergement, restauration, achats, activités, etc.

S'INFORMER

Cooperativa Penisola del Sinis – *Loc. San Giovanni di Sinis, à l'intérieur de la zone archéologique de Tharros - ✆ 078 337 00 19 - www.penisoladelsinis.it.* L'organisme gère le site archéologique de Tharros, la tour San Giovanni, le Musée archéologique de Cabras et l'église San Giovanni di Sinis. Sur RV, visites guidées gratuites, y compris en français, pour de petits groupes.

SE REPÉRER

Carte de région A1-2 (p. 320) – Carte Le Montiferru et la Piana del Milis, la péninsule du Sinis et le Barigadu (p. 330-331)

La péninsule du Sinis ferme à l'ouest le Golfo di Oristano. Limitée à l'est par quatre étangs (du nord au sud, Is Béneas, Sale Porcus, Cabras et Mistras), elle s'étire du Capo Mannu au nord au Capo San Marco au sud.

À NE PAS MANQUER

Le Musée archéologique de Cabras, le site archéologique de Tharros et Punta Is Arutas.

ORGANISER SON TEMPS

Comptez au moins une journée.

AVEC LES ENFANTS

L'observatoire ornithologique du Stagno di Cabras et la visite du site archéologique de Tharros.

Circuit conseillé Carte Le Montiferru et la Piana del Milis…

D'ORISTANO À CAPO MANNU EN PASSANT PAR THARROS

Circuit de 90 km, tracé en vert sur la carte (p. 330-331) – Comptez une longue journée, mais prévoyez 2 jours si vous voulez faire une excursion à l'Isola di Mal di Ventre ou une randonnée à pied ou en VTT. Quittez Oristano par le nord pour franchir le Tirso par la SP 54bis ; après le carrefour Oristano-Marina di Torre Grande-Donigala, prenez à gauche.

Nostra Signora del Rimedio

Le sanctuaire du 19e s. qui accueille le 8 septembre un pèlerinage marial est une église assez banale flanquée d'un haut campanile à coupole. En revanche, le **Portale del Rimedio** (à quelques mètres de là, le long d'une petite route) retient l'attention : réalisé en 1780 en style rococo piémontais, il affiche des ornements archaïques.

Empruntez la SS 292 et sortez à Donigala Fenughedu (500 m).

Donigala Fenughedu

Ce hameau rural aux maisons basses se concentre autour de l'église **Santa Petronilla**, toute rose et entourée de grosses pierres millénaires et d'oliviers à peine plus jeunes.

Quittez le hameau par la via Cabras et continuez sur la SP 5 jusqu'à Cabras (4 km).

Cabras

Le gros bourg de pêcheurs, centre régional pour la pêche du *muggine* (mulet) et la production de la *bottarga* (poutargue), se trouve sur la rive sud-est du lac du même nom. Il ne reste que quelques ruines (derrière l'église paroissiale) du château de Villa d'Arborea, abandonné en 1480.

★★ **Museo Civico Archeologico Giovanni Marongiu** – *Via Tharros 121 - ✆ 0783 29 06 36 - www.museocabras.it - avr.-oct. tlj 9h-13h, 16h-20h ; nov.-mars tlj sf lun. 9h-13h, 15h-19h - 5 € ; 8 € billet combiné avec le site archéologique de Tharros ; 9 € billet combiné avec le site archéologique de Tharros et la tour San Giovanni.* Installé dans un bâtiment aux lignes contemporaines, le musée retrace l'histoire ancienne du lieu. Il est en cours de réaménagement et d'agrandissement pour accueillir les 38 énigmatiques **statues**★★ nuragiques géantes (11e-9e s. av. J.-C.) retrouvées à **Mont'e Prama** *(à 15 km au nord-ouest de Cabras)* en 1974, et qui représentent des archers, des boxeurs, des guerriers ou des modèles de *nuraghe*. En attendant la finalisation du nouveau site, à laquelle participe aussi le célèbre styliste sarde Antonio Marras, les colosses se partagent entre Cabras et Cagliari (*voir Museo Archeologico Nazionale p. 102*). Les autres sections du musée reconstituent les différentes phases d'établissement humain dans la péninsule, de la préhistoire au Moyen Âge, à travers la présentation des objets retrouvés lors des fouilles effectuées à Cuccuru is Arrius, la nécropole nuragique la plus ancienne de Sardaigne (4e millénaire av. J.-C.) et sur le site phénicien de Tharros. Une partie de l'exposition est dédiée aux matériaux provenant de l'épave d'un vaisseau romain coulé près de l'Isola di Mal di Ventre au 1er s. av.-J.-C. Les recherches scientifiques sur 1 000 **lingots de plomb** récupérés de l'épave sont particulièrement intéressantes pour la possibilité de les réutiliser dans les expériences sur les neutrinos conduites au laboratoire du Gran Sasso : après 2 000 ans ces lingots ont perdu leur radioactivité naturelle, alors que celle du plomb fraîchement extrait perturberait les mesures. Une collaboration insolite entre archéologie et physique !

Poursuivez vers l'ouest en franchissant le long pont d'où vous verrez (au nord) l'îlot triangulaire qui accueillait les tombes de Cuccuru Is Arrius.

L'étang de Cabras, avec le village en toile de fond.
C. Ciabochi / Marka / age fotostock

Après la tour, vous verrez la **Peschiera Pontis**, qui remonte au 15e s., avec la demeure patronale et les magasins où l'on fumait et conservait le poisson, ainsi que les deux étangs *(voir aussi « Restauration » p. 343).*

Stagno di Cabras et Stagno di Mistras

Au nord, le **Stagno di Cabras**, avec ses 2 200 ha, est le plus grand étang de la région d'Oristano, à tel point qu'au Moyen Âge on l'appelait *Mar'e Pontis*. Il abrite un écosystème lagunaire comptant parmi les plus riches de Méditerranée. Ses eaux, où vivent mulets, anguilles, marbrés et bars, attirent bon nombre d'oiseaux aquatiques, dont la *nette rousse*, un canard en voie de disparition, des flamants roses, des cormorans, des hérons rouges et des foulques. Les constructions à demi écroulées et les cabanes le long du rivage témoignent d'une intense activité de pêche, pratiquée à bord des *fassonis*, ces embarcations monoplaces faites de plantes palustres tressées. Au sud-ouest s'étend le **Stagno di Mistras**.
Continuez sur la SP 6 ; à la bifurcation, prenez à gauche pour San Giovanni di Sinis (9,5 km).

San Giovanni di Sinis

Un petit train touristique fait le tour du site entre San Giovanni di Sinis et la tour San Giovanni - ☏ 0783 37 00 19 - www.penisoladelsinis.it. Ce petit village balnéaire dispose de 4 km de plage descendant vers le sud. L'église **San Giovanni★** *(mêmes horaires que le site de Tharros, voir ci-dessous)*, avec ses formes arrondies et lisses, s'insère à merveille dans ce cadre marin. Elle résulte de l'allongement (extension de trois nefs) d'une église byzantine des 6e et 7e s. (transept à coupole et ailes latérales, avec des ouvertures proto-romanes). Des fouilles ont montré que l'église se trouve sur un secteur de la nécropole phénicienne-punique de l'ancienne ville de Tharros.
Le long du cordon de dunes qui sépare la route de la mer se dressent encore quelques *barraccas*, ces cabanes de bois et roseaux montées par les pêcheurs.
Continuez vers le sud jusqu'à Tharros (env. 1,5 km).

★★ Tharros

☏ 0783 37 00 19 - www.penisoladelsinis.it - de 9h au coucher du soleil - visites guidées pendant la journée, se rens. sur les horaires - 5 €, 8 € billet combiné avec le musée de Cabras, 9 € billet combiné avec musée de Cabras et tour San Giovanni.
S'inscrivant dans un cadre de toute beauté, ce site archéologique montre surtout l'aspect qu'avait la ville romaine entre le 3e et le 4e s. *(voir encadré p. 340)* et quelques vestiges carthaginois et médiévaux.

THARROS : UNE LONGUE HISTOIRE

Comptoir commercial établi par les Phéniciens vers la fin du 8e s. av. J.-C., Tharros rayonna, dans les siècles suivants, sur un territoire considérable allant du monde celtique à l'Espagne, de Chypre à l'Égypte, de l'Ionie à l'Étrurie. Vers 510 av. J.-C., elle constituait une importante escale entre Marseille et Carthage. À partir de 238 av. J.-C., la domination romaine entraîna une modification des routes maritimes commerciales qui mit un frein à l'expansion de Tharros. La cité connut une nouvelle période de prospérité lorsqu'elle devint colonie honoraire, pendant la période impériale. Les menaces des flottilles sarrasines entraînèrent peu à peu l'abandon de la ville, qui devint définitif en 1070.

Le circuit sur le site traverse d'abord les ruines de la cité punique et romaine, puis la nécropole et les minces vestiges du site phénicien. Un *cardo* pavé, qui était doté d'égouts, remonte le long d'un quartier de maisons et de *tabernae* (commerces) jusqu'au **Castellum aquae**, la citerne qui terminait l'aqueduc et alimentait une fontaine publique. Le long du *decumanus* s'étend ce qui reste du **temple punique** aux demi-colonnes doriques (3e s. av. J.-C.). Presque au niveau de la mer se trouvent les **terme I**, du 2e s. Un bref détour sur la gauche conduit au **battistero** (6e s.) et à une petite basilique. En remontant vers le temple et en tournant à gauche, on arrive aux **terme II**, les thermes construits à l'époque de Sévère, puis, en grimpant sur la colline vers l'ouest, au **tempio delle iscrizioni puniche**. Un autre secteur, au nord de l'entrée, regroupe le **tempio di Demetra e Core**, le **tophet** (sanctuaire phénicien et punique) et les **ruines des fortifications**.

Torre di San Giovanni

Le site est dominé à l'ouest par une tour circulaire au sommet de la colline. Le long du sentier qui y mène, sur la droite, on verra des restes de l'enceinte punique en blocs de grès. Édifiée entre la fin du 15e et le début du 16e s., la tour s'élève à 11 m de hauteur, avec un diamètre de plus de 14 m et des murs épais de 4 m. Les constructions sur la terrasse et l'escalier de bois remontent à la deuxième moitié du 19e s., époque où la tour fut utilisée pour traquer la contrebande; elles offrent une vue splendide.

★★ Capo San Marco

Magnifique belvédère naturel sur les plages, côté golfe, et sur les eaux agitées par le mistral, côté littoral occidental, cette langue de terre de 800 m portant un phare ferme au nord le Golfo di Oristano. Outre les vestiges de la « vieille tour », qui fut employée jusqu'à la construction de la tour San Giovanni, on y a découvert des restes nuragiques et plusieurs hypogées funéraires *(accès libre, mais la prudence s'impose)*.

Revenez sur la SP 6 jusqu'à la bifurcation et prenez à gauche pour San Salvatore (6,5 km).

San Salvatore

En arrivant sur la grande place centrale du village, on comprend pourquoi elle fut si souvent utilisée comme lieu de tournage des westerns « à l'italienne » dans les années 1960. Les petites maisons blanches qui entourent l'église, les *cumbessias*, ne sont habitées que neuf jours par an, entre août et septembre, lors du pèlerinage en l'honneur du Saint Sauveur.

San Salvatore di Sinis – L'église fut édifiée à la fin du 17e s. sur un sanctuaire païen d'origine nuragique qui avait été converti au 6e s. en église souterraine.

Plage de sable blanc Is Arutas.
L. Montico / hemis.fr

Par l'escalier qui s'ouvre dans la nef de gauche, on descend dans l'**hypogée** partiellement creusé dans le roc ; il se compose d'un couloir desservant deux pièces rectangulaires et d'un atrium circulaire muni d'un puits et de trois chambres. Les graffitis sur les parois représentent des divinités et des animaux ; des inscriptions en arabe sont dédiées à Allah et à Mahomet ; les nombreuses embarcations étaient probablement des ex-voto. Quant aux lettres latines RVF entrecroisées, une sorte de monogramme récurrent, elles viennent, pense-t-on, du phénicien et signifieraient « guérir, sauver, donner la santé ».
Continuez sur la SP 7 jusqu'à la bifurcation et faites le détour jusqu'à Punta Is Arutas (12,5 km AR).

★★★ Punta Is Arutas

Cette plage époustouflante se distingue par ses petits grains de **quartz** blancs, roses et vert clair, des petites perles qui sont le résultat de l'érosion des côtes de l'Isola di Mal di Ventre. Le fond marin, rapidement profond, cache quantité de petits bancs de poissons. Grâce à son orientation à l'ouest, la baie est une étape incontournable au soleil couchant !
Revenez jusqu'à la SP 6 ; prenez à gauche à la bifurcation pour San Salvatore, puis encore à gauche à la bifurcation pour Mari Ermi.

SAN SALVATORE ET LA COURSE DES « DÉCHAUSSÉS »

Chaque année, le 1er samedi de septembre, a lieu la **Corsa degli scalzi**, la course des « déchaussés » : une centaine de jeunes gens vêtus d'une tunique blanche courent pieds nus de San Salvatore à Cabras. Les origines de cette procession remonteraient à 1619, année où la population, qui venait d'essuyer une attaque des Sarrasins, se mit en devoir de sauver la statue du saint. Un groupe de fidèles se mit donc à courir dans la campagne ; ils firent tant de poussière, raconte la légende, que les Sarrasins, persuadés d'être en présence d'une puissante armée, prirent la fuite…

Mari Ermi

Cette belle plage de sable ocre et de grains de quartz blanc s'étire derrière un cordon de hautes dunes.

La route de terre, aisément praticable par temps sec, continue vers le nord sur 5 km. Pour reprendre le circuit, revenez sur la SP 7 et tournez à gauche sur la SP 56, en direction de Putzu Idu.

Capo Mannu

Le promontoire du Capo Mannu, plus habité et plus fréquenté, est un véritable festival de plages, à découvrir à pied, à vélo ou en VTT. En toute saison, le mistral soulève les vagues à 4 ou 5 m de hauteur, pour le plus grand bonheur des adeptes de la glisse, qui viennent de toute l'Europe pour profiter de ce spot exceptionnel. **Putzu Idu**, **Porto Mandriola**, le **phare du Capo Mannu**, **Sa Marigosa**, **Su Pallosu** et **Sa Roca Tunda** sont autant de rivages agréables et bien équipés. Dans l'étang de **Sale Porcus** vit une colonie permanente de flamants roses.

De Putzu Idu, pour regagner Oristano (25 km), reprenez la SP 10 vers l'est jusqu'à l'intersection avec la SS 292.

Excursion

L'Isola di Mal di Ventre

Rens. sur les excursions et les visites guidées : Direzione dell'Area Marina Protetta - Corso Italia, 108 - Cabras - ✆ 0783 39 10 97 - www.areamarinasinis.it.

Son nom ne veut pas dire « l'île du mal au ventre » mais « l'île du mauvais vent » (*malu bentu* en sarde). À 4,5 milles nautiques du littoral, l'île fait partie de l'**Area marina protetta Penisola del Sinis** ; elle est desservie l'été au départ de Putzu Idu ou de Mari Ermi. Ses 2 km de rochers paléozoïques couverts de lentisque et d'absinthe, fréquentés par des lapins, des tortues et quelques reptiles, sont l'occasion d'une belle excursion.

NOS ADRESSES SUR LA PÉNINSULE DU SINIS

HÉBERGEMENT

Cabras

PREMIER PRIX

Camping Is Aruttas – *Marina Is Aruttas - ✆ 078 319 25 461 - www.campingisaruttas.it -* P *- bungalows.* Derrière la plage du même nom, un camping bien équipé et très respectueux de l'environnement.

BUDGET MOYEN

Villa Canu – *Via Firenze 9 - ✆ 0783 29 01 55 - www.hotelvillacanu.com - fermé nov.-fév. - 🏊 - 22 ch. 125/130 €.* Petit hôtel très agréable, installé dans une vieille demeure au cœur du bourg. Les chambres donnent sur une belle cour.

San Salvatore di Sinis

BUDGET MOYEN

Agriturismo Il Sinis – *Loc. San Salvatore - ✆ 0783 39 26 53 - www.agriturismoilsinis.it - 🏊 P - 6 ch. 120/130 € en 1/2 P.* Un bel établissement d'agritourisme à moins de 5 km de la mer. Bonne table, accueil chaleureux et tranquillité sont au rendez-vous.

Agriturismo Su Pranu – *Loc. San Salvatore - ✆ 0783 39 25 61 - www.agriturismosupranu.com -* P *- 6 ch. 120/130 € en 1/2 P.* Cette exploitation de 30 ha, située dans la région de Su Pranu, se trouve au pied d'un ancien *nuraghe* que vous pourrez visiter sur demande. Cuisine savoureuse.

RESTAURATION

San Giovanni di Sinis

POUR SE FAIRE PLAISIR

Le Dune – *Strada per Tharros - ✆ 0783 37 00 89 - fermé nov. - 30/40 €.* Le chef Cristiano Murgia propose une excellente cuisine sarde, du terroir et de la mer : *culurgiones* faits maison (raviolis à la pomme de terre), brochettes aux trois viandes, fritures de poisson.

Cabras

BUDGET MOYEN

Il Caminetto – *Via C. Battisti 8 - ✆ 0783 39 11 39 - www.ristorante-ilcaminetto.com - fermé lun. sf en août - 25/40 € - réserv. conseillée en été.* Cuisine de poisson savoureuse et soignée, élaborée selon la tradition. Le bon endroit pour goûter la *muggine* de Cabras, les plats assaisonnés avec la *bottarga*, la *burrida* (raie marinée avec une sauce piquante), l'*anguidda incasada* (anguille au *pecorino*) et la *fregola con le arselle* (sorte de couscous aux palourdes).

Peschiera Pontis – *Strada Provinciale 6 - ✆ 0783 39 17 74 - www.consorziopontis.net - 30 € - tlj à midi, le soir, se rens.* Un « ittitourisme » où le poisson passe directement de l'eau au plat. Le restaurant étant géré par la coopérative de pêcheurs du lieu, fraîcheur garantie ! Menu fixe variant selon la pêche du jour.

PETITE PAUSE

Punta Is Arutas – Au coucher du soleil, il faut s'asseoir face à la mer dans un des bars de la plage, pour rêver les yeux ouverts en sirotant un verre.

ACHATS

Cabras

Azienda Vinicola Attilio Contini – *Via Genova 48/50 - ✆ 0783 29 08 06 - www.vinicontini.com.* Une des caves les plus prestigieuses de Sardaigne. Production de vins vernaccia, vermentino et cannonau.

Tradizioni Nostrane – *Via Carducci 20 - ✆ 078 339 01 51 -* Boutique de produits régionaux, dont la *muggine affumicata* (mulet fumé) et la *bottarga* (œufs de mulet salés et pressés).

La Casa dell'Oliva – *SP1 Cabras-Zeddiani - Loc. Gaiotto - ✆ 0783 29 07 57 -* Production et vente d'huile d'olive extra-vierge.

Tharros

Graziano Viale – *été sur le site archéologique de Tharros, hors sais. via Brigata Sassari 34 à Cabras - ✆ 0783 55 80 23 - www.maskere.it.* Artisan spécialisé dans la fabrication de masques inspirés des modèles anciens sardes et italiens *(Commedia dell'Arte)*, mais aussi phéniciens et puniques.

AGENDA

Corsa degli scalzi (Course des déchaussés) – *Fin août-début sept.* *(voir encadré p. 341).*

Notti di Tharros – *En août.* En soirée, des représentations et des concerts sont donnés dans le théâtre grec. *Rens. et billets à l'accueil du site archéologique.*

ACTIVITÉS

Excursions – En bateau sur l'Isola di Mal di Ventre. Plusieurs compagnies en proposent : Mare Mania (*www.maluentu.it*), Summer Team (*www.isoladimaldiventre.com*) et Capomannu - Naturawentura (*www.capomannu.it*).

Vers le Barigadu

★

Au fil des plaines et des collines où poussent les chênes verts, les lentisques et les arbousiers, vit en harmonie tout un petit peuple de lièvres et de renards, de belettes et de martres, de daims et de cerfs, de chats sauvages et de sangliers, de perdrix et de faucons : dans cet hymne à la nature, seul l'immense lac est artificiel ! La Sardaigne profonde y retentit de ses chœurs polyphoniques et, le soir venu, on s'y régale d'une cuisine puisant ses saveurs dans les traditions les plus anciennes. Les bourgades pittoresques aux discrètes églises romanes s'animent lors des grandes fêtes ancestrales. Les environs regorgent de vestiges archéologiques sacrés comptant parmi les plus importants de l'île et isolés dans des paysages enchanteurs. Profitez-en : le tourisme de masse n'a pas encore découvert le Barigadu !

NOS ADRESSES PAGE 349
Hébergement, restauration, achats, activités, etc.

S'INFORMER

Associazione turistica Pro Loco Abbasanta – *Via S. Satta 24 - Abbasanta - ✆ 078 552 837.* Informations seult par téléphone.

Associazione turistica Pro Loco Ghilarza – *Via Matteotti - Ghilarza - ✆ 078 552 396.* Informations seult par téléphone.

SE REPÉRER

Carte de région (p. 320) – Carte Le Montiferru et la Piana del Milis, la péninsule du Sinis et le Barigadu (p. 330-331). Le Barigadu, au nord-est d'Oristano, ouvre sur le plus grand lac artificiel de Sardaigne, le Lago Omodeo. Cette région de plaines et de collines est limitée au nord par le Montiferru et à l'est par le Madrolisai.

À NE PAS MANQUER

Le *nuraghe* Losa.

ORGANISER SON TEMPS

Comptez au moins une journée.

Circuit conseillé Carte Le Montiferru et la Piana del Milis

D'ORISTANO À SEDILO EN PASSANT PAR LE LAGO OMODEO

Circuit d'env. 115 km au nord-est d'Oristano, tracé en orange sur la carte p. 330-331 – Comptez une journée. Quittez Oristano vers le nord-est par la via Ricovero, la via Vandalino Casu, puis la SS 388 jusqu'au hameau de Sili (3 km). Le circuit remonte le premier tronçon de la vallée du Tirso, le plus long fleuve de l'île, surnommé le Nil de la Sardaigne !

Sili

Le long de la SS 388, qui traverse ce hameau où l'on produit des tuiles et du vin, le vernaccia, s'élève sur la gauche l'**église della Maddalena** (14e s.). Malgré ses volumes et son plan romans, elle montre plusieurs éléments gothiques tels les arcs trilobés et la fenêtre géminée de l'abside. Les deux portails, sur la façade et le côté droit, sont typiquement pisans.

Poursuivez sur la SS 388 jusqu'à Simaxis (au km 95,7) ; à la sortie du bourg, un détour vers le nord (3 km AR), en direction de Zerfaliu, vous conduira à San Vero Congius.

San Vero Congius

La petite église **San Teodoro** montre une structure byzantine, un plan en croix grecque et un toit voûté surmonté d'une coupole centrale.
Continuez vers l'est par la SS 388 jusqu'à Ollastra (11 km de Sili).

Ollastra

Entourée de rizières (plutôt rares en Sardaigne), Ollastra est située entre la plaine du Campidano et les montagnes du cœur de l'île.
L'église paroissiale **San Sebastiano**, avec son arc triomphal, remonte au 17e s., bien que les piliers qui soutiennent les travées soient plus anciens.
À **Santa Severa** (12e s.), vous verrez une croix archaïque, des décorations en céramique, un joli portail et des « pierres de foudre » sur le clocher-mur.
Poursuivez sur la SS 388 au-delà du barrage de Santa Vittoria, destiné à favoriser l'irrigation du Campidano d'Oristano, jusqu'à Villanova Truschedu (5 km d'Ollastra).

Villanova Truschedu

Ce petit bourg d'éleveurs et de bergers, particulièrement accueillant, se trouve au centre d'un pays de collines au maquis luxuriant; il marque en quelque sorte la porte d'entrée du Barigadu. L'étymologie du nom évoque le *truiscu*, une plante très répandue localement et utilisée pour bouchonner les ânes, les mulets et les chevaux.
Il faut dépasser le village et franchir le fleuve pour rejoindre la basilique **San Gemiliano**, de style roman tardif, construite en trachyte ; notez la rosace et les *cumbessias* où s'abritaient les pèlerins.
Non loin de là, le **nuraghe Santa Barbara** est bien conservé.
Continuez sur la SS 388 vers Fordongianus (6,5 km) : le long de la route, vous apprécierez la vue panoramique sur la plaine et le golfe d'Oristano. Environ 2 km avant le bourg, sur la droite, se trouve Santu Lussurgiu.

★ Chiesa di Santu Lussurgiu (San Lussorio)

L'église fut bâtie vers 1110 sur un hypogée paléochrétien, la nécropole de Forum Traiani *(voir ci-après)* qui, rapporte la tradition, abritait la dépouille de San Lussorio, martyrisé par Dioclétien en 304. L'édifice, construit en blocs de pierre volcanique aux tonalités chaudes, adopte un plan roman typiquement provençal. Si le côté nord et l'abside sont d'origine, l'autre côté et la façade ont été reconstruits respectivement au 13e et au 15e s. Des éléments sculptés à motifs anthropomorphes parent le soubassement. Quand l'église est ouverte *(rarement, mais à coup sûr le 21 août, quand on célèbre le saint)*, on peut accéder à l'hypogée, dans la crypte : un long couloir avec promenoir latéral conserve quelques traces de mosaïques et de fresques des 4e et 5e s.

★ Fordongianus

Le bourg doit son nom à l'ancien Forum Traiani, un important ensemble de vestiges romains. Trajan avait souhaité voir s'établir ici un centre de commerce engageant les communautés du centre de la Sardaigne et les populations romanisées de l'arrière-pays du Golfo di Oristano. Les ruines de l'aqueduc, l'amphithéâtre et les thermes témoignent de l'ampleur du projet.
Terme di Forum Traiani – *✆ 078 360 157 - www.forumtraiani.it - 9h30-13h, 15h-19h (17h hors sais.) - 4 € - possibilité de visite guidée.* Cet imposant complexe

LE LAGO OMODEO

Il y a trente millions d'années, une dense forêt tropicale de baobabs et de palmiers couvrait la région. Une tempête de pierres volcaniques raya de la surface de la terre cette oasis, figeant les arbres en des troncs fossiles qui se retrouvèrent peu à peu sous les eaux du Tirso. On en aperçoit quelques-uns quand la sécheresse fait descendre le niveau de l'eau et que le lac se réduit à une série de grandes flaques. Entre 1919 et 1924, pour éviter les ravages causés par les crues printanières du Tirso, on construisit un barrage dans la gorge de Santa Chiara D'Ula, entre Tadasuni et Fordongianus. Il fallut pour cela sacrifier **Zuri**, un hameau du fond de la vallée, que l'on reconstruisit sur le versant occidental d'un petit plateau; on y remonta pierre après pierre l'église romane **San Pietro** et son clocher-mur latéral du 16e s. avec sa ronde de danseurs sculptés. Le lac, large de 3 km et long de 22 km, a une capacité de plus de 400 millions de m^3. Quand le mistral ne souffle pas, sa surface devient un gigantesque miroir. On pourra y faire du canotage ou une rapide croisière à **Soddì** pour observer quelques spécimens d'arbres pétrifiés du miocène, devant la petite église Santa Maria Maddalena.

thermal se situe sur plusieurs niveaux. Le premier bâtiment, au nord, remonte au 1er s. : il exploitait les eaux qui jaillissent toujours à 54 °C, auxquelles on ajoutait de l'eau froide pour alimenter les bains du *natatio* central. On accédait au deuxième établissement, juste au sud, par un escalier qui partait du portique du *natatio*. Datée du 3e s., cette partie du complexe utilisait pour chauffer l'eau un système artificiel; il avait recours à un réseau de canalisations, à des puits et des citernes alimentés en partie par l'aqueduc.

Deux établissements vous permettront de tester les bienfaits des sources thermales, riches en sels fluorés, en nitrates, en sulfites et en chlore : le **Grand Hotel Terme di Sardegna**, moderne et bien équipé *(www.terme-sardegna.it)*, et un petit établissement, plus modeste mais meilleur marché, près du fleuve.

La **Casa Madeddu** *(mêmes horaires de visite que les thermes)*, un exemple d'architecture civile de style gothique tardif fort bien conservée, fut construite entre la fin du 16e et le début du 17e s. Les encadrements de fenêtre sont en pierre volcanique rouge; remarquez la finesse des décorations sur les petits portails de style Renaissance.

Reprenez la SS 388 vers le nord, en direction de Sorradile; après 1,6 km, tournez à gauche sur la SP 11 et prenez la SP 14 pour rejoindre Tadasuni (à 22 km de Fordongianus). Le parcours est accidenté mais le panorama récompense l'effort.

★ Tadasuni

Le minuscule village (190 habitants), avec ses maisons basses en pierre, occupe une belle position sur le versant occidental du Lago Omodeo, sur lequel il offre un **panorama★** splendide. Il accueille deux églises – la néoclassique **San Nicola di Bari**, en moellons de calcaire sombre, et **Santa Croce** (18e s.).

Un détour (22 km) conduit sur l'autre rive du lac, à Sorradile et Ardauli et à l'Oasi Faunistica di Assai, un lieu qui séduira les promeneurs.

Prenez la SP 15 vers l'ouest jusqu'à l'intersection avec la SS 131; tournez à droite pour gagner Sedilo (15 km de Tadasuni). Le sanctuaire se situe au sud-est du village.

★ Sedilo - Santuario di Santissimo Santu Antinu

Au début du village, un panneau indique « Santu Antinu », puis le nom change et le sanctuaire est appelé « Santu Constanzu » : les habitants de la région utilisent les deux noms.

Ce sanctuaire rural du 16e s. montre encore quelques éléments d'architecture gothique catalane, bien que l'église actuelle ait subi une lourde restauration au milieu du 18e s. Ce qui frappe surtout, c'est la disposition de l'ensemble – l'enceinte, les portails, les assises, les portiques, les abris pour les pèlerins (*cumbessias* ou *muristenes*) –, conçu pour la célébration des neuvaines. Clou des célébrations, l'**Àrdia**, spectaculaire course équestre qui s'y déroule chaque année entre le 5 et le 7 juillet, évoque la victoire de l'empereur romain Constantin, défenseur du christianisme, sur Maxence, au terme de la bataille du Ponte Milvio à Rome en 312. *www.santuantinu.it.*

Revenez sur la SS 131 et prenez la direction d'Oristano jusqu'à Ghilarza (12 km).

★ Ghilarza

Sur la piazza San Palmerio, à la limite de ce bourg agricole, s'élève la **Torre aragonese**, un robuste exemple d'architecture militaire catalane du 15e s. avec son socle taluté, les protections de l'entrée, les encoignures parfaitement alignées et les gonds en dessous du seuil de la porte ouest, destinés à actionner un pont-levis.

L'église **San Palmerio**, toute proche, s'intègre harmonieusement dans ce paysage mi-urbain, mi-rural, avec un beau jeu chromatique du basalte sombre avec les pierres volcaniques rouges. La structure d'origine (13e s.), à nef unique et à clocher-mur central, a été enrichie d'un transept et d'un presbytère au 17e s.

Dans le village, la **Casa-museo di Antonio Gramsci**, ancienne maison de famille du personnage majeur de l'anti-fascisme et du communisme italien au 20e s., accueille un centre de documentation et de recherche. *Corso Umberto I 36 - ✆ 0785 54 164 - www.casagramscighilarza.org - 10h-13h, 16h-19h - fermé mar.*

Voyez aussi l'intéressante architecture de la **Casa Badalotti**.

Rejoignez le km 123/124 de la SS 131, à la hauteur de la bifurcation pour Siniscola, sur la gauche.

ANTONIO GRAMSCI (1891-1937)

Après la prime jeunesse, passée à Ghilarza, où son père travaillait, Antonio Gramsci étudie à l'université de Turin, ville industrielle qui compte alors une forte population ouvrière : c'est là qu'il pose les fondements idéologiques du socialisme. Il collabore au journal *Avanti !* et contribue à la création de l'hebdomadaire *L'Ordine Nuovo* (devenu ensuite quotidien) qui lui sert de tribune pour revendiquer l'élection de conseils d'usine. En 1921, il quitte le PSI (Parti socialiste italien). Le 21 janvier de la même année est créé le Parti communiste italien dont il devient l'un des membres du Comité central, puis le secrétaire général.

Sa vision politique est influencée par un séjour en Russie, tout comme sa vie privée (il a épousé une violoniste russe). Opposant au régime fasciste, il est arrêté en 1926 et condamné à vingt ans de réclusion. Il est incarcéré à Rome, dans la prison de Regina Cœli, après avoir connu divers établissements pénitentiaires et avoir été relégué sur l'île d'Ustica (en face de Palerme) où il s'est employé à instruire les classes les plus pauvres. Durant ses années de détention, il écrit ses *Carnets de prison*. De santé fragile et malade depuis longtemps, il meurt en 1937.

Le nuraghe Losa.
C. Ciabochi / Marka / age fotostock

★★ Nuraghe Losa

SS 131 « Carlo Felice » entre km 123 et 124 - ✆ 0785 52 302 - www.nuraghelosa.net - de 9h à 1h av. le coucher du soleil - 5 €.

Admirable expression de l'art nuragique par sa structure, sa cohésion et sa technique de maçonnerie, le Losa (« tombe » en sarde) a révélé plusieurs phases de construction allant du 15e s. au début du 9e s. av. J.-C. La partie la plus ancienne concerne la tour centrale à deux étages dont les pièces superposées sont reliées par un escalier. Cette tour fut par la suite entourée d'un bastion trilobé aux profils concave et convexe. Les restes d'une muraille externe circonscrivent cette forteresse et des cabanes circulaires. Un petit *antiquarium* rassemble les pièces de fouille qui ont aidé à retracer la vie du site, de son origine jusqu'à l'époque romaine et au Moyen Âge.

Reprenez la SS 131 en direction d'Oristano pour rejoindre Paulilatino (env. 10 km).

★ Paulilatino

Maquis méditerranéen et vignes, oliviers et chênes-lièges entourent cette bourgade installée sur le bord de Su Pranu, le haut plateau d'Abbasanta. Sa partie la plus ancienne conserve de nombreuses maisons basses en pierre sombre, quelques beaux portails et des balcons en fer forgé ainsi qu'une église paroissiale, **San Teodoro**, flanquée d'un campanile à bulbe.

Museo Archeologico-Etnografico – *Via Nazionale 127- ✆ 078 555 438 - museoatzori.altervista.org - 9h-13h, 15h-19h30 (17h30 hors sais.) - fermé lun. - 5 € - visite guidée des sites nuragiques de la zone et possibilité de billet commun.*
Il est aménagé dans le **Palazzo Atzori**, une belle demeure du 18e s. La section archéologique présente des objets retrouvés lors de fouilles effectuées sur le complexe nuragique de Santa Cristina *(voir ci-contre)* tandis que les collections ethnographiques illustrent la vie paysanne locale. Dans la *Stanza del pane*, la

« pièce du pain », on découvrira *su lazzaru*, un pain auquel la tradition attribue des pouvoirs magiques, et *coccoi de tzicchi*, fait avec la fleur de farine. Paulilatino produit du fromage de brebis – la *caciotta murtas*, le *dolce paulese* et le curieux *musinau* à la croûte couleur caramel – et ses artisans perpétuent le tissage selon les méthodes traditionnelles.

Au km 114,3 de la SS 131, tournez à gauche et poursuivez jusqu'au sanctuaire Santa Cristina.

★ Santuario nuragico di Santa Cristina

✆ 347 774 67 47 - 9h-13h, 15h-19h30 (18h en hiv.) - 5 €.

Le complexe comprend deux secteurs séparés par l'église et ses *cumbessias*. Le monument principal du secteur nord-est, le **Pozzo sacro**, le puits dédié au culte de l'eau, offre un bel exemple d'architecture nuragique sacrée. Entouré d'une enceinte munie d'assise, il se compose d'un atrium, d'un escalier de 25 marches (en grande partie restauré) et d'une tholos souterraine où jaillit une source particulièrement abondante en hiver et au printemps. Cette chambre circulaire est faite de rangées de blocs granitiques admirablement travaillés en biais. Les fouilles du temple, lequel est daté du 10e s. av. J.-C., ont mis au jour des artefacts phéniciens du 9e et du 8e s. av. J.-C. Le *nuraghe* et le village attaché au sanctuaire se trouvent dans le secteur sud-ouest du site. La zone comporte d'autres témoignages préhistoriques, dont les *nuraghi* **Battizzonis** et **Lugherras**, les tombes de géants **Mura Cuada** et **Goronna** et les *domus de janas* **Su Ladere**.

Revenez sur la SS 131 pour rejoindre Oristano (25 km).

NOS ADRESSES DANS LE BARIGADU

HÉBERGEMENT ET RESTAURATION

Fordongianus

PREMIER PRIX

Agriturismo Il Lentischio – *SS 33 km 2, 200 - loc. Pardu Mianu - ✆ 335 742 51 49 - www.illentischio.it - P - 6 ch. 50 €.* Hébergement rural au cœur d'une propriété de 25 ha ; également possibilités de camping. À table : cuisine typique.

POUR SE FAIRE PLAISIR

Grand Hotel Terme Sardegna – *SP 23 1 - ✆ 0783 60 50 16 - www.termesardegna.it - 90 ch. 130/170 €.* Un bel hôtel moderne à l'architecture et à la décoration design, agréable et bien équipé. Relié aux thermes, son spa est impeccable.

AGENDA

Sedilo

S'Àrdia – *www.santuantinu.it - début juil.* Course équestre effrénée qui commémore les luttes entre païens et chrétiens à l'époque de Constantin.

Tadasuni

Fête de San Salvatore – *Boroneddu, à 1,5 km au nord-ouest de Tadasuni - mi-sept.* La fête commence le troisième vendredi de septembre par une procession pour accompagner la statue du saint et se poursuit pendant neuf jours par une série de fêtes à caractère religieux et laïque.

Bosa

★★

Province d'Oristano

Située au centre d'un terroir vinicole d'exception où l'on produit le malvasia, Bosa dégage un petit air ligure plein de charme, empreint d'un zeste de douce mélancolie. Son château fort couronne une montagne tronquée; à ses pieds, un enchevêtrement de ruelles, d'arcades et de placettes s'étend à flanc de colline. Sur le pas des portes, devant de hautes maisons pastel, les femmes perpétuent le travail de la dentelle traditionnelle. Le long des quais plantés de palmiers, devant ces usines en brique où l'on tannait le cuir, s'alignent des bateaux de pêche multicolores.

NOS ADRESSES PAGE 358
Hébergement, restauration, achats, activités, etc.

S'INFORMER
La Città del Sole – *Via Gramsci 25 - ✆ 0785 37 70 43 - www.bosaonline.com*. Informations, services touristiques et visites guidées.

SE REPÉRER
Carte de région A1 (p. 320) – Carte La Planargia et le vignoble de Malvasia (p. 356). Bosa est située à 45 km au sud d'Alghero et 90 km au nord d'Oristano, sur la rive droite du fleuve Temo, à moins de 3 km de l'embouchure.

SE GARER
Deux parkings gratuits dans le centre de Bosa, l'un sur la piazza Nassiriya, l'autre dans une transversale au corso Vittorio Emanuele II.

À NE PAS MANQUER
Le château; San Pietro Extra Muros; l'ancienne cathédrale de Bosa; la plage de Sa Marinedda, au sud de Porto Alabe (à 10 km de Bosa).

ORGANISER SON TEMPS
Comptez au moins une journée.

AVEC LES ENFANTS
Le Museo delle Conce; une croisière en bateau sur le Temo (19h-20h) vers l'église San Pietro Extra Muros.

Se promener

Bosa est constituée de quatre quartiers historiques : **Sa Costa**, au pied de la forteresse, **Sa Piatta**, en partie basse du vieux centre parallèle au Temo, **Sas Conzas**, sur la rive gauche du fleuve, et **Bosa Marina**, la partie maritime.

★★ LE CHÂTEAU ET LE QUARTIER SA COSTA

★ Castello di Serravalle ou Malaspina

Via Ultima Costa 14 (accès en voiture ou à pied, en remontant les ruelles de Sa Costa) - ✆ 078 537 70 43 ou 340 39 55 048 - nuke.castellodibosa.it - avr.-oct. : de 10h au coucher du soleil; 15-31 mars et 1er-15 nov. : 10h-13h; reste de l'année : w.-end 10h-13h - 4 €.

À mesure que l'on monte pour atteindre la forteresse, à 81 m d'altitude, la vue embrasse progressivement le bourg et la mer. On pense généralement qu'elle fut construite en 1112 par les Malaspina, une famille toscane arrivée dans l'île au milieu du 11e s. Sur 1 ha de terrain, le château occupe 2000 m², avec un périmètre de 300 m et sept tours polygonales et carrées.

L'imposante **tour du Mastio★**, en pierre volcanique claire, sans créneaux, mais dotée de consoles saillantes, date du début du 14e s. et fut édifiée par Giovanni Capula, l'architecte qui conçut les tours de l'Elefante et de San Pancrazio à Cagliari ; du sommet, superbe **panorama★★** sur les alentours. En continuant le long des remparts, renforcés par les Aragonais, vues plongeantes sur les toits de Bosa.

Au milieu de l'enceinte, l'église romane **Nostra Signora de sos Regnos Altos** conserve un très beau cycle de **fresques★★** de style toscan provençal (1350-1370) dépeignant des vies de saints et des scènes du Nouveau Testament. Sur la paroi de droite remarquez la représentation de la *Rencontre des trois morts et des trois vifs* illustrant le destin inéluctable de tout mortel.

L'escalier à l'est du château descend vers le quartier Sa Costa.

★★ Sa Costa

Tout le quartier, avec ses rues pentues se succédant jusqu'à l'escalier **S'Iscala e'sa Rosa**, ses arcades et ses placettes, dégage une atmosphère mi-ligure, mi-toscane pleine de charme, malgré un côté parfois un peu délabré.

Ne manquez pas les trois premières « côtes » en descendant : la via Ultima Costa, la via Belvedere et la via Montenegro. Vous passez devant de jolies maisons à trois étages, aux volets colorés ; dans les rues, on a sorti des casiers de tomates mises à sécher, tandis que des femmes, assises sur le pas de leur porte, sont absorbées par le délicat travail de la dentelle traditionnelle de Bosa, appelée *filet*. Le long de la via del Carmine, la dernière « côte », des femmes viennent vendre fruits ou légumes.

La via del Carmine, parallèle au corso Vittorio Emanuele II, conduit vers le nord-ouest à l'église Madonna del Carmine, sur la place du même nom.

Madonna del Carmine

Sur la place bordée de palmiers, l'église et le couvent des carmes furent construits en 1779 sur les ruines d'une église antérieure, la Beata Vergine del Soccorso.

La façade de l'édifice, dont le style baroque piémontais s'enrichit de trachyte rouge, à la mode sarde, rompt avec la simplicité des murs extérieurs du couvent. Un faîte portant le blason de l'ordre et des vases porte-flammes surmontent le portail cintré. L'intérieur, à une seule nef, comporte un monumental **autel** en marbre orné de stucs (1791), fastueux exemple de style piémontais tardif.

Quittez la piazza del Carmine par le nord et empruntez le viale G. Marconi pour rejoindre l'église San Giovanni al Cimitero, à côté du cimetière.

San Giovanni al Cimitero

L'église actuelle résulte de l'agrandissement d'un édifice antérieur, probablement du 12e s. Sa façade, réduite à l'essentiel, et l'insolite décoration qui souligne le tympan remontent au 14e s., tout comme les restes de fresques à peine lisibles sur le côté droit de l'unique nef.

★ SA PIATTA

C'est le quartier qui borde la rive droite du fleuve, au pied du quartier Sa Costa. Il s'organise autour du corso Vittorio Emanuele II.

DU NÉOROMAN À L'ART DÉCO

Trois édifices monumentaux illustrent la diversité des styles architecturaux de la ville au 20e s. Les deux premiers se trouvent dans le quartier Sa Piatta.

L'**Orfanotrofio Puggioni-Piga** *(Corso Garibaldi, siège de la commune de Bosa et de la bibliothèque municipale)*, un orphelinat construit en 1912-1913, affiche un style néoroman d'influence lombarde.

L'ancien **Mercato Civico** *(Piazza Vincenzo Gioberti)* achevé en 1929, au bord d'une place octogonale, montre une façade aux ornements Art déco.

Sur la rive opposée s'élève un édifice de style néogothique, avec ouvertures ogivales, couronnement et petite tour à créneaux.

★ Corso Vittorio Emanuele II

Parallèle au fleuve, cette artère traverse toute la partie basse du vieux centre, de la piazza Dante à l'ouest à la piazza Santa Giulia à l'est. Principale rue commerçante de Bosa, elle est bordée d'ateliers d'orfèvrerie (bijoux en corail et filigrane) et de demeures aristocratiques des 18e et 19e s. aux jolis portails et aux balcons en fer forgé.

Au centre du corso s'ouvre la piazza della Costituzione.

Derrière **Sa Funtana Manna**, une fontaine de marbre blanc et de trachyte rouge (1881), s'élève l'élégant **Palazzo di Don Carlo**, construit vers le milieu du 19e s. Il reprend le jeu de couleurs typique du roman sarde; au rez-de-chaussée se trouve un agréable café.

Museo Civico Casa Deriu

Corso Vittorio Emanuele II 59 - ✆ 078 537 70 43 - www.bosaonline.com - tlj sf lun. 10h-13h, l'apr.-midi selon la saison : juin 17h30-20h30, juil.-août 18h30-20h30; reste de l'année 16h-18h - 4,50 € cumulatif avec la Pinacoteca Atza.

Installé dans une belle demeure bourgeoise, le musée présente un appartement du 19e s. dans son décor original et, au dernier étage, une section consacrée à la production artistique de **Melkiorre Melis** (1889-1982), natif de Bosa, ardent promoteur des arts décoratifs de l'île.

De l'autre côté de la rue, l'ancienne bibliothèque municipale accueille la **Pinacoteca Antonio Atza** qui expose les œuvres du peintre, né à Bauladu en 1925 et mort à Bosa en 2009, et d'autres artistes sardes. *Corso Vittorio Emanuele II 74 - horaires et conditions de visite du Museo Civico.*

Plus à l'est, l'**Oratorio della Madonna del Rosario** affiche un portail Renaissance au sein d'une façade baroque; l'horloge publique y a été ajoutée en 1875.

Entre le corso Vittorio Emanuele II et le fleuve s'élève la cathédrale de Bosa.

★ Cattedrale dell'Immacolata

Immanquable avec ses deux **coupoles★** vernissées et son clocher massif inachevé, la cathédrale, consacrée à la Vierge, a été reconstruite sur une église du 12e s., après l'abandon de l'ancienne cathédrale romane San Pietro. Elle connut plusieurs réfections, dont une réalisée dans un style gothique tardif, et un dernier remaniement en 1803, sous la direction de Salvatore Are, natif de Bosa. La place, trop petite, laisse peu de recul pour apprécier la perspective de la façade « à retable », de style baroque piémontais tardif et néoclassique.

Les fresques de l'abside, le chœur en bois et les meubles de la sacristie, tout comme les remarquables pièces en argent conservées dans le *Tesoro* qu'elle abrite, méritent le détour.

Franchissez le pont en pierre volcanique pour rejoindre la rive gauche.

Bosa.
S. Meyers / Blickwinkel / age fotostock

★ SAS CONZAS

Animé et plein de charme, l'ancien quartier de la tannerie, activité nécessitant de grandes quantités d'eau, s'étend sur la rive gauche du fleuve. Cette série de bâtiments construits au 19e s. et couvrant une superficie de 4 000 m² est assez proche de la ville pour permettre aux ouvriers de s'y rendre à pied, et assez loin pour éviter à la population les effluves pestilentiels se dégageant lors du tannage. Semblables à des maisons mitoyennes, les **entrepôts★** affichent des toits à double pente et quelques détails caractéristiques des édifices de Bosa, comme les encadrements en trachyte rouge. À l'étage supérieur, on se consacrait à la finition des produits, en particulier à celle des *suole* (semelles) et des *vacchette* (peaux de vachettes), dont les relieurs de Cagliari faisaient grand usage. L'activité cessa dans les années 1960 et, en 1989, les entrepôts de tannerie ont été déclarés monument national.

Museo delle Conce

Via Sas Conzas, face au n° 13 - ✆ 0785 37 70 43 - tlj sf lun. 9h-13h, 16h-18h (hors saison seult le mat.) - 2 €.

Installé dans une ancienne tannerie qui conserve tous les équipements du métier, il rassemble photographies, instruments et matériel d'époque illustrant l'activité et le passé tanneur de Bosa.

6

À proximité Carte La Planargia et le vignoble de Malvasia

★★ San Pietro Extra Muros

Empruntez la via Sant'Antonio Abate qui devient ensuite via San Pietro, sur la rive gauche du Temo, à 2 km à l'est du centre de Bosa. Accès possible en bateau le long du Temo (Esedra - corso Vittorio Emanuele II 64 - ✆ 0785 37 42 58 ou 348 15 44 724 - www.esedrasardegna.it).

✆ 340 39 55 048 - avr.-oct. : tlj sf lun. 9h30-12h30, 15h30-18h30 ; sam. 9h30-12h30, dim. 15h30-18h30 ; reste de l'année sur RV - 2 €.

On doit à l'évêque Costantino de Castra la construction de l'ancienne cathédrale de Bosa, chef-d'œuvre d'architecture romano-gothique. Les travaux commencèrent en 1062, dans un style roman lombard ; l'abside (où l'on peut voir des inscriptions païennes provenant d'une nécropole romaine), les nefs latérales et le robuste campanile remontent à la décennie suivante. Le côté droit et la façade datent de la fin du 13e s. et présentent toutes les caractéristiques du gothique cistercien. Sur la façade, l'architrave du portail, en pierre calcaire, représente saint Pierre, saint Paul, la Vierge à l'enfant et l'empereur Constantin.

★ Bosa Marina

À 2 km au sud-ouest de Bosa.

Particulièrement plaisant au coucher du soleil, ce quartier de Bosa se compose d'un port fluvial, d'un village résidentiel et d'une longue plage de sable classée « cinq voiles » pour la qualité de ses eaux et de ses infrastructures par Legambiente, association nationale faisant autorité en matière d'environnement.

L'**Isola Rossa** n'est plus une île à proprement parler, car elle est reliée à la plage par un môle en pierre. Elle est dominée par la puissante silhouette de la **Torre del Porto**, une tour aragonaise circulaire érigée au 16e s.

Près du fleuve, **Santa Maria del Mare** attire le regard avec son architecture gothique catalane et sa coupole rouge. Le premier dimanche d'août, une procession de petits bateaux richement ornés en part ; ils transportent la statue de la Vierge le long du fleuve jusqu'à la cathédrale de Bosa.

Les plages de Bosa

Hormis la très belle plage de Bosa Marina, la petite ville compte plusieurs endroits propices à la baignade dans un beau cadre naturel.

La toute petite plage de sable blanc de **Bosa Cumpultittu**, bien abritée même par temps de mistral, convient aux familles avec enfants *(4,5 km au nord de Bosa ; au-delà du parking, un sentier assez raide y conduit en 10mn. Pas d'infrastructure ; prévoyez à boire et à manger si vous voulez y passer quelques heures).*

À **S'Abba Druche**, vous profiterez du sable doré, des galets roses, des pierres plates, de trois criques pour bronzer et d'une vue magnifique *(à 3,5 km au nord de Bosa, parking gratuit et un autre payant plus proche de la plage).*

Le littoral au sud de Bosa propose d'autres plages agréables : **Turas**, **Cala degli Albatros**, **Porto Alabe**, **Sa Marinedda** et **Punta di Foghe**.

Sindia

À 18 km à l'est de Bosa par la SS 129bis. Si vous y venez avec le Trenino Verde, prévoyez d'y passer la nuit pour reprendre le train le lendemain matin.

La jolie bourgade de Sindia conserve deux églises romanes. L'église **San Pietro** fut construite entre 1150 et 1160 en moellons de pierre volcanique brune, impeccablement agencés par une habile main-d'œuvre cistercienne qui avait travaillé aussi à l'abbaye Santa Maria di Corte. Notez les ouvertures cruciformes de la façade et de l'abside, ainsi que les décorations sculptées.

À quelques kilomètres à l'ouest du bourg, l'**Abbazia di Santa Maria di Corte★**, également appelée Abbazia di Cabuabbas, fut fondée par les Cisterciens en 1147 pour le compte de Gonario II, souverain de Torres. Du grand édifice initial il ne reste que l'abside, la partie méridionale du transept, deux chapelles du chœur et les fondations de la salle capitulaire et du cloître, près d'une sacristie contiguë au monastère ; toutes sont couvertes de voûtes en berceau, selon les usages du roman bourguignon. Ce monastère joua un rôle majeur dans les restructurations agraires que connut la région.

LE MALVASIA D.O.C.

Ce vin noble d'appellation D.O.C. (AOC) depuis 1972 provient du cépage malvasia dont les vignes, situées à environ 325 m d'altitude, poussent sur les communes de Bosa, Flussio, Magomadas, Modolo, Suni, Tinnura et Tresnuraghes, sur le haut plateau de la Planargia. Il est servi aussi bien en apéritif qu'avec les desserts. De robe jaune paille à dorée, doté d'un nez intense et délicat, il peut être doux ou sec, avec un arrière-goût légèrement amer. On le laisse vieillir durant 2 ans à partir du 1er décembre de l'année qui suit la vendange. Son titre d'alcool varie de 15,5 ° à 17,5 °C.
Pour tout découvrir sur ce vin et son terroir consultez le site de la **Strada della Malvasia di Bosa** : *www.stradadellamalvasiadibosa.it*

Circuit conseillé Carte La Planargia et le vignoble de Malvasia

★ LA ROUTE DU MALVASIA ET LES PLAGES DE LA PLANARGIA

Circuit de 33 km (plus 22 km AR avec le détour vers Punta di Foghe), tracé en vert sur la carte p. 356 – Comptez une demi-journée, une journée entière si vous voulez profiter des plages au sud de Bosa. Vous pouvez envisager de dîner à l'Enoteca de Magomadas ou à Bosa. Quittez Bosa par la via Nazionale, en longeant le fleuve ; au sud, empruntez la via Roma, puis la SS 129bis pour Macomer jusqu'à Suni (7,5 km).
La Planargia est un haut plateau volcanique compris entre le pays de Villanova au nord et le Montiferru au sud.

Suni

Habité depuis la préhistoire, comme en témoignent la nécropole de Chirisconis et les *nuraghi* Nuraddeo et Seneghe (*parc archéologique sur la SS 292, à env. 5 km de Suni)*, le territoire du bourg accueillait à l'époque romaine d'importantes entreprises agricoles.
Museo-Casa della Tecnologia contadina « Tiu Virgiliu » – *Via Regina Margherita 7 (non loin de l'église) - ✆ 070 953 84 80 - mai-sept. : 9h30-12h30, 15h30-19h ; reste de l'année : 9h30-12h30, apr.-midi sur RV - 3 €.* Ce musée est consacré à la vie paysanne et artisanale aux 19e et 20e s. Parmi les collections, un beau moulin à olives, un poêle en fonte richement décoré, des lits en fer forgé et *Su pane de sos isposos*, la couronne de pain que l'on pendait au-dessus du lit nuptial, en signe de prospérité.
Quittez le bourg par le sud.

Tinnura

Le petit bourg, où l'on pratique l'élevage mais aussi la vannerie à base de fibres d'asphodèle, de saule et de roseau, est entouré de vignes, de vergers et d'oliveraies. Nombre de rues et de places du village sont dallées de basalte gris, de trachyte rouge et de marbre blanc ; sur les murs, des *murales* (fresques) modernes décrivent les activités rurales locales. On trouve trace de son passé préhistorique au *nuraghe* Tres Bias et dans la tombe de géants Su Crastu Convocadu.
Quittez Tinnura par le sud-ouest pour rejoindre Flussio (moins d'1 km).

Flussio

Le petit village jouit d'une belle situation panoramique. Plus encore que Tinnura, il se consacre entièrement à la vannerie. Les femmes vendent leurs *corbule* (corbeilles) et *canestri* (paniers) directement à la porte des maisons.

En avril, les rues, les places et les cours des maisons se remplissent de gerbes de tiges d'asphodèles mises à sécher au soleil.

La **Cooperativa viticultori della Planargia** vend du malvasia traditionnel, mais aussi le « champagne » de malvasia. *Via Nuova 8 - ✆ 0785 34 886 - lun.-vend. 8h-13h, 15h-18h, sam. 8h-12h.*

Quittez Flussio à l'ouest par la via Nazionale et rejoignez Tresnuraghes par la SS 292 (3 km).

Tresnuraghes

Entouré à l'est par les collines du Montiferru, ce bourg aux maisons basses se trouve à l'extrême est de la Planargia, bien que les terres de la commune arrivent jusqu'à la côte. Trois *nuraghi* proches du village lui ont valu son nom. **San Giorgio**, avec sa façade néoclassique et ses deux campaniles symétriques, n'est que l'une des sept églises du village.

À la sortie sud de Tresnuraghes, prenez sur la droite en direction sud-ouest et suivez jusqu'au cap le chemin de terre (22 km AR) qui longe la vallée du Rio Mannu.

★★ Punta di Foghe

Surmonté d'une tour juchée à 70 m d'altitude, le promontoire aux grandes falaises fait face à plusieurs îlots à l'embouchure du Rio Mannu.

La **Torre Foghe,** qui remonte à la fin du 15e s., resta en fonction jusqu'en 1842 ; ses deux corps cylindriques superposés sont aujourd'hui en piteux état.

Un petit sentier partant vers le sud-ouest mène à un belvédère isolé d'où l'on voit les eaux du Mannu entrer dans la mer, les tours espagnoles de S'Ischia Ruggia et Columbargia et les îlots rocheux de Corona Niedda.

La Cartiera Foghe, dans les environs, est une ancienne papeterie.

Revenez à Tresnuraghes et suivez vers l'ouest la SP 83 jusqu'à Porto Alabe (5 km).

★ Porto Alabe
Entourée de dunes couvertes de plantes grasses, cette belle plage *(grand parking, nombreuses infrastructures)* se termine au sud par un promontoire rocheux. Le sable ferrugineux au grain grossier, d'un rose qui tend vers le rouge, contraste harmonieusement avec le bleu foncé de l'eau. La mer descend ici en pente douce et l'on peut s'y baigner en toute sécurité.

★★ Sa Marinedda
Un peu au sud de Porto Alabe, la plage *(petit parking mais pas d'infrastructures)* s'étire dans une belle crique isolée ; sa pinède offre une ombre bienvenue aux heures les plus chaudes.

★ Cala degli Albatros
En marchant le long de la plage, on rejoint, au nord de Sa Marinedda, cette crique, parsemée de beaux rochers plats et entourée de hautes parois de trachyte foncé.

Continuez la SP 83 vers le nord pour rejoindre Santa Maria del Mare.

Santa Maria del Mare
Hameau de bord de mer dépendant de Magomadas et où se trouve la petite église **Santa Maria del Mare**, jadis appelée « de s'Istella » (de l'étoile). Son plan d'origine (1635) reste lisible malgré de nombreux remaniements.

Deux fois par an, les 3e dimanches de mai et d'août, elle accueille une procession religieuse qui se termine en musique sur la place en face de la mer ; c'est l'occasion de goûter aux productions locales de malvasia.

De Santa Maria del Mare, suivez la route vers l'est jusqu'à Magomadas.

★ Magomadas
Édifiée sur un promontoire surplombant les environs jusqu'au château de Bosa, la partie la plus ancienne du village est signalée par les bulbes vernissés de son église paroissiale, dédiée à **San Giovanni Battista**.

Sortez de Magomadas à l'est, puis obliquez vers le nord pour rejoindre Modolo (2,5 km) en suivant la SP 35.

Modolo
Niché sur un éperon rocheux dominant la mer, ce minuscule village entouré de vergers, d'oliviers centenaires et de vignes, offre des vues magnifiques sur la vallée.

Sortez de Modolo à l'ouest et continuez sur la SP 35 ; tournez à droite à la bifurcation et suivez les indications pour rejoindre Bosa (6,5 km).

NOS ADRESSES À BOSA

HÉBERGEMENT

BUDGET MOYEN

B & B S'Ammentu - *Via del Carmine 56 - ✆ 346 50 04 719 - 6 ch. 60/80 €.* Une belle demeure du 17e s. dont le nom évoque « la mémoire ». Très bien restaurée, elle compte six chambres confortables et meublées avec goût. Service attentionné.

Palazzo Sa Pischedda – *Via Roma 8 - ✆ 078 537 30 65 - www.hotelsapischedda.com - P - 20 ch. 90/130 €.* Gestion familiale depuis 1896 pour cet hôtel historique situé sur la rive gauche de Bosa, à 30 m du pont. Une belle demeure couleur pastel aux chambres classiques, la plupart avec mezzanine, certaines avec balcon ou véranda. Bon restaurant dont les terrasses donnent sur le fleuve. Possibilité d'excursions sur un voilier d'époque.

Bosa Marina

PREMIER PRIX

Ostello della Gioventù – *Via Sardegna 1 - ✆ 346 236 38 44 - www.valevacanze.com - 10 ch. 40/80 €.* L'auberge de jeunesse, proche de la plage de Bosa Marina, met à la disposition de ses clients une cuisine équipée, un petit bar, un point Internet et un grand jardin. École de plongée, location de canots pneumatiques et excursions en bateau. Dortoirs, chambres doubles et chambres pour famille avec salle de bains.

À proximité

PREMIER PRIX

Pessighette – *Loc. Pessighette, à 4 km au sud du centre, dir. Suni puis Modolo - ✆ 0785 375 229 - www.pessighette.it - 3 ch. 75/80 €.* Signalée par un magnifique pin centenaire, cette jolie maison entourée de vignes et d'oliviers surplombe la vallée jusqu'à la mer. Les chambres mansardées aux tons pastel disposent toutes d'un balcon : belle vue sur la campagne alentour. Aldo et Claudia font un bon accueil à leurs hôtes et concoctent, sur réservation, un excellent dîner (vin et huile d'olive maison).

RESTAURATION

BUDGET MOYEN

Mangiaimbuto Vineria – *Piazza Modoleddu - ✆ 0785 373 736 - 20 €.* Cachée dans une charmante placette derrière le corso Viittorio Emanuele II, cette adresse occupe une vieille salle voûtée et propose une cuisine du marché. Excellente formule déjeuner.

Al Gambero Rosso – *Via Nazionale 12 - ✆ 078 537 41 50 - fermé lun. sf été - 25/35 €.* Excellente cuisine de poisson avec plusieurs spécialités du chef. À essayer, les *tagliolini all'aragosta* (sorte de tagliatelles à la langouste) et l'anguille *in cassola* (cuite dans la casserole). Soupe de poissons le vendredi et *paella* le jeudi. Très bonne cave.

Bosa Marina

POUR SE FAIRE PLAISIR

Chelo – *Lungomare Mediterraneo - ✆ 0785 373 013 - www.lidochelo.it - fermé lun. - 30/40 €.* Superbe salle de restaurant située à l'étage, au-dessus de la plage et face à la tour du port. Cuisine du jour savoureuse, préparée par le chef Nanni Solinas. Service soigné.

Flussio

BUDGET MOYEN

Da Cristian – *Via Santa Rughe 7 - ✆ 340 234 90 41 - fermé* *lun. - 25/30 €.* Un restaurant accueillant et une belle véranda. De la pizza napolitaine pour tous les goûts et une excellente cuisine sarde. Très bons desserts.

ACHATS

Antonio Sotgiu – *Viale Repubblica 14 - ✆ 0785 37 36 43 - www.bottegaorafaartigianasotgiu.com - fermé dim.* Orfèvre spécialisé dans la production de magnifiques bijoux en filigrane.

Sindia

Azienda Agrituristica Nuragh'Elighe – *Loc. Nuragh'Elighe - SP 44 direction Macomer-Pozzomaggiore km 6,200, à 7 km au nord de Sindia - ✆ 340 322 79 18 - www.nuraghelighe.it.* Vente de produits locaux au gîte rural, que vous pourrez aussi déguster sur place. Charcuterie et fromages de fabrication artisanale.

ACTIVITÉS

Bosa Marina

Il Porticciolo Club Nautico – *Via C. Colombo 7 - ✆ 078 537 55 50.* Excursions en mer.

Trenino Verde – *www.treninoverde.com.* Le petit train touristique assure un trajet pittoresque. Partant de Bosa Marina, il arrive à Macomer en passant par la plage de Pedras Nieddas et la vallée du Rio Abba, Mala, Modolo, Tresnuraghes et Sindia.

AGENDA

Carnaval de Bosa – *Fév.* Appelé ici *Karrasegare Osinku*, le carnaval commence dès le milieu du mois de janvier; le Mardi gras, on brûle un pantin dans la liesse générale. Cette fête traditionnelle a également lieu au mois d'août.

Santa Maria del Mare – *1er dim. d'août.* Le matin, on porte en procession la statue de la Vierge de l'église Santa Maria del Mare jusqu'au port. De là, le cortège remonte le fleuve Temo jusqu'à la cathédrale de l'Immacolata, dans le centre historique. Le moment le plus émouvant et le plus spectaculaire se situe le soir, lorsque le fleuve se couvre d'embarcations richement décorées venues saluer le passage de la Madone.

Fête de Nostra Signora de Sos Regnos Altos – *2e w.-end de sept.* On porte en procession une statue en bois de la Vierge, datant probablement de la fin du Moyen Âge et retrouvée dans les décombres du château Malaspina.

6

IGLESIAS ET L'IGLESIENTE

Iglesias et l'Iglesiente 7

Carte Michelin Local 366

Iglesias

★★

27 332 habitants

Un château du 13e s., des fragments de muraille remontant à l'époque de la domination pisane et aragonaise, des églises médiévales à foison et des demeures Liberty : les échos d'un passé florissant n'en finissent pas de resurgir à chaque détour dans la paisible Iglesias. Durant la Semaine sainte, la ville résonne des rites solennels de tradition espagnole. Tout autour, jusque sur la côte, moutonnent des collines percées de ces mines – de plomb, de zinc et d'argent – qui firent la fortune de la région. Fière de ces heures laborieuses, la ville accueille le siège du Parco geominerario storico e ambientale della Sardegna, un parc qui réunit tous les sites miniers de l'île.

NOS ADRESSES PAGE 368
Hébergement, restauration, achats, activités, etc.

S'INFORMER

Ufficio informazioni turistiche – *Palazzo Civico, Piazza Municipio - ✆ 0781 27 45 07 - www.comune.iglesias.ca.it et www.visitiglesias.it - lun.-sam. 10h-12h, 16h-20h.*

SE REPÉRER

Carte de région AB3 (p. 360). Iglesias est située dans la partie sud-ouest de la Sardaigne, au pied de la Punta San Michele (906 m), dans le sud de l'Iglesiente que limitent à l'est le Campidano, au sud le Sulcis et, à l'ouest, le Golfo di Gonnesa. Deux belvédères permettent d'en comprendre la topographie : au sud-est, la promenade conduisant de la piazza Quintino Sella au Castello di Salvaterra et, au nord-ouest, la colline où s'élève la chiesa di Nostra Signora di Buon Cammino.

SE GARER

Dans la vieille ville, la circulation automobile n'est autorisée qu'aux résidents. Les parkings sont gratuits du samedi à 13h jusqu'au lundi matin. En semaine : parkings (gratuits et payants) près des jardins publics ; gratuit via Valverde, non loin du Parco delle Rimembranze (à 10mn à pied du centre-ville) ; payants en face du marché municipal, via Roma, via Corsica, près de l'hôpital Santa Barbara, piazza Sella et via Garibaldi, non loin de la gare.

À NE PAS MANQUER

La cathédrale Santa Chiara et l'ensemble de la vieille ville ; le Museo dell'Arte mineraria.

ORGANISER SON TEMPS

Comptez une demi-journée pour découvrir la ville.

AVEC LES ENFANTS

Le Museo dell'Arte mineraria à Iglesias ; le Museo Antico Mulino Idraulico Licheri et la grotte Su Mannau à Fluminimaggiore.

Se promener

Charnière entre les mines de l'Iglesiente, au nord, et celles du Sulcis, au sud-ouest, la ville joua un rôle majeur dès le début du Moyen Âge. La vieille ville, qui compte parmi les plus remarquables de la Sardaigne méridionale, s'étend

Dans la vieille ville d'Iglesias.
Daffy6561/Fotolia.com

selon un axe nord-ouest/sud-est, à l'intérieur d'un quadrilatère délimité au nord-est par le Castello Salvaterra, au sud-est par la via Gramsci et la via Roma, et au nord par la via Campidano.

★★ LA VIEILLE VILLE

Circuit d'environ 2 km – Comptez 2h avec les visites. Le circuit part de la piazza Quintino Sella, au début de la via Garibaldi, et fait une boucle dans le sens des aiguilles d'une montre.

Piazza Quintino Sella et Corso Matteotti

Cette place moderne et pleine de vie marque l'entrée de la vieille ville. La statue qui l'orne rend hommage au ministre des Finances **Quintino Sella** qui relança l'activité minière de l'île dans la deuxième moitié du 19e s., procurant à Iglesias une certaine aisance. Les nombreux allers et retours d'ingénieurs venus de l'ensemble du continent sensibilisèrent Iglesias aux tendances architecturales de l'époque. Les éléments néogothiques, éclectiques et Liberty (l'Art nouveau italien), interprétés selon le goût local, se retrouvent dans de nombreuses demeures bordant le **corso Matteotti**, l'axe commerçant qui relie le centre de la vieille ville à la gare (au sud) depuis 1871. Remarquez les *bow-windows* à l'anglaise, les roses en ciment du n° 44 et les décorations florales du n° 42.
Le corso Matteotti débouche sur la piazza Lamarmora.

Piazza Lamarmora

C'était la *plassa de Villa* (place principale) quand Iglesias, devenue pisane (13e s.), était gérée par les comtes Donoratico della Gherardesca, à la manière des communes toscanes. De cet âge d'or, il ne reste trace que dans le nom des commerces. L'**Antica Offelleria La Marmora** ferme la place côté nord, entre via Cavour et via Salcidano. Cet ancienne pâtisserie, datée de 1904, n'est pas sans rappeler, par son décor peint dans le style Liberty, les façades des immeubles de la *Mitteleuropa*.

Quittez la piazza Lamarmora vers l'ouest en empruntant la via Sarcidano et l'étroit vico Duomo jusqu'à la piazza Municipio.

Piazza Municipio

Malgré ses dimensions réduites et un style manquant d'homogénéité, la place se révèle assez harmonieuse. Délimitée à l'ouest par le **Municipio** (hôtel de ville), un édifice du 19e s. aux lignes classiques, au sud par la monumentale façade éclectique du **Palazzo Episcopale**, construit à la fin du 18e s. et remanié par la suite, elle n'évoque son passé médiéval qu'à l'est, où s'élève la cathédrale *(voir ci-dessous)*. L'**Archivio Storico** *(via delle Carceri)* conserve les documents inhérents à l'histoire de Villa di Chiesa, l'ancienne Iglesias, depuis les périodes aragonaise et espagnole jusqu'à la monarchie des Savoie.

★★ Cattedrale Santa Chiara

La plaque à côté du portail précise que l'édifice fut construit entre 1284 et 1288, et l'aigle héraldique désigne son promoteur, Ugolino Donoratico della Gherardesca. Sur la façade romano-gothique, on retrouve tous les éléments du style pisan, dont l'arcature aveugle du niveau supérieur. Le clocher a été fortement remanié ; on doit à Andrea Pisano la plus ancienne de ses quatre cloches (1337). L'église, agrandie à la fin du 16e s., adopta à cette époque des éléments de style gothique aragonais. Notez la superbe **voûte★** sur croisées d'ogives de la nef centrale et le retable de Sant'Antioco. Dans les sous-sols de la cathédrale, le **Museo d'Arte sacra** rassemble une belle collection d'objets d'art sacré du diocèse d'Iglesias.
Prenez la via Pullo, entre le Municipio et le Palazzo Episcopale, pour rejoindre l'église San Francesco.

★ San Francesco

L'église est un des édifices de style gothique catalan les plus importants de Sardaigne. Le bâtiment, qui remonte au 15e s., a su conserver ses caractéristiques stylistiques originelles en dépit des remaniements successifs. La façade, austère, n'affiche que deux oculi, une rosace et un portail en ogive encadré de colonnes simples. À l'intérieur, la décoration des chapiteaux varie dans ses formes et ses motifs ; celle de l'arc du presbytère s'inspire de la vie de saint François d'Assise, à qui est également dédié le polyptyque du 16e s.
Prenez la via della Zecca pour rejoindre, sur la piazza Manzoni, le Santuario della Madonna delle Grazie.

Santuario della Madonna delle Grazie

Le sanctuaire se trouve dans l'un des quartiers les mieux préservés de la vieille ville médiévale. De l'édifice d'origine, qui remonte probablement au 13e s., ne subsiste que la partie basse de la façade, avec ses petits arcs typiques. Au sommet, le mur-clocher Renaissance affiche des volutes « à dos de dauphin ». Le reste fut profondément remanié au 18e s. À l'intérieur, vous apprécierez les chapelles insérées dans l'épaisseur des murs, les décorations végétales et marines du presbytère et son tambour octogonal.
Empruntez la via Sulis à droite de l'église et tournez à droite pour rejoindre la via Gramsci et revenir sur la piazza Quintino Sella.

Castello di Salvaterra

Au départ de la piazza Quintino Sella, une jolie promenade longe en partie les vestiges de l'**enceinte médiévale** *(voir « Enceinte aragonaise » p. 366)* pour monter aux ruines de la forteresse, qui couronne une colline (285 m) située au sud-est de la ville. Tirant profit de cette situation stratégique, le château Salvaterra, édifié sur un château pisan antérieur, le Castello di Guantino, pouvait maintenir des positions aussi bien défensives qu'offensives à l'aide d'une poignée de soldats seulement. Sa structure est difficilement lisible à partir des ruines ; un dessin de 1358 montre qu'il adoptait un plan rectangulaire, deux tours d'angle flanquant un portail à tourelles. Seuls se distinguent encore quelques vestiges des fortifications septentrionales et orientales. Le reste est englobé dans des édifices du 19e s., ou recouvert de végétation.

LA VILLE MINIÈRE

Les mines ont été pour Iglesias source de bien-être économique, d'abord à l'époque médiévale, puis à partir de la deuxième moitié du 19e s. et jusqu'aux années 1960-1970.

★ Museo dell'Arte mineraria (Musée de la mine)

Via Roma 45/47 - ✆ 0781 35 00 37 ou 328 809 40 91 - www.museoartemineraria.it - juin-sept. : w.-end 18h30-20h30 ; reste de l'année tlj sur RV (par e-mail quelques jours avant) - possibilité de visite guidée en français - 4 € - brochure en français.

Le musée est installé dans un bel édifice de style Liberty, siège de l'**Istituto tecnico minerario Giorgio Asproni**, une école spécialisée, depuis 1871, dans la formation minière et parmi les dernières en Italie à donner des cours en la matière. Les collections du musée retracent l'histoire minière de l'Iglesiente : on y verra les chariots destinés au transport du matériel, les explosifs, les machines employées pour les perforations et les extractions, le laboratoire de flottation où l'on séparait et traitait les minerais, et surtout deux pelles mécaniques, l'une sur roues et l'autre sur rails. Un parcours pédagogique de 300 m a été aménagé dans une galerie où les élèves de l'école ont reconstitué, à partir de 1934, le contexte de la mine. Reliée au vieil hôpital de Santa Barbara, cette galerie fut utilisée pendant la Seconde Guerre mondiale comme refuge, infirmerie, et même comme salle d'opération.

Au n° 39 de la via Roma se tient depuis 1905 le siège de l'**Associazione mineraria sarda**, fondée en 1896. Malgré les outrages du temps, cette demeure de style Liberty conserve un certain charme teinté de mélancolie.

Au bout de la via Roma, à la hauteur du largo Porta Nuova, tournez à gauche.

UNE HISTOIRE DE GISEMENTS

Depuis l'Antiquité, l'histoire d'Iglesias – *Igrèsias* en sarde – reste liée aux richesses minières de son territoire, convoitées par les commerçants phéniciens et puniques puis exploitées par les Romains. Ses anciens noms, Villa Ecclesiae et Villa di Chiesa, viennent probablement des nombreux édifices cultuels construits au Moyen Âge par différentes communautés. La structure urbaine de la vieille ville remonte à la deuxième moitié du 13e s., époque où les Pisans s'en emparent et la fortifient. En 1324, au terme d'un siège qui dure presque huit mois, la ville passe aux mains des Aragonais, débarqués à Canelles (l'actuelle Portovesme) avec l'intention d'occuper la Sardaigne. Devenue ville royale au 15e s., Iglesias partage pendant quatre siècles le sort des royaumes ibérique et piémontais. Son destin change à nouveau vers la moitié du 19e s., quand l'activité minière reprend. Dans les premières décennies du 20e s., en effet, les besoins de l'industrie italienne naissante en produits métallifères se font pressants et la ville connaît grâce à cela un regain de prospérité ; cette période faste prendra fin après la Seconde Guerre mondiale, entraînant la fermeture progressive des mines et une montée inévitable du chômage.

Via Cattaneo

C'est le quartier de la ville où les traces de l'activité minière demeurent les plus évidentes. Au sud de la rue se trouvent les anciens bureaux administratifs de l'exploitation minière et l'Ospedale di Santa Barbara, où l'on soignait les mineurs et, au nord, leurs modestes habitations.

En continuant le long de la via Cattaneo, qui se prolonge par la SS 126, on arrive aux mines de **Monteponi** (3 km) et de **San Giovanni**, à la hauteur de Bindua (6,5 km) (*voir p. 377*).

À voir aussi

Enceinte aragonaise

Via Tangheroni, à la limite nord-ouest de la vieille ville. L'enceinte commence via Buon Cammino, peu après le largo Porta Nuova, juste à l'est de la via Trexenta.

Longer la via Tangheroni donne une idée plus précise de ce qu'était l'enceinte qui, au 14e s., enfermait la vieille ville. Le haut parapet à créneaux, encore visible, comptait vingt tours et quatre portes d'accès. La muraille dessinait un périmètre polygonal que doublaient une palissade en bois et un fossé destinés à tenir à distance les troupes et les machines de guerre. Remarquez la disposition horizontale des pierres, technique qui renforçait la résistance de la muraille.

Nostra Signora del Buon Cammino

Suivez la via Buon Cammino qui, vers le milieu de la via Tangheroni, grimpe au sommet de la colline (345 m). Comptez 20mn à pied d'une montée plutôt raide ou 2mn en voiture.

Si l'église n'a rien de particulier, elle offre en revanche un beau **panorama** sur la ville et ses alentours.

Santa Maria di Valverde

Via Cappuccini, au sud-est de la vieille ville.

La construction de cette église remonte, estime-t-on, au 13e s., mais d'importants travaux furent réalisés en 1592. Particulièrement élancée, la façade en pierre volcanique est d'origine ; elle porte de belles décorations géométriques et animales. À l'intérieur, reconstruit au 16e s., admirez la voûte sur croisées d'ogives du presbytère ainsi que les motifs décoratifs des consoles de l'ancien toit.

À proximité Carte de région

Domusnovas B3

À 10 km à l'est d'Iglesias par la SS 130 en direction de Cagliari.

Bourg agricole typique de l'Iglesiente, avec ses rues étroites et ses maisons, Domusnovas est situé dans la Valle del Cixerri, sur le versant sud-est du Monte Marganai. Il faisait partie du système défensif construit par les Pisans pour protéger Iglesias.

L'église paroissiale **Santa Maria Assunta**, construite au 18e s., affiche une façade en pierre noire qui évoque le style roman. Chaque année, le 24 juin, elle est le point de départ de la très populaire **procession de l'Assunta**.

Témoin d'une très ancienne présence humaine, le *nuraghe* de **Sa Domu 'e S'Orku** *(suivez les indications à partir du centre du bourg)* date de 1600 à 1000 av. J.-C. La tour d'origine est englobée dans un bastion à cinq lobes, tandis que certains vestiges suggèrent la présence d'un village avoisinant.

Tempio di Antas.
Alberto Maisto / Fotolia.com

La **Grotta di San Giovanni** *(au nord du village)*, une grotte creusée dans la roche karstique, était employée comme chapelle rupestre dans l'Antiquité. Elle prend l'aspect d'un tunnel sinueux de 850 m de long où l'on peut circuler… en voiture, fait unique en Italie. La grotte-tunnel débouche dans la forêt de **Marganai-Linas**, où l'on vient faire des randonnées à cheval et admirer les orchidées.

Fluminimaggiore A3

À 25 km au nord d'Iglesias par la SS 126.

Ce gros bourg agricole à la structure géométrique occupe les rives du Rio Mannu.

Museo Etnografico – *Piazza Gramsci - ✆ 0781 580 990 - www.startuno.it - 10h-13h, 17h-20h (16h-19h en hiv.) - fermé lun. - 3 €.* Installé dans un moulin du 18e s., il conserve des outils et des témoignages de la vie agricole répartis dans sept salles. Sous l'édifice passe le canal dont l'eau actionnait les meules de basalte jadis employées pour moudre le blé en farine. Le moulin est encore aujourd'hui en état de fonctionnement.

Grotta di Su Mannau – *Via Vittorio Emanuele 3, à 5 km au sud du bourg - ✆ 0781 58 04 11 - www.sumannau.it - Pâques-juin et 16 sept.-oct. : 9h30-17h30 ; juil.-15 sept. : 9h30-18h30 ; reste de l'année sur RV - 10 €.* Un parcours de 500 m à l'intérieur de cette grotte creusée par deux fleuves permet d'admirer des paysages souterrains évocateurs. Ici ont été retrouvées des pièces votives dédiées à Tanit et à la divinité Taurus.

★ **Tempio di Antas** – *à 2 km au sud du bourg (à l'est de la SS 126) - ✆ 0781 58 09 90 - juil.-sept. : 9h30-19h30 ; avr.-juin : 9h30-17h30 ; reste de l'année : 9h30-16h30 - 4 € - brochure en français.* En descendant dans la jolie vallée du Rio Antas, vous arriverez à ce temple, magistral témoignage de l'Antiquité classique en Sardaigne. Sanctuaire nuragique à son origine, le site fut fréquenté jusque vers la fin de la période romaine. Restauré dans les années 1960-1970, le temple, probablement dédié à Sardus Pater Babi, a retrouvé l'allure qu'il devait avoir au temps de Caracalla (213-217). Notez les colonnes et les chapiteaux du pronaos, la mosaïque noire et blanche de la pièce médiane et les deux bassins carrés où l'on stockait l'eau destinée aux rituels de purification.

Monte Sirai

À 20 km au sud-ouest d'Iglesias (voir p. 385).

NOS ADRESSES À IGLESIAS

TRANSPORTS

Bus ARST – *www.arst.sardegna.it - tarifs urbains : 1 € (10 km maxi), 1,50 € AR ; 9 € le carnet de 10.* Trois lignes urbaines (nos 1, 2 et 3). Les principales dessertes interurbaines relient Iglesias à Vallermosa, Villamassargia, Domusnovas, Calasetta. Le prix du billet varie selon la distance parcourue *(2,50 € jusqu'à 40 km).*

Train – *Gare Via Garibaldi - www.trenitalia.com.* Trains réguliers pour Cagliari et Carbonia.

HÉBERGEMENT

PREMIER PRIX

Il Sillabario – *Loc. Martiada - SS 130, km 47,4 - ✆ 0781 33 830 - www.sillabario.com - P - rest. fermé lun. - 12 ch. 68 €.* Hôtel-restaurant classique, mais chaleureux, à 10mn du centre d'Iglesias. L'établissement dispose d'une discothèque, d'un terrain de pétanque *(bocce)*, d'un court de tennis et d'un terrain de football (éclairé la nuit) revêtu d'une pelouse synthétique.

À proximité

PREMIER PRIX

Antiche Mura – *Via Cagliari 83/95 - Domusnovas - ✆ 078 172 160 - www.antichemura.net - P - 19 ch. 80 €.* Cette vieille demeure du 19e s., restaurée, se révèle d'un excellent rapport qualité-prix, avec ses grandes chambres joliment meublées. Bonne cuisine dans le restaurant-pizzeria attenant.

BUDGET MOYEN

Corte Rubja Hotel – *Loc. Girillu Spinosu, à 4 km au sud-est d'Iglesias - ✆ 0781 32 543 - www.corterubja.it - P - 10 ch. 88/112 €.* Une jolie bâtisse d'inspiration méditerranéenne située aux portes d'Iglesias. Simple, mais très confortable. Belle piscine.

Agriturismo Perda Niedda – *Loc. Perda Niedda, à 9 km au nord de Domusnovas - ✆ 078 171 326 - www.agriturismo-perdaniedda.com - 10 studios 90/100 €.* Entouré de forêts, l'ancien village-dortoir des mineurs a été reconverti en structure d'accueil touristique. Il a conservé un style rustique, mais s'est doté d'équipements modernes, avec une grande piscine et un restaurant de cuisine biologique et traditionnelle. Un bel endroit, situé à 650 m d'altitude, d'où sont organisées des randonnées, des sorties d'escalade, des excursions en VTT.

RESTAURATION

PREMIER PRIX

Tiffany – *Via Fratelli Bandiera s.n. - ✆ 0781 33 578 - fermé lun. - 15 €.* Une pizzeria où rien n'est laissé au hasard, de l'atmosphère élégante aux produits du marché soigneusement sélectionnés. Cuites au four à bois, les *pizze* sont souvent originales, garnies de thon ou de sardines tout frais pêchés.

BUDGET MOYEN

Gazebo Medioevale – *Via Musio 21 - ✆ 0781 30 871 - www.gazebomedioevale.it - fermé dim. - 18/25 €.* Une cuisine simple et savoureuse alternant recettes traditionnelles et modernes, toutes concoctées avec d'excellents produits. Murs aux pierres apparentes et voûtes contribuent à créer une ambiance agréable. Cave intéressante et originale : essayez le *breve di Iglesias,* le *julae di Sardinia* ou le *U Tabarka.*

Artu – *Piazza Sella 15 - ✆ 0781 22 492 - www.hotelartuiglesias.it - P - fermé lun.* Ce restaurant d'hôtel, particulièrement soigné derrière ses allures anodines, se distingue par sa cuisine de la mer ou du terroir préparée avec des produits régionaux et de saison uniquement. Menu sans gluten.

Villa di Chiesa – *Piazza Municipio 9/10 - ✆ 0781 31 641 - fermé lun. - 35 €.* Ambiance intime et sobre pour ce restaurant classique et de qualité. Quelques recettes insolites comme les raviolis au mérou, les spaghettis au homard et à l'orange ou, en dessert, le *cheesecake* à la sarde.

ACHATS

Enoteca del Centro – *Via Manno 9 - ✆ 0781 32 588 - fermé dim.* Le royaume des amateurs de bons vins, très fréquenté par les locaux. Beau choix de produits régionaux, du thon sous toutes ses formes à la pâtisserie traditionnelle.

Cantine Aru – *Loc. Su Merti, SP 86 - ✆ 329 74 85 768 - www.cantinearu.com - visite et dégustations sur RV.* Cette cave de renom fabrique un excellent vermentino. Le domaine viticole abrite la collection de l'ancien musée ethnographique d'Iglesias, regroupant plus de 300 objets de la vie paysanne.

AGENDA

Settimana Santa – Au rythme des tambours et des crécelles, Iglesias commémore chaque année, depuis des siècles, la Passion du Christ. Célébrée dans toute la Sardaigne, la Semaine sainte donne lieu à des cérémonies particulièrement spectaculaires, avec ses défilés de fidèles revêtus de tuniques ou de vêtements traditionnels.

Ottobrata Iglesiente – Musique, gastronomie, cérémonies religieuses, spectacles et expositions accompagnent cette manifestation historique organisée chaque automne par la mairie.

Estate Medievale – *1re quinz. août.* Spectacles et manifestations costumées dans les rues d'Iglesias. Ne ratez pas le tournoi de l'arbalète et la procession des chandeliers.

La côte de l'Iglesiente et la route des mines

★★

D'anciennes mines, les pieds dans les vagues, rappellent le temps – pas si lointain – où ces paysages d'exception résonnaient d'un dur labeur, où la fortune avait pour nom zinc, plomb ou argent. Aujourd'hui, ce superbe littoral où alternent petites criques, dunes et longues plages de sable, où les oliviers et les genévriers penchés par le mistral dominent un épais maquis, s'est ouvert à un tourisme épris d'archéologie industrielle. Une région rude et séduisante, hors des sentiers battus assurément.

NOS ADRESSES PAGE 378
Hébergement, restauration, achats, activités, etc.

S'INFORMER

Pro Loco Arbus – *Via Repubblica 40 - 349 62 96 942 - www.prolocoarbus.it et www.sardegnadelsudovest.it.*

SE REPÉRER

Carte de région (p. 360)

La côte de l'Iglesiente s'étire du Capo di Frasca, au nord, au Capo Altano (ou Giordano), au sud. Sa partie septentrionale, entre le Capo di Frasca et le Capo Pecora, s'appelle Costa Verde. L'arrière-pays, vallonné, culmine à 785 m au Monte Arcuentu. Iglesias et Guspini en sont les deux principaux centres urbains.

À NE PAS MANQUER

La plage de Piscinas ; l'habitat minier de Montevecchio ; la Galleria Henry de Buggerru ; les vues sur la côte à partir de Nebida.

ORGANISER SON TEMPS

Comptez une journée pour bien profiter des superbes paysages souvent ignorés des touristes, mais une semaine n'est pas de trop tant les activités y sont nombreuses. Les circuits démarrent à Guspini (52 km au nord d'Iglesias, 47 km d'Oristano ou 70 km de Cagliari). Attention, la conduite y est parfois éprouvante et mieux vaut les éviter en période de pluies avec un véhicule de tourisme standard car les routes (et un gué peu profond) sont souvent dans un état précaire.

AVEC LES ENFANTS

Les dunes de Piscinas ; le Museo del Coltello sardo à Arbus ; le petit train de la Galleria Henry à Buggerru.

Circuits conseillés Carte de région

★★★ LA COSTA VERDE ET LES MINES DE L'ARBURESE AB1-2

Circuit d'env. 100 km au départ de Guspini, tracé en vert sur la carte de région (p. 360) – Comptez une bonne journée pour profiter des plages et visiter les sites.

★ Guspini B2

La petite ville qui s'étend sur le versant du Monte Margherita s'appelait Gosphini lorsqu'elle fut fondée au Moyen Âge ; elle relevait alors du *giudicato* d'Arborée. Entourée d'oliviers, elle a su tirer parti des nombreuses sources jaillissant sur son sol granitique.

Piscinas, le mini-Sahara sarde.
K100/Fotolia.com

San Nicola di Mira – Sur la place principale s'élève, en haut d'un large escalier, l'église paroissiale dont la construction débuta en 1611. Sur la façade, dépourvue de tympan et surmontée d'une série de créneaux, s'ouvre un portail original dont l'encadrement se termine par un arc en fer à cheval ; deux têtes de marbre s'appuient sur des chapiteaux à motifs végétaux. La rosace finement dentelée évoque la tradition catalane. L'intérieur allie à merveille éléments du gothique tardif et de la Renaissance ; vous admirerez les losanges et les rosaces des arcs des chapelles et du presbytère.

De la place, la via Santa Maria conduit dans la partie haute du bourg.

Santa Maria di Malta – Sa façade romane remonte au 12e s. Le couronnement à créneaux et le minuscule mur-clocher sont postérieurs. L'architrave du petit portail de gauche, décorée d'une croix à huit pointes, laisse penser qu'elle appartint à l'ordre des Chevaliers de Malte. La nef, elle, a été reconstruite au 18e s. L'intérieur abrite un bénitier en pierre volcanique et un gisant de la Vierge en bois.

Près du **Colle Zeppara**, sur un terrain privé, se dressent les **basalti colonnari**, curieuse formation géologique montrant des colonnes basaltiques de base hexagonale, semblables aux tuyaux d'un orgue ; elles naquirent il y a trois millions d'années de l'expulsion et du refroidissement immédiat de coulées de lave.

Quittez Guspini par le nord (via Gramsci puis, dans le prolongement, la SS 126) ; à la bifurcation pour Sant'Antonio di Santadi, prenez à gauche la SP 65.

Sant'Antonio di Santadi A1

La route longe le **Stagno di Marceddì**, où les ornithologues viennent observer cormorans et flamants roses et, surtout, la talève sultane, noire au bec rouge. Le paisible hameau de pêcheurs, relié à Marceddì par un pont étroit (à l'est du village), s'anime le 13 juin, lors de la fête patronale : une procession haute en couleur parcourt le chemin entre Sant'Antonio et Arbus sur 35 km.

Continuez vers l'ouest jusqu'à la côte, puis dirigez-vous au sud.

LA MAISON DU POÈTE

Au sud de Pistis, sur les dunes qui bordent la plage de S'Acqua e S'Ollastu *(voir ci-dessous)*, s'élève un étrange royaume de la poésie. **Efisio Sanna** de Guspini, ouvrier de la mine de Montevecchio mais avant tout poète, y conçut un « arbre-maison » pour s'y réfugier avec Orlanda, son grand amour. Sa nostalgie de la vie à ciel ouvert le poussa, il y a une cinquantaine d'années, à se construire sous le feuillage d'un genévrier séculaire ce romantique refuge d'été, isolé dans les dunes et protégé par une clôture de bois. À l'intérieur, des enchevêtrements de végétation formant des arcs séparent les « pièces » de l'habitation. C'est là qu'Efisio composa la majeure partie de ses vers en sarde. Aujourd'hui des dizaines d'amoureux rendent visite chaque été à « la Casa del poeta ».

★★ Costa Verde A1-2

Pour connaître les itinéraires de randonnée et les excursions vers le Monte Arcuentu et le long de la Costa Verde, renseignements sur www.lacostaverde.it.

Le parcours offre l'occasion d'une balade de toute beauté sur cette côte sauvage et escarpée. La route fait des incursions sur les contreforts du Monte Arcuentu (785 m), ancien relief volcanique situé à l'est. Sur la droite partent des chemins qui descendent vers de grandes plages de sable bordées de **dunes** et frangées d'un maquis multicolore. Arbres tordus, genévriers penchés, vagues puissantes rappellent avec quelle violence le mistral peut souffler ici.

Pistis, mi-hameau mi-station balnéaire, est doté d'une longue plage de sable ; à son extrémité nord, vers la Punta de S'Aschivoni, se succèdent de jolies petites criques solitaires.

Au sud s'étirent deux autres longues plages, **S'Acqua 'e S'Ollastu** *(voir encadré ci-dessus)* et **Torre dei Corsari**, qui se perdent dans l'intérieur des terres parmi les oliviers et le maquis. Torre dei Corsari, née dans les années 1970, a vu se multiplier les villas, les maisons et les appartements de vacances.

À l'extrémité sud de Torre dei Corsari, un chemin monte jusqu'au pied de la tour, d'où l'on jouit d'un beau **panorama★★**. Un escalier permet d'accéder à la petite plage de **La Caletta**.

Après **Tunaria**, la côte multiplie les escarpements rocheux jusqu'à **Cala Tremolia** ; ce n'est qu'à **Funtanazza** que le littoral redevient sablonneux, au pied de l'immense *Colonia Marina*, une colonie de vacances construite dans les années 1950 pour accueillir les enfants des mineurs de la région.

Gutturu 'e Flumini s'est développé sur les pentes et ses villas, cachées dans la végétation, descendent jusqu'à la mer. Le rivage est agréable par temps calme, avec une mer peu profonde où l'on nagera aux côtés des soles.

Sur la plage de **Portu Maga**, on vient ramasser les *Occhi di Santa Lucia*, des coquillages aux reflets nacrés qui y échouent en nombre après les jours de gros grain.

Pour atteindre Piscinas, la reine des plages de la Costa Verde, il faut franchir à gué le Rio Piscinas (5 cm d'eau sur un fond caillouteux), dont les eaux gardent une teinte rougeâtre après avoir traversé les terres ferrugineuses de Montevecchio.

★★★ Piscinas A2

La **Riserva naturale del Monte Arcuentu e Rio Piscinas** ne se visite qu'à pied ou à cheval : aucun véhicule à moteur n'est admis dans ce milieu naturel préservé. Aux plaisirs de la promenade, l'endroit ajoute ceux de la baignade dans une eau turquoise et, en hiver, ceux des sports de glisse.

Sur le rivage, l'ancien dépôt de métaux de la mine d'Ingurtosu a été transformé en hôtel de charme, Le Dune *(voir « Nos adresses dans l'Iglesiente », p. 379)*, qui accorde son luxe épuré au respect de l'environnement. Classé monument national en 1985, il a su mettre en harmonie tourisme durable et archéologie industrielle. Si vous n'avez pas l'occasion d'y loger, allez au moins visiter l'établissement; il possède une bibliothèque très fournie sur la région.
Quittez Piscinas en franchissant de nouveau le fleuve plus à l'est, en direction de Naracauli et Ingurtosu (8 km).

Naracauli et Ingurtosu AB2

Ces bourgs sont aujourd'hui pratiquement abandonnés, tout comme celui de Gennanari, tout proche. Les collines de scories ont profondément modifié le paysage alentour. Naracauli conserve les ruines de l'imposante **Laveria Brassey**, du nom du propriétaire anglais de la mine, mort en 1919. Remarquez la grande fenêtre géminée percée d'un oculus. Les phases successives de construction de cet édifice, distribué sur cinq niveaux, se reconnaissent aux matériaux employés (pierre, briques et béton).
La mine d'**Ingurtosu**, où l'on exploitait des veines de zinc et de plomb sur 200 km de galeries creusées de main d'homme, ferma définitivement ses portes en 1968. Le **Palazzo della direzione** domine les lieux. Appelé « le château » par les gens du pays, il fut édifié en 1870 par l'ingénieur allemand Georg Bornemann, d'où le style nordique de certains éléments. D'Ingurtosu, on bénéficie d'une belle vue sur le Monte Arcuentu.
Continuez vers le nord; la route, parfois difficile et très sinueuse, rejoint Montevecchio (10 km).

Montevecchio B2

Le centre de Montevecchio montre l'un des habitats miniers les plus anciens de Sardaigne; il ne compte plus que 350 habitants, soit un dixième de sa population d'antan. La mine, gérée par la société française Pertusola, connut une activité continue de 1850 à 1991, avec un regain de productivité après la Seconde Guerre mondiale. Elle comportait deux secteurs – à l'est et à l'ouest du Passo di Gennaserapis, cœur symbolique du site – reliés par un téléphérique. Tous les édifices affichent un style éclectique; leur structure simple et fonctionnelle supporte une décoration où se mêlent les éléments néoclassiques, néomédiévaux, Liberty et Art déco. Les exemples les plus représentatifs en sont le Siège de la direction (1877), dont la sobriété extérieure contraste avec l'élégance intérieure, mais aussi l'église, la Foresteria, l'hôpital et l'Albergo Francesco Sartori.

PISCINAS, LE MINI-SAHARA SARDE

Sur cette étendue de 5 km^2, les dunes montent à quelque 60 m de hauteur, bordant la mer émeraude et envahissant jusqu'aux bois de l'arrière-pays, redessinant au gré des vents un paysage en constante mutation. Seul un vigoureux maquis, ponctué de quelques oliviers penchés par le mistral, limite son expansion : lentisques et genévriers, cistes et euphorbes, toutes plantes psammophiles (adaptées aux milieux sableux). Le printemps apporte de nouvelles couleurs sur le maquis; les guêpiers d'Europe viennent se reproduire sur les berges du fleuve; renards et lièvres, scarabées et perdrix laissent sur le sable leurs empreintes, seules traces de passages furtifs. Parfois, discret dans la nuit, un cerf sarde traverse le maquis; l'espèce *(Cervus elaphus corsicanus)*, que l'on avait crue menacée d'extinction, connaît ici un regain de croissance.

★★ **La Miniera di Montevecchio** – *Accueil et renseignements Piazza Rolandi - ✆ 338 459 20 82 ou 070 973 173 - www.minieramontevecchio.it - mai-sept. : tlj sf lun. 10h-12h, 14h-19h ; reste de l'année : lun.-vend. sur RV, w.-end 10h-12h, 15h-17h - 1 visite 5 €, 2 visites 9 €, 3 visites 12 €, 4 visites 14 € - 45mn/parcours - visite disponible en français.* Quatre parcours sont proposés pour visiter l'ensemble du site : celui du **Palazzo della direzione** ; celui des « **Officine** » (salles des machines), cœur technique de la mine ; le site de **Sant'Antonio** pour découvrir ce qu'étaient les logements des mineurs et de leurs familles ; et enfin celui du vaste chantier d'extraction de **Piccalinna** *(1,5 km au sud du centre du bourg sur la SP 66)*. En 1876, la Société Nouvelle Arborese reçoit la concession de cette mine dont la veine a été découverte deux ans auparavant, et y établit le **Pozzo San Giovanni** : l'équipement, avec sa puissance de 120 chevaux, permet d'extraire plus de 20 m^3 de minerai à l'heure. L'activité de la mine ne prendra fin qu'en 1935. La visite guidée permet d'apprécier l'architecture néomédiévale du site et d'en comprendre l'histoire.

Gagnez Arbus (à 7 km au sud de Montevecchio) par la SP 68.

Arbus B2

En Sardaigne, l'art de fabriquer des couteaux à cran d'arrêt, les *arresojas*, remonte aux débuts de l'activité pastorale, il y a des millénaires. Arbus est La Mecque de l'*arresoja*, dont on sculpte le manche en forme de cerf, de mouflon, de sanglier ou d'aigle.

Museo del Coltello sardo – *Via Roma 15 - ✆ 070 975 92 20 - www.museodelcoltello.it - lun.-vend. 9h-12h, 16h-20h, w.-end sur RV - gratuit.* Juste à côté de son atelier, l'**Arburesa**, où il continue de fabriquer les couteaux à la main (chacun est une pièce unique), l'artisan Paolo Pusceddu leur a consacré un musée, installé dans une maison du 18e s. Vous y verrez les créations des meilleurs couteliers sardes contemporains, la reconstruction d'une ancienne échoppe de forgeron avec son outillage d'origine, des films relatant les diverses phases de production et un couteau de 3,35 m (80 kg) qui valut à Paolo Pusceddu un Guinness en 1986. Depuis, l'artisan a battu son propre record en réalisant en 2002 un cran d'arrêt de 4,85 m (peu maniable : il pèse 295 kg…).

★★ LES MINES MARINES DU GOLFO DI GONNESA A2-3

Circuit d'env. 95 km au départ de Guspini, tracé en rouge sur la carte de région (p. 360) – Comptez une journée. Ce parcours, plutôt éprouvant pour les conducteurs, traverse de superbes paysages et séduira les amateurs d'archéologie industrielle. Loin des sentiers battus, il prolonge le circuit précédent, en descendant la côte du Capo Pecora à Fontanamare, dans le Golfo di Gonnesa, avant de rejoindre Iglesias. Quittez Guspini ou Arbus par l'ouest et suivez la SS 126 en direction du sud ; à la bifurcation pour Fluminimaggiore, prenez à droite pour rejoindre Portixeddu (33 km de Guspini).

Portixeddu A2

La plage de Portixeddu est limitée au nord par de hautes falaises sombres qui surplombent de petites piscines naturelles et, au sud, par le Rio Mannu. Prudence avec des enfants : la mer est souvent agitée à cet endroit.

Continuez le long de la côte en direction du sud, en longeant la longue plage de San Nicolao jusqu'à Buggerru (6 km).

★★ Buggerru A3

Telle une coulée de maisonnettes glissant vers la mer, ce village minier – le plus septentrional de la côte de l'Iglesiente – fut fondé dans la deuxième moitié du 19e s. pour exploiter les nombreux gisements alentour. Après le déclin de l'activité, dans les années 1950, le bourg s'est tourné vers le tourisme. Tout au long de la via Malfidano, les maisonnettes s'étagent sur les terrasses calcaires ; les plus anciennes ont conservé leur escalier extérieur, tandis que les constructions modernes ont adopté un style méditerranéen sans grand cachet. L'**église** affiche une façade néoclassique et un escalier monumental ; comme dans tous les villages miniers, c'est, avec le siège de la direction de la mine (proche de la mer), l'édifice le plus important. Les vestiges de l'activité minière se trouvent tous à proximité de la mer : les ruines de la **Laveria Lamarmora** et, de l'autre côté, celles de la **Laveria Malfidano**, aux allures de mine fantôme avec ses structures de pierre et de bois.

★ **Galleria Henry** - *Loc. Pianu Sartu, SP 83 - ✆ 347 1454 459 - visite guidée mai-sept. : tlj à 9h30, 11h et 12h30 ; sur RV le reste de l'année - 10 € billet combiné avec le Museo dell'Arte mineraria.* À l'extrémité du port s'ouvre l'ancien tunnel creusé dans la falaise, en 1865, à 50 m au-dessus du niveau de la mer pour transporter les minerais à l'aide d'une petite locomotive à vapeur. Aujourd'hui la visite de la galerie se fait à bord d'un petit train électrique qui emprunte l'ancien tracé minier, avec retour à pied. Le parcours est jalonné d'ouvertures sur le paysage côtier qui permettent de profiter de très beaux panoramas.

Museo della Memoria mineraria – *En face du port - ✆ 078 154 023 - été 10h-23h ; hiver sur RV - 10 € billet combiné avec la Galleria Henry.* Aménagé dans une ancienne menuiserie, il présente des objets retrouvés lors de fouilles archéologiques, des fossiles, des minéraux, des machines et des outils utilisés par les mineurs, ainsi qu'une série de documents. Le *spaccio* (la supérette de l'époque) et le cinéma ont été reconstitués, avec leurs meubles anciens. C'est dans cette menuiserie qu'éclata, en 1904, le mouvement de protestation des mineurs, qui se termina par la mort de trois d'entre eux lors d'affrontements avec les forces de l'ordre.

Sur la petite plage à côté du port, les amateurs de surf s'en donnent à cœur joie quand souffle le mistral.

Facile d'accès, la **Cala Domestica**, une étroite crique très pittoresque au sud du village, est bien abritée *(parking, emplacements pour camping-cars, buvette).* Un tunnel dans les rochers conduit à **Caletta**, une plage moins fréquentée où débouche un torrent. Sur la péninsule au sud de la plage se dresse une tour espagnole du 16e s. *(600 m AR à pied par un sentier facile)* de laquelle vous découvrirez un **panorama**★ splendide.

Poursuivez vers le sud jusqu'à la Miniera di Canal Grande.

★ Grotta delle Spigole A3

On y accède en suivant le sentier qui part de la mine – Comptez 1h AR.

Moins facile d'accès que les plages proches, l'endroit bénéficie d'un calme absolu. La grotte, creusée par l'érosion marine, est spectaculaire avec ses strates rocheuses pratiquement verticales ; l'eau émeraude y est tellement limpide que l'on peut observer à l'œil nu la flore et la faune du fond.

Retournez jusqu'à la Miniera di Canal Grande et tournez à droite. La route s'éloigne de la côte, dépasse Acquaresi, puis oblique vers le sud jusqu'à la bifurcation à droite pour Masua (17 km de Buggerru).

Masua A3

Le hameau minier de Masua compte quelques édifices cachés dans la végétation. Les maisons, toutes simples, sont dominées par le siège de la direction de la mine et son beau jardin. Au pied du village s'étend une belle plage entourée de rochers rougeâtres ; le **Pan di Zucchero**★ (133 m), une éminence

de calcaire blanc dotée de deux arcs naturels, émerge des vagues en face de la Punta di Is Cicalas. On peut s'en approcher en bateau ou en kayak de mer. Sur les récifs plus au sud, S'Angusteri et Il Morto, le calcaire devenu dolomie montre un aspect plus jaunâtre. L'ensemble de ces massifs rocheux, avec leurs fossiles, leur faune et leur flore, a été classé monument naturel en 1993. Les puffins cendrés *(Calonectris diomedea)*, les puffins des Anglais *(Puffinus puffinus)*, les cormorans et les goélands sont des habitués des lieux.
Un petit chemin de terre conduit au nord aux installations minières de **Porto Flavia★** *(☏ 0781 27 45 07 - visites guidées en italien et anglais : w.-end à 9h30, 10h30, 11h30, 12h30, 14h30 et 15h30 - 10 €)*. C'est là que l'on chargeait le minerai sur les *galanzé* et les *bilancella* de Carloforte, des bateaux à voile latine au tirant d'eau suffisamment faible pour pouvoir accoster ; ils convoyaient leur chargement jusqu'à l'Isola di San Pietro où des navires de plus grande capacité prenaient la relève. En 1924, on entreprit la construction d'un nouveau système de convoyage à la pointe des technologies de l'époque, où la tour encastrée dans le rocher jouait un rôle très important. L'acheminement du minerai depuis les mines voisines (Masua, Montecani, Aquaresi) commençait en train électrique ; il aboutissait dans les neuf silos creusés dans le rocher, d'où un tapis roulant de 15 m de longueur l'amenait jusqu'à l'ouverture à pic sur l'eau (dans la tour, visible seulement de la mer) pour passer ensuite dans les soutes des navires ancrés 16 m plus bas. .
Quittez Masua par l'est puis prenez au sud, par la P 83, pour rejoindre la mine de Nebida (4 km).

Nebida A3

Le minuscule village s'allonge sur une terrasse naturelle en surplomb sur la mer. La place, le cercle récréatif, l'infirmerie, les maisonnettes des mineurs et celles plus élégantes des dirigeants, les bureaux et la petite église en surplomb, tout ici parle de la mine qui faisait vivre le bourg au début du 20e s.
Boucle d'env. 2 km. Une jolie randonnée au départ du village offre de superbes **vues★★** sur la côte et permet, en descendant 500 marches d'escalier, de rejoindre la **Laveria Lamarmora★**, construite en 1897 en pierre et en brique ; on y traita le minerai jusque dans les années 1930. On voit toujours, au pied de ce « château » industriel, les fours de calcination.
Un chemin de terre en forte pente donne accès à **Porto Corallo**, au sud-ouest de Masua. Bien protégé par le petit cap qui s'étire au nord, ce rivage rocheux sert de port naturel aux pêcheurs locaux et aux amateurs de pêche sous-marine.
Retournez à la bifurcation pour reprendre la P 83. Une petite route vers l'ouest conduit à une jolie crique isolée (3 km AR).

Portu Banda A3

Petite anse étroite au sable foncé, insérée dans un paysage idyllique, Portu Banda attire les amateurs de pêche sous-marine et de snorkeling.
Reprenez la P 83 et rejoignez Fontanamare (4 km).

Fontanamare A3

La route en corniche offre des **panoramas★** de toute beauté sur la côte, surtout vers le nord. La longue plage de Fontanamare, dans le Golfo di Gonnesa, s'étire entre une falaise, les ruines d'un port minier du 19e s. et un cordon de dunes. Assez ventée, elle plaît aux amateurs de glisse. La mer étant peu profonde à cet endroit, cette plage se prête aussi aux baignades en famille.
Rejoignez la SS 126 au sud-est ; à la hauteur de Stazione Vecchia Monteponi, remontez au nord, en direction d'Iglesias, jusqu'à Bindua (7 km).

Le Pan di Zucchero à Masua.
Sergio53/Fotolia.com

Bindua et San Giovanni Miniera A3

Le village ouvrier de Bindua (ou Binda) exploitait la mine de plomb et de zinc de San Giovanni Miniera. Cette dernière, ouverte en 1865 par un ingénieur hongrois, fut vendue deux ans plus tard à une société anglaise ; elle resta en activité pendant un siècle.

En creusant une galerie, en 1952, on a découvert une **grotte**, baptisée **Santa Barbara**, patronne des mineurs. Comptant parmi les plus anciennes d'Europe, elle abrite de curieuses concrétions en nids d'abeilles, des colonnes en aragonite, des sculptures calcaires de formes variées et même un lac de 20 m de diamètre. Le parcours d'environ 3h démarre à bord d'un petit train qui emprunte l'ancien tracé minier, jusqu'à un ascenseur qui conduit le visiteur quasiment en dessous de la grotte ; un escalier en colimaçon permet ensuite d'accéder à la cavité. *Visite guidée sur RV selon calendrier, réservation à l'office du tourisme d'Iglesias (☏ 0781 27 45 07).*

Revenez sur la SS 126 pour rejoindre Monteponi (5 km), hameau voisin d'Iglesias.

Monteponi A3

La mine se trouve à l'ouest de la SS 126. Visite guidée sur RV organisée par l'office du tourisme d'Iglesias - ☏ 0781 27 45 07 - w.-end 9h-13h - 10 €.

Ce fut l'une des mines les plus importantes d'Italie et son exploitation remonte à l'époque punique. L'exploitation du zinc et du plomb ne commença qu'en 1850 (ce qui fait néanmoins de Monteponi la pionnière dans cette activité industrielle sur l'île) pour se terminer en 1997.

Depuis 2008, un projet, signé Herzog & De Meuron, est en cours d'étude pour une valorisation du site. Aujourd'hui, le parcours de visite se développe sur 4 niveaux et s'enorgueillit d'un véritable village ouvrier. Les maisonnettes des mineurs, le **Palazzo Bellavista**, les deux **puits** à l'architecture recherchée et la **Foresteria**, ornée en 1950 d'une fresque de l'artiste Aligi Sassu, rappellent cette époque. Au-delà de la SS 126 se dressent toujours les dépôts de boues rouges et de scories dus au traitement du zinc.

Reprenez le circuit à Iglesias (voir p. 362), ou bien parcourez la via Cattaneo (voir p. 366), le quartier minier de la ville pour ensuite emprunter la SS 126 vers le nord et tourner à droite sur la SP 89, qui remonte une jolie vallée boisée.

Mines de San Benedetto, Malacalzetta et Arenas B3

Bien que moins séduisants que les mines ouvertes en surplomb sur la mer, ces trois villages miniers, où l'on exploitait le plomb et le zinc, conservent une structure typique.
Le hameau de **San Benedetto** s'est développé au sud de la route au début du 20e s., la concession fut abandonnée en 1990. On voit encore l'échafaudage en fer du four Zinnerman. À **Malacalzetta**, les constructions sont des plus simples : dortoirs des mineurs célibataires, bureaux, siège de la direction, infirmerie, entrepôts, cercle récréatif. La petite *Laveria* se trouve dans le hameau Baueddu, proche des fours à calcination. La mine d'**Arenas**, exploitée au 18e s., fut cédée en 1877 à une société anglaise, puis passa de propriétaire en propriétaire jusqu'à son abandon en 1981. Les monceaux de scories à ciel ouvert côtoient la *Laveria Genna Carru*.

NOS ADRESSES DANS L'IGLESIENTE

HÉBERGEMENT

Arbus

PREMIER PRIX

B & B Il Quinto Moro – *Vico I Costituzione 4 - ✆ 070 975 99 43 - www.ilquintomoro.it - 3 ch. 70 €.* Une villa moderne dont l'intérieur chaleureux multiplie les références au passé. Les propriétaires sauront vous mettre en contact avec des producteurs et des artisans locaux et organiser vos excursions.

POUR SE FAIRE PLAISIR

Hotel Corsaro Nero – *Marina di Arbus - ✆ 070 97 72 36 - www.hotelcorsaronero.com - 7 ch. 140/200 €.* Une très bonne adresse avec accès direct à la plage de Portu Maga. Peu de chambres, mais décorées avec goût, et un excellent restaurant de poisson dont la terrasse bénéficie d'une très belle vue.

Guspini

BUDGET MOYEN

Hotel Antica Casa Sanna – *Via Mazzini 30 - ✆ 070 856 05 82 - www.hotelanticacasasanna.it - 9 ch. 70/100 €.* Une jolie demeure du 19e s. transformée en hôtel de charme au centre du bourg. L'ameublement marie l'ancien et le moderne. Simple, mais très agréable.

UNE FOLIE

Hotel Tarthesh – *Via Parigi 1 - ✆ 070 972 90 00 - www.tartheshotel.com - 🏊 🅿 - mai.-sept. - 40 ch. 150/215 €.* Le plus bel hôtel de l'arrière-pays, derrière les dunes de la Costa Verde. Le basalte et le trachyte, les colonnes et les voûtes, les tapis, la lumière tamisée, tout au Tarthesh est d'un luxe feutré mêlant les traditions arabes et sardes. Entouré d'une végétation luxuriante et doté d'une piscine spectaculaire, l'endroit se prête à la méditation et aux massages orientaux.

Ingurtosu

PREMIER PRIX

B & B La Ginestra – *Strada delle Miniere - Loc. Pitzinurri, à 1 km au sud d'Ingurtosu - ✆ 070 975 82 97 - 🅿 - 15 mars-30 sept. - 3 ch. 56/66 €.* À 7 km de la mer, dans un cadre splendide, une ancienne maisonnette de mineur restaurée, avec vue sur les dunes de Piscinas.

Piscinas

UNE FOLIE

Hotel Le Dune – *Via Bau 1 - ✆ 070 977 130 - www.leduneingurtosu.it* - ✕ P - *Pâques-15 oct. - 27 ch. 150/350 €.* Les bâtiments d'une ancienne mine, situés dans un cadre exceptionnel, ont été transformés en hôtel de luxe. Une petite folie (surtout en saison), mais qui en vaut vraiment la peine *(voir p. 373)*.

Portixeddu

POUR SE FAIRE PLAISIR

Hotel Sardus Pater – *SP 105, km 0,800 - ✆ 078 154 949 - www.hotelsarduspater.it.* - P - *14 ch. 140/160 €.* Belle situation en surplomb sur la baie. Les chambres, bien équipées, ont vue sur la mer.

Torre dei Corsari

BUDGET MOYEN

Villaggio Sabbie d'Oro – *Loc. Sabbie d'Oro - ✆ 070 977 074 - www.villaggiosabbiedoro.com -* P *- fermé déc.-janv. - 9 ch. 80/110 €* Un hôtel paisible, écologique, dont les bungalows s'inscrivent harmonieusement dans le paysage de dunes.

RESTAURATION

Guspini

BUDGET MOYEN

Sa Rocca – *Loc. San Giorgio - SS 196, km 42 - ✆ 070 970 470 - 20/30 €.* Ce restaurant d'hôtel propose une cuisine de la mer et du terroir, mais aussi quelques plats plus internationaux.

Montevecchio

BUDGET MOYEN

Agriturismo L'Oasi del Cervo – *Loc. Is Gennas, à 7 km de Montevecchio - ✆ 333 802 73 79 - www.oasidelcervo.com -* P *- 27/30 € - 5 ch.* Simple et fonctionnel, l'établissement bénéficie d'une situation panoramique exceptionnelle au cœur du parc du Monte Arcuentu où les cervidés sont souvent au rendez-vous. Excellente table toujours bien garnie avec les plats gourmands cuisinés par Angela, la fée du logis.

Torre dei Corsari

BUDGET MOYEN

Beach and Sea – *Spiaggione - ✆ 070 97 56 069 - mai-oct. - 25/35 €.* Installé directement sur la plage de Torre dei Corsari, ce kiosque entouré par les dunes sert en réalité des repas de poisson parmi les meilleurs de la Costa Verde. Au nombre des spécialités, les moules marinières et les grillades.

Portixeddu

POUR SE FAIRE PLAISIR

L'Ancora – *À l'extrémité droite de la baie - ✆ 0781 54 948 - fermé merc. - 25/50 €.* Sur la baie de Portixeddu, quasiment les pieds dans le sable, ce restaurant de poisson mérite le détour pour la fraîcheur de ses mets et son cadre authentique et pittoresque. Après les *antipasti di mare*, le *fritto misto* et la grillade de poisson, gardez un peu d'appétit pour les *seadas* au miel et les gâteaux sardes en dessert.

AGENDA

Arresojas - Exposition biennale du couteau sarde – *Fin juil.-déb. août, à Montevecchio.* Le site minier est le théâtre d'un des plus importants rassemblements d'amateurs du couteau sarde.

CARBONIA ET LE SULCIS
ARBATAX, CIVITAVECCHIA, TRAPANI
NAPOLI, PALERMO
ORISTANO
IGLESIAS
IGLESIAS
Vaut le voyage
Mérite un détour
Intéressant
À voir
NIDO DEI PASSERI
Cala Lunga
Sant'Antioco
La Caletta
Ville de départ du circuit
Isola di Sant'Antioco
Isola di San Pietro
De Carbonia à Cagliari par la côte du sud
CAGLIARI
Capo San Elia
Golfo degli Angeli
Golfo di Cagliari
Capoterra
Poggio dei Pini
Riserva Naturale WWF del Monte Arcosu
Pula
Nora
Capo di Pula
Monte Nieddu
Gutturu Mannu
Punta Eva 551
M. Santo 864
Bithia
Chia
Capo Spartivento
P. Maxia 1017
P. Sebera 979
Monte Arcosu 948
M. is Caravius 1116
L. Bau Pressiu
Cixerri
M. Orri 72
Teulada
TUERRADDA
Costa del Sud
Porto di Teulada
Torre del Budello
Riscinas
Santadi
Grotta is Zuddas
Sant'Anna Arresi
Porto Tramatzu
Porto Zafferano
Capo Teulada
M. Narcao 481
Lago di M. Pranu
Tratalias
Porto Pino
Punta di Cala Piombo
Cala Piombo
Carbonia
Monte Sirai
Gr^de Miniera di Serbariu
Porto Botte
Golfo di Palmas
Maladroxia
Punta Menga
I. la Vacca
Turri
I. il Toro
Istmo di Sant'Antioco
Sant'Antioco
Calasetta
Cortoghiana
Punta s'Aliga
Portovesme
Capo Altano o Giordano
La Punta
Carloforte
Tonnare
I. di San Pietro
Capo Sandalo
La Caletta
Punta delle Colonne
NIDO DEI PASSERI
Cala Lunga
Cala Sapone
Isola di Sant'Antioco
Porto Sciusciau
Capo Sperone
Troncia
Manno
Palmas
S 195
S 126
S 126 dir.
P 73
P 76
P 70
S 293
S 130
S 131
P 2
S 2
P 101
P 104
0
8 km
N
A
B
C
1
2

Carbonia et le Sulcis 8

Carte Michelin Local 366

Carbonia

29 007 habitants

Quand on voit ces parallélépipèdes sans grâce de quatre ou six étages édifiés pour caser les mineurs, les maisons mitoyennes toutes identiques, les demeures à peine plus élégantes réservées aux dirigeants, les rues aux larges trottoirs et la piazza Roma, immense mise en scène du pouvoir, on a peine à croire que Carbonia compte parmi les douze endroits offrant la meilleure qualité de vie en Italie ! Fondée par Mussolini, cette ville « artificielle » qui semble née d'un esprit « abstrait, inhumain et prétentieux », comme l'écrivait Italo Calvino, porte son destin jusque dans son nom (*carbone* signifie « charbon »). Tout dans la structure de la ville parle d'une mémoire à préserver. Si elle y est sensible, la Carbonia de la dernière décennie se montre pourtant décidée à rompre avec un passé peu flatteur ; elle entend pour cela repartir, justement, de la mine de Serarbiu, l'ancien fleuron industriel sarde – mais c'est pour mieux rebondir comme pôle culturel de recherche sur l'énergie, un thème on ne peut plus dans l'air du temps.

NOS ADRESSES PAGE 388
Hébergement, restauration, achats, activités, etc.

S'INFORMER

Pro Loco Carbonia – *Via Marconi 12* - *0781 87 62 16 ou 328 907 469* - *www.prolococarbonia.it.* Informations en français.

SE REPÉRER

Carte de région AB1 (p. 380)

Carbonia est située à la limite septentrionale de la province du Sulcis, l'extrémité méridionale de la Sardaigne, délimitée à l'est par le Medio Campidano, au sud et à l'ouest par la mer, et au nord par l'Iglesiente.

SE GARER

Vous pouvez laisser votre voiture dans les espaces gratuits, signalés par des lignes blanches et répartis dans toute la ville, ou dans les parkings gardés payants de la piazza Mercato (aussi quelques places gratuites) et de la via Verona ; ces deux parkings se trouvent au centre, près des jardins publics.

À NE PAS MANQUER

La piazza Roma ; les musées de la Grande Miniera di Serbariu.

ORGANISER SON TEMPS

Comptez une demi-journée pour découvrir la ville.

AVEC LES ENFANTS

La visite des anciennes galeries souterraines de la Grande Miniera di Serbariu ; l'impressionnant T-Rex du Museo Paleontologico ; les stalactites et stalagmites des grottes de Is Zuddas.

Se promener

LE CENTRE-VILLE

Ce circuit, à effectuer à pied, traverse le cœur de la ville et conduit à la mine voisine – Comptez 2h avec les visites. Que l'on vienne du nord ou du sud, c'est par la via Roma, à l'ombre des palmiers et des pins qui ombragent l'avenue, que l'on entre dans Carbonia.

★ Piazza Roma

La via Roma, l'axe principal du centre-ville, sépare deux quartiers : l'un, au sud, aux rues orthogonales, l'autre, au nord, dont le tracé régulier épouse les reliefs du terrain. À son extrémité orientale s'ouvre la piazza Roma, qu'entourent les principaux édifices publics de la ville. C'est une vraie « place des pouvoirs », conçue pour assurer la coexistence et la perception simultanée des diverses instances représentant l'autorité.

À l'est, l'église paroissiale **San Ponziano**, de style néoroman, a été bâtie en granite de Teulada (partie inférieure) et en trachyte. Son campanile de 46 m de hauteur évoque, quoique en plus petit, celui d'Aquilée (province d'Udine) ; il accueille au rez-de-chaussée la chapelle **Santa Barbara** (sainte Barbe, patronne des mineurs).

À l'ouest, le **Municipio** (hôtel de ville), dresse à 27,5 m de hauteur sa **Torre Civica** (anc. Torre Littoria), emblème du parti fasciste. Le **Cinema-Teatro** et le **Dopolavoro** (centre récréatif) forment l'aile politico-culturelle de la place. Au centre, le *Frammento di vuoto*, une sculpture en marbre blanc de Carrare, porte le titre révélateur de « fragment de vide » ; inaugurée en 2005, c'est la dernière œuvre de **Giò Pomodoro** (1930-2002).

Face au bureau d'information touristique, l'ancien **Caffè dell'Impero** complète cet ensemble architectural qui n'est pas sans rappeler une scène de théâtre. Au sud de la place s'ouvre un parc qu'entourent les avenues réservées à la classe dirigeante. Ses membres logeaient dans de belles maisons mitoyennes rassemblées par groupes de quatre. Un tel agencement garantissait aux personnes privilégiées par leur statut social ou leur situation professionnelle une distance appropriée par rapport à la masse ouvrière, installée quant à elle dans des immeubles à quatre ou six étages et dans les *case-albergo* (auberges) destinées aux mineurs sans famille et aux précaires *(viale Trento et via Giorgio Aspronі)*. Ce schéma rigide respectait la stricte hiérarchie sociale imposée à la fois par la mine et par le régime fasciste.

Sortez de la piazza Roma par le sud, empruntez la via Manno à gauche puis la première rue à droite, la via Napoli.

DE VILLE MINIÈRE À VILLE TERTIAIRE

Carbonia est l'enfant peu gracieuse mais programmée d'une prospection minière et d'une campagne de propagande politique. Lorsque l'on découvrit le bassin carbonifère du Sirai-Serbariu en 1936, on comprit qu'il allait s'ensuivre une intense activité dans les nouveaux puits de mine, laquelle ferait venir une importante main-d'œuvre : tout cela donna au gouvernement fasciste l'idée de créer une nouvelle ville ouvrière, non loin du port de Sant'Antioco, qui devait assurer le transport du minerai.

À l'époque, le mot d'ordre est à l'autarcie et le gouvernement veut imposer Carbonia comme le symbole du charbon national – une sorte de Ruhr italienne au cœur du Sulcis. La ville nouvelle est inaugurée moins de deux ans plus tard, le 18 décembre 1938, par Mussolini en personne. La population de la toute jeune Carbonia, masculine à 90 %, compte des mineurs, des paysans, des bergers, des artisans et des marginaux, ainsi qu'un quart d'immigrés venus d'autres régions d'Italie. La ville connaît des heures de gloire économique et en arrive à compter près de 50 000 habitants dans les années 1940, dont un tiers travaillent dans l'industrie minière.

La guerre porte un coup d'arrêt à l'activité, qui décline dans l'après-guerre.

Museo Archeologico Villa Sulcis

Via Napoli 1 - ✆ 0781 63 512 - avr.-sept. : tlj sf lun. 10h-14h, 15h-19h ; oct.-mars : mer.-dim. 10h-15h - 6 € ; 10 € billet combiné avec le Museo Paleontologico et le Parco archeologico Monte Sirai - visite guidée en français.

L'ancienne résidence officielle du directeur des mines accueille ce musée qui livre un panorama intéressant sur l'histoire du Sulcis, du néolithique à l'époque byzantine, grâce surtout aux objets découverts lors de fouilles dans les alentours. On y explique l'habitat phénicien-punique du Monte Sirai *(voir p. 385)*, auquel le musée consacre une visite virtuelle.

Un passage couvert surélevé relie la Villa Sulcis au **Parco di Cannas di Sotto**, un parc urbain qui s'étend de la via Alghero au corso Iglesias. Il entoure une nécropole à *domus de janas* néolithique et chalcolithique retrouvée sur une colline de travertin. Les espaces de l'ancien Medau (domaine agricole avec demeure) ont été restaurés pour accueillir des pièces archéologiques ainsi qu'une collection d'anthropologie culturelle consacrée à l'histoire plus récente.

★★ GRANDE MINIERA DI SERBARIU

La mine se trouve dans la banlieue sud-est de Carbonia. À pied (1,6 km) : au bout de la via Napoli (vers l'ouest), tournez à gauche dans la via Trento ; vous pourrez ainsi observer l'évolution architecturale de cette rue.

Véritable phare de l'économie du Sulcis de 1937 à 1971 – elle employait alors plusieurs milliers d'ouvriers –, l'exploitation minière a compté parmi les plus importants fournisseurs de ressources énergétiques d'Italie. Première mine « moderne » de Sardaigne, elle était dotée d'une grande centrale électrique, de deux puits d'extraction profonds jusqu'à 300 m, d'une puissante aire de lavage et de dizaines de kilomètres de galeries. Le complexe, restauré, a été transformé en un pôle culturel de recherche sur l'énergie, articulé en deux musées.

★★ Museo del Carbone

Grande Miniera di Serbariu - ✆ 0781 627 27 - www.museodelcarbone.it - été : 10h-19h ; reste de l'année : tlj sf lun. 10h-18h - dernière descente dans la galerie 1h av. la fermeture - 8 € - visite guidée en français.

Le cœur de ce musée-laboratoire occupe l'ancienne **lampisterie**, la grande salle où les mineurs venaient prendre et remettre leur lampe. Une exposition permanente d'instruments, d'outils de travail, d'archives, de photographies et de films d'époque retrace l'histoire de la mine et de la ville de Carbonia. La vie des mineurs, dans ce qu'elle comportait de fatigue et de fierté, y est particulièrement bien illustrée. La visite des salles des machines à extraction, ainsi que le tour guidé de l'une des **galeries souterraines**, contribuent à restituer de manière très réaliste l'atmosphère de la mine, active jusque dans les années 1960.

Museo Paleontologico E. A. Martel

Grande Miniera di Serbariu (à 50 m du Museo del Carbone) - ✆ 0781 66 21 99 - avr.-sept. : tlj sf lun. 10h-14h, 15h-19h ; oct.-mars : mer.-dim. 10h-15h - 4 € ; 10 € billet combiné avec le Museo Archeologico Villa Sulcis et le Parco archeologico Monte Sirai.

Les collections du musée, fondé en 1972, occupent quelque 1 050 m^2 dans le pavillon des ateliers mécaniques de la Miniera di Serbariu. Spécialisées dans la géologie du Sulcis, elles présentent aussi, avec un effort louable de vulgarisation, des fossiles remontant aux âges situés entre le paléozoïque et le quaternaire. Une section est consacrée aux dinosaures, avec un **T-Rex** de 10 m de longueur et de 4,50 m de hauteur, reconstitué d'après un squelette appartenant à un musée américain.

Mine abandonnée à Carbonia.
Tramont_ana / iStock

À voir aussi

Colle Rosmarino

Via La Spezia, à 1,7 km au nord de la piazza Roma, par les vie Antonio Gramsci, Oristano, Gerrei, Tirso et Sicilia.

Cette colline (156 m), le poumon vert de la ville, est couverte d'une pinède où les habitants de Carbonia viennent prendre l'air, faire quelques exercices sur les agrès mis à leur disposition ou se détendre autour d'un petit étang. La statue de la Vierge des mineurs veille sur les lieux depuis 1958.

Du sommet, la vue s'étend sur le quartier « Lotto B », la zone ouvrière habitée par les mineurs dans les années 1940.

Grotta dei Fiori

Visite guidée et sortie spéléologique organisées par l'Associazione Naturalistica Grotta dei Fiori et Gruppo Ricerche Speleologiche E. A. Martel - Loc. Cannas di Sopra - ✆ 333 466 49 55 ou 348 596 62 19 - www.grottadeifiori.it.

La grotte « des fleurs », l'une des quelque 50 grottes que compte la vallée karstique du Rio Cannas, doit son nom à la richesse et à la variété des concrétions calcaires qui revêtent ses parois. On en a exhumé des objets datant des périodes prénuragique et nuragique. Elle est l'habitat d'une fourmi aveugle, l'*Hypoponera sulcitana*, espèce endémique de la grotte.

À proximité Carte de région

★ Monte Sirai A1

▷ À 6,5 km au nord-ouest de Carbonia. Prenez la SS 126 puis, à Sirai, au km 37,8, la route vers l'ouest qui monte à flanc de colline.

Parco archeologico Monte Sirai – *✆ 0781 63 512 - avr.-sept. : tlj sf lun. 10h-19h ; oct.-mars : mer.-dim. 10h-15h - 6 € ; 10 € billet combiné avec le Museo Archeologico Villa Sulcis et le Museo Paleontologico - brochure en français.*

Tel un belvédère, ce plateau (196 m d'alt.) domine le bassin minier de l'Iglesiente et de la Valle del Cixerri ; il marque la jonction entre le Sulcis et la plaine du Campidano de Cagliari.

Le site archéologique comprend trois secteurs : l'acropole sur la partie méridionale du plateau, le tophet (le lieu sacré où l'on conservait les cendres des enfants morts à la naissance ou en bas âge) au nord et deux nécropoles dans le vallon séparant les deux proéminences. Il intéresse particulièrement les archéologues dans la mesure où aucune construction ultérieure n'est venue interférer avec les éléments d'origine depuis leur abandon, vers l'an 100 av. J.-C. Si les premières traces d'occupation remontent au néolithique et vont jusqu'à l'âge nuragique, l'**acropole** et la **nécropole à incinération** furent fondées par les Phéniciens de Sulky (Sant'Antioco) ou de Portoscuso au 8e s. av. J.-C. Les Carthaginois, qui arrivèrent vers la fin du 6e s., agrandirent l'acropole et créèrent une nouvelle **nécropole à hypogées**.

Le renfoncement de la fortification qui précède l'acropole accueillait probablement un poste de garde. Le corps central, construit sur les ruines d'une antique tour nuragique, faisait office de pivot du système défensif, une fonction appuyée par les fossés de la nécropole phénicienne. Les tombes souterraines remontent à l'époque punique tandis que le tophet, doté d'un escalier monumental, fut construit au 4e s. av. J.-C., en même temps que la fortification de l'acropole.

Cortoghiana A1

À 10 km au nord-ouest de Carbonia, à l'ouest de la SS 126.

Comme une Carbonia en miniature, ce village fut conçu de toutes pièces en 1939 par l'architecte romain Saverio Muratori, selon un plan très simple : un axe principal en ligne droite et une série de rues parfaitement perpendiculaires. Tout le bourg porte la marque du *Razionalismo*, un courant architectural donnant la primauté aux volumes géométriques et fonctionnels. Seule concession à l'élégance, la longue enfilade de portiques dont les pilastres sont revêtus de panneaux de trachyte rose.

Tratalias Vecchia B1

À 13 km au sud-est de Carbonia par la SP 78 puis la SS 195 ; à la hauteur de Palmas, tournez à gauche sur la SP 77 et dépassez le nouveau bourg de Tratalias.

À côté de l'ancienne cathédrale - ✆ 0781 68 80 46 - www.comune.tratalias.ca.it - Information et visite guidée en français du vieux bourg, de la cathédrale et du petit Museo del Territorio trataliese.

Tratalias est désormais un village double : sa partie la plus ancienne a subi de graves infiltrations dans les années 1950, à la suite de la création du lac artificiel de Monte Pranu, et a dû être abandonnée pour une nouvelle agglomération.

De son passé médiéval, elle a gardé l'ancienne **cattedrale Santa Maria di Monserrato★**, de style roman pisan. Sur la façade principale, l'épigraphe mentionne sa date de construction (1213). Voyez le beau portail à lunette, la rosace lobée, les deux losanges et le curieux escalier d'accès au toit au niveau du fronton. Le portail méridional comporte des chapiteaux sculptés et le portail septentrional un bas-relief montrant des lions. L'intérieur de l'église et les 45 édifices restaurés se visitent sur demande à l'office de tourisme *(voir ci-dessus)*.

La Cantina Sociale Santadi, producteur de vins excellents.
M. Rock/Cephas/Photononstop

Santadi B1

À 25 km au sud-est de Carbonia.

Piazza Marconi - ✆ 0781 94 201 - www.comune.santadi.ci.it.

Casa-museo Sa Domu Antiga – *Via Mazzini 37 - ✆ 0781 95 42 03 - 9h-13h, 17h-19h (hiver 15h-17h) - fermé lun. en hiv. - 3 €.* Installé dans une maison rurale typique du centre de Santadi 'e Susu, au nord du fleuve qui divise en deux la bourgade, ce musée expose une intéressante collection ethnographique (meubles et outils) et vend les produits artisanaux du Sulcis.

La coopérative **Cantina Sociale** *(à l'entrée ouest de la ville)* produit d'excellents vins, la production vinicole constituant l'autre spécialité de Santadi. *Via Cagliari 78 - ✆ 0781 950 127 - www.cantinesantadi.it.*

★ **Grotta Is Zuddas** – *Loc. Is Zuddas, à quelques km au sud du bourg - ✆ 0781 955 741 - www.grotteiszuddas.com - avr.-juin. : visites guidées à 11h, 12h15, 15h, 16h15, 17h30 ; juil.-sept. : 10h-12h15, 14h30-18h ; d'oct.- aux vac. de Noël : lun.-vend. visites guidées à 12h et 16h, j. fériés 10h-12h, 14h30-17h - 10 € - visite en anglais sur RV, brochure en français.* Des visites guidées permettent de découvrir ces grottes spectaculaires, creusées dans le calcaire cambrien du Monte Meana. La mise en place d'une crèche à Noël à l'intérieur de la salle dite « de l'orgue » contribue à rendre le lieu encore plus féerique.

Necropoli de Montessu – *Villaperuccio, au nord de Santadi - ✆ 340 232 83 31 - 9h-13h, 15h-20h (15h-17h en hiver) - 5 € - brochure en français.* L'un des sites prénuragiques les plus importants de Sardaigne s'inscrit dans un vaste amphithéâtre naturel. Les tombes à *domus de janas*, au nombre d'une trentaine, remontent au néolithique récent ; la « tombe des spirales » s'orne de bas-reliefs et d'un protomé (tête et avant-corps) taurin.

Au sommet d'une colline proche du bourg se dresse la **forteresse de Pani Loriga**, une acropole-nécropole phénicienne-punique qui comporte elle aussi quelques *domus de janas*.

NOS ADRESSES À CARBONIA

TRANSPORTS

Bus – ARST - *www.arst.sardegna.it.* Lignes urbaines et interurbaines. Les billets s'achètent à bord.
Train – *Gare -Via Stazione FF.SS. - ✆ 0781 64 709.* Plusieurs trains par jour vers Cagliari et Iglesias.

HÉBERGEMENT

BUDGET MOYEN

Lu'Hotel – *Via Costituente - ✆ 0781 66 50 20 - www.luhotel.it - 66 ch. 90/130 €.* Grand édifice moderne, tout confort, à quelques pas de la mine de Serbariu. Piscine et restaurant de qualité.

À proximité

BUDGET MOYEN

Agriturismo Il Paradiso – *Loc. Barega, SP2 (en dir. de Villamassargia), au km 47,6, à 16 km au nord de Carbonia, près du site archéologique du Monte Sirai - ✆ 078 121 046 ou 333 215 55 59 - www.agriturismoilparadiso.com - - rest. fermé dim. - 10 ch. 50/100 € - repas 30 €.* Cette structure toute simple, établie sur 1 ha de maquis, abrite des chambres spartiates, mais fonctionnelles. Bonne cuisine du terroir préparée avec les produits du potager et de la basse-cour ; goûtez le jambon de chèvre *(prosciutto di capra)*. Fleuron de la table, le *cardoncello* (pleurote du panicaut) est considéré comme le meilleur champignon de l'île.

RESTAURATION

BUDGET MOYEN

Tanit – *Via Nazionale 140 (près du site archéologique) - ✆ 078 167 37 93 - fermé lun. - 30 €.* Si l'aspect extérieur laisse à désirer, tout comme la situation en bord de route, le Tanit compense cela par deux atouts : un petit musée ethnographique et un grand choix de plats bien cuisinés, dont un insolite *tortino di frutti di mare*, une petite quiche aux fruits de mer.

ACHATS

Cooperativa Allevatori Sulcitani – *Loc. Sirai 14 - ✆ 0781 69 82 94.* Vente directe de fromages et de produits laitiers.

AGENDA

Matrimonio mauritano – *1er w.-end d'août - Santadi.* Une fête d'origine médiévale reprise en 1968. On y célèbre les mariages en grands costumes selon les traditions anciennes. Le terme *mauritano* serait dû à la présence, au 1er millénaire av. J.-C., de populations venues de l'Afrique du Nord.

Isola di Sant'Antioco

★★

14 475 habitants

Passé l'isthme qui la relie à la Sardaigne, l'Isola di Sant'Antioco offre un concentré de nature paisible et de paysages somptueux : plus de 650 ha de lagune où se nourrissent les flamants roses et les délicates avocettes, les hérons rouges et les butors étoilés ; une côte occidentale où les arches calcaires blanches contrastent avec les grottes de basalte noir et de trachyte rouge, sous l'œil du faucon d'Éléonore et du puffin cendré ; des plages solitaires et d'autres plus animées, une mer limpide que bordent les verts maquis ; des rivages, enfin, où l'on ne se lasse pas de contempler l'aube et le crépuscule. Sa « capitale » réserve aussi quelques belles surprises…

NOS ADRESSES PAGE 395
Hébergement, restauration, achats, activités, etc.

S'INFORMER

Pro Loco Sant'Antioco – *Piazza della Repubblica 41 - ✆ 0781 84 05 91 - www.prolocosantantioco.it - www.sant-antioco.it.*

SE REPÉRER

Carte de région A1-2 (p. 380) – Carte Les îles du Sulcis (p. 392).
Reliée à l'île mère par un isthme artificiel, l'île de **Sant'Antioco** se trouve au sud-ouest de la Sardaigne, à 90 km de Cagliari. Avec une superficie de 108,9 km² (8 km de largeur et 18 km de longueur), c'est la plus grande île de Sardaigne et la quatrième d'Italie après la Sicile, la Sardaigne et Elbe. Ses 15 000 habitants se concentrent surtout à Sant'Antioco et Calasetta, les deux communes de l'île. Le relief culmine à 271 m au Perdas de Fogu, dans le sud-est ; au sud s'étend la plaine de Cannai. Les côtes, sableuses au nord, sont escarpées à l'ouest et au sud.

À NE PAS MANQUER

Les catacombes de Sant'Antioco ; Calasetta ; le Nido dei Passeri ; la petite plage de Cala Lunga ; Capo Sperone ; Turri.

ORGANISER SON TEMPS

L'idéal serait d'y passer au moins une journée. C'est au printemps, avant l'arrivée des foules, que l'on saisira au mieux tout le charme de l'île.

AVEC LES ENFANTS

La plage Sottotorre de Calasetta.

Circuit conseillé Carte Les îles du Sulcis

Circuit d'env. 40 km, tracé en vert sur la carte des îles p. 392 – Comptez une longue journée au moins pour visiter les sites, profiter des plages et faire une promenade dans le maquis. Le circuit se divise en deux parties : la première va de Sant'Antioco à Calasetta ; la seconde revient au point de départ en passant par le sud de l'île et son chapelet de plages.

★ Istmo di Sant'Antioco

Construite par les Carthaginois, dit-on, cette bande de terre longue de 5 km reliait entre eux une série d'îlots formés par les apports fluviaux du Rio Palmas.

L'isthme sépare la **Laguna di Sant'Antioco**, au nord, du **Golfo di Palmas**, au sud. Au sud-est, dans les salines des étangs de Santa Caterina, les pêcheurs viennent vendre leur poisson.

À la hauteur du km 3, sur la SS 126, se dressent deux menhirs du 3e millénaire av. J.-C., **Su Para** (« le moine ») et **Sa Mongia** (« la nonne »). La légende raconte qu'une punition divine figea pour l'éternité deux religieux ayant succombé à un amour coupable.

Dans la partie plus étroite de l'isthme subsistent les ruines d'un **pont romain** et un port construit à la fin des années 1930 pour l'embarquement des matériaux miniers, reconverti en port de pêche et de plaisance.

L'isthme débouche directement dans Sant'Antioco.

★ Sant'Antioco

Billets combinés – Les sites principaux (fort de Su Pisu, Musée archéologique, musée ethnographique, village à hypogées, nécropole et tophet) font l'objet d'un billet combiné à 13 €. Rens. : **Archeotur** - *Via Ugo Foscolo 4 - ✆ 0781 800 596 - www.archeotur.it.*

Le bourg principal de l'île, allongé à flanc de colline, fut fondé par les Phéniciens au 8e s. av. J.-C. Florissant sous la domination de Carthage, il continua à prospérer sous les Romains quand ceux-ci conquirent l'île en 238 av. J-C. Lorsque les mines entrèrent en exploitation, il devint une importante escale commerciale de la route des métaux. Au 2e s. arriva et mourut dans l'île le saint qui lui laissera son nom (elle portait jusque-là le nom de Sulcis). Au début du 8e s., les incursions barbares se multiplièrent, provoquant l'abandon progressif de la ville et de l'île.

Débutez la visite par la piazza De Gasperi, sur laquelle s'élève la basilique.

Basilica di Sant'Antioco Martire – *Piazza Parrocchia (sur le côté gauche de la place) - ✆ 0781 83 876 - www.basilicasantantioco.com - lun.-sam. 9h-12h, 15h30-17h30, dim. 15h30-18h.* Parmi les premiers témoignages du roman dans la région, la structure d'origine, élevée sur un cimetière paléochrétien et une église byzantine préexistants, est difficilement lisible aujourd'hui, vu les nombreuses transformations subies par l'église. C'est au 17e s. que l'on ajouta la troisième travée, pour accueillir les reliques du saint patron de l'île que l'on venait de retrouver (elles sont exposées dans le bras droit du transept).

Dans la crypte, les **catacombes★★** méritent à elles seules une visite. Constituant l'un des premiers témoignages de la chrétienté en Sardaigne, une véritable ville souterraine s'étend ici, bien au-delà du périmètre de la basilique : les tombeaux chrétiens se mêlent aux sarcophages phéniciens ; des restes de fresques décorent encore quelques parois.

Quittez la place au nord-ouest par la via Calasetta et remontez, un peu plus loin à droite, la via Necropoli.

Museo Etnografico « Su Magasinu de su Binu » – *Via Necropoli - avr.-sept. : 9h-20h ; oct.-mars : 9h30-13h, 15h-18h - 6 €.* Installé dans une maison du 18e s. dotée d'une grande cour couverte, il retrace les activités agricoles de l'île et les métiers disparus avec, entre autres, les instruments utilisés pour la vannerie des fibres de palmier nain et pour le tissage du byssus *(voir encadré p. 393).*

Rejoignez la via Castello, à l'est de la via Necropoli.

Fort de su Pisu – *Avr.-sept. : 9h-20h ; oct.-mars : 9h30-13h, 15h-18h - 2,50 €.* Il faut monter au sommet de la bourgade pour rejoindre la forteresse qui surplombe Sant'Antioco et le Golfo di Palmas, d'où l'on jouit d'un splendide **panorama★**. Appelé aussi *Fortino sabaudo*, il fut construit au début du 19e s. aux frais de la population, mais ne resta opérationnel que trois ans : pris d'assaut par des pirates de Tunis, il fut ensuite abandonné.

Port de Sant'Antioco.
V. Leduc / Author's Image / Photononstop

Villaggio Ipogeo et tophet – *9h-19h - 2,50/4 €.* Plus bas, au nord du fort, la zone archéologique de l'antique Sulcis montre encore des fragments de l'enceinte en blocs de trachyte qui défendait l'acropole punique au 4e s. av. J.-C. Un escalier long et étroit donne accès aux tombes hypogées de la **nécropole punique** qui contiennent quelques sarcophages.

Plus loin s'étendent les ruines de l'amphithéâtre romain. Clou de la visite, le **tophet** phénicien-punique est parsemé d'urnes (certaines sont d'origine) ; sur le côté ouest, on a retrouvé la crevasse naturelle où les victimes étaient offertes en sacrifice.

Museo Archeologico – *Piazza Insula Plumbea - 9h-19h - 6 € - audioguide en français.* Il rassemble les pièces exhumées lors des fouilles menées sur le site archéologique et dans la région du Sulcis : maquette de l'habitat phénicien, céramiques rituelles, bijoux d'or, trousseau funéraire retrouvé dans la tombe punique de la via Belvedere (la plus ancienne), modèles réduits d'embarcations de guerre ou de transport phéniciennes et puniques.

Quittez Sant'Antioco vers le nord-ouest par la via Calasetta ; à la bifurcation, prenez la SS 126 jusqu'à Calasetta (10 km).

★★ Calasetta

Lungomare Cristoforo Colombo - 0781 885 34 - www.prolococalasetta.it.

Son nom vient de Cala di Seta (« anse de la soie », probablement en raison de l'abondance des *Pinna nobilis* ; *voir encadré p. 393*), la crique où, en 1769, s'était établie une colonie en provenance de l'île algérienne de Tabarka (en face de Tunis). Cette population venait à l'origine de Pegli, près de Gênes, et avait obtenu de la Maison de Savoie le droit de s'installer ici avec des Piémontais et des Siciliens. Tout ici évoque ce passé polyethnique : ce village de pêcheurs et de viticulteurs, perché au-dessus de son port comme beaucoup de bourgades ligures, adopte un tracé orthogonal qui rappelle l'urbanisme piémontais ; sa langue – le *tabarchino* – est toujours parlée par les habitants, et l'on y savoure une cuisine sarde révélant des saveurs ligures, siciliennes et maghrébines.

En déambulant par les ruelles, à l'ombre des maisonnettes aux couleurs pastel, on rejoindra la **Torre** bâtie en moellons volcaniques sur une proéminence rocheuse. Cette tour construite par l'administration royale en 1737, avant même la naissance du village, s'élève à 11 m de hauteur sur un diamètre de 16 m. Elle se compose de deux parties superposées : en bas, une citerne, surmontée de terrasses panoramiques. La tour ne se visite qu'à l'occasion d'expositions d'art ou d'activités culturelles organisées par la commune.

L'imposante église paroissiale, dédiée à **San Maurizio**, ne fut construite qu'en 1838, selon une orientation qui diffère du plan d'origine, de manière à ne pas obstruer la vue de la tour. Elle affiche une façade baroque.

Museo d'Arte contemporanea – *Via Savoia 2 - ✆ 078 184 07 17 - juin-août : tlj sf lun. 18h-21h ; sept.-mai : w.-end 17h-20h - 3 €.* Non loin de l'église, le musée d'Art contemporain est installé dans un ancien abattoir restauré et très lumineux. Sa collection, constituée par le peintre abstrait sarde Ermanno Leinardi (1933-2006), reflète les tendances artistiques européennes des années 1960-1970. Elle comprend plusieurs œuvres d'artistes constructivistes français.

Pour faire le tour de l'île par le sud, quittez Calasetta par la via Sotto Torre.

La plage **Sottotorre**, bien abritée dans une anse sablonneuse à l'ouest du bourg, est pratiquement une plage urbaine, dotée de tous les services. C'est la première des seize plages qui ponctuent la côte, toutes bien signalées :

BYSSUS, SOIE MARINE OU LAINE DE POISSON

Le **byssus** est un ensemble de fibres sécrétées par la *Pinna nobilis*, un mollusque bivalve qui vit dans les eaux de l'île, par 3 à 5 m de fond. Les fibres, récoltées en mai et dessalées dans l'étang de Santa Caterina, sont ensuite transformées en filaments et tissées en une sorte de soie brune aux reflets cuivrés. Les Phéniciens connaissaient déjà ce processus.

Aujourd'hui, Chiara Vigo, artiste tisserande, est la seule à posséder encore tous les secrets liés au travail de ce précieux matériau ; dans son atelier-musée, elle crée des œuvres superbes sur son métier à tisser.

Museo del Bisso – *Via Regina Margherita 111 - ✆ 347 330 22 37 - www.chiaravigo.com - tlj 10h-12h30, 17h-21h - gratuit.*

Le Saline

À 2,5 km au sud-ouest de Calasetta.

Longue plage de sable blanc dotée de tous les services. Un cordon de dunes la sépare d'un étang où viennent se nourrir les flamants roses et les échasses blanches. Son fond marin en pente douce se prête à la baignade en famille.

Spiaggia Grande et La Tonnara

À 3,6 km au sud de Calasetta.

La **Spiaggia Grande** s'étire tout en longueur derrière un cordon de dunes parsemées de genévriers. Des rochers granitiques la ferment au nord et au sud. Disposant de tous les services, elle convient aux enfants et des facilités la rendent accessible aux handicapés.

Toute proche, **La Tonnara**, moins fréquentée, attire plutôt les plongeurs, avec bouteille ou avec masque et tuba. Derrière la plage se dressent les édifices de la madrague, en activité jusque dans les années 1950.

★★★ Nido dei Passeri

À 7 km au sud de Calasetta.

La route en corniche conduit jusqu'à une falaise à pic sur la mer, sorte de bastion naturel ; au large émergent des récifs colonisés par les oiseaux que les habitants de la région ont baptisés « nids des moineaux ». Par les jours sans vent, la crique est fort prisée pour ses plongeoirs naturels, et les amateurs de pêche sportive apprécient sa faune marine riche et variée.

★★ Cala Lunga

À 14 km au sud de Calasetta ; on y accède par une route de terre.

Nichée au fond d'une harmonieuse découpe de la côte, la magnifique petite plage de Cala Lunga est délimitée au nord par une falaise de rochers nus et au sud par une pente couverte de maquis. Son sable à gros grains mêle fragments de coquillages et de corail. Par la plage ou en nageant, on rejoint d'autres petites criques superbes comme la **Cala Grotta**, une piscine naturelle très profonde entourée de « tremplins » rocheux à différentes hauteurs (jusqu'à 15 m) : des plongeurs acrobatiques y improvisent des compétitions.

Cala Sapone ou Cala Saboni

À 16 km au sud de Calasetta.

Son sable est identique à celui de Cala Lunga, mais la plage, aux magnifiques fonds marins, est moins sauvage et mieux équipée. À pied ou à la nage, on gagne d'autres anses, comme la splendide **Cala della Signora**, fort prisée pour la beauté de son cadre rocheux, les eaux émeraude venant battre au pied d'une falaise dans laquelle s'ouvre une arche ; au crépuscule, cette crique devient particulièrement photogénique.

★ Porto Sciusciau

L'endroit étant difficile d'accès (1 km au départ du village nuragique Grutti Acqua), on y vient plus volontiers en bateau.

Rochers et récifs caractérisent cette belle plage dont les plongeurs adorent les quatre arches naturelles à fleur d'eau.

★★ Capo Sperone

À 23 km au sud de Calasetta et à 15 km de Sant'Antioco.

Tout au sud de Sant'Antioco, cette falaise offre un superbe panorama vers les îlots plus lointains de Vacca (« vache »), Vitellino (« veau ») et Toro (« taureau »), d'anciens volcans éteints. Par temps clair, on entrevoit les côtes de l'Afrique.

De la plage ou à la nage, on rejoint facilement d'autres charmantes petites baies solitaires. Au printemps, la végétation de la pinède (aire de pique-nique équipée, bondée le dimanche) s'illumine du rose des pivoines.

Au pied du phare en ruine, la plage **S'acqua e sa canna** possède un fond marin spectaculaire. Malgré la présence de trois villages touristiques plutôt bien intégrés dans le paysage, l'ensemble de la région reste très tranquille.

La route offre des vues panoramiques entre le Capo Sperone et Turri.

★★ Turri

À 2 km du Capo Sperone et à 13 km de Sant'Antioco. Le parking est proche de la Torre Cannai et on rejoint la plage par un sentier.

Le littoral rocheux, à pic sur une mer qui passe du vert émeraude au bleu cobalt, compte parmi les lieux les plus magiques de l'île. On vient y observer le manège des cormorans qui pêchent et les acrobaties aériennes des faucons pèlerins. Ses plages de sable et de rochers, dont on apprécie le calme autant que le cadre, attirent plongeurs et nageurs.

Restaurée, la **Torre Cannai** (1757) qui surplombe la côte accueille une petite exposition sur les sites archéologiques et naturels de la région.

Coacuaddus (Co'e Quaddus)

À 3,5 km du Capo Sperone et à 9 km de Sant'Antioco.

Son nom lui vient de sa forme en « queue-de-cheval ». La grande anse de sable, divisée en deux par un imposant rocher central, s'entoure de maquis se prêtant à la promenade ; splendides panoramas garantis en cours de balade. Les eaux peu profondes et l'équipement en font un endroit sûr pour les petits, tandis que l'on va, avec masque et tuba, explorer les écueils situés au nord.

Maladroxia

À 1,5 km de Coacuaddus et à 7,5 km de Sant'Antioco.

Sa proximité de Sant'Antioco en fait l'une des plages les plus fréquentées de l'île. Dans les années 1960, une forte spéculation immobilière a fait surgir des sables une station touristique dotée de toutes les structures d'accueil. Récifs et rochers donnent un peu d'animation à cette plage de sable gris, accessible aux handicapés. Sur la colline s'élève le *nuraghe* S'Ega e Marteddu.

La très longue plage **Is Pruinis** termine la bande littorale qui mène à Sant'Antioco.

NOS ADRESSES SUR L'ISOLA DI SANT'ANTIOCO

INFORMATIONS UTILES

Capitaneria di Porto – *Loc. Ponte Romano - ✆ 078 183 071 ou 078 184 08 15.*

TRANSPORTS

Bateau – Pour l'Isola di San Pietro. De Calasetta, plusieurs départs quotidiens pour Carloforte à bord de ferries (on peut embarquer sa voiture) : la traversée dure 30mn.

Delcomar - *www.delcomar.it.*

Bus ARST – *www.arst.sardegna.it.* Liaisons au départ de Sant'Antioco vers Iglesias et Portoscuso. Également vers Carbonia.

Location de deux-roues – Euromoto - *Via Nazionale 57 - ✆ 0781 840 907.*

HÉBERGEMENT

Bon à savoir – La forme d'hébergement la plus répandue sur l'île est la location de maisons privées. Il y en a pour tous les goûts et pour toutes les bourses, en bord de mer, à la campagne et dans les bourgs. Ne choisissez jamais un logement sans avoir vu au moins quelques photos de l'intérieur et des abords. Quelques sites de référence : *www.santantioco.net; www.casesardegna.info; www.tuttosantantioco.com.*

Cala Sapone

PREMIER PRIX

Camping Tonnara – *Non loin de Cala Saboni, côte ouest - ✆ 0781 80 90 58 - www.campingtonnara.it - avr.-oct. - 175 empl. 28/40 €, 20 bungalows.* Un beau camping, idéal pour les familles et ceux qui aiment la tranquillité.

Calasetta

PREMIER PRIX

B & B L'Agrumeto – *Loc. Case Sparse - via Calasetta - ✆ 349 403 69 02 - www.bb-agrumeto.com - 4 ch. 50/70 €.* Une allée de citronniers mène à cette jolie maison de campagne. Chambres spacieuses et colorées. Petit-déjeuner en terrasse.

BUDGET MOYEN

Agriturismo Tupei – *Loc. Tupei - Vigna Grande - ✆ 078 181 00 25 - www.agriturismotupei.com - P - 5 ch. 60/100 €.* Entouré de maquis méditerranéen et de palmiers dattiers, l'ensemble salle à manger, cuisine et chambres s'articule autour d'un patio couvert. L'exploitation agricole (3 ha) se consacre à l'élevage de chevaux de selle ; bonne option pour ceux qui aiment l'équitation.

Hotel Le Sabbie – *Vico Le Sabbie 4 - ✆ 0781 89 90 43 - www.lesabbie.com - avr.-nov. - 30 ch. 80/100 €.* Aux portes de la ville, ce petit hôtel plaisant, à l'accueil familial, propose des chambres vastes et bien tenues. Quartier très calme.

UNE FOLIE

Luci del Faro – *Loc. Mangiabarche - ✆ 078 181 00 89 - www.hotelucidelfaro.com - P - avr.-nov. - 38 ch. 160/220 €.* Une construction moderne organisée autour d'une grande piscine, à quelques mètres de la mer. Idéalement située pour profiter de toutes les plages de la côte ouest. Convient aux familles aussi bien qu'aux sportifs.

Cannai

BUDGET MOYEN

Agriturismo Sa Ruscitta – *Loc. Sufraitzu - Frazione di Cannai,* *à 6 km au sud de Sant'Antioco - ✆ 328 761 50 02 - www.agriturismosaruscitta.com - 6 ch. 80/100 €.* Le plus bel *agriturismo* de l'île s'entoure de champs et d'oliviers dans une propriété de 25 ha de cultures biologiques, à quelques minutes en voiture de la mer. Les chambres, aménagées avec beaucoup de goût, sont installées dans une jolie maisonnette rénovée et confortable. Une bonne adresse quand on apprécie la tranquillité et la nature. Des chevaux sont mis à votre disposition pour des balades dans les environs.

Sant'Antioco

PREMIER PRIX

B & B Berenice – *Via Petrarca 16 - ✆ 0781 84 06 25 - www.berenicebb.com - 3 ch. 55/80 €.* Un B & B en plein centre, joliment agencé. Bon accueil.

BUDGET MOYEN

B & B La Rosa dei Venti – *Piazza Sardegna 3 (Via Goceano) - ✆ 0781 82 10 80 - www.rosaventi.it -* 🅿 *- Pâques-oct. - 3 ch. 70/120 €.* Dans une agréable villa méditerranéenne entourée d'un beau jardin.

Hotel del Corso – *Corso Vittorio Emanuele 32 - ✆ 0781 80 03 65 - www.hoteldelcorso.it - 11 ch. 70/100 €.* Un hôtel classique et bien équipé, au centre du bourg. Service aimable.

Hotel I Colori – *Via Nazionale 89 - ✆ 0781 84 11 42 - www.hotelicolori.it - 13 ch. 70/100 €.* Un édifice tout simple, mais dynamisé par sa décoration tout en couleurs, de la peinture des murs au mobilier. Une ambiance acidulée, jeune et dynamique, avec un joli jardin pour se détendre. Très agréable.

Maladroxia – *Via Golfo di Palma 7 - Loc. Maladroxia - ✆ 0781 81 70 12 - www.hotelmaladroxia.it - mai-sept. - 18 ch. 80/100 €.* À 50 m de la plage du même nom, un établissement agréable pour un séjour balnéaire. Très belle vue sur la mer.

RESTAURATION

Calasetta

BUDGET MOYEN

L'Approdo – *Via Regina Margherita 1 - ✆ 078 188 72 04 - 20/35 €.* Ce restaurant sympathique, dont le nom signifie « lieu d'accostage », se trouve en face de la marina et offre une belle terrasse à l'étage. Cuisine de la mer et du terroir avec quelques touches de fantaisie. Parmi les spécialités, essayez les beignets frits aux anémones de mer *(orziadas).*

Da Pasqualino – *Via Regina Margherita 85 - ✆ 078 188 473 - fermé mar. (sf été) et janv. - 35 €.* Un local plutôt spartiate et une atmosphère familiale, tout comme la cuisine, principalement à base de poisson et notamment de thon. Réservation conseillée, cette table étant une véritable institution.

U'Palacca – *Via Marconi 51 - ✆ 078 185 49 12 - fermé merc. midi et oct.-Pâques - 35 €.* On savoure parmi les fleurs et les plantes de la terrasse une cuisine de la mer ; goûtez à l'excellent *pilau*, une soupe de poisson avec de petites pâtes.

Sant'Antioco

BUDGET MOYEN

Ittiturismo La Laguna a Tavola – *Loc. Stagno Cidro - ✆ 347 032 34 04 - 28 €.* La formule *agriturismo* dans sa version « poisson » : un menu fixe composé d'un défilé de plats où la mer est à l'honneur. Le cadre authentique s'agrémente d'un merveilleux coucher de soleil sur la lagune.

POUR SE FAIRE PLAISIR

Da Achille – *Via Nazionale 82 - ✆ 0781 83 105 - www.hotel-moderno-sant-antioco.it - avr.-sept. - 35/60 €.* Dans le restaurant de l'hôtel Moderno, le célèbre chef Achille propose une cuisine régionale revisitée et raffinée. Entre autres délices, les *gamberi rossi al finocchietto con crema di ceci* (crevettes rouges au fenouil sauvage et à la crème de pois chiches), les *fregola ai frutti di mare* (pâtes de blé dur aux fruits de mer), et les *mezze maniche con filettini di pesce « dello stagno » allo zafferano* (petites pâtes accompagnant un filet de poisson du lac au safran), le tout arrosé de vin sarde.

ACHATS

Sant'Antioco

Cantine del Sardus Pater – *Via della Rinascita 46 - ✆ 0781 80 02 74 - www.cantinesarduspater.it.* Excellente cave au large choix de vins locaux dont carignano rosso, carignano rosato et moscato dolce.

ACTIVITÉS

Bon à savoir – Le long du port de Sant'Antioco, nombreux sont les bateaux de pêche qui proposent des excursions à la journée. Au choix : partie de pêche avec déjeuner à bord, visite des plus belles criques et tour des îlots La Vacca et Il Vitello, au sud de l'île. Prix variables en fonction de la saison et du nombre de participants.

Cooperativa Archeotour – *Via Ugo Foscolo 4 - Sant'Antioco - ✆ 0781 80 05 96 - www.archeotur.it.* Organise des visites sur les sites archéologiques de l'île.

AGENDA

Sagra di Sant'Antioco – *Le quinzième jour après Pâques (et le 1er août pour la version plus touristique), à Sant'Antioco.* Des dizaines de groupes folkloriques venus de toute la Sardaigne défilent en procession derrière la statue du saint patron de l'île et du bourg, selon un rituel qui remonte à l'an 1615.

Isola di San Pietro

★★

6 500 habitants

Île à part entière, l'Isola di San Pietro affiche un littoral escarpé à l'ouest ; ses falaises, où nidifient les goélands d'Audouin, surplombent une mer particulièrement limpide. Palmiers nains, pins d'Alep et maquis couvrent les terres de l'intérieur. Retour à la civilisation à Carloforte, pittoresque bourgade que l'on doit à la Maison de Savoie, avec ses ruelles parallèles, ses places en rectangle, son air un peu rétro où flotte l'odeur de la farine de pois chiches et du « cascà », le couscous local.

NOS ADRESSES PAGE 402
Hébergement, restauration, achats, activités, etc.

S'INFORMER

Pro Loco Carloforte/Isola di San Pietro – *Corso Tagliafico 1 - Carloforte - ✆ 078 185 40 09 - www.prolococarloforte.it.*

SE REPÉRER

Carte de région A1 (p. 380) – Carte Les îles du Sulcis (p. 392). L'île **San Pietro** se trouve au nord-ouest de Sant'Antioco, en face du littoral méridional du Sulcis. Avec 51 km², c'est la sixième île d'Italie par sa superficie. Ses 6 500 habitants sont presque tous concentrés à Carloforte, la seule commune de l'île. Géographiquement, San Pietro est comme une Sardaigne en miniature, avec des zones de collines (qui culminent à 221 m au Guardia dei Mori), des étangs, des salines et un littoral bordé de falaises (à l'ouest et au sud) qui, au nord-ouest, surplombent la mer de 150 m, et de longues plages de sable (à l'est).

À NE PAS MANQUER

Le centre de Carloforte ; la Tonnara della Punta ; Punta delle Colonne ; Capo Sandalo.

ORGANISER SON TEMPS

Une bonne journée pour visiter Carloforte et apprécier les plages de San Pietro ; plus pour profiter pleinement de son atmosphère originale.

AVEC LES ENFANTS

Le Fortino Emanuele III de Carloforte.

Se promener

★★ CARLOFORTE

Le bourg se visite à pied.

Comme Sant'Antioco, Carloforte est une enclave ligure fondée en 1738, quand le roi Carlo Emanuele III en attribua la concession à un groupe de familles originaires de Pegli (près de Gênes) et jusque-là transplantées à Tabarka, en Tunisie. La partie ancienne du bourg montre un tracé régulier, conforme à la tradition piémontaise, et tous les éléments caractéristiques des bourgs de Ligurie : des ruelles étroites – les *carrugi* –, des escaliers annoncés par des arches de raccord, de hautes maisons aux façades pastel avec des balcons à corbeaux. L'entrée dans la bourgade se fait par le port le long du corso Battellieri, situé entre le **Molo Agostino Tagliafico**, où débarquent les passagers, et le **Molo**

Carloforte.
A. del Castillo / age fotostock

San Pietro, où arrivent les ferries convoyant les véhicules ; tous viennent de Portovesme-Portoscuso (sur la côte du Sulcis, à mi-route entre Carbonia et Iglesias) ou de Calasetta (sur l'Isola di Sant'Antioco). À peine débarqué, on est accueilli par la statue du roi Carlo Emanuele sur la place du même nom. Le monarque de la Maison de Savoie apparaît ici en bienfaiteur, prenant sous sa protection une famille d'esclaves affranchis.
Remontez la via XX Settembre, bordée de commerces.

Oratorio della Madonna dello Schiavo

Fondé pour fêter le retour dans l'île d'un groupe de *Carlofortini* faits prisonniers et réduits en esclavage par des pirates en 1789, cet oratoire mêlant baroque tardif et néoclassique conserve, sur le maître-autel, la statue en bois d'une Vierge dite « de l'esclave » ; il s'agit en réalité d'une figure de proue échouée sur la plage et rapportée par un prêtre tabarquin, ancien prisonnier libéré.
Prenez la via Pastorino à droite pour rejoindre la piazza San Carlo.

San Carlo Borromeo

L'église paroissiale néoclassique, simple et harmonieuse, fut élevée entre 1761 et 1769, selon les projets d'un ingénieur piémontais. Le campanile, en retrait par rapport à la façade, reprend des éléments baroques.
À la sortie de l'église, tournez à gauche sur la via Garibaldi puis, sur la droite, dans la via Genova. Au bout de la rue vous apercevrez la petite forteresse. Au sommet du bourg vous trouverez encore quelques vestiges de la fortification quadrangulaire qui enfermait la vieille ville.

Fortino Emanuele III - Museo Civico Casa del Duca

Via della Cisterna del Re 20/24 - ✆ 0781 85 58 80 - www.carloforte.net - pour les horaires voir le site Internet - fermé lun. - 2 €.

Construite au centre d'une acropole naturelle, la petite forteresse servait à l'origine de logis de garde, avant d'être transformée en prison. Restaurée, elle accueille maintenant le musée de l'île, organisé en cinq salles.

LA MATTANZA : UNE TRADITION SÉCULAIRE

Depuis des siècles, la pêche au thon a lieu chaque année entre mai et juillet, au moment où les bancs de thons remontent de l'Atlantique vers les eaux chaudes de la Méditerranée. Soumise à des quotas très stricts, les madragues d'aujourd'hui opèrent selon des méthodes traditionnelles, pourtant bien moins sanguinaires qu'autrefois. Le *raïs* est à la tête d'une équipe de *tonnatori*, plongeurs expérimentés chargés d'inspecter les filets pour conduire les thons jusqu'aux pêcheurs.

On y verra le modèle réduit d'une madrague (le système de filets et d'ancres utilisé ici pour la pêche au thon), les installations où le poisson était traité et conservé, et une salle des coquillages.

Descendez la via Manno et la via Corvetto jusqu'à arriver à la via Novelli Innocenti.

Chiesa dei Novelli Innocenti

L'église « des jeunes innocents », dédiée aux malheureux passagers d'un navire de la « croisade des enfants » qui fit naufrage non loin de l'île (d'où son nom), fut construite au 18e s. sur les ruines d'un édifice religieux du 13e s., d'après les plans de l'ingénieur militaire piémontais Augusto della Vallea. Quoique de style baroque tardif, elle se caractérise par sa simplicité et sa sobriété.

Circuit conseillé Carte Les îles du Sulcis

Circuit d'env. 45 km, en étoile autour de Carloforte, tracé en violet sur la carte des îles du Sulcis p. 392 – Comptez au moins une journée pour profiter des plages et visiter Carloforte, et une autre si vous voulez faire le tour de l'île en bateau.

ISOLA DI SAN PIETRO

Quittez Carloforte par le nord (via Cavour et SP 126 ou SP 101) pour rejoindre le lieu-dit La Punta (à 6 km au nord). Le chemin arrive au fond de la madrague. L'excursion peut faire l'objet d'une belle randonnée à pied (3h AR) ou en VTT.

★★ Tonnara della Punta

Ancienne propriété du marquis de Villmarina, la madrague (*tonnara* en italien) occupe l'extrémité nord-est de l'île depuis 1966 ; elle fut déplacée ici à la suite du transfert de l'activité qui se tenait depuis des siècles sur l'**Isola Piana**, une toute petite île au nord-est de l'Isola di San Pietro, où la madrague historique a été transformée en résidence de vacances haut de gamme.

Aujourd'hui la *tonnara* de La Punta est l'une des dernières madragues encore en activité en Sardaigne. Une visite guidée permet de découvrir la darse, les ateliers de préparation du poisson jusqu'à sa mise en boîte, ainsi que les anciens quartiers réservés aux pêcheurs (dortoirs, chapelle, four à pain) du début du 19e s., et désormais en ruine. Seuls les ateliers de conditionnement sont encore utilisés de nos jours. *☏ 349 690 49 69 - www.carlofortediving.org - mai.-sept. 10h-13h, 15h30-18h30 - 6 €.*

Entre La Punta et le Tacche Bianche (falaises de tuf à pic sur la mer), sur le littoral occidental, **Cala Lunga** se cache au bout d'un petit bras de mer tout ce qu'il y a d'enchanteur. À quelques centaines de mètres au large, les filets attendent les thons…

De retour sur la SP 101, environ 2,5 km avant Carloforte, une route sur la gauche conduit à la plage de Taccarossa.

Punta delle Colonne.
J. Huber / Sime / Photononstop

Taccarossa

La plage *(petit parking)* s'étire entre rochers et galets. Avec son fond marin sableux et de faible profondeur, Taccarossa est une bonne plage pour les enfants. Bien abritée, elle est souvent choisie comme mouillage par les voiliers de passage.

Retournez à Carloforte, puis quittez la ville par le sud (corso Battellieri et viale Astronomico) et longez les salines. Peu après la fin des salines, une bifurcation sur la gauche (signalée par une grosse pierre avec une inscription peinte, système employé sur l'île pour indiquer les plages) conduit à la Spiaggia del Giunco.

Spiaggia del Giunco

Avec sa mer peu profonde et sa plage de gravillons et de galets, cette plage se prête à la baignade en famille. Exposée au vent, elle attire également les amateurs de glisse.

Retournez sur la SP 103 et prenez la bifurcation à gauche pour Punta Nera.

PLAGES DU BOUT DU MONDE

Cala Fico, Cala Vingara et Punta delle Oche, trois plages situées au nord du Capo Sandalo, sont accessibles sur le chemin de retour vers Carloforte, moyennant un détour. Pour les deux premières, à environ 7 km à l'est du Capo Sandalo, vous devrez tourner à gauche et suivre un chemin non goudronné. **Cala Fico** est une belle plage de galets enserrée au bout d'un profond chenal ; sur les falaises niche le faucon d'Éléonore. **Cala Vinagra**, autre crique bien abritée, attire les amateurs de masque et tuba et de plongée. **Punta delle Oche**, la plus septentrionale des plages de la côte ouest, dans la Località Memmerosso, est accessible depuis La Punta ; il est cependant plus agréable de s'y rendre par bateau. Elle s'étend au pied d'une spectaculaire falaise rouge ; on y voit souvent les embarcations pénétrer à l'intérieur de la grotte qui s'ouvre au pied de la falaise.

Punta Nera
L'eau est d'un turquoise fabuleux dans cette crique de sable aux récifs épars, que divise une bande de rochers foncés. Idéale pour les enfants, elle est aussi fort prisée des amateurs de glisse et de plongée. On y a découvert une grotte contenant des artefacts funéraires datés de 3 000 ans av. J.-C.
À 4,9 km de Carloforte, laissez la voiture sur le bord de la route ou dans le parking du restaurant, puis empruntez le sentier sur la gauche coupant à travers champs (franchissez deux grilles) pour arriver à la plage de Guidi.

Guidi
Sur cette plage de fin sable blanc encadrée de rochers foncés, le fond s'enfonce progressivement pour révéler une vie sous-marine intense. Le petit bar-kiosque *(ouvert seult l'été)* prépare une excellente *granita di limone*, servie sur une belle terrasse panoramique.
Parcourez la SP103 dans le sens contraire des aiguilles d'une montre ; les plages sont indiquées sur la gauche par des panneaux de couleur marron.

★★ Punta delle Colonne
Ces grandes falaises réservent un panorama superbe. Tout près de la rive, deux formations de trachyte semblables à deux colonnes jaillissent des vagues à plus de 10 m de hauteur.

Cala Mezzaluna e Cala dello Spalmatore (La Caletta)
Entourée de hautes falaises, Cala Mezzaluna réserve l'un des plus beaux paysages naturels de l'île. Autre plage de sable encadrée de rochers, Cala Spalmatore attire aussi bien les familles (grand parking, bar, location de parasols et de transats) que les surfeurs.
Revenez vers Carloforte ; avant d'arriver en ville, tournez à gauche sur la SP 104.
La route pour le Capo Sandalo est jalonnée de plusieurs carrières de manganèse, de jaspe et d'ocre rouge et jaune.

★★ Capo Sandalo
Vous voici arrivé sur la *finis terrae* italienne. Le promontoire le plus à l'ouest de l'île – et de toute l'Italie – accueille un phare éclairant la route maritime Marseille-Tunis. Du haut de la falaise, par temps clair, on voit la côte de l'Iglesiente. Pour descendre à la mer, il faut emprunter des sentiers très raides ou un long escalier.
Au large se trouve l'**Isolotto del Corno**, où les courants marins attirent de nombreuses espèces de poissons.

NOS ADRESSES À CARLOFORTE

INFORMATIONS UTILES

Capitaneria di Porto – *Via Santa Teresa 3 - ✆ 078 185 40 23.*

TRANSPORTS

Bateau – On rejoint l'île en ferry à partir de Portovesme, à 15 km au nord-ouest de Carbonia. La compagnie **Saremar** *(www.saremar.it - billetterie dans le port jusqu'à 1h av. le dép. s'il reste des places)* assure la traversée Carloforte-Portovesme *(30-40mn)*. La compagnie **Delcomar** *(www.delcomar.it)* assure la ligne Carloforte-Calasetta (*voir « Isola di Sant'Antioco » p. 389*).

Bus – ARST - *www.arst.sardegna.it.* Lignes pour Portovesme et pour Calasetta, avec départ de Cagliari.
Taxi Di. Be – *☎ 078 185 43 92 ou 078 185 54 44 ou 338 889 90 22.*

HÉBERGEMENT

PREMIER PRIX

B & B Il Carruggetto – *Via Spano 42 - ☎ 393 85 42 899 - 3 ch. 50/70 €.* Un joli B & B installé dans un ancien entrepôt de céréales, dans une ruelle au cœur de Carloforte. Frais et accueillant, il propose des chambres à la décoration originale. Les propriétaires organisent des plongées dans la *tonnara* (*voir « Activités »*).
B & B Terrazza Bellavista – *Via Salita Santa Cristina 25 - ☎ 078 185 46 15 - www.terrazzabellavista.com - P - ouvert été (hiver sur réserv.) - 2 ch. 50/80 €.* Belle situation en haut du village, avec vue sur le port. La propriétaire, très aimable, vous proposera des chambres confortables, voire une jolie maisonnette à louer à 300 m de la mer (La Conca) pour 6 pers. Petit-déjeuner servi sur la terrasse ou dans le jardin.
B & B Il Ghiro – *Piazza della Repubblica 7, angle via Solferino 1 - ☎ 338 205 05 53 - www.carlofortebedandbreakfast.it - 2 ch. 70/85 €.* Une maisonnette du 18e s. en plein centre historique, restaurée selon les critères de l'écoconstruction et meublée avec goût. Les fenêtres des chambres donnent sur la piazza della Repubblica, que dominent quatre figuiers géants. Un endroit hors du commun.

BUDGET MOYEN

Hotel Villa Pimpina – *Via Genova 106/108 - ☎ 078 185 41 80 - www.villapimpina.it - 10 ch. 100/130 €.* Dans le cœur du centre historique, une maison restaurée avec goût et personnalité. Chaque chambre adopte une décoration différente.

RESTAURATION

BUDGET MOYEN

La Cantina – *Via Gramsci 34 - ☎ 078 185 45 88 - www.carloforte.com/lacantina - fermé lun. sf été - 25/30 €.* Le thon, spécialité de l'île, se mange ici *bollito* (bouilli), *affumicato* (fumé) ou, le fin du fin, *alla carlofortina* (tomates, ail et laurier). Le *cascà* (version sarde du couscous) et les *pasticci* sont excellents eux aussi. Les vins proviennent du Sulcis.
Da Vittorio – *Via dei Battelieri 16 - ☎ 078 185 52 00 - fermé mar. sf été - 35 €.* Deux spécialités à ne pas manquer : le thon *alla carlofortina* (tomates, ail et laurier) et les *spaghetti alla vittoria* (sauce poisson et encre de seiche).

POUR SE FAIRE PLAISIR

Da Nicolò – *Corso Cavour 32 - ☎ 078 185 40 48 - www.luigipomata.com/nicolo - mai-oct. - 40/60 €.* Joliment situé sur la promenade du bourg, ce restaurant est réputé pour la qualité de sa cuisine de la mer, orchestrée par le chef Luigi Pomata.
Al Tonno di Corsa – *Via Marconi 47 - ☎ 078 185 51 06 - www.tonnodicorsa.it - fermé lun. sf été et fév. - 40/55 €.* Deux belles terrasses sur les toits de la ville, un peu en retrait, pour déguster un excellent menu à base de thon. Le restaurant expose un modèle réduit de *tonnara*.

PETITE PAUSE

Focacceria Da Gerolamo – *Piazza Carlo Emanuele III 23 - ☎ 320 68 24 65.* Des *pizzette* bien farcies à croquer le long des quais à toute heure de la journée.

L'Incudine – *Via Roma 78 - ✆ 0781 85 64 58.* Ouvert dès le matin pour le petit-déjeuner jusque tard le soir, ce bar propose des *tramezzini* (sandwichs au pain de mie) gourmets, des apéritifs et de quoi passer une agréable soirée. Réseau Wi-Fi.

Niko Caffè – *Piazza Carlo Emanuele III 9 - ✆ 0781 85 71 32 - fermé janv.-mars.* Le café où l'on se donne rendez-vous, à l'heure de l'apéritif.

Bar Cipollina – *Piazza Repubblica 22 - ✆ 0781 85 41 34.* Si le décor de ce bar du centre a quelque peu perdu de son charme depuis son ouverture en 1835, les brioches et les *cappuccini* du petit-déjeuner sont toujours aussi crémeux.

ACHATS

Pescheria Stella Marina – *Via Salvo d'Acquisto 58 - ✆ 0781 85 56 75.* Cette poissonnerie est spécialisée dans la confection de mets à base de thon rouge (œufs, filets et cœur).

Pastificio Artigiano Luxoro – *Via XX Settembre 30 - ✆ 342 356 68 44 - www.pastificioartigianoluxoro.com.* Laboratoire artisanal de pâtes fraîches et spécialités sardes. Vaste choix de conserves (légumes, thon, viande).

Bassani Clara Oriana – *Via XX Settembre 47/A - ✆ 335 573 81 67 - www.atelierdiorianabassani.it.* Atelier d'art proposant un large choix d'œuvres et d'objets décoratifs sur le thème de la mer.

Rosso di Mare – *Via G. Pastorino 1 - ✆ 0781 85 65 81 - www.rossodimare.it.* Design original pour cette production artisanale de corail.

ACTIVITÉS

Carloforte Yacht Club – *Loc. Bubbo - ✆ 078 185 64 57 - www.carloforteyachtclub.org.* Cours de voile pour adultes et enfants (à partir de 6 ans).

Isla Diving – *Via Cantieri - ✆ 078 185 56 34 - www.isladiving.it - mai-oct.* Plongée avec bouteille autour de l'île et le long de la côte. Excursion guidée avec palmes, masque et tuba. Cours pour les enfants à partir de 8 ans.

Tabarka Diving Center – *Corso Cavour 38 - ✆ 335 654 94 98 - www.tabarkadiving.it.* Plongée autour de l'île. Entre mai et mi-juin, plongée spéciale pour observer les bancs de thons (groupes de plus de 10 pers.).

AGENDA

Sagra del cuscus tabarkino – *Avr.* On célèbre ce plat tunisien revu à la mode génoise.

Il Girotonno – *www.girotonno.org - fin mai-déb. juin.* La « ronde du thon » : durant 4 jours, concours gastronomique, concerts, spectacles et débats autour du roi des mers.

Festival cinematografico « Le Isole del Cinema » – *www.leisoledelcinema.com - juil.-sept.* En même temps que l'Asinara, La Maddalena et Tavolara, l'Isola di San Pietro se met à l'heure du cinéma, surtout italien : rencontres avec des metteurs en scène, des acteurs, des musiciens et des écrivains.

L'extrême Sud par la Sulcitana

★

Entre le Capo Teulada, extrême pointe sud de la Sardaigne, et le Capo Spartivento, le cap « qui partage les vents » de l'est et de l'ouest, un poète évoquerait les longues plages de sable blanc et les anses enserrées entre les rochers escarpés ; un pointilliste peindrait des étangs de flamants roses et des parfums de maquis, des forêts d'yeuses et des silences contemplatifs autour du Monte Arcosu, des couleurs vives le jour et des couchers de soleil pâles. Témoignages phéniciens, puniques et romains – à Nora et à Bithia –, avec leurs belles mosaïques, font revivre le passé au fil de ces paysages côtiers. Aux portes de Cagliari, la terre sauvage du Sulcis revient pourtant progressivement à la « civilisation » – avec tout ce que cela suppose de projets touristiques et immobiliers.

NOS ADRESSES PAGE 411
Hébergement, restauration, achats, activités, etc.

S'INFORMER

Infopoint Pula – *Piazza del Comune - ✆ 070 920 93 33 - www.visitpula.info.*
Ufficio informazioni turistiche Teulada – *Piazza Martiri 13 - ✆ 348 669 23 57.*

SE REPÉRER

Carte de région ABC1-2 (p. 380)

La portion la plus méridionale du Sulcis et de la Sardaigne est délimitée à l'ouest par l'Isola di Sant'Antioco, à l'est par Cagliari et au nord par le Campidano. La côte, très escarpée, compte six caps importants ; d'ouest en est, Punta Menga, Punta di Cala Piombo, Capo Teulada, Capo Malfatano, Capo Spartivento et Capo di Pula. Teulada et Pula en sont les localités principales.

À NE PAS MANQUER

La route en corniche de la Costa del Sud et la plage de Tuerredda ; le site archéologique de Nora.

ORGANISER SON TEMPS

Comptez au moins une journée, davantage si vous voulez faire une excursion en bateau ou une balade sur le Monte Arcosu.

AVEC LES ENFANTS

La lagune de Nora, avec les sentiers nature, l'aquarium et l'« hôpital des cétacés » ; les plages de Chia ; l'observatoire astronomique de Poggio dei Pini et l'Oasi WWF del Monte Arcosu.

Circuit conseillé Carte de région

DE CARBONIA À CAGLIARI PAR LA CÔTE DU SUD

Circuit d'env. 140 km, tracé en rouge sur la carte de région p. 380 – Comptez au moins une journée. Au départ de Carbonia, le circuit longe le littoral sud avant de rejoindre Cagliari. Il peut aussi s'effectuer en sens inverse, au départ de Cagliari.
Quittez Carbonia au sud-ouest et empruntez la SS 126 en direction du sud ; à la hauteur de San Giovanni Suergiu, prenez la SS 195 vers Teulada. Un détour par la SP 74, à gauche, mène à Tratalias (p. 386). Peu après Palmas, à la bifurcation pour Giba, prenez à droite ; quand la route tourne (attention virage dangereux, à angle droit), prenez à droite la route secondaire (mal signalée) pour Porto Botte (15 km).

Porto Botte

Le 14 juin 1323 débarqua ici la flotte de l'infant Alphonse IV; elle initiait la conquête aragonaise de l'île. L'étroite plage, mêlant sable blanc et coquillages, sépare une mer peu profonde de deux étangs – le **Stagno di Mulargia** et le **Stagno di Porto Botte** – où viennent nicher les flamants roses, parmi d'autres oiseaux migrateurs.

Retournez au croisement avec la SS 195 et tournez immédiatement à droite sur la route panoramique SP 73, en direction de Porto Pino (10 km). Franchissez le pont au bout du village pour rejoindre la plage.

Porto Pino

Cette localité balnéaire qui dépend de Sant'Anna Arresi se trouve dans une pinède de 90 hectares où poussent de majestueux pins d'Alep. Des kilomètres de sable blanc bordés de dunes jouxtent les étangs **Maestrale** et **Is Brebeis** que peuplent des flamants roses. Du nord au sud se succèdent **Portu Pineddu**, **Cala Barracca** et **Sabbie Bianche** qui, dans leur isolement, offrent des paysages de toute beauté (une portion de la plage, déclarée zone militaire, n'est accessible que de mi-juin à mi-septembre).

Revenez sur la SS 195 en passant par Is Pillonis et Is Cinu pour rejoindre Sant'Anna Arresi (6,5 km).

Sant'Anna Arresi

Entre les deux églises du village se dresse le *nuraghe* Arresi avec ses deux tours et un fragment de rempart. Un rendez-vous musical annuel, *Ai Confini tra Sardegna e jazz*, anime le bourg entre août et septembre.

Reprenez la SS 195 pour rejoindre Teulada (14,5 km).

Teulada

Des ruelles étroites dessinent comme un amphithéâtre autour de l'église paroissiale, **Madonna del Carmelo**, dont la sobre façade néoclassique contraste avec la richesse des marbres à l'intérieur. En face, la **Casa Sanjust**, l'ancienne demeure des barons feudataires de la bourgade, accueille la bibliothèque municipale. L'autre église du village, **San Francesco**, de style gothique tardif, montre une façade toute simple munie d'un mur-clocher; une belle charpente en bois couvre la nef.

Centre d'artisanat très actif, Teulada produit des objets en liège et en cuir ainsi que de la céramique et des tissages. On y fabrique de la **dentelle** (un point inventé par les dentellières locales a même donné son nom au bourg) et un costume masculin empruntant à la tradition ibérique, avec sombrero,

Tuerredda, l'une des plus belles plages de la Sardaigne.
Ivan Sgualdini/Fotolia.com

boléro, des pantalons larges s'arrêtant aux mollets et une amulette pendue à la ceinture pour conjurer le mauvais sort ; à la Saint-Isidore (patron du bourg), en août, on peut en voir quelques exemplaires.

Gutturu Mannu, la forêt au nord-est de Teulada, et **Punta Sebera** offrent de belles possibilités de randonnées et de superbes panoramas.

Retournez en arrière jusqu'au carrefour de la SS 195 avec la SP 71 et tournez à gauche en direction de la côte.

★★ La corniche de la Costa del Sud : de Porto di Teulada à Chia

Située sur les terres de Teulada, la Costa del Sud est connue pour la beauté de ses plages aux eaux cristallines et de son arrière-pays sauvage bien préservé. Sur 25 km, la route en corniche offre de magnifiques vues panoramiques ; elle longe un littoral varié où alternent plages de fin sable blanc et falaises de granite escarpées.

Les amateurs de plongée (masque et tuba) se retrouvent sur la petite crique de **Sa Canna** *(parking)*. Les adeptes de la plongée avec bouteille et de la pêche sportive préfèrent **Campionna**, avec son îlot proche de la rive et doté de beaux fonds, ou encore les plages **Arboi** et **Piscinnì** *(pour arriver à cette dernière, suivez le sentier qui mène à la tour)*.

La plage de **Tuerredda★★★** est située dans une splendide anse entre le Capo Malfatano et le Capo Spartivento : sable d'une blancheur parfaite, mer passant du bleu azur au vert émeraude, exquis vallons des maquis environnants… il s'agit sans conteste de l'une des plus belles plages de Sardaigne, si ce n'est de Méditerranée ! On rejoint à la nage l'îlot qui surgit au centre de la baie, dont les rochers lisses se prêtent au bain de soleil. La plage est bien équipée : buvette, restaurant, parking payant et location de canoës et de kayaks.

LES PLAGES DE TEULADA

Elles s'égrènent le long de la côte orientale du promontoire, qui s'étend au sud-ouest de Teulada et culmine à 223 m au **Capo Teulada** *(10 à 15 km de route)*, à l'extrême sud. Plutôt isolée, **Torre del Budello**, au pied d'une tour espagnole, attire surtout les plongeurs. On arrive à **Porto Tramatzu**, en face de l'Isola Rossa (Isola Ruia en sarde), par bateau, à l'occasion d'excursions organisées ; très bien équipée, accessible aux handicapés et convenant aux enfants, elle est très fréquentée en été. **Porto Scudo** et **Porto Zafferano** sont deux criques de toute beauté ; la zone étant sous contrôle militaire (champ de tir alentour), elle n'est accessible que par la mer.

Cala Cipolla, la « crique de l'oignon », est protégée par les falaises *(prenez sur 100 m le sentier qui part du parking)*, à l'ombre des pins et des genévriers centenaires ; des rochers de granite aux formes variées en parsèment le sable blanc. L'eau y est peu profonde.

Le sentier partant du petit promontoire de Sa Perda Longa conduit à une autre plage toute proche, **Su Giudeu** : beaucoup plus grande et bien équipée, elle attire de nombreuses familles. Une belle promenade *(20mn AR)* démarre à son extrémité ouest pour rejoindre le phare du **Capo Spartivento**, sorte de ligne de partage des vents, comme l'indique son nom. Autour des récifs qui limitent la plage au nord-est *(accessibles à la nage ou à pied)* vit une colonie de poulpes.

Les plages de **Dune di Campana** (avec ses dunes hautes de 20 m) et de **Campana** voisinent avec un petit étang salé qui attire les foulques et les hérons cendrés. De juillet à septembre y poussent d'élégants lis de mer *(Pancratium maritimum)*.

Bien équipées et d'accès facile, **Monte Cogoni** et **Sa Colonia,** deux plages contiguës de sable fin, se prêtent à la baignade en famille, même si l'eau est plus profonde sur la première.

La dernière plage de la Costa del Sud, **Su Portu** *(accessible à pied de Sa Colonia)*, mêle sable clair et galets dans un cadre magnifique. Elle occupe la partie occidentale de la **Baia di Chia**, limitée à l'est par une falaise et à l'ouest par le promontoire où s'élève la **Torre di Chia** (17e s.).

La tour se dresse au centre de l'acropole de l'ancienne **Bithia**, fondée par les Phéniciens vers 720 av. J.-C. et abandonnée au 5e s. Si ses vestiges restent difficiles à déchiffrer pour les non-spécialistes (traces de remparts, citerne elliptique, ruines d'un temple dédié au dieu Bès), les nombreux objets retrouvés lors des campagnes de fouilles sont conservés au Museo Archeologico Nazionale de Cagliari *(voir p. 102)*.

Reprenez la SS 195 en direction du nord-est, vers Chia et Pula. Passé Chia, le paysage perd de son charme, villages de vacances, hôtels et villas touristiques ayant connu ici un fort développement. Peu avant d'entrer dans Pula (à 19 km de Chia), tournez à droite sur la via Nora pour gagner le site archéologique.

★★ Parco archeologico di Nora

✆ 070 92 09 610 - www.coptur.net - avr.-sept. : 10h-19h - 5,50 € ; fév.-mars et oct. : 10h-17h30 ; nov.-fév. : 10h-16h30 - visite guidée en français. L'été, la navette Pollicino relie le centre de Pula au site archéologique (1 €).

Première ville phénicienne-punique de Sardaigne, Nora occupe une petite péninsule culminant au Capo di Pula. Elle est reliée à la terre ferme par un isthme à deux pointes : Sa Punta 'e Su Coloru à l'ouest et la Punta del Coltellazzo à l'est. Ses nombreux points d'accostage attirèrent les Phéniciens entre le 9e et le 8e s. av. J.-C. La **stèle de Nora**, où figure l'inscription *šrdn*, première version du nom de *Sardegna*, serait le plus ancien document écrit de l'histoire occidentale ; elle est conservée au Museo Archeologico Nazionale de Cagliari *(voir p. 102)*. Passée sous le contrôle des Carthaginois vers la fin du 6e s., Nora devint *municipium* romain et connut son âge d'or entre le 2e et le 3e s. ; c'est de cette époque que date l'essentiel des vestiges visibles aujourd'hui. La cité fut abandonnée vers le 7e s., probablement à cause d'incursions vandales répétées et d'attaques de pirates arabes.

La visite commence à l'est, face aux **Terme di Levante** et au **Foro** – le forum dont on distingue encore le pavement d'andésite. Elle parcourt le site de l'ancienne acropole *(voir Torre del Coltellazzo, ci-contre)*, le **Tempio con pronao**, le **Teatro** (début du 2e s.) avec ses vomitoires et les cavités ménagées sous la scène pour amplifier la voix des acteurs, la grande terrasse à mosaïques du **Complesso di Esculapio** (vers le cap), les fondations carthaginoises du **Tempio di Tanit**, d'où l'on jouit d'un superbe **point de vue★★** sur la ville, la magnifique mosaïque *Néréide et le centaure marin* de la **Casa dell'atrio** (bel exemple de demeure patricienne) et, enfin, le **Terme a mare**, l'édifice thermal le mieux conservé du site.

La **Torre del Coltellazzo**, à l'est, se trouve à l'endroit où se tenait l'acropole phénicienne. L'intérieur ne se visite pas (le phare est occupé par la marine militaire), mais l'endroit offre une belle vue sur les trois ports de Nora. Relayant les tours de Cala d'Ostia, San Macario et Del Diavolo, avec lesquelles elle maintenait un contact visuel, la tour avait vocation, au 16e s., à défendre le rivage et les viviers contre les assauts des pirates.

Une agréable promenade, au nord-est du site archéologique, part à la découverte de trois belles plages contiguës – **Nora, I Fichi** et **Sa Guventeddu** –, toutes d'accès facile, disposant de bonnes infrastructures et peu profondes. Le long du rivage, on remarque l'église romane de **Sant'Efisio di Nora** qui aurait été édifiée à l'endroit où fut martyrisé Sant'Efisio, un soldat romain qui s'était converti au christianisme ; ses murs modestes cachent un intérieur intéressant. C'est ici que chaque année, début mai, aboutit la majestueuse procession en l'honneur du saint qui démarre de Cagliari.

Laguna di Nora

Située à l'ouest du Capo di Pula, elle est séparée de la mer par une digue artificielle reliant la péninsule Fradis Minoris.

Le dynamique **Centro di educazione ambientale**, qui veille à la préservation de l'environnement, y propose des excursions en canoë, de la plongée avec masque et tuba parmi les vestiges romains, des balades sur le **Sentieronatura**, un parcours didactique expliquant les écosystèmes de la lagune, du maquis et des zones humides, ainsi que des observations ornithologiques à la découverte des nombreux oiseaux aquatiques qui fréquentent la lagune *(☏ 070 920 95 44 - www.lagunadinora.it - juin-août : 10h-20h ; sept. 10h-19h - 8 €).* Un **Aquarium** recense la faune et la flore marines de Sardaigne. Le **Padiglione cetacei**, sorte d'hôpital pour cétacés, recueille parfois un dauphin ou une tortue marine en convalescence.

Rejoignez Pula, au nord de Nora (3 km).

Pula

Ce bourg s'est développé à la suite de l'abandon de Nora. Il est renommé pour ses figues et ses tomates de la variété *camona*. La **Villa Santa Maria**, belle demeure néoclassique qui borde la via Nora, y fut édifiée en 1838.

★★ **Museo Archeologico Giovanni Patroni** – *Corso Vittorio Emanuele 67 - ☏ 070 920 96 10 - www.visitpula.info - fermé pour restauration.* Les fouilles du site archéologique de Nora ont livré des objets liés à la vie quotidienne et aux rites sacrés qui permettent de comprendre la colonisation phénicienne du territoire, la fondation de la ville et son évolution. Une documentation photographique du 19e s. évoque le début des fouilles. Une section montre des pièces d'archéologie sous-marine puniques et romaines. Clou du musée, une feuille d'or où est représentée la gorgone Méduse a été retrouvée dans une tombe de la nécropole punique de Nora.

Poursuivez la SS 195 vers le nord ; un peu avant le rond-point de La Maddalena, empruntez, très à gauche, la Strada Vicinale Santa Barbara en direction de Poggio dei Pini (indication « Osservatorio Astronomico »).

Poggio dei Pini

Osservatorio Astronomico di Cagliari – *Strada 54 - ✆ 070 711 801 - www.oa-cagliari.inaf.it - visite sur RV (10 pers. min.) - gratuit.*

Fondé en 1978, l'observatoire conserve bon nombre d'instruments ayant appartenu à l'observatoire de Carloforte.

Rejoignez Capoterra, au nord.

Capoterra

Bourg agricole d'origine romaine, Capoterra a toujours été lié à la lagune de Santa Gilla. L'église romane **Santa Barbara de Montes** se dresse au sud du bourg; les nombreuses cavités devaient accueillir les décorations en céramique donnant à l'ensemble une allure hispano-mauresque. L'édifice fut construit non loin du lieu où, selon la tradition, la sainte subit le martyre; là où tomba sa tête décapitée, une source se mit à jaillir; elle est à l'origine de la fontaine Sa Scabizzada, littéralement : « la sans-tête ». Le quartier Santa Barbara devint au début du 20e s. la résidence d'été des aristocrates de Cagliari dont les belles demeures s'entourent de grands parcs de palmiers et d'oliviers centenaires.

Quittez Capoterra au nord-ouest pour rejoindre l'église champêtre Santa Lucia, que vous dépassez; 400 m plus loin, tournez à droite pour suivre le chemin de terre (2 km) qui conduit à l'entrée de la réserve, sur la localité Sa Canna.

★★ Riserva naturale WWF del Monte Arcosu

Coop. Il Caprifoglio - Via Umberto I 8 - Uta - ✆ 070 968 714 ou 347 346 35 46 - www.ilcaprifoglio.it - la réserve n'est ouverte que le w.-end.

Pour fuir la canicule ou les plages bondées le week-end, réfugiez-vous dans l'arrière-pays du Sulcis, que domine sur 800 km² le massif du Monte Arcosu. Cette chaîne de collines homogènes compte plusieurs pics et aiguilles spectaculaires; elle s'étire au nord et au sud de la vallée du Gutturu Mannu. Parcourez la vallée en voiture en suivant la route provinciale Capoterra-Santadi, traversant 450 km² de magnifiques forêts de chênes-lièges et d'yeuses – c'est la plus vaste forêt de ce genre dans le bassin méditerranéen. Un maquis dense, des aulnes, des saules, des lauriers-roses et plus de 200 espèces de lichens complètent la végétation de la réserve. On y trouve aussi de nombreuses orchidées sauvages, dont certaines variétés endémiques, ainsi qu'un champignon inconnu ailleurs, le *Ramaria arcosuensis*.

La faune, en grande partie endémique, compte en premier lieu le splendide **cerf sarde** *(Cervus elaphus corsicanus)*, emblème de la réserve. Parmi les nombreux rapaces – faucon crécerelle et buse – on trouve certaines espèces rares ou menacées telles que le faucon pèlerin, l'autour des palombes et l'aigle royal. Pour découvrir la flore et la faune de la réserve, l'idéal est d'y passer un week-end *(logement possible dans la Foresteria)* et de suivre l'un des **Sentieri-natura** *(80 km de sentiers de randonnée)* qui la sillonnent. Les excursions guidées privilégient les lieux où l'on peut photographier les animaux.

Retournez sur la SS 195 pour rejoindre Cagliari (13 km).

NOS ADRESSES DANS L'EXTRÊME SUD

HÉBERGEMENT

Porto Pino

PREMIER PRIX

B & B La Luna sulla Duna – *Via Sa Salina - ✆ 0347 254 87 81 - www.lalunasulladuna.com - 3 ch. 60/95 €.* Au cœur de la pinède, à quelques pas des plages et du centre, un B & B charmant et confortable avec vue superbe sur la baie.

Teulada

PREMIER PRIX

B & B S'Ollastu – *Via Montegrappa 11 - ✆ 070 927 10 59 - www.sollastu.it - 4 ch. et 1 studio 60/70 €.* Une construction récente gérée par des propriétaires sympathiques ; idéal pour les familles.

Agriturismo Sa Tuerra – *SP 71 - ✆ 070 923 02 27 - www.agrituerra.it - 5 ch. 70/80 €.* Une ferme sarde entourée de verdure, à quelques pas des belles plages de Teulada. Chambres de style rustique, confortables et fonctionnelles. Accueil chaleureux, repas copieux à base de produits locaux.

Chia

BUDGET MOYEN

B & B A Sa Tanca – *Via degli Scolopi 6d - Domus de Maria - ✆ 070 923 02 27 - http://asatanca.oneminutesite.it - 4 ch. 70/100 €.* Entourée d'un potager et d'un joli jardin fleuri, cette maison de campagne a tout pour séduire. Chambres confortables (dont 2 avec coin cuisine), vastes salles de bains et petit-déjeuner gourmand. Plages à 5 minutes en voiture.

UNE FOLIE

Aquadulci – *Loc. Capo Spartivento - ✆ 070 923 05 55 - www.aquadulci.com - 🏊 P - mai-nov. - 41 ch. 200/350 €.* Une architecture très réussie qui s'intègre à merveille dans un paysage de dunes, de maquis et d'étangs, sur fond de mer cristalline. Des chambres douces et intimistes, au décor contemporain. Divers soins à l'orientale dans l'Oasis relax. En cuisine, le chef réalise des plats inventifs à base de produits locaux. Un endroit de rêve. Tarifs plus accessibles hors saison.

Chia Laguna Resort – *Viale Belvedere - Domus de Maria - ✆ 070 9239 3431 - www.chialagunaresort.com - ch., suites et villas - tarif selon formule.* Regroupant l'Hotel Laguna, l'Hotel Village, le Spazio Oasi et l'Hotel Baia, ce complexe de standing abrite un centre de bien-être, plusieurs restaurants, trois bars et des boutiques. Nombreuses activités de plein air et animation.

Pula

PREMIER PRIX

B & B Al Sole di Pula – *Loc. Su Forzu e Sa Teula - ✆ 347 64 87 910 - www.alsoledipula.it - P - Pâques-oct. - 3 ch. 50/70 €.* Au centre du bourg et à 1 km des plages, un B & B aux chambres lumineuses et colorées, mobilier contemporain.

POUR SE FAIRE PLAISIR

Nora Club Hotel – *Strada per Nora - ✆ 070 924 422 - www.noraclubhotel.it - 🏊 P - 25 ch. 130/170 €.* Une oasis de tranquillité. Derrière le bâtiment principal s'ouvre un beau jardin de plantes méditerranéennes et tropicales. Les chambres, simples, sont décorées dans le style sarde.

UNE FOLIE

Is Molas Resort – *Santa Margherita di Pula - SS 195, km 30,6 - ✆ 070 924 10 06 -*

www.ismolas.it - 🏊 🅿 - *fév.-déc. - 71 ch. 160/320 €.* Un édifice élégant entouré d'un jardin méditerranéen, avec piscine et plage privée. Chambres confortables. Golf et sports de plein air.

Forte Village Resort – *Loc. Forte Village - SS 195, km 39,600 - Pula - ✆ 070 921 88 18 - www.fortevillageresort.com - mai-oct.* Entouré d'un parc de 25 ha, ce complexe luxueux comprend 8 hôtels et 21 restaurants, un excellent centre de bien-être et thalassothérapie et de nombreuses installations sportives.

Capoterra

PREMIER PRIX

B & B Domu Arrubia – *Loc. Torre degli Ulivi 30 - ✆ 070 728 139 - www.domuarrubia.com* - 🏊 - *3 ch. 70/80 €.* Installée dans une résidence proche de la plage de La Maddalena, cette belle maisonnette accueillante et bien équipée dispose d'un jardin privé.

Tanca Irde – *Loc. Fra Giuanni - Strada per Poggio dei Pini - ✆ 070 710 564 - www.tancairde.it* - 🏊 🅿 - *10 ch. 85/90 €.* Doté d'un grand jardin, d'une piscine et d'un restaurant, cet hôtel est idéalement situé pour découvrir le Golfo degli Angeli et la réserve du Monte Arcosu.

RESTAURATION

Giba

BUDGET MOYEN

La Rosella – *Via Principe di Piemonte 135 - ✆ 078 196 40 29 - 25/38 € - 13 ch.* Cette auberge fait aussi *trattoria* ; on y mange une excellente cuisine régionale, soignée et savoureuse. Possibilité d'hébergement.

Porto Pino

BUDGET MOYEN

La Pescheria - Da Basilio – *Via della Pescheria 19 - ✆ 0781 967 018 - fermé lun.-jeu. (sf été) - 35/55 €.* Entre le port et la lagune de Porto Pino, ce célèbre restaurant de poisson compte bon nombre d'habitués parmi sa clientèle. Les *antipasti* de la mer méritent bien le détour.

Teulada

BUDGET MOYEN

Agriturismo Terranieddas – *Loc. Terra Nieddas, SS195, km 66,800 - ✆ 340 622 96 11 - 30 € - 5 ch.* Le calme absolu de la campagne sarde, une cuisine saine, copieuse et abondante, une terrasse estivale romantique, le tout ajouté à la courtoisie de l'accueil, font de Terranieddas l'un des meilleurs agritourismes de la côte. Quelques chambres très soignées.

POUR SE FAIRE PLAISIR

Da Gianni – *Loc. Porto Budello - ✆ 070 928 30 15 - fermé lun. - 35/50 €.* Dans un cadre rustique, on savoure ici une cuisine du marché : spaghettis aux sardines, *fregola* au crabe ou seiches au raisin.

Chia

BUDGET MOYEN

Mirage – *Viale Chia 10 - Domus de Maria - ✆ 070 923 02 49 - www.miragechia.it - 20/40 €.* Pour un dîner de poisson, une pizza au feu de bois ou quelques recettes sardes, le Mirage fait toujours l'affaire. Bien que les tables soient bien nombreuses, la qualité est toujours au rendez-vous.

Pula

BUDGET MOYEN

Su Furiadroxu – *Via XXIV Maggio - ✆ 070 924 61 48 - fermé lun.-jeu. sf été - 25/35 €.* Dans la cour d'une habitation traditionnelle du centre, les plats régionaux, abondants et savoureux, défilent sur les tables recouvertes de nappes à carreaux, tandis que le porcelet rôtit sur la broche.

POUR SE FAIRE PLAISIR

Fradis Minoris – *Laguna di Nora - ✆ 070 920 95 44 - soir seult - fermé lun. sf été - 45/60 €.* Une véritable expérience culinaire au bord de la lagune de Nora et un cadre aussi magique qu'inattendu, pour une cuisine recherchée, à base de poisson.

PETITE PAUSE

Teulada

Pasta Fresca Tradizionale – *Via Cagliari 2 - ✆ 328 003 14 84 - fermé mar.* Une excellente maison produisant des pâtes fraîches et de la pâtisserie artisanale.

Pula

Panificio-Pasticceria Olla – *Via Nora 156 - ✆ 070 920 91 07 - fermé dim. apr.-midi.* Pour faire ses emplettes de pâtisseries sardes et de pain *carasau*.

ACHATS

Bon à savoir – L'artisanat est encore très présent à **Teulada** : fabrication de pipes traditionnelles, de textiles brodés, de sculptures en bois ou en pierre.

Cantine Mesa– *Loc. Su Baroni, Sant'Anna Arresi - ✆ 0781 96 50 57 - www.cantinemesa.it.* Domaine viticole à l'architecture spectaculaire. Parmi les meilleurs cépages, carignano, vermentino et cannonau.

ACTIVITÉS

Chia Golf Club – *Via delle Ginestre - Domus de Maria - Loc. Chia - ✆ 070 92 30 11 ou 335 63 69 469 (Lorenzo) - www.chiagolfclub.it.* Un 18 trous (par 3) à quelques pas des superbes plages de Chia.

Is Molas Golf Club – *Santa Margherita di Pula - SS 195, km 30,6 - ✆ 070 924 10 06 - www. ismolas.it.* Avec ses 27 trous, c'est le plus grand golf de Sardaigne. Il fait partie du resort du même nom. Du *green,* on jouit d'un superbe panorama sur la mer et la Torre di Nora.

Dolcevita Bike tours – *Via Cimarosa 18 - Villa San Pietro (1 km de Pula) - ✆ 070 920 98 85 - www.dolcevitabiketours. com.* Organisation de circuits touristiques à vélo avec convoyage et transport des bagages.

AGENDA

Teulada

S'Iscravamentu – *Semaine Sainte.* Le mercredi dans l'église paroissiale Vergine del Carmelo, un groupe de veuves revêt la Vierge (17e s.) d'une tenue de deuil, puis la statue est portée dans la Cappella del Sepolcro. Pendant le reste de la Semaine sainte, le rite de *S'Iscravamentu* reconstitue la Déposition du Christ. On porte en procession la statue sur son lit de mort, suivie par celle de la *Madonna Addolorata.* Le jour de Pâques se déroule *S'Incontru,* la rencontre entre deux processions, celle du Christ ressuscité et celle portant la Vierge.

Pula

La Notte dei Poeti – *Site archéologique de Nora - ✆ 070 924 52 50 - www. lanottedeipoeti.it - juil.-août.* Concerts et spectacles dans le cadre du théâtre antique.

Sagra di Sant'Efisio – *Nora - 2-4 mai.* Parmi les festivités les plus pittoresques de l'île. Arrivée de la procession religieuse, partie de Cagliari, à l'église de San Giovanni avec la statue du saint. Chants, musiques et danses traditionnelles en costumes.

Michelin Apps

Parce que le confort et la sécurité sont des notions essentielles, pour vous comme pour nous, Michelin a créé un bouquet de 5 applications mobiles gratuites. Un équipement complet pour que la route soit un plaisir !

MICHELIN MyCar

Pour obtenir le meilleur de vos pneus, des services et des infos pour préparer sereinement vos trajets.

ViaMICHELIN

Pour le guidage connecté, l'information trafic en temps réel et les alertes communautaires.

MICHELIN Restaurants

Parce que la route doit être un plaisir, retrouvez un très large choix de restaurants, en France et en Allemagne, dont la sélection complète du guide MICHELIN.

MICHELIN Hôtels

Pour réserver votre chambre d'hôtel au meilleur tarif, partout dans le monde !

MICHELIN Voyage

85 pays et 30 000 sites touristiques sélectionnés par le Guide Vert Michelin et un outil pour réaliser votre propre carnet de route.

Un pneu
→ c'est quoi ?

Rond, noir, à la fois souple et solide, le pneumatique est à la roue ce que le pied est à la course. Mais de quoi est-il fait ? Avant tout de gomme, mais aussi de divers matériaux textiles et / ou métalliques... et d'air ! Ce sont les savants assemblages de tous ces composants qui assurent aux pneumatiques leurs qualités : adhérence à la route, amortissement des chocs, en deux mots : confort et sécurité du voyageur.

1 BANDE DE ROULEMENT
Une épaisse couche de gomme assure le contact avec le sol. Elle doit évacuer l'eau et durer très longtemps.

2 ARMATURE DE SOMMET
Cette double ou triple ceinture armée est à la fois souple verticalement et très rigide transversalement. Elle procure la puissance de guidage.

3 FLANCS
Ils recouvrent et protègent la carcasse textile dont le rôle est de relier la bande de roulement du pneu à la jante.

4 TALONS D'ACCROCHAGE À LA JANTE
Grâce aux tringles internes, ils serrent solidement le pneu à la jante pour les rendre solidaires.

5 GOMME INTÉRIEURE D'ÉTANCHÉITÉ
Elle procure au pneu l'étanchéité qui maintient le gonflage à la bonne pression.

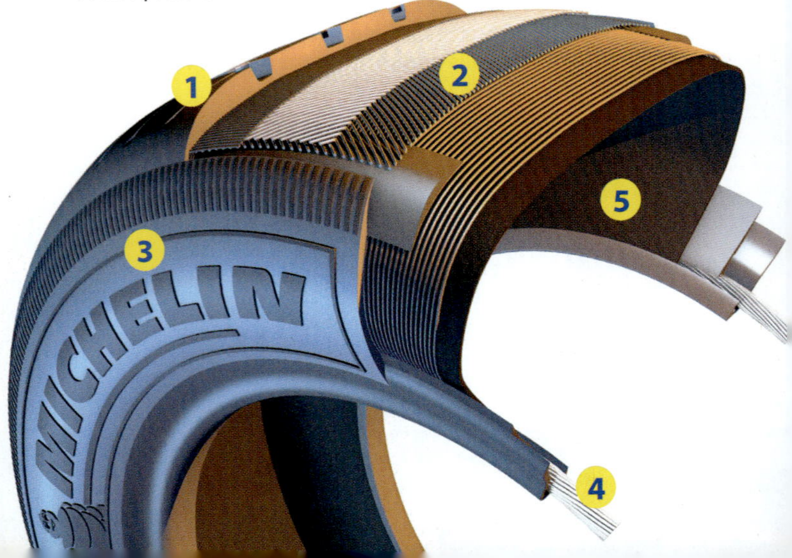

Michelin
→ l'innovation en mouvement

Créé et breveté par Michelin en 1946, le pneu radial ceinturé a révolutionné le monde du pneumatique. Mais Michelin ne s'est pas arrêté là : au fil des ans, d'autres solutions nouvelles et originales ont vu le jour, confirmant Michelin dans sa position de leader en matière de recherche et d'innovations, pour répondre sans cesse aux exigences des nouvelles technologies des véhicules.

→ la juste pression !

L'une des priorités de Michelin, c'est une mobilité plus sûre. En bref, innover pour avancer mieux. C'est tout l'enjeu des chercheurs, qui travaillent à mettre au point des pneumatiques capables de "freiner plus court" et d'offrir la meilleure adhérence possible à la route. Aussi, pour accompagner les automobilistes, Michelin organise, partout dans le monde, des campagnes de sensibilisation à la sécurité routière : les opérations "Faites le plein d'air" rappellent à tous que la juste pression des pneumatiques est un facteur essentiel de sécurité.

La mobilité durable

→ c'est une mobilité propre... et pour tous

La mobilité durable c'est permettre aux hommes de se déplacer d'une façon plus propre, plus sûre, plus économique et plus accessible à tous, quel que soit le lieu où ils vivent.

Tous les jours, les 113 000 collaborateurs que Michelin compte dans le monde innovent :

- en créant des pneus et des services qui répondent aux nouveaux besoins de la société,
- en sensibilisant les jeunes à la sécurité routière,
- en inventant de nouvelles solutions de transport qui consomment moins d'énergie et émettent moins de CO^2.

→ *Michelin Challenge Bibendum*

La mobilité durable, c'est permettre la pérennité du transport des biens et des personnes, afin d'assurer un développement économique, social et sociétal responsable. Face à la raréfaction des matières premières et au réchauffement climatique, Michelin s'engage pour le respect de l'environnement et de la santé publique. De manière régulière, Michelin organise ainsi le Michelin Challenge Bibendum, le seul événement mondial axé sur la mobilité routière durable.

INDEX GÉNÉRAL

Sassari : villes, curiosités et régions touristiques.
Deledda, Grazia : noms historiques ou termes faisant l'objet d'une explication.
Les sites isolés (châteaux, abbayes, grottes...) sont répertoriés à leur propre nom.
Nous indiquons par son numéro, entre parenthèses, la région. Pour rappel :
1 : Cagliari et le Sud-Est
2 : La côte est
3 : Nuoro et le Centre
4 : Olbia et le Nord-Est
5 : Sassari et le Nord-Ouest
6 : Oristano et l'Ouest
7 : Iglesias et l'Iglesiente
8 : Carbonia et le Sulcis

A

B

C

D

E-F

G-H

I-J-K

L

M

Q-R

S

T

CARTES ET PLANS

CARTE GÉNÉRALE

CARTES DES RÉGIONS

PLANS DE VILLE

CARTES DES CIRCUITS

NOTE AU LECTEUR

Lexique

LES FORMULES COURANTES

Bonjour : Buongiorno
Bonsoir : Buonasera
Bonne nuit : Buonanotte
Salut (à toute heure) : Salve/ciao
Au revoir : Arrivederci
Comment allez-vous ? : Come sta ?
Avec plaisir : Con piacere
S'il vous plaît : Per favore
D'accord, ça va : Va bene
Merci : Grazie
Je vous en prie : Prego
Pardon : Scusi

MOTS ET PHRASES USUELS

Oui : Sì
Non : No
Comment ça va ? : Come va ?
(Très) bien, merci : (Molto) bene, grazie
Je comprends : Capisco
Je ne comprends pas : Non capisco
Je ne parle/comprends pas l'italien : Non parlo/non capisco l'italiano
Je suis français(e) : Sono francese
Je m'appelle : Mi chiamo
J'aime : Mi piace
Parlez-vous français ? : Parla francese ?

LA NOTION DE TEMPS

Quelle heure est-il ? : Che ora è ?
À 7h : Alle sette
Il est midi/minuit : È mezzogiorno/mezzanotte
Le jour : Il giorno
La nuit : La notte
Le matin : La mattina
L'après-midi : Il pomeriggio
Le soir : La sera
Lundi : Lunedì
Mardi : Martedì
Mercredi : Mercoledì
Jeudi : Giovedì
Vendredi : Venerdì
Samedi : Sabato
Dimanche : Domenica
Jour : Giorno
Janvier : Gennaio
Février : Febbraio
Mars : Marzo
Avril : Aprile
Mai : Maggio
Juin : Giugno
Juillet : Luglio
Août : Agosto
Septembre : Settembre
Octobre : Ottobre
Novembre : Novembre
Décembre : Dicembre

S'ORIENTER, VISITER

Ici : Qui, qua
Là-bas : Laggiù
Au nord : A nord
Au sud : A sud
À l'est : A est
À l'ouest : A ovest
À droite : A destra
À gauche : A sinistra
Toujours tout droit : Sempre diritto
Près de : Vicino a
Route : Strada
Autoroute : Autostrada
Ville : Città
Boulevard : Corso
Rue : Via
Ruelle : Vicolo
Place : Piazza
Jardin : Giardino
Église : Chiesa
Abbaye : Abbazia/badia
Palais : Palazzo
Fouilles : Scavi
Ouvert : Aperto

Fermé : Chiuso
Office de tourisme : Ufficio turistico
Quand le musée est-il ouvert ? : Quando è aperto il museo ?
Combien coûte l'entrée ? : Quanto costa il biglietto d'ingresso ?

DEMANDER SON CHEMIN

Où est... ? : Dov'è... ?
Où se trouve ? : Dove si trova ?
C'est loin d'ici ? : È lontano da qui ?
Excusez-moi, pour aller à... ? : Per favore, come si arriva a... ?
Je me suis perdu(e) : Mi sono perso (persa).
Où mène cette route ? : Dove porta questa strada ?
Comment puis-je accéder à l'autoroute ? : Come si entra in autostrada ?

TRANSPORT

Train : Treno
Gare : Stazione
Avion : Aereo
Aéroport : Aeroporto
Bateau : Nave
Ferry : Traghetto
Port : Porto
Papiers : Documenti
Quai : Binario
Arrêt : Fermata
Parking : Parcheggio
Aller simple : Andata
Aller-retour : Andata e ritorno
Voiture (de location) : Macchina (a noleggio)
Un billet pour... : Un biglietto per...
Quand arrivons-nous ? : Quando arriviamo ?

À L'HÔTEL

Auberge de jeunesse : Ostello della gioventù
Bagage : Bagagli
Demi-pension : Mezza pensione
Pension complète : Pensione completa
Clef : Chiave
Petit-déjeuner : Colazione
Toilettes/s. de bains : Bagno
Douche : Doccia
Chambre simple : Camera singola
Chambre double (un lit double) : Camera matrimoniale
Chambre double (deux lits) : Camera doppia
Premier étage : Primo piano
Avez-vous des chambres libres ? : Ha camere libere ?
Je voudrais une chambre pour cette nuit : Vorrei una camera per questa notte
J'ai réservé une chambre : Ho prenotato una camera

AU RESTAURANT

Un bon restaurant : Un buon ristorante
Déjeuner : Pranzo
Dîner : Cena
Glacier/glace : Gelateria/gelato
Végétarien : Vegetariano
Assiette/plat : Piatto
Bouteille : Bottiglia
Verre : Bicchiere
Entrée : Antipasto
Salade : Insalata
Viande : Carne
Poisson : Pesce
Légumes : Verdure
Sauce : Salsa
Beurre : Burro
Confiture : Marmellata
Pain : Pane
Poivre : Pepe
Sel : Sale
Sucre : Zucchero
Eau plate/pétillante : Acqua naturale/frizzante
Vin rouge/blanc : Vino rosso/bianco
Café : Caffè
Thé : Tè
Une table pour deux, s'il vous plaît : Un tavolo per due, per favore
L'addition, s'il vous plaît : Il conto, per favore

Collection Le Guide Vert sous la responsabilité de Philippe Orain

Édition
Maura Marca, Catherine Girard

Rédaction
Martine Buysschaert, Elisabeth Cautru, Marie-Isabelle Corradi, Sandrine Gallotta, Serge Guillot, Maura Marca, Muriel Morelli, Sophie Pietri, Jores Rossetti, Giacomo Serra, Frédéric Sicamois, Erica Zane

Cartographie
Evelyne Girard, Thierry Lemasson

Relecture
Véronique Duthille

Remerciements
Didier Broussard (couverture), Marie Simonet (iconographie)

Conception graphique
Christelle Le Déan (maquette intérieur)
Laurent Muller (couverture)

Régie publicitaire et partenariats
business-solutions@tp.michelin.com
Le contenu des pages de publicité insérées dans ce guide n'engage que la responsabilité des annonceurs.

Contacts
Michelin
Guides Touristiques
27 cours de l'Ile Seguin, 92100 Boulogne Billancourt
Service consommateurs : tourisme@tp.michelin.com
Boutique en ligne : www.michelin-boutique.com

Parution 2016

Michelin Travel Partner
Société par actions simplifiées au capital de 11 288 880 EUR
27 cours de l'Île-Seguin - 92100 Boulogne-Billancourt (France)
R.C.S. Nanterre 433 677 721

Dépôt légal : 03-2016 – ISSN 0293-9436
Compograveur : Michelin Travel Partner, Boulogne-Billancourt
Imprimeur : Canale, Ilfov, (Roumanie)
Imprimé en Roumanie : 03-2016

Usine certifiée 14001
Sur du papier issu de forêts gérées durablement (100 % PEFC)